新世纪翻译学R&D系列著作

◎ 立足于高素质翻译人才之培养创新
◎ 着重于专业化与学术化之高度结合
◎ 理论与实践相得益彰
◎ 策略与技巧有机融合
◎ 内容丰富、系统，视野宽阔
◎ 素材新颖、典型，应有尽有

新世纪翻译学R&D系列著作

总主编·主审 陈 刚

翻译学入门

A BEGINNER'S GUIDE TO TRANSLATION STUDIES

主 编 陈 刚

副主编 杜志峰 陈宁红 郑 玮 黎根红

ZHEJIANG UNIVERSITY PRESS

浙江大学出版社

图书在版编目(CIP)数据

翻译学入门 / 陈刚主编. —杭州：浙江大学出版社，2011.7(2019.7 重印)

新世纪翻译学 R&D 系列著作

ISBN 978-7-308-08808-4

I. ①翻… II. ①陈… III. ①翻译理论—教材 IV. ①H059

中国版本图书馆 CIP 数据核字(2011)第 119945 号

新世纪翻译学 **R&D** 系列著作(总主编、主审　陈　刚)

翻译学入门 A Beginner’s Guide to Translation Studies

陈　刚　主编

责任编辑　张颖琪

封面设计　刘依群

出版发行　浙江大学出版社

(杭州天目山路 148 号　邮政编码 310007)

(网址：http://www.zjupress.com)

排　　版　杭州中大图文设计有限公司

印　　刷　虎彩印艺股份有限公司

开　　本　880 mm×1230 mm　1/32

印　　张　20.75

字　　数　657 千

版 印 次　2011 年 7 月第 1 版　2019 年 7 月第 3 次印刷

书　　号　ISBN 978-7-308-08808-4

定　　价　48.00 元

浙江大学出版社市场运营中心联系方式：0571-88925591；http://zjdxcbs.tmall.com

Contents 目录

下编 培养实践研究的能力

表 目 录

图 目 录

专业化与学术化

——学好翻译的关键

“新世纪翻译学 R&D 系列著作”
新 总 序

以翻译“专业化”和“学术化”为特色的“新世纪翻译学 R&D 系列著作”正陆续与广大读者见面。该系列著作是为适应全球化发展，满足国家和社会对翻译专业化或职业化的巨大需求而设计的一套丛书。

在全球化背景下的新世纪，翻译实践与翻译研究可谓方兴未艾，势不可挡。翻译本身，就是一种跨文化交流。作为一种语言文化交流不可或缺的手段，翻译发挥着沟通世界各国人民思想，促进政治、经济、文化、教育、科技、学术交流，促进社会发展的不可替代的作用。当今世界，翻译的重要性不言而喻，可以简洁地用三个英文单词或四个汉字来加以概括：“Translate or die”（Paul Engle 语）或“不译则亡”。国际著名翻译学家尤金·奈达在一本翻译专著中开宗明义地指出：翻译工作，既复杂（complex），又引人入胜（fascinating），“事实上，I.A. 理查兹在 1953 年就断言，翻译很可能是世界史上最为复杂的一种活动”[1]。一个不争的事实是，中英互译是世界诸语言互译中最为复杂、最为困难的一种。翻译几乎与语言同时诞生，是一项历史悠久的实践活动（old practice），又是不断焕发勃勃生机的新的专业和职业（new profession）。套用笔者所在的被李约瑟（Joseph Needham）誉为“东方剑桥”的浙江大学翻译学研究所制定的口号“There is more to do in Translation Studies”，我们可以自

1 参见 Nida, Eugene A. *Language, Culture, and Translating* [M]. Shanghai: Shanghai Foreign Language Education Press, 1993: 1.

豪地、充满信心地说：学习翻译，大有可为；研究翻译，前途无量。

早在 1987 年，王佐良先生就卓有远见地指出："翻译研究的前途无限。它最为实际，可以直接为物质与精神的建设服务，而且翻译的方面多，实践量大，有无穷无尽的研究材料；它又最有理论发展前途：它天生是比较的，跨语言、跨学科的，它必须联系文化、社会、历史来进行，背后有历代翻译家的经验组成的深厚传统，前面有一个活跃而多彩、不断变化的现实世界，但不论如何变化都永远需要翻译，需要对翻译提出新的要求，新的课题。"不论全球化如何发展，翻译是永存的，翻译研究将与翻译实践共存，并且继续随着历史的发展而发展，随着时代的进步而进步。

翻译学，具有鲜明的跨语言、跨文化、跨社会、跨国界、跨地域、跨时空、跨学科、跨专业、跨职业、跨行业的特色，是一门开放型的综合性独立学科。翻译学研究的，不应仅仅局限于翻译（活动）本身，或仅仅是"二十年前"被认为的"培训翻译"，而应包括"与其有任何关系的一切领域"[2]，这在新的世纪里尤其需要走——而且必须走"专业化"和"学术化"的道路。翻译学这座雄伟的通天大厦不是靠一天就能建成的。"翻译学 R&D 系列著作"的陆续出版正是为了适应新世纪、新形势的发展，正是为了把翻译学大厦建设得更为壮观而添砖加瓦，把翻译学大厦装点得更加夺目而添花加卉。

"新世纪翻译学 R&D 系列著作"，顾名思义，是作者们本着在新的世纪对翻译的实践、理论及教学等进行进一步新的"研究与开发"（研发），即 Research & Development（R&D）的精神，注重立意新、专题多、读者广。

一、立意新

该系列著作力求**"专业化"和"学术化"的有机结合**；引入世界著名管理大师**菲利浦·克劳士比质量管理哲学的核心内涵"零缺陷"（zero**

2 原句亦可译为"与其有任何关系的全部"。参见 Bassnett, S. & Lefevere, A. *Constructing Cultures* [C]. Shanghai: Shanghai Foreign Language Education Press, 2001: 1.

defects 或 ZD)等理念(被誉为“创造了质量的新符号”[3])；关注**“三大要点”**之贯彻与实施。

首先，所谓**“专业化”和“学术化”的有机结合**(这个问题将贯穿始终)，是出于现实和发展的考虑。抓住了“专业化”和“学术化”，就抓住了翻译问题的关键。当今社会，具备了专业知识和技能的人，若再具备英文能力，就更具备了找到一份好工作/好职业的竞争实力；事实上，会点英文的中国人，都具备了一定的口笔译能力，因为这一能力是从事涉外工作的必备条件。然而，问题也同时产生：取得 CET4/6 和 TEM4/8 资质的人，具备某些外语/翻译培训证书的人，其所具有的外语/口笔译能力或竞争力，与我们所要求达到的“专业化”标准差距仍较大；具备(非英语专业)硕士、博士研究生学历的人，具备(非英语专业)副高、正高职称的人，只会读而不会译的仍不乏其人；即使在翻译界，有实践能力但缺乏理论素养的，实践能力弱但会讲些理论的，或者主要是纸上谈兵的“理论家”，也不乏其人。甚至那些在“江湖”上打拼的“中、高级翻译”、“中、高级译员”中，绝大部分尚不能或难以取得进入真正意义上的专业翻译市场之“准入证”。

一个不争的事实是：过去会英文、会翻译的少，但是翻译质量不见得差(起码从事翻译的一般均为懂翻译的)；相反，如今翻译市场，泥沙俱下，鱼龙混杂，劣质译著，粗制滥造，学术界正遭遇着另一种学术腐败。殊不知，会英语的越来越多，“会”翻译的也的确越来越多，但是真正懂翻译的却“越来越少”，或者少得可怜(起码根据在市场上流行的译作、在江湖上求生存的口译来判断)。难怪乎，专家们认为：中国目前只是一个翻译大国，却不是翻译强国，因为翻译的总体水平不高[4]。按出版标准衡量(万分之一差错为合格，可能这个标准过于“苛刻”，不符合现实情况)，我们的翻译出版物大都或者(说得“绝对”点)基本都是不合格产品。就文学翻译而言，翻译质量粗糙仍是令人备感头疼的问题。即便是研究英美文学的正教授暨博士后翻译的英美文学作品，

3 参见“质量管理百年历程”(中质协质量保证中心)。

4 参见 2004 年新华网北京 11 月 8 日电“中国翻译大而不强”(记者全晓书，樊曦)。

不是中文文笔一般，就是理解原著错误多多，或是知识面不够宽，即不太适合翻译文学作品(可能搞研究不错)。哲学与社会科学著作、论文的翻译，从表面上看，英译汉似乎看不出问题，但只要两种文本一比较就问题颇多，一言以蔽之，译文经不起核对；汉译英，专业人士通常一看便知，译文水准连大学本科的都达不到，一言以蔽之，压根儿不会翻译。与此相比，日常生活中的翻译差错现象更为严重。中国翻译协会顾问、原中国译协常务副会长林戊荪指出，在中国，无论是旅游指南，还是产品介绍，无论是名胜古迹的说明，还是街头巷尾的标牌，外文翻译差错已到了“俯拾皆是”的程度。

林先生认为，造成总体翻译水平不高的首要原因是翻译人才，特别是高水平人才匮乏，远远不能满足社会和市场的实际需求。据最新报道，中国高级翻译人才不足 5%，各类翻译全线告急[5]。要改变中国翻译界现状，建设真正的“翻译强国”，必须加大人才培养的力度，而且应该“文学翻译和实用翻译并重”。此外，应该通过翻译资格认证等手段加强行业规范，保证翻译工作的严肃性和高水准。

可见，翻译人才的“专业化”箭在弦上。而且，还应从“专业化”逐步过渡到“职业化”，与此同时，翻译研究，即翻译的“学术化”，要不断加强，做到“学术化”指导“专业化”和“职业化”，并且为“专业化”和“职业化”服务。这就好比“两条腿走路”，好比“车之两轮，鸟之两翼”。

何为翻译“专业化”？在此，我们暂不必从理论上来精确界定，并给出衡量“专业化”的详细标准，然后对各种口笔译职业所具备的专业条件的情况做出理论性、实证性的诠释。说得简单点，翻译专业化就是翻译过程和结果要符合专业、进而符合职业的标准。可以说，翻译的专业化即翻译的职业化过程(的一部分)。从市场经济角度看，它首先反映了(翻译)市场经济的基本逻辑、基本规律。一般的工作发展到一定阶段时，才成为职业。我们常用 professional(“专业性如何”或“是

5 参见 http://www.sina.com.cn 2005/08/30。

否职业化")来判断从业者的工作行为和说明从业者的工作业绩是否优于他人。若从社会学角度解释，Hodson & Sullivan (2002) 认为，职业 (profession) 是具有较高社会地位的知识性工作，包含四个基本特征：专业化知识、自治能力、对其他次要工作群体的权威以及一定程度上的利他主义[6](详见《翻译学入门》第1章)。因此，职业化 (professionalization) 的过程就是从工作向职业转变的过程。

按照专业化/职业化的要求，培养口笔译人才，应该而且必须"分层教育"，即进行口笔译分层教学或培训。换言之，应该区分"翻译教学"(translation pedagogy) 和"教学翻译"/"学校翻译"的概念(由 Jean Delisle 首次提出，详见德利尔，1988)。德利尔指出："翻译教学所求的目标与……学校翻译的目的不同。……纯正意义的翻译的目的是要出翻译自身的成果。把学校翻译的目的与职业翻译的目的混为一谈是错误的。……学校翻译和职业翻译的最终目的不同"(德利尔，1988: 26-27)。从这一基本认识出发，我们应该针对教学对象，区分翻译专业教学(本科生和研究生)、外语专业中的翻译教学(外语专业的研究生、本科生、专科生和辅/副修生，即属于教学/学校翻译范畴)和大学外语教学中的翻译教学(非外语专业的本科生和研究生)以及高等职业院校外语教学中的翻译教学(高职生等)。尽管人类从事翻译活动已有数千年的历史，但以培养翻译人才为目的的专业化/职业化翻译教学却只有大约 70 年(参见 Delisle，引自 Baker，2004：361)。显然，这种现象很不正常。然而，70 年来，世界各国纷纷成立翻译学校/学院这一事实本身已经含蓄地表明了双语现象不足以使人们具有专业/职业翻译的能力。学校翻译先于专业/职业翻译，学校翻译只是一种教学方法，没有自身的目的，因此翻译基础课的方法论应根据专业/职业翻译的特殊目的、性质来确定，而不是根据学校翻译的要求来确定(根据参考文献中德利尔专著的部分内容改写)。总之，作为外语学习五项基本技能之一的翻译教学与作为专业/职业技能训练的翻译教学是有着本质的区别的，前者与外语

6 参见 Hodson, R. & Sullivan, T.A. *The Social Organization of Work*. Belmont, CA: Wadsworth/Thomson, 2002.

教学关系密切，后者与职业生涯(career/profession)息息相关。无怪乎，translation 与 professional translation 是同义词，即翻译是“为了建立起两种或多种语言之间的沟通而进行的将一种语言文本内容转换成另一种语言的职业”(A profession that consists of transferring ideas expressed in writing from one language to another in order to establish communication between two or more languages)，而且职业译者是需要经过培训和见习期(apprenticeship)锻炼的(Delisle，2004)。正因为如此，我们这套翻译学系列著作，不论是偏专业实践，还是偏学术思辨，或是理论与实践有机结合，其编写宗旨就是“专业化/职业化”和“学术化”。

举一个跟翻译不同专业、职业的例子：新闻发言人。清华大学国际传播研究中心主任李希光教授曾参与了大约 30 个省部级、地市级的新闻发言人培训。李教授指出：“作为一个发言人，他应该比记者还要有新闻敏感。但是我们的发言人大都缺乏新闻敏感，不会使用新闻语言。”他认为，“下一步新闻发言人必须<u>专业化</u>和<u>职业化</u>，希望将来有一批专业的新闻工作者能转行到政府当新闻发言人，做到与国际接轨。”[7](下画线为笔者所加)

显然，只有具备专业化的水准，才能达到职业化的标准；只要是职业化的，肯定是专业化的。其实，专业化和职业化是你中有我，我中有你。在汉语里，“职业化”就是“使成为专业性的”(2004 年版《现代汉语规范词典》)。在英文中，“专业化”/“专业水准”和“职业化”/“职业水准”更是同一个词，即 professionalization/professionalism/professional。

那么，什么人算是专业化翻译呢？说得通俗点，专业化翻译不是会两句外语，拥有大学英语 4/6 级证书，或者外语院校科班出身就能充当的。专业化口笔译最基本的能力要求就有三项：精通汉英两门语言，谙熟汉英两种文化，拥有广博的知识。此外，专业口译和笔译人才还必须具备优秀的综合素质，包括清醒的角色意识、良好的职业道德、健康的体魄(尤其针对各类会议的同传、交传和优质导译)、踏实进

---

7 参见“中国新闻发言人走上前台　专家：有待专业化和职业化”(http://news.xinhuanet.com/2005/04/15)。

取的工作作风和处变不惊的心理素质，等等。因此，并不是有一定中英文基础的人便能成为专业化的口笔译人才的。比如，从专业的角度出发，口译/笔译专业的口译教学，根据有关目的、需求、要求等可分为会议口译(conference interpreting)教学、商务口译(business interpreting)教学和陪同口译/导游口译(escort interpreting / guide-interpreting)教学；根据工作场景和口译方式可分为导游同传(simultaneous interpreting with a tour-guide system)、交替/接续联络口译(consecutive liaison interpreting)、医疗/牙科口译(medical/dental interpreting)、法庭口译(court interpreting)、外交口译(diplomatic interpreting)、传媒口译(media interpreting)、手势语/特种教育口译(sign language / educational interpreting)、宗教口译(faith-related interpreting)，等等。

其次，上面特别提及的所谓“**零缺陷**”是世界质量大师(quality guru)克劳士比质量管理哲学的核心内涵，其四项基本原则中有两项是解释“质量”和“工作标准”的。什么是“质量”：质量即符合要求，而不是好。什么是“工作标准”：工作标准即零缺陷，而不是“差不多就好”。这就真正反映了职业化的规范和标准[8]。

那么专业化的翻译人才如何才能走向“职业化”呢？这就跟我们引进的“零缺陷”有着实质性的关系。

如果从上述诸定义出发，“翻译专业化就是翻译过程和结果要符合专业、进而符合职业的标准”，我们举三个简单的例子，使读者先有一些感性认识。

例 1，以“零缺陷”作为人名、地名翻译的最低标准。俄苏文学专家蓝英年 2005 年 7 月下旬在回答林先生的一封信(该信正文最后一句是：“蓝老师，六月三日的日记不足一千五百字，却有这么多的问题，你说可怕不可怕？”)中指出：“我对译文的质量已经麻痹，对错误译文已见怪不怪了。所关心的也仅是自己买书时不要上当。比如现在书店里卖的介绍二战的书，我翻十几页，便能从人名、地名上判断译文的

8 参见威肯企业管理网。

质量，不容易上当。读了你所指出的东方社出版的巴别尔《骑兵军日记》译文中的错误，仍令我惊讶不已。你所提出的不单是译者的问题。……我不知东方出版社是否也采用这种机制？我以为，东方出版社应当在译文质量急剧下降的今天给全国出版社带个好头，而不要成为出版错误百出的译著的出版社的挡箭牌。不要让那些出版社说，东方出版社出版的译著都有那么多的错误，我们怕什么？起码不要砸自己的牌子吧。”（详见 2005 年 8 月 17 日《中华读书报》）

例 2，以“没有接受过基础翻译技巧正规训练的译者或编辑，不能承担任何学术专著的主译工作或任何学术专著译文的责任编辑工作”为最低标准。如今，参加专著翻译(主要指英译汉)的非英语专业的博士、博导比比皆是。然而他们译著质量的高低如何，学界和出版界基本处于“少有人管”之状态。无怪乎，有识之士特别关注“学术繁荣与同翻译总体质量成反比的悖论”这一问题(详见《翻译学入门》第 1 章)。

两名国家著名大学的法学博士(目前都是法律工作者，并有多种法学著作出版)翻译了美国法学名著《我们人民：宪法的根基》，由法律出版社于 2004 年 4 月出版。“这个中译本存在着大量的、严重的知识问题，从而使之成为一本不合格的劣质译书。”该书“已经出版一年了，偌大的法学界拥有不计其数的法学先进和青年才俊，但遗憾的是，大家都采取了默然的立场，徒然让该书畅销书界，以讹传讹，贻害读者，岂不可怜、可悲、可叹？”“如此不堪卒读的译文，如何对得起这些名满天下的‘专家学者’(笔者注：译者在‘译后记’称曾就某个词的准确译法请教过……)？如何对得起广大的读者？如何对得起这部名著？以出版法律著作为主业的法律出版社，居然出版了《我们人民：宪法的根基》这样的不合格产品，这不是自己砸自己的牌子吗？”[9]

例 3，以“根据正式出版物文本类型的难易程度来大致规定英译汉为 1000 word/每人所需时间不得少于……小时；汉译英 1000 字/每人所需

9 参见杨玉圣：术语规范与学术翻译——从查尔斯河桥译成“查尔斯·里维尔·布里奇”谈起（《出版人》2005 年第 8 期）。

时间不得少于……小时(不包括译者修改、审核时间；不包括出版社三审时间)”为最低标准。本世纪，“引进版图书中通俗类的畅销译著正日趋增多，为了抢占市场而不惜牺牲翻译质量的问题令人十分担忧。由于起用‘没有金刚钻’的译者来包揽‘瓷器活’，又由于‘萝卜快了不洗泥’，不少这类译著出现的翻译问题受到海外媒体和国内媒体及翻译、学术界的严肃批评。这种违背翻译规律、不讲职业道德的行为同样也是我们从事翻译实践与理论研究的大学教师所十分痛恨又十分痛心的。”[10]

这样，我们也就不难发现，即使是比较专业的译者(如具有翻译学专业硕士研究生毕业的学术背景或外文编辑)，在市场经济的今天，也会“知错犯错”。比如《哈里·波特》的几册译文就存在“萝卜快了不洗泥”的现象，也同时包括不少专业和非专业性质的错误。说实在的，毕竟英语不是我们的母语，英译汉容易犯错，汉译英更容易犯错，这都是在所难免的。即使比较专业了，但从专业化转向职业化仍是一个(比较漫长的)过程，关键是我们的职业精神、职业态度和职业道德。

在拥有大量优秀翻译人才的外语教学与研究出版社，近 260 人毕业于外语专业，而且大都是外语专业硕士毕业，其中一些还是翻译专业出身。可以说，这个队伍都是经过基础翻译技能培训的。但外语教学与研究出版社主管编审工作的副总编还是指出，他们并不指望刚从学校毕业出来的人就是一个非常优秀的翻译，因为这还有一个对其进行“职业化”塑造的过程。

以上讲得较多的是涉及控制、管理专业化/职业化翻译质量的“内部因素”，而从特定角度说，“外部因素”更是控制、管理翻译质量的支配因素，换言之，它能从外部对翻译质量进行更为有效的监控。

有专家担心，“今天如果大学英语不改革的话，庙堂英语将逐渐被江湖英语完全包围”[11]。不过，令人欣慰的是，翻译的专业化和职业化的程度较高，会点“江湖”翻译，而对“庙堂”翻译知之甚少，是不可

10 参见陈刚、喻旭燕：《成为乔丹》“译者的话：求真实、求品位”(哈尔滨出版社，2006：272)。

11 陆谷孙教授语。参见“英语教学改革试点启动带来培训商机”(http://www.sina.com.cn 2004/05/11 10:47)。

能真正学好翻译的。由于种种原因，“庙堂英语”的香火有可能不够旺，正在被“江湖英语”蚕食，但“专业化”和/或“学术化”的“庙堂”翻译是难以被“江湖”翻译所取代的。

尽管如此，随着全国各行各业的改革进一步深入，出版业的体制改革也势在必行。改革的重要目标之一还是围绕着市场和质量。克劳士比质量管理哲学的四项基本原则中第四项是：怎样衡量质量。

质量是用不符合要求的代价(金钱)来衡量的，而通过展示不符合项的货币价值，我们就能够增加对问题的认识。这突破了传统意义上认为高质量是以低成本为代价的观念。克劳士比提出高质量将给企业带来高的经济回报。很显然，因为不符合质量要求的代价是额外的费用，是浪费的代价：浪费时间，浪费人力，浪费精力，浪费物力。这些都是不必要的代价。

中国加入世界贸易组织后，“图书召回”制度的建立势在必行，而且隐瞒图书缺陷遭受处罚更不会成为空话。新颁布的《缺陷汽车产品管理规定》(2004 年)对企图隐瞒缺陷的汽车制造商制定了惩处办法，除必须重新召回，通报批评外，还将被处以 1 万元以上 3 万元以下罚款。

出版界提出图书万分之一以上差错召回，经过加勘误表或重印后方可重新上市销售。“图书召回”这一术语开始引起社会关注是在 2004 年年初，上海译文出版社率先向全国召回存在装订缺陷的 2003 年版《俄汉—汉俄袖珍词典》。此举获得了新闻出版总署图书出版管理司的高度评价，从而引起了一阵“将图书召回制度化”的呼声[12]。当然，这对我们编好这套系列著作既是压力，也是动力。

既然是专业/职业翻译，理应做到名副其实的翻译“专业化/职业化”。为何“专业化/职业化”了，还需要“学术化”呢？这是一个理念提升的话题。任何学科专业，都具备系统理论，都需要系统理论的支撑。简而言之，翻译“学术化”包含有以下两种意义：一是需要有翻译学方面系统的、专业性很强的学问；二是译者需要培养自己的翻译观，将翻

12 参见“图书召回制度有望年内出台”(参见 2004 年 7 月 30 日新华网)。

译实践作为一种学术研究对象，学习一些中西译论、译学思想，与翻译相关的理论知识，从而指导翻译实践。据 G. Squires(2001)，“职业化”本身就包含理论知识、与职业相关的知识和过程知识。

本系列著作强调的“学术化”是要落实到研究、解决实际的问题上来的，而不仅仅是“悬空的”学术化。尽管我们鼓励研究生从事某些纯学术研究，但是如今能够驾驭翻译理论航船的不多，一搞翻译就会翻船的却不少。换言之，我们许多研究生“怎么译”这一关还远未通过，他们从事 pure translation studies 尚不具备火候。我们不主张“学术政治化”，却主张“学术问题民主化”，甚至“学术问题公开化”，以实现理论与实践的结合。故书中会涉及不少坦率的学术讨论，供广大读者思考、参考，并就教于方家。

强调“学术化”，还出于另外两项重要思考：

1. 反对功利主义(utilitarianism)和翻译实用主义的思想观念。世界数学大家丘成桐先生在《中国教育忧思录》中痛陈中国教育(制度)的弊端，批评目前高校实用主义大行其道，中国政府有关部门看不到理论科学的重要性。他指出，“中国的学生，做学问达到一个地步，足够令他们找到一份安定的工作便会停下来，他们追求的东西只此而已，对学问根本没有热忱”；“真正有心钻研纯科学的人实在不多，跟外国的学生真心以研究为目标相比，实在相去甚远”；“现在的学生和学校变得唯利是图，这种文化气候，是中国难以孕育一流学问的最主要原因”。[13] 这也正好印证专家所言，中国并非翻译强国。如果整个译界仅仅为了实用、为了赚钱的话，中国翻译学的未来势必前景暗淡，离世界水平将愈来愈远。

2. 提倡脚踏实地的翻译研究学风。踏踏实实地做学问，搞学术，除了有助于加强翻译学学科的建设，切实提高翻译在政治、经济、社会、文化生活中应有的地位之外，也是培养翻译学研究型人才或理论与实践俱佳的翻译“全才”的必备学风。不少翻译爱好者和从业者只关注“知其然”(即“怎么译”或者所谓现成的“标准答案”)，而对

13 参见“中国大学能培养出一流大学吗?”(2005 年 8 月 23 日《钱江晚报》A12)和丘成桐《中国教育忧思录》。

"知其所以然"(即"为何这样译"、"为何能这么译"、"为何该这样译"等翻译实施时所包含的关于实际程序的证明性知识等等)不感兴趣(uninterested),甚至认为"知其所以然"是无聊的(uninteresting)。这样他们往往偏重前者,即"知识的掌握"和"现成的照搬",而对后者"知识的应用与迁移"则不予以重视,结果严重造成译者的理论素养、学养和综合思维能力低下,学问"偏食","潜能"受到抑制。无怪乎,海外批评大陆的研究生离开导师便做不了学问,难以成为栋梁之材。起码,编写翻译学系列著作的目的不是为了培养一般的"翻译匠",而要使译者既致知又致用。

再次,所谓**"三大要点"**,就是指:

1. **出发点**:(1)有助于培养读者职业化和学术化的素质和能力;(2)有助于保持读者与时俱进的素质和能力;(3)有助于翻译教育与翻译培训的可持续发展。

2. **关注点**:(1)双语能力、百科知识、专业知识;(2)理论意识、方法论述、智力开发;(3)原则指导、专业提示、职业能力;(4)学术提升、职业发展、人文教育。

3. **设计点**:(1)有关多重成分的有机组合,应体现复合成分 + 实用成分 + 专业成分 + 学术成分 + 应用与研究指导成分等;(2)有关理论部分编著,不强调介绍中外译论面面俱到,而是精选有思想高度、有代表性、与社会实践更为密切的学派及其理论,帮助读者懂得翻译的性质、种类、标准、策略和方法等(know-what, know-how & know-why);(3)有关研究方法的章节,培养读者自己开展课题研究的能力;(4)有关理论和实践章节,应使学生的翻译信仰跟上时代发展的步伐。

总之,翻译学系列著作的编撰不要让广大读者觉得离他们太远,要避免文字严肃有余、活泼不足的倾向,要做到雅俗共赏,可读性强。

二、专题多

该系列著作不是仅仅涉及基础(elementary)阶段的翻译实践或研究(当然这很重要),不是单纯的基础翻译(实践)教科书,而是力求符合

“立意新”的要求(专业化和学术化)，并且满足翻译学习、实践、研究不同阶段的学生以及广大读者的需求，所以专题应该涉及诸多行业，涉及学校的各个学科领域，包括翻译学入门、会展英语与翻译、新闻翻译、高级商务口笔译、应用文体翻译、外事陪同口译、跨文化导译、同声传译基础、人文社科翻译、法律翻译、科技文献翻译、影视戏剧翻译、文学多体裁翻译等一二十项。这些书既适合大学本科生以及自考生，又能作为不同专业、职业的主干课程用书(详述见下)。

三、读者广

从该系列的名称看，它是专为在校的翻译专业[14]、英语专业(含翻译方向)和非英语专业的本科生、研究生而撰写的，而后者包括MTI、非翻译专业或(非)英语专业的博士(研究生)，乃至有待新鲜出炉的DTI[15]。其实，该系列著作的读者面是非常之广的，涉及期望自己在翻译实践和翻译研究方面有一质的提高(即想很好地解决所谓的“两张皮”的问题)的所有读者。

翻译在外语学习中的重要性是不言而喻的。从中小学到大学、研究生，要学外语，就少不了翻译技能的训练和考核。作为应用性很强的外语，在听说读写译这五项技能中，“译”可谓是最高境界，也是最难掌握好的，非下苦功不可。想在“译”方面有所突破的读者，这套丛书定会使您举一反三，事半功倍。

有些读者可能会说，翻译有什么大不了的，不就是把外语文字转换成汉语吗？有什么不懂的字、词，查查词典工具书不就行了吗？请看下面一句简单的话：“巨人般的儿子望着为自己衣食行住而心急如焚的父母，心里很不是滋味。”如何通过查词典来翻译画线部分——一句非常平实的话语及其风格呢？亲爱的读者，您不妨一试。

一旦亲手做起来，您就会感到事情并没有您事先想象的那么容

14 目前，本科翻译专业毕业生拿的是文学学士文凭(BA)，笔者以为最好改为翻译学士文凭(BTI)。

15 即 Doctor of Translation or Interpreting。这是翻译专业学位的最高层次。

易。在很多情况下，词典等工具书所给出的释义未必就能解决问题。这也从另一个侧面印证了英文中的那句脍炙人口的俗话：Easier said than done（说时容易做时难）；同时也印证了中华民族富有哲理的俗语：不经一事，不长一智（One can't gain knowledge without practice）。更何况，我们还尚未涉及人文社科类、典籍类或文学类等专业翻译，以及其中涉及的社会政治、意识形态、文化价值、女权主义、后殖民心态、经济全球化等多重或综合因素呢！

即使部分读者对上述所谓翻译外部研究不十分感兴趣或者目前尚力不从心，只是对于提高翻译实践能力、找到一个自己喜欢的职业情有独钟，那么，该系列著作作为培训或自学教材应是不错的选择，甚至不妨为首选。请注意，翻译培训市场是一个高质量市场，是一个专业性/职业性很强的市场，在相当大的程度上跟一般的外语培训市场不能相提并论，并非人人均能涉猎。

作为一个加入了世界贸易组织（WTO）的国家，作为一个商业社会，作为一个市场经济的体制，专业/职业化很强的各级各类 translator training / interpreter training 等商业培训都应该是相当正规的，是受先进理论和学术化思想指导的。招收学生和培养出来的学生之目标很明确，就是培养在市场上有很强竞争力的人才。从反面角度说，从人力资源现代化管理角度考量，培养起来有困难的学生，不适合/适应当今社会、当今市场要求的学生，培训班（如同传等口译班、某些专业笔译班）完全有理由不招收。

由此可见，这套系列著作之所以是针对广大读者的，正是因为策划、编著的初衷就是既满足“下里巴人”，又不失“阳春白雪”；既要搞好“多元智能”开发，又要培养出合格的、合适的、在社会上有竞争力的高级复合型人才。具体地说，我们必须注意以下几点：

1. 既要考虑外语学习听说读写译“五项基本功”之间的互动关系，又要解决“懂”与“会”之间的关系问题。

2. 既要避免传统外语/翻译教学中教会学生的只是“识别”而不是“理解”，即被识别的是“信号”，而非“符号”，又要培养学生能真正识别社会实践中的诸多符号，具有多元智能，毕业后能受到社会、市场、职业机构的欢迎。

3. 既要围绕翻译实践、翻译技巧、翻译(理论)研究三个层面展开，又要在编写安排上尽量结合不同读者的外语水平、实践水平和学术水平的实际情况，力求做到理论深入浅出，叙述有血有肉，风格雅俗共赏；同时又要细致入微地标出课文、待译文本和练习题等的侧重面及其难度等级(实践层面：E=Easy, I=Intermediate, C=Challenging 和 A=Advanced；技巧/理论层面：T=Technical, AT=Applied Theory 和 PT=Pure Theory)。

4. 既要较好地解决翻译中“教”与“学”、“学”与“用”之间相互脱节的老大难问题，又要解决翻译学科中“汉语”与“英语”、“理论”与“实践”互不相干的“两张皮”问题。

5. 既要加强翻译的内部研究(本体研究)，又要结合翻译的外部研究，以实实在在、扎扎实实的翻译实践和本体研究来带动翻译的跨学科研究，并以此促进、带动翻译本身的实践与理论之发展。翻译的内部和外部研究，应是相辅相成、相得益彰的。

总起来说，翻译学应以实践为本(practice-based)，但翻译学的健康全面发展除了关注作为有目的的社会行为的翻译实践活动以外，还必须关注与其相关的任何研究活动，包括以下“你中有我、我中有你”的各个方面和层面：主体、本体，内部、外部，多学科，方法论，宏观、微观、中观，翻译观，哲学观，语言观、文化观，社会观、全球观，人生观，专业观、职业观，学术观、教育观，经济观、市场观、竞争观，质量观、管理观……

综上所述，“专业化”和“学术化”是“新世纪翻译学 R&D 系列著作”的两大焦点，是会受到国内译界欢迎的术语和学好翻译的两个关键问题。其实，归根结底，“专业化”和“学术化”即指翻译的实践和理论。有关翻译实践和理论关系之争，在现、当代的译界和学界，迄今尚未平息。翻译实践之重要性和伟大意义，早已不言而喻，而对翻译理论价值的认识，依然见仁见智。我们对这两者关系的立场、观点和态度在总序和各分册中显而易见。笔者曾在专著中归纳总结了翻译理论的

20 种功能[16]。如今我们所知的与翻译有关的理论，(大)都能对有关的翻译实践、翻译现象乃至涉及翻译的重大社会问题从各自不同的角度做出应有的或令人信服的解释，都有值得引进、介绍并加以实现之价值。

社会有分工，同样，翻译界(应包括翻译行业/职业、翻译专业、翻译学科等)也有分工。我们的翻译事业，需要理想的翻译分工——其实也是现实存在的翻译分工，具体地说，我们需要"专业化"的翻译(家)，需要"职业化"的翻译(家)，需要"学术化"的翻译(家)，需要既"专业化"又"学术化"的翻译(家)，需要既"职业化"又"学术化"的翻译(家)，需要以"学术化"为主的翻译研究者/理论家，也需要纯"学术化"的翻译研究者/理论家。各种分工所需人数肯定不同，它们之间的比例如何才是合理的，自然有(行业、专业和学术)市场法则去影响、调节、支配和控制，那是不以人的意志为转移的客观规律。

说千道万，新世纪可谓"翻译质量的世纪"，这样的描述是毫不为过的。在知识经济的新世纪，知识创新与管理创新必将极大地促进质量的迅速提高，包括生产和服务的质量、工作质量、学习质量，直至人们的生活质量。翻译质量当然包括其中，并且与这些质量息息相关。本着质量为本的精神，我们这套"新世纪翻译学 R&D 系列著作"的写作宗旨始终是"专业化"与"学术化"——因为它是符合社会不断前进、不断发展的客观规律的。

陈刚　谨识

修改于 2010 年底

16 参见陈刚《旅游翻译与涉外导游》(中国对外翻译出版公司，2004 / 2006)。

绪论：敲开翻译学之门

——随想曲与进行曲

如何才能敲开翻译学之门？换言之，如何才能敲开翻译实践与翻译研究之门？

一个字——**爱**！

因为在爱面前，理论、说教已经显得苍白无力。

因为爱就是**有心**："世上无难事，只怕有心人。"（毛泽东）入门既不难，深造也是办得到的，只要有心，只要善于学习罢了。

因为爱是**生命中最好的养分**，她能使你对人生、对事业有美好的憧憬和执著的追求。

有个美国小男孩的故事恰好说明这一点。这位小男孩身患脊髓灰质炎，留下了瘸腿和参差不齐的突牙，他认为自己是世界上最不幸的孩子。平时，他很少跟同学们玩耍，课上老师叫他回答问题时，他也总是低着头，一言不发。

某一个春天，小男孩的父亲从邻居家讨了些树苗，他想把它们栽在房屋前，于是叫孩子们每人栽一棵，并且对他们说：你们谁栽的树苗长得最好，我就给谁买一件他（她）最喜欢的礼物。

小男孩也想得到父亲的礼物。但看到兄弟姐妹那蹦蹦跳跳提水浇树的身影，不知怎么地，萌生出一种阴冷的想法：希望自己栽的那棵树早日死去。因此，他浇过一两次水后，就再也没去照管它了。

几天后，小男孩再去看他种的那棵树时，惊奇地发现，它不仅没有枯萎，居然还长出了几片新叶子，与兄弟姐妹们所种的树相比，显得更加嫩绿，更富有生气。

父亲兑现了自己的诺言，为小男孩买了一件他最喜爱的礼物，并对他说：从你栽的树来看，你长大后一定能成为一个出色的植物学家。

打那以后，小男孩渐渐地变得乐观向上起来了。

一天晚上，小男孩躺在床上睡不着，望着窗外那皎洁明亮的月光，忽然想起生物老师曾说过的话："植物一般都在晚上生长。"

为何不去看看自己种的那棵小树？小男孩轻手轻脚来到院子里，却发现父亲用勺子在向自己栽种的那棵树下泼洒着什么。顿时，他一切都明白了，原来父亲一直在偷偷地为自己栽种的那棵小树施肥！

他立马回了屋，泪水夺眶而出……

几十年过去了，那位瘸腿的小男孩没有成为一名植物学家，却成为了美国总统，他的名字就叫富兰克林·罗斯福。

的确，正是爱的力量使小男孩最终成为了伟人。

也正是爱使原像小树般的翻译学科和翻译这个专业、职业、行业、产业长成了像今天这样的参天大树：翻译正从边缘向中心走来。

为何要敲开翻译学之门？

因为开门能见"山"，"风景这边独好"（毛泽东）！

曾几何时，翻译学科仿佛像一位虽知书达理、勤劳美好，但小心翼翼的"新嫁娘"，生怕"得罪"那些"婆婆们"。起初"登堂入室"前，只能"妆罢低声问夫婿：画眉深浅入时无"（唐·朱庆馀），拜见"前辈"前，"未谙姑食性，先遣小姑尝"（唐·王建）。

然而，翻译学人"发愤忘食，乐以忘忧"（孔子），如饥似渴地从多种学科中汲取营养，"学如不及，犹恐失之"（孔子）。在他们的努力下，翻译学科，变得如此美好向上，生机勃勃，具有顽强的生命力，难道是所谓的偏见之"墙"能围得住、所谓的门户之"门"能关得住的吗？

渐渐地，"春色满园关不住，一枝红杏出墙来"（宋·叶绍翁）。

随着学科的不断积累，不断发展，不断壮大，其潮流乃“青山遮不住，毕竟东流去”（宋·辛弃疾），且“惊涛拍岸，卷起千堆雪”（宋·苏轼）。

如今，翻译形势可喜可贺，真是“到处莺歌燕舞，更有潺潺流水，高路入云端”（毛泽东）。翻译工作者并未因此陶醉，躺在功劳簿上，而是以更为扎实的步伐，更为饱满的激情，更为昂扬的斗志，更为远大的目标，继续向前迈进。“鸿鹄高飞，一举千里”（《史记》）。与此同时，他们始终保持谦虚谨慎的态度，实事求是的科学精神，“先天下之忧而忧，后天下之乐而乐”（宋·范仲淹），正可谓“俏也不争春，只把春来报。待到山花烂漫时，她在丛中笑”（毛泽东）。

翻译(研究)，其本身是学科，是科学，是技能，是艺术，是品味，是诗学，是再创造，是跨学科/交叉学科，是语言之旅，是文化之旅，是跨文化交际，是跨学科实践与研究，是现实主义和浪漫主义之结合……而在当代国际视野中，翻译与全球化密切相关，涉及社会、政治、经济、权力、赞助人、诗学观、意识形态、价值观念、文化身份、文化的多元性、语言的多样性、语篇的多样性、文本的多样性、世界语言和文化的未来、地理的变化、互联网、高新技术、百万—数百亿元价值的产业……面对如此美好、如此重要、如此增值的翻译，面对迅猛的全球化进程，我们不妨想象一下：假如没有翻译，世界将会怎样？若用英文表述翻译学科大有作为，不妨套用浙江大学翻译学研究所的口号：

THERE IS MORE TO DO IN TRANSLATION STUDIES.

在整个人类历史发展中，在愈加频繁的人与人、国与国之间的各种交往中，在新科学与新技术不断出现、国际旅游飞速发展的情形下，要打开当今全球化的大门，打开多语种的大门，打开多元文化的大门，打开本地化的大门，翻译正发挥着不可替代的作用。请看[1]:

1 引自 *Institute of Translation Studies: Its Ideas & Ideals*（浙江大学翻译学研究所更新前网页）。

A new world is known by translation.

A world of change is made possible by translation.

A worldwide link is made possible by translation.

Intralingual communication is made possible by translation.

Interlingual communication is made possible by translation.

Intercultural communication is made possible by translation.

Intersemiotic communication is made possible by translation.

The social, economic, and cultural development is made possible by translation.

The entire human history is made possible by translation.

The world advancement is made possible by translation.

International tourism is made possible by translation.

Avoidance of cultural misunderstanding and conflicts is made possible by translation.

Maintenance of one's cultural identity in communication is made possible by translation.

Globalization is made possible by translation.

Localization is made possible by translation.

A bright future for mankind is made possible by translation.

…

Everything in the cosmos is made possible by translation.

It is, therefore, a truth acknowledged in the academic community as well as the international community, that translation activities have played a significant role in the development of human society. Translation has since the late 1800's been employed by thinkers, scholars, and writers in a country like China to reform its society, people, literature, language, and much, much more.

Translation is fascinating, while it is probably the most complex type of event in the history of the cosmos.

Translation is really something we couldn't do without, because it means understanding and communication for human beings.

That is how we understand the translation of the past, the present, and the future, this socially active, politically urgent cause, and its entire true story especially in the contemporary world.

"*As this world shrinks together like an aging orange and all peoples in all cultures move closer together (however reluctantly and suspiciously) it may be that the crucial sentence for our remaining years on earth may be very simple:*

TRANSLATE OR DIE.

The lives of every creature on the earth may one day depend on the instant and accurate translation of one word." (Engle & Engle, 引自 Gentzler, 2004, 7)

翻译学的畅想曲，可以永远延续下去，直至永远。正如有识之士所指出的，即使国家消亡，翻译也不会消亡，且永远不会消亡。

翻译的进行曲，自从翻译诞生以来，一直在不断地奏响。时而悠扬，时而激昂；时而令人鼓舞，时而催人向前。回顾历史，展望未来，只要有全球化，就有翻译之存在。

抛开全球化、维护语言多样性和文化多样性等问题不谈，仅就翻译本身而言，世界上没有一个人能与它分得开，因为它涉及语言之间、涉及符号之间的转换。而这两种转换能力，尤其是语言(语内和/或语际)之间的转换能力，是任何一个具有社会属性的人都必须具备的。教授、研究从一种语言(文化)到另一种语言(文化)的转换既是非常必要的，也是特具意义和色彩的。

目前中国大陆有关翻译学入门、导论的书不多。现有的包括《中医翻译导论》(李照国，西北大学出版社，1993)、《翻译文学导论》(王向远，北京师范大学出版社，2004)、《翻译学导论》(德汉翻译)(桂乾元，上海外语教育出版社，2004)、《英汉翻译导论》(孙萍，吉林大学出版社，2004)、《汉英对比翻译导论》(邵志洪，华东理工大学出版社，2005)、《翻译批评导论》(杨晓荣，中国对外翻译出版公司，2005)、《翻译概论》(姜倩、何刚强，上海外语教育出版社，2008)等。这些著述或仅涉及某一专题，或仅涉及非通用语种，或仅涉及英汉笔译，或仅以本科/研究生阶段为主。

作为“新世纪翻译学 R&D 系列著作”的首打产品《翻译学入门》，为全国首部(不含可能即将出版的同类书籍)集研究、教学与口笔译实践为一体、主题为翻译学导论的 R&D 专著。与上述著作比较，《翻译学入门》有以下七大特点：

1) 涉及读者面更广：本著的读者对象包括本科生、研究生(含 MA、MTI 乃至尚待出炉的 DTI[2])、考研族、广大翻译爱好者和翻译管理人员等，有其“前瞻性”；而“李论”显然是针对中医领域；“孙论”、“邵论”、“乾论”、“杨论”、“姜论”仅以本科生或研究生为主；“王论”为“文化与诗学丛书”之一，侧重非翻译本体为主的研究型读者。

2) 涉及结构更清晰：本著由上、下两编组成——“培养正确的翻译观”和“培养实践研究的能力”，主题明确，意图鲜明；而其他论著的结构大都似乎更为“复杂”、“迂回”(“姜论”除外)。

3) 涉及研究面更广：本著之研究领域涉及古代、现代、当代，多学科和社会行为，内部研究、外部研究，基于实践的研究、学科发展的多重转向等；而其他几部“导论”涉及主题相对集中、“单一”。

4) 涉及实践面更广：本著关注实践研究，涉及古代、现代、当代的中西多元化、跨文化的社会实践，包括口笔译；而其他论著则是在某些

2 DTI 为暂用名(模仿 MTI)，全称是 Doctor of Translation or Interpreting，而不是 Doctor of Translation and Interpreting。还可以是 DCT、DTT 等，即 Doctor in Cultural Translation、Doctor in Tourism Translation 等。

方面和领域有所侧重。

5) 涉及可读性：本著和“乾论”的可读性，因写作风格之不同，学术争鸣、思想交锋之不同，希望会强于其他几部。

6) 涉及创造性：本著力图展现更多的创造与创意，而不是做学术“二传手”，照搬别人的成果，或以此为主。

7) 涉及批评性：本著力图展现更多的针对性探讨、思想交锋、学术争鸣与民主批评，“含笑谈真理”。

《翻译学入门》内容丰富，也算多彩，字数远超迄今出版的有关翻译的导论类著作。虽然图书品质不能以字数论英雄，但我们仍不求面面俱到(如所谓的系统性、完整性等)，也有意不按照所谓传统(学术)专著的写作手法，但集专著的学术、应用特色为一体，以尽可能轻松的笔触、深入浅出的表述、夹叙夹议的手法等，从全球化、专业化、学术化及思想性、争鸣性、严肃性、知识性和趣味性等角度来探讨翻译这个既历史悠久又充满活力的话题，强调阅读效果之可读性。本人以为这是时代赋予我们的要求，也是符合当代社会读者(包括学生)的要求的；若说得学术些，也符合“经验读者”(empirical reader)和典型读者(model reader)的一般和特殊要求。

翻译(包括口译)被认为是人类历史上最古老的职业之一(Mackintosh, 2006)。它作为一项最古老的社会实践，长盛不衰；作为一项当代的社会实践，其重要性已与全球化紧密相连；作为一门独立的跨学科之学科，正方兴未艾；作为跨文化交际的主要方法，正发挥着不可或缺的作用；作为一项新兴产业，正为国家创造着每年数百亿的产值；作为国人学好、用好外语(特指英语)的最高境界，正以前所未有的魅力吸引着全国各阶层的年轻人为之奋发图强……

为回答/解决广大读者有关翻译(学)的种种问题/困惑，能在21世纪这个“翻译的世纪”大有可为，本书与时俱进，特地从翻译的内部和外部研究与实践之视角出发，跟读者一同循序渐进地探讨古代、现代和当代，特别包括全球化进程中翻译实践、理论、教学之方方面面，帮助读者渐入佳境，最终使之为中国乃至全球的翻译文化事业奋斗一生。

本册写作班子组合有必要在此作些说明。作为主编，按照如今导演拍片子选“新秀”当演员同样取得成功的做法，写作班子以翻译实践与研究能力俱佳的年轻学者为主，他们清一色受过本校（浙江大学）比较严格的翻译学科和跨学科的研究生学术训练，自身双语基本功扎实，实践能力均较强（翻译数量和品质都达到一定的高度，并有口笔译获奖的经历和有修改“名译”的水平及能力），颇有自己的学术见解，尤为可贵的是具备了与“名流”进行思想交锋、学术争鸣的功底和胆略。本册除本人担任主编之外，副主编由杜志峰、陈宁红、郑玮和黎根红担任（这是因为该书获“‘十一五’浙江省重点教材建设项目奖”后有必要扩充写作班子，有关背景详见本书“后记”）。其他参编人员均是从事翻译实践与研究的行家、学者或后起之秀。他们各具不同的学科背景，把他们的“正统观点”与“异想天开”结合起来，把他们的“中规中矩”与“挑战权威”结合起来，想必对翻译研究、翻译实践及翻译教学会带来一些新鲜的东西。作为本专著的主编和整套丛书的总主编，我在此向他们表示深深的谢意！

从目录看，按照设计、思路及结构，本著只有 2 编 8 章，但几乎每章的容量都很大，其中的一节就相当于一般学术专著的一章。如果说该书由 28 章组成，毫不为过；将其编成 30 章，也难以挤出“水分”。

从目录编排看，编写该书的思路和布局是显而易见的：

上编，其重点是培养正确的翻译观，分为 1—4 章，即翻译观的基础篇、务实篇、专业篇和拓展篇等。

下编，其重点是培养实践研究的能力，分为 5—8 章，即实践深化、教学深化、跨学科深化和综合研究深化等。

第 8 章“综合研究深化”是为培养学生的综合研究能力而专辟的一章。该章基于 *The Turns of Translation Studies: New paradigms or shifting viewpoints?*（Snell-Hornby，2006）的基本框架，尊重原作者的思路、观

点、写作意图等。之所以如此处理，正是因为Snell-Hornby的这本专著是当时国际上最新的，也是国内刚进口的有关翻译学发展的宏观加微观的翻译研究论著。这样的特殊设计与安排是翻译(学)导论类书籍从未有过的，也算是我们的一种尝试(详见第8章开头部分)。

编著此书的具体分工如下：陈刚负责对全书进行策划、设计，撰写总序、绪论、后记，编制目录、参考文献及大部分章节的思考题，撰写第1章、第2章、第3章，其中第2章的第3节由李媛媛撰写；郑玮撰写第4章；陈宁红撰写第5章；杜志峰撰写第6章；黎根红、陈刚撰写第7章第1至4节，梁君英撰写第5节，陈刚做了一些名词术语及文字等方面的修改；第8章分别由金凯(第1、2节)、李佐(第3节)、高思飞(第4至6节)撰写，陈刚做了必要的内容增删、修改。此外，主编按照有关专业、学术和编辑等规范与要求，按照本书内容和形式的宏观、微观要求，审读全书，并对书中的大部分章节进行了直接修改、调整。特别值得一提的是，本书责编不辞辛劳，以非常专业的编辑水平、文字水平和学术的感性及素养，为该书的应有品质和早日出版提供了保障。

作为一部省级(翻译学)重点教材——实为学术专著或专著型教材，它既适合通识性翻译教学，又适合专业性翻译教学，同样适合学术性翻译研究教学，在确保师资条件(即适合进行这类学科课程教学)的前提下，以下我们就如何使用本教材提出一些框架性建议，仅供参考。

一、通识性翻译教学

1. 英语专业本科生：上编，可简化章节内容。
2. 翻译专业本科生：上编和第5章，亦可简化部分章节内容；可考虑下编部分内容。
3. 非英语/翻译专业的本科生：上编，可简化并灵活处理章节内容。

二、专业性翻译教学

1. 英语专业本科生(翻译方向)：上编和第5章。
2. 翻译专业本科生：上编和第5章，下编部分章节内容。
3. 翻译学方向研究生(MA、PhD)：上、下编，可酌情简化和增加内容。

4. MTI：上、下编，可简化其中内容。

5. DTI：上、下编，应酌情增加、深化有关内容。

三、学术性翻译研究教学

1. 翻译专业本科生：上、下编，大量简化其中内容，强化部分章节内容。

2. 翻译学方向研究生(MA、PhD)：上、下编，PhD 还应强化部分章节内容。

3. MTI：上、下编，可灵活增删其中内容，强化部分章节内容。

4. DTI：上、下编，强化部分章节内容。

四、具体教法七原则

1. 因材施教，灵活机动，动态调整；

2. 应知应会，重点施教，兼顾个别；

3. 通识教育，自定原则，把握重点；

4. 专业教育，理论实践，切勿偏废；

5. 学术教育，培养思辨，独立创意；

6. 思考练习，切勿随意，每题必做；

7. 课后阅读，业余实践，相得益彰。

绪论导言，言为心声。这是新世纪作者之心声，这是我们对翻译学科之心声，这是我们为地方、为祖国崇高的翻译事业努力工作、孜孜以求之心声。

陈　刚

2011 年元旦于翠微湖

上　编

培养正确的翻译观

Chapter 1

翻译观(基础篇)

Translation Philosophy (Basic)

1.1 What Is Translation Philosophy
1.2 Comments on Translation Philosophy
1.3 Views on Translation in Globalization
Questions

1.1 何为翻译观

不论是进行翻译实践、翻译教学，还是进行翻译研究、翻译批评，首先要解决的第一个问题就是翻译观。所谓**翻译观，简单地说，就是人们对翻译(活动、性质和规律)的认识/认知和态度**(详见 **1.2** 翻译观简评)。有**整体的翻译观**(philosophy in translation / outlook on translation)，也有**具体的翻译观**(views on translation / the concept of translation / the notion of translation)。翻译观于翻译理论和实践之重要，犹如人生观于人类、婚姻观于恋爱中的双方之重要一样。

就年代而言，翻译观有古代的、现代的和当代的。就国别而言，有中国人独创的翻译观，同样也有西方(国家)特色的翻译观。就全球化而言，有全球化理念的翻译观。那我们应该以哪个时代、哪种国别或者以东方还是西方的翻译观为准呢？在全球化的今天，是不是仅仅了解、认识、掌握“全球化”翻译观就能一劳永逸了呢？

这既是翻译实践、翻译研究的问题，也是一个思辨问题。它起码乃至最终涉及人的问题，换言之，涉及译者本人的素质问题。

由于翻译观跟翻译理论密切相关，于是不少人以为：理论是空洞的、无用的、灰色的。不懂理论，照样能翻译，上起课来也不赖。许多翻译(大)家对翻译理论知之甚少，或许就是“一无所知”，他们照样翻译出流芳百世的作品。比如，备受钱锺书先生称赞的、依靠“二传手”的翻译家林纾，《红楼梦》的译者杨宪益夫妇等。再如，在西方翻译界流传着这么一段话：Those who can, translate; those who can’t, teach translation; those who can’t teach translation, teach translation theory。

乍一听，这些说法似乎颇有道理，或者说，似是而非，似非而是，真可谓“千古是非无处问，夕阳西去水东流”(唐·沈彬)。

果真如此吗？这涉及与翻译活动密不可分的译者及其素质。译者素质之高低跟其对翻译的看法密切相关。在讨论译者素质之前，我们先来探讨一下何为翻译观。

不同的学术流派有不同的翻译观，不同的译者也有不同的翻译观(不管他/她承认与否)。具体地说，比如有文艺学派翻译观、意象主义翻译观、交际理论翻译观、功能主义翻译观、阐释学派翻译观、释意学派翻译观、多元系统翻译观、描写学派翻译观、解构主义翻译观、翻译研究学派翻译观、文化(学派)翻译观、民族主义翻译观、综合学派翻译观、女权主义翻译观、食人主义翻译观、后殖民主义翻译观、**全球化翻译观**(陈刚特别提出，详见 **1.3 全球化翻译观**)等。又如，有的译者持“信达雅”之翻译观，有的持“宁信而不顺”之翻译观，有的持“形似不如神似”之翻译观，有的持“准确、通顺”之翻译观，有的持“准顺快”之翻译观(特指口译)，有的持“译语优势”之翻译观，有的持“能直译处皆直译，不能直译改意译”之翻译观，有的持“翻译标准多元互补”之翻译观，还有的持评判导译或陪同口译(guide-interpreting / escort interpreting)的十几种公式(如 AS =(f^1 • V1 + f^2 • V2) • 100%)之翻译观(陈刚，2004/Chen，2006)等。毋庸置疑，有相当数量的外语工作者(更不用说门外汉了)也有他们的翻译观，即所谓的“只要会外语就会搞翻译”。总之，即使没有接受过任何翻译理论教育或熏陶的译者，总有一种观念(观点或看法)在自觉或不自觉的状态下指导着他/她进行翻译实践，评论译文，甚至对翻译学科、翻译专业、翻译教学等“评头论足”。

古今中外，大多数译者或者作家兼译者、学者兼译者、批评家兼译者等，很少有正式或系统、全面地表达乃至发表过他们的翻译观。他们当中不少人谈论对翻译的看法亦仅仅停留在一事一议的、零散的、具体的、个体的、未成体系的层面上，当然也有一般的、总体的、抽象的、高度概括的、总结性的等。

有鉴于此，我们认为：**翻译观具有整体性，同时也具有具体性。**这两者是并存的，有的人对翻译有整体的或者接近于整体的认识和看法，有的人就未必，但这并不等于后者对翻译就没有认识和看法了。在处理具体的理论或实践问题上，有些人的翻译观是割裂的，而非统一的：这些人也许具有所谓的“整体”翻译观，也许就只有“零敲碎打”的。我们希望“翻译观应是统一的，而非割裂的；应是一致的，而非矛盾的；应是多元的，而非单一的；应是辩证(客观)的，而非主观的”(陈刚，2005)。然而，具体的事实并非如此。所以，我们同意某些学者有关“翻译观”定义的正确一面，也提出自己的不同观点。

1.2 翻译观简评

有学者认为，翻译观“指人们在长期的翻译实践中逐渐形成的对翻译的总的看法，是翻译实践活动的指导思想。从理论上讲，它既包括总体意义上翻译的哲学观、科学观、艺术观与历史观，也包含从各邻近学科研究翻译的基本观点与原则。……翻译观有别于一般的翻译原则和标准，具有多元性与灵活性”(方梦之，2004：48)。

从抽象、概括的角度看，翻译——特指“语际翻译”(intralingual transfer / translating / interpreting)——是一种跨语言、跨文化的交际过程；从具体、细化的角度看，其过程涉及以下十七八种要/因素：

1） subject(作为首要主体的译者)；
2） source text，ST(作为本体之一的源语文本)；
3） target text，TT(作为本体之一的目标语文本)；
4） decoding(解码)；
5） re-coding / re-encoding / encoding([再]编码)；
6） target readers / audience / addressees(作为受体的目标语读者/听者/受众)；
7） source culture(源语文化)；
8） target culture(目标语文化)；
9） (linguistic / situational / cultural / social / ideological) context([各种]语境/背景/环境)；
10) the purpose of the ST(源语文本目的)；
11) the purpose of the TT(目标语文本目的)；

12) the purpose of translation(翻译目的);

13) speed(速度);

14) voice(声音);

15) channel capacity(信道接受力，信息理解能力);

16) reception(译文接受);

17) effectivity(翻译[笔译/口译]效果);

18) ……

因此，译者/员的翻译观不仅仅是翻译的指导思想或翻译过程中所采取的翻译策略，所遵循的翻译原则、方法、技巧等，而应该是译者/员对翻译目的、语境、过程、产品、结果等翻译本体和翻译相关的内部与外部、主观与客观、微观与宏观等诸多因素之观念和看法。翻译观对译者/员的翻译活动起决定性作用。

综上所述，我们认为，翻译观是“指人们在长期的翻译实践中逐渐形成的对翻译的总的看法……”。但翻译实践告诉我们，由于具体的翻译往往是 case by case 的，存在诸多变数，所以一般的(非资深)译者往往只有具体的、感性的翻译观，难以形成，也许一辈子也不能够形成整体的翻译观。又由于翻译观与翻译理论密切相关，后者最终要解决的是译者的翻译观问题，对绝大多数译者来说，翻译理论处在比较“遥远”的地方(at third remove)，事实上他们是在未受过系统翻译理论教育的状况下从事着大量的翻译实践(并且对翻译事业和国家建设贡献巨大)，所以对这些译者而言，他们的翻译观不是什么“高谈阔论”的“对翻译的总的看法，而是那些简简单单的、实实在在的、非常管用的、很难称之为系统或者总的看法”的“一般的翻译原则和标准”。(这些)翻译原则和标准正是解决翻译观的翻译理论之核心部分，难道不是他们的翻译观吗？在现实生活中，在翻译界，一般人对翻译通常只持有具体的、单一的、片面的(即非全面的)或某一历史年代的看法、观点、认识等。较少有人对翻译有一个完整、全面、系统的总的认识和看法。夸张地说，没有这种翻译家或翻译学家。当然，上述翻译观，作为定义之一，从理论上讲是可以接受的，只是实际上难以找到具有这种翻译观的人。我们应该持宽泛的态度看待翻译观。翻译观、翻译理论与翻译实践相辅相成，形成一个有机的整体。常人一般是难以形成完整的翻译观的。他们即使有，其翻译观有时是正确的，能反映客观现实或规律，但有时会显得片面、破碎，乃至出现偏差、裂缝、错误。这点从他们的译文中能够看出他们的翻译观或对翻译的把握(分析见下)。

此外，从语义学角度出发，汉字"观"意为"对事物的认识或看法"(《现代汉语词典》第五版，2005)，或者"对事物的看法或态度"(《古汉语大词典》，2000)。尽管汉语中没有单复数概念，但我们肯定，人对事物的"认识"和"看法"可以是一种以上(即复数概念)的，也可以是总体的，所以将"观"译成英文可以分别是：

- Philosophy: a set of ideas about how to do something... (*Merriam-Webster's Advanced Learner's English Dictionary*, 2008/2010)
- Outlook: the way that a person thinks about things (*Merriam-Webster's Advanced Learner's English Dictionary*, 2008/2010); one's general point of view (*Longman Dictionary of English Language & Culture*, 2005)
- View(s): a personal opinion, belief, idea, etc., about something (*Longman Dictionary of English Language & Culture*, 2005)
- Concept: a thought, idea, or principle; NOTION (*Longman Dictionary of English Language & Culture*, 2005)
- Notion: an idea, belief, or opinion in someone's mind; CONCEPT (*Longman Dictionary of English Language & Culture*, 2005)

可见，英文中 philosophy 和 outlook 通常当单数使用。跟方先生所给定义相矛盾之处，恰恰是他把"翻译观"译成 views on translation(方梦之，2004：48)，用了复数名词 views 来对应"(翻译)观"。这是不当心造成的，还是 Freudian slip 的一种书面体现呢？

为了更清楚地说明翻译观往往是具体的，而非抽象得难以捉摸的，我们通过分析一些简单的词语翻译(考虑到循序渐进，暂且不涉及句子、篇章、文体、风格等翻译)，来一同思考、体会翻译观(其实也是某一具体的翻译理论原则)是怎么回事。

【ST1】北京大学；清华大学

【TT1-1】Peking University; Tsinghua University(归化)

【TT1-2】Beijing University; Qinghua University(异化)

【点评】北京大学和清华大学的外语/翻译教师(包括研究者)，还有全国相当数量的外语/翻译教师及研究者(包括那些“铁杆”的)都赞同“异化”翻译观，但似乎尚未看到有任何正式或非正式的文字信息声明：目前北京大学和清华大学的上述英译名(【TT1-1】)应该改为 Beijing University 和 Qinghua University(【TT1-2】)。虽然笔者十分清楚：可能有人的理由是“具体情况具体分析”，或者“约定俗成”，那赞同“异化”翻译观的人的翻译观是属于“异化”呢，还是“归化”呢，还是“混合式”呢？目前，译界一些学者动辄将“归化”跟“(后)殖民”挂起钩来，并给中国译者的归化译文和赞成归化的学者扣上“殖民情节”的大帽子，那他们为何没有向党中央、国务院投诉，因北京大学和清华大学的归化英译名具有“殖民倾向”而必须立即做出更正呢？相同的例子还有，江苏苏州大学仍然沿用 Soochow University(在台湾为“东吴大学”[1])，而非 Suzhou University。

值得注意的一种现象是：自从翻译理论在当代国内译界热乎以来，赞同异化翻译的论文多得似乎让人觉得只有异化才是翻译，因为翻译就是为了求异。具有讽刺意味的是，当然也是翻译的悖论之一，那些“异化派”对公示语英译保持缄默，讳莫如深，甚至(几乎)“集体失语”。中文的公示语翻译不能“异化”吗？如果对翻译实践了解得比较透彻，结论就比较简单：很难——其实就是不能——采取“异化”策略或方法。根据公示语翻译(汉译英)的特点，TT 必须合乎目标语及其文化的表达习惯，否则目标语之受众难以正确理解。换言之，英译文必须是“归化”，而不是“异化”的，若是“异化”，恐怕连懂英文的中国人都读不懂。比

1 1900 年在苏州由基督教监理会创建，是中国高等教育史上第一所西制大学。

如“RECEIVE SILVER HERE”，“LIE FALLOW HOLIDAY VILLAGE”[2]等等。我们的翻译理论研究(似乎)日趋热闹，可谓学术繁荣，但翻译实践却每每捉襟见肘，漏洞百出，品质明显为下降趋势——似乎呈反比现象。这既是又一大悖论或笑话，也说明我们对翻译理论与实践的研究都还不够成熟。成熟的翻译学是既研究理论问题，同时也重视实践和现实等问题。我们译界的一些研究方向似乎出了偏差，热衷于“高档次”理论研究的人很少关心像“面子工程”、“语言环境”之类国家重大的现实问题(或者是为了完成所谓的“课题”或“项目”)。一些“翻译理论家”没有很好地做到理论与实践之间的互动；一些“翻译理论家”会以研究所谓的“纯理论”为借口而孤芳自赏，不愿走出“象牙塔”；一些“翻译理论家”因自身翻译能力等问题，对实践研究不敢问津，从而在客观上放弃对全球化进程中出现的诸多刻不容缓的翻译问题的研究(如事关国家声誉、名气的公共服务领域外文译写之“形象工程”和“面子工程”，这里当然也有或更有有关领导/职能部门的责任)。这些触目惊心的现象跟大学教育制度改革和学术评价体系的改革关系很大。我们的高校正面临着高等教育全球化带来的压力和挑战，难道我们的翻译理论工作者和翻译实践者可以不积极投身于全球化的翻译社会实践，却袖手旁观，或者生活在世外桃源中吗？

现在的中国文化界经常把不重要的知识当成最重要的，把重要的知识当做不重要的(余秋雨，见有关第 12 届 CCTV 青年歌手大奖赛主题的《杨澜访谈录》，2006 年 7 月 23 日)。我们的翻译界难道就没有类似的问题或倾向吗？

有鉴于此，对这些不(够)关心国家(重大)现实翻译问题的“理论工作者”的“翻译观”，我们该如何做出判断呢？

【ST2】陕西

【TT2-1】Shanxi(汉语拼音，国内使用)

【TT2-2】Shaanxi(汉语拼音，对外使用)

---

2 这两个英文翻译均有出处和照片为证：前者全文是“收银台”；后者是“休闲度假村”。

【点评】Shaanxi 的拼法是为了方便外国人，不至于和 Shanxi(山西)搞混，故显然往“归化”靠，似乎尚未有任何“异化派”跟这种音译处理法唱对台戏。

【ST3-1】*Translation as a Purposeful Activity: Functionalist Approaches Explained*

【ST3-2】*Translating as a Purposeful Activity: Functionalist Approaches Explained*

【TT3-1】《译有所为——功能翻译理论阐释》(张美芳、王克非等译文)[3]

【TT3-2-1】《(作为)目的性行为之翻译——功能理论阐释》(陈刚译文)

【TT3-2-2】《目的性行为——析功能翻译理论》(上海外语教育出版社译文)

【TT3-2-3】《翻译即目的型活动——功能翻译理论诠释》(谭载喜，2004：258)

【点评】【ST3-1】显然有重大错误(当属严重疏漏)，因为 *Translation* 应为 *Translating*，算是硬伤。要讨论的问题主要出在 *Translating as a Purposeful Activity* =“译有所为”吗？能够这样等同吗？这是译者的“功能翻译观”、“意译”翻译观，还是“创造性翻译观”？

作品的题目或专有名词的翻译是很有讲究的，也是相当难的。笔者以为，(学术)专著的翻译应以直译为主，除非无法办到，或者会产生歧义等。由于 Christiane Nord 的著作题目还不至于难到无法直译的地步，所以【TT3-2-1】、【TT3-2-2】和【TT3-2-3】应是提倡之译名。在意义上，“译有所为”之表达难以和“作为目的性行为之翻译”相匹配。“为”在汉语中主要作动词、介词、名词、助词等(据第五版《现代汉语词典》)，在此语境中，“为”应当作“做”解，如“有为”、“事在人为”、“大有可为”等。又据吕叔湘先生主编的《现代汉语八百词》，有“有所不为”和“有所为”的例句(吕叔湘，1996：483)。显然，“所为”意为“有事做”，这跟“有目的的行为”或者“目的性行为”之内涵相去甚远。对

[3] 张美芳、王克非主译，外语教学与研究出版社，2005。该书版权页上原著英文名称有严重错误。

此，笔者有两个推测。其一，莫非译者之一是南方人，将应为阳平的"为"当成去声的"为"，于是成了介词"为"，表示目的。事实上，根据汉语语法和搭配，"为"作为介词用时，后面要跟"名；动/小句；动/形 + 起见；或者……"（归纳自吕叔湘，1996，484-485），介词"为"后不跟其他东西应为典型的语法错误和搭配错误。其二，另一译者为许国璋先生的弟子，受其导师译作的影响。许先生曾经摘译了牛津大学道德哲学教授奥斯汀于 1955 年在哈佛大学的哲学讲演集(共十二讲)，原名 *How to do things with words*，译名为《论言有所为》。许先生在"译者按"(《语言学译丛(第一辑)》，中国社会科学出版社 1979 年版，或参见许国璋，1991：292-293) 中指出：所谓"言有所为"，意思即是言语本身是一种行为，或叫言语行为(speech act)；另一层意思是言语是见诸行动的(下画线为笔者所加)。*How to do things with words* 的另一中译文是"如何以言行事"[4]。很显然，"译言有所为"跟"言有所为"一样，只表达了翻译和语言一样，是一种行为这层意思，丢失了 Christiane Nord 原著书名中的关键要素——目的性。仅"行为"一词是根本不能替代"目的性行为"的。试看："翻译可以有不同的目的。有为了科学目的进行的……有为了宗教目的进行的……有为了政治目的进行的……也有为了文化目的而进行的……"[5]

引文中的 5 个"目的"能够用"行为"取代吗？或者我们能把"翻译可以有不同的目的"改写成"翻译是有为的"吗？回答是否定的。

笔者不禁要问：这是什么翻译观在起作用呢？由于译者是翻译学、语言学方面的专家，我们难道说他们没有完整、成熟的翻译观吗？这一误译起码可以说明两点：一是主观上译者没有很好或很有效地对中英文做 parsing；二是客观上反映了翻译的一大悖论——因最难理解的语言悖论是语言既反映现实，又扭曲现实(Nida，1993：6)，所以翻译亦如此。当然。之所以出现这样的误译，译者是想"推陈出新"，造成翻译技巧的误用。如果用直译法，结果便不言自明。所以"能直译处皆直译，不

4 顾曰国，见《如何以言行事》，外语教学与研究出版社、牛津大学出版社，2002。

5 见《周珏良文集》第 377 页，外语教学与研究出版社，1994。

能直译改意译”之翻译观还是值得坚持的。

【ST4-1】中国大陆

【TT4-1】mainland China[6]

【TT4-2】China's mainland / the mainland of China / the Chinese Mainland

【点评】由于原文既是一个地理概念，更是一个政治概念，我们对待这种政治词汇的翻译必须抱以正确的政治态度和学术态度，平时要了解、分析有关国际政治，尤其要熟悉并且掌握自己国家的对外政策。这也不妨算是对培养一种“政治翻译观”的起码要求。这种翻译观的形成，必须经过丰富的社会(翻译)实践，必须对政治问题有深刻的(翻译)理论思考，归根结底，还得保持较高的双语敏感度和较高的选词精准度，这样才能容易把握政治词汇的内涵(political connotation)，进而确保政治上的正确性(political correctness)。不论是口译还是笔译，词汇能力总是基础，准确地理解和运用政治词汇是保证政治翻译正确的基础。为此，有两种常见的简便方法，不妨加以尝试：

其一，中外对比。比如美国报纸上用 mainland China，但英文版的《中国日报》肯定用 China's mainland 等，因为 mainland China 隐含两个中国的意思。发行量不小的《联络陪同口译》应试培训教材多处重复出现 mainland China，难保不误人子弟，铸成错误。

其二，遵循“官方译文”(follow the official translation)。由于并非人人都能接触到外国媒体，注意并且遵循中国官方的英译文比较安全，不失为上策。比如，“台湾问题”，我们的官方译法是(the) Taiwan question，而非 Taiwan issue(西方等译法)。因为 issue 的内涵是有争议的或有待讨论的问题。从通过长三角口译资格证书考试的人的嘴里，还能不时地(from time to time)听到 Taiwan issue；国家旅游局委托有关单位出的 2010 年全国导游大赛英文题目中仍然出现这个老问题(似乎没有一个参赛单位有感觉；笔者曾亲口询问过主办方，对方对国家旅游局要求的把好政治关等不以为然)。对此，我们无不担忧。

---

6 《联络陪同口译》(柴明颎、梅德明等编写，人民教育出版社，2005)第 16 页等多处。

【ST5-1】 room service

【TT5-1】 客房服务[7]

【TT5-2】 送房服务；送餐服务；客房送餐服务

【点评】“新世纪翻译学 R&D 系列著作”总序的题目是“专业化与学术化——学好翻译的关键”。如果我们真正(注意)树立“专业/职业化与学术化”的翻译观，《联络陪同口译》一书中就不会出现将 room service 译成“客房服务”这种非专业/职业化的错误。中国的大学长期以来没有翻译技术职称系列，即使目前翻译学科在高校方兴未艾，但是距离口笔译专业/职业化的要求，我们还任重道远。全国各地乃至在外语院校出现的各种类型的翻译错误恰恰说明“革命远未成功”(套用孙中山先生名言“革命尚未成功，同志仍需努力”)！

这里还有一个翻译观念上的误区，即以为文学翻译才是最难的(详见下文“悖论 8”)，非文学翻译似乎不那么难，有些甚至不登/难登大雅之堂。其实，中国急缺的是大量高素质的非文学翻译(即各类专业翻译人才)，全球化进程中的中国以及全世界的翻译形势正好能证明。而文学翻译的总量仅占世界翻译总量的 1%[8]。也正如上述误区的存在，有人以为联络陪同口译是“小菜一碟”，可以比较随意找人编写这种专业性/行业性难度“深藏不露”或“貌似简单”(deceptively easy)的(专业)教材，实为大错特错，从 room service 的翻译错误便可见一斑。

根据 *English-Chinese Bilingual Hotels, Tourism and Catering Management Dictionary*(由英国 Peter Collin Publishing Ltd.授权，北京世界图书出版公司 1998 年出版)，room service 意为 arrangement in a hotel where food or drink can be served in a guest’s bedroom。我们注意到：尽管有些词典也提供“客房服务”的译文，但“送房服务”、“送餐服务”、“客房送餐服务”、“送餐进房服务”等译文更为简洁明了，并且在涉外饭店广泛使用，尤其是“送房服务”、“送餐服务”等译文。从旅游专家陶汉军(曾任国家旅游局人教司领导)的旅游词典编撰经历便可清楚地说明有

7 《联络陪同口译》(柴明熲、梅德明等编写，人民教育出版社，2005)第 24 页等处。

8 引自《非文学翻译理论与实践》(李长栓，2004)第 20 页。

关译文的“变迁”。陶汉军在1983年编译《英汉国际旅游与旅游管理词汇》(杭州大学经济系内部版，商亚南校审)时，把room service 译为“送餐至客房的服务”和“客房服务”，把room service menu 译为“客房用餐菜单”。时隔十年后，相同的词条被分别译为“客房送餐服务”(删去了“客房服务”)和“客房用膳菜单”(陶汉军，《英汉国际旅游与旅游管理词典》，旅游教育出版社，1994)。笔者认为，room service menu 和 room service breakfast order form 可以译作“送房菜单”(陈刚译文)、“送餐进房菜单”和“早餐进房预定单”(参见张广瑞、杨冬松，《饭店英文实务手册》，中国经济出版社，1995)。在此值得指出的是：在当今时代的背景下，译文“客房服务”是会(严重)误导人的。

上述五个案例/译例反复证明，总有一种翻译观或翻译思想在指导着、支配着译者及其翻译实践。而译者的语言素质、(跨)文化素质等，简言之，译者能力(the competence of a translator，奈达语)能反映译者的(某种)翻译观。有时，仅凭译者的观点，也不难判断出其翻译观是否存在问题。比如，有学者认为：“文学翻译从来不是复制，而是永远的阐释。”(吴元迈)[9] 就事论事，此话是片面的。谁能够在任何两种语言之间转换时(真正)做到“复制”，那就非常了不起了。欧洲语种之间比较接近，它们之间的转换比较容易做到“复制”，当然事实上是难以做到的。在差异如此之大的汉英语言和文化之间进行转换，能够做到“复制”，那简直是一大奇迹了。仅举英汉诗/词翻译，如果仅仅关注(意义的)阐释，如何照顾诗/词的“音美”和“形美”？当然，要(完全)做到“意、音、形”皆美是极其困难的，甚至是不可能的(巧合除外)，问题是：诗/词的形式在原文和译文中都是至关重要的，诗/词失去了其固有/特有的形式(如莎士比亚的十四行诗、马雅可夫斯基的阶梯诗、唐朝的格律诗、宋朝的长短句等)，就不能成为特有的诗/词了。因此，翻译诗/词时，怎么能不顾形式呢？如果翻译诗/词时，其形式能够复制，那为

9 见“文学翻译研究与外国文学学科建设——吴元迈先生访谈录”(高玉，《外国文学研究》2005年第1期)。

什么还要阐释呢？更何况形式能够阐释吗？

因此，我们要不断调整、改进、更新我们的翻译观。为了与时俱进，在新的世纪，我们还应该具有新的翻译观——**全球化翻译观**。

1.3 全球化翻译观

1.3.1 全球化翻译简释

何为全球化？何为翻译？第一个问题，请见 1.3.4。第二个问题，涉及翻译的本质论，我们将在第 3 章、第 4 章详细探讨。有关翻译的定义不胜枚举，但从全球化本身的定义（见 1.3.4）出发，我们特别推荐爱尔兰学者克罗宁的定义：**"翻译涉及一切有关连接的建立**——把一种文化和语言与另一种文化和语言连接起来，为无限的物品交流、技术交流和思想交流创造条件。"（Cronin，2003：41）考察翻译史，我们注意到：常常在关键的地方，独立产生于依赖，即有依赖才有独立。独立依赖于翻译某一民族的文化或语言之早期代表性文本或具有不同哲学或政治传统的新思想。于是，文化独立几乎一直就是与翻译相互依赖的，因为正是翻译把越来越多的地方与越来越多的人连接到跟翻译有极为重要关系的文化网络之中。被《经济学人》称为"创造力先生"和"系列创新家"的美籍华人思想家 John Kao 创造了"高氏法则"，他特别指出：创造力将随着与网络相互连接的人们之多样性和发散性呈指数般地上升。换言之，创新或创造能力依赖不相一致的、互为补充的思维方式（同上）。"高氏法则"完全能用来解释为什么译者不仅需要与别人相互联系，也需要同行之间相互联系。我们需要健康的文化，我们需要继续生存，我们就有赖于人与人之间的相互联系。这好比我们的健康身体有赖于我们共同保卫这个地球。因此，从"连接/联系"这个中心词出发，**全球化翻译指在全球公民之间建立并保持语言和文化之连接**（参考 Cronin，2003：49，但原作者并没有如此定义"全球化翻译"）。全球化就是以越来越紧密的连接为特色的。而翻译则是全球化或全球传播、沟通、连接的先决条件(precondition)和关键性基础(key infrastructure)。在现当代发达世界的经济体制中，人们非常重视人与人之间的沟通能力和技巧。其沟通质量与职业资格同样重要，所以大量的 intermediaries(中间人；调解人)和 interpreters(解说人；阐释者；说客)便应运而生，诸如律师、会计、记者、项目经理、娱乐界人士、特别治疗专家、顾问和教师等，他们需要应付各种复杂的人际关系，他们在当代第三产业举足轻重。他们当中有些人是 intermediaries，起“交换的润滑剂”作用，调节人、知识、金钱、健康与权力之间的关系；有些人则是 interpreters，分析信息，并帮助做出判断。因此，“译者和译员占据着特别重要的位置：他们总是要关注如何处理与世界的关系；换言之，他们已经在新旧两种经济体制中施展了其专业/职业本领，既充当‘交换的润滑剂’，又扮演‘解说员’的角色”(Cronin，2003：47-48)。所以，二战后口笔译的培训开始兴起，如今可谓方兴未艾。外人非常希望会翻译、会多说几国语言，言外之意是：会说的语言越多，就越容易与人和外界沟通，于是就越受人尊重(同上：48)。当前，网络中的语种越多，就越能做到全球化。说得更为确切点，便是 **glocalization**(全球-本地化)。这是一个新词，由 globalization 和 localization 组成，意思是：

1)既能为全球市场创造产品或提供服务，又同时能适合本地文化。

2)利用网络等电子通信技术在全球范围内提供本地服务。

1.3.2 “翻译与全球化”简释

有谈论“经济与全球化”和“经济全球化”的，有讨论“交通产业全球化”和“民主全球化”的，也有讨论“女性主义与全球化”的。总之，我们可以多维地讨论全球化，诸如全球化概念或理念角度、全球化理论角度、地球村角度、社会学角度、政治学角度、国际关系角度、世界多极化角度、大众传播角度、贸易角度、市场角度、跨国公司角度、资本运作角度、语言多样性或单一性角度、文化多元性或单一性角度，甚至反全球化角度(即反抗目前这种所谓的“全球化”，其实是另一种全球化，即“正义全球化”）等。的确，全球化对很多人来说还是一个模糊概念。本书要集中讨论的一个重点是“翻译与全球化”。本节先集中搞清楚一个概念：如何理解、看待“翻译与全球化”和“什么是翻译(的)全球化”等，进而客观、正确地阐释“全球化翻译观”。

那么，什么是“翻译与全球化”和“翻译全球化”呢？有学者指出：“全球化没有，也从未以自由贸易的单一世界市场而存在过”（引自 Cronin，2003：34)。克罗宁接着说：根据美国《财富》排名的全球 500 家最大的跨国公司，其中有 434 家在欧盟、美国和日本经营。许多市场处在高度调整状态，劳动力流动问题颇多。尽管互联网是支付得起费用的人们沟通和娱乐的最佳媒体，但互联网不可能将人、货物和服务真正地联系在一起。由此可见，从地理角度说，或从开放观念出发，全球化这种说法是夸张的。因此，不是地球上每一个角落都同时或者以同样的方式经历全球化的。确切地讲，在现代社会多样性的大背景下，我们与其说谈论翻译与全球化，还不如说谈论“(作为)翻译(活动/行为)的全球化”(**globalization as translation**)，才显得更为合适。

的确，没有一个单一民族的国家会随意采纳、接受单一的全球化模式。但每个国家或社会、团体会把全球化和信息化经济要素翻译并转换成适合本地的东西。这样，人们对全球化的经历会因国家、民族、区域而异。翻译并非简简单单地是全球化的一个副产品，而是全球化的有机组成部分。事实上，**翻译部分创造了全球化**。在如今时空都压缩的世界里，人们更青睐于第一手交换。由 IT 支撑的网络几乎在第一时间或几秒钟、几分钟就能把英语的信息和图片迅速传遍全球。这正是翻译使之世界性，使之全球化。

在此基础上，我们可以更为准确地讨论全球化翻译观。

1.3.3 全球化翻译观初步定义

全球化翻译观是一个很难(确切)定义的概念。我们暂时做一个初步、简单的定义：**全球化翻译观特指人们自全球化进程中第三个时代(即 21 世纪)以来，(在对全球化第一或第二个时代中翻译活动了解的基础**

上)逐渐形成的对翻译实践、研究和教学，对翻译专业、职业、行业和产业等活动及其性质和规律的认识与看法。这种认识和看法可能是总括的、整体的，也可能是具体的或零散的；可能是科学的或学术的，也可能是非科学的或非学术的；可能具有全球化元素，也可能具有非全球化或反全球化元素等。

因此，我们不妨先试着给出“全球化翻译观”的两个英译文(其余新的释译见 1.3.7)：

1) **views on translation in globalization**；

2) **views on globalization as translation**。

译文(1)意为“全球化(进程中的)翻译观”；

译文(2)则指“(作为)翻译(行为/活动)的全球化观”。

那么如何解读这两种词序不同的翻译观呢？在全球化进程中翻译应扮演什么角色呢？我们只有对全球化有了一些必要的了解后，才会对全球化翻译观有比较清楚、深刻的认识。

1.3.4 全球化与翻译简述

所谓“全球化，指的是对世界的理解和对一个整体世界意识的加强”(Roland Robertson)。而“当我们迈进一个新的世纪，即新千年的时候，翻译现在真正是事关我们每一个人的了”(Cronin，2003：85/75)。

回首往事，人类历史是一部逐步走向全球化的历史。而翻译活动(也必定)贯穿于整个历史的始终，而且比学者们界定的起始期要早得多。《圣经・旧约》“创世纪”中讲了有关上帝通过搞混(confuse)全球的语言，并使人类分散至全球各地从而阻碍他们建造通天塔(巴别塔，Tower of Babel[10])的故事(见 Genesis，11：1-9)。如果这个故事值得引用的话，那么笔者特在此引用一种见解：“通天塔的故事不是讲述语言的不幸，讲述上帝对人类傲慢的惩罚，而是讲述了殖民主义的失败，一个全部讲

10 Babel 意为 confusion (Baker，2004：21)。

同一种语言的人类试图殖民上天的失败。”（Cronin，2003：136）虽然《旧约》中有关洪水的故事（上帝因为对世人的罪恶感到愤怒，想要惩罚他们，就引发了洪水，见 Genesis，6-7）和上述人类建造通天塔的故事只是道德和宗教寓言，但 M. Trigano 特别指出：“无差别、取消差异会造成灾难性的后果，而多样性却浸没在相同性的洪水之中，或者被赶入单一语言的大一统之中。”（Cronin，2003：136）请注意，“无差别”在原文中为 indifferentiation，正好是（在语言学中）指“分化”或“异质化”的 differentiation 之反义词。如果在全球化年代中多样性受到无差异的潮水（the tidal flood of indifference）所威胁，翻译可能正好是成为独具魔力之岛（同上：136-137）。

如果《圣经》中的故事确有寓意的话，我们还得感谢上帝早就为全球化和全球化翻译铺平了道路。这个故事提出了不少问题，我们难以回答。“一些作家，主要是诸如赫尔德、施莱格尔兄弟、洪堡、歌德等德国浪漫主义作家，以及各类后浪漫主义作家如本雅明、海德格尔、乔治·斯坦纳等，一直希望在巴别塔城上帝使人讲多种语言时失去的那种最早的语言存在于世，并且通过完美的（或者，按照本雅明的观点，不甚完美的）具有灵性、神秘色彩的翻译从而恢复原貌。因此，从这个意义上说，译者便成为‘救世主’——即被上帝在希纳尔平原上所破坏了的原始语言统一的恢复者。”（Baker，2004：21）然而，翻译一直无法做到。

翻译可追溯至公元前 3000 年的古埃及（Newmark，2001：3）。而口译先于笔译诞生（刘和平，2005：v）。作为翻译的主要形式之一的口译是人类最古老的职业。口译的历史可追溯到远古时代人类社会的早期。人类文明就发源于欧亚大陆与非洲大陆合称的旧大陆。公元前 5000 年至公元前 3000 年，在旧大陆的不同地点产生了几个独立发展起来的文明中心，包括濒太平洋的中国黄河、长江流域文明，北非尼罗河流域的古埃及文明，西亚美索不达尼亚的两河流域文明和印度河中游古文明，还有来自西亚和北非的古希腊文明以及继承古希腊文明的古罗马文明。在文字诞生之前，只要人类操不同的语言，就需要口译。因为当操不同语言的原始部落群体彼此交往、交换信息时，必须借由口头的翻译作为沟通的工具，所以不同的原始部落或民族间要开展经济、贸易、文化等交流，就需要口译；原始部落或民族要向外发展、扩张，就需要口译。例如，中国的外交口译可以上溯至先秦时期的夏商周。据《国语·周》记载，在春秋前，已出现“舌人”（能通晓异族言语并传译言语的低级官员）之官职(黎难秋，2002：1-2)。学者、翻译理论家乔治·斯坦纳从学术的角度指出：“当我们用母语发出和接受信号时，我们每时每刻都在‘翻译’。显然，当两种语言相遇时，用更为宽泛和更为习惯的意思来说，翻译由此产生。”（Steiner，2001：xii）

汉朝至清朝，中国(包括港台)在政治、军事、经济、外交、贸易、文化、科技、卫生和教育等方面的对外交往，诸如儒家学说的向外传播，张骞出使西域开辟了举世闻名的“丝绸之路”，王昭君出塞，蔡文姬西嫁匈奴，法显和尚4世纪的印度之行，文成公主婚嫁吐蕃王朝，唐代高僧鉴真东渡扶桑，伟大航海家郑和自1405年起七下西洋，还有中国古代“四大发明”传至西方，中国对世界造船技术的历史贡献等，都为国家、民族之间的联系，为旧大陆与新大陆的连接和全球化的发展作出了难以替代的贡献。

此外，古代世界最著名的征服者亚历山大大帝，佛教、基督教、伊斯兰教的传入和引进，阿拉伯探险家伊本·巴图塔14世纪的亚非欧三大洲之旅，打破东西方壁垒的千年伟人成吉思汗，元代马可·波罗亲历中国，哥伦布发现新大陆(西方观点，其实被称为“新大陆”的美洲大陆早就存在)，西方科技和社会思想之东进，19世纪中至20世纪20年代初西方正式组织的会议语言和工作语言是法语(如1865年成立“国际电信联盟”和1874年成立的“万国邮政联盟”是以法语作为其唯一的正式语言)，两次世界大战的爆发，一战后“巴黎和会”上同声传译的正式起用，二战后全球瞩目的纽伦堡大审判，1945年联合国的成立，1953年AIIC(国际会议口译员协会)的诞生，世界贸易组织的形成，欧盟政治、经济的一体化，南北对话，南南合作，信息高速公路的建立，地球村的发展，香港、澳门回归祖国，亚太经合组织的成立，欧亚峰会的召开，亚信会议的召开，欧元区的创建，反恐联盟的建立……

所有这一切，都在全球化发展史上写上了浓重的一笔，或者成为全球化道路上的里程碑。

有意义的是，根据 *Merriam Webster's Collegiate Dictionary*（10th Edition），翻译（translation）和译者（translator）与口译（interpretation）和译员（interpreter）这两组单词都出现在大约 14 世纪。而"全球化"这个词的词根"球"（globe）大约出现在 15 世纪。在此之前的几千年里，"我们的祖先们就已经遍及世界各地了。事实上，他们的迁徙和繁衍过程可以被看做是早期的全球化。大约五万年前，人类的原始祖先首先出现在了非洲东部，他们慢慢扩散到包括南美和北美在内的世界各个角落。冰川期结束时，由于海水的上涨，美洲与欧亚大陆被分隔开来，形成了今天的两个大陆。直到 1492 年哥伦布意外地登陆加勒比海岛后，这两个大陆才被重新连接起来。同年，德国地理学家马丁·贝海姆（Martin Behaim）发明了地球仪"（Nayan Chanda）[11]。"地球仪"的英文也正好是 globe。

1492 年，美洲和欧亚大陆重新连接，人类重新连接，是近代世界史上最大的转折点，欧洲人离开了旧世界，进入了新大陆，随之产生的贸易被称为"哥伦布交换"（Columbian Exchange），隔离了一万多年的人们重新团聚，这是全球化历史上的一个里程碑。建造这个重要里程碑的功臣中，除了哥伦布之外，不可或缺的应是新大陆上土生土长的印第安人，他们被哥伦布等探险家抓去培训成口译人员，他们是"新大陆第一代译员"（Baker，2004：xiv）。

有学者（如华东师范大学历史系余志森）曾指出：人类历史经历逐步全球化的过程后在 19 世纪末至 20 世纪初，20 世纪末至 21 世纪初分别形成了两次全球化高潮。然而，根据 Nayan Chanda 于 2004 年 3 月 25 日对《纽约时报》外交事务专栏作家、曾三次获得"普利策奖"的 T.L. 弗里德曼的访谈，弗里德曼提出了一个更新的观点——**世界全球化可分为三个伟大时代**。用他形象的语言就是：

---

11 见 *YaleGlobal*, 19 November 2002。

第一个伟大时代为 **1.0 版的全球化**(Globalization 1.0)。它主要是“**国家的全球化**”(the globalization of countries/nation-states),葡萄牙航海家伽玛和意大利航海家哥伦布代表国家利益探索世界,从而使他们的国家参与全球化,时间从 15 世纪开始。这一时代以征服和帝国之建立为推动力,并一直以自身的方式持续着,后来发明了蒸汽船、铁路和电报,最后随着第一次世界大战的爆发而结束。它将世界从“大号”(Size Large)缩小到“中号”(Size Medium)。

然后开始了第二个伟大时代,即 **2.0 版的全球化**(Globalization 2.0)。这一阶段从第二次世界大战后一直延续到 2000 年,并在 1980 年到 2000 年之间得到了强化,大致说来,它强化了我们拥有因特网和光纤电缆的事实。这一时代使世界从“中号”缩小为“小号”(Size Small),是有关“**公司的全球化**”(the globalization of companies)时代。例如全球最大的搜索引擎 Google、全球最大的中文搜索引擎百度、全球最大的 C2C 电子商务网站 eBay、全球最大的网上商城 Amazon,当然还有 Yahoo 网站等这些全球化思路创新的无数产品。

第三个伟大时代从 21 世纪开始,是 **3.0 版的全球化**(Globalization 3.0),将世界从“小号”缩为“极小号”(Size Tiny)。目前在谈论全球化,就是“**个体的全球化**”(the globalization of individuals)和“**小团体的全球化**”(the globalization of small groups)。3.0 版的全球化是 2.0 版的增强版,它使 2.0 版全球化时代所创造、发明的一切——诸如宽带、光纤电缆、个人电脑以及联结它们的软件性能等——都得到了增强,并且变得别具特色。

国家、公司或小团体的全球化较容易理解,“个体全球化”需要做些具体解释。主要是思考你如何将自己很好地进入全球的供应链。

其一,20 世纪买飞机票需要排队;而 21 世纪,你只需在家里下载电子机票,直奔机场即可。其二,你有哪些技术是独有的、不可替代的,这些技术就是档次最高的,难以被外包。其三,你有哪些工作是可以像出口产品那样被外包,进而向对方要产品。例如,在 IT 行业非常兴旺的印度,有位年轻人创建了一家小型游戏公司。现在软件游戏产业比好莱坞电影业还兴旺，通过因特网销售游戏的确是个大买卖。他想到印度有许多独特的技艺，比如在印度神庙绘画被提升为一种极其高雅的艺术，许多神庙画家的子女能够非常熟练地将那些绘画技艺转换成电脑辅助设计角色。如果能利用所有这些技术将印度画家和游戏产业结合起来，那他本人将从事这一产业。于是，他创办了公司，配置了应有的软硬件，通过因特网连接，为美国或欧洲的游戏公司设计角色。后来许多美国游戏公司(包括几家最大的)都将设计角色的业务外包给这个印度小伙。这就是世界缩成"极小号"的例子。

笔者特别指出：在20世纪，中国的涉外旅游公司，包括个人独资旅游公司，就与海外旅行商互换 inbound 和 outbound 团。全球性的翻译外包(outsource/offshore outsourcing/farm out)业务也随处可见，即使在中国也早就不是一件新鲜事儿了。联合国为降低行政开支和提高工作效率，也(会)将包括翻译等一些业务外包。当然，外包会引起一系列问题，诸如价格问题、质量问题、竞争问题、文化转移(cultural shift)、工作认同(感)问题，甚至会出现有人担心的"漫天要价"式的敲诈(Halliburton-style rip-off)，或者以牺牲质量为代价的压价竞争。尽管如此，这些都清楚地表明：在全球化进程中，整个世界已经连接起来了，并且连接得越来越紧密，从"围墙世界"变成"网络世界"(a World of Wall to a World of Network)。而在语言多样性和文化多元化的世界大背景下，唯有翻译才能将各个不同的国家、各个不同的民族连接起来。

1.3.5 全球化定义

鉴于此，笔者认为有关全球化最简明的定义是：**globalization means <u>reconnecting the human community</u>**(下画线为笔者所加)。其参考译文是：全球化就是重新连接人类社会。或者，全球化就是把全人类重新连接起来。

有关全球化相对既简明又完整的定义是：**the worldwide phenomenon of technological, economic, political and cultural exchanges, brought about by modern communication, transportation and legal infrastructure as**

well as the political choice to consciously open cross-border links in international trade and finance. It is a term used to describe how human beings are becoming more intertwined with each other around the world economically, politically, and culturally. Although these links are not new, they are more pervasive than ever before. (*Wikipedia*)

(**参考译文：**[全球化]是一种技术、经济、政治和文化交流之全球现象，由现代传播与交流、运输、法律等基础设施建设以及政治选择而产生，旨在有意识打开国际贸易和金融的跨界联系。该词用于描写人类在全球范围，在经济、政治和文化等诸方面的联系正变得愈加紧密。虽然这些联系过去就存在，但是它们比以往任何时候都更加显得无处不在。)

此外，从世界经济一体化的角度定义，全球化的形成还有别的具体因素(同上述定义存在部分重叠)，包括服务业、大规模移民、人口流动、经济活动水平已通过跨国界的工业联合和商业组合发展到跨越国内市场、签订国际协议降低在外国做生意的成本等。全球化给企业和国家带来了巨大的利润，但却因较大不同的期望值、生活标准、文化与价值观、法律制度以及尚未预料到的全球因果联系而变得复杂化。(译自*Merriam Webster's Collegiate Encyclopedia*，2000)

国内学者对全球化比较简单的解释是：1)全球化就是西方化甚至是美国化；2)全球化是对经济技术资源进行全球范围的优化配置；3)全球化是为了解决全球性问题，如环境污染、人口爆炸以及毒品和犯罪的跨国泛滥等等。复旦大学国际政治系樊勇明先生认为：第二种解释既全面又最接近实际情况，其标志和核心就是加入世界贸易组织(WTO)的国家和地区越来越多。对我国来说，加入WTO的首要问题是制度创新。加入WTO，对我国(特指中国大陆，笔者注)的冲击主要不在于对哪一个具体行业的冲击，而是由公开性和非歧视性带来的制度创新压力。它将对建设中国特色的社会主义市场经济带来新的含义，经济体制改革不再局限于放权让利和转变政府职能，而是要求政府、企业、居民三者之间走向平等的格局。

1.3.6 当代全球化的特点与特色

全球化，作为一个概念既指世界正在缩小，如被描述为“地球村”(global village)，又指越来越把世界作为一个整体来看待；作为一个新词，它的出现远远迟于全球化的发生。一些学者认为 globalisation（全球化；美国拼法为 globalization）首次出现在 1962 年 10 月 5 日英国《旁观者》周刊的一篇文章里，而 1961 年版的韦氏词典已有关于 globalism 和 globalisation 的定义（WATERS Malcolm, Globalization, New York, Routledge, 1996, Page 2）[12]。但根据 *Online Etymology Dictionary*，该词首次出现于 1959 年。

从客观角度说，全球化早已成为人类历史发展的主旋律。尽管在这个主旋律奏响过程中，会自然而然地出现不和谐的音符（如新的无序和新的混乱这类弊端），但它更多的是给全世界带来越来越密切的联系。

固然，全球化把人类、时间和空间连接了起来，但过去的全球化与今天的全球化具有很大的不同。最大的不同，就是当代全球化的两大特点，即“两个度”：**“能见度”**和**“速度”**。从以上这些定义和解释得知：加速的全球互动放大了其影响，“能见度”高了；同时传媒的全球普及让受众即刻就可看到这种影响，其速度之惊人是前所未有的，而这种传播速度在过去如蜗牛爬行，而且常常不在受众的视线之中。如今，在全球化主旋律的演奏中，翻译可谓扮演了不可或缺的关键角色——他们几乎在第一时间给全球公民带来了信息，但可惜的是：这种角色可能并不为受众所认知，即使有一个现场专业译员在身边，因为此时翻译往往是“隐身”的（invisible），受众首先已经被即时“本地化”（**localized** 或 ***e*****localized；localization/*****e*****localization——“本地化”/“电子本地化”**就是翻译）了的信息所吞没。这是一个翻译悖论（详见 **1.3.8**）。

上述翻译的两大特点与当代全球化的两大特色密不可分：一个特色是克服了空间的障碍，另一个特色则是知识和信息的重要性。全球

12 参见 http://perso.orange.fr/r.dagorn/ArticlesParus1.html。

化的发展会加速人和物的流动，加强不同语言社团之间的交往(如群众性旅游、迁徙、信息流通和传媒等)，从而促使翻译的重要性呈指数般上升，成为全球交流的关键传播者和协调者。Nayan Chanda 指出：几万年的文化和社会相互作用正在促进当今全球人类社会的整合(integration)。因此，我们认为：了解、认识翻译在全球化背景下的意义对学好这门学科、融入全球化至关重要；研究全球化翻译，"整合法"(integrated approach)应成为众多翻译研究途径/理论的首选。

1.3.7 全球化翻译观之主题思考

这里我们思考两大主题：

其一，全球化的价值观与翻译学科及相关部门的发展。这个主题的思考还将涉及六个重要话题。

其二，中国翻译的挑战与机遇。这个主题主要从宏观和微观两个视角切入。

首先，我们可以从多角度——即一些重要角度——探讨全球化翻译之理念或观念问题，由此提供有关新释译和新译名如下：

1) **views on translation in globalization**，意为：在全球化中所形成的翻译观念；

2) **views on globalization as translation**，意为：作为翻译应具有全球化的观念；

3) **translation based on the views on globalization**，意为：基于全球化观念的翻译；

4) **globalization-based/oriented translation**，意为：具有全球化观(念)的翻译。

从历史角度看，征服、繁荣、传教及好奇心和旅游欲是促使全球化形成的四种重要的动机。细读《历史上最有影响的 100 人》(哈特，1990)，不难发现其中相当数量的人都具有上述四种动机或欲望中的一种或多种。人们(如学者 Nayan Chanda)往往以为对全球化作出贡献的一定是那些环球或跨国旅行者，如"全球化的主要推动者"(the principal agents of globalization）士兵、水手、商人、传教士和探险者。我们认为思想家、翻译者、发明家、科学家等同样为全球化的直接或间接的推动者。仅举思想家和翻译者两例。

例如思想家、教育家、政治家孔子虽然从未离开过中华大地（按照现代的话说“从未出过国”），但也周游列国，宣传儒家学说，并具有礼仪之邦的朴素“全球观”（cosmopolitan outlook，笔者英译），具有超越民族、地域、疆界的广阔眼界，早已在全世界得到认可和尊重。有意思的是，孔子也是中国古代一位伟大的（国内）旅行家。

再如，译者，除了他的特殊身份——**translator as traveler**——之外，具有并且（帮助）实践了上述四种动机或欲望。同样有意思的是，首先，从阐释学角度说，翻译过程本身就包括“侵入”（aggression），译者“invades, extracts, and brings home”（Steiner，2001：313-314）。套用尼采的翻译哲学观点，翻译即征服。若采取归化译法，会大有“入主中原，征服天下”之感。其次，翻译为地方和全球的繁荣昌盛，也为自己的发达发挥了不可估量的促进作用。再次，征服意味着双向的全球化，征服的同时也受被征服者的影响。有趣的是，在 15 和 16 世纪的土耳其，译者和译员从皈依伊斯兰教的希腊人、意大利人、德国人、匈牙利人和波兰人中挑选。在 19 世纪的埃及，最著名的文学翻译家是黎巴嫩或叙利亚等穆斯林民族血统的基督徒（Baker，2004：xiv）。最后，从跨文化、跨语言翻译角度出发，译者为游者/行者（traveler），或语言、文化旅行者，我们可以说“行者无疆”、“译者无疆”。从译者/员工作的职责、性质、特点、规律出发，我们也能说“译者无疆，责任使然”（**nomads-by-obligation**，见 Cronin，2003：126），尤其是译员，因为他最好/必须讲多种外语（polyglot），懂多元文化（multiculturalist），（不管喜欢与否）他得马不停蹄，不断地去“征战”、去“征服”。而且，出于兴趣、爱好或出于选择，翻译更是全球化中的 **nomads-by-choice**（使命游者），**pioneers-by- necessity**（使命先锋）和 **nomads-by-profession**（专业/职业游者）。

译者固然能起连接、沟通作用，但他们也能起改变作用。在全球化时代，翻译的作用应重新定义，其作用就暗含“改变经济、技术和政治情形”(同上：105)。

这里似乎又有一个引人深思的问题，一个悖论。百里挑一的学者可能是“兴趣使然的游者”(**nomads-by-choice**)，这样的学者对为确定的学科增加精神财富至关重要(同上：126)。换言之，他们都坐得住“冷板凳”，不会“游者无疆，性格使然”(**nomads-by-nature**)。如果翻译(家)和翻译研究者/理论家都是 nomads-by-choice(取“兴趣使然“之义)，而非 nomads-by-obligation，那该如何解释全球化时代译者的职业特点“fluid modernity”和“elusive rhapsody of translation in the global age”(同上：105)呢？

我们自然要从学术、专业、行业等角度讨论这些问题。然而，当务之急和重中之重的问题，是如何面对全球化的机遇与挑战，最终奏响中国翻译在全球化时代的狂想曲(rhapsody of translation in the global age)。

以下，我们要论及第一个主题思考的六个重要话题。

1.3.7.1 全球化的价值观与翻译学科及相关部门的发展

翻译在全球化进程中发挥着重要的桥梁作用，其不可低估的意义与全球经济的发展密切相关。新经济时代的特征是信息化、网络化、知识化、全球化。传统的竞争战略是所谓的“零和博弈/游戏”，而信息时代却是竞争与合作并存的“双赢原则”。中国加入世界贸易组织后，我们应该采取与时俱进的价值观，如“公平”、“透明”原则等等。全球经济从根本上改变了翻译活动的背景、环境，并且提出了新的价值观、要求、标准、范式。这不仅与翻译实践、翻译本体研究等相对的“微观”层面有关，更涉及翻译学科改革和发展并且参与国际竞争的“宏观”问题。

一、学科发展

跟传统学科比较，我们在发展翻译学科(翻译学作为一级学科的定位，作为专业在本科和硕士、博士研究生阶段的设立等)问题上(还包括课题项目资金投入等)没有很好地实施“公平原则”、“透明度原则”、“公平竞争”的游戏规则等，更缺乏全球化视野；学界的一些“陋习”，迄今仍影响着翻译学科在全国的发展。20 世纪 70 年代 Translation Studies (翻译学) 作为新生事物在国际上横空出世，它充满活力，很快崭露头角，发展势头迅猛，锐不可当，魅不可敌。中国是一个历史悠久的翻译大国，随着全球化的不断发展、改革开放的不断深化以及国际交往的日益频繁，翻译实践与研究在中国的政治、经济、外交、贸易、旅游、文化、教育、科技等各个领域中的地位日显重要，对高质量的口笔译人才和研究人才的需求与日俱增。然而，由于传统外语学科偏重外语能力培训，忽视了翻译学作为一门独立学科的特殊需求，难以培养一批外语熟练、知识面广，同时又具有一定的理论和文化修养的高层次的翻译人才。具有里程碑意义的是，2004 年翻译学作为独立学科博士点首次在中国大陆诞生，上海外国语大学高级翻译学院拥有中国大陆第一个翻译学学位点，可授予翻译学硕士、博士学位。此前国内没有独立的翻译学学科点，只是在各国语言文学二级学科或二级学科下设有翻译理论和实践的研究方向，并没有独立的学位授予权。如今，更多的翻译方向的口笔译硕士点（含同声传译）南北呼应，高级翻译学院、翻译系、翻译研究所逐年迅速增长，翻译作为本科专业（试办）于 2005 年得到教育部正式批准（于次年招生），作为硕士专业（MTI）于 2007 年 1 月得到教育部正式批准。同年 10 月，在北京第二外国语学院举办的首届全国旅游暨文化创意产业翻译研讨会上，陈刚第一次（在此几年前就有了认真的思考）提出了设立专业/职业型（professional/专业型）的旅游翻译硕士（“二合一”）点和专业/职业型的旅游翻译博士（“四合一”）点[13]。

尽管翻译是 old practice，但却是 new discipline / profession（借用 Peter Newmark 的话）。翻译学科，有人“爱”之，有人“恨”之；有人如同“叶公好龙”，有人巴不得其“关门大吉”。由于它来势“凶猛”，有人对此“忧心忡忡”：弃之，多有“可惜”；随之，总有“妒忌”；摧之，“罪责”难逃；放之，难以“驾驭”。既然难以驾驭，不如“限其发

13 见陈刚在此次会议上的主题发言：“全球化进程中的旅游翻译：觉悟与行动”。

展”，还能来个“老子天下第一”。这些相声式的语言，正好从侧面反映出：人们用似曾相识的“对付”新生事物“语言学”的办法来“对付”翻译学。香港某大学一英国翻译研究博士曾工作过的应用语言学系，“由语言学家主政。主政者在中国语言学界颇有名气，但没有多少翻译实践的经验，也没怎么做过翻译研究，却主导翻译课程的设计，指导翻译研究的工作”，他本人决心攻读博士……以证明翻译学本身是一个独立的学术科目。……当时，香港还没有土产的翻译专业的博士生，也几乎没人知道西方有这么个学派”（张南峰，2004：VI）。欧洲翻译协会创始人之一玛丽·斯内尔-霍恩比早在20世纪80年代就清楚地指出：翻译学是一门跨学科、跨文化之学科，语言学和比较文学都不能涵盖翻译研究，它需要从诸多学科如文学、语言学、心理学、文化人类学、哲学等汲取营养，但它不隶属于它们当中任何一门学科（Snell-Hornby，2001）。令人遗憾的是，教育部多年来给翻译学科的错误定位所造成的负面影响至今难以消除。这种不良现象跟全球化主旋律是唱反调的，跟全球化同步的跨语言、跨文化、跨时空的学科发展是背道而驰的。

二、译作出版

国内外出版商/界没有遵循 WTO 的国民待遇原则和无歧视待遇原则（又称无差别待遇原则，为 WTO 最重要的原则之一），对译者的辛勤劳动和付出漠然视之，更有海外出版商为寻求更大的经济利益来中国大陆找译者。同样，海外媒体公司也在大陆寻求“廉价”翻译劳动力。居然有中国译者为了强占翻译市场，免费给外国公司打工（Cronin，2003：47/52）。因为这还涉及在全球化的翻译活动中的一个更为敏感的问题，即译者的经济前景和资源的占有之关系问题。其实这是另一种形式的“倾销”——倾销自己的服务和精神产品。这一现象被海外学者描写为由资源分配不均而造成的“经济秩序”问题。这应该引起我们政府以及有关部门、公司的高度重视，尽管问题复杂，管理难度非常之大。

国内（指大陆）有（真正意义上的）资格出版翻译作品的出版社屈指可数，远远满足不了改革开放和全球化的需求。目前出版界最大的问题是体制改革后（有些正在改）的外文编辑队伍。

其一，人数问题。

体制改革后，退出行业的暂且不说，即使在编的外文编辑亦是少得可怜，很多出版社能够拿来充数的(即具有 CET4/6 证书的)英文编辑也是空缺，英文专业或翻译专业毕业的编辑寥寥，更不用说我们尚未有翻译专业编辑方向的专/职业 **in-house translator-editor/translator-reviewer** 了。全国非通用语种的编辑“一将难求”。现在比较普遍的情况是“选题一流、翻译二流、编辑三流”，这可能还算不错的状况(试想编辑的水平再低呢？)。据说我国紧缺五类翻译人才(以英语为主)：法庭口译、会议口译、商务口译、联络陪同口译和文本翻译。我们以为出版社和报社**“编辑翻译”/“翻译编辑”**(称“外文编辑”不够确切，因为会外语，未必会翻译)也应列入紧缺翻译人才，我们不妨使用懂翻译、懂编辑、懂出版的创新词**“翻译出版人(才)”(translator-publisher)**这个概念来概括之，因为即使懂翻译(尤其是文本翻译)，也未必懂全球化背景下英文或双语/多语的编辑、设计、排版、营销、IT 技术、版权贸易等出版社业务。从综合素质角度出发，如今的翻译编辑应该具备全球化视野，具备良好的业务、人际沟通能力，具备比较扎实的中英文(含中国古文)功底、比较高的翻译实践与理论水平、比较广博的古今中外知识。尽管未必个个都成为“学者型”的翻译编辑，但各个省的核心出版社(有相关出版业务)最好具备一名这类全职的“学者型”翻译编辑(兼职的也行)。这不仅是国内的需求、社会发展的需求，更是全球化的需求。

其二，质量问题。

这是一个涉及多层次的问题。从宏层面看，首先在涉外方面遇到的是引进质量的宏观问题。目前许多微观的(翻译)质量问题其实是宏观失控的具体表现。比较典型的是版权盲目引进。引进什么作品、引进作品的目的(如政治目的、经济目的、教育目的、文化交流目的、商务目的等)是至关重要的。这种引进工作比具体的翻译工作更为重要。翻译编辑应在这方面发挥积极的作用，为领导出谋划策。由于我们不少出版社缺乏眼光，跟风、重复引进现象非常严重。有些引进没有价值，有些引进找不到合适/称职的译者(亦包括价格、时间限制、对译著学术价值如何评价等问题),有些版权贸易公司则纯粹受利益驱动而抢市场,并造成盗版印刷,等等。这样势必造成资源浪费。

此外,在国内方面遇到的是操作质量的宏观问题,特指普遍的唯利是图和普遍浮躁、畸形的译风。不仅是通俗作品,就连人文社科著作、重要的文学作品和传记作品等的翻译,均出现抢滩市场、一味求快、非译者之能力所及而硬译等见怪不怪的现象。除了我们在总序中提到的一些例子,还有其他比较典型的例子[14]:2003 年 10 月,南非作家库切获诺贝尔文学奖,2004 年 4 月,浙江文艺出版社一套五本的《库切小说文库》便已上市。2004 年 10 月,奥地利女作家耶利内克获得诺贝尔文学奖,2005 年 1 月的北京图书订货会上,已有数本耶利内克的中文译本问世。以前,一个责编一年编辑出版一两本译著就可以了,现在则是一年起码三四本,甚至 1000 万字/每人。外国文学译作市场的出版速度已经快到几乎可以让国内的读者同步看到外国优秀作品中译本的程度了。

由此产生的一个不争的事实是:现在出版的译作很难经得起双语核对,但照样可以拿各类奖项。除去学术腐败(对直接、间接的学术批评不予以支持,甚至打击报复等),我们的出版社领导、(外文/翻译)编辑、译者、中间商等为了诸多物质利益而不惜牺牲译文质量、学术价值、出版职业道德、译者职业道德等也是客观的原因。其实,对于严把翻译质量关,我们职业出版人和译者都责无旁贷,也是**全球化背景下有关各方应自觉遵守的规则和操守**。比较有代表性的表现是:没有资质或资质不够的,照译;没有出版社"(专业)三审制"的,照译;没有专/职业外文或翻译编辑的,照译;没有合格外文校对的,照译;未理解原著(source text)的,照译;时间不够的,照译;不知在目标语(target language)中如何表达的,随译;遇到难点的,不译或胡译;涉及专有名词的,凭感觉译;为了出名的,免费译;如此等等。

14 见"文学翻译何以后继乏人?"(2005 年 3 月 10 日新华网)。

其三，领导问题。

不管出于什么目的，不少出版社领导盲目参与翻译这个力所不能及的高端市场的竞争，在各个环节都出现了失控现象：译者的选择，译文质量的评估，译文的编辑、校对把关，出版社领导对译文的终审等。于是他们便放任自流，保护落后，让不合格的译品轻易地出版、流入图书市场，甚至在媒体上为低质翻译图书做不恰当的广告宣传，造成不良的社会后果：既伤害了原作者即生产者的利益，也伤害了读者即消费者的利益；既违背"诚信原则"，又亵渎文化事业。我们国家严肃的翻译专业及学术事业，乃至国家形象、国际形象等都会随之被"毁"。

从微观层面看，即使不涉及资源是否浪费这一问题，引进的图书也缺乏合格的译者。这也造成不少出版社的错误决策。因此，有的出版社为了抢占市场而不惜牺牲翻译质量；有的"没有金刚钻"的译者，照揽"瓷器活"（违背《翻译服务规范》），比如霍金的《时间简史》；有的廉价（在懂外语的学生中）"海选"译者，明确要求"萝卜快了不洗泥"；有的以为是大学外语教师（或硕士、博士、教授）或翻译家就会翻译"名著"，而翻译通俗作品则以为"小菜一碟"……这最后一个问题颇有"迷惑性"（接着讨论）。

从版权保护层面看，主要涉及翻译的著作权保护，这是一个大问题。有必要了解一下国际上的情况。时任国际译联主席的贝蒂·科恩（Betty Cohen）指出："世界各地的翻译工作者的权益没有得到良好的保护。……目前这个问题在各国的情况很不一样：一些国家对翻译作品的版权给予很好的保护；而另外一些国家则根本没有保护。这样的差异与某个国家的发达程度没有关系，而主要取决于各国的立法考虑。例如，挪威、芬兰和瑞典这些北欧国家在这方面就做得很好，而美国对翻译作品的版权保护就很不力。"[15] 这特别表现在译者的人身没有得到很好的保护。比如译者翻译了所谓的"违禁作品"，后来有的遭袭，有的入狱，有的被杀害。比较典型的是萨勒曼·拉什迪的小说《撒旦诗篇》的译者。再

15 见"假如没有翻译，世界将会怎样"（http://www.cntranslators.com/viewNews.jsp?f=226），2004年11月。

如战地翻译，像在伊拉克战场的敌对双方之间工作，处境非常危险。

在中国，主要涉及盗版和剽窃两种情况。第一种情况是整本书的盗版，如《哈利·波特》和《我的生活》(克林顿)。这种翻译盗版书主要走地下出版渠道。第二种情况是剽窃他人书中的译文(全部或部分)，或不注明出处，或作为自己的译作。剽窃中文译文的容易被原译者发现，如名著复译本出现这样的情况较多；剽窃中文译文的就显得比较"隐蔽"，因为英文版的作品或双语对照本比较难以被发现。这种"剽窃式盗版"倒是堂而皇之地走正规出版渠道。当然这也跟我们翻译编辑的把关不无关系。具有讽刺意味的是，有的堂堂大出版社的翻译居然不如翻译盗版 DVD。例如，把 Ronin(浪人——指失去俸禄、离开主家到处流浪的武士——据陆谷孙《英汉大词典》)译成"罗尼恩"。

从学术层面看，翻译名著或经典作品，固然需要好的翻译，很多人一般都囿于这种思路。事实上，中外互译的作品，通俗类不见得好译，金庸的武侠小说国内没有几位能译得好，而且我们的教授、翻译家也未必能够胜任。

理由一，我们应该首先明确**不论是经典类还是通俗类的翻译，都要以质量为生命线，都要把我们的读者时刻放在心上**。在成熟的市场经济中，**通俗畅销类译著更应讲究品牌、讲究品质**。只要是译得好的译著，经典也好，通俗也罢，都能成为受读者欢迎的好作品，都具有实用价值和学术价值，成为有关专家研究的对象。

理由二，由于不同的文本(text type)、不同的语言风格(style)、不同的翻译经历、不同的译文语域(register)等诸多复杂问题，我们的翻译家、学者、专家、教授未必或就是不可能成为"翻译全才"：各种文本都会译，各种风格都能把握，各种专业/行业都精通，各种语域都能灵活运用。

例如，学术论著翻译，我们就十分赞赏并且推崇许国璋先生的翻译观点，即"**通译，切译**，言之有文的翻译"(黑体字由笔者加)。他引用严复的话，"译文取明深义……不斤斤于字比句次"，以罗素《西方哲学史》论文艺复兴诸段为例，"译文力求醒豁，不按词典译义，而按词的文化史涵义翻译。不按单句翻译，而按句段译出。用流水句法，不用三四十字的竹节句”（意即“归化”译法——笔者注）。许先生的理论思想不仅寓意深刻，而且具有很强的实践指导意义，其译文质量远远超过世界名著汉译丛书中的译文。他举例道：feudal 不译“封建”，译“拥据领地（之诸侯）”；anarchy 不译“无政府”（当时无中央政府），而译“诸侯纷争”；adventure 不译“冒险”，或译“猎奇于远方”，或译“探无涯之知”，视上下文而定。此而不济，则作“释译”以为助。例如 antique 不译“古代”，译“希腊罗马”。又如 fame and beauty，在文艺复兴时期有特殊涵义，今译“享盛誉于邦国，创文艺之美”。许先生非常肯定：“凡词典译名不能传意传神者，坚决避免之。”他还提出一个观点，也就是今天我们争论激烈的“异化”还是“归化”：“把外文句法强加于读者，不是最好的译法。罗素原文清丽可诵，译文至少应该明白畅晓。翻译目的，在于便利不懂外文之读者，如不懂外文之读者读之不懂，翻译者不能说尽到责任。”最后，许先生谦虚地点出：“某一个人之风格，不必试用于职业翻译家，这里是一种尝试，高明当有以教我。”（许国璋，1991：246-262）

再如，翻译当代英美时尚通俗作品，则是另一类风格，另一种语域，显然不能采用“之乎者也”的译语。就拿《成为乔丹——我的自传》（陈刚，喻旭燕，2006）来说。首先，**“文化传真”**应作为翻译原则。换言之，译者的语言应展现原著所展现的英国和西方当代模特业、娱乐业、传媒业、演艺界、体育界的时尚文化。其次，**“求品位”**应是翻译通俗畅销书不可或缺的要求和标准。品位即指人或事物的品质、价值。**只要翻译到位，高雅或通俗的作品均具有其应有的品位。好的译作的确包含和反映了译者的学术功底、生活积累、正确的翻译观、世界观和方法论等。**《成为乔丹》一书大量采用非正式语体，其中文字特点正好也是翻译的最大难点，就是原文（几乎每页）都包含大量的现、当代英文中涉及面很广的、中国英语专业人士最头疼的、词典和参考书上尚未收集的最新词汇，或俚语、俗语、成语、粗俗语、禁忌语，或其他 colloquialism（口语用法）、老百姓活的语言，或诸多领域的文化、专业背景知识，或甚至数月前才出现的最新表达法，这些对母语不是英文的中国人来说都是“语言、文化、翻译陷阱”，是很难啃的硬骨头。这在翻译操作的第二阶段，即中文的表达，主要碰到的是“语域”问题。这是令人头疼的一大问题，并非“学究”所能胜任，而且是“太学究”的反而难以胜任。简而言之，他/她可能缺乏这方面的相关词汇和表达方法，可能离“时尚文化”稍远，可能在“学究气”与“平民化”之间存在着难以逾越的鸿沟，本来简单、轻松的话语，会变成严肃、沉重的话题，通篇译稿会严肃有余，活泼不足。

翻译《成为乔丹》对从事翻译实践，从事外语、翻译教学，从事翻译理论与实践研究的工作者，可谓是一大挑战。事实证明：**翻译通俗的不比翻译高雅的来得轻松。**

三、有关政府部门及学术界的观念

我国各级政府、教育主管部门、人文社科(包括外语)等学术界没有清楚地认识到：在信息、网络全球化的今天，在培养外语人才方面，中、高级复合型翻译人才的培养应放在首位，翻译人才是当前中国的紧缺人才，而非外国文学、语言学等研究人才。如今，空间概念已经消失(the de-materialization of space)，金融交易都能跨越国/洲界、穿越时区在全球范围内开展，经济活动几乎都能即时得到操控，而不受空间的制约。在这种超越时空的经济活动中，当代全球化翻译活动展现出了丰富、靓丽的风景。除了按照 WTO 原则中最重要的公平原则在有形的国际市场上竞争外，我们丝毫不能松懈在超越时空的“虚拟市场”——网络市场——上的竞争。高速的数据网络和先进的电脑软件使全球性的翻译产业得到操控，译者可以在相同的“虚拟办公室”(virtual office)工作，即时着手翻译。毫不夸张地说，这是与时间赛跑(instant transfer between time and translators)。如果这是一支全球性翻译队伍，他们还能与时差赛跑。所有这一切都加剧了全球性的(翻译)竞争。尽管如此，我们对网络翻译(network-based translation / network-based nature of translation)的重要性尚未真正认识到：它不仅表现在速度上(即被翻译的信息要尽快上网)，而且表现在品质上(即网络译文更是一个“形象工程”)。成立一支相对比较固定，甚至比较庞大的、报酬合理的翻译队伍来对付每天、每时、每刻发生的信息，则是先决条件。

全球化形势咄咄逼人，学术事业已无国界之分。一百年前，作为学习西方的重要手段，译介西方科技文化典籍成为中国几代文化人矢志不移的追求，翻译对中国打开国门、放眼世界、走向全球作出了不可磨灭的贡献。一百年后的改革开放，翻译事业作为学术研究的重要组成部分，为推动我国学术事业的发展，沟通中外学术交流，使国内学术界接轨于国际学术前沿，发挥了不可替代的作用。

但是，清华大学历史系教授张绪山指出：“在学术繁荣的景象之下，学术界对翻译事业的意义明显估计不足，翻译事业在学术发展中的重要地位未得到充分重视。……学术翻译事业之所以遭受冷落，首先是因为学术界长期存在着一种根深蒂固的偏见，即认为翻译只是技术性的工作，不过是文字转换的雕虫小技，算不得真正的学问，只要外语好就可以从事翻译；更有甚者，认为外语不怎么样，借助字典也可以从事翻译。其实，这都是极大的误解。果真如此，翻译就是天底下最简单、容易的事情，翻译家就是人人可以做的了。事实上，没有较为渊博的专业知识，没有对于中外语文的熟练驾驭，而欲求高质量的译作，只能是不可企及的梦想，其情形类似聋子听雅乐，太监配美女，蹩脚画师欲为传世之作。其次是不少人持有一种偏见，认为西方发达国家的重要学者多不从事翻译活动。其实，这也是似是而非的见解。**事实是，在西方学术界，大凡优秀的学术著作，尤其是历史上公认的经典著作，都有英、法、德、意等多种译本；而且，西方主要语言文字的关联性和相似性使欧美学者掌握几种主要语言，远非如我们那样困难**(黑体字为引用者所加)。反观我国学术界，不通外文者不乏其人，能较好运用一门外文已属不错，熟悉两种外文算得上杰出，掌握三种以上外文几乎可以‘国宝’视之。在这样的境况之下仍然看轻翻译事业，无异于自甘落后。”[16]

尽管我国已经有了(相对)独立的翻译学科，可以独立招笔译、口译

16 见“翻译事业的百年历程与目前现状”(载2006年3月22日《中华读书报》第四版“学林”)。

的博士研究生，业已成立的翻译学院、翻译系、翻译研究所也为数不少，本科的翻译专业已于2006年秋季在三所学校试点招生，2010年毕业，但是，我们还有待从以下几个方面思考并解决存在的问题：

从学科设置看，翻译目前的学科地位还不高。

从管理体制看，全国尚未有一个翻译的行政主管部门。

从社会评价(包括对翻译本质不够了解的学者、专家们)看，一部翻译作品是否成功，主要应归功于原著作者和出版社，而译者只是附属的，译者的地位明显低于原作者，甚至低于出版商。

从学术评价看，“翻译不算成果”(甚至包括文学翻译)的学术评价在许多大学成为惯例；有的单位虽把学术翻译算做成果，但业绩点偏低。

从奖项和课题看，除了在读者面较广的外国文学翻译界设有专门翻译奖外，其他学术领域(如哲学、美学、政治学、历史学、社会学、经济学等)未设单独的翻译奖项。对照时下名目繁多的“课题”、“项目”、“工程”之类，翻译(研究)课题所占比例最小，尽管翻译事业规模宏大。

从出版和译者作为看，每年都有大量的翻译作品出版。其中有些属翻译力作，但更多的是出自学徒辈的年轻人之手的“快餐性”作品。翻译事业所处的这种局面，使不少有才华和能力的学者不愿意从事翻译这种吃力不讨好的工作。其结果是，价值高、难度大的学术著作的翻译几乎成了“智者不为”的行当，少数“素心人”的寂寞事业。概言之，眼下学术翻译的现状是，外行者无力从事翻译但大多看不起翻译，平庸者乐于为之但大多做不好翻译，高明者重视翻译但大多绝缘于翻译。

从经济效益看，价格与价值背离得相当严重，且有地区差异，在经济不够发达的省市，价格低得离谱，克扣翻译费现象多有发生。资深译者与初出茅庐的译者价格基本持平：前者“精雕细琢”与后者“磕磕碰碰”所获得的经济报酬(几乎)毫无二致，若关系一般还不见得高。总之，大翻译家的稿费远远不如一位普通英语教师上几堂课。

从政府的职责看，翻译兴亡，国家有责。政府应该积极引导，大力发展，责无旁贷。面对“全球化”的中国文化，面对中西文化互动、交流，需要政府的积极引导，且是政府的分内之事。

中西文化关系密切。早在20世纪初，王国维对中学西学就有高论："余谓中西二学，盛则俱盛，衰则俱衰。风气既开，互相推助，且居今日之世，讲今日之学，未有西学不兴而中学能兴者，亦未有中学不兴而西学能兴者。"（《国学丛刊·序》）今日中国学术离不开对国际学术的关注、吸收、借鉴，"洋为中用"。架起中西（学术）交流这座沟通桥梁者，非翻译莫属。国内存在的上述问题，应该尽早在全球化进程中加以解决，让翻译发挥卓有成效的作用。

有识之士断言，只有翻译事业得到充分的重视，最优秀的学者大力致力于翻译，我国成为翻译强国，我们的学术研究才有可能与世界强国并驾齐驱。

四、网络翻译的品质问题(涉及"形象工程")和网络翻译范式(network-based translation paradigm)

范式是美国科学史家和科学哲学家库恩（1922—1996）提出的，他对科学发展持历史阶段论，认为每一个科学发展阶段都有特殊的内在结构，而体现这种结构的模型就是"范式"。范式通过一个具体的科学理论为范例，表示一个科学发展阶段的模式。当然，这样说比较抽象，任何概念都要随着科学的发展而不断明确。谈及翻译，我们可以说，翻译范式是翻译学说的坐标。翻译研究范式的演进最明显地反映在翻译理论家划分翻译史的观念上。

例如，奈达将翻译研究划分成语文学派、语言学派、交际学派和社会符号学派，这明显地表现了范式的演进。再如，根茨勒（Gentzler, 2004）将当代翻译研究划分为五大流派：美国翻译培训班派、翻译科学派、早期翻译研究派、多元系统论派和解构主义派，这反映了翻译观念的嬗变。

其中，奈达提出的社会符号学派，力图克服交际学无法充分考虑翻译中各种符号交互作用的不足。而笔者在此提出**全球化网络翻译范式**，就是强调在全球化观念下网络翻译的专业/职业的准入制。上网要遵循"网规"，它要与国家法律法规、行业规范相衔接。同理，网络翻译也要遵循翻译规则——网络翻译范式和网络翻译准则，并且符合网络翻译(含译者)要求。具体地说，新世纪的网络翻译，要符合以下两大层面的要求及其相关指标：

(1) 硬体层面基本指标：

- 符合全球化观念，受先进 IT 技术支撑的物理平台(如涉及版面设计、视觉美学、多种功能、黑客防范等)；
- 具有符合各外语特点的语言平台(如英、日、韩、俄、法等)；
- 具备地方化特色的政府机构或非政府组织的并受独立机构监督、检查的正式/正规平台(如接受法律和行规管理，接受正规年检，接受常年的语言文字监督管理等)。

(2) 软体层面基本指标：

- 人性化、个性化特色(如以人为本，强调“贴近顾客”的服务理念，防止千篇一律的模式和“官腔”)；
- 全球化、地方化特色(如“电子地方化”——*e*localization，有关特色受到国内外访客的欢迎)；
- 专业化、职业化翻译(如译文实行“零缺陷”标准等)。

我们的政府部门甚至学校领导在这方面缺乏本质的认识。首先，根据上述硬体和软体指标，他们“认可”的(内地的)外文网站真的难以恭维。其次，他们以为翻译比写作还要简单，无须(太多)思考，只不过是把别人写好的文本翻译过去就行了，所以请了一些会外语但不会翻译的(非)外语专业的学生，并廉价雇用。其次，他们以为翻译是可以复制的，比如采取“机械化”、“自动化”，甚至希望能够从过去的译文中进行“回收”(recycle)[17]，令人啼笑皆非。再次，即使高校的外语教师或外语学院领导也为了“项目”或“课题”，将网站翻译任务平均分配给其他教师或下属，并要求按期完成(其实时间很/比较苛刻)，且不得有文字错误；甚至认为我们未受过(特殊)翻译实践和研究训练的大学生能够担此重任，如翻译当代改革开放新出现的政治、经济、金融、法律、教育等词汇(须知：这些词汇是须经专家讨论，最后由国家定稿的)。从

[17] 西方亦有这种无视或不懂翻译中大量存在着语言、文化差异的现象之情况发生(参见 Cronin, 2003)。

对质量的要求来看，可谓“严格要求，毫不怠慢”，而对处理翻译全球化/国际化和本地化中所遭遇到的语言、文化差异问题和美学问题却缺乏专业认识。此种现象在中国大陆相当普遍，造成大量的网络翻译质量平庸，甚至发生惊人的“抄袭”、“剽窃”现象。根据翻译和跨文化研究学者的批评，我们可以从专业和学术角度把上述问题归结为以下几点（暂不涉及硬体指标等问题）来加以审查(Cronin，2003：8-72)：

- …obscure more intractable problems of cultural dissimilarity…the difficulties that occur when a translation paradigm from one area of localization comes into conflict with other more complex and exacting translation paradigms(掩盖了更为棘手的文化差异的问题，掩盖了当某地区/领域本地化的翻译范式跟更为复杂、要求更为苛刻的翻译范式发生冲突时的种种困难)；
- the dangers of a new “clonialism”(the spread of sameness)(造成新“克隆主义”[“同性”产品扩散、蔓延]的诸多危险)；
- the gradual impoverishment of aesthetic resources of the planet(逐渐耗尽整个地球美学资源)；
- to sacrifice cultural nuance to customer deadline(为赶译文而以牺牲细微的文化差异为代价)；
- localization does not take cognizance of cultural differences(因本地化而忽视文化差异)。

之所以产生上述诸多负面影响——影响我们国家的形象，影响我们专业的形象，正是因为在当代全球化背景下大专院校的有关管理者既没有树立“全国一盘棋”、“全球一盘棋”的观念，也毫无“公平原则”和“游戏规则”可言。他们会把重大的翻译任务/项目/课题交给不善于翻译的部门或教师(但他们以为“懂外语就懂翻译”)，也有交给翻译公司(很难判定它们是否专业)的；而这些人和部门(他们并不一定胜任)则再转包或外包给他人，只要按期交活即可。对此，我们的政府网站、公司网站是“无辜”的，在翻译专业上是“幼稚”的，但他们同样负有不可推卸的责任，因为动机和效果是要统一的，更何况网站负责人只要完成

"任务"就能交差，不太顾及或根本不顾及什么译文效果、对外形象等"宏观"问题。当然，这也因为他们是"外行"，不知道如何来管理、把关等。换言之，他们只管"**任务结果**"，不顾"**译文效果**"，不问"**形象后果**"。他们的专职或兼职翻译也缺乏必要的"职业道德"和"行业规范"（国家和行业均有"成文法"），更不讲究翻译规律。君不见，雕刻在浙江省政府大厦主要进出口大理石上堂堂的"人民大会堂"五个汉字的英译文整体居然是错误的，自从在报上披露以来已过了整整三个年头了（陈刚，2003），甚至后来数年亦毫无动静。

值得指出的是："官员是职业，而不是权力"的观念和制度亟须建立。上述"有错不纠"的怪现象没有顾及"职业道德"、"行业规范"仅仅是问题的一方面（当然是重要的一面），但是目前在中国尚未形成领导干部"**职业化**"。在美国参加"顶岗实习"或"影子工作"（job shadow）的中国官员就深有体会，在美国政府中没有类似中国"官场"的感觉。他们很欣赏美国政府工作人员的一句惯用表达："I'm working for…（政府或者某部门）"。相反，中国的公务员体制，强调编制和级别，是一个相对封闭的系统，其中包含着一种权力本位意识——我是某一级的官，我在行使权力。这样就会形成"官场"，形成各种所谓的"潜规则"。与中国同行相比，美国人更多地将自己政府官员的角色看做一个工作岗位，政府雇用我在这个岗位上工作，我只需要也只能**按照法律对这个岗位的描述来工作**。虽然美国公职人员的稳定性也要比其他行业高，但这毕竟不是一个封闭的体系，而只是一种**职业**。从某种意义上说，这和公司里的一个岗位区别不大[18]。

也正是国内存在"官本位"的观念，而非全球化观念，那些手中掌握资源的官员在分派有偿翻译任务时，首先不是从专业/职业化角度出发思考问题，而是通过关系，算是给"面子"、给"好处"。他们更不会想到按照正当的程序执行"公平原则"，讲究"透明度原则"和 fair play（公正无私，按规则办事），始终认为他们处在"领导人"居高临下的

[18] 参见"星条旗的红色干部：中国官员在美国'实习'"（2006年7月26日人民网）。

位置，施舍你一次赚钱或“出名”的机会。如果我们真的按照规程办事，我们的“形象工程”还不至于落到今天这种局面。尽管2010年世博会的公共服务领域翻译取得了可喜的成绩，但依然存在不少“不够和谐”的“音符”(包括网络翻译和非网络翻译)。

五、地名翻译和公共服务领域英文译写的标准问题(涉及“面子工程”等)

就地名翻译的标准和手段而言，到底应该采用英文来翻译中国地名以方便外国人(的确有许多外国人这样建议)或者有利于改革开放、对外交流，还是采用汉语拼音书写/音译中国地名，或者是采用汉语拼音与英语相结合的办法来译写中国地名？这种翻译行为不仅关系到“面子工程”、交流效果，更关系到“公平原则”、“领土主权”、“国家尊严”等政治和国际规则问题。我们可以从宏观、微观及宏-微观三个角度来探讨并且解决地名翻译问题。

(1)所谓宏观角度，就是“法”的角度，就是国际标准。这就是国际化、全球化。

该问题首先涉及三个标准化的问题(参见浦善新，2000)。

1)地名标准化(Geographical Name Standardization)问题，即按照一定的标准将地名的称谓和书写进行统一和规范，明确其使用条件和范围，并将其固定下来。

2)地名国际标准化(The International Standardization of Geographical Names)问题，即在全球范围内统一、规范地名的书写，实现地名的单一罗马化。**地名国际罗马化**是指用罗马字母(又称拉丁字母)书写的标准化地名，或转写的非罗马字母文字国家的标准化地名。

3)地名国家标准化(The National Standardization of Geographical Names)问题，即在一个国家的范围内，用官方语言(或通用语言)统一、规范地名的书写形式，明确使用条件。

地名标准化的实施有利于维护士国家领土主权和民族尊严；有利于国际交往和睦邻友好；有利于民族团结；有利于社会治安和国防建设；有利于经济建设；有利于旅游事业和人民日常生活。(参考《地名

学概论》)

此外，有关背景信息有必要在此提供。关于各国地名的书写，单一罗马化是各国均应达到的国际标准(依据 1967 年联合国第二届地名标准化会议作出的“单一罗马化”的决议)。为了统一标准，便于识别，中国于 1977 年向联合国第三届地名标准化大会提出方案，并得到批准，“以汉语拼音标注中国地名是罗马字母拼法的国际标准”。为此，国务院颁发文件，要求各地方部门严格执行。民政部于 1992 年和 1998 年先后两次发布通知要求[19]：“地名汉字下面必须标汉语拼音，实现标准化，便于国际间的交往；地名标志为国家法定的标志物，地名标志上的书写、拼写内容及形式具有严肃的政治性。地名标志一律采用汉语拼音字母拼写的形式，不得采用英文等其他有损民族尊严的外文拼写。”因为地名(专名 + 通名)标志为国家法定的标志物，地名标志上的书写、拼写内容及形式具有严肃的政治性，是国家领土主权的象征，中国地名用另外一种语言书写，实质上就改变了这个地名，所以用外文译写中国地名，既违背了联合国地名标准化会议决议，也同时违背了我国政府颁布的政策和法规，理应遭到禁止。

总而言之，首先，用英语翻译中国地名的这种做法不符合法规和国际标准，也不体现“公平原则”，不利于保留本族语言和文化传统。其次，这种做法与中国地图、路牌名称等其他地名标志不配套(起码不便于将行人引向目的地，因为交通标志只是起分段指引的作用)。再次，这种做法对不懂英语国家的人来说帮助并不大。最后，用汉语拼音书写中国地名，兼顾面最广，更具实用意义。

尽管如此，由于地名具有社会性、时代性、民族性和地域性等特性，具有文化意蕴，所以对地名翻译问题的处理不能一刀切地按照整齐划一的标准去处理所有的地名翻译，如最为普遍关注的地名英译和公共服务领域中涉及的各类地名的英译。根据地名的命名类型，我们更能看出中国地名独特的方方面面：有描写自然景观的(如方位、距离、地

19 以下是引用“通知要求”，部分内容有所重复，以保证所引部分相对完整。

理形态特征、物产和其他特征)，有记叙人文历史的(如居民、族姓、史迹、事件、人物传说)，有寓托思想感情的(如歌颂、崇仰、祝福、言志)，还有其他命名(如古老原始地名、移用地名、序号地名)。(参考《地名学概论》)[20]

换言之，若从全球化翻译观出发，我们还不得不思考一个实际的跨文化交流问题，即接下来必须解决的微观问题。

(2)所谓微观角度，就是以人为本，编写一套“汉语拼音·英语译名·中国汉字地名对照”丛书(含汉语拼音、英语和汉字索引)。

编写涉及拼音书写原则、英语翻译原则、交际效果、人性化处理等基本问题，应由中国地名委员会负责承担这项伟大工程。这对中国与国际全面接轨、促进全球化发展意义重大。

具体地说，我们既要依法翻译，依标准翻译，但也不能无视现场交流问题和效果，这就涉及在遵循全球化标准时一定要考虑以人为本。我们制定出来的法规最终是为人服务的。由于世界各国的主要语言大都跟罗马字很接近，所以地名罗马化不会给国际游客带来太多的不便。即使在中东国家(如科威特)，其地名书写就是上边为阿拉伯文，下边为罗马字＋英文(即罗马化的文字)。然而中国的方块字不仅难认，而且其书写形式与罗马字完全不同，国外旅游者在中国认路、确定方位的确很不方便。有鉴于此，笔者特提出以下几点建议，以弥补“单一罗马化”的某些不足：

1)汉语拼音书写原则，应根据《中国地名汉语拼音字母拼写规则(汉语地名部分)》(1984 年 12 月 25 日)。

2)英语翻译原则，即“名从主人”、“标准汉音”、“约定俗成”、直译(含音译)+意译(通常为专名音译，通名意译)等。

3)交际效果，在按照 2)处理的基础上，对某些有特殊内涵、便于意译、译名不太长的地名进行特殊处理，这对宣传、弘扬中华文化有益无弊。例如，天坛路：Tiantan Lu(汉语拼音)；Tiantan Road / Tiantan Rd.

---

20 转引自中国地名研究所网页(http://dms.mca.gov.cn/article/dmzl/dmzs/200712/20071200005775.shtml)。

(Temple of Heaven Road)(英文)；天坛路(汉字)。这样处理，强调的是现场沟通、交际效果，避免片面强调将所有这些名称纳入所谓的单一罗马化的"地名翻译"。正好，北京、上海的地铁的英文报站，就是采取"交际"原则，否则对(绝)大多数外国人来访者会很不方便。

4)人性化处理，这种(微观)处理方法本身就讲究人性。随着中国在全球的地位不断上升，为了让中国与世界融为一体，更多地参与国际竞争，编写"汉语拼音・英语译名・中国汉字地名对照"丛书可谓为全世界服务(有利于商人、旅游者、外交人员及其他公干者)，同时也能为国家创汇。同理，香港、澳门也可以编一本类似的多语地名对照手册。

5)特殊情况，应作特殊处理，不然会闹出文字或不雅的笑话。例如，北京复兴门的正确拼写为Fuxingmen，最好改为Fu Xing Men，以免让欧美人将此念成[fʌksiŋ men]。

(3)所谓宏-微观角度，就是在翻译教学、培训以及口笔译实践中，要制定基本规则，在依法办事的基础上，分清在不同语境下(context of situation, context of culture, co-text)应/可以采用什么翻译原则、策略、方法/技巧等。

比如，在翻译文学作品时，是否采用"汉语拼音书写原则"，或者采用加注法、交际翻译法等。再如，在翻译应用文体的文本时，特别是涉及地名的广告时，该如何灵活处理，等等。

谈得再更为学术些，我们要灵活、准确、有效地处理好汉语地名的英文翻译，要搞清楚"通名"、"专名"和"通名专名化"三个概念[21]及其相关英译法。因为知道地名组成及其各组成部分的重要性，我们在翻译中的思考和着眼点就容易清晰。

1)通名(Generic Term of Geographical Names)，即地名中表示地名所指代的地理实体类别的部分，在同类地名中具有相同的意义。通名是单音节的同一个汉字，根据意义有多种不同英译法，在大多数情况下，这些英译词不能互相代换。例如，大屿山(香港)——Lantau Island(而不

21 概念解释参考《数字地名——地名信息系统的理论及其应用》(浦善新，2000)。

是：Dayu Mountain/Hill)。

2)专名(Specific Term of Geographical Names)，即地名中用来区分各个地理实体的部分。专名是单音节，通名也是单音节，这时通名应视作专名的组成部分，先音译并与专名连写，后重复意译，分写。例如：黄河——the Hunghe River(比较：the Yellow River)。

3)通名专名化(Generic Term Specialization)，即地名的某些通名用字失去通名的含义，转变为专名的组成部分。通名专名化主要指单音节的通名，如山、河、江、湖、海、港、峡、关、岛等，按专名处理，与专名连写，构成专名整体(汉语带点的字和汉语拼音的画线部分即为通名专名化)。例如：西湖风景名胜区——the Scenic Area of Xihu; the Scenic Spots and Historic Sites of Xihu；比较：the West Lake Scenic Area。

地名翻译问题(含部分公示语翻译)还会涉及更为复杂、更为具体、更为细致的问题，因不是这方面的专著，恕不在此详述。

就公共服务领域英文译写标准而言，根据笔者 20 世纪 80 年代踏入涉外翻译领域(期间有多年在海外工作、学习)以来的实际经历(包括实践经历、研究经历)，我们不妨删繁就简，抛开众多“过于繁琐”的译写标准或原则，提出比较简洁的三大原则[22]，作为“公共服务领域英文译写标准”研制的原则：

1)照搬——这是一个为主的原则。即照搬、借用现成的英语表达法。这样做准确、地道、方便、放心。比如，我们要求遛狗的市民自觉清理狗粪，地道的英文是 Clean up after your dog。这是有很多现成的例子的，但却被我们高校的英语老师批评为 Chinglish。

2)模仿——这是一个为次的原则。即模仿英文表达法和非英语国家的英语表达法，译写中国特有的公共场所用语(含菜单等)。这样做具有国际性、全球化特点。比如，“拔丝苹果”可以套用 toffee apples 或 candy apples。

22 这“三大原则”是笔者在 2010 年教育部公共服务领域外文译写标准制定工作专家研讨会上发言提出的。

3) 自创/创新——这是一个主动、灵活、宣传“中国创造”的原则。即如果无法或暂时无法从西方国家和使用英语的东方国家(如新加坡等)或地区(如香港等)找到现成或比较现成的相关表达法，我们可以先自译，然后请来自英美的英语专家讨论，逐条把关，最后定夺，接着推广使用。这样做具有科学性、创新性、适用性、协调性和系统性。比如，国家/省/市级(重点)文物保护单位，可以非常简单地道地译为National/Provincial/Municipal Monuments。该表达法，笔者于20世纪80年代就开始使用，受到受过良好教育的讲英语的native speakers的完全认可和认同，并告知他们也这么说。比较最新汉英词典的英译文[23]：(重点)文物保护单位——(major) historical and cultural sites under state protection。

在大陆外语界和翻译界，令人深感不足的是：长期以来，很多全球化认为重要的、理应优先解决的问题，我们的“VIP学者”却视而不见、听而不闻。公共服务领域的外文译写工作就是一个捉襟见肘的薄弱环节。这些学者对此几乎不是无语就是失语，或者就是处在“言多必失”的状态，保持缄默。这有笔者不少亲历其中的活生生的例子，还有这次世博会中国馆“团队预约入口”等公示牌的中式英文的错误译写例子(也可见中国馆的英文小册子)。详细分析见第3章之**3.3 应用研究**。这也从一个侧面反映出大陆师资建设、外语教学、人才培养、科学研究等方面显性和隐性的问题十分严重。无怪乎，教育部已经两次给大学英语专业亮出了红牌！

六、现阶段和未来的翻译人才培养

就上述人才培养而言，应该看到，全球化进程引发的经济、商务、旅游、文化交流等活动产生了很大的翻译需求，翻译数量和译入译出的语言种类大规模增加。不仅初级翻译、中级翻译人才比较紧缺，复合型的中级翻译人才相当紧缺，复合型高级专业/职业翻译人才奇缺。加快这方面人才队伍的建设，刻不容缓。比如，中国文化要走向世界，而世界各国对于中国文化需求的呼声越来越强烈。像英国，全国2.4万多所

---

23 参见2010年外语教学与研究出版社出版的《汉英词典》(第3版)第1452页。

学校，包括小学、中学、大学，他们的教育部已经下令，在 2010 年前每所学校必须和中国一所学校结成姊妹学校，就是要学习中华文化[24]。我们懂两种语言和文化的翻译者应更适合在世界各国的孔子学院/学校教书(传播中国语言和文化)，更应成为具备现代理念的政府有关部门负责翻译学科、翻译专业、翻译职业或翻译产业管理的领导人员，应是具有全球化市场经济眼光的经贸、金融专业人员，应是熟悉 WTO 规则的全球旅游业实用人才或管理人才，熟悉全球化的翻译本地化人才。同时，他们中一定数量的应被培养成为叱咤国际风云的外交家，懂国际法的职业法庭口译，译介中国典籍和现当代文化的专家，跟踪、译介世界最新的前沿科技、国际著名杂志、著作，等等。而目前的状况很不景气(可能是我们的教育犯了一个本末倒置的错误)：数亿中国(大陆)人在学习外语，但却很难找到像模像样的外翻中和中翻外的好作品。

术业有专攻。在全球化进程中，我们应正确树立与时俱进的人才观。因此，我们的教育要达到的目的，应该是大量培养我们自己在数学、化学、生物、医学、IT、物理、通讯、航天航空、导弹、社会、政治、管理、经济、贸易、旅游、金融、法律、教育、文艺等领域的专门人才，而不是培养大量的外语专门人才(有一部分翻译家、外交家、外贸专家等就可以了)。就翻译而言，我们建议成立国立/国家级的翻译研究学院，省立/级翻译研究学/分院，主要解决一些中国急需解决的和需要长期解决的重大实践问题和理论问题。比如，中国需要精确的政治翻译，需要真正代表中华民族精髓的、令西方刮目相看的、能够在文化多元化的全世界占有重要之地的文化、文学精品翻译，等等。

除了翻译实践与理论学习、翻译本体研究和翻译学研究以外，我们特地提供 40 个能较好地与翻译学杂合/复合的学科方向、专业、职业、行业、产业等，供现在和将来择业(专业/职业/行业)参考(排序不分先后，部分有重叠/交叉，但不矛盾)：

---

24 见许嘉璐："中国文化，普世的 时代的 世界的"(《钱江晚报》2006 年 8 月 6 日 14 版"空中大讲堂")。

1) 翻译学与会展口笔译；
2) 翻译学与会议口译；
3) 翻译学与旅游翻译；
4) 翻译学与联络-陪同口译
5) 翻译学与涉外法律；
6) 翻译学与法庭口译；
7) 翻译学与管理；
8) 翻译学与产业管理；
9) 翻译学与外交；
10) 翻译学与外事管理；
11) 翻译学与旅游管理；
12) 翻译学与商务会计；
13) 翻译学与经贸；
14) 翻译学与传媒；
15) 翻译学与新闻；
16) 翻译学与出版；
17) 翻译学与影视；
18) 翻译学与广电；
19) 翻译学与全球咨询；
20) 翻译学与对外汉语；
21) 翻译学与双语教学；
22) 翻译学与职业培训；
23) 翻译学与金融保险；
24) 翻译学与比较教育；
25) 翻译学与社科研究（含文本翻译）；
26) 翻译学与文学研究；
27) 翻译学与教学法研究；
28) 翻译学与计算机翻译；
29) 翻译学与语料库研究；

30) 翻译学与文化研究；
31) 翻译学与科学技术；
32) 翻译学与认知语言学；
33) 翻译学与跨文化交际；
34) 翻译学与心理学；
35) 翻译学与语言心理学；
36) 翻译学与脑颅学；
37) 翻译学与社会语言学；
38) 翻译学与多学科研究；
39) 翻译学与创造性写作；
40) 翻译学与全球-本地化。

当然，我们还应加入翻译学与军事、翻译学与特工、翻译学与特种交流等。

此外，真正想有所作为的人才，应该志在四方，具有远见卓识。翻译事业的发展，还应着眼于农村地区。广阔天地，大有作为。例如在浙江义乌，因其“中国义乌小商品城”在全球具有一定的知名度，外国客商纷至沓来。为了更有助于国际贸易的顺利发展，提高该城市的国际化程度，在义乌开展口笔译培训前景看好。不仅如此，我们还可以将“农村初级翻译教学/培训”等项目推向外国人经常去旅游、经商的农村地区，例如西安临潼地区(因兵马俑闻名于世界)以及今后有望大发展的苏州周庄、同里等江南水乡古镇(因“小桥、流水、人家”的规划格局和建筑艺术在世界上独树一帜，已被列入联合国世界文化遗产名录预备清单)。

如果我们把目光放得再远一些，完全可以将偏远农村的外语翻译教学与信息化和全球化联系起来考虑。日本人早在中国刚刚改革开放、老百姓还买不起小轿车的1978年，就极有预见性地在中国打出了“车到山前必有路，有路必有丰田车”的广告，30余年后的今天，这句耳熟能详的广告语让丰田车在中国人心里留下了深刻的印象，日本丰田系列车在中国到处可见，无论在城市，还是在乡村。

也同样经历了 30 余年的改革开放，中国的农村人口可以自由进城务工经商，这就打破了城市户籍制度。老少边陲地区经济发展落后，那边的人民通过人口流动、职业流动，在城市生存和发展，同时又与养育自己的出生地进行各种现代经济、文化、教育、观念互动，使老少边陲地区渐渐成为比较发达的地区，比如也有了互联网，也能在边远山区跟世界全方位地联络，真可谓“秀才不出门，能知天下事”。这样有利于我国的和谐社会建设。

全球化的 21 世纪，我们需要全球的合作，需要跨领域、跨国度、跨语言的合作……网络兴起的 21 世纪，已经没有国界的差别，世界如同平地，国与国之间的人民都可以互相合作、互相竞争。全球范围内如此，一国范围内也如此。我们不能忽视老少边陲地区的全球互联。

固然，全球化需要政府的远见，需要政府在硬件和软件方面的支持，它是一个过程，其空间的流动是不稳定的。互联的空间地区有全球化网络性的，同时也有空间不完整、不连贯的。Castells 就是通过流动空间的比喻来描述信息化社会的新的空间组织的。他指出：“未互联地区在文化和空间上都是不连贯的：这些地区在美国的市中心贫民区(inner cities——笔者注)，或者在法国的城郊住宅区(banlieues——笔者注)。他们如同非洲城市的棚户区(shanty towns——笔者注)或者中国或印度的农村贫困地区(deprived rural areas——笔者注)。”(2000：33) Castells 在 21 世纪伊始时已经如此描绘全球最发达的大国——美国和全球最大的发展中国家——中国的落后地区。而如今的中国何尝不是如此呢？中国的这些不发达地区是一块很大的尚未开垦的处女地，非常需要并期盼我们去开发、去连接、去全球化。这个“我们”未必仅指本国人。抛开地域、文化、主权等概念，抛开学术观点等的束缚，用毛泽东于 1935 年填词的《念奴娇·昆仑》中的最后一句描绘，颇具革命的浪漫主义，便是：“太平世界，环球同此凉热。”

1.3.7.2 中国翻译的挑战与机遇

这个话题需要从宏观与微观两大方面进行形势分析和学术探讨。

就宏观而论，我们要很好地抓住国内外信息产业和文化产业的发展机遇，以便全面发挥翻译在全球化中不可替代的作用，从而更加有效、更为巧妙地应对“文化霸权主义”和“信息殖民主义”。就微观而言，更为细致地从语言和文化着手，采用“拿来主义”（鲁迅语），有关(翻译)策略是“国际化”、“归化”、“杂合化”和“异化”之尽可能的“完美结合”和“灵活运用”。

一、宏观视角

有识之士——包括国外许多政要、专家和学者——都认为文化产业和信息产业将一起成为 21 世纪全球化的两大朝阳产业。国内的有识之士也把这两大产业当成中国本世纪发展的重要产业[25]。这是因为在新世纪国际关系的转换中，文化作为软国力的重要性和竞争的激烈程度日显突出。“文化产业不仅是推动现代化建设的强大动力，也为经济和社会的全面进步提供了强大的精神动力和智力支持，更是国际竞争力的基础。”专家指出，这种文化竞争力包括两大层次：

1)文化产业的竞争力。指一个国家文化产品在国际和国内文化市场中占有的份额。

2)精神控制力。指一国文化对他国文化的影响力。对他国文化市场的占有率与对他国的精神控制程度成正比。

正是在这个意义上，一位法国记者就 21 世纪初 AOL(美国在线)兼并 Time Warner(时代华纳)的消息曾这样评论道：“在因特网时代，只要谁买下文化，谁就可以控制时代。”[26]

与此同时，经济的全球化，尤其是文化的全球化，对我国的文化和文化产业发展产生了深刻的影响，而自从我国加入 WTO 以来，这种影响愈显强烈。其一，在日常生活和文化生活层面，它直接影响了我们的生活方式和生活习惯。我们的物质生活和文化生活日益国际化。其二，在文化制度层面，它促使我国政府改革本国文化体制以适应国际

25 详见郑百灵、周荫祖的“关于我国文化产业发展的若干思考”(载 2002 年第 2 期《当代财经》)。
26 详见《因特网时代的文化特征》(载《参考消息》2000 年 4 月 5 日第 9 版)。

规则和国际惯例。因为文化产品、文化资本的跨国流动和文化生产、文化贸易的全球运作，使全球文化生产、贸易、投资的国际间相互依赖性增强。其三，在思想观念层面，它使各种不同文化间互相碰撞、互相冲突、互相融合，同时在社会和文化价值观、思维方式等方面带来正面和负面的影响和效应。

由于中西文化产业之巨大差距，强势文化在全球文化竞争中居于主导地位，中国的经济利益、文化利益和安全面临着“文化霸权主义”、“信息殖民主义”、“网络文化殖民”、“文化交流逆差”、“数码鸿沟”等的巨大挑战。美国坚信今后控制世界的力量将不再是军力，而是信息能力走在前面的国家(克林顿)。因此，专家继续指出，网络时代的到来，使发展中国家特别是社会主义国家的文化主权受到了严重的威胁：

1) 受网络语言英语化的威胁。美英已经占据了垄断全球文化的“话语权”，非英语民族和国家的文化将被彻底排除出网络。例如互联网的中文信息输入量(且大部分是新闻)不到总量的万分之一，输出量不到总量的万分之四，不受西方控制的英文信息也不到万分之一；而目前美国文化占据了网上信息资源的90%。

2) 受网络边缘文化的威胁。发展中国家的文化将受到文化霸权主义威胁，或被英语世界“同质文化”所取代。

3) 受网络文化殖民的威胁。西方文化精神带入其生活方式、交往方式、道德价值观，会造成发展中国家文化混乱，消解民族自尊心、自豪感和精神支柱。正如阿尔温·托夫勒在《权力转移》一书中所言：“世界已离开了暴力和金钱控制的时代，而未来世界政治的魔方将控制在拥有信息权的人的手里，他们会使用手中掌握的网络控制权、信息发布权，利用英语这种强大的文化语言优势，达到暴力金钱无法征服的目的。”

面对“文化霸权主义”和“信息殖民主义”的挑战，党中央提出了十分明确的政策。党的十五大报告首次提出文化是综合国力的重要标志的新理念；二是在党的十五届五中全会通过的《中共中央关于制定国民经济和社会发展第十个五年计划的建议》中，第一次以中央《建议》的名义明确提出了“文化产业”这一新概念。联系翻译专业、职业、行业和产业，译者、译员和翻译学科在这些全球化的挑战中大有可为。

首先，对外网络语言主要是英语，译者任重道远。

其次，要积极发展高新科技先导作用突出、投入产出效益明显的新兴文化产业，诸如娱乐文化、影视文化、旅游文化、出版文化等未来极具潜力的文化产业。这些产业及其产品、成果完全可以通过网络、书籍、音像、影视等媒体和英语语言媒体介绍给海外受众，因此译者将责无旁贷。

第三，发展文化产业，要积极主动地开展对外文化交流。正如“只有民族的，才是世界的”（鲁迅语），中国的民族文化、民俗文化要大胆地“走出去”，展示其特有的魅力和风采。起码我们的随团译员将大显身手。

第四，着力开展国际（出入境）旅游，举办国际性（中国文化主题）会展、国际中国文化宣传，成立国际/跨国文化集团/公司等。在所有这些项目的联络、陪同、促销、推广等活动中，翻译自然应该大显其能。

第五，借用英语翻译作为媒介，不断加大中文的输出力度，促进中国语言的全球传播，以此作为文化产业参与国际竞争的先导，（帮助）办好孔子学校，办好国际一流的国立对外汉语学院，推出“中国学”学位教育，使之成为传播优秀中华文化的主要中心，吸收外国留学生，举办汉语普及/高级培训班，大量出版中英对照（或中文和其他外文对照）的双语文化刊物，经常派出和邀请中国和外国汉语学者访问，定期、高频率地开展国际学术交流活动和中国汉语及文化的普及活动，等等。

在上述这些宏观层面扩大汉语影响，推广并弘扬中国文化的活动中，翻译的媒介作用和翻译学科本身的扩大和发展是不可或缺、难以替代的。

二、微观视角

没有宏观的视野和指南，微观就容易走入误区；宏观的策略和目标是要靠微观的精心操作来最终实现的。当我们从微观的语言和文化视角出发，是灵活、综合地采用“国际化”、“归化”、“杂合化”和“异化”之（翻译）策略，还是一味地试图打破“**英语话语权**”？即便是后者，也是一项非常细致、要求苛刻、过程艰辛的工作和工程。我们认为，首先要解决一个观念问题：如何打破英语话语权？是否有此必要性？我们不准备在此讨论或确认是用哪一种语言——如法语或汉语(历史上存在这两种语言成为主导语言的可能性，见 Cronin，2003：60)——来取代英语或者能否取代英语，因为在目前和不远的将来是不可能的，尽管与此同时我们完全可以坚定不移地发展综合国力，在全球范围内始终不渝地推广汉语言文字与中国文化，不遗余力地办好孔子学校等。在 2006 年 8 月 9 日晚第 12 届 CCTV 青年歌手电视大奖赛的颁奖晚会上，全体评委给美声唱法金奖获得者的一句评语是：用西方美声唱法演绎更多的中国歌曲。此话对翻译颇有启迪，这就是“洋为中用”。我们应该清楚地认识到：我们应该，也必须借“洋文”(如英文)来宣传中国，从而使中国及其语言、文化在全球化市场中占有更大份额。这与当前国内译界某些学者“胡批”类似所谓“无异化≈殖民化”、“归化＝死路一条”(笔者概括)的过激的错误推论形成了巨大反差。在大家心平气和、含笑谈真理的方式开展全球化背景下翻译活动讨论之前，我们很有必要对全球化的有关背景及其翻译做一些宏观结合微观的介绍，同时提出我们自己的观点，以便大家能够既见树木，更见森林。

(1)承认全球化本身的一个悖论(美国的主导作用)

中国想加入世界竞争的行列，全球化把中国带入了 WTO，于是就得按照西方国家价值观制定的 WTO 游戏规则办事。市场乌托邦主义(market utopianism)和美国化等问题尖锐地摆在许多国家面前。文化理论学者 Timothy Brennan (1997 年出版 *At Home in the World: Cosmopolitanism Now*, Cambridge, MA: Harvard University Press)指出：There can be no talk of globalism without Americanism。但他同时不无担忧地认为全球化可能是一种悖论，可能会进一步推动帝国扩张主义：

“...the weakness of the cosmopolitan outlook lies—in the explicit failure to see cosmopolitanism as less expansive ethos than an expansionist policy: a move not towards complexity and variety but towards centralization and suffocating stagnation.”(见 Cronin，2003：53，下画线由本书作者

所加）

美国企业研究所高级研究员 Ben J. Wattenberg 在其著作 *The First Universal Nation*（New York：Free Press，1991）中提出一个观点：事实上，这种文化（指美国文化——本书作者注）在品质上必须是优越的，如果大家实际上和打比方说都希望相信这种文化的话。他宣称：

"（在美国）欧洲和发展中世界的东西我们读得不多，看得不多，听得也不多。难道美国人是心胸狭隘、只关心本国利益、关心本地区利益的土人？然而，更加可能的是我们的口味跟现在世界其他各国人民的口味正好一致。"（见该书 211 页，引自 Cronin，2003：53）

数据显示 Wattenberg 的观点是正确的，但并未显示动机。根据法国的数据，截至 1993 年，欧盟国家公民观看了 50 亿小时的美国电视节目，而美国公民却只观看了 1.8 亿小时欧盟的电视节目，而且其中相当大比例的节目是来自英国（同上：53）。如今，全球化之势头难以遏止，仅仅全球化之观念（the notion of globalization）亦足以使抗拒其进程的任何力量"缴械投降"（disempower any form of resistance to processes…）。令人担忧的问题是：随全球化产生的侵犯地方和国家主权的现象时有发生，难道任何捍卫地方和国家主权的做法是危险和倒退的一步吗？（…is any attempt to champion local and national sovereignty, a dangerous and retrograde step?）**而就译者**——抵制地方诱惑的"坚定不移的游者"（incorrigible nomads）——**而言，他/她赞同、支持全球化计划吗？**（Cronin，2003：54）笔者在此特别提示：这里涉及**翻译的意识形态**问题。

如何回答上述这些问题呢？从某些角度出发，这就看我们如何思考地方/地区和国家/民族的问题了，如何思考并把握在翻译的语境（the translation context）中"主权"的重要性。这些问题也涉及我们的世界观。我们认为：

1）这个世界正进入**后国家主义/民族主义时代**（post-nationalist era），单一民族的独立国家因其政治和经济实力被市场力量与超国家/民族的制度安排之合力削弱而势必衰落吗（*Postnationalist Ireland* 的作者 Richard Kearney 教授的观点）？还是

2)这个世界是以特大国家(megastate)——即美国——为中心，而其他国家是军事、经济和文化的依附吗(T. Brennan 的观点)?

接下来，我们将做进一步的探讨。

(2)信息主义时代与翻译的机遇

全球经济与传统经济完全不同，前者是在全球范围内，以全球为一个单位进行实时运作的。我们知道，后福特主义(post-Fordism 指以满足个性化需求为目的，以信息和通信技术为基础，生产过程和劳动关系都具有弹性的生产模式)时代后，是信息主义(网络社会的技术范式；构建21 世纪初叶社会的物质基础的技术范式)[27]时代，信息在全球经济创新中起决定性作用。由于信息主义以知识和信息技术为基础，所以在信息发展模式方面，文化和生产力、精神和物质之间势必有一个特殊紧密的联系，它们之间也势必产生诸多不和谐的因素。社会学教授 Manuel Castells 在 *The Rise of the Network Society* 中断言：

Our societies are increasingly structured around a bipolar opposition between the Net and the Self.（见 Cronin，2003：12）

在网络信息社会，翻译会受到影响吗？回答是肯定的。但翻译占据了对立的两极(bipolar opposition)，即它既具有自身的特色，又带有网络的特点。全球电子网络正是构成新全球经济的基础。最近二十年来，翻译产业(translation industry)增长相当迅速的一块领域就是软件的**本地化**(software localization)。软件本地化包括产业活动和学术活动的许多不同的方面，范围涉及从通过翻译制造计算机软件和 CD-ROMs，设计、检查软件应用，到复杂工程的全面管理——这些工程同时进行，有时在全球十几个地方，所需来自不同文化的国度、操不同语言的工作人员。(爱尔兰 Localisation Resources Centre，1997)

本地化清楚地表明在全球化市场时代信息经济所产生的翻译需求。新经济给翻译带来量的增长是惊人的。2002 年出版的 *Allied Business Research* 曾经预测，软件本地化和万维网本地化(Web localization)的国

27 Manuel Castells. *Network Society: Cross-cultural Perspective*, 2004.

际市场需求是：1999 年约 110 亿美元，到 2004 年将扩大到 200 亿美元。万维网本地化的兴起意味着本地化要朝不同的领域发展——网站本地化和电子商务本地化（e-commerce localization）。根据克罗宁提供的数据（2003：14），91%的全球网站使用英文。由于全世界使用因特网的人数大量增加，**e-learning**（电子学习）的市场迅速发展，有评论家（同上）开始使用 ***e*localization**（电子本地化）这一词汇表达法。

全球化的翻译市场表现在：传统的本地化与网站本地化（Website localization）有着关键性的区别。前者是项目本地化（project-based），而后者却是节目本地化（program-based）。网站通常不可能是一次性项目（one-off project），需要不断地更新。大多数专业网站的内容是源源不断的"流水式内容"（streaming content），更是需要日日更新，时时更新，而且要提供多种语言，并且展现高度的个性化（personalization）。这里既给翻译提供施展的空间，又向翻译提出了新的挑战。全球网站的体系结构（architecture）需要国际化，全球化（即翻译）内容与本地化内容需要平衡，翻译工作流程（translation workflow）需要自动化，各种语言内容与源/原语（source language）需要和谐一致。[28]

（电子）本地化/全球化的翻译市场表现在：生产新的本地化版本的产品意味着潜在的新市场——而且是高价的国际市场，意味着更大范围地研究和开发新的产品，意味着延长了产品的寿命周期（比较解构主义认为翻译给予原文第二次生命/死后的生命——**afterlife**）。在这种语境下，翻译就是特殊产品销售的关键程序/途径（critical path），因为此时的市场或称之为"快速上市"（time to market）即全球市场。全球各地潜在的客户会密切注意网络信息的发布和新产品的上市。关键的销售期就是产品推介后的那几周。如今广为采用的全球化经营战略是"三 T"之道（time-to-market, time-to-volume, time-to-money）原则。所以，就海外市场来说，营销公式很简单：**no translation, no product**[29]（无翻译＝无

28 见 Bert Esselink. "Web Design: Going Native". *Language International*, Feb. 2001。

29 出自"Shortening the Translation Cycle at Eastman Kodak"（Suzanne Topping, 2000）。

产品)。在此，我们完全有理由增加一个新的翻译-营销公式：**无多语翻译＝无全球市场**。

(3) 网络时代的主导语言与译者角色和现状

网络是我们时代的语言。网络时代的主导语言是英语。这也是新的(网络)翻译范式所决定的。要打破“英语话语权”并非轻而易举。我们暂时抛开理论家们的一相情愿，先从翻译本身这个关键之关键着手。

首先，我们并没有这么多讲多国语言的译者/员。在欧洲不多，在中国则更少或几乎没有，更何况其他语种在翻译实力上都难以与英语抗衡。根据英国学者 Geoff Mulgan(曾担任英国政府战略部主任和首相办公室首席政策顾问，被认为是英国 100 位最著名的公共知识分子和伟大的思想家之一)的观点，译者受到“依附经济学”(economics of attachment)的支配。他们要了解异国语言、文化、风土人情及喜怒哀乐需要“质的时间”(quality time)和“量的时间”(quantities of time)，更不可能要求他们讲无数种语言，懂无数种文化了。根据克罗宁(2003：49)的观点，所谓的“翻译依附经济学”(economics of translatorial attachment)不利于为网络提供更多其他语种的版本。由于英语单一语种现象(Anglophone monoglossia)，讲英语的国家中外语学习近年来呈总体下降趋势。这不仅是因为作为全球化的唯一语言——英语容易识别，而且人们具有的愿望是：享有连接带来的好处而不受因连接造成的痛苦。

其次，网络经济还产生一个翻译的悖论：信息技术(IT)支撑的网络就能将来自全球的图文信息在几分几秒钟之内传遍全球各地，从而产生近乎第一时间速度的“网络世界主义/世界性/全球性/全球化”(reticular cosmopolitanism)。但是，这种世界性/全球化部分是由译者自己造成的。因为正是译者用市场主导语言——英语来翻译信息的。

再次，值得指出的是，译者在网络经济中的专业角色和所处的状况并非为译者本人所认知。网络联系着千家万户，人们都喜欢一级交换，如交易速度快，手续简便。译者为此贡献了时间和精力，但未必为人所了解，甚至为人所忽视/略。译者/员准确地促成了大量的一级交换，受益者因为有译者/员而不必耗费精力和时间去学习外语，然而其专业角色的定位要求他/她终生奉献于二级交换。尽管译者为世界人民在语言和文化方面的沟通作出了贡献，通过网络技术把他们之间的距离拉近了，但是译者值得投资时间学习多种语言、了解多国文化吗？换言之，他们值得"依附"吗？值得寄托吗？克罗宁的回答不知能否令人深思：技术带来的近距离并未消除文化之间的距离(2003，49)。

由此，我们再回到打破"英语话语权"这个问题上。根据学者的调查研究，我们归纳成以下三大要点(其中包含我们自己的观点)：

1)在翻译发挥中介、协调、桥梁作用的信息经济和网络时代，网民仍然习惯、喜欢他们所熟悉的语言(如本国语言、英语等)的网站。因此，不论是从语言、文化"归化"的角度，还是从后现代/工业时代人们的审美观出发，占支配地位的英语的话语权难以打破。哈佛翻译公司创始人 Robert C. Sprung 指出，"使产品真正国际化最有效的办法是使该产品看上去和感觉上像目的地国家的产品……这不仅仅是通过翻译文件或用户界面的文字进行语言美化"，还涉及美学的重要性和更为直接、明显的认知相关性(Cronin，2003：16)。请注意，译文中"目的地国家"和"语言美化"在原文中分别是"target country"和"linguistic facelift"，这就相当于翻译中的"归化"处理。我们应该充分认识到，"归化"仍然是宣传中国(文化)最有效的翻译方法/策略。由于目标语言中英语为国际通用语言，所以汉译英还得以归化策略为主，更不用说将汉语译成其他外语了。

曾几何时，译界不少"异化派"学者"围攻"国内外"归化派"学者[30]，以为通过他们论证出来的异化理论可以很好地译介中国文化，只有靠异化手段才能译介中国文化。先不说 2010 年第六期《中国翻译》已有觉悟的学者发表论文，认为还是要以归化为主来进行汉译英，连我们译界非常佩服的被称为英美中国当代文学翻译的"双子星座"的葛浩文(Howard Goldblatt)和蓝诗玲(Julia Lovell)也一直赞成并实践着

30 暂且不论理论水平，"异化派"中翻译实践能力强的较少，"归化派"中翻译实践能力强的居多。

“归化策略”和“忠实性再创造”。

2) 由于英语已经失去其原有的定义，所以打破“英语的话语权”已无必要。现在世界上讲非英国英语和非美国英语的人(Anglophone)远远超过讲英语和美语的人。这种多数人讲的英语被称为国际英语(international English / free-floating lingua franca)或国际通用语([global] lingua franca)，玛丽·斯内尔-霍恩比从三个角度对这种 lingua franca 做了分析：“首先，有这一种国际通用语言(国际英语)，它在很大程度上已经失去了它原有的文化特征、成语、掩藏的内涵、语法的微妙处，并已经成为用于超文化交流的失去原有标准化形式的一种语言——我们全球化‘麦当劳世界’的‘麦当劳语言’，或者我们多语种欧洲大陆的‘欧洲行话’。其次，另外有许多变体，一般都能互相听懂，但每种变体都能表现诸如自己的俗语、比喻和文化典故等某些文化特征(例如印度英语，或在《每日邮报》任何一篇特写文章所示范的英国英语)。最后，还有后殖民文学中所表现的几种书面杂合形式，从而‘锻造’出一种介乎‘两者之间’的新的语言，以适应新的语境。”(Snell-Hornby，2000)

3) 中国企业走向世界的交流语言主要是作为国际语言的英语。国际商界的交流语言就是英语。全球化进程引发的商业活动产生了巨大的翻译需求，它对商务翻译(包括商业旅游翻译)的影响是正面的。从国际化与本土化趋势分析，我们不难看出中国未来的(商务)翻译市场前景光明。因为随着中国加入世界贸易组织，中国正日渐融入国际社会，而中国各地企业正在逐渐或迅速步上国际舞台，参与全球竞争；与此同时，中国巨大的市场潜力与经济的持续发展使得中国成为国际投资的热土。据世界旅游组织预测，中国可能于 21 世纪第二个十年中成为全球最大的旅游目的地国之一，而中国公民出境旅游同时呈不断增长态势。因此，这种互动的出入境全球旅游业(global tourism)所产生的大量翻译需求(笔译、导译、联络陪同口译、国际领队)主要也是涉及英汉互译。

综上所述，我们应该也必须在全球舞台发挥应有的作用，打破“文化霸权主义”和“信息殖民主义”，使英语和翻译成为具有全球化价值的主要工具。

1.3.8 全球化进程中翻译的 30 个悖论

所谓悖论，译自英文的 paradox。就翻译本质而论，它具有互相矛盾的两个方面，其本身乃矛盾的辩证统一体。“常青学者”(evergreen scholar)奈达博士在美国和世界翻译界有着广泛的影响，在中国也备受推崇。根据他的著作《语言、文化与翻译》第一章(Nida，1993：1-7)，我们简述[31]翻译的 12 种悖论。其余 18 种悖论更为集中体现在 21 世纪全球化进程中(以 Cronin，2003，Tymoczko，2004 和笔者的观察、思考、归纳、总结等为参考，其中包括对悖论之概括表述)。这些翻译现象既有趣，又无奈；既似是而非，又似非而是；既矛盾，又统一，非常值得我们了解，并进行专业性、学术性的思考，其中涉及不少翻译学的基本概念、热点问题、前沿问题、未来发展问题等，笔者会或详或略地加入一些专/职业提示。请注意：这里的“翻译(悖论)”的源语是“(paradoxes of) translating”。翻译的悖论基本上也是语言和文化的悖论。了解这些或更多一些悖论，对正确树立(自己)翻译观很有帮助。

悖论 1　翻译最困难，亦最容易

美国学者理查兹在 1953 年就曾指出：翻译很可能是宇宙史上最为复杂的一种活动。然而，翻译却又非常自然、容易，就连移民的小孩为自己的父母担任口译似乎都毫不费力。当他们入学读书，学习名词、动词和副词后，就反而不会译了。因为他们翻译时总是试图在词汇和语法上进行对应，而不是寻求内容上的对应。

有鉴于此，国内五大紧缺口译之联络-陪同口译(或社区口译)有时连小孩都能“胜任”。既然如此，为何还被称为“紧缺人才”呢？这是不是不少人轻视翻译的误区所在呢？

值得特别指出的是：对译者来说，迅猛的全球化进程是机会，更是挑战。目前全世界的翻译需求之大是以往不可比拟的，译出译入语

---

31 部分简述参考了方梦之的译文(2004：56)和严久生在《语言文化与翻译》中的译文(内蒙古大学出版社，1998)，谨表谢忱。

言的种类之多、规模和业务量之大，简直难以招架，于是出现了翻译的(大)问题。总体来说，全球化对翻译的影响是正面的，但负面的也不可小视，比如如何应对日益增长的客户需求和要求。因此，我们需要培养更多的翻译人才，同时，接受翻译质量的严峻挑战。严格地说，翻译工作，尤其是口译，不是随便什么人都能干的，其高度的专业化、职业化和学术化要求，并非一般人所能胜任。国内已出版了《翻译服务规范》，国际译联(FIT)正在编制行业指南。这些对提高翻译工作的职业水准，更加规范、自如、有效地应对挑战具有重大意义。

悖论 2　直译忠实原文，亦背叛原文

学过外语的大多数人认为，直译才能忠实于原文。但直译常常造成严重误导。

有鉴于此，“异化派”对此有何感想？“异化派”对奈达理论还会继续指责吗？“归化派”是否可以洋洋得意呢？把奈达封为“归化派”的代表合理吗？

悖论 3　翻译不可译，翻译亦可译

有人坚信翻译是不可能的，因为不同语言之间存在着意义、结构等诸多差异。事实是，翻译的数量越来越多，品质越来越好。而不可译论者也毫不犹豫地让人把他们的作品翻译出来。

有鉴于此，批评甚至“谩骂”译诗和其他文学、社会科学作品的人会持何感想？不翻译如何进行文化交流呢？中国有多少人能够懂多国语言，且能欣赏这类作品？

悖论 4　阐译非翻译，翻译含阐译

翻译自然是合理的，而阐译(paraphrase)却是错误的，但整个翻译过程都包含着不同程度的阐译，因为没有人能够成功地进行词对词、结构对结构的翻译。

有鉴于此，如何评价许国璋就西方文化史提出的翻译主张——避

“词译”而用“阐译”与“通译，切译”(1991：248/262)呢？如何翻译中国典籍作品，如四书五经、古典文学呢？如何进行需要当场见效的各类口译(如同传、交传、导译、旅游翻译、商务口译等)呢？

悖论 5　直译错误 vs. 文体错误

有一种普遍的观点，即应先直译，再润色文体。但是，文体不是装饰糕饼的糖霜，而是语际交流过程中不可分割的组成部分，必须从翻译一开始就将其融入到译文中去。在词义对应上犯几个错误可以原谅，但在原文的精神和美学特色方面的错误就不同了。

有鉴于此，我们进行翻译批评应该采取综合法、整体法，而非“只见树木，不见森林”的批评法，不能求全责备，该宽容的地方应宽容，不该宽容的地方则应坚持原则。

悖论 6　翻译天才论 vs. 翻译实践论

翻译是一种技能，需要大量的实践，所以大多数人认为翻译是可以教会的。但是，真正出类拔萃的译者却是天生的，而非后天造就的。打算专门从事翻译的人必须具有创造性地使用语言的天赋，否则就难以在这个专业/职业中胜人一筹。翻译教学的最大收获也许是使初学者意识到自身的局限所在。

有鉴于此，我们不能失望，不能沮丧，不能灰心丧气，而应牢记：实践为本，勤奋出天才。翻译应大胆，但不能胡来，应讲究职业道德。

悖论 7　人工翻译 vs. 机器翻译

计算机时代仍然需要人工翻译，对许多人来说似乎不可思议。既然现代计算机可以存储词典和语法书，为什么不让计算机来做翻译呢？事实上，无论机器翻译多么发达，总是需要人来处理那些语义和文体复杂的文本材料。计算机可以完成某些非常简单的语际翻译，但是很多文本和特色表达法(如广告文本、文学文本、社科文本、口语体文本，各种成语、俚语、俗语、谚语、警句、名言等)，都不可能简化到计算机所要求的逻辑系统程序。此外，人说话之自然语序，书面表达之优美文体、深奥语义、文字游戏、极富表现力或交际价值的文字，人脑之所具有的数字功能和类推功能以及与生俱来的价值观念等——所有这些，人工翻译都是无法被替代的。

有鉴于此，机器/助翻译“情关”难过，人工翻译需求永远。迄今为止的实践表明：不论采取何种途径，“单一方法都很难达到预期的效果”。所以机器翻译学家指出：“一个机器翻译系统很少把它的理论贯彻到底。”（谭载喜，2004：174）但实践也表明：机器翻译具有强大的生命力。这门新兴学科必定在实践和研究方面为翻译学作出独特的贡献(新的阐述见悖论 17 和 18)。

悖论 8　并非文学最难译

最难翻译的不是文学色彩很浓的文本，而是那些言之无物的文本，如政客和参加国际论坛会议代表所惯用的语言。联合国总部的专职翻译指出：最难译的就是演讲者和作者原本就不打算把实质性内容告知于你的文本。其次最难译的就是通篇充满讽刺或嘲弄的文本，因为在书面文本中的言外之意或者词义的副语言暗示(paralinguistic clues to the meaning)通常要比口头表述更难捕捉。也许第三类最难翻译的东西就是翻译专著或论文，因为其中的示例很少能在目标语中找到对应的表达法。

有鉴于此，“翻译专著几乎总是需要大幅度的改写”（Nida，1993：4）。另外，我们应该改变一种传统观念——文学翻译最难。起码但丁的观点是“文学不可译”；克罗齐也认为文学翻译只能是艺术的再创造。其实，还有许多非文学翻译要比文学翻译难得多，甚至是“不可译”。即使译介专业文献的难度比不上文学翻译，但它对译者素质和工作态度的要求也是近乎苛刻的，这更是外人难以体会的。尽管中国呼唤新世纪的文学翻译家，但中国目前更缺的是各行各业的专业翻译人才。值得再次指出的是：那些比较擅长翻译“经典”文学作品的译者，由于语域等问题，也许他/她不太译得好当代的通俗文学作品(主要指英译汉)，因为缺乏当代流行词汇。对这些译者来说，最难翻译的文本，反倒不是严肃的文学作品，而是通俗的文学作品(如儿童文学、魔幻小说等)。

悖论 9　译无定本，译者无疆

最令人惊讶的悖论之一是：译无定本。世上没有尽善尽美的译本，也无永恒的(timeless)译本。因为语言和文化都处在不断变化的过程之中。语言具有开放性和不确定性。

有鉴于此，复译有科学、文学、经济、社会、教育、军事等价值的文本是有意义的，是值得的。译出更具创造性、时代性、大众性、科学性乃至全球性的作品，是新世纪译者的神圣职责。

悖论 10　理解最难 vs. 对应最难

有人以为翻译中最大的困难是在目标语中找出恰当的对应词和结构。恰恰相反，对于译者来说，最大的困难是透彻理解所译文本的所指意义和联想意义。

有鉴于此，译者和学生不要在似懂非懂的情况下就急于下笔，若是中译英，我们不少译者甚至还不知道如何找到或确定目标语中的对应词和结构。所以培养严谨的译风应从理解原文抓起，当然，这并不排斥译前的准备和平时的积累等，但所有这些都是最终为理解和表达服务的。

悖论 11　会语言 vs. 会翻译

最不为人们所理解的翻译悖论是，以为一个掌握两种语言的人就能胜任笔译或口译工作。对于交传、同传译员而言，了解两种文化，写作能力强，才思敏捷，善于组织文字等非常重要和关键。

有鉴于此，那种“会外语就会翻译”和“外语好就等于翻译好”的传统观念应该铲除。口笔译教学、培训应非常注重语言之外的文化、写作等素质的培养。

悖论 12　翻译反映现实 vs. 翻译歪曲现实

最难理解的语言悖论是，语言的视差(parallax)，即语言既反映现实，又扭曲现实。例如，太阳并不真正落下和升起，只不过是地球在不停地转动，但人们仍然使用“sunset”(日落)和“sunrise”(日出)这两个词。又如，人们依旧引用“The exception proves the rule”(例外证明原则的普遍性)这个谚语为“例外”进行辩解，其实这里“proves”只能理解为“testing”(检验)的意思。再如，人们通常认识不到语言中的视差现象，还把某些说法当做绝对真理。人们谈论“神圣罗马帝国”，可实际上它既不神圣，也不是罗马的，也不是帝国。

有鉴于此，翻译反映现实，也同样扭曲现实。不然，我们的资深博导也不至于在所编写的新版《新概念英语》中出现被扭曲了的中译文。L.G. Alexander 认为，陈述句的语序很重要。下面两个句子，每句话所用的单词相同，但句子所表达的意思不同：

* The policeman arrested the thief.

* The thief arrested the policeman.

博导先生居然把第二句译成“小偷逮捕了警察”[32]。翻译实践中，“歪打正着”的现象是存在的，也是自然的。这也就是为何在出版的译作中出现这么多“猜译”现象的原因。这些“猜译”现象，有些是合理的，更多的则是误导，反映出译者的翻译能力(the competence of a translator)和译者的职业道德问题。

悖论 13 译者对全球化的贡献 vs. 全球化对译者的忘却

全球化部分是由译者自己促成的，因为他/她使用全球市场的主导语言为全世界传递信息，为全球不同语言、不同文化之间的连接付出了努力，付出了精力，付出了时间，并承担了困难。但是，人们忘却的正是译者的付出，记住的却是网上被吹得天花乱坠的广告。换言之，全球化过程中，信息增值了，译者的付出却贬值了，而这种全球化和贬值竟然部分是由译者自己造成的。

有鉴于此，我们是否可以为翻译增加几个新的比喻：翻译像一把

32 参见亚历山大与何其莘合作编著的新版《新概念英语》(2)第13页(朗文和外研社，1997)。

"双刃剑"？翻译如"既能载舟，又能覆舟"的"水"？翻译似乎"替人作嫁"？翻译仿佛"前人栽树，后人乘凉"？

悖论 14 翻译消失论 vs. 翻译转移论

翻译不会消失，但会被转移。换言之，翻译完全由非英语民族在承担。更多的非英语本族人将自己的本国语译成英语，而将外语译成英语的英语本族人却不多。

有鉴于此，国内的双语(英语 + 二外)及其翻译教学、研究和培训市场将会有新的增长点和起色。在加入全球化竞争的同时，努力抓好非英语语种的教学、研究开发，是摆在我们，特别是有关管理层面前的新的重大的课题。

悖论 15 自动化 vs. 本地化

电脑产品的本地化成本将很快大幅度增长，当告知微软总裁比尔·盖茨(看来并非真正了解翻译)这个重大消息后，他却以为翻译本地化非常简单，答道：那就把它本地化吧，"就是个语言程序罢了(just a linguistic process)"。须知：事实上，对微软产品进行本地化处理的整个过程，是极其纷繁复杂的，它已经占用了最出类拔萃人才的头脑长达数百年。

有鉴于此，翻译本地化乃至国际化的研究、开发任重道远。我们跟印度相比，还很落后，起码语言、翻译关都尚未过。国内 IT 行业的全球化和本地化方面还有相当大的潜在市场。而就翻译学而言，最为关键的问题之一是，需要逐步改变人们对翻译的看法，使翻译在全球化进程中更有所为。

悖论 16 自动化 vs. 利润化与边缘化

诚然，从某种角度看，电脑产品的翻译本地化可以被视为一个过程，一种程序，即 process；但是这个 process 的自动化越成功，更多的翻译本体问题却越会"隐退"到商业关注之利润问题或"隐退"到翻译问题的边缘(the margins of commercial attention)。请注意，原文中的

margins 在此是“一词二义”。换言之，翻译一旦朝自动化方向发展，人们(如企业老板)将只会关注翻译本身所带来的商业价值，而翻译本体问题则被边缘化。

有鉴于此，不管遇到哪种情况——“利润问题”还是“边缘问题”，翻译在达到“既定目标”后，就被“边缘化”了，企业更关注的是利润问题，除非翻译再次“出山”，从“边缘”走向“中心”。看来，翻译在全球化中的确发挥了“重要”作用，说“**没有翻译，就没有全球化**”都不为过，但翻译并非处处都被认为是“重要”的。这里当然有一个观念问题，也是一个事实问题，即你不可能让所有的人(非翻译行当的)都懂得翻译，重视翻译。实用性如此之大的翻译尚且如此，其他离实际较远的(less pragmatic / practical)文学、语言学学科就更乏人问津了。

悖论 17 简单化 vs. 复杂化

我们引用过学者理查兹的话：翻译很可能是宇宙发展史上产生的最为复杂的活动。但是比尔・盖茨与这一观点(翻译观)差距甚大，他认为计算机软件的本地化翻译是“相当简单的”(reductive)。

有鉴于此，我们应首先从语义角度指出：英文中 reductive(和 reductionism)是“贬义词，表示反对或蔑视”(《牛津高阶英汉双解词典》第 6 版，2004)，可见，盖茨的观点是受到批判的。盖茨不会不知道：目前已有比较发达的能下国际象棋的电脑“深蓝”(IBM)、“更深的蓝”(IBM)、“更弗里茨”、“更年少者”(以色列)、“X3D-弗里茨”(德国)和“紫光之星”(中国清华)等，也有了能下更为复杂的中国象棋的电脑“浪潮天梭”(中国浪潮)，暂时的结果是人机各有胜负。即使目前机器暂时稍占优势，但人机大战，无论哪一方取胜，都是人类智慧的胜利。可惜，目前尚未开发出能真正与人抗衡的“围棋电脑”，因为棋类中或许围棋最为复杂，变数最多，电脑还难以(最终)代替人脑，也许道路会很漫长。

盖茨也不会不知道：自然语言的极端复杂性。(人工)翻译是一种高智能的劳动，这就使机器翻译变得极为复杂、困难，成为当代科学技术的十大难题之一。文学翻译要求很高的文学修养，涉及意识形态、不同诗学标准的各种人文社科文本的翻译亦充满艰辛，不仅要求我们对源语和输入文本具备博大精深的理解，具有敏锐的政治头脑，而且要求我们能够创造性地支配目标语，这些翻译绝不是普通的译者所能达到的。“因此，将任意文本自动从一种语言生成另一种语言的高质量的翻译问题是难以自动实现的。”（冯志伟，2004：7）难怪，“现在欧盟就因同声传译跟不上，笔译错误层出不穷而叫苦不迭……文件翻译总量……2005年更是将高达 237 万页，其支出将增至 8.08 亿欧元”（同上：4）。

所以，尽管“机器翻译要达到人工翻译的水平是永远不可能的，计算技术的专家已经考虑过这些问题”（同上：826），但计算语言学家冯志伟教授指出：“随着人类交际活动的发展，翻译的数量越来越多，翻译的需求将越来越迫切，人工翻译已经远远满足不了社会需求，在这种情况下，机器翻译必然会作为人工翻译的一个重要补充而发展起来。”（同上：4-5）在全球化的进程中，机器翻译和人工翻译必将两条腿走路，并驾齐驱。与此同时，“从科学技术上来说，机器翻译是计算机科学、数学和语言学的一个应用领域，机器翻译的思想，对于这些学科的发展会产生重要的影响。……另外，……科学技术文献的翻译，成为了一个独立的研究学科，叫做‘科学翻译学’”（同上：5）。

悖论 18 翻译人工化 vs. 翻译电脑化

同样是翻译，不同的人具有不同的看法和态度。把微软产品文件译成中文是一码事，而把中国的哲学概念译成英文(即理查兹所谈论之主题)则是另一码事。这的确有可能是：盖茨谈论的是所谓“本地化”(翻译)，而语言学家谈论的是所谓“翻译”。“文学翻译”对“技术翻译”现在仿佛是“翻译”对“本地化”。翻译标准强调的是以目标语为取向，这完全符合更受欢迎的功能翻译理论和多元系统翻译理论。而“本地化”似乎是公司对“生态指令”(the ecological injunction)的一种“语言回应”(corporate linguistic response)：“全球思维，本地行为”(think global and act local)。

有鉴于此，我们也不会对不同的翻译观抱有成见或奇怪的想法，因为人们(不论是内行还是外行)对人工翻译和机器翻译都会产生某些偏见或误解。同样是欧洲语种，用机器翻译相同的句子或文本，英德互译，结果比较容易准确，因为英语和德语同属日耳曼语支，“血缘”关系最为密切；英法互译，结果也比较准确，这两种语言虽属不同语支(后者为罗曼语族)，但“血缘”关系比较近，有着更多的日耳曼语和凯尔特语的印记；英俄互译，结果就比较不理想，因为后者属于斯拉夫语支，离得比较远。显然，英汉互译，其难度和结果是不言而喻的。人工翻译和机器翻译性质完全不同。而且，研究计算机翻译可能比人工翻译更为复杂、更为困难、更难以可行。例如。中国古代四大小说早被译成多种外国文字，而且同一部小说有不少译本。但机器翻译却做不到。而就技术翻译而言，中国“机器翻译做到现在这个样子，即完全从规则出发，已经做到头了，我们只能做到 60%到 70%的准确率，再往前几乎是步履维艰，非常困难”(冯志伟，2004：823)。美国“几乎完全摆脱了人工编写语言规则的传统做法，他们通过统计方法来做，他们把语料库做成‘树库’……能基本覆盖自然语言 90%以上的内容”(同上)。冯教授预言，机器翻译发展得好，像美国的 Language Weaver 公司，专门从事统计机器翻译系统的商品化，注意统计方法和语言知识相结合，在科技翻译方面可以达到人工翻译的水平。但是翻译有情感成分的文本完全是另一种研发视角。机器在“情感计算”(affective computing)方面是难有作为的，甚至是无能为力的。“翻译是一种高智能的活动，培养一个外语系的本科生我们需要 4—5 年的时间，而且只能是初步掌握翻译技巧。所以要做到感情的计算很困难。”(同上：826)

悖论 19 翻译之自动化 vs. 翻译之复杂化

有些翻译任务可以自动化，这并不意味着翻译变得不复杂了，而是翻译在认知处理过程中部分由人工转移到工具。某些特定种类的翻译也能由机器翻译来承担，机助翻译等工具能加速本地化进程，这些也不意味着对翻译的了解会变得更加容易，或者起码并没有我们过去认为的那么困难。现在的问题是在翻译工具中嵌入特种复杂、高级的程序，便于译者操控。同理，激光的物理特性，不会因为 CD 播放机更容易操作而变得反而简单。所以，在翻译工具中嵌入复杂程序，可能使人们不易发觉其复杂性，但这种复杂性并非不存在。

有鉴于此，上述悖论似乎司空见惯，但常人的确是这样思考问题的。因此，人们对人工翻译和机器翻译的复杂性、困难性、艰巨性、不可为性知之甚少。这对全球化背景下的翻译事业自然是负面因素。机器翻译在国内(特指大陆)的外语学院或翻译学院还很落后，在香港的大学(如香港中文大学)就开设电脑辅助翻译硕士(M.A. in Computer-aided Translation Programme)课程。其中许多课程尚未在内地开设，如“电脑翻译的编辑技巧”(Editing Skills for Computer Translation)、“电脑辅助翻译专题作业”(Computer-aided Translation Project)、“电脑翻译”(Computer Translation)、“自然语言处理”(Natural Language Processing)、“电脑翻译方法”(Approaches to Computer Translation)等[33]。

悖论 20 口译如空气

好的口译犹如空气——只有当空气被污染了，才有人会注意到。译员，当其正常、顺利发挥时，没有人会注意到他/她的存在；而当其出了一个小差错时，却即刻成为人们注意的焦点。口译的这种现象可谓见怪不怪。译得好，译者反被“埋没”；译得不好，译者反遭“曝光”。没有消息便是好消息——这就是正常的翻译工作，而非异常的。这又好比猫头鹰，可见性低的时候便展翅飞翔，于是产生新的可见性，词义或者口译的可见性也由此产生。但是，可见性过高，却会降低能见度，更不会使人产生洞察力。

有鉴于此，这一悖论乃常理。社会上对译员不理解，甚至轻视译员，其部分原因亦出于此。口译如此，笔译何尝不是如此？借用《英汉大词典》主编陆谷孙先生在前言中的话：“18 世纪英国大文豪 Samuel Johnson

33 课程名称选自 2006/2007 香港中文大学翻译系电脑辅助翻译通讯等资料。

称词典编撰为 success without applause, diligence without reward（无偿劳作，虽成无荣）。”说得通俗点，翻译这工作，对是应该的，错是不允许的。正确无人知晓，无人理解；错误有人曝光，有人指责。笔者曾参译百科全书的翻译工作，真正体会到：翻译词典真乃是 harmless drudges，译者们为 unhappy mortals(均为 Johnson 用语)。同时希望听众和读者对口笔译应抱有“To err is human / To forgive divine”（Alexander Pope)的宽容态度。

悖论 21　翻译文化 vs. 民族文化

在“翻译文化”与“民族身份的合理性”之关系这个问题上，存在一个悖论(Tymoczko，2004：184)：民族主义者试图创造或再创造一种民族文化，就一种民族文化进行断言或反复断言，问题是——很难从理论上说明何为文化。文化的很大一部分是难以说清楚的，所以开展民族主义运动，搞清楚何为民族文化，如何充分描绘和再现民族文化则是非常困难的，这不仅表现在翻译方面，在其他方面也是如此。

有鉴于此，我们在翻译研究时，千万不要随意给某种文化(如香港文化、台湾文化、澳门文化乃至大陆文化等)套上“殖民文化”或“半殖民文化”的帽子，用来迎合如今炒得沸沸扬扬的所谓“后殖民(文化/语境)的翻译理论”，以免贻笑大方。因为在错误理论或观念的指导下，他们会由此推断出：在中国进行汉译英推行异化翻译策略，就是解殖民化。试问，进行英译汉时，使用异化或归化策略是引进“殖民文化”还是倡导“大汉族主义”呢？如何处理才算是符合全球化新观念呢？

同样，我们在开展“城市面子工程”时，要避免没有搞清楚词语的来龙去脉，便扣上一顶高帽子。如某高校英语文字纠错队把“城隍庙”的英译文 Temple of City God 中的 God 批评为“基督教文化”，应予以纠正。

悖论 22　民族主义 vs. 民族身份

所谓民族主义的就未必精确：有利于民族身份合理性的未必是该

民族文化的权威再现。因此，所谓民族的未必是民族主义的。对待什么是民族和民族主义，人们可能抱有非常狭隘的意识形态之观念。在后殖民国家的作者和译者，在试图确认自己的民族身份时都不可避免地要遇到这个悖论(同上：185)。

有鉴于此，我们应具有开放的、全球性的心态，不要囿于传统的、狭隘的、落后的所谓“民族主义”理念，这样在翻译处理本族文化和外来文化时就会客观、达观、合理、有远见，最终为不同民族、不同文化背景的人所(乐于)接受。于是，“异化”一定有利于中华文化，或有利于引进外来文化，“归化”一定是死路一条，或“归化”一定会抹杀第三世界/弱国文化，或不利于弘扬中华文化等观点、观念、立论、理论及原则，便不攻自破。

悖论 23 连锁悖论

全球化中产生的翻译悖论往往是一个连锁反应，起因便是时间。迅速接稿、迅速译稿、迅速交稿几乎可以构成全球化时代“翻译的时间简史”(A Brief History of Translation Time——Cronin，2003：107)。首先，全球化的特色给翻译的方针策略带来了冲击，即指时间、超国家机构和组织的兴起、自动化及特定语言的经济强势等。时间胜过空间常被用来说明界定早期和后期现代性的一个特色。其次，我们的翻译学者、专家、翻译教学法理论家等也竟然强调翻译培训的速度是硬道理(paramount importance of speed)。例如 Douglas Robinson 指出：“速度对专/职业翻译来说意味着一切。迅速获得并吸收信息常造成穷困与无债之间的差别。”(同上：108) Robinson 宣称，如果他撰写教科书，他取的书名便是《成为翻译：速成课程》。总体来说，翻译的竞争优势在于比竞争对手更快地完成任务，这通常涉及采用更新的技术。国际组织或超国家机构(如 EU 和 WHO)、国家组织或本地组织，要确保其翻译工作有效、正常，就势必采用新技术。随着翻译过程的自动化程度日趋增高，便出现了翻译实践自动化和创造性之间的矛盾。从悖论 18 等我们清楚地知道，机器翻译难以从事文学等翻译。就人工翻译和机器/助翻译，我们有必要在此引用哲学家对语言和翻译的观点。即使从人工进行的语内翻译和语际翻译角度看，可谓困难重重：语内翻译(汉语表达)，存在着“交通底困难”——“传达算学比较地容易，传达诗词比较地难；传达事理比较地容易，传达境界似乎非常之难”。(选自金岳霖论“语言”，引自许国璋，1991：312）而就语际翻译(英汉互译)而言，“翻译有两种，一种是译意，一种是译味”。“译意也许要艺术，译味则非有艺术不行。译意只要求达求信。……这困难可以说是一种技术上的困难。译味则不同。……有时二者不能兼得……只好取味而舍意……译者也许要重行创作……不拘于原来的表示方式，而创作新的表达方式。”(选自金岳霖论“翻译”，引自许国璋，1991：331-334）所以自动化解决不了文学翻译的速度问题。再者，如果文学翻译通常被认为是创造性翻译之“旗舰”(flagship)，那么翻译交通(translation traffic)[34] 之明显不平衡——即从经济富裕国家流向经济贫穷国家——并不是全球化开放性和多样性特色之好兆头。更何况，机器翻译会导致作为中介人的译者之隐身，会广泛、大量地出现新“克隆”的危险，全球美学资源之渐渐枯竭，等等。

有鉴于此，人工翻译和机器/助翻译之间的关系本应是积极互动的、互补的、和谐友好的，在全球化进程中发挥各自的作用。但是，事情往往事与愿违，它们之间的“悖论”关系总会继续存在着，我们只能乐观对待之。

悖论 24　翻译不是单程车票

翻译是一张往返票(return ticket)：只有起程而无返程则是不完整的旅行。翻译活动实质上是在不停地旅行，像是“游者无疆”。直至今日，翻译一直不断地在多种语言、多种文化之间游行。随着全球化的深入发展，在全球旅游中，不断出现单语种的泡沫——将英语当成世界语(world English)，机器翻译方兴未艾，翻译还能继续行游于多种语言、多种文化之间吗？

34 特地借用金岳霖的用词“交通”。许国璋称此表达高明(1991：328)。当然，也不妨采用“交往”。

有鉴于此，我们早已清楚，不必担心全球化会变成语言单一化和文化单一化，但是翻译的“游者”身份(translator-traveler)难以改变，他们是“职责使然”(nomads-by-obligation)，而且必定懂多种文化。但是“数百年来，科技翻译无视两种文化之间的差异”(Cronin，2003：126)。在国内的重点大学，译者首先应该是一名学者。然而，根据法国数学家Benoit Mandelbrot 的观点，百里挑一的学者可能是“兴趣使然的游者”(nomads-by-choice)，这样的学者对为确定的学科增加精神财富至关重要(同上)。问题是：如果大学里的翻译学教授、博士都是 nomads-by-obligation，而非 nomads-by-nature 或 nomads-by-choice，那么脱离了活生生的翻译实践(nomadic life——笔者比喻)，翻译研究还会有活力吗？如果没有，或者缺乏活力，在大学从事翻译教学、研究的能否成为 nomads-by-choice-and-obligation？面对全球化，翻译工作者应该扮演双重角色：既是“职责使然的实践-研究者”，也是“兴趣使然的研究-实践者”，并不停地游历于多语言、多文化的世界各国和全球网络(cybertravel)之中。

放眼世界，以下我们还会对 nomad-by-obligation 和 translator-as-traveler 有更为直接、更为理性的了解。

现代性/化的特点之一就是流动(fluid modernity)。译者的职业特点更是如此，他/她得马不停蹄(perpetually on the move)。从旅行的角度出发，这涉及身体移动和虚拟移动(physical and virtual dimension)。

身体移动。主要表现在他/她需要离开本国去国外学习外语。有位职业译者在采访中如是说：对一个年轻译者来说，最佳教育(optimal education)是在国外拿一个语言学位，接着继续攻读翻译的研究生学位。毕业后去所学语言的国家生活，找一份笔译工作。通过若干年的锻炼，在翻译速度、准确度及相关技术知识等方面有所长进，并对自己的事业获得一些真知灼见，然后去单干(going freelance)。

但上述身体移动或学游/游学(study tour)，会因①政治原因而受到限制(political restriction on travel)，原东欧各国，在“铁幕”撤除之前，就曾遭受这种命运(据陆谷孙《英汉大词典》，“铁幕”，即 the Iron Curtain，是西方报刊及政界用语，指第二次世界大战后苏联及东欧国家为阻止同欧美各国进行思想、文化交流而设置的一道无形屏障)；②居住费用过高而限制了发展中国家的译者在国外发展；或③严格的移民控制而限制了劳务输入/移动。

虚拟移动。在身体移动受到限制的情形下，译者只能求助于虚拟旅行(virtual travel)：读书刊、听广播、瞧电视、看录像、上影院，甚至还盯着广告要奖品等。这种旅行在后现代得以延长。人们可以上网、发E-mail、用外语参加集体讨论，等等。这些外出旅程在英语不作为官方或工作语言的国家显得特别重要，因为大量的翻译，其目标语是外语而非母语。这种旅程并非完美，受到口译专家塞莱丝科维奇(Danica Seleskovitch)的批评。她指出：译者非常需要自己的母语；忽视母语恰恰是翻译学子面临的最为常见的问题(Cronin，2003：105)。

的确，我们的年轻译者被异国的风采情调所吸引，忘记"翻译是一张往返票"。翻译是双向的。在翻译之旅中，回程与去程同样重要。从某种角度看，译者必须是——借用 Cronin 的用词——homebirds("家雀"——恋家的人)，在家里探讨、研究(母语)。

综上所述，翻译这个职/专业之"游牧性"是亘古不变的(incurable nomadism)。"翻译作为中介，其跨文化性不仅位于各种语言与各种文化间的旅行之全过程，而且与必要的学科游牧性密切相关。"(同上：112)

翻译之旅程，无论是虚拟的还是真实的，总是来来回回，出出进进，永无止境。译者之狂想曲，从定义出发，其特色是 elusive(Cronin，2003：106)。归化阐释可以是："虚幻"、"虚迷"、"空灵"，"难以解释"、"难以描绘"、"难以名状"、"难以企及"……狂想曲的这些特色在翻译学中表现得淋漓尽致。国内目前缺乏优秀的文学翻译(外译中)，呼唤新的大翻译家的出现，等等，均说明翻译应该是双向的。学了英文，忘了国文，了解了西方文化，迷糊了中国文化，真乃数典忘祖，本末倒置，得不偿失……如何奏响全球化中国文化的狂想曲？

过去，翻译学者通常只关注翻译产品(translation product)，因为研究静止、固定的源语文本(source text)和译语文本(target text)比较容易。然而，翻译过程中译者的实际思考却始终是动态的、难以把握的，因而也是最难研究的。

悖论 25 译者之隐身 vs. 译者之中介/用户之期望

这两者之间是一对矛盾，并且引发翻译学的新问题，比如翻译在全球化的传输、交易中的简单化与复杂化之问题等。

首先，译者是一个中介，并通过媒介将文本从一种文化和语言传输到另一种文化和语言。所以翻译是一个传输和中介之子集。从这个视角出发，翻译具有其他形式的传输和中介之相似特点，如广播、电视、铁路和供电系统等。法国学者 Regis Debray 倡导的新学科 mediology（“[大众]传媒学”、“中介学”、“媒介学”或“媒介与传播学”——笔者译文），其目的是研究“传输（信息）之人”（l'homme qui tranmet）。他特别指出：某种经历越是直接或越是不言自明，对此发问则越是困难或越是不受欢迎（Cronin，2003：124）。而中介诸系统的主要目的是使这些系统简单透明。所以，中介的使用越是简单，传递系统就越复杂。例如，PC 机——好像跟翻译的归化策略一样，是往读者这边靠（reader-oriented）——设计想着用户，使用起来越来越方便（user-friendly），然而 PC 机的维修难度也就越来越大。

其次，翻译既研究复杂问题，同样也研究简单问题。研究翻译史、翻译教学法、翻译文本分析等，会显示复杂性。但是，翻译实践者（即译者）和翻译使用者（用户）不欢迎这种复杂性。译者希望翻译越简单越好，即所谓的“走捷径”、“抄近路”（short-circuits/short-cuts），任何翻译分析似乎都是非自然的，都是过（度）分（析）所为。翻译的（终端）用户何尝不是如此？如果译者告诉用户翻译有多么困难、多么复杂，尤其这么描绘意味着合适的报酬，他们就不会高兴。这正是明显的悖论。文本翻译得越好，中介方式用得越成功，中介本人反而越隐身/不为人所知。

有鉴于此，中介似乎是多余的。在应用翻译（pragmatic translation）实践中，劣质翻译/“烂译”（bad translation）反而使中介即译者透明显形。如果会议译员（指国际会议同传或交传）不在译员厢，而像电视新闻播音员那样，其身份和工作则会更加显形。可惜，笔译人员就不能如此透明、显形了。他们必须遵守保密原则，他们不能触犯禁忌，他们不能“抄近路”，媒介的“内幕”或“外包装”(artifice)是不能披露/曝光的。当然，在翻译交易中，不信任感依然存在。

悖论 26 译者“高”于作者

请注意，这里的“高”并非指译者比作者高明，或者水平一定高于作者，而是具有反传统意味的“高”。这里主要涉及译者及其译本的地位问题和译者的文字水平问题，是完全从翻译历史发展的视角、从全球化的视角、从目标语和文化的视角(TL-oriented/TL culture-oriented)来探讨问题的。

首先是“地位问题”。

第一种译者“高”于作者的身份是**“与原作竞争者”**。人们通常以为：作者水平高于译者(在不少情况下的确如此，尤其特指大作家、文豪等，不指三四流作家等)。按照《红楼梦》的英国译者霍克斯的话，翻译要做到“译事三忠。忠于作者，忠于读者，忠于作品”(译文引自许国璋，1991：272)，不管是“一仆三主”还是“一仆二主”或“作者是主人，译者是仆人”。早在古罗马时期，著名演说家、修辞学家昆体良(Marcus Fabius Quintilianus)就提出了“与原作竞争”的翻译观，其中心思想是：“罗马人在一切翻译、写作中，都必须与希腊人比高低。”(谭载喜，2004：22）这是译者五种特别身份中的一种，已概括如上。

第二种身份则是**“创造性叛逆者”**。法国文学社会学家埃斯卡皮(Robert Escarpit)在他的著作《文学社会学》中提出这一术语，并指出：“翻译总是一种创造性叛逆(creative treason)。”“说翻译是叛逆。那是因为它把作品置于一个完全没有预料到的参照系了(指语言)；说翻译是创造性的，那时因为它赋予作品一个崭新的面貌，使之能与更广泛的读者进行一次崭新的文学交流；还因为它不仅延长了作品的生命，而且又赋予它第二次生命。”(埃斯卡皮，1987：137）这跟解构主义翻译理论鼻祖本雅明(Walter Benjamin)等的观点不谋而合。法国解构主义代表人物之一巴特(Roland Barthes)曾宣称“作者死了！”换言之，“原文想成存下去，就必须有译文，没有译文，原文就无法存在下去。”（郭建中，2000：175）在解构派看来，“翻译不仅是传达原文内容的手段，更主要的是，翻译是原文存活下去的手段。……翻译不是文学的附庸，翻译是一个文本的‘来世’（afterlife）。文本因经过翻译而被赋予了新的意义，并获得了新的生命。……因此，解构主义者宣称，译者是创造的主体，翻译文本是创造的新生语言。从而大大地提高了译者和译作和地位。译文不仅与原文的地位是平等的，而且，原文还得依赖译文才能生存下去。”（同上：176-177）本雅明还特别指出：“For a translation comes later than the original, and since the important works of world literature never find their chosen translators at the moment of their origin, their translation marks the stage of continued life.”（Benjamin，1973：72；下画线为笔者所加）下画线部分意即“……译本标志着生命延续之阶段”。

第三种身份是“**操纵者**”。“操纵”（或“操控/修改/改编/篡改”）的英文原文是 manipulation/manipulate，具有褒贬两义：to change by artful or unfair means so as to serve one’s purpose: DOCTOR（*Merriam Webster’s Collegiate Dictionary* [the 10th edition]）。但在中文里，“操纵”的定义是：“<贬>用不正当手段，背后支配、控制”（《应用汉语词典》，商务印书馆，2000）。因此，由于中英文的词义空缺，我们只能将“操纵（派）”作为一个中性概念的术语来对待，而且“操纵”在原文中多半还是个“正面角色”。勒弗维尔（André Lefevere）等操纵派代表人物的翻译操纵观是建立在对真实的翻译历史、翻译实践的观察和研究之上的。他们认为，译者在处理 source text 以及 target text 的过程中，一定会出于种种主客观原因对文本进行改写（rewriting），即使是所谓最忠的翻译。勒弗维尔和巴斯内特（Susan Bassnett）指出：“翻译当然是对原文的一种改写。所有的改写，无论其意图如何，均反映一定的意识形态和诗学观，由此对文学进行操控，从而在特定的社会并以特定的方式产生作用。改写即操纵，用以服务权力；在其正面范围有助于文学和社会的发展。”（Lefevere，2004：vii）总之，“操纵”/“改写”有正面和负面的作用。所以，译文的地位势必可以与原文平起平坐，有时甚至超过原文。译者作为翻译的主体，自然提升为“操纵者”，但也会因意识形态、赞助行为和诗学等因素，处于“被操纵”的地位。《水浒传》英译名的更改就说明译者同时处在“操纵者”和“被操纵者”的地位。另一位操纵派代表人物赫曼斯(Theo Hermans)曾举了一个典型的例子：当非中文读者阅读鲁迅，译作是其了解鲁迅的唯一手段。如何处理鲁迅的原作，这个(决定)权力和责任显然掌握在译者手中(Hermans，2004：74)。

第四种身份是**“征服者”**。翻译的这种观念甚至可以追溯到古罗马。当时，翻译的目的是使外来文化归顺并融入本国语文化。当时优于罗马文化的古希腊文化对罗马具有强大的吸引力，作为译者，罗马人就是“征服者”，像掠夺战利品似地对希腊的文化采取掠夺式(looting)的翻译。哲罗姆(Saint Jerome)运用了著名的形象(Steiner，2001：312-435)，把原文意义喻作“被译者带回家的俘虏”(meaning brought home by the translator)，宣称译者把原文的思想内容看作囚犯(the translator considers thought content a prisoner)。所以，不仅19世纪的尼采而且20世纪的本雅明都认为“翻译乃征服”(Indeed, translation was a form of conquest.——本雅明)。

第五种身份是**“吞噬者”**。为了打破欧洲中心主义霸权(如文化霸权、话语霸权等)，巴西诗人兼翻译家坎波斯兄弟(Haroldo de Campos 和 Augusto de Campos)建立了一个独特、崭新的“后现代主义与非欧洲中心主义”译学模式(postmodern, non-Eurocentric approach)。巴西图皮人(Tupi)有一种食人(cannibalization)仪式，并视其为具有崇高、英雄和宗教意义(a noble, heroic, and religious significance)。翻译之“食人主义”(Cannibalism)或“吞噬翻译观”(笔者译语)与西方译学观正好相反，不是“俘获，肢解，碎尸，吞入”原作，而应理解为“显示尊重”，“因爱而接受，并通过输血而吸收异质体内之精华”，从而通过翻译使译作获得“力量”、“营养”，是一种“积极向上的做法”。巴西翻译家的观点跟本雅明、德里达(Jacques Derrida)视翻译为确保文学文本具有“生命力”(life-force)的立场非常接近(Gentzler，2004：196)。在此，译者的这种强权身份完全是正面的、积极的，在某些意义上跟第四种身份不同。

其次是“文字水平问题”。

译员的文字水平高于说话者，这一点比较好理解，因为译员经常给没有受过良好教育的人担任口译。其实，译者也何尝不是如此？笔译一定涉及书面语言。译者会跟各种文字、表达法打交道。由于中文偏意合，所以缺少逻辑但内在连贯的文本是常见的。但一般中文读者不一定能发现文字中出现的问题，其中一个根本原因是他们不可能以译者的目光或角度来细读(close reading)、分析文本(to analyze from a “translator’s” point of view)，译者的视角甚至与语言学家或文学批评家的视角均不同(Newmark，2001b：11)。探讨翻译理论时，国内译界比较多地引用本雅明的《译者的任务》(*The Task of the Translator*)，但却未对本雅明的《单行道》(*One-way Street*)中的有关章节予以关注。《单行道》中有一段文字，颇具一种微妙的启迪，我们不妨从哲学视角来深刻理解译者的文字水平和译者对文字把握的能力。

乡村道路之力量是不同的，因为当人沿着道路行走时与坐飞机经过时的感受是不同的。同样，当人阅读文本时与抄写时，对文本的力量之感受亦是不同的。/飞机乘客只看见路是如何穿过不同的景观向前推进，又是如何随着周围的地带伸展的；只有亲自步行于乡村道路上的人才知道道路之力量。/对飞行员来说只有景色才是唯一展开的平原；但只有步行者才知道：路在每一转弯处都会引发距离、观景楼、空地、景观等问题的思考，就像指挥官在前线如何排兵布阵一样。/只有手抄文本才如此指挥着抄写者的灵魂；而纯粹之读者永远发现不了由文本开启的抄写者内心世界崭新的方方面面，永远发现不了文本所开辟的那条道路是如何穿过永远关闭其后路的内部丛林，因为纯粹之读者只是在白日梦幻的自由飞翔中跟随着他自己的思路。/然而，抄写者则听从指挥。因此，中国人的手抄文本的传统则成为了书面文化无与伦比的保证，而抄本本身便成了解开中国之谜的钥匙。

(笔者试译自 *One-way Street*[35])

35 该小段的另一译文(李士勋等译本)在理解和表达等方面存在问题。

在这段文字中，本雅明把自明之理转化为寓意深刻的类比，注意到旅行方式——即是否亲身体验——是影响人们认识地理、认识环境、认识一座城市或乡村之关键。比如，乡村之道之所以不同，正是因为当人们从飞机上观察跟人们徒步在上行走，所得出的认识是不同的。再如，本雅明把飞行员比做一名普通读者，把步行者比做文本抄写者。读者是梦幻般地在编织穿越文本的道路，而文本抄写者则限于文本，探索、发现整个详细的内部世界。本雅明由此得出结论："中国人的手抄文本的传统则成为了书面文化无与伦比的保证，而抄本本身便成了解开中国之谜的钥匙。"

要把握住本雅明类比之亮点绝非易事。由于我们早已远离"抄本文化"(scribal culture)，在全球化时代，拷贝文本——可以复印、微缩或下载——均具有科技时代之机械性质的特点。抄写是一种要求不停顿的内化行为。阅读时，我们可能会走神；但抄写时，我们的内心世界和外部活动已经步调一致。根据本雅明的分析，"抄本之抄本"像是一种"重本"，具有双重/双倍之意义，发人深省。阅读文本犹如旅行，穿越文本才会发现文本所有的复杂面，而穿越者也同样踏上了自我发现、自我探索的漫长行程。据此，本雅明"重申了有关翻译的一个著名事实。没有比译者这样更为一丝不苟的文本读者了。这也是译者为何大声地并且长时间地抱怨他们不得不经常对付的书面语言的质量问题的原因之一"(Cronin，2003：130)。换言之，不少源语文本(ST)的文字水平难以恭维，这些文本作者——毋庸讳言，其中包括我们的一些(知名)作家、学者及专家——的文字水平与译者的文字水平也往往存在差距。

有鉴于此，我们清楚地看到：在整个西方翻译发展历史中，尤其在全球化语境下，译者自身及译者的文化身份有了不同的定位，译者的主动性、能动性、主导性、批判性、占有性、叛逆性、创造性等得到了张扬。译者的地位已经或正在从边缘走向中心，故不论是出于主观还是客观，译作的地位(早)已不亚于原作，不仅可以与原作媲美，甚至可以超越原作。而且在很多情况下，译者的文字水平要高于原文文本撰写者的水平。

悖论 27　全球化的悖论与译者全球化观的悖论

全球化首先是经济的全球化。由于跨国的经济活动是按照 WTO 的规则来运作的，WTO 的游戏规则是按照西方价值观制定的，而美国又在全球化中发挥着主导作用，所以全球化在很大程度上似乎便是美国化了。无怪乎，“没有美国化便没有全球化(全球主义/全球性)这个话题”(Timothy Brennan)。如今，“令人更为担忧的是，庆祝世界主义(指“全球化”——译者注)和大熔炉倒可能是赞成并促进了帝国扩张主义的方式了。这岂不是一种悖论吗？”(Brennan，引自 Cronin，2003：53) 全球化的发展似乎出现扩张政策：并未朝多元化发展，反而朝集权化发展。的确，这一悖论值得深思。

与此相反，译者在全球化进程中的神圣职责就是要在全球化进程中促进语言多样性、文化多样化的发展，并在各种语言和各种文化之间架起桥梁，为各国、各民族建立语言、文化之间的多种联系。虽然全球化可能更有助于少数发达国家，但具有正确全球化观念的译者坚信：只有多元化、多样性、气象万千、精彩纷呈的世界，才是成熟的全球化，才能实现“太平世界，环球同此凉热”。

有鉴于此，树立了全球化翻译观的译者应试图打破目前和将来已经或可能出现的上述“全球化悖论”。

悖论 28　传统的“翻译乃复制”观与当代的翻译之“克隆”复制现象

翻译过程的内在性质应该是创造。但是在全球化中这个过程是否合理值得思考。传统的翻译观认为：翻译就是将全文的形式和/或内容复制出来。英国的泰特勒(Alexander F. Tytler)在 1790 年出版的《论翻译的原则》中提出翻译应遵循三大原则，第一条就是：“译文应完全复写出原文的思想。”(下画线为笔者所加)

全球化有正负两面，其负面通常表现为复制(品)。在不同国家，在不同的大陆，复制出了相同的肯德基、麦当劳、迪斯尼、美国大片、微软、苹果 iPod 与 iPad，等等。复制之泛滥意味着多样性之死亡。19 世纪的殖民主义担心别人复制殖民主义。即使在21世纪，西方照样担心并且害怕别人复制殖民主义。2000年，他们就开始无中生有地攻击中国在非洲搞“新殖民主义”(new colonialism)，是“当代的帝国主义者”(latter-day imperialists)[36],“其深层次意图在于阻挠中国企业进入非洲市场与欧美企业**竞争**，维护少数西方国家在非洲的既得利益”(见非洲问题专家黄泽全：非洲“新殖民主义者”是谁？国际在线 www.crionline.cn 2006-06-26)。具有讽刺意味的是，19世纪的殖民主义已让位于21世纪的“克隆主义”(clonialism)，比如风靡世界的美国情景喜剧《六人行》(*Friends*)。由于翻译的因素，“克隆主义”只能在多语世界产生作用，否则，《哈利·波特》、《达·芬奇密码》等不可能遍布全球。于是全球化即同质化。失去异质的麦当劳，其原创是有限的，但颇具强大的经济力量和文化力量，依靠 clonialism 竟然占据了全球的快餐市场。

尽管如此，“克隆主义”对翻译的本质提出了挑战。翻译史上，假翻译(fictitious translation)的例子并不罕见。近年来，国内学界腐败现象严重，一些学者居然翻译造假，将“克隆”(比喻复制——据第5版《现代汉语词典》)的论文作为自己的研究成果。这些真实的故事——即使这些故事算是 translation parable(寓言故事/道德故事)——给我们翻译教学、培训提供了发人深省的教益。难道我们要将翻译专业的学生培养成“克隆”、“复制”或“造假”的高手(master-counterfeiter)吗？如果我们以法国翻译理论家拉德米拉尔(Jean-Rene Ladmiral)关于翻译功能的定义——“使我们不必读原著”——为参照的话，我们力主不懂某外文的或无法获得某外文文本的小说读者不妨搞一本跟原著一样的复制品，换言之，一部成功的仿制品。对这种类比，译者会觉得是贬低了他们的专长。但是，高明的造假者/复制者技术高超，而蹩脚的译品却具有劣质模仿的各种特征。

有鉴于此，我们不妨参照克罗宁令人深思的提问，即能否将翻译区分为 translation as reproduction(复制性翻译)和 translation as transformation

36 见 World stage: China's offer to Africa: pure capitalism (http://www.newstatesman.com/200607030028)。

(转换性翻译)两种(Cronin，2003：130)。但是，随之而来的问题颇多，且难以解决：

1)如何区分“复制性翻译”和“转换性翻译”？

2)有复制而无须转换的翻译吗？

3)转换(式翻译)需要工夫，而复制(式翻译)需要工夫吗？

4)忠实复制/再现原作(a faithful reproduction)需要工夫，那这种复制算是翻译吗？

5)要达到什么样的程度之转换才是读者所需要的？

6)要给读者留下多少思考的空间才算是转换性翻译？

7)读者喜欢在译本中读到“虚构中的忠实”(*Faith in Fakes*——意大利文学评论家、小说家和符号学家 Umberto Eco 于 1986 年出版，为“超现实旅行”之多主题哲学思考作品集)吗？

8)如果我们不就译作本身展开讨论，上述提问是否意义不大？

9)如果读者喜欢或者选择 simulacra(暂译“复制式译作”；据 *New Oxford Dictionary of English*，simulacra 意为 an image or representation; an unsatisfactory imitation or substitute)，那我们的“说教”又有什么结果呢？

10)我们如何界定、区分成功的 simulacra 和不成功的 simulacra 呢？

11)国内学界内外有不少人仍然继续把翻译大声斥责为“叛逆”、“毫无诗意”、“平淡无味”、“意义不充分”等。如果我们认可人们所担心的翻译中的造假和“同质克隆泛滥”(homogenizing clonialism)，我们如何保护真正的翻译，并为其一辩呢？

无论如何，翻译需要忠实，需要通达，需要形象思维，需要逻辑推理，需要美学修养，需要针对不同的语境、文化背景、目的要求、文本类型、读者需求、意识形态、诗学观念、交际效果等进行(再)创造。不管结果如何——是否超越原作——我们需要的是真正意义上的翻译，即具有艺术性、思想性、技术性、科学性、文学性、美学性之翻译，而非缺乏思想的克隆，僵硬的复制，拙劣的模仿，毫无灵魂的再现，毫无价值的仿造，缺乏生命力的 *The Double*[37]。

悖论 29 翻译之于全球化与反全球化："轻型现代性"与"重型现代性"

在全球化背景下，译者、翻译和翻译学处于最为理想的位置：既能看清、理解全球化(运动)，又能同时看清、理解反全球化(运动)。翻译的位置非常独特且微妙，不可能处在"二者必居其一"的两元对立的辩论之中：或赞成全球化，或反对全球化。

正如网络经济产生了一个翻译悖论：IT 支撑的网络能将支持全球化与反对全球化的任何图文信息在极短的时间内传遍世界各个角落，从而产生高速网络的全球化。这种同时传递支持全球化与反对全球化及其网络信息之全球化，与翻译活动密不可分。因为正是译者用市场主导语言英语及其他通用或非通用语言来翻译观点截然相反的信息的。

我们已经提到过：流动性乃现代性/化的特点之一(fluid modernity)。但是，若严格加以区分，fluid modernity 应分为 heavy modernity(重型现代性)和 light modernity(轻型现代性)。前者指"以大为好"的时代：大工厂、大铁路、大汽车……其实不是当代全球化的时代，这种时代是不适合当今的翻译工作及其特点的(分析见后)。后者则指后福特时代，其特点是强调"微型"、"流动"、"易变"等。轻型现代性之关键是以"时间从空间解放出来"为特点的。换言之，在 21 世纪，被描绘为 wetware("湿件/人脑"，指电脑的 hardware 和 software 以外的件)的人或 wetware tools(人脑工具)的马或牛等，限制了全球化时代旅行的速度，即流动的速度。蒸汽机、汽车等交通工具，电脑硬件等，已经解决不了全球化所带来的需求。旅行所需的时间已经不再成为距离的一个特色，而是构成旅行方式的属性了。

硬件的操作已经达到了其自然极限。信息可以电信速度传递，这种速度几乎是同步的、即时的。我们经常戏称寄平信的速度像 snail，而网速是 E-mail，就是同样的道理。这种时代所带来的突变对翻译产生了

37 为 19 世纪俄国著名作家陀思妥耶夫斯基的作品《双重人格》，此处用来喻指低质复制译作。

深刻的影响。对此，西方社会的职业译者就有深切的体会。据克罗宁的资料，某译者 90%的工作是通过 E-mail 传送的，其余通过 fax，没有是通过邮寄的。另一译者接活和交活几乎全部通过 E-mail，她办公室的 fax 几乎成"哑巴"了。他们的办公室在城区，自己却在家里办公。一项对爱尔兰翻译协会的调查表明：协会几乎所有职业翻译平均每三年更新一次他们的个人电脑、传真机、调制解调器、打印机、软件等。科技改变了翻译的工作方式和生活方式。传输速度的加快导致了传输技术寿命的缩短，也加快了传输技术的更新。这种技术翻译(technical translator)也因此占据了这个世界竞争的优势。切记：支配这个世界的竞争范式就是"生产少，上市快"(lean production and time-to-market)。

有鉴于此，译者所处的全球化社会显然应是具有 light modernity 的社会，即非 heavy modernity 的非全球化社会(从这点看，译者应是全球化的支持者)，这样他/她会更具竞争力。有人以为中国 IT 产业的悲哀是没有掌握核心技术，但这仅仅是问题的一个方面，因为曾经具有核心技术的霸主被收购了。有了核心技术却不具有核心竞争能力——这就是一个"技术-市场"的悖论。能够专门对付这个悖论的术语是 time-to-market 之能力，即在最短时间内把一种技术转化为产品后推向市场并取得成功的能力。这个指标不仅仅衡量技术转化为产品的时间，它其实还与一个企业或者一名译者能否准确、及时地把握市场和用户的需求密切相关。因此，译者除了应具有核心竞争力外，更应懂得如何快速上市。简而言之，**译者自己应该拥有优于他人的 time-to-market 的能力。**

悖论 30　理论上之叛逆与实践中之忠实

这是全球化语境下的一大翻译悖论。当代译界有相当多的学者赞成译者的"叛逆"特性。在这群学者中，有些翻译实践能力较强，有些则较弱。这又同时印证了(国外)译界另一悖论："会译的做翻译，不会译的教翻译，不会教翻译的则教翻译理论。"(笔者译自 Baker，2000：F11)话中自然包含对翻译理论的态度或偏见，但在国内译界不争的事实是，由于外语(特指英语)的特殊性及其与汉语和汉文化之间的巨大差异，的确存在这样的现象：科研能力“强”与(双语)应用能力“强”不成正比；同样，翻译理论“强”的，不见得翻译实践就“强”。“两张皮”现象(中文与外文；翻译理论与翻译实践)在中国外语界和翻译界仍然相当严重，翻译理论与实践脱节的现象，亦即翻译观与翻译实践不统一的现象比较普遍。理论上之叛逆与实践中之忠实，就是近年随着翻译理论不断升温以来比较多见的现象，也是译界的一种尴尬局面。在理论上提倡“叛逆”，导致实践中的“叛逆”和实践中的“忠实”两种现象。前者似乎顺乎情理，后者则是典型的悖论，颇值得玩味。

暂且抛开悖论的原因，我们一定注意到国内有关学者谈论最多的是文学翻译及文学翻译理论，似乎唯有文学翻译及研究才最能说明翻译的真谛，所以“信、达、雅”、“化境说”、“形似说”、“神似说”是传统译论最有代表性的话题(笔者非常赞赏这些传统翻译思想、学说。另见**悖论 8 并非文学最难译**)，而且这一话题至今仍然为人津津乐道。这些人主要从事的翻译实践就是文学翻译。然而全球化促使不少人改变了传统观念。翻译研究中不言自明的道理是：当代大部分翻译涉及的是科学、技术、商业、法律、政治、经济、教育、哲学、宗教、行政等非文学领域。换言之，非文学翻译是全球化背景下翻译活动的主要特色。所有这些翻译的标准或要求都会将“信”(即忠实)放在第一位。也正是在全球化时代的今天，“忠实论”受到的质疑甚多，提倡“(创造性)叛逆”，并以此为“时髦”、“与时俱进”。片面地加以强调是危险的，定会误导译界，特别是年轻译者，他们会“以其昏昏，使人昭昭”的。

按照许国璋先生对西方学术论著的翻译主张，应是“通译，切译”(1991：262)，“译文至少应该明白畅晓”(同上：248)，即通过翻译，原著的学术思想要显豁，否则不能说译者尽到了责任。许先生在总结金岳霖论翻译时，指出：“翻译有两种，一是译意，一是译味。”(同上：331)“译意只要求达求信。”(同上：334) 可见，这些翻译主张都是针对某类文本，如哲学思想类。按照文本类型、功能来确定翻译方法——语义翻译(semantic translation)或通达翻译/交际翻译(communicative translation)——这是纽马克对翻译学作出的里程碑式的贡献(2001a)。不言而喻，翻译是否应该讲“忠实”或“叛逆”，讲“语义翻译”或“交际翻译”，应以文本和文本功能分类为准。所以我们应该从 translation typology（翻译类型学/说）对翻译进行必要的分类，如可以粗线条地分为**“哲社类”、“科技类”、“商贸类”、“行政类”**和**“文学类”**等五大类（当然，纽马克关于 informative, expressive, vocative 等分类法和诺德的功能分类法也是非常可取的，详见 Newmark，2001a & b 和 Nord，2001）。前四种的翻译标准或要求是不宜强调“（创造性）叛逆”的，尤其是涉及哲学思想、科学数据、商业准则、政府声明等翻译，是非以“忠实”为首位不可的，并要求译文的“通顺”、“通达”，为“忠实”服务。

再以许先生的罗素《西方哲学史》翻译案例研究为例（1991：246-262）。许先生强调：“译文力求醒豁，不按词典译义，而按词的文化史涵义翻译。”（1991：248）换言之，翻译西方哲学思想、史学观点等应强调意义：首先是对意义的准确理解，然后是对意义的准确阐译。而阐译应是在尊重原著精神和思想基础上的，而非由译者进行胡乱阐译。不言而喻，阐译必定出现主观性，而且是自然的、可接受的，但是阐译的主观性并不等于阐译的随意性。因此，“思想翻译”应以“忠实”（即“信”）为准绳，而绝不能搞所谓的“（创造性）思想叛逆”，因为“思想翻译”比其他类型的翻译更多地涉及且强调意义问题。

意义的翻译讲究“忠实”与“通达”，但是在尊重原意的基础上，意义的语言外壳是可以进行必要的改变的——允许一些“叛逆”的（这是汉英语言的差异所致）。这里就涉及解决悖论的一个关键点：此种文本类型的翻译（如哲学和社会科学思想的翻译）应该忠实什么，叛逆什么。不允许译文对原文思想的不忠实，但允许译文对原文表达上的叛逆（当然有个“度”的把握）。如果译者可以对原著思想进行“叛逆”，那不论哪种类型的翻译都是不允许的，甚至是有违职业道德的。

这是翻译涉及的第一个问题——信（忠实），即第一性的问题。通常，非文学翻译首先要解决的是 source text 的信息、内容、意义或思想等问题（正如本雅明在《译者的任务》中所说的在于传达思想）。其次，作为第二性的问题，涉及以何种语言形式来传达第一性的问题，从而构成、实现 target text。由于非文学翻译的 ST 的语言形式之重要性远没有文学翻译来得重要(当然文学翻译在 TL 上的“叛逆”又是一个更为复杂的问题，暂不在此详述)，所以许先生的“阐译”主张在理论上是站得住脚的，在实践中也是可行的。

从学术角度讲，既然在处理非文学翻译类如“思想翻译”之第二性的问题上允许(合理)“叛逆”，那必然会出现另一个悖论：TT 高于 ST(传统翻译观是 ST 高于 TT)。我们已经对这一相同问题从哲学家本雅明的视角做了阐释，接着我们将从阐释学的角度做出殊途同归的结论，因为涉及阐释学的核心问题。

阐释学(Hermeneutics)是探求意义理解和解释的理论，它的三个面相是理解、解释和翻译。它认为意义始终处在与意义领会者的互动之中。“一切翻译就已经是解释，我们甚而可以说，翻译始终是解释的过程，是翻译者对先给予他的语词所进行的解释过程。”(伽达默尔，2002：12) 阐释学所说的理解意义，相当于对一个思想的再构，这种再构既不是原创，也不是复制。所以，当一个译者去再构原著的思想时，他就完全可能比原作者更为合理地思考有关思想，并且比原作者更好地、更有效地、更可接受地表达有关思想，于是译者的译文(起码是部分译文)就完全可能超过原著。

有鉴于此，我们再回到“理论上之叛逆与实践中之忠实”这个悖论。支持“理论上叛逆”的学者在他/她自己进行翻译实践时，往往称自己的译作忠实于原作，几乎没有人(或很少有人)公开地或理直气壮地宣称自己的译作是“创造性叛逆”，与原作在语言表达(其实是可以“叛逆”的)上“大相径庭”。翻译实践早就表明，也反复证明：在理论上宣称“忠实论”者，在实践中往往(或自觉不自觉地)是“叛逆”者；反之，在理论上是“叛逆论”者，在实践中却(尽可能)是“忠实”者，或自觉不自觉地成了“叛逆”者，或者两者兼而有之。所以，翻译还会出现另一个悖论(悖论 31)——**文化的守护者 vs. 文化的颠覆者**。由于意思是清楚的，便不在此赘述。总之，不管在任何情况下，译者不应也没有权力赋予自己“总体叛逆”的权力。具体而言，在翻译过程中，“(创造性)

叛逆”是许可的、必要的、相对的、有条件的，也是不可避免的，**但职业道德的底线、译者身份的底线和翻译操作策略的底线**是对思想或意义的“忠实”，是适度的创作，而非大范围的创作或完全创作(这里暂不涉及在目的论指导下的“变译”)。理由很简单，即使是针对文学翻译，我们应尽可能地还它一个莎士比亚，还它一个歌德，还它一个托尔斯泰，还它一个李白、杜甫、苏轼，还它一个茅盾、沈从文、巴金，等等。“创造性叛逆”是不得已而为之，往往是因人而异，因时间而异，因空间而异。如何把握这个度，应该是 case by case(具体情况具体分析)，很难制定出一个简单划一的标准或准则。

英国汉学家蓝诗玲在其《鲁迅小说全集》的 A Note on the Translation 里所提出的 faithful recreation(忠实性再创造)的概念，可以看做是她对翻译本质的认识。反观我们“大力推介”的 creative treason(创造性叛逆)，蓝诗玲的翻译观非常值得我们深思、反思乃至反省。她在翻译当代中国文学作品时，最为基本的原则还是忠实于原文，但不是“愚忠”。只有当忠实有损于译文的可接受性时，她才会采取变通方法。蓝诗玲把原作的产生称为“创造”，译文的产生为“再创造”。所谓的“再创造”，就是把原作的阅读体验在新的语言和文化环境中再创给译入语读者。

可见，“理论上之叛逆与实践中之忠实”不仅是一个“滑稽”、“可笑”的悖论，还是一个令人感到含混不清的论点。到底属于 ambiguity，还是 irony?

以上，我们列举了翻译的 30 个悖论，若包括含在里边的悖论，应该有三十几个。总起来说，在全球化进程中已经或又将出现更多的翻译悖论，在此难以一一列举。有的悖论“高深莫测”，出现在“翻译学导论”或“翻译学入门”之类的书中，并非自然，并非很有必要。当然，这也是一孔之见、一家之言。事物总有其两面性。比如德国哲学家本雅明与意大利哲学家亚甘宾(Giorgio Agamben)争论的关于翻译的一个悖论——本雅明曾在《译者的任务》中暗示——就是比较“玄”的：Translation is based on an **exhilarating paradox** and a fundamental metaphysical conundrum.

1.3.9 全球化翻译之其他思考

全球化来得异常凶猛，出乎人们的意料。这势必给在全球化过程中起重要桥梁作用的翻译带来更多的思考。

贝蒂·科恩用两个比喻来描绘翻译。“我们翻译工作者就像电线里流动的电流、水管中流动的水流——我们来了，翻译了，然后就悄悄地消失了，谁都没有注意我们。我们的工作把属于一个文化的东西无声无息地带到另一个文化之中，使‘隔膜变成透明’。然而，我们习惯于在这一切发生后消失。我们从不抛头露面，我们只有在缺席的时候才会引起注意，就像停电停水时人们才会想起电和水的重要一样。”这位 FIT 主席的话掷地有声：“想象一下，假如这世界有一天没有了翻译——所有的翻译工作者都停工一天的话，那将会是什么样子呢？联合国不存在了，世贸组织不存在了，一切国际组织都会瘫痪！这个世界少不了我们！翻译工作在今天更加重要而不可或缺：全球化意味着翻译，文化多元性意味着翻译。翻译工作者的工作理应得到更大的承认，他们的工作理应得到更多的回报！”[38]

全球化翻译还使我们重新想到有关翻译的最古老传说和最新的联想。

一、“新巴别塔主义”之思考

古老的巴别塔能否演变为现代的新巴别塔？我们已经从《旧约圣经》故事了解到建造巴别塔(通天塔)的艰辛。建造通天塔会不可避免地产生翻译，否则这项工程难以继续。这就是所谓的“(旧)巴别塔主义”(Babelianism)。那么在全球化时代的今天有“新巴别塔主义”吗？据克罗宁(2003：58-63)的观点，“新巴别塔主义”(neo-Babelianism)指用不同语言讲话、书写和阅读的人渴望相互之间即时的明白互通。还有一种理解是：把语言的多样性视为一种障碍，竭力要求只讲一种语

38 见“假如没有翻译，世界将会怎样”(http://www.cntranslators.com/viewNews.jsp?f=226)，2004年11月。

言，比较可取的是英语。对“新巴别塔主义”的后一种理解，用电脑术语表示，似乎是一种“默认”。

这种默认又引发另一种可能发生的情况：翻译并非消失，而将被转移。换言之，进行翻译活动的主体可能是非英语民族。他们必须将他们自己的语言译成英语，同时将英语译成他们自己的本国语言，以实现双向交流。

假设我们能够实现只讲一种(主导)语言的“新巴别塔世界”，翻译任务依然存在。此时的翻译任务是双重任务，主要落到不讲主导语言的人身上。他们须将本国语或其他语言译成主导语(即英语)，又须将主导语译成本国语或其他语言。就翻译的性质和方向而言，“新巴别塔时代”的翻译任务是双重任务。但正因为如此，在狭隘主导语(英语)世界，翻译可能隐形或不为公众所关注。假设主导语是英语、法语和汉语，那么在这样一个主导语的“新巴别塔世界”里，还需要翻译吗？如果无需翻译，那么能够在这个世界“玩”的人(players)就必须会说上述三种语言。这样的世界可能存在吗？对英美法国(领导)人来说，学会汉语如同造巴别塔(通天塔)这样难吗？对中国(领导)人来说，他们学会英法两种语言是否会比造巴别塔还要难？用通俗的比喻说，英美法中的(领导)人具有“通天”的本领吗？英美法中的其他人，诸如商务工作者、教育工作者和其他参与全球化竞争的所有人员都能“通天”吗？

即使建成了一个新巴别塔，那也仅仅是少数发达国家(也不妨包括中国)的“一厢情愿”，或者是来自“象牙塔”的“学术研究”成果，在实际的、现实的全球社会也同样会遭遇“世俗”的强烈抵抗。一些学者、个别大国过度夸大了全球英语的力量，使得讲英语的公司(Anglophone firms)从盲目“崇拜”英语的魔力到比较客观地认识到英语的“实际功能”。一个比较典型的例子(Cronin，2003：61)是，用英语购物会获得成功，而用英语销售会犯判断性错误(wrong-headed)，结果是事与愿违(self-defeating)。因此，过分强调英语现象的全球化(globalization as an Anglophone phenomenon)忽视了两个最为基本的事实：许多国际组织的多语性这一最为基本的事实和欧盟(EU)作为多语联盟这一最为基本的事实。尊重文化的多元性是 EU 的基本成分，而翻译的存在才是语言的多元性之富有意义的结果。据统计，欧盟每个正式会晤至少需要 33 个翻译人员，才能完成 11 种语言[39]间高达 110 种可能的互译。……每年欧盟大小会议共 1 万多个，为此要付出 15 万个翻译人/日，全年翻译的文件达 113 万页以上。（冯志伟，2004：3）

全球时代并不意味着仅仅将主导语译成其他语种的增加，它意味着不同语种之间的翻译大量的、稳固的增加。双语翻译（如中英互译）是远远不够的。多语翻译才是全球市场成熟的象征，起码是某一国家市场成熟的标志。中国的直辖市和每个主要沿海省市都配备多语的国际会议翻译服务或其他多语（口译）服务（如旅游服务、旅游咨询服务），这样我们的经济、商贸、旅游、文化及服务全球化程度才会更高。

如果翻译在新世纪再次确认为多元化的中介/催化剂和控制语言交换过程的主体，“新巴别塔主义”是否就不存在了呢？这不是一个是非问题，而是一个复杂多变的问题。之所以复杂多变，主要原因是机器翻译的发展与介入，部分翻译的本地化工作趋于自动化。多语世界的信息主义（参见本章的**“信息主义时代与翻译的机遇”**）会产生巨大的压力，即在愈来愈短的时间内翻译大量的信息。对这种压力的回应暂时可以用 neo-Babelianism by design（“人为的新巴别塔主义”）来描述（Cronin，2003：61）。这种状况下的翻译意味着什么呢？

南非记者 CY Lee 在“Small Can Be Even More Beautiful”（*Localisation Ireland*, 2001）中指出：...translation doesn't represent any added value. It is simply treated as a formal, uncreative task, which any unqualified person or even a computer or a machine can accomplish.（引自 Cronin，2003：61-62）（于是，翻译没有任何附加值，仅仅是一种形式化的、非创造性的任务，任何没有翻译资格的人，甚至电脑或机器都能完成。——笔者译）

鉴于此，翻译并非不需要，但其价值已大打折扣。“后巴别塔”能否存在，其设计与建成的条件在于生产一个“前巴别塔之幻想”

39 指欧盟最初的 11 种官方语言（笔者注）。

(pre-Babelian illusion)

二、中国文学译介之思考

中国文学是中国文化中非常重要的组成部分，也是文化全球化中不可或缺的重要组成部分。在全球化语境下译介中国文学是中国译者与时俱进的态度、责无旁贷的使命。通过哪些渠道译介(了)中国文学？译介(了)哪些中国文学给西方社会乃至整个世界？谁来译介这些中国文学？21 世纪应译介哪些中国文学？这些是全球化进程中中国文学如何走向世界首先要思考的问题。

其一，通过哪些渠道。

20 世纪 90 年代以来，中国的文学受到两次重大的冲击：第一次是市场化/商品化的冲击，使文学边缘化了，造成文学商品化，流行的、时尚的文学作品地位逐步上升，而精品文学逐渐失去社会的关注。尽管如此，文学出版的道路仍然是畅通的，只不过是“高雅文学”较多地让位于“通俗文学”(谨防将这类文学比作档次不高的文学)，但是对外译介的中国文学中，古代文学占了不小的比例。第二次是网络化的冲击，写作个人化、文学出版网络化，使人们交流的手段变得多样化，文学的定位、写作目的、发展目标也同时变得多样化。因此，中国文学的译介可以是两大渠道：一是通过出版物，二是通过因特网。若要通过影视等传媒渠道，目前还存在诸多困难(我们目前在国外的销售网络存在问题)。

其二，译介哪些中国文学。

这个问题可以运用翻译的多元系统论(polysystem)和有关翻译的意识形态(ideology)、赞助人(patronage)、诗学观(poetics)及文化认同等理论来进行分析、探讨。新中国成立以前，主要有茅盾先生的《汉译西洋文学名著》(上海亚细亚书局于 1934 年出版)。目前，国内的主要有关专著是介绍海外文学作品译介情况的，如《五四以来我国英美文学作品译介史(1919—1949)》(王建开，2003)、《中国现代翻译文学史(1898—1949)》(谢天振，查明建主编，2004)，《中国 20 世纪外国文学翻译史(上下卷)》(查明建，谢天振主编，2007)，但缺乏古代、现代和当代中国文学作品的译介介绍。这反映了中国在海外引进和对外宣传的“输入”和“输出”之间极不平衡的现状。为了深入浅出，我们不妨从事实入手，做一些归纳分析。

1)20世纪50(尤其80年代)以来(包括21世纪)。外文出版社1952年成立后，在中国作家协会外国文学委员会的指导下，先后制定了中国古典文学和五四文学的对外翻译书目，并于1963年制定了对外的《中国优秀古典文学作品对外出版规划》和《现代文学作品出版规划》。迄今，外文出版社基本完成了两个“规划”所拟订的选题，出版了用20种外语翻译的大约600部中国古代、现代、当代优秀文学作品。期间，《中国文学》杂志和“熊猫丛书”编辑部也做了大量的译介工作，如“中国经典文库译丛”、“经典的回声”系列、“大中华文库”等。50年间，《中国文学》(英文、法文版)共出版590期。“熊猫丛书”出版了190种(英、法、德、日等语种)，发行到150多个国家和地区，介绍作家、艺术家2000多人次，译介文学作品3200篇。[40]

2)21世纪以来。介绍新世纪中国(大陆)当代文学史及文学作品的专著比较匮乏。比较新的算是《中国当代文学史》(陈思和，复旦大学出版社)，可惜初版是1999年9月。根据《文化批评杂志》(2002年)专家、学者、译者的讨论，中国现在的作家基本可以分成三类——笔者认为是四类：一类贴近意识形态主流，搞主旋律；一类写历史小说，可以改编成电视剧且无政治风险，“钱程”看好；一类是特色主题写作(有时也跟其他三类重叠)，如描写少数民族“奇特”生活的，反映现代社会某些人性的扭曲，中国人在异国他乡的学习、工作、生活；还有就是另类写作(包括年轻女性作家的写作)。现在的畅销刊物，如同时刊载文学作品的《知音》(含海外版)、《女友》(含澳洲版、北美版)等，读者都是定位在城市“小资”、“白领”、女青少年，而纯文学刊物《收获》、《十月》等却市场低迷。

翻译是语言、意识形态、赞助人与诗学观念的交汇场，更何况处在

40 见 http://www.chinawriter.com.cn/zuoxe(2006年8月)。

新世纪全球化时代。现在需要回答的问题(主要针对 21 世纪的作品)是:

1) 上述四类作家的作品以及其他刊登在其他杂志里的文学作品(这里主要涉及比较容易且深刻反映社会的小说)是否适合译介给西方社会?代表主旋律或真实反映中国历史文化的作品国内会有选择地译介,但西方社会就未必了。反之亦然。比如余华的《兄弟(下)》。这部小说并未像《兄弟(上)》那样受到好评,而且余华本人表示可以部分地接受对其作品"情节缺乏真实性、与社会语境不符等硬伤"的批评。[41] 西方译者有他们的翻译读者观,所以他们选择了莫言、王朔、阿来、余华、韩少功、高行建以及一些另类作家和"美女作家"等的作品。他们的有些选择跟我们(似乎)不谋而合,有些却完全出于他们自己(国家)意识形态和诗学观的考虑。

2) "美女作家"[42](特别单列出来,其实属于上述四类中的某一类)的作品值得译介吗?比如在国内和海外炒得沸沸扬扬的《乌鸦》(九丹,2000)。虽然大陆没有人翻译《乌鸦》,因为其主题、写作方式等很难为主流文学和中国的意识形态、诗学观等所接受,但在海外却有英文、法文、德文、意大利语和荷兰语的版本。

3) 非主流作家中的"小作家"的作品值得译介吗?这些作家一般都是 20 世纪 70 年代才出生,他们未必是专/职业作家,跟他们的父辈或叔辈作家在文学、写作功底上和社会阅历、影响力方面都还存在差距,但他们的作品不可小视,有些"小作家"创作年限短,竟然出名既快又早,还比前辈更多地走向了全球化。由于这些作家的作品从"人性"(具有"**普适性**"价值)的角度出发,所以西方人比较关注这类作品。比如,浙江籍女作家郭小橹(1973 年出生)。她在异国扬名始于 2004 年,当时她受到出版界大鳄兰登书屋(Random House)的青睐,长篇小说《我心中的石头镇》推出了英译版 *Village of Stone*(译者 Cindy Carter,2004),为她赢得了 2005 年英国《独立报》外国小说奖最终提名奖,确立了她在西方文坛的地位。英国评论界称郭小橹的小说是"来自当代中国最鲜

41 见:余华《兄弟(下)》遭遇评论界强攻(2006 年 4 月 6 日《东方早报》)。

42 取名依据《十美女作家批判书》(他爱,华龄出版社,2005)。

活的一种声音”：“Beautifully poetic and lyrical, haunting yet infused with a quiet and gentle humour, ‘Village of Stone’ is a startling and bewitching novel about memory, loss and the search for redemption, from one of contemporary China’s freshest voices.”（Amazon.co.uk）2007 年郭小橹在英美同时推出她的首部英文小说 *A Concise Chinese-English Dictionary for Lovers*（《恋人版中英词典》，又名《简明中英情人字典》），并凭借这部小说入围多项英语文学重要大奖(英国《独立报》外国小说奖、国际 IMPAC 都柏林文学奖、英国柑橘奖最终候选名单等)，受到主流英语文学界的关注。英国各大主流大报都对该书作出了正面的肯定与评价。在中文简体版之前，本书已经有了英美法德意等 25 国的版本。

需要特别指出，由于中国当代小说理论研究的滞后，所以从新世纪这几年的发展状况观察，文学整体的发展态势的特点是“盲目”和“失序”。我们的文学理论暂时基本上失去了对创作与批评的整个文学活动的导向与规范之调控力量。我们很难描绘当今的文学创作：是百花齐放，精彩纷呈，还是良莠并存，糟粕泛滥？文学批评甚至已经成为一种可有可无的点缀或完全是自说自话的空谈。随着网络文学的普及，个性化写作必将在整个文学(尤其是网络文学)中占据极为有利的地位，因此专业和非专业作家写作是遵循还是背离文学规律和艺术规范，已属于“言论自由”之范围的事理了(当然，严重违法和道德规范的情况不在此讨论)。

作为翻译界同仁，我们暂时不担心作家们用中文在互联网上创作并发表作品，担心的是：由于网上发表作品无须经过出版社的“三审制”，也不需要经过“17 道工序”（外文出版社汉译外出版物的规定)，若有人(假设作家联合译者)将“不合主流”的文学作品(大量地)译成外文(特指英文)在网上直接发表，甚至跨国发表，那将会是一个什么样的后果？

其三，谁来译介。

如果指正规渠道出版的汉译英作品，称职译者的来源主要分成三种：中国(大陆)译者、外国译者和中外译者(组合)。不论哪类译者担任译介工作，虽然均涉及资金问题，但我们最终关心的应是两大问题：翻译质量是否可接受和翻译作品(在译入语国家)是否可接受。由于后一个问题相当复杂，涉及多元系统、意识形态、赞助人(如国外好的出版商)、诗学观和文化认同等动态因素，我们主要讨论前一个问题(其实它也不可避免地涉及后一个问题中的各种因素)。有关高质量的译者这一话题，存在着以下一些关注：

1) 中国译者的翻译水平，比如译文能否适合外国读者的口味。

2) 外国译者翻译，又往往容易曲解原著(不论是古文还是现代文)。

3) 中外组合比较理想，比如"杨(宪益)戴(乃迭)组合"，《红楼梦》发行了 8 万套(这是例外，当然根据译者本人的评价和学术批评，译文也有不少不足)。再如，大陆作家阿来的《尘埃落定》(*Red Poppies: A Novel of Tibet*，2003)之翻译组合是"葛林组合"——Howard Goldblatt(翻译了大量中国现代文学作品的美国资深译者葛浩文)和 Sylvia Li-Chun Lin(侨居美国的中国学者、翻译家林丽君)。他们曾翻译台湾女作家朱天文描写 gay 全息世界的小说《荒人手记》(*Notes of a Desolate Man*，2000)而获得美国文学翻译协会提名的 1999 年度最佳翻译奖。他们决心"证明自己是世界级的译者"组合(...proved themselves to be world-class translators)[43]。尽管如此，国内似乎找不到(优秀的)"中外组合"，全线告急。

4) 中外组合不甚"理想"，换言之，要比期待值"低"。如《围城》，"凯利—茅国权组合"(Jeanne Kelly & Nathan K. Mao)，其英译文被蓝诗玲批评为：本来可以比其他许多中国现代小说更能深入英语读者的心，然而"令人失望的是……旧的(1979 年)、缺乏创意的译本……虽然大体相当不错，但是难以再现以闪烁的妙语、智慧和辛辣的讥讽著称的原文。尤其是对话，既缺乏生气，又欠地道"(Lovell，2005)。因"异化"直译，洛弗尔还批评了译本中存在"occasional puzzler"(同上)。

5) 中国译者可能会过多地运用异化策略，能否赢得"青睐"。

6) 中国(年轻)译者不满足译者"隐身"(invisible)，使得他们难以出名。

---

43 根据 the MCLC Resource Center, copyright March 2006。

7) 外国译者(可能)会倾向于运用归化策略，能否较好的保持中国文化。

8) 外国译者有很出色的，比如翻译《石头记》的霍克斯(David Hawkes)和翻译《鹿鼎记》的闵福德(John Minford)，但这类优秀的译者十分匮乏，他们翻译的量不算(很)大，且偏重古代，中国现代文学作品涉足很少。

9) 在中国工作的外国译者、加入中国籍的外国译者和归国华侨翻译了大量的中国作品，比如《水浒传》，但这些高水平专家正在逐年减少，难以满足我们对外宣传的需要。

10) 有些中国作家自己找国外译者和/或出版社，这对宣传中国文学是好事，但对国内(外文)出版社的确是一个冲击，对国内译界也是一种挑战。

11) 国内汉译外队伍缩小，很难满足全球化时代中国文学作品翻译在数量、质量、速度、力度、效果等方面日益增长的综合要求。

12) “作者—译者组合”：国内作家与海外译者组合；国内作者与国内译者组合。这是为了解决翻译过程中译者对原作的理解这一关键问题(参考 Nida，1993：3 & 5)。遇上比较懂英文，甚至会用英文进行写作的作者，会更有利于译文精益求精。第一种组合比较成功的例子有 *Village of Stone*、*Red Dust* 和 *The Noodle Maker*(Lovell，2005)。

通过了解、观察、分析 21 世纪翻译中国(大陆)当代小说的译者背景，我们不难发现：海外译者都具有高质量的汉译英翻译实践能力(比如是资深/职业翻译)，具有研究中国现代文学的实力或比较熟悉中国的各种经历，具有中国血统且为海外研究中国/东方文化的博士，具有传媒研究的博士学历，或者是汉学家兼翻译家。例如，国内(大陆)的大家有杨宪益(94 岁过世)、戴乃迭(去世)、沙博理(95 岁)、许渊冲(89 岁)，还有外文局的不少“无名英雄”。英美国家(以目前比较活跃的为主)的大家有霍克斯(86 岁逝世)、闵福德、葛浩文、杜博妮、蓝诗玲、林丽君等；21 世纪前后“崭露头角”的有雷切尔·梅(Rachel May)、辛迪·卡特(Cindy Carter)、弗洛拉·德鲁(Flora Drew)等。

其四，21 世纪应译介哪些中国文学。

我们暂时抛开“狭隘的意识形态”观念，来分析全球化的观念是什么，分析国外/西方读者(尤指英语读者)的需求是什么，即他们对我们的(20 世纪后几十年和 21 世纪)当代了解多少，他们喜欢什么类型的主题，等等。

首先，我们要做到观念的全球化。全球化更为重要、更为深层次的是观念。全球化要求我们更加关注普适性的价值，这是全人类所关注的、共通的，是毫无疑问的。我们的作家要更加关注这种价值。例如，公平(竞争)原则、透明原则、公正与正义原则；最基本的游戏规则、最起码的道德规范；倡导文化的多样性，自然和谐，关注环境保护、人类命运，同情和帮助弱势群体和弱小民族，维护国际上承认的人的尊严和权利等。如果我们的作家具有全球性思维，真正懂得如何处理全球化与民族化之间的矛盾和问题，那我们才能创造出真正有思想穿透性的作品，我们的作品通过好的翻译才容易被世界所接受、所认同。“中华文化要走向世界。现在世界各国对于中华文化需求的呼声越来越强烈。”因为，“中国文化，普世的时代的世界的”(许嘉璐，2006)。

当然，在实际创作和翻译中还会遇到更为复杂的关系。过去的模式相对比较单纯——是作者、作品和读者三者之间的关系。如今，在解决了“意识形态”问题后(参照 Lefevere，2004)，还涉及出版商、中间商、书商和(读者)市场等问题。这就是“读者/市场决定论”。有市场潜力，出版商会自我策划，直接找作者写书，作品可以复制。但这仅仅解决了国内市场，或者中文(读者)市场(含海外华人市场)。另一个是“作者决定论”，即由具有全球化思想的作者用文学独特的手法来把握时代，从而确定选题(古代的还是现代的)、创作手法，用以自己独到的视角创作完成的作品来影响、感染读者。用“作者决定论”创作出来的作品比较独特，比较个性化，容易为中文读者和英文读者所看好。

例如，英国女作家 J. K. 罗琳的《哈利·波特》的中文版就很受中国的儿童、少年和中青年读者的欢迎，韩寒的作品(如《三重门》)的英文版(暂时没有)能受海外读者的欢迎吗？再如，排名国内 2000—2005

年十大畅销书之首的依然是《哈利·波特》，而排名第三的是曾经在内蒙古插队十几年的平民作者姜戎的《狼图腾》[44](2004)。该书自 2004 年 4 月问世以来，连续 16 个月高居国内畅销书榜前三甲，国内原创小说榜第一名。截至 2005 年 8 月底，总销售量已突破 100 万册。《狼图腾》的法文版已经售出，韩文版即将面世，德文版和日文版以及其他小语种版本也正在洽谈中。西方主流媒体《时代周刊》、《泰晤士报》、《意大利邮报》、《南德意志报》纷纷给予报道和评论，认为该书通过蒙古草原狼的精彩故事，反映了人与自然和谐相处的环保意识和游牧文化与农耕文化的差异。同年 8 月 30 日，长江文艺出版社与世界最大的出版机构培生出版集团下属的企鹅出版集团(Penguin Group)在北京举行《狼图腾》全球英文版权授权签字仪式。企鹅集团(美国)公司将先后在美国、澳大利亚和英国以及其他所有的英语国家出版。[45] 该书英文版于 2008 年 3 月在全球同步发行。据《狼图腾》译者葛浩文说，《狼图腾》的书评普遍说它非常好，甚至有人说是年度最好的中文小说，连美国的《国家地理》也发了《狼图腾》的书评。《国家地理》发行量很大，每个月上百万份，这对《狼图腾》的销量肯定会有影响，现在已经出了平装本。到目前为止，《狼图腾》也许可以说是一本突破性的中文作品。

我们的作家只要把握好“全球化”的主题，不仅在本国可以为促进消费文学、纯文学与主流文化的健康发展作出贡献，并为次文化和边缘文化开发出更大的生存空间，更能够使自己的作品走向全球。

其次，我们对英语读者的需求做一些分析。先不妨对《狼图腾》的国内读者反映(即入选为畅销书的理由)和英语版权购买者的评论做一整理、归纳(下画线由笔者所加)：

1) 真正的文学——龙的传人中的另类图腾——我国北方少数民族的精神本源——新鲜、真实而且惊世骇俗。

2) 一部没有文化差异的动物的故事。书中关于人与动物如何相处、如何解决农耕文明与游牧文明的冲突等，是全世界都在关注的话题。

44 见“2000—2005 年：十大畅销书”(2006 年 1 月 6 日人民网)。

45 见“企鹅预付 10 万美金购《狼图腾》全球英文版权”(2005 年 8 月 30 日新浪读书)。

3) 20 年磨一剑，姜戎有个性；而书从游牧文明与农耕文明不同的崇拜图腾来对中国历史进行独特解读，对狼性的描写也令人震撼，更见个性。

4) 辛苦数年，唯一的平民作者，却是震撼人心的作品。

5) 目前，《狼图腾》的英文版已签下 16 个国家、十几个语种的翻译版权，并由此引发了一场各国寻根的热潮。一本中文图书国内红了国际红，《狼图腾》的成功令人深思。

企鹅集团亚洲区总裁菲尔德(Peter Field)指出："全世界的读者都期望能够了解创造经济奇迹的中国文化，特别是 2007 年到 2008 年奥运会期间，将是一个中国年。因此，企鹅集团一直在中国寻找一部既有鲜明中国文化特点，又有美妙故事的小说作品，献给那些热爱中国又需要了解中国的外国读者。幸运的是我们找到了《狼图腾》，找到了'狼'，这个可以承载全人类共同语言的动物。作为企鹅进入中国业务购买的第一本书，《狼图腾》仅仅是一个伟大工程的起点。我们有一个伟大的故事，它以极富个性的风格，把中国新的观念带给英语读者。我们为这本书而感到非常的兴奋。"

以下，我们从英美读者和评论家的角度来分析。

先从一个具体例子(涉及普适性)说起，以一斑窥全豹。2005 年 6 月 29 日英国《卫报》刊登外国 10 位专家(包括作家、翻译家、批评家、小说家、高校学者、记者等)推荐 10 个"值得一读的海外作家"，沈从文在列[46]。其代表作是《边城》(1934)，展示给读者的是湘西世界和谐的生命形态，《边城》中的一切都是那样纯净自然，展现出一个诗意的自然环境与人类社会。小说有国内译者(戴乃迭)的英文版，也有海外译者的，如美国汉学家、沈从文研究专家金介甫(Jeffrey C. Kinkley)教授。他在其所著的《沈从文传》中写道："总有一天会对沈从文作出公正评价：把沈从文、福楼拜、斯特恩、普罗斯特看成成就相等的作家。""在西方，沈从文的最忠实读者大多是学术界人士。他们都认为，沈是中国现代文学史上少有的几位伟大作家之一，有些人还说鲁迅如果算主将，

46 参见 Lost in Translation (http://books.guardian.co.uk/print/0,3858,5226568-99930,00.html)。

那么沈从文可以排在下面。”金介甫反映的是包括他自己在内的西方汉学家的普遍意见。依据金介甫译本(*Imperfect Paradise*, University of Hawaii Press, 1995)，作家、学者、译者洛弗尔是这样介绍、评论的：

“His bittersweet, nostalgic tales of his southern Chinese homeland, pulled apart by civil war and revolution in the early 20th century, deserve to be much more widely read... Born in 1902 in Hunan, in southern China, Shen joined the army in 1918, and spent the next few years of his life gathering the raw material that he later worked and reworked, through ever more ambivalent eyes, into the short stories and novellas that he produced in Beijing between the 1920s and 1940s: the execution of modern revolutionaries by confused old traditionalists; harsh village morality; rural love affairs that smoulder beyond the grave; fathers lost in war to their unknowing families.

Although he stayed in mainland China after the communist revolution of 1949, the ambivalent nostalgia towards rural China's traditional past expressed in his fiction, and the elliptical elegance of his language, branded him as out of step [the then] proletarian literary prescriptions and fulminations against the evils of 'old' (pre-1949) China. He more or less stopped writing fiction after the communist takeover, before being enthusiastically rediscovered by the first generation of writers to break with Mao-style socialist realism in the 1980s.”[47]

若从翻译、编辑、出版和社会、文化以及作品自身原因等视角对中国当代文学译介存在的问题或障碍加以概括，我们应充分考虑这些原因(Lovell，2005)：

1)出版社和读者的成见。大出版社不愿冒险出版中国文学作品，因为知名度低，文学价值低，难以吸引读者；即使出版，编辑工作敷衍，经常不能发现诸多不恰当的译文，如此造成恶性循环。总之，一般读者

47 参见 Lost in Translation (http://books.guardian.co.uk/print/0,3858,5226568-99930,00.html)。

和编辑们本能地认为，中国当代文学不看也无妨。

2）中国文化的遥远性。对西方人来说，中国文化遥不可及，他们的阅读传统势必造成他们了解、体味、欣赏中国文学的困难性。汉语这一障碍令人生畏。

3）历史原因。历史的变迁导致中国作家个人作品的质量下降，严重限制甚至扼杀了作家的创造性。十几年的政治动荡迫使作家为拯救民族危机走上改革的现代化道路。

4）市场竞争。即使进入了市场经济时代，如出版市场，中国的翻译小说更须跟英文小说竞争，与译自其他语言的小说竞争，这就得凭其本身的品质才能确定是否能够在自由竞争的市场站得住脚，并站稳脚跟。发达国家的大多数主要出版商甚至不给现代中国小说平台，与包装漂亮的对手平等竞争。

5）作品自身原因。虽然，在过去 20 多年，译成英文的后毛泽东时代小说（post-Mao fiction）稳步出版，但是难得有一两本销路强劲的 succès d'estime（评论界赞扬而老百姓并不欢迎的作品）。原因之一是英译当代中国小说进入了一个真空状态，而且是非常人为、勉强地从其“现代往事”中“夺取”素材。由于英国读者缺乏相关的现代中国文学历史背景及其参照系，所以他们理解、欣赏中国当代作品的能力就显得很成问题。更何况，英美读者更没有任何义务来阅读中国的翻译小说。

根据葛浩文跟大陆海外汉学学者的对话，笔者做了几点归纳：

1）就小说而言，美国人大概喜欢这么几种，其内容是关于 sex 多一点的，politics 多一点的，还有一种是关于侦探故事。其他一些比较深刻的作品，就比较难卖得动。

2）莫言和苏童可能是英语世界中最有影响力的中国当代作家，也是葛浩文翻译得最多的作家。

3）20 世纪七八十年代的台湾作品比较带有国际性，不是那么狭隘地只写台湾，即使是写台湾的，也能吸引台湾以外的读者。而那时候的大陆作家，只写大陆，大陆背景、大陆思想、大陆故事，所以那时候大陆的作品是特殊年代的特殊产物，其文学性是有限的。

4) 中国当代文学，放在整个世界文学的框架中来看，它的总体成就还是有限的。至少在引领 20 世纪文学潮流方面，中国作家从来没有走在前面，从这个角度来讲的话，中国当代作家恐怕还要努力。

5) 中国文学还没有走出自己的道路，连作家自己都不太清楚要走向何方。葛浩文认为技巧不是最重要的，最重要的是要找到自己的声音。

从他们的对话中，笔者更为深信自己一直坚信以“归化”翻译策略为主的正确性。当然，这也造成核心期刊在刊载笔者论文时将原来的题目(归化口笔译仍将占主导地位)做了彻底修改。葛浩文在访谈中所表达的观点也类似于英国汉学家蓝诗玲的观点，以下是要点(括号内文字为笔者点评)：

1) 美国人对翻译作品不够信任(于是，对中国译者的“异化”英文更是“抵触/抗”)；

2) 最重要的是要对得起读者(大陆一些“理论家”是要对得起作家，所以要异化)；

3) 选择翻译什么书最难(我们是要一味地推介具有“社会主义特色”的文化)；

4) 是否出版还得由出版社说了算(我们的出版社几乎不懂欧美市场，无法判断“异化”好还是“归化”好)；

5) 美国人懒得学外文，只看英美的作品(那么“异化”的英文更是不会读了)；

6) 不要说中国文学的翻译，拉美的、东欧的文学翻译，美国人也都不大看，现在渐渐好一点了(“后殖民翻译理论”未必适合汉译英)；

7) 美国人的心态是文化优越感，尤其是语言优越感(难道目前我们继续依靠“异化”去跟美国读者“顶牛”？)；

8) 美国人对翻译作品的态度和他们的心态，决定了中国文学翻译在美国属于边缘的边缘(再采取以“异化为主”的翻译策略，那就更得“边缘化”了)。

尽管如此，英译中国小说在英美国家的市场也在被逐渐看好。只可惜，这些小说，尤其是在英美国家的获奖小说都是由 native speakers

翻译的。据香港明报专讯“中国作家老外伯乐”[48]，“中国作家开始大规模登上国际舞台，冷门书、畅销书，统统有人愿意翻译与出版。”“中国不只是西方作品散货及扩充影响的市场，也潜藏了西方尚未认识但富有才华的作者。”当然，“把中国作品翻译、引入——却需要时间，寻找好且与作家相配的译者，还需要更多‘像小舢板而不是油轮’的灵活性，使一本书的市场好好成长”。

英美人(还有其他西方人)对中国五千年博大精深的文化知之甚少，造成中西文化对接不上，语境受阻，难以跟我们进行有效的跨文化交流。据《中华读书报》报道，西方出版商或代理多次与国内出版社以及作家接触，总是感觉各方的兴趣落差很大。尽管每次接洽，无论是出版社还是作家都会拿出最好的也是他们最想推荐的作品(比如三联书店推出的钱锺书夫人杨绛的《我们仨》)，从中国人的角度看，这的确是一部市场看好的、有品位的力作，可是并不为西方人所理解。笔者记得当年国家力荐根据著名作家路遥获奖小说改编的获奖电影《人生》参加国际角逐，却并未获得海外电影大奖，尽管我们试图使“电影《人生》不仅要有‘土味’，也要有‘洋味’，使‘外族’人也能毫无障碍地接受和投入”(路遥散文随笔:《关于电影〈人生〉的改编》[49])。此外，还有作家们拿出来的书有描写老北京、旧上海的，外国人也不明白。然而根据出版社和书店，笔者(具有多年与外国人打交道的经历)的英文版 *China Travel Kit Series* (Hangzhou & Zhejiang)(Chen Gang, Foreign Languages Press, 2004/2007)、*Greater Hangzhou: A New Travel Guide* 及 *New Greater Hangzhou: A New Guide*(Chen Gang, Zhejiang Photographic Press, 2001/02/03/06)很受海外读者(包括旅游者)的欢迎，甚至有英国数家报纸、杂志记者和北欧专业旅游公司约笔者见面。

现实是，中国正在与时俱进地接受并了解西方文化，而西方对中国的认知却非常肤浅，外商认为，急于把中国很深刻的精髓让西方人

---

48 http://www.mingpaonews.com，2006 年 9 月 10 日。

49 参见 http://www.millionbook.com/xd/l/luyao/lysw/022.htm。

去欣赏是不现实的。综合海外书商、有识之士(如英国著名文学经纪人Toby Eady)、华人作家等的一些代表性观点，大致有：

1)跟中文作家合作的困难更大。这是相对于其他国家的作家而言的。笔者以为这跟我国作家跨文化交际能力不够关系较大。

2)对中国作品的鉴赏不易。西方书商不太懂得中国的书评，他们会听从阅读顾问的意见，而能否找到一个对中文有敏锐鉴赏力的"自己人"并非易事。

3)中国作家的作品过长。他们写长篇动辄三四十万字，很难为外国读者接受。对外国读者来说，20万字左右的长篇比较合适。因此，有的长篇如果翻译，可能需要缩编。闵福德翻译《鹿鼎记》就将5册缩为3册。

4)翻译汉语作品困难。中文语言讲究内敛含蓄，讲究一种铺陈的意境。

对此，Constable & Ronbinson 出版公司主席尼克·罗宾逊(Nick Robinson)深有感触，他说："西方人是绝对不会花很长时间进入主题的。比如在我们和中国出版集团的座谈会上，中方主席的发言讲了很多天气和风景的话，我们听不懂，但是我知道这是中国人表示欢迎的习惯。那么如果刚才的发言是一部作品，这些中文在西方就可能会被删掉。"[50]

对此，在涉外口笔译实践中有较多经验的译者一定深有体会。或者读一下我国各级领导人的一些祝酒词、开幕词、闭幕词等，随手翻阅一些实践型口笔译(培训)教材，便清清楚楚。

尼克·罗宾逊曾有出版中国文学作品的经验，他说："翻译至少经历了两个步骤，先由中国人逐句逐字地直译成英文，然后再由我们的人根据这个版本的意思重新写一遍。"这"重新写一遍"就是我们翻译理论说的rewriting(参见Shuttleworth & Cowie，2004)。

小说《二月花》(*February Flowers*，2006)的华人女作家吴帆(Fan Wu)，最初是用英语写《二月花》的，后来才被她自己翻译成了中文。

50 参见 http://www.xinhuanet.com/book/2006-05/15/content_4548319.htm。

她说："原本以为中文是最简练的语言，结果没想到的是，8 万字的英文作品，译成中文就变成了 12 万字。"

以上这些无疑给译者和翻译研究者带来多方面的启示和研究主题。

那么，我们还得回到西方人比较看好哪些作家和作品这个问题上。尽管这个问题上边已有论述，我们不妨继续举一些具体的例子，以便我们的翻译爱好者形成自己的感性认识和理性认识。（请注意画线部分）

先看一个典型的例子。

让西方了解中国，发行全球的小说《二月花》的初稿曾遭到纽约出版社 25 次退稿，多亏了 Eady 这位"洋伯乐"对作品的赏识和主动支持。因为借一名在广州某大学求学少女，探索自我身份以反映时代转变的主题或情节，正是 Eady 爱好的品味典型。他认为："小说是社会神秘的历史，很有出版的重要价值。"也正是这种文学口味拿捏得准确，使他胜任一位文学经纪人（被描述为 noted Literary Agent）。

马建的作品与社会的重大变迁关系密切，耐人寻味。他的《红尘》（*Red Dust: A Path Through China*，2001）获得英语文学界旅行文学领域的最高奖——2002 年托玛斯·库克旅行图书奖（the Thomas Cook Travel Book Award 2002），使他成为首位获得该奖项的中国作家。作品描写了作者在中国近三年的非法流浪经历，揭示了 20 世纪 80 年代大陆的青年，在改革开放的潮流下，开始寻找各自的身份和精神价值。马建这本流浪体小说被评为描写中国垮掉和迷惘的一代，是中国式的克鲁雅克（Jack Kerouac—a leader and a spokes-person for the Beat Movement）的《在路上》（*On the Road*）。

简而言之，反映中国执政党的真实历史、中国社会重大变化和时代特色的任何作品（不仅仅是英译中国小说），都会得到西方读者的青睐。比较典型的有英文版的《西行漫记》或《红星照耀下的中国》（*Red Star Over China*，1937）。1937 年 10 月，英国伦敦维克多·戈兰茨公司出版了埃德加·斯诺（Edgar Snow）的英文初版《红星照耀下的中国》，短短两个月内再版 5 次，几个星期内就销售了 10 余万册。这本书就是斯诺回国后写的关于红色中国的新闻报道集，也可以说是报告文学集。以后，此书以近二十种文字翻译出版，几十年间几乎传遍了世界，成了著名的畅销书。该书“开创了毛泽东生平事迹研究的先河，也是把毛泽东推上世界舞台的重要里程碑”。“中共党史上，恐怕没有哪部书像《西行漫记》那样在海内外产生那么大的影响了。”[51] 同样，英文版《他改变了中国：江泽民传》(*The Man Who Changed China: The Life and Legacy of Jiang Zemin*，Robert Lawrence Kuhn，2004)也引起了海外读者的较大兴趣。作者称让世界了解中国是写书的初衷。

西方读者对具有讽刺、智慧、深邃、怪诞、幽默的作品较有偏爱。例如，(有争议的)由中短篇小说构成的《拉面者》(*The Noodle Maker*，2005)，在 2006 年美国国际笔会年度评奖活动上，入围翻译小说奖，排名第二。因为在世界各语种的比拼下，中文的翻译恐怕难度还是很大，所以马建的作品能入围国际最专业的翻译奖就是很大的成就。这是一部描写中国社会的政治寓言小说(如英国作家奥维尔的《一九八四》，即 George Orwell, *1984*，1949)，2005 年已在世界各地发行，2006 年又推出了意大利版、荷兰版和法文版等，引起媒体和翻译、评论界的关注。有英美读者称之为“红色幽默的一部力作”(a virtuoso piece of “red humour”)[52]。

在此，我们可从《红尘》、《拉面者》等数本获奖作品的译者弗洛拉·德鲁切入，从结果导向来论及中国(文学)作品译者的选择与销路的关系。我们知道，中国作家的作品请外国译者翻译，往往会产生曲解。但是，毕业于伦敦大学中国语言系、主修中国当代文学的德鲁(当时为马建的女友)，其翻译的《红尘》曾获托玛斯·库克国际旅行图书奖，后来，译者还跟随《拉面者》作者出席了在纽约林肯中心举行的颁奖典礼。

尽管英译中国(文学)作品在西方市场仍处于“陪衬”(笔者观点)地位，英美主流文学评论对中国作品也多有微词，然而值得注意并令

51 见许平常“《西行漫记》与斯诺”(http://www.zijin.net/blog/user1/163/archives/2001/837.shtml)。

52 见 http://www.amazon.co.uk/Noodle-Maker-Ma-jian/dp/0701176059。

人高兴的是：20 世纪 90 年代后，尤其 21 世纪以来，英译中国作者的作品在欧美市场开始看好，甚至在畅销书榜上频频出现，快要有赶上和超过东欧国家作者的趋势了。这跟中国的国际地位和国际形象的不断提升关系较大，比如从 90 年代以来，中国形象在西方媒体和大众文化中的“出场率”渐渐增加，不少在英美国家生活的中国作家也跃跃欲试，要打入十分诱人的西方(如美国)畅销书市场。

中国的畅销书，过去并不多。原因上面也叙述过一些，在美国原因很简单，起码是美国读者对中国的兴趣不大。例如，《红星照耀下的中国》曾是畅销书，但之后的几十年中间都没重印、再版过。虽然尼克松 1972 年访问中国(China breakthrough)，中美关系开始逐渐正常化了，但几十年间，美国几乎没出版过什么关于中国的畅销书，就连震惊世界的“文化大革命”(the Cultural Revolution)，也并未引起畅销书商和作者的兴趣。“文革”结束后，中国走上了改革开放之路，中美之间的交流也日益增长，畅销书市场上，才开始出现有关中国的书。

译者之所以选择这些而不是那些中国作品来翻译，并向美国读者推介，了解美国畅销书的主题和趣味是极为重要的。英美本土译者在这方面就比较占优，更何况他们驾驭文字得心应手，处理中西文化矛盾更为娴熟，起码懂得如何迎合读者。用翻译学术语表示，就是要很好地处理 ideology、poetics、domestication、foreignization 和 hybridization 等问题。

当然，中国作品要在美国畅销，离不开美国畅销书的一般主题、模式和趣味，书中的中国形象，首先要符合这些基本条件。这就像美国多数中餐馆做的中国菜一样，要符合美国人的口味(归化或本地化)，至于是不是像地道的中国菜，并不重要(其实何为“中国文化”也是值得深究的，见关于翻译悖论中涉及“民族文化身份”的问题)。但这并不意味着我们不必推广、弘扬真正的中华文化了，跨文化交际与翻译是要分阶段走的。

在英美畅销书的特点可以抽象概括为“时(代)效(应)性”、“趣味性”、“煽情性”和“亲切性”(或“亲切感”)。不管是否符合中国意识形态和审美标准的中国(文学)作品，只要符合上述特点之一，就容易成为畅销书。比如张戎的 《鸿》(Jung Chang, *Wild Swans: Three Daughters of China*)，在英美受到欢迎的主要原因是描写个人奋斗。个人奋斗是西方文学永久的主题和时代的主题。张戎将这一主题置于现代中国的环境之下，讲一个中国反传统的女子的孤身奋斗，来博得西方读者的兴趣。从当代翻译理论角度分析，作品题目译得很有深度，耐人寻味；副标题富有女性化和中国特色，很抓人；封面设计别具一格；文字水平还不错，她是“文革”期间四川大学英文专业的 WPS(工农兵学员)出身，有在海外受教育的背景(“文革”后首批公派留学生，1982 年在约克大学取得语言学博士学位，并自称为英国“第一位来自红色中国的博士”)，使她能够用比一般中国人流畅的英语写作，更易被英美读者认同；所用的自传文体也颇似中国的“伤痕文学”和“反思文学”；有关个人身世的故事，如童话般地煽情、夸张；叙事的模式，又是非常美国式的畅销书文体，从而迎合了英美畅销书市场的趣味和需求。该书获 1992 年英国非小说类文学大奖(the 1992 NCR Book Award)和 1993 年英国图书年度奖(the 1993 British Book of the Year Award)，已被译成 30 多种语言，全球销量逾 1200 万册，仅日本销量就达 130 万册。台湾于 1992 年出版中译本《鸿——三代中国女人的故事》(张朴译，台北市：台湾中华，1992)，大陆于 1997 年出版《鸿——三代中国女人的故事》(内蒙古人民出版社)。

在中国大陆遭禁的《毛泽东：鲜为人知的故事》(Jung Chang & Jon Halliday, *Mao: The Unknown Story*，2005)一出版就跃居畅销书排行榜榜首，显然，书名极为“煽情”或“耸人听闻”是很重要的因素之一。

中国的经济、政治、社会和国际地位日益提高，越来越受到西方关注，英美的畅销书商人、作者和译者(也包括一些出版社特邀的译者)，对时下人们谈论、关心的热门问题，当前流行的种种时髦，具有高度的敏感，能以最快的速度写好、译好(质量仍占首位，跟大陆译风完全不同——笔者特注)和出版有关最新话题的书籍。2004 年国际级报告文学奖评委之一马丁内斯(Tomás Eloy Martínez)有这样一段颇具有见地的评论：“文学新闻记者不是传统意义上的记者，即不仅仅是提供信息，而且必须以人为本，超越所报道的当前发生的新闻，挖掘人生活状况之深处。”[53] 报告文学记者应该为人类的正义、善良和希望鼓与呼。

再如，王丽丽的小说《阳光正照在身上》（上海人民出版社，2006年）尚未出外文版，就受到《华盛顿邮报》、法新社、加拿大最大电视台 CBC TV、加拿大最大广播电台 CBC RADIO、新华社、《人民日报》、《羊城晚报》、上海电视台等海内外媒体的关注。小说也同时受到不少著名学者、评论家的评论。如学贯中西的学者贾植芳指出：“这部小说不仅有强烈的可读性、戏剧性和娱乐性，而且为认识古今中外妇女的命运和处境提供了新的观点、新的视角，并且为研究古今中外妇女的命运和处境提供了新的资料和新的视野。”小说还被复旦大学、武汉大学的两名博导拿给研究生讨论。

果然，专家的评述与西方文化图书市场形成契合。该小说的核心内容：变化中的中国；核心人物：生活在变革前沿的年轻人；核心特征：独特，创新，时尚，大胆。它是一部具有浪漫主义风格的小说，构筑了一个较为独特的、幻想意味十足的情节构架。其中，构成小说主体部分的是睡美人曾经幻身的 12 个女人的经历，如孟姜女、杨玉环、李清照、唐琬、潘金莲、王宝钏、梦露、黛安娜，等等。这些古今中外的女性人物，时代背景各不相同，但都有红颜薄命、怀才不遇的共同经历，她们展示了女性在历史中共同的命运遭际。这部小说文笔洗练、想象丰富，揭示出人生虽然有不如意之处，但仍然要追求爱和美好的生活，才是人生的真谛。[54]（下画线为笔者所加）

除去英译的中国畅销书外，一些颇有思想深度的严肃作品也会受到英美学者的推崇，并受到英语读者的欢迎。

中国当代著名作家韩少功的小说《马桥词典》（北京：作家出版社，1996），就是通过蓝诗玲译介给西方读者的。该书英文版（*A Dictionary of Maqiao*）于 2003 年由美国哥伦比亚大学出版社出版后，在西方引起了相当的关注，许多报刊纷纷报道，许多作家、评论家对这部作品进行了视

53 见 http://www.lettre-ulysses-award.org。

54 见“沪上名家看《阳光正照在身上》（http://www.ewen.cc/books/bkview.asp.）。

角不一的评价。该小说获得《中国时报》1997年“十大好书”奖、“台湾最佳图书奖”(1998)。《亚洲周刊》(*Asia Weekly*)将其评为“20世纪中文小说百强”(the Top 100 Works of Twentieth-Century Chinese Fiction，由全球的华人学者、作家联合评选)。

这种现象与当年《马桥词典》在国内初版时所引起的“马桥事件”形成了一个有趣的参照:《马桥词典》于国内初版时，曾招致不公正的批评，并因此引发官司，也同时荣获了“上海市第四届中、长篇小说优秀大奖”中的长篇小说一等奖。而今日西方媒体、专家对它却格外看好，并进行了积极、正面或者高度的评价(当然也有少量负面的评论)。

《亚洲书评》(September 16，2003)编辑彼得·戈登(Peter Gordon)写道：作者对作品的处理方式趣味无穷，独具匠心(dascinating and masteful)，书中处处展示作者对哲学、社会学、历史学以及其他各种话题的沉思，而不打断其中之叙述(musings on philosophy, sociology, history and any number of other topics without disrupting the narrative)。

戈登认为:“韩少功对语言非常感兴趣。《马桥词典》也探索了语言是如何影响文化和思想的，马桥语言也居然影响了文化和思想，后者当然也影响了语言——人类学家和语言学家对此毫不奇怪。书中大部分是专为人类文化语言学撰写的。事实上，《马桥》倒使我想起：与其说它像任何一部我所能想到的小说，还不如说它更像一部颇具可读性的人类学经典。”

不过，戈登对书的平面设计表示不满：“封面太无趣，看上去倒像是一本真正的学术词典。”我们当然希望译文本身和译著包装同样出色，但不管这一评论是否为大家所接受(哥伦比亚大学出版社设计的封面完全不同——笔者特注)，笔者特别提醒：翻译(出版物)是一个系统工程。除了要特别关注语言、文化、风格等的转换，还不能忽视“外包装”。

戈登对译者褒奖有加，特别指出：“我没有能力对原文和译文进行对比评价，但译者朱莉安·洛弗尔(即蓝诗玲——主编注)似乎未将一个单词错放位置：真不愧为最佳译本，就像最明亮的窗户，读者根本没有注意到这是翻译，因为这窗户没有挡住一丝的视线。”

《泰晤士报文学评论副刊》(*TLS*)著名评论家伍德(Frances Wood)对《马桥词典》的英译本评价颇高:"蓝诗玲的翻译是一成就,非常出色(an impressive achievement)"。

《哥伦比亚观察家》(*Columbia Spectator*)专栏作家钱希腾撰文说:语言起连接人类和世界的作用。一旦中断或者失去了这一连接,人类就失去了对世界的控制。从某种程度说,词典中词汇所增加的意义是通过人的口说出来的。《马桥词典》也许可以被看成是作者的这样一种努力:即将他自己的话语强加于他曾经依附于此地之难以接受的价值观,曾"派送"他于此地的政府。通过这一努力,作者揭示了马桥是如何以其自己的方式依附于语言之难以驾驭的、专制的权力的。[55] 韩少功这本书折射出丰富的时代精神和深刻的批判内涵。

通过对译介中国(文学)作品坎坷的了解,通过对现阶段全球化进程中跨文化交流难度的了解,我们会更为深刻地反思同时又更为深切地体会到:翻译事业之所以遭受冷落,首先是因为学术界长期存在着一种根深蒂固的偏见,即认为翻译只是技术性的工作,不过是文字转换的雕虫小技,算不得真正的学问(笔者提醒:他们把文学翻译、文化翻译跟一般的实用性翻译可能混为一谈)。其次,他们以为只要外语好就可以从事翻译(笔者提醒:简单的翻译与高难度的翻译不可同日而语)。再次,更有甚者,认为外语不怎么样,借助词典也可以从事翻译(笔者提醒:单纯的解码和编码跟特定文化背景下的文字转换不能相提并论)。如此等等。其实,这都是极大的误解或是无知。我们不妨引用海外一位无名氏的话:"大多数人认为,如果你会讲两种语言,你就会翻译。这就大致相当于说,如果你有两只手,你就自动成为音乐会钢琴手了。"若果真如此,那翻译就是天底下最简单、最容易的事情了。人人皆能成为翻译家——又使我们想起 20 世纪 80 年代后期全民都能经商的滑稽说法。事实上,没有(较为)渊博的一般知识和专业知识,没有对于

55 上述三处评论,见 http://www.complete-review.com/reviews/china/hanshaog.htm。

双语的熟练驾驭，没有受过较多中外文化的熏陶(特别是国学底子薄)，没有进行过较大量的、有相当难度的翻译实践，尤其是对跨文化交际以及效果知之不多的话，欲求高质量的译作，是难以企及的。于是，我们谈何中国文化出口，谈何中国文学出口，谈何宣传中国，谈何走向世界，谈何全球化？

还有不少人持有一种偏见，认为西方发达国家的重要学者多不从事翻译活动。其实，这是缺乏全球观念的见解。事实上，在西方学术界，大凡优秀的学术著作，尤其是经典著作，都有英、法、德、意等多种西方语言的译本。而且，从语言学角度说，西方主要语言文字之间存在很高程度的相似性和关联性，欧美学者(如荷兰学者)掌握几种主要(欧洲)语言，是很平常的事情，完全能够、远比我们的学者更适合全球化。值得再次指出的是：学术研究水平高，不见得翻译实践能力强。有国际著名学者也能翻译好中国古代经典或者当代中国通俗、时尚文学的，何以见得？更不用说，让他们把他们自己本国的作品译成合格、漂亮的中文了！反观我国学术界(包括翻译界)，不通外文者或对外文知之甚少者不乏其人，能较好运用一门外文(特指书面语，暂不涉及口语和口译)已属不错，熟悉两种外文算得上杰出(双外语导游也不多)，真正掌握三种以上外文的几乎可以视为“国宝级”人物了。仅从单一的语言转换角度来说，中国适应全球化的能力跟发达国家(甚至跟讲英语的民族)比差距甚大。在这样的情境之下，我们仍然看轻翻译事业，无异于自甘落后，与全球化的发展趋势背道而驰。

总而言之，中国的崛起，中国的强大，势必会给中国文化和文学的翻译输出带来光明的前途。与此同时，中国的作家也一定在不断自我反思，自我深化，自我提升，自我升华，在新的文学创作中，更具全球化意识和能力，他们的作品不仅具有中国特色，而且又能走向世界。葛浩文先生希望不远的将来能翻译中国文学真正的杰作。

三、翻译乃语言、文化旅行之思考

在全球化的世界里，尤其在当前旅游全球化的年代里，懂得旅游与文化之间的关系显得愈发重要，而对旅游、语言与翻译之间的跨界关系，过去少有学者关注和研究。当全球化进入新世纪以来，很有必要对翻译乃语言、文化旅行这个话题进行新的思考。换言之，这的确是一个新思考、新视角。对翻译、语言、文化、旅行/旅游之间的关系进行新视角的动态思考、理论分析、历史回顾和实践检验，意义非同寻常。

人生就像旅行。人生之旅有其目的与目的地，人生旅行会途径各种名胜古迹，人生旅游会再现各种方式方法。由于英语 travel（旅行）一词多义，使得汉语中"旅行"一词词义也呈多样性。

travel 原意为长途行走（to go from one place to another, especially over a long distance），所以"出国旅行"、"穿越非洲"和"周游世界"的英文表达分别是：to travel abroad, to travel across Africa; travel around the world。由此出发，travel 可以意指"传送"、"传播"和"行进"等，如 Messages travel along the spine from the verve endings to the brain（信息从神经末梢沿脊柱传送到大脑）；News travels fast these days（如今信息传播得很快）。travel 还可以用来指书、思想等盛行各地，广为流传：Some writing travels badly in translation（有些作品经翻译后不流传）。亦指"经长途运输仍不变质"，如 some wines travel well（有些葡萄酒经得起长途运输）。[56] 特别值得指出的是，travel 更有一种幽默的用法，如作为一名涉外导游或国际领队，"会说多种外国话，走遍天下都不怕"，英文可以这样表达：To have multilingualism will travel。作为名词，有"理论旅行"（theoretical travel）、"学术旅行"（academic travel）等。可见，学术思想、观点，学科理念、规范，翻译理论、原则等，都可以进行跨国、跨地区"旅行"，即发生流动和位移。

因此，我们完全可以说：译者如行/游者，翻译乃旅行/游。翻译如跨语言、跨文化之旅；译者既是特殊的旅行者，又同时扮演"游者—译者"和"导游—翻译"的双重角色。旅游翻译（尤其是导游翻译）比较集中地体现了跨文化翻译与交际的主要特色。译者翻译如同进行游览观光，度假休闲，既欣赏风景，又攀登险峰，更领略崇高，这些比较容易

56 有关义项和例句参考 *Oxford Advanced Learner's English-Chinese Dictionary* (6th edition) 等。

为人了解，但其特殊的复杂性并不为他人所了解。一方面，译者须不断地在两种语言文化之间旅行，另一方面，他须在语言、景点和形象等之间进行协调，因为不同的语言和文化——特别是差异巨大的语言和文化——之间存在着对立或矛盾。稍不注意，矛盾便会激化，产生语言障碍、文化隔阂，最终导致交流失败。作为有多重经历的笔者十分清楚这样的情形：导游者侃侃而谈，旅游者却不知所云。笔者的切身体会是：做一名称职的导游翻译(仅指导游讲解业务，还不包括其他职业素质)，不比当教授容易。好在海外游客也是受过教育的，也扮演“游者—译者”的角色，不至于面对中国的大好河山，悲观地“笑问景从何处来？”唐代诗人贺知章，面对儿童淡淡的“笑问客从何处来”，深感重重的一击，引出无穷感慨。作为(涉外)旅游行业的参与者和关注者的笔者，此时此刻也是感慨良多。

首先应感慨的是杭州、北京和上海。“倾国倾城：最值得向世界介绍的中国名城”是中央电视台携手联合国世界旅游组织、联合国开发计划署、美国国家地理频道等国内外100余家权威媒体共同推出的大型电视活动。以绿色、文明、活力、和谐为标准，推介一批最值得向世界介绍的中国城市。有关活动从2007年春开始，经过100多位中外专家慎重推荐和评选，产生十座最值得向世界介绍的中国名城，杭州荣膺“倾国倾城”中国十大名城榜首。然而，在全球化进程中如此重要的城市，其“越洋旅行”(语际翻译)路途坎坷。其次，中国首都北京作为奥运会的举办地，中国最大城市上海作为世界翻译大会和世界博览会的主办城市，在进行“语言文化翻译之旅”中，障碍颇多。这三大世界旅游城市的“形象工程”(涉外翻译)，供国外旅游者和国内涉外导游使用的专著或教材，其中一些初看似乎不错，但一经细读，问题之多，令人担忧。

从扎扎实实地培养外语/翻译人才的角度来谈，我们应该不必(先)去(过多地)深究一些所谓高难度的翻译(理论)、二语习得(理论)等来展示我们学界的卓有成效的“科研成果”，搞得神乎其神，造成误导，使众多外语界、翻译界人士(教师居多)以为：懂了这些理论就等于懂了外语、懂了翻译，等于学好了一切。然而，正是在这些“体系”下培养出来的外语/翻译人才(包括高职称、高学历的人才)，连不少比较基本的语言表述的正误都难以辨别，真乃悲哀，在“旅途”中无形设置了诸多障碍，无法实现真正意义上的语言、文化之旅。如此水平的“游者”如何去“导”一无所知的新“游者”？这些不合格的“导游”，只会培养出更不合格的“导游”——最终将“旅游者”导入“歧途”。

先看杭州。通过ISO9001质量管理体系认证的浙江省某著名商标产品，居然把“防潮”译成“defend the tide”(防御潮水；保护潮水)，连母语中文的意思都不懂。

在一份介绍浙江、杭州的册子中，也提及了近邻江苏，将“南京位于江苏北部”译成“Nanjing lies to the north of Jiangsu”，由于用了介词“to”，从而导致南京脱离江苏版图，且方位都错了。这样的译文实在难以“travel well”。

再看两大直辖市出版的专业书籍和学术杂志的外语/翻译质量问题。由于外语/翻译人才的匮乏，普通的外语出版物问题不少，被国内(研究型和外语类院校)列为国家一级刊物的学术杂志中也不可避免地出现因“重理论，轻实践”而产生的贻笑大方的“内行”错误。

1)泛泛而谈，凡是非外语/翻译类专业出版社的中国版外文图书，因作者和编辑外语/翻译“拿捏不定”，存在着许多写作错误、编辑出版错误。问题是，这类图书(比如文化题材类英汉双语版、旅游题材类英文版或英汉双语版等)在国内的销量还挺可观，这样更容易误人子弟。这类图书，只要严格审查，一般都不合格。当前，我们只注意到了“公示语”方面的跨文化翻译，因为它是国家或城市的“面子工程”，却几乎完全忽视了中国版外语图书，这一面子工程实为“隐蔽工程”[57]——它的质量与译者/英文作者、责任编辑和审校的水平直接关联。有些书号称经外国专家审定，却照样错误百出。迄今，这种“隐蔽工程”还不易为人们所重视，工程中的漏洞更不易为人们(即使是专家学者)所识

57 建筑术语，在此为比喻用法。原意指在装修后被隐蔽起来、表面上看不到的施工项目，所以很难发现问题。家庭装修的隐蔽工程主要包括给排水工程、电器管线工程、地板基层、吊顶基层等多个方面。

别，其中一个重要原因是：学术风气不正常，踏实学风不吃香，“歌(功颂)德”派有市场，批评人才难培养。

2)细细而谈，名家犯错误并不新鲜，但真正的名家被“允许”犯这样的错误吗？在中国，外语/翻译这种重实践的学科专业，“学术好”的标准是否应该改变，所谓的“学术好”等于或大致等于多发论文，还是等于或大致等于语言应用能力高，或者等于或大致等于两者？接着所举的例子，并非需要“专业背景”，也无任何“语言陷阱”，然而，问题就是实实在在地发生了，且发生得“合情合理”，因为他们错得毫无回旋余地。这类 case 跟有些学者对“龙”与“dragon”的看法存在争议是有本质区别的。换言之，前者错得难以原谅，后者错得合乎情理。

“享受公费医疗”、“深化改革”和“采取积极措施”等应如何用准确或地道的英文来表达？如果英译文分别为“enjoy free medical care”，“deepen reform”和“take active measures”是否可接受？外语界名人的回答是否定的，并就此进行了“理论联系实际”的批判，其有关评论如下：

“……英译文反映了第二语言习得者一种典型的常规思维方式，即在用词和结构形式上一味追求词性、词序和词义的机械式对应(mechanical correspondence)，这是一种对号入座的思维方式，其致命的缺陷是用第一语言的结构加于第二语言的概念结构，其结果是语法结构绝对正确，而概念结构在形式和意义上不相匹配，因此这种英语被贬斥为中国式英语(Chinglish)。从汉语的思维方式来看，这三个英语句子是无懈可击的，但从英语的思维方式来分析，在形式和意义上均存在问题。以英语为母语的人一看就能凭借概念能力(即语言感或语言直觉)作出判断，认为上述译文的概念结构在语义的衔接(semantic cohesion)和概念连贯(conceptual coherence)上均有缺陷，enjoy 与 free medical care，deepen 与 reform，active 与 measures 均缺乏语义相容性(semantic compatibility)。enjoy 总是与具有“愉快”语义特征的词语连用，free medical care 与 enjoy 在语义上不相容，导致概念不连贯，应把 enjoy 改为 are entitled to。在英语概念结构中 deepen 与 reform 的搭配使用是不成立的，只能说 deepen a river，或 deepen one's understanding，而不能说 deepen reform，两者之间必须插入具有语义衔接作用的词语，这个心理空位应让 our commitment to 来填补，即 to deepen our commitment to reform。以英语为母语的人对 active measures 这一结构不理解，认为概念表达不确切，应将 active 改为 proactive。" [58]

简言之，名人的"学术批判" can't hold water，但却在知名学术杂志上 travel extensively。若被海外学者发现(该杂志是国内外发行的)，难道不是一个"学术笑柄"？本节没有篇幅对有关 case 进行细细分析、批评，但可以肯定地说：笔者在 20 世纪 80 年代跟 native speakers 频繁打交道时，不仅自己反复使用完全相同的表达法，而且英美来访者也使用完全一致的表达法，即从他们口中，我们大量地听到"...enjoy free medical care/treatment"，"(how do you) deepen your reform (in agriculture)"，"...adopt/take positive/active measures..."。一般来说，如果我们讲错的英语，虽然英美人能懂，但他们表达同一概念时是不会重复我们的"英语"的，他们往往会采用他们常用、地道的表达方法(让他们重复错误的语言是很不舒服、很不自在的)。这些细节笔者是特别关注、特别在意的。所以我们从平时与 native speakers 的接触、讨论中，很清楚那些(比较浅显)英语表达是 Chinglish 还是 correct / idiomatic English。

至于名人建议的上述英译文不仅啰唆，关键是跟中文原意有出入，反而不能 acceptable。笔者恕不在此赘述。

这个 case 起码反映出一个深层次的问题：我们不少"研究型"的(副)教授、学者(包括硕士、博士、博士后)尚未在 bilingual proficiency 领域行了万里路。他们并不是在外语基本功(比较/十分)扎实的情况下研究外语、翻译，似乎在"学术"方面 sensitive，但在语言和文化方面(远)不够 sensitive，或缺乏 sensitivity，由此造成相关理论没有吃透，却花了大量的时间，做了大量的脱离实际的所谓学术研究，他们的观点、

58 见戴炜栋，陆国强：概念能力与概念表现(《外国语》2007 年第 3 期第 15 页)。

理论尽管在“内地”狭窄的学术界 travel widely，但只是 tarvel in the Chinese mainland，永远不可能超越 the cultural line 和 the English line。我们的诚挚建议是：

Travel and think.

Travel before reseach.

Travel widely before research.

Read 10,000 books and travel 10,000 miles.

Keep learning how to travel across the language and cultural line.

【思考题】

1. 翻译观有哪些主要内容？它真的如此重要吗？为什么[PT][59]？
2. 你认为哪些内容可以构成翻译观的主要内容[PT]？
3. 何为传统翻译观？何为全球化翻译观[PT]？
4. 传统翻译观与全球化翻译观之间有哪些异同？它们是否互为补充、相得益彰，还是自相矛盾、互相排斥[PT]？
5. 传统翻译观固然重要，但全球化翻译观对我们有什么新的意义和作用[PT]？
6. 谈谈你本人对全球化价值观与翻译学科及相关部门的发展等方面的看法[PT]。
7. 你认为哪些问题构成对中国翻译的最大挑战？为什么[PT]？
8. 本章举了 30 个翻译悖论，你能再多举几个吗[PT]+[AT]？
9. 你认为有“新巴别塔主义”吗？翻译、语言和文化旅行之间有什么有机联系[PT]？
10. 中国文化和文学会顺利地走向世界吗？将来主要由谁来向世界译介中国文化和文学[PT]+[AT]？

59 英文缩写解释详见“新总序”最后部分，下同。

Chapter 2

翻译观（务实篇）

Translation Philosophy (Pragmatic)

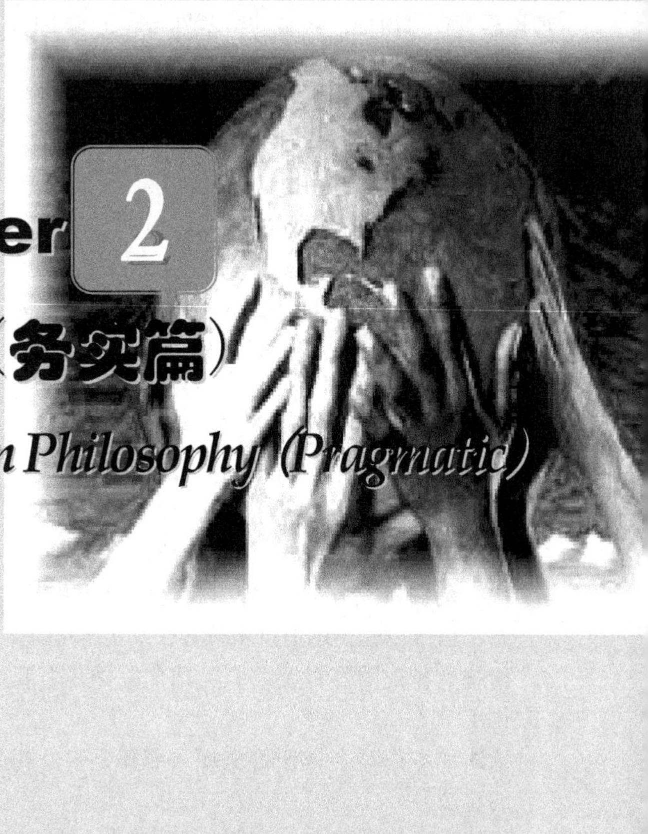

2.1 Practice as a Basis
2.2 Eight Central Issues
2.3 Outlook on Interpreting
Questions

2.1 实践为本

如果我们通过阅读第 1 章解决了“翻译观”的问题，那我们进入本章的学习就顺理成章了，因为翻译学的入门最重要的是翻译实践的入门，其次才是翻译研究的入门。当然翻译实践是离不开翻译研究的，可谓相伴相随，只不过是个主次问题。本书包含两大内容：翻译实践入门和翻译研究入门。而后者特指(基于)翻译实践的研究。成功的翻译研究必须或起码建筑在研究者较高的翻译实践水平之上。当然，我们这样说并没有排除研究思路和方法的重要性，也并没有排除学术训练和方法论研究的重要性。之所以要反复强调“实践为本”，正是基于以下七个方面的事实和思考：

1) 理论重要性被过度强调。长期以来，学界和译界存在“理论误导”的(严重)现象和后果。这种现象不仅误导了年轻学子，还导致目前教育界和学术界的有关领域(如翻译领域)重理论、轻实践，靠所谓“学术/理论”成果才能晋升职称、才能得到水平和能力的认可之不良后果，造成大陆真正的高级口笔译人才匮乏，外译汉整体水平下降，汉译外的高级人才更是凤毛麟角，影响了中国文化即软实力出口的战略方针之实施。简而言之，中国(大陆)的翻译学要向前推进，要有所创新，没有扎扎实实的翻译实践打底，所谓的翻译研究只能是无源之水，无本之木。

2) 翻译规律被忽视。翻译的规律证明：没有经过翻译实践这个必然王国，就不可能到达翻译实践的自由王国，也难以进入翻译研究的“崇高殿堂”。把翻译研究描绘成“崇高殿堂”，丝毫没有降低翻译实践的地位和意义，反而显示出翻译实践的不可或缺性和不可替代性，因为翻译实践既是翻译研究的基础和前提，也是翻译的最高境界。换言之，翻译的最高境界一定是翻译实践(包含伟大的翻译成果)，而非翻译研究(尽管有人硬把这两者截然分开，号称“井水不犯河水”，各走各的道)。这好比唐诗宋词是诗词的最高境界，而唐宋诗词研究绝不可能取代诗词作品而成为最高境界。流芳百世的肯定是那些脍炙人口的千古绝唱。需要在此特别指出的是：诗词评论家，倒可以不会或不善写诗填词，但翻译(本体)理论家一定要会翻译(即使水平低一些)。

之所以把翻译研究描绘成“崇高殿堂”，正是因为研究者不站在伟大的实践家的高度来研究其译作，是难以研究出名堂来的。没有“名堂”，如何踏入“崇高殿堂”。试想，一个几乎没有翻译实践的翻译研究者，如何进行翻译(本体)研究？笔者的第一外语是英语(假设为 B language)，二外是法语(真实水准离 C language 的标准差距还很大)，笔者对法汉口笔译实践和研究几乎或完全没有“发言权”(话语权)。

笔者这样下结论，起码说明两大问题。其一，双语没有达到 A language 或起码 B langauge 水准的，不宜进行翻译研究。其二，没有认真翻译过的或者没有达到一定量(如 100 万 E-C 或 C-E)的，不宜进行相关的翻译研究。

3) 人才培养模式被单一化。长期以来，翻译学高层次人才培养存在的突出问题是，培养规格单一、培养类型以学术型学位(academic degree)为主，没有很好地体现翻译(口笔译)的特点和翻译人才的成长规律，也不能很好地满足社会的需求。翻译(translating)本身涉及双语转换，具有很强的艺术性、技巧性和创造性(尤其是双语转换所必备的特殊思维)，专业成才周期(相对较)长，专业性学习、训练、教育等方式贯穿于始终——翻译本、硕、博，或初级翻译、中级翻译和高级翻译。大陆之所以出现翻译博士的口笔译能力弱于翻译硕士或学士，就是因为翻译的基础阶段尚未或远未过关，当然还涉及这些博士本身母语就基本定型了，知识面也比较狭窄等诸多原因。然而，大陆多年来研究生(含硕博)的招生方式、培养模式和学位授予标准不利于这类人才的选拔和培养。这种状况导致许多极富翻译才能的人才失去了专业上继续提升的机会；少数进入翻译研究生(仅为英语语言文学或外国语言学及应用语言学之翻译学方向)阶段学习的，主要精力是平时应付不少甚至大量文学、语言学、公共课程的学习及课程论文的写作，最后(在校外兼职的同时)应付学位论文写作,没有更多的时间去提高翻译最具特色和光彩的专业水准和专业技艺。

4)大学翻译生源“进口”、“出口”被一刀切。由于翻译(专业)比较热门，双语基本功好的和不够好的大都愿意报考翻译硕士研究生。保研“进口”的，未必翻译水平突出；考试“进口”的，未必翻译单科成绩“过线”(特指翻译方向的理想成绩画线)；翻译成绩(特别)突出的，未必被保研或被录取(可能总分不够等原因)。入学后，不管把关是否严格，学生最终是通过撰写一篇学术型学位论文的答辩获得硕士学位的(有些学校还要附加发表论文等条件)。他们的翻译能力如何，完全不在考核范围内。接着，部分这样的硕士生继续去报考翻译学方向的博士生(学术型学位)，出来的结果则是学术论文(乃至专著)，但他/她的翻译能力绝不强于优秀的英语和翻译专业的本科生。这些博士生中包含一些为求“身份”而难求“(翻译)能力”的“泛泛之辈”。于是乎，他们会在高校教本科翻译，教 MTI(中的实践课程)，而学校却发现不了真正问题之所在，由于他们是翻译博士/硕士，一种现象掩盖了另一种现象，其人才培养的结果是不难想象的。如果学生“出口”把关不严呢？学位论文低水平重复呢？

5)外语教师乃至翻译教师和外语院系领导的翻译学科观念(被)老化。20 世纪五六十年代出身的大学外语教师，可谓是目前学校的中坚力量。他们接触本科和研究生翻译课程的年代，翻译学科尚不成熟，甚至落后。不管这些教师是否教翻译，只要不够与时俱进，对翻译学科的认识还是一直停留在相当落后的年代。如果这些老师还担任领导职务，他们对翻译学科的观念很难说是先进的，不是“老化”就是“被老化”了。因而即使时间已经进入了 21 世纪的第二个十年，翻译学科的发展客观上仍步履艰难。

6)翻译高层次人才不是被培养出来的。不少(或大多数)进入翻译硕士、博士阶段深造的学生，并不具有出类拔萃的翻译才华，因而也很难通过研究生阶段的(学术型)培养成为优秀的翻译实践和翻译研究人才(大陆外语类的本科教学和学士学位论文的撰写早已埋下了因果现象的"种子")；一些具有天赋与特殊才能的(尖子)人才，不得不"自学成才"，或者通过市场、社会实践来展现自己，甚而选择到国外翻译院校深造(造成人才流失或资金流失)。

翻译是如何学好、练就的，或者是如何被培养出来的？注意奈达的"至理名言"：Since translating is a skill which generally requires considerable practice, most people assume that it can be taught, and to an extent this is true. But it is also true that really exceptional translators are born, not made. Potential translators must have a high level of aptitude for the creative use of languages, or they are not likely to be outstanding in their profession. (Nida，1993：3；下画线由笔者另加)

显然，下画线部分就是"名言"：既然总体来说翻译是一种需要相当量的实践才能获得的技能，所以大多数人以为翻译是可以教会的。这在一定程度上讲是正确的。然而真正出类拔萃的译者是天生的，而非后天造就，这同样也是正确的。有潜质的译者，必须具备创造性使用语言的高超天赋，否则就难以在这个专业/行业中高人一筹。

以下事实和数据，足以说明奈达的论点的正确性。

须知，翻译魔幻小说《指环王》出彩的不是大陆的学者或译者(他们的译本哪里是"魔幻"文学啊！)，而是台湾岛上的一个工科本科生。

须知，大陆口笔译出众的人才，并非来自翻译方向的博士或外语/翻译教授和(本硕博)导师，而是那些"卑贱者"。之所以"卑贱"，是因为他们没有"闪烁"的博士学位，他们没有"傲人"的教授"头衔"。

须知，大陆对外翻译成功的有几个是大学外语院校的博导？或是他们"培养"出来的博士？

须知，全国十分匮乏的翻译师资不是翻译理论师资，而是会"带兵打仗"的翻译实践家/人才。全国缺口达 90%以上的是高级 translators 和 interpreters，而不是翻译学科/专业的理论家(translation theorist)或纯学者(pure scholar in Translation Studies)。

7) 培养翻译专业硕士和博士的重要性不能被忽视。显然，培养翻译专业学位的研究生(跟培养其他专业学位的研究生一样)，已明显地成为我国社会经济发展的需要，成为提高我国对外宣传的整体水平，促进全球化时代的全方位迅速有效交流，建设中国的社会主义先进文化的亟待实施的重大工程。因此，适应翻译学科特点和人才成长规律以及社会需求，调整翻译(学)学位类型，在保留原有学术型人才培养模式的同时，在已经设立专业学位(professional degree)——翻译硕士(MTI)的前提下，再增设翻译博士(DTI)，这已经不是需要研究、论证的课题，而是需要着力去实施的伟大事业。

不仅翻译实践不言而喻地要强调实践为本，即使是翻译研究，也主要应强调基于实践的翻译研究。笔者以为：翻译实践水平一般的，最好不必去研究翻译，不然容易误人子弟。而要立志于成为翻译研究者/理论家的，必须先有相当量的翻译实践。就英汉互译而言，翻译实践不强的，很难成为真正意义上的翻译研究者或理论家。

2.1.1 译家看翻译

这是一个饶有兴趣的问题。翻译不是"旁观者清"的问题，外行是难以看出道道来的。即便是所谓的内行，只要他/她对翻译实践缺乏真正的了解，换言之，只要他/她(在某一领域)翻译的实践量不够，甚至(在某一领域)高质量的翻译实践不够，也会失去"内行看门道"的"资格"或必要的"真才实学"。我们不妨先回顾一下翻译名人是(包括实践家、理论家、学者和实践理论俱佳者)如何评价翻译的——即他们的翻译观。

1) Those who can, write; those who cannot, translate; Those who cannot translate, write about translation.（Newmark，2001a：前言第 2 段）

2) Those who can, translate; those who can't, teach translation; those who can't teach translation, teach translation theory.（译界流行语）

3) Those who can't teach translation theory, write or talk about translation theory.（笔者模拟语）

4) It（指 translation theory——笔者注）is an academic pursuit that is dependent upon and apparently subordinate to a practical exercise.（Newmark，2001a：ix）

5) Theoretical training does not necessarily guarantee success in all instances. Things still go wrong occasionally because... Needless to say, this type of theoretical knowledge is itself of no value unless it is firmly grounded in practical experience. (Baker，2000：2)

6) The theory of translation cannot be reduced to a rule of thumb... in translation there is involved enough of creation to supply the incalculable element which cheats the theorist. (引自 Wilss，2001：136)

7) The purpose of translation theory... is to reach an understanding of the processes undertaken in the act of translation and, not, as is so, commonly misunderstood, to provide a set of norms for effecting the prefect translation. In the same way, literary criticism does not seek to provide a set of instructions for producing the ultimate poem or novel, but rather to understand the internal and external structures operating within and around a work of art. (Bassnett，2004：43)

8) Translation Studies...is exploring new ground, bridging as it does the gap between the vast area of stylistics, literary history, linguistics, semiotics and aesthetics. But at the same time it must not be forgotten that this is a discipline firmly rooted in practical application. (Bassnett，2004：16)

……

若要对以上八处引言进行言简意赅的解读，其核心意义或正面意义(包含笔者的翻译思想)在于：

1) 会写作的，自然去做作家了；而不会写作的，可以搞翻译；而连翻译都搞不好的，则往往写有关翻译的书。

此话的“精彩之处”是：最后一种人，现实生活中是存在的，可以既不会写，也不会译；或者既写不好，也译不好。这当然是比较而言的。其实这恰恰说明：写作实践和翻译实践的重要性。不过，写得好的未必译得好，而译得好的必须写得好(可以不如作家那样好)。世上写得好又译得好的还大有人在，如林语堂、郭沫若、钱锺书、张谷若等。

2) 能译的则译；不能译的则教翻译；不能教翻译的则教翻译理论。

此话语起码表明：其一，持这种观点者，比较看轻翻译理论，但未必以为理论一无是处；其二，翻译实践显然比翻译理论重要；其三，翻译实践能够达到较高或很高的境界，翻译理论之有无，未必那么重要；其四，往往那些翻译"不好"或翻译实践达不到较高水准的人才去"教翻译"，乃至"教翻译理论"。当然，按照翻译专业的标准，这些人是不能/不宜教翻译或者不具备教翻译(实践)资格的。如果客观辩证地解读这段话语，我们不妨说：此话未必不对，因为它比较真实地反映了翻译界(“两张皮”)的现状。译界不少“学者”由于对自己的翻译水平缺乏信心，缺乏底气，也只能靠“著书立说”为翻译事业作些贡献。当然，话还得说回来，翻译理论是重要的，毋庸置疑。

3) 不会教翻译理论的，则写有关翻译理论的书或者大谈翻译理论。这句话是接着 2) 说的，这种现象是完全存在于现实生活中的。比如，不会演戏的，照样评戏；业余演员，评论专业演员；没有任何文学作品出版的，照样当他的文学评论家/理论家。同理，研究《红楼梦》的，但毫无中文创作天分的，却成了“红学家”；研究莎士比亚的，但只会写学术文章的，却成了“莎学家”；略懂一些外文的“外行”，但比较喜欢/关心翻译的，却照样大谈特谈“信、达、雅”；如此等等。不过，根据不同读者的解读，我们也可以认为：这句话具有讽刺意味。高谈阔论容易，真才实学难；纸上谈兵容易，短兵相接难；侈谈翻译理论的重要性容易，译好一个文本难，或许需要毕生心血的倾注。

4) 翻译理论是一种依赖于实践的学术研究，其地位显然次于实践。此话起码传递了这么一层意思：翻译理论源于实践。脱离了实践之理论便是无源之水，无本之木。由于翻译学是一门经验科学(empirical science)，它是从感觉经验出发的，都是以经验材料为其研究对象的，即偏重于经验事实的描述和明确具体的实用性；它在研究方法上，以归纳法为主，所以翻译理论研究或描述的对象主要还是研究者观察到的翻译(实践中的)现象，并为指导翻译实践、解释翻译现象建立原则、标准等。简言之，翻译研究是紧紧围绕着翻译实践而展开的。

5) 翻译理论训练未必确保翻译在任何情况下的成功。由于翻译的复杂性和高难度，翻译出错是不可避免的。正因为如此，这种理论知识，如果不是坚实地扎根于实践经验之中，就没有任何价值。也正因为如此，翻译研究应以应用翻译研究为主——即以实践研究为重，以纯理论研究为其次。所以，我们不要将翻译过度“理论化”、“抽象化”、“公式化”、“复杂化”、“天书化”，甚至“数学化”。

6）翻译实践中涉及足够的创造，所提供的难以预料的成分足以让理论家上当受骗。换言之，翻译中变数之多、变数之妙，简直令“理论研究者”难以招架。更何况，我们不可能从翻译理论中概括或简化出经验法则来的。这不仅表明翻译理论滞后于翻译实践，而且还反映出，由于理论研究者自身在翻译实践中显得“力量薄弱”，往往不易有效地归纳总结出切实可行的翻译准则来。

7）翻译理论的目的是为了了解翻译行为的整个过程，而非常常被误解为是为了提供一整套规范以确保最佳译文。同理，文学批评不是寻求提供一整套规定以最终创造出诗歌或者小说，而是了解文艺作品内外运作之内在结构和外在结构。显然，翻译理论/文学批评本身不是也难以确保高品质的翻译/文学作品。所以，要达到翻译的最高境界，我们不是首先去学习翻译理论，而是坚持不断的实践（如双语写作实践、双语转换实践、扩大知识面等）。翻译理论有助于我们翻译实践水平的提高，但不能取代翻译实践。如谁能做到翻译实践和翻译理论的平衡发展，那自然是求之不得的理想翻译（学）人才。

8）翻译学正在开拓新的领地——即在文体学、文学史、语言学、符号学和美学等广阔的领域之间搭建一座桥梁。尽管如此，我们要清楚地明白：翻译学这门学科是坚定地扎根于应用实践中的。

2.1.2 笔者看翻译

开宗明义两句话：

1）没有翻译实践，难有翻译理论创新。

2）翻译实践乃翻译的最高境界。

国内有一定数量的喜欢谈论翻译理论的学者（倾向于）认为国人没

有或者不太懂“翻译理论”，所以他们比较“崇拜”甚至“迷信”西方翻译理论，而且他们在公开场合谈翻译时(笔者仅以多次学术会议的发言为例)，都侈谈翻译理论，乃至将明明是“舶来”的西方译论/观点/理念当做自己的东西，乃至将其戴上(自己的)“理论创新”的标签或桂冠。这些“真假”是否有必要或者有意义搞个“水落石出”，可暂且不论(当然它一定涉及学术真实的原则问题)，但令人感到奇怪的是：知名度相当高的西方翻译学者(含实践与理论俱佳者)的上述“名言”(几乎)没有被这些“内地学者”引用过。

翻译理论重要吗？翻译理论有用吗？翻译理论对译者有用吗？笔者的回答显然是正面的。抛开笔者从大学一年级就“偏爱”(跟“purely practical”者比较)[1]理论这一特点，读者完全可以从笔者的首部旅游翻译专著《旅游翻译与涉外导游》(要求写作者具备丰富的专业/职业实践和经历)中清楚地看到：笔者是全国首次归纳出翻译理论 20 项功能的人(部分功能存在重叠现象)。这 20 项功能是：

1) 认知功能；
2) 指导功能(针对整个翻译和其他学科，微观理论，具体实践等)；
3) 解/阐释功能；
4) 描写功能；
5) 规定功能；
6) 归纳功能；
7) 演绎功能；
8) 类比功能；
9) 预测功能；
10) 思辨功能；
11) 批评功能；
12) 方法功能；

1 本人是改革招生制度后的首届大学生(俗称“77 级”)。陆谷孙先生在 2007 年首届全国高校翻译专业建设圆桌会议上就称自己是“purely practical”。

13）检测/验功能（针对实践、理论等）；
14）培养功能；
15）应用功能；
16）创新功能；
17）美学功能；
18）趣味功能
19）游戏功能；
20）完善功能（实践、理论、学科等）。

——见陈刚，2004：127-128

尽管如此，笔者始终坚持：翻译的最高境界乃（高质量的）翻译实践。简而言之，翻译最终是要出成果的，而其真正的最高水平自然或理应体现在成果中。这种实践（包括其过程/process 和结果/product/output）反映了：

1）理论所描述的译者的独特思维——单语思维（含 SL 思维和 TL 思维）和双语思维（含双语对比思维和双语转换思维）；
2）译者的知识水平（百科知识、专业知识、专门知识等）；
3）译者的理论分析水平/能力；
4）译者的专业分析水平/能力；
5）译者处理 SL 和 TL 的能力/水平；
6）译者处理 SL 文化和 TL 文化的能力/水平；
7）译者的专业选择能力/水平；
8）译者的专业决策能力/水平；
9）译者理论联系实际的能力；
10）译者的（笔译/口译）实践能力/水平；
11）……

而要达到这个最高境界，不言而喻，是要以“实践为本”的。这就是笔者“一家”看翻译。

2.1.3 “理论家”的问题出在哪里

通过对客观世界的观察，即对这些“理论家”(特指大陆的“理论家”)的“理论”与“实践”水平加以考察，我们(早就)注意到了如下八大现象(第三大现象中还包含着10种典型现象)：

1)“两张皮”现象比较严重或非常严重。这个问题不仅涉及外语界、翻译界，也不可避免地涉及汉语界。这是一个长期存在的“老大难”问题了，所以大陆缺优秀的翻译人才。

2)“笔译理论家”多，“口译理论家”少，或后者几乎没有。“理论家”笔译，多少还会一些，其实践要求(似乎)没有口译那么高——要求当场见效，而口译的实践性特别强，高难度口译对时间控制的要求和快速反应的要求比较苛刻，非“常人”所能为之。所以，我们谈及的“翻译理论家”仅指或主要指(研究)“笔译(的)理论家”。

3)一些“翻译理论家”的外语(本书特指英语)基本功有欠扎实，高谈阔论的“翻译赵括”/“客里空”不在少数。其一，语音基本功较差(不太张得了口)；其二，英语听力能力较弱(书面的搞得过多，因为听力弱不影响笔译)；其三，英语口语交际能力不强(涉及听力、语音、语调、反应、口才等)；其四，对译文质量的评估、鉴定水平不高(因为自己不太会译)；其五，对英语的语言及文化敏感度存在诸多问题(因为他们的英语基本功和综合素质不如他们的理论文章那样“煞有介事”)；其六，E-C翻译较强，C-E翻译较弱(后者练得少或没有练出“名堂”来，这也是译界的普遍现象)；其七，泛泛而谈、“引经据典”的多，“亲自操刀”的少(因为翻译实践及成果少，缺乏通过提供自己译文进行据理力争的底气)；其八，理论研究的多，实践研究的少；其九，涉及“宏观”的多，评析“微观”的少(因为容易出错，暴露弱点)；其十，“纸上谈兵”的多，“带兵打仗”、“冲锋陷阵”的少(不会翻译的，只能去教翻译理论了)。

4)“翻译理论家”的“成果”，主要是建筑在“不劳而获”/“不译而获”地占有翻译实践者的成果基础之上的。他们有时比译者还显得更为“伟大”。不过，他们的不少观点，尤其是自己的“创新”观点，往往是站不住脚的，因为他们自己的实践能力站不住脚。

5) 大陆的评估体系“害”了他们。由于翻译实践能力有限或欠缺，他们只有通过不断发表论文来“证明”自己的“学术水平”。他们不去或者很少去进行必要的翻译实践，一味去写所谓的“学术”论文。暂且不论他们的论文是否具有含金量(不是本章节的论题)，这些具有“翻译理论研究背景”的学者，其文章暴露出一个矛盾点和悖论。所谓矛盾点，即他们试图证明自己的“纯学术”研究之高深和系统，并试图以此证明自己的实践也是不赖的，然而只要稍加注意就不难发现：他们的译文或 case 举例，不是来自纵向的“名家名译”(高难度)，就是引自横向的“他人论文”(较高难度)，几乎没有自己的亲笔译作；即使有也是较为简单的，谁都译得好，没有什么高难度的。所谓悖论，他们的理论观点似乎正确或者的确正确，但可惜他们的举例说明却彻底暴露(betray)了他们实践能力之“斤两”和英语基本功之“软肋”。如此“自相矛盾”的论点和论证如何能够达到他们所期待的——即通过理论与实践来共同求证的——翻译(研究)水平高的目的呢？

6) 他们也“害”了大陆的翻译专业/方向的研究生。由于现行体制存在的“反学科规律性”以及他们的片面强调和坚持，学校规定(硕士和博士)研究生毕业要在核心杂志上发表(一篇至若干篇)论文(先不谈他们的论文是否能够被发表)。坚持翻译的学术品质，本无可非议，但无视/忽视翻译专业的水平首先集中体现在“专业水准”(professional level/professionalism)上，而非“学术水准”(academic level)上。其实，较高的“专业水准”已经体现、反映了较高的“学术水准”。如果对研究生的专业水准不闻不问，仅凭所谓的学术论文，如何证明该翻译研究生具备了较高的专业水准和能力呢？为什么不提出他们应该发表高质量的译作的要求呢(尽管这个要求可能比发表论文更难，因为“假”的/平庸的论文俯拾即是)？问题是：仅凭发表学术论文是不能保证/确保该学生已经具备了毕业资格和获取学位证书的资格的。更何况，大陆一流大学的学生水平现状是：一流的本科生，二流的硕士生，三流的博士生。我们的一些本科生的笔译水准不亚于甚至超过我们出书不少的翻译教授和翻译博士，而这些翻译教授/博士的译作居然还盲目地受到另一些翻译教授/博士的(极力)推崇。

7)教翻译的博士/教授“不会/敢”翻。这如同不少大学教授会研究，而上课则很普通。“盛名之下，其实难副。”讲课是一种艺术。教师和学生相映成趣、浑然一体；师生互动，教学相长；借助学生的现场反应，教师超越自我…… 授课自由王国之境界是绝非一般人所能达到的。从一些前来一流高校应聘的学者的情况来看，教翻译的博士/教授不会翻，或者惧怕翻的现象时有发生。曾用本科生参加翻译竞赛的题目让应聘者通过若干天准备给学生上一堂公开课，而应聘者由于怕出“洋相”，结果放弃试讲/应聘机会。这使笔者不得不引用两位国内一流大学(为“985”首批大学之列)教授的实际举例来旁证/论证笔者的亲身经历。其中一位私下说：来本单位应聘的，最差的是博士。另一位则公开说：“我敢说，现在国内一流大学的本科生，总体水平不但高于二三流大学的硕士生，也高于本校的硕士生。就是一流大学招进的博士生，有些人也比不上本校本系的优秀本科生。实际上，研究生总体质量不断下降。”[2]

话还得说回来。翻译教学和翻译人才培养不(够)成功，难道历史悠久的英语教学和培养就成功了吗？不仅是笔者，持否定观点和态度的学者应该是多数吧！细读有关“中国外语教育研究中心十周年纪念笔谈”学者的一组文章(见《外语教学与研究》2010年第4期第289-313页)，笔者感觉或者深刻地认识到(其实多年前就持这样的观点)：大陆中小学的英语教学和大学的英语教学(专业和非专业)是很成问题的，或者就是失败的。显然，我们的英语专业没有培养出理想的人才，难道我们的翻译专业或者翻译方向就培养出人才了吗？英语专业需要改革、需要重新定位，难道翻译专业就可以高枕无忧了吗？其实潜在的问题、公开或隐性的问题绝不少于英语专业。因为它的师资就比英

2 总主编特注：这里的本科生和研究生特指英语专业/翻译专业的学生。其他专业(如理工科)的情况另当别论。

语专业要缺，而且缺得多。更为严重的是，翻译比英语难教、难学、难实践、难研究。这里谈及的两个专业之问题，涉及本科和硕博研究生阶段。这是一个不争的事实。

延续多年的研究生入学考试，不能完全考察出学生的综合能力。只要研究透了出题套路，考个高分不是太难，只要考试成绩过关，复试基本就是走过场。于是，出现了不少高分考生能力低下的现象。有一位教授告诉记者：他在一次研究生面试时遇到一个学生，该生几乎把 30 万字的现代文学史全背了下来，考试成绩高得吓人，但问他对一些文学大家，如鲁迅、张爱玲作品的看法，才发现他除了知道书名，几乎一篇也没读过。不过，就因为考试分数高，学校还是录取了他。[3] 如今，没有读过鲁迅作品的中文系硕士不是咄咄怪事；同理，出现不会翻或不敢翻的英语/翻译教授/博士，也不是咄咄怪事。可是他们都发表了论文，他们都通过了论文答辩。更有甚者，一些博导学术论文的英文摘要，不仅其“学术性”有待商榷，而且(英语)语文品格之低，其英语的自我简介之 Chinglish 风格，实在令人惊愕，非常值得一“晒”(即 share——奇文共赏)。可笑的是：这些学者竟以“翻译博士”自居，甚至以“教授兼博士”/“博导”为筹码，甚至为商品，前去一流大学应聘，待价而沽，讨价还价……这些现象着实令人感叹：“博导博导，不驳不倒，一驳就倒。”当然，我们希望“货真价实”的博导是：“博导博导，不怕驳倒，亦难驳倒，永难驳倒。”

学术/专业品格无关身份、地位、学识、文字，一个博士/教授未必比一个(本科)学生更有学术/专业品格。当下有一些翻译理论工作者(含翻译批评家)的批评文章言语不通，尤其当他们须自己用英语译写一些并非十分困难的话语(特指没有太多参照文本的话语)，就连话都译写不清楚，连国内一流大学英语专业的本科生都不至于会如此。TL 言语混乱，表明其 TL 语感和逻辑感不强，一个 TL 语感和逻辑感不强的人，怎么能够让人相信他/她会对 TT 有感觉(包括对 TL 的文化感觉，

3 根据《金陵晚报》报道，引自北大中文论坛(http://www.pkucn.com/viewthread.php?tid=29971)。

对 TL 的文学感觉，对 TL 中特殊/专业话语的感觉)呢？他们怎么能够提出新鲜的有价值的翻译观、翻译理论思想呢？

8)“翻译理论家”之所以难以在理论上有所建树，有所创新，或者有所突破，除了翻译理论要有所发展本身就比较困难之外，比较能说明问题的问题是：我们的母语(汉语和某些方言)假设为 A 语言，那我们的第一外语，能够达到 B 语言水准的(“理论家”，还有“实践家”)，真的不多，甚至很少；说得明白点，我们当中的不少人，第一外语充其量只有 C 语言的水准，而只达到这一水准的译者(充其量)只能做(好)英译汉的笔译，不宜/能做英译汉/汉译英的口译。再说得明白些，即使我们当中有不少是“英语教授”(Chinese professor of English，而非 British/American professor of English)，我们的英语基本功(听说读写)充其量属于土生土长的英美大学本科生的水平，能够达到这样的水平已经是不错的了。试想，一名英语的最高水准仅仅处在如此阶段的“翻译理论家”，他/她如何能够具备足够的跨语言、跨文化敏感度和能力，对英语文本做出准确、细致且有深度的判断、评价以及(透彻的)赏析？德国功能派第三代代表人物诺德(Christiane Nord)，是大陆译界讨论、研究应用翻译涉及最多的西方学者之一，她的母语是德语，但她熟悉欧洲多国语言(如英语、西班牙语、法语，等等)，而且均具备 B 语言以上的水准，甚至跟其 A 语言的应用能力不相上下[4]。这些语言上不可或缺的基本功，为欧美翻译学者能够在翻译理论方面作出(里程碑)贡献打下了厚实的基础。

总体说来，打个比方，如果我们关注历届 CCTV 青年歌手电视大奖赛和 CCTV 电视舞蹈大赛的话，有一个细节不知是否留意：场外观众(如电视观众)对唱歌比赛“评头品足”、“指指点点”的颇多，而对舞蹈比赛，这种现象几乎没有(起码现场直播时没有反映出来)。这正好说明，懂唱歌的较多，而懂舞蹈的却相当少。这种现象也正好被比作：会笔译的多，会口译的少。这恰恰从一个关键视角证明：不会翻译，如何

4 这是笔者从 2007 年访问浙江大学的诺德教授交谈中特意了解到的。

评译？译不好，如何评得好？译不好，何来评论/研究的客观性、准确性、学术性和权威性？翻译实践能力有限，翻译理论水平也很难高到哪里去。当然，我们也不可否认这样一个事实：翻译好，未必就理论好。然而，要理论好，实践必须好——起码要达到应有的水准。这又是一个复杂的问题，需要具体情况具体分析，切忌“一刀切”。

敢说的有识之士曾一针见血地指出：“有些作家既想占‘纯文学’的名，又想发‘俗文学’的财，这种浮躁的氛围与国外的纯文学界有很大差距，不利于作家出好作品。”[5] 笔者以为：目前大陆译界也不无严重地存在以“唯(西方)翻译理论”为尊，忽视翻译能力培养的倾向和做法，把持着误人子弟、阻碍翻译学科健康发展的“话语权”和“领导权”，对译作不予以应有的认可。这种领域的学术论文给(外)人一种错觉或“歪理”：理论好，就是实践好。你实践上不去，是因为你理论还不行。这样的“理论导向”能使大陆培养出杰出的翻译人才吗？大家都去搞“翻译理论”，翻译实践何以上得去？大家都去搞“翻译理论”，谁去译介中国文化(含中国文学)？谁去尝试翻译中国文学，为获得诺奖做一些实实在在的工作？

从真正内行、专家的角度和要求出发，其要求是非常之“苛刻”的。有个全国性的大赛，安排的评委中有博导和硕导。挑剔的观众，观点鲜明：那位博导不是该专业学科的实践者和研究者，而是该专业的史学研究者，完全是两码事，其点评真不敢恭维，对专业的理解肤浅，一味说好话，主观臆断性很强。这种人做学究可以，但专业能力还停留在第一层次，不适合当现场评论家。而那些硕导因为是本专业专家，所以点评中肯、专业、言简意赅。

毋庸置疑，强调实践为本的专业，其核心理念、基本理论、具体要求在本质上是一致的。正如中国的民间谚语：“没有三分三，如何上梁山？”“练拳不练功，到老一场空。”因此，我们要坚持翻译基本功、翻译实践的重要性和根本性，坚持翻译理论应多多与双语基本功和翻

5 引自“中国当代作家无人摘诺奖”(http://book.163.com/09/1006/10/5KUGR90Q00923M2M.html)。

译实际相联系。既然如此，我们就不能光说不练，而应着手解决问题。那如何解决译界存在的上述(触目惊心的)问题呢？

2.2 翻译的首要问题

综上，翻译(translation/translating)意为翻译实践活动，含翻译行为(the act of translating/translation act/translatorial act/translational act)和翻译过程(the process of translation/translating)。翻译学研究的对象应是翻译，包括翻译内部和翻译外部。无论从翻译的内部看还是从翻译的外部看，翻译本身(translation itself)，即翻译的本质属性都是不变的，即它涉及无法变更的“转换”——语言的转换和符号的转换。根据不同的翻译观，翻译会有各种各样的定义；根据不同类型、领域、行业、学科、专业等的翻译实践，翻译的定义会有所不同或较大的不同(因强调的重点不同)。然而，说千道万，何为翻译？

简而言之，**翻译的性质是语言符号之转换**。在其转换过程中，翻译会涉及千变万化的问题。其中，翻译的首要问题有八大问题。有何依据？前面七个问题借自西方翻译学者，第八个问题来自中国译者的共识。

根据苏珊·巴斯内特[6]的 *Translation Studies*，翻译(学)的七大首要问题(central issues)是：language and culture，types of translation，decoding and recoding，problems of equivalence，loss and gain，untranslatability 和 science or “secondary activity” (Bassnett，2004：21-44)。这些问题，不仅涉及理论问题，更关乎实践问题。如果我们最终不能从实践上很好地解决这些问题，翻译学是无法成立的。从这些首要问题出发，我们就可以把握好学习翻译的方向，同时很好地解决翻译的实践问题和翻译观/理论问题，最后达到翻译学科双丰收的目的。

在此基础之上，我们要强调：翻译并不是学了翻译，或者学了以

6 根据商务印书馆出版的《英语姓名译名手册》(第四版)，应为“巴斯尼特”(Bassnett)。但大陆译界早已习惯使用“巴斯内特”这个译名。

上七个首要问题，就会学好的。南宋诗人陆游给他儿子的诗，其中有一句："汝果欲学诗，功夫在诗外。"学翻译跟写诗填词一样，需要的是"译外功"。翻译的范围和任何学科乃至整个世界一样广大，有文学的，有非文学的，还有杂学的；尤其在全球化时代，应用翻译占了翻译总量的绝大部分。因此，翻译要博学，要对别的学问多注意，是不言而喻的。由于西方语言互译之差异没有中西互译之差异来得大，所以西方译家学者专谈杂学和译外功的很少，而这正是汉语译者特别首要的问题，因为它会制约高质量的汉英互译。在此，我们特提出学好(一般)翻译的第八个首要问题：博学、杂学和译外功。

2.2.1 语言与文化

翻译的首要问题可以被认为是语言与文化的问题。我们必须清楚地认识到，翻译过程首先涉及的一个核心问题是语言转换，但翻译并非仅仅涉及语言的活动问题，还必须涉及一系列语言之外的问题，这些问题在不少情况下会起更为重要的作用。语言能够帮助我们了解社会现实，因为它能够表现社会现实、体现社会现实、象征社会现实。但没有一种语言是脱离文化而独立存在着的，语言和文化这两者的关系是密不可分的。我们通常说语言是文化的载体；语言是外壳，而文化则是内核。而巴斯内特则指出：No culture can exist which does not have its center, the strcture of natural langguge.（同上，22）即文化不是以自然语言结构作为自己的中心，也就不能存在下去了。巴斯内特还把文化比作"人体"，语言则是"心脏"；两者只有互动才能使生命延续。同理，一个外科医生给心脏开刀，不可能不顾及心脏周围的部分。因此，译者一旦脱离文化语境去处理文本就会担风险。换言之，翻译忽视文化，译文势必出现危险。

2009 年 10 月底，新加坡内阁资政李光耀在美国华盛顿的一番谈话，引起中国网民的强烈反响，甚至掀起了轩然大波。在大陆主流媒体中国论坛上，某网民说道："李光耀公开要求美国制衡中国，显然让中国的网民们异常气愤，这不仅因为中国和新加坡的关系非常密切，而且因为新加坡是个华人国家。本是同根生，却拉外族人来制衡自己的同胞，这让广大的爱国愤愤们怎么也理解不了。”[7](下画线为笔者所加)。尽管11月上旬网络热议仍在持续，但国内不少专家、学者认为李光耀所提出“亚太需要美国发挥平衡作用”（下画线由本书笔者所加)观点的合理性，希望国人不必大惊小怪。

抛开学者之间和网民之间见仁见智的争论，这个问题的出现关键产生于翻译本身。近期，有不少媒体(如《环球时报》、新浪等)报道说：新加坡前总理李光耀发表言论，希望“美国继续参与亚洲事务、以制衡日渐崛起的中国”（双下画线为笔者所加)。问题是：李光耀的原文到底说了什么？

【ST】 “The 21st century will be a contest for supremacy in the Pacific because that's where the growth will be,” said Lee. “If you do not hold your ground in the Pacific you cannot be a world leader.” (*Prior to his meetings with Obama and Clinton, Lee received a lifetime achievement award from the US-ASEAN Business Council in a high profile event witnessed by the likes of Henry Kissinger*.) In his keynote address delivered at the gala dinner last Thursday in Washington, Lee urged the US to remain engaged in Asia: “The size of China makes it impossible for the rest of Asia, including Japan and India, to match it in weight and capacity in about 20 to 30 years. So we need America to strike a balance.” Those comments had the effect of rubbing up Chinese netizens the wrong way.[8]（下画线为笔者所加）

【TT】 ……“中国这么大，在未来的二三十年，整个亚洲，包括日本和印度都难以在实力和能力方面与之较量。所以，我们需要美国出来加以平衡。”这些话惹怒了中国网民。

7 见中国网(http://forum.china.com.cn/viewthread.php?tid=580202&extra=page%3D1&page=1)。

8 见多家媒体报道，如 http://uk.biz.yahoo.com/28102009/323/must-engage-asia-maintain-global-power-lee.htm。

显然，李光耀在讲话中根本没有用“制衡”这个词，只是用了“to strike a balance”（字面意思：“做个平衡”）。后来经过媒体的渲染，他的讲话经某种“整合”，结果造成了一种李光耀确实希望美国制衡中国这个印象。由于“制衡”（直译是：check and balance）听起来远比“平衡”刺耳，加上媒体以讹传讹，大家都认定李光耀就是这么说的。事实上整个 ST 所表达的意思并没有如此强烈。

根据第 4 版《新英汉词典》（上海译文出版社，2009），该词组（双下画线部分）意为“作出被认为公平的处理（或调整）”。接着，词典给了一个例子：strike a proper balance between work and leisure（劳逸结合）。又根据 *Longman Dictionary of Contemporary English* (New Edition)，该词组中的 balance 指：a state in which opposite or competing influences are evenly matched or <u>given equal importance</u>（均势；下画线为笔者所加）。下画线部分意指“要（被）给予同等重要性”。

语言问题（似乎）解决了，那就其背后深层次的社会文化背景又该做出何种解读呢？换言之，他为什么要这么说？他是真的想要美国制衡中国，还是另有含义？

从整个 ST 语境（含国际社会这个大语境）分析，李光耀讲到美国有必要继续介入亚洲事务（Lee urged the US to remain engaged in Asia），平衡中国的力量，这既符合美国的核心利益，也是东盟国家的期待。因为在本区域，美国的地位是不能被取代的。李光耀大约向美国政府传达了这样的信息：虽然中国日益强大，但是东盟仍然欢迎美国继续发挥影响力。由于李光耀在美国荣获终身成就奖，总要在美国总统等政要面前说几句好话。此外，李光耀是个直言不讳的人，东盟其他国家领导人不敢说的话他敢说出来，实际上这些话对中国应是一个不错的提醒。

目前的局势跟过去完全不一样，中美之间并非有你没我的关系，是既竞争又合作的关系，而且合作的地方相当之多。中国在跟美国合作时，不要忘了东盟，也让他们发挥重要作用乃至主导作用。中国应该尊重东盟这些小国家，以更为宽容的心态，在全球实现共赢和多赢。这应是大国的心态和风范。

若回到文本本身(co-text / linguistic context)，我们把“strike a balance”译得温和些，或者字面对应些——其实也是实事求是，那肯定不会在国内媒体掀起如此之“波澜”。这些/类因误解和误译导致“群情愤怒”，甚至“国怒”/“国愤”/“国恨”的典型例子，请见后几章。

语言、文化和翻译问题造成(大陆)“愤怒”的大事件不可谓不多。最近关于曾在美读博士、刚于2010年8月回国的翟田田，被炒得沸沸扬扬，是另一桩引发不该发生的媒体误报的典型实例。

综合多种中外媒体的报道(假设情况属实，笔者判断正确)，简要情形是：今年27岁的西安人翟田田，于2003年起在美国新泽西州Stevens Institute of Technology开始读本科，在该校先后取得学士学位和硕士学位后，继续在该校攻读博士学位。2010年3月，因其多次违反校规，被校方勒令停学(...the school suspended him on March 11. School officials described the suspension as a result of Zhai's major violations of the student code of conduct.)。此外，翟田田还积欠学校45000美元学费贷款，并无令校方满意的积极偿还态度。由于翟田田对校方的处理不满，于是发出要烧毁学校的威胁，结果身陷囹圄，遭受起诉……

有关这个事件在国内中文媒体的报道可谓有违“客观”、“公正”原则。主要原因之一是出在有关媒体的翻译上，如说翟“被控为恐怖分子”，美方的处理是“种族歧视”，等等，由此起了“推波助澜”的作用。本来是一起比较普通的事件，却因媒体的“夸张”报道，造成国人的大为不满。虽然这只是因语言、文化差异引起的交际失败案例，但却被上纲上线到国家层面、民族层面上“大是大非”的问题，更有甚者把这起小case比作国际问题，希望政府出面。

我们先来看校方的所谓“指控”过程。以下报道引自7月3日的《纽约时报》(下画线为笔者所加)：

Everyone knowledgeable about the criminal case against Zhai Tiantian seems to agree on one point: During a telephone call on April 15 to the Stevens Institute of Technology in Hoboken, N.J., Mr. Zhai completely lost his cool. What he intended to say during the call is a matter of dispute. All the same, Mr. Zhai, a former Ph.D. candidate at Stevens and a Chinese citizen, has spent the 11 weeks since then in the Hudson County Correctional Center in Kearny, N.J., on charges of making "terroristic threats," and faces possible deportation.

The case has bloomed into a minor international incident, tracked closely by the news media in China, where it has prompted outrage in some quarters. Chinese diplomats in New York have appealed to the university to help Mr. Zhai.

School officials contend that Mr. Zhai, 26, angered over his suspension from the university for disciplinary reasons, called the switchboard at the campus's main offices and said, "I'm going to burn that building down."

Mr. Zhai's advocates say that while he used inflammatory language, he was speaking metaphorically, to describe the effect of a lawsuit he planned to file against the university challenging his suspension.

Jerry Sova, a friend who has stayed in touch with Mr. Zhai by phone and letter and visited him in jail, said the former student had admitted using provocative words but insisted he never had any intention of committing arson.

"He told me that he said, 'I'm going to burn down Stevens by suing them and going to ABC and CBS,'" Mr. Sova said. "He is somewhat impulsive."

Mr. Sova added, "I think that was a horrible use of language."

To make matters worse for everyone involved in the case, Stevens officials say, the charge against Mr. Zhai has been misinterpreted, particularly in the Chinese news media, as accusing him of acts of terrorism.

The university's special counsel, Chris Adams, explained that New Jersey law uses the term "terroristic threats" to describe "statements made with the purpose to cause serious public inconvenience."

"Unfortunately, it shares the same word as 'acts of terrorism,'" Mr. Adams said "No one is suggesting that this is terrorism."

当然，还有更多的比较客观的中文报道和英文报道可以引用。但至此，问题已经比较清楚了。我们只要特别注意笔者加了下画线部分的文字，就可以得出以下结论和看法：

1) 国内媒体错误解读“恐怖威胁”(terroristic threats)，将其与“恐怖分子”(terrorist)和“恐怖主义”(terrorism)相提并论(Many had mistakenly equated the charge of “terroristic threats” or making verbal threats to someone being charged as a terrorist.[9])，从而引发狭隘民族主义的情绪。

2) 翟田田既然错了，那就承认错误，这才是正确的方法。在美国，无论中国人、非洲人、拉美人，还是本国人，都会因恐怖威胁言论而被起诉，这是法律。我们没有必要非要把任何关系到中国人的事情都上升到种族歧视，而且也未必是事实。难道中国人犯罪受罚就是种族歧视？美国人不是在新加坡违法而受到鞭笞吗？美国总统克林顿亲自求情，新加坡政府说 No。难道那也是种族歧视？我们很多国人那种内心低人一等的情结(interior complex)导致了他们不能用理性、正常的思维去看待这样的问题。

3) 在美国的确是言论自由，但你言论自由的前提是你要对你的言论负责。所以我们还是要从整体上来看这件事，中国留学生在海外一定要注意中外文化差异，中外法规差异，在说话做事时一定不要忘了理性，遵章守法。从“吻瘫机场”的江海松到“恐怖威胁”的翟田田，带给国人的启示是酸涩的。身处异国他乡，就要熟知法律并入乡随俗，自以为符合自身逻辑的言行举止，在另一种社会和法律环境中可能会招致不同的结果。

4) 翻译中的不当选词会引起截然不同的质的差异和结果。而选词的指导思想或价值判断来源于不同的文化。中西方进行跨文化交际，其核心问题就是价值观。“价值观是指一个人对周围的客观事物(包括人、事、物)的意义、重要性的总评价和总看法。像这种对诸事物的看

9 见 *“Terroristic threats” Zhai to return to China* (chinadaily.com.cn) Updated：2010-07-30。

法和评价在心目中的主次、轻重的排列次序，就是价值观体系。价值观和价值观体系是决定人的行为的心理基础。价值观是人们对社会存在的反映，是社会成员用来评价行为、事物以及从各种可能的目标中选择自己合意目标的准则。价值观通过人们的行为取向及对事物的评价、态度反映出来，是世界观的核心，是驱使人们行为的内部动力。它支配和调节一切社会行为，涉及社会生活的各个领域。”“每一社会都有一些共同认可的普遍的价值标准，从而发现普遍一致的或大部分一致的行为定式，或曰社会行为模式。”[10] 可见，价值观是人们通过文化交际构成的模式。价值观会通过语言和文化折射出来，它也支配语言和非语言交际。换言之，价值观的不同导致了不同文化背景下的交际语言和行为的差异。

其一，前边已经指出，国内某些媒体把“恐怖威胁”等同于“恐怖主义”或“恐怖分子”。如果换一种措词，结果势必不同。根据较新的美国韦氏词典的定义，恐怖主义是“the use of violent acts to frighten the people in an area as a way of trying to achieve a political goal”[11]。因此，将“terroristic threats”译为“暴力威胁”既符合英文原意、反映问题的实质，也不至于引起不必要的诸多矛盾。这好比国内通常说“戒严”，而不用或少用“军管”。

其二，翟田田在两个语境中使用了 to burn down，其汉译有几种。如果《纽约时报》报道准确，翟这两句话是：<u>I'm going to burn that building down</u> 和 <u>I'm going to burn down Stevens by suing them and going to ABC and CBS</u>。第一句可译为：我准备把大楼烧了。第二句似应译为：我准备告你们，准备去美国广播公司、哥伦比亚广播公司，杀杀斯蒂文斯学院(或你们)的威风。笔者不清楚翟是否想表达这个意思，国内媒体的译者是否准确理解并且翻译了第二个“burn down”。这是一个俚语，很少有 non-native speakers 知道其意思。它意指“to deflate another's ego…by

10 引自百度百科。

11 见 *Merriam-Webster's Advanced Learner's English Dictionary*。

severe criticism, sarcasm, or angry remarks”[12]。如果国内媒体把第二个意思也介绍给汉语读者，那他们对事件理解的结果势必不同。

其三，国内媒体译者需要补上“如何翻译专有名词”这一课。因为他们对“约定俗成”这个翻译原则不太了解。The Stevens Institute of Technology 通常译成“斯蒂文斯理工学院”，而非“史蒂文斯技术学院”或“斯蒂文思技术学院”。后两种译文显然不合格。这也说明我们的翻译专业任重道远，毕业生的质量有待客观准确评估。

其四，我们既要同情翟田田，但又要实事求是，对事件要持理性的态度。这不仅要表现在语言、翻译和文化态度上，还要注意媒体的形象，杜绝失实报道，慎用“辱华”、“种族歧视”等过重字眼，以避免不良后果。中国人爱护自己的同胞，由此产生一种自然的立场倾向，这可以理解，但同情也不能盲目，需要理性，否则就会陷入“护短”的狭隘民族主义情绪。比如，翟田田那些“暴力威胁”的话语，不但他的同学证明，他本人也承认。而美方对于这些威胁所采取的防范措施及保持足够的警惕，既是常情常理，更没有违背美国法律。况且，法庭最后也没有判翟田田坐牢，只要他承认行为失当即可。

令人感到具有讽刺意味的是，某媒体跟“翟田田回国”新闻在一起的，还有一条新闻，说的是：“开封一青年为了阻止女友去上海世博会，竟然打电话到新郑国际机场，谎称有人携带炸弹上飞机，造成八架飞机停止飞行，被判刑一年零六个月。”[13] 虽然两起事件不完全相同，但也有不少共同的地方，都是口出危险性言论，都可能造成他人恐惧甚至一定面积的恐慌，学校和飞机都是多人聚集的场所，一旦发生事故损害性都极大。

另据《中国日报》记者的多天采访：学校本来只是想开除翟田田（因他多次违纪），并不想将他告上法庭。但翟田田却要求学校道歉、继续让他读完书，而且根本没有意识到自己有任何错误。这才导致检察官和大陪审团指控他。那个海明律师的“种族歧视”的言论和国内错误

12 见 H. Wentworth & S.B. Flexner：*Dictionary of American Slang*（Second Supplemeted Edition）。

13 见 8 月 12 日的华声在线转载《中国青年报》。

解读“恐怖威胁”和“恐怖分子”的区别而引发的狭隘民族主义的情绪，加上翟的父亲在国内号称要把官司打到底，都给翟田田的案子雪上加霜……逼迫学校和政府不得不进一步采取行动。

当然，事实总是事实。中国人的恐怖威胁显然不可能与“基地恐怖分子”画上等号。2010 年 7 月 30 日，翟田田“涉恐”案开庭，美国控方将原来的“恐怖威胁”降至“小型行为不当”(petit disorderly conduct)，相当于闯红灯一样的违规，没有刑事案底，不负刑事责任。而在此前的 3 月，翟田田还被他追求的白人女子罗红玫控告“骚扰”(harassment)。在经过多方努力之后，翟田田的骚扰罪名被取消。联邦移民法庭曾经要将翟田田递解出境，在律师的努力下，美国国土安全部 7 月 26 日批准了他限期自动离境的申请。7 月 29 日，联邦法官宣布翟田田被当庭释放，可以自当日起回国。这个结果也如中国驻纽约总领馆所预料的一样。

尽管如此，这个案子仍然悬而未决。新泽西检方因为翟田田不同意接受“小型行为不当”违规的条件，决定继续以恐怖威胁的罪名起诉他。换言之，法庭判翟“违规”，但翟拒绝接受，他要求一个百分之百的清白，因此案子又回到原来的起点，只能等着 9 月份的开庭。

10 月 12 日，美国新泽西检察官爱德华·吉奥发给翟田田的代理律师海明一份公文。公文说，根据新泽西刑法 2: 33-4C，翟田田的“恐怖威胁”(terroristic threat)罪已被减为“轻度骚扰”。此前，新泽西检方已正式行政撤销(administratively dismissed)“轻度骚扰”的轻罪。行政撤销没有条件，以后将不会再有庭审，所有逮捕令均被收回。这个历时数月之久的案件，以“行政撤销”告终。

全球化、地球村、多元文化与话语等，不断引发出一系列跨文化交际的问题，对(专业)翻译的要求则越来越高。数年前，国内某重点大学女博士后在美国某州参加国际专业会议时，因在入住饭店就房费等问题产生纠纷，后来导致了令人不快的连锁反应。如果媒体的相关报道是符合事实的，那么只要对涉及西方文化、国际惯例(usual practice; convention)、英语表达、住店常识以及普通的为人处世等有所了解，或用专业术语说，只要正确理解、准确翻译旅游业的行话(professional discourse)和饭店行规(hotel regulations)，大致遵守国际旅游行为(tourist behavior)规范，了解团队委托(group tour booking)、饭店委托(hotel reservation)的一般常识，具有跨文化交际(cross-cultural communication)的普通意识和能力，上述事件是可以得到妥善处理的。假设笔者(或自己曾经的同事)当时在场，并愿意助一臂之力，依据自己在涉外旅游部门的工作经历、经验和职业准则，相信这件事情会“大事化小”，使当事人双方能比较理智地处理此事。

然而，国内有些媒体，由于对某些专业和行业知识缺乏起码的了解，在客观上误导了中文读者，造成无谓的“群情激愤”。说来话长，版面有限，笔者只能围绕(法律)翻译及其相关细节所引发的某一重要问题，谈点个人的看法。言者无罪，闻者足戒。

报道中引起相当程度误导的用词是：“美方饭店”(暂用名)控告“中方当事人”(同上)“非法入境”。虽然该词不算什么专有名词，但是这个法律问题的重要性使该词足以像是一个十分关键的“专有/用名词”或“专用词”，必须正本清源。

稍有头脑的读者可能会纳闷，一个旅馆或饭店怎么可能用“非法入境”这么个罪名来起诉中国(会议)旅游者？只有美国移民局才有资格用这个罪名起诉。当然，还有媒体报道用的起诉罪名是“非法入侵”。“非法入境”和“非法入侵”，虽只有一字之差(“境”和“侵”的汉字五笔输入是两回事，拼音输入更是风马牛不相及，不知为何会出现这样的问题)，但失之毫厘，谬以千里。暂不论及媒体的水平问题，一个活生生的法律翻译问题却和盘托出。

首先，“中国当事人”是否构成“非法入侵(罪)”？许多国内媒体报道：美国饭店告中方当事人是“非法入侵”，但没有附上相关原文，由此引发一些国内法律专业人士的评论。其一，从现在的情况看，还有一些不明了的细节，所以不能肯定地说那位当事人的行为构不构成“非法入侵”。其二，现在不知道美国这家旅馆到底以怎样的理由告当事人“非法入侵”，但当事人称纠纷均发生在旅馆大堂，而旅馆大堂是一个公共场所，这种场所一般来说不存在非法入侵的问题。

这样思考问题，固然有其法律之专业、正确、合理的一面，但是从研究法律翻译、跨文化翻译和旅游行业等的职业角度出发，笔者以为：在认定基本法律事实的前提下，运用旅游行业的相关知识，通过对原文用词进行中英文翻译对比分析，最后确定是“非法入侵”还是其他“罪名”或“过失”，问题便迎刃而解。

起初，美国饭店指控中方当事人是 trespassing。显然，trespassing 不能被译作“非法入境”，但的确是可以译为“非法入侵”。问题是：最开始饭店对当事人的指控能构成“非法入侵”吗？有法律专业人士认为：“非法入侵”在美国是一种轻罪。饭店大堂是公共场所，这种场所一般来说不存在非法入侵的问题。要解开疑团，须解决两大问题：翻译中的措辞；饭店最后诉当事人罪行的缘由。第一，根据当事人开始在饭店大堂的表现(假定基本属实，下同)，将 trespassing 译成“非法入侵”，程度过重。换言之，汉语里的“非法入侵”在程度上(远)重于英文中的 trespassing。我们不妨查证一下英美法对 trespass 的解释。据英国法律词典，trespass 为侵犯行为，指不法地直接干涉他人或干涉他人对土地或货物的占有。在现代法律上，侵犯行为共有三种对象：人、货物和土地。其中，对土地侵犯行为的形式通常是未获准许而进入。这种侵犯行为是一种侵权行为，在正常情况下并非犯罪行为。这从普通的牛津 *ALD* 最新版也能得知，“Trespassers will be prosecuted”这样的警告牌并无实际的威胁力量。将其译成汉语，应注意语气和程度，可以是“非请莫入，违者必究”；或者“非法侵入者将被诉”。可见，若选择“非法侵入”来译 trespassing，跟“非法入侵”似大同小异，但感觉上要轻一些，因“侵入”有“从外部进入”这样一种内涵。再根据美国法律词典，trespass 的英文解释是：“entering another person’s property without permission of the owner or his/her agent…”(未经所有者或其代理人的许可进入其土地、建筑物等)。所以，完全可以将 trespass 简明地译为“未经许可进入/侵入……”。如果媒体用这样的措辞，既比较符合事实，又能为国内受众准确理解并接受，更便于专家分析、决断，并提供可能的帮助。根据事实分析：当事人开始以为自己多付了房费，向中方中间人索要发票，由于双方“闹僵”，后者将有关钱款退还。但当事人自己直接付款，费用更高：一则须加税，二则美国的旅馆不按人头而按房间结算(而旅行社在进行团队委托时是按照人头向旅客收取房费的，single supplement——单人房补差另算)。鉴于此，当事人又变得不愿自己付费单住，而若干分钟前因与中间人“解除合约”，中间人和当地旅行社不予理睬。于是，纠纷升级，最后导致保安、警方等介入，饭店不欢迎这名当事人，令其付款后走人，警方也采取了行动。又由于当事人不愿如此了事，促使饭店告其 trespassing(未经允许进入/侵入)。尽管如此，这暂时还是属于 civil wrong / tort(民事侵权行为)，算是 violation(违规)或 fault(过失)。后来法庭也给当事人三个选择：认罪、无罪或者承认过失。但当事人选择“无罪”。据当事人公设律师说，当事人最后被起诉的“罪名”是 criminal trespass in the first degree(一级非法侵入)。笔者特注：此概念指当事人明知非法却进入或继续留在某住处。按照当地州法，最高可罚款两千美金，或判刑一年。但若从大局着眼，这种小 case 还是撤销为好，因为中方当事人并非恶意“侵入”。[14]

可见，随着国人外出(overseas travel)机会的增多，在不同文化、法律背景的国度，人与人之间如何进行有效交际，须引起国人足够的重视，即使高学历者也不例外，而且他们出(大)问题的几率似乎更大。我们谈论的女博士后，在美国受到了她“意想不到”的“待遇”。她也曾在国内主流媒体上大喊冤枉，还做好继续赴美打官司的准备，结果连她自己都不便说了。

后一个跨文化翻译与交际的案例，笔者曾让研究生在课堂上讨论过，但因为他们缺乏这方面的意识、能力，没有得出笔者所期待的正确结论。

2.2.2 翻译类型

根据雅各布森的分类，翻译可分为三大类型：语内翻译(intralingual

14 有关内容分别引自 2005 年 3 月 3 日和 3 月 9 日《钱江晚报》D10 版和 D6 版刊载的陈刚的文章。

translation)、语际翻译(interlingual translation)和符际翻译(intersemiotic translation)。

语内翻译，或换词表达(rewording)，是在同一种语言内用某些词语符号对别的其他词语符号进行解释。这类翻译不是严格意义上的翻译，而是依靠同义词或近义词，或者依靠不同的短语、句子结构来重新表达原有信息。从文本视角出发，把莎士比亚的剧本改编为现代英语的简写本，把现代汉语改写成古诗词等，都可看做是语内翻译。从翻译视角出发，语内翻译是一种严格、有效的基本功训练，包括有特殊或具体规定的 retelling、reinterpreting、paraphrasing、summarizing 等。语内翻译对正确、准确解读文本(ST+TT)、审读文本(ST+TT)，以最终控制译文质量，是不可或缺的重要环节。这类翻译的信息走失量最小。

语际翻译，即翻译本体(translation proper)，就是我们经常讲的翻译——如中译外、外译中等。这是一种狭义上的翻译，指用某种其他语言(如英语)来对言语(如汉语)符号进行解读。换言之，用英语的言语符号来解读汉语的言语符号，意义(基本)保持不变，反之亦然。由于语言之间存在着差异，所以把 SL 翻译成 TL 时，通常要用一个整体信息来替换另一个信息。这对英汉互译的情况尤为适合。英汉互译时存在的问题，往往表现在不知如何进行语际间的整体信息替换，以及如何进行这样的替换才是正确的。这类翻译的信息走失量较大。

符际翻译，或称跨类转换/符际转化(transmutation)，指用一种非语言符号系统的符号来解释言语符号。比如用音乐、舞蹈、戏剧或者绘画等手段来重新解读语言艺术。其实这些艺术手段都有它们自己的语汇——音乐语汇、舞蹈语汇、戏剧语汇或绘画语汇。符际翻译不是标准意义上的翻译，而是把一种语言信息转化为另一种表达媒介。它是一种比喻意义上的翻译，因为目标码只是比喻意义上的一种语言(如绘画语言、戏剧语言等)。有西方学者说：符际翻译是一个单向过程(one-way process)，而另两类翻译至少有潜在的可逆转性(potentially reversible)。笔者则以为，用语言符号来解读非语言符号系统的符号也是符际翻译。如用语言来诠释交响乐、舞剧、戏剧动作或现代派绘画等。需要指出的是，这类翻译的信息走失量最大。

以下我们分别举例说明语内翻译(辅以语际翻译)和符际翻译在具体操作中的重要性，给读者一种感性加理性的认识。

【事由】曾几何时，大陆译界对归化和异化的争论可谓热闹非凡，但也同时存在不少理论误区和实践误区。而进入这些误区的居然是我们的高职称、高学历者，令人“担忧”。他们几乎不谋而合地举了“Among the blind the one-eyed man is king.”的例子，讨论的焦点是：归化翻译是歧路，它丢失了 SL 文化。将其译成“山中无老虎，猴子称大王”，是将中国文化强加在西方文化之上，不可取。相反，采取异化策略/方法，则可保持“新鲜”和“异国文化特色”，而且异化译文很好懂。

【ST】Among (the country / kingdom of) the blind the one-eyed man is king.
【TT1】山中无老虎，猴子称大王。(归化代表译文)
【TT2】在盲人的国度里，独眼龙/人可称王。(异化代表译文)

【笔者评析】如何从理论上谈清楚归化和异化之得失，对有足量相关翻译实践(及研究)的人，不是一件十分困难的事。就本论题而言，分析完毕，结论自出。

1) 看字面翻译，**【TT1】**和**【TT2】**可分别简化为“山中无虎猴称王”和“盲人国里，独眼称王”。改进了译文等于译文正确吗?

2) 看译法策略，**【TT2】**未必是异化，因为“独眼龙”就是中国文化所独有的，大约可追溯至五代。即使译法可分出高下，但译法/策略之选择等于理解之准确吗?

3) 看语内翻译，可以检验出译文的理解是否忠实、正确。具体步骤如下：

- 检查 ST 的特征：结果是 proverb / saying。
- 查证 ST 的解释(即语内翻译)：既然是谚语，必须对其内涵作一准确解读，不能脱离翻译的第一步——译意——而争论所谓的异化还是归化，盲目将其译成汉语。经查证，特援引三处结果：“A little wit, among foolish people, will pass a man for a great genius” (T. Fielding Proverbs of all Nations (1824, 23); also used of ability

as well as wit. Cf. Erasmus Adages III. iv[15]. **Proverbial Meaning:** There are many levels of misfortune, one's own state of misfortune will be envied by those who are less fortunate, or pitied by those who are more fortunate. **Literal Origins:** A man with only one eye will be pitied by many, but among people who are blind he may be envied and act like a king. **Common Usage:** A well-known proverb, coming in a few variations, that is not used verbally very often, but may be seen in literature or paraphrased in story titles[16]. A person who is pitied by people who do not share his particular misfortune is himself regarded as fortunate by people less fortunate than he; however unlucky a person thinks he is, there are still people who are more unfortunate.（*Longman Dictionary of English Idioms*，1980：66）

- 查证 TT 的解释(即语内翻译)：对具有文化特色表达法内涵的了解，必须十分当心。根据 TL 读者的理解，两个 TT 文本内涵应该是一致的，而且采取不同翻译策略的译者也认为意义一致。根据大陆辞典(如《中国俗语大辞典》，上海辞书出版社)，**【TT1】**的意思是：“大王：旧时伙聚山林的头领。比喻没有高手时，能耐较差的也可称王称霸。”
- 核对文本意义：经过对几个文本的核对，**【ST】**的诸多解释跟两个**【TT】**的意思不一致。看来，翻译——特别是谚语、习语等的翻译——首先还不是策略问题(如归化、异化或杂合化)，而是正确理解、解读问题。

4)看语际翻译：使中文读者一目了然。**【ST-1】**在傻瓜人群中，只要有一点智慧的人就算是伟大的天才了。(大意) **【ST-2】**人的不幸有多种。比如，某人自己的不幸，会受到那些更为不幸的人的羡慕，或者受到那些更为幸运的人的怜悯。(大意) 独眼人会受到许多人的怜悯，但在盲人群里，他则受到羡慕，像个帝王。(溯源) 名谚，有几种变体，

---

15 引自英语百科全书(http://www.encyclopedia.com/doc/1O90-InthCNTRYfthblndthnydmnsk.html)。
16 引自英语谚语(http://www.englishproverbs.org/wise-words/amongblindeyedking.html)。

不常用于口头，但见于文学作品，或通过释义形式见于故事名称。(用法) 【ST-3】不幸的人会受到幸运的人的同情，但却受到更为不幸的人的羡慕；不管某人认为他自己如何地不幸运，但仍然有更为不幸运的人活在这个世上。(大意)

5) 看来，在汉语中一时还找不出对应的谚语。

6) 如果 ST 是"山中无老虎，猴子称大王"，归化的 TT 是：When the cat's away, the mice will play。异化的 TT 是：When the tiger is absent from the mountain, the monkey proclaims itself as king.

【典型例子】有一部笔者在读大学时就爱上的、百听不厌的古典音乐——交响童话《彼得和狼》。这是俄国作曲家普罗柯菲耶夫为孩子们写的一部童话式的管弦乐作品，描写机智勇敢的少先队员彼得在小鸟的帮助下逮住恶狼的故事。这部作品最突出的特点是故事里出现的每一个人物和动物，都用一种特定的乐器来表现，因此形象特别鲜明，听的时候可以根据音色去联想相应的角色的活动，并以自己的理解用文字或言语解读出来。以下是每一种乐器所代表的角色(按照音乐出现的先后顺序)：

1) 长笛(flute)代表小鸟；

2) 双簧管(oboe)代表鸭子；

3) 单簧管(clarinet)代表猫；

4) 大管(bassoon)代表爷爷；

5) 圆号(French horns)代表狼；

6) 弦乐(the strings)代表彼得；

7) 定音鼓(kettle drums)代表猎人的枪声。

音乐语言(musical language)主要是指旋律、节奏、和声、音色等。它既形象又抽象：其形象性表现在可以通过音乐欣赏领悟出作者所要表达的和听者所想象的东西；其抽象性是因为没有具体可感的形象或实物。当然，同样的音乐语言也会使不同的听众产生不同的理解，使不同的听众使用不同的言语形式表达他们各自的解读。

如果读者认真听过《彼得和狼》，一定会认为：音乐的确有一种神奇的功效。它既可以语言般地传情达意，又可以用超语言形式抒发情感，即使没有受过什么专业训练，甚至完全没有学习过音乐知识的人也可能从音乐中多少领悟到其表达的意境。如果再跟舞蹈语汇联系起来，便是“言之不竭则咏之，咏之不竭则手舞足蹈”。

其实，通过对上述三种类型翻译的分析，我们发现了一个更为深层次的问题：世界上不存在完全等值的翻译。而翻译却是对等值的一种新挑战，尽管是一项 mission impossible。译者只能通过一种意义、结构单位之组合才能找到一个近似值。换言之，译文只能接近等值，而不可能百分之百地达到等值。而且，就这些单位而言，其本身就包含了一系列难以转换或不可转换的联想意义和内涵意义，甚至语言结构。比如，从技术层面讲，诗歌是不可译的。

尽管如此，翻译还是完全可能的，其可能性就在于它是一种具有创造性的转换/置换(transposition)。雅各布森特别指出：

Only creative transposition is possible: either intralingual transposition—from one poetic shape into another, or interlingual transposition—from one language into another, or finally intersemiotic transposition—from one system of signs into another, e.g. from verbal art into music, dance, cinema or painting.（引自 Bassnett，2004：23）

随着问题探讨的不断深入和多样化，我们对这个论断/论点会有更为深刻的理解。

2.2.3 解码与再编码

由于巴斯内特的《翻译研究》中有关章节原文是 DECODING AND RECODING，所以我们把该章节题目译为“解码与再编码”。如果原文是 ENCODING，则会被译为“编码”。因为从撰写 ST 到译成 TT，整个过程应该是：用 SL 编码(encoding in the SL)——成为 ST(source text)——解码(decoding[17])——再编码/用 TL 编码(recoding/encoding in the

17 意为 to find or understand the true or hidden meaning of (something)，见《韦氏高阶英语词典》(2010)。

TL)——成为 TT (target text)。

根据《现代汉语规范词典》(李行健，2004)，**解码**指“把蕴涵信息的编码翻译或恢复成信息(文字、数据或图像等)”。我们换一本词典，根据《牛津高阶英汉双解词典》(第 6 版)，decode(解码)意为“to find the meaning of sth, especially sth that has been written in code”。**编码**则指“to translate into a code”(最新版本《朗文当代高级英语辞典》)。“解码”和“(再)编码”原为信息学词汇，用在翻译方面，我们可以说：翻译是一个解码和再编码的过程。有关图示如下：

ST → decoding → recoding → TT

如果把翻译过程描绘得简单明了些，我们不妨把上图图解为：

ST → analysis → transfer → restructuring → TT

在什么情形下发生“解码”和“再编码”呢？巴斯内特开宗明义道：

The translator…operates criteria that transcend the purely linguistic, and a process of decoding and recoding takes place. (Bassnett，2004：23；下画线由主编所加)

由此(见下画线)，我们可以认为：上述牛津词典给出的定义似乎显得“轻松”(deceptively easy)了些。韦氏大学生词典给出的定义则正中“要害”(exact)：to discover the underlying meaning of…[18]。

笔者以为本章节是重点，将多费些笔墨。

以下我们先来看两个例子。一个是有关 2009 年诺贝尔文学奖评审委员会颁奖词中一个关键词的翻译；另一个是对一篇不足 70 个单词的英语短文的解码和再编码。

【ST1】 The Nobel Prize in Literature for 2009 is awarded to the German author Herta Müller “who, with the concentration of poetry and the frankness of prose, depicts the landscape of the dispossessed.”(部分诺贝尔奖评奖委员会颁奖词；下画线由主编所加)

18 见 *Merriam Webster's Collegiate Dictionary* (10th edition)。

【TT1-1】兼具诗歌的凝练和散文的率直，描写了一无所有、无所寄托者的境况。（新华社译文）

【TT1-2】以诗歌的凝练和散文的率直，描写了失业人群的生活。（中新社译文）

【TT1-3】以诗歌的凝练与散文的直白，铺陈了被驱逐者的生活境遇。（《北京青年报》译文）

【TT1-4】以诗的专注和散文的真诚，描绘了被放逐者的景观。（上海《东方早报》译文）

【TT1-5】具有诗歌的精炼和散文的平实，描绘出了一幅底层社会的众生相。（"网易读书新闻"译文）

【TT1-6】透过诗歌、率直的散文描绘无依无靠者的景况。（香港《亚洲时报》译文）

【TT1-7】诗的简约，也有散文的平铺直叙，生动描绘一无所有者的处境。（台湾《联合报》译文）

【TT1-8】以诗句和坦率的散文，描绘出流离失所者的境遇。（台湾华视译文）

能从主流媒体上收集到的有关译文有十多种，本书仅提供其中 8 种。令人遗憾的是，这 8 种译文（几乎）没有一种译文是可接受的——说得具体点，这些译文均在关键词"(the) dispossessed"上译错/岔了，有些甚至译得牛头不对马嘴，比较典型的如"失业人群"（中新社）。由于中译文本身的文字、语法、逻辑等没有太大的问题，所以中文读者难以以敏锐的识别能力发现译文中的关键问题或一般问题。这也就是为什么不少汉译名著中的大小问题很难被"外行"发现，至今仍被奉为"圭臬"，还不准在主流媒体上展开（学术）批评。因为这起码会"丢面子"：丢名出版社的面子（通常只有老牌的、知名的出版社才有可能获得出版此类著作的重任），丢译者的面子，丢名人的面子（通常名著的翻译均由名人来承担，但这些名人未必是职/专业意义上的译者），丢行业的面子，丢上级主管部门的面子，乃至丢国家的面子。

此外，翻译人才是一种非常专业化的特殊人才，其是否称职，一般很难被用人单位的人事干部或HR干部所了解。所以老百姓一般“轻信”在国家或地区主流媒体部门工作的专业人才，包括翻译人才。殊不知，这些翻译给国家或地区“闹的笑话”或“捅的娄子”还少吗，还小吗？

回到如何“解码”诺贝尔奖颁奖词(【ST1】)，并加以“再编码”成为【TT1】这个翻译的首要问题上，在进行常规的语法分析和新闻要素分析的同时，我们要紧紧抓住“to discover the underlying meaning of the ST”这个内涵。

首先，我们要找出诺奖颁奖词(通常用一句话)中涵盖的三大要素：what(什么奖/主语)，whom(颁给谁/宾语)和 why(为什么/表示原因的定语从句)。

其次，我们看看这三要素究竟是什么：**what**—The Nobel Prize in Literature for 2009 (2009年诺贝尔文学奖)；**whom**—(the German author) Herta Müller(赫塔·穆勒)；**why**—who, with the concentration of poetry and the frankness of prose, depicts the landscape of the dispossessed (译文见后)。

再次，我们通过对比已经发现，关键的翻译问题出在如何解读这第三要素 **why** 及其中的关键词(the) dispossessed 上。由于该词具有多义性，因此通过选用若干本合适的词典，根据(大小)语境，“to discover the underlying meaning of the ST”才是唯一正确的途径。

根据词典A[19]，义项有 deprived of possession；spiritually impoverished or alienated。从法律专业视角解释，The term encompasses intrusion, disseisin, or deforcement 以及 The wrongful, nonconsensual ouster or removal of a person from his or her property by trick, compulsion, or misuse of the law, whereby the violator obtains actual occupation of the land。(下画线由笔者所加，下同)

根据词典B[20]，义项和举例有 physically or spiritually homeless or deprived of security; “made a living out of shepherding dispossed people from one country to another” —James Stern [syn: homeless, rootless]。

19 详见 http://www.answers.com/topic/dispossessed。

20 详见 http://dictionary.die.net/dispossessed。

根据词典 C[21](即 *Microsoft Encarta World English Dctionary*)，作为形容词的定义是 **deprived of possession:** deprived of property or rights；作为复数名词的定义是 **dispossessed people:** people who have been deprived of their property or rights。有关举例是，*defended the rights of the dispossessed*。

根据词典 D(即 *Wikipedia*)，有关作者及其作品背景是：Herta Müller (born 17 August 1953) is a Romanian-born German novelist, poet and essayist noted for her works depicting the harsh conditions of life in Communist Romania under the repressive Nicolae Ceauşescu regime, and the persecution of ethnic Germans by the Stalinist Soviet occupying forces in Romania. On October 8th, 2009, it was announced she would be awarded the 2009 Nobel Prize in Literature。画线部分的中译文大意是：赫塔·穆勒(生于 1953 年 8 月 17 日)是一位出生于罗马尼亚的德国籍小说家、诗人和散文家。她的作品因描写了当时在共产党的罗马尼亚总统尼古拉·齐奥塞斯库压迫人民的政权统治下的严酷生活和由斯大林任总书记的苏联占领军对在罗马尼亚的德裔少数民族的迫害而著名。

综上，the dispossessed 是一个意义高度概括抽象、含义丰富但非直截了当的复数名词，其内涵主要应包括“被(非法地)剥夺了物质/财产权利；被剥夺了精神权利；被剥夺了人身安全；被剥夺了住房及居住权利”的那些人等。简而言之，the dispossessed 指“在物质上和精神上都无家可归的人群”。英文中这样的用法很常见，汉译时似乎应根据当时的社会背景加以适当地具体化，使文字达意，便于中文读者了解其实质意义。有鉴于此，我们不妨将【**ST1**】译为——即再编码为：

【**TT1-9**】2009 年诺贝尔文学奖授予德国作家赫塔·穆勒，她以诗歌式的凝练和散文式的直白之笔触，描绘出那些被剥夺了物质和精神权利的人们的生存全景。(下画线由译者所加；注意双下画线所对应的原文)

---

21 详见 http://www.languagecourse.net/online-dictionary/out.php3?site=1062254417。

【ST2】[1]A family group have been quarrelling [2]bitterly, [3]the unity of the family has [4]collapsed, [5]unforgivable things have been said. [6]But [7]the celebratory dinner to which they have all come is about to be served, and [8]the family sit at the table in silence ready to eat. [9]The plates are filled, everyone sits waiting, the father breaks the silence to wish them all "Bon appetite" [10]and the meal begins. (Bassnett，2004：29；下画线由主编所加)

【原文作者分析】对懂英语的欧洲人来说，【ST2】可能没有理解上的难点。所以，巴斯内特认为原文最难翻译(成英文)的是法语 Bon appetit。这个短语的用法是机械式的，还是日常礼仪式的或程序式的？是具讽刺意味的，还是令人遗憾的或令人痛苦的？读者(似乎)不得而知，起码文本中(或语境中)没有留下任何蛛丝马迹(Bassnett，2004：29-30)。

对“出身不错”的浙江大学大二至大四的本科生(包括英语专业、双学位和非英语专业的学生)来说(注意：浙大本科生非英语专业的学生与英语专业的学生相比较，后者不占优势)，这个英文文本显得并无什么难点。然而笔者布置作业时，事先给了学生一个 warning，但没有指出难点在哪里，希望学生们认真“解码”/“解读”，精心再编码，而且自己心里已有一种 anticipation。

以下是几名水平不错的学生展示的译文，虽然其中的【TT2-3】是译者特地用诗歌/韵文形式译就的一篇特殊文本，但根据译文的“再编码”来判断，总体来说他们的“解码”过程出了问题，从而导致译文的(不少)单句不能接受，进而整体也不能接受。也许他们“过分”轻视这个 ST 了，因为没有学生说/承认自己看不懂这段文本，哪怕只有一两句。这是面子问题，还是真的轻视了？结果，事实是：译者们竟然都没有意识到他们自己的“解码”和“(再)编码”出了什么“状况”，而且状况不轻。

【TT2-1】一家人在长久以来激烈的争吵中，已经失去了家庭的和睦，也说过许多无法挽回的话。但是(这一天)，在庆祝晚宴上，一家人都到齐了。晚宴将要开始，大家一言不发，默默地坐在桌前准备吃饭。盘中盛宴，每个人都在等待，终于父亲打破了沉寂，“祝各位用餐愉快！”于是晚宴开始了。

【TT2-2】一家人剧烈地争吵，用恶毒的语言相互攻击，完整的家庭变得支离破碎。庆祝晚宴即将开始，所有家庭成员都已经到场了，但大家只是一言不发地坐着等待晚宴开始。当菜上齐了，每个人都端坐着等待开饭的时候，父亲打破了沉默，说了句“①/②/③”，便开始用餐了。

①祝大家用餐愉快(in a *daily ritual* manner)

②大家吃得开心啊(in an *ironical* manner)

③大家慢用(in a *sad* manner)

【TT2-3】家族争吵残酷激烈，/ 家庭和谐分崩离析，/ 此次参加庆祝晚宴，/ 宴会佳肴即将上菜，/ 大家来到餐桌就座，/ 气氛死寂准备进餐。/ 餐盘已满每人坐待，/ 家中父亲打破沉寂，/ 祝愿大家进餐愉快，/ 于是晚宴正式进行。(主编注：该译文是韵文形式)

【TT2-4】一大家子人愤怒地争吵着，打破了家庭的和睦，不该说的话也说了。喜宴马上就要上菜了，毕竟他们因此而聚在一起。喜宴就要上菜了，毕竟他们为这个而赶过来。一家人地围坐在饭桌旁，一声不吭，等着开饭。菜上齐了，每个人都坐等着不动。最后一家之长打破了沉默，“大家吃好”，然后宴席开始。

【TT2-5】家里一群人愤怒地争吵着，家庭团结已经瓦解，不可原谅的话已说。但是喜宴就要上桌了，毕竟他们为此赶来，家人静静地坐在桌旁准备开始吃。盘子里盛上了食物，每个人都等着，最后父亲打破了沉寂，“祝大家好胃口”，然后晚宴开始。

【笔者评析】综观以上 5 篇译文，特别是学生上讲台通过 PPT 的热情展示和充满自信的论证，他们透过语言学、翻译学、文论等视角，对 ST 和自己的 TT 做了一番学术阐释，我对学生的努力和创意感到很高兴，但被笔者心里“言中”的几个语言点以及翻译使笔者对翻译产生了某种新的“莫名的敬畏”。因为这篇不足 70 个单词的 ST，给学生一到两个星期的准备时间，然后上台做 presentation，结果居然如此。

以下，我们一同来分析这篇短文的几个“解码”难点和“(再)编码”难点，这个过程还必须考虑再编码的流畅性和连贯性。

1) A family group：该短语其实是指“家里的人(复数)”，可以简单地说 a family。从科学角度分类，一家人就是一群人——a group of people who are related to each other; a group that consists of parents and their children or it can refer to a bigger group of related people including grandparents, aunts, uncles, cousins, etc.; a group of related people who live together in one house[22]。从动物学角度出发，“动物一家人”则用 a pack。由于该短语的指称意义比较宽泛，所以这里用汉语编码成“一家人”，尽管父亲可能没有“介入”。

2) bitterly：这个词很抽象，似乎汉语中有很多副词都能用来与这个英文副词对应，但 decoding 绝非字字找对应词。奈达早就提醒过我们，翻译最大的问题，不是在 TL 中找到正确的对应词和结构，而是要彻底理解待译文本中的指称意义(designative meaning)和联想意义(associative meaning)。有关原文如下：

Some people imagine that the greatest problem in translating is to find the right words and constructions in the receptor or target language. On the contrary, the most difficult task for the translator is to understand thoroughly the designative and associative meanings of the text to be translated. This involves not only knowing the meanings of the words and the syntactic relations, but also being sensitive to all the nuances of the stylistic devices. (Nida，1993：5；下画线为笔者所加)

所谓“指称意义”，指词位(lexemes)[23]在现实世界或语言(学)世界中所代表的对象；同时包括了一组词义特征，它们用来确定所能代表的指称对象范围(Nida，1993：40/43)。中英两国由于历史、文化背景、思维方式的不同，两国民族认识和描述客观世界的方式和角度不尽相

22 参照《韦氏高阶英语词典》(2010)。

23 原文中用的是 lexemes，即“词位”，由词和习语组成。

同。英汉语指称意义存在(相对)完全对等的现象和部分对等/应的现象。前者常见于专用词汇、科技术语或自然现象，如 UNESCO(联合国教科文组织)、quark(夸克)、earthquake(地震)等。后者还可以再具体阐释一下：英汉词语在各自语言中所涵盖的意义不尽相同，其中仅有一个或若干个词义对应相同，而在其他方面指称意义截然不同。这可以分成两种情况：其一，英语中词的概念或涵义范围比相应的汉语词宽泛。如 She is cute/nice. 是很难译得贴切或精准的。其二，英语中词的概念或涵义范围比相应的汉语词狭窄。如把 a good doctor 译成“好医生”，听起来语焉不详，意思不明确，包含着多种可能的解读。根据奈达，这里的形容词 good 不是指该医生的道德品质，而是指他/她从事这一职业所必须具备的能力(同上：38)。

因此，懂得了这些道理，我们就要首先搞清楚如何准确解读 bitterly。笔者以为，比较贴切并有画面感的语境释义或“解码”是：characterized by hostility[24]。所以第一句可以“再编码”为：

- 一家人激烈地吵个不停 [*have been* quarrelling]。
- 一家人真是吵得不可开交。
- 一家人吵得很凶。
- 一家人吵架吵得像仇人一样。

3) the unity of the family：这个短语的关键词是 unity，很少有人再去加以进一步解码，所以相当多的学生作业都没有将该短语译好。我们随便查证了两本英英词典解码，有关关键词是：oneness of mind or feeling，concord，agreement 和 harmony 等。显然，“和谐关系”或“和睦关系”是较好的译语选择。

4) collapsed：这个词一看就懂，似乎不必解码，但上述五个译文没有一个是可取的，因为译者没有首先搞懂原文——即没有用 SL 来进行解码(decoding in the SL)。根据多本英英词典，该词在我们讨论的语境中指 to fail suddenly or completely。由于该动词的主语定为“家庭的和

---

24 参见 *Random House Webster's Dictionary of American English* (1997)。

谐/睦关系”，所以我们选用“顷刻破裂”编码。

5) unforgivable things：根据练习作业判断，学生不仅解码不理想，再编码更加不能令人满意。这说明目前学生的汉语水平在下降。就前者而言，我们分别选择了一本牛津词典和一本(权威)韦氏词典来解码(注意笔者加了下画线的词汇)：it is so bad or unacceptable that you cannot forgive the person[25]；so bad that it can never be forgiven[26]。就后者而言，笔者认为：这里用 TL 编码比用 SL 解码要难(得多)。考虑到前因后果——为什么他们会闹得那么凶，为什么家庭的(和谐/睦)关系会瞬间破裂，正是因为这家人相互之间说了些绝情的话。

至此，先做一个小结，ST 前三句可以再编码为：

一家人激烈地吵个不停，相互间说了些绝情的话，原来的和谐关系顷刻破裂(家庭关系彻底破裂)。

6) But：这个连接词很重要，一些文本都略译了。

7) the celebratory dinner to which they have all come (is about to be served)：这里的难点是重新编码后的 TT 之逻辑顺序。上述五译都没有很好地吃透 ST 中的逻辑关系，比如双下画线从句与先行词语之间的时间逻辑。按照时间顺序，应该是后者先发生，前者后发生。

8) ...the family sit at the table in silence ready to eat：这句话也存在解码问题，但学生的编码并不理想，难道跟解码不到位毫无关系吗？

9) The plates are filled, everyone sits waiting, the father breaks the silence to wish them all “Bon appetite”：这三句跟开始三句一样均为平行结构，起到了很好的连贯效果和修辞效果。关键要在 TT 中再现这种结构和效果，而且如何译好 Bon appetit 极富挑战。选择什么翻译策略(异化，还是归化)？选择什么翻译方法(直接翻译，还是照搬不译)？其联想意义(associative meaning)如何译出？

10) and the meal begins：如何解读 meal，并重新编码？你同意译成“宴会”或“晚宴”吗？

25 见《牛津高阶英汉双解词典》(第 6 版)。

26 见《韦氏高阶英语词典》(2010)。

基于上述分析、思考，我们把剩余的 ST 用 TL 编码如下：

但是，大家都是来参加庆祝晚餐（宴）的，而晚餐马上就要开始了（马上就要上菜了），全家人都坐在桌旁不吭声（一言不发），等着开饭。盘子里都已放满了菜，每个人仍都坐着（等话呢），这时父亲打破僵局，对全体说："开饭了，大家多吃点！（祝大家胃口好！）"于是，晚饭正式开始。

当然，根据不同的读者对象和历史发展阶段，我们还可以给出其他的译文。限于篇幅，我们就不再展开。但是需要译者在实践和研究中特别重视联想意义的翻译。这篇短文中的 Bon appetit 就难以译得贴切。

词位的联想意义主要从语言语境和文化语境中产生。根据奈达，它主要有以下六个来源：

1) the person who uses such lexemes;

2) the setting in which such lexemes are generally employed;

3) the occurrence fo such lexemes in prior texts (intertexuality);

4) contamination from linguistic collocations;

5) contamination from homophones;

6) cultural values associated with the referents of the lexemes.

(Nida，1993：40-41)

所谓的 Bon appetite 就属于来源于上述第 1)、2) 和 6) 项。假设 TT 的读者是受过较好英（法）文熏陶的，我们就不妨直接借用法语 Bon appetit，不需再译了。于是，联想、风味、氛围乃至那位父亲的身份特色便"和盘托出"了。那样，大概才算是"对等"，甚至"等值"或"等效"。

综上，我们完全可以把翻译这个解码和再编码的过程再加以扩展，并明确解码所使用的语言。有关图示如下：

ST → decoding in the SL (/TL) → recoding in the TL → TT

根据这个扩展的翻译过程图，我们可以质疑个别人以"创造性误译"（实为"创造性叛逆"的翻版）的"理论借口"来研究林纾的翻译。笔者在指导 2003 级翻译学研究生论文时，就曾涉及文学翻译的创造性叛逆，并同时否定了所谓"创造性误译"这个随时都能被证伪的论题。

何为证伪？它有何作用？证伪有两个最常用的功能[27]。其一，科学理论的表达一般为全称判断，而经验的对象则是个别的。所以，经验如果用来证实理论，那么它将是无法穷尽一般的理论的。比如，“天下的乌鸦一般黑”这句谚语是可以靠经验被证明是错的，因为有羽毛黑白两色的乌鸦。再如，再多的白羊也不能证明“天下的羊儿一般白”，因为只要一只黑羊就能证明所有的羊都是白的这个定论或理论是错误的，事实上的确有黑色的羊。所以，经验的真正意义在于可以证伪科学理论。其次，证伪可以避免对错误理论的辩护和教条。如果坚持实证主义，那么一旦出现与理论相悖的经验，人们便会作出特殊的设定或限制以使得理论能满足经验。但实际上这样的设定往往是极不科学的。证伪主义使人们相信所有的科学都只是一种猜测和假说，它们不会被最终证实，但却会被随时证伪。

有鉴于此，我们简单分析林纾的翻译过程便可知那些研究缺的是学术上的 missing link：

1) ST(原文)

2) decoding in the TL/TT1(第一译者用中文解码/口头的译文 1)

3) recoding in the TL/TT2(第二“译者”林纾用中文再编码/书面的译文 2)

4) revision + proofreading(修订 + 校对)

5) TT3(出版译本)

一言以蔽之，林纾的翻译没有 TT1 是不可能完成的；同理，我们没有 TT1(即所谓的“史料”或“史实”)，如何到位地研究林纾的翻译，并下结论说他的译文是所谓的“创造性误译”呢？

据媒体载[28]，第一译者(实则有两位，均为王姓，叔侄关系。叔以优异成绩被选拔留学法国巴黎大学，专攻法律学并专修法文六年。清廷修建京汉铁路，向法国借款，任总翻译。侄为活跃在民国期间的外交界，1908 年再度留法，入巴黎政治大学，并兼驻法公使馆翻译；1921 年出

27 参考 http://baike.baidu.com/view/541550.htm?fr=ala0_1_1。

28 详见 http://baike.baidu.com/view/659029.htm 。

任驻比利时公使，后聘为外交部顾问，并接受比利时鲁文大学赠名誉博士学位。林纾赞其口译不让其叔）在跟林纾合译首部小说《巴黎茶花女遗事》的过程中，每日口译一小时，林纾笔录三千字。他（们）口述要意给林纾，再由林纾用生花妙笔把它写下来，虽然用古文叙述，可是由于精神贯注其中，文笔动人，处处扣人心弦，使读者神往不已。这精彩的译文，很大程度上是有赖于第一译者对原文的准确理解。他（们）不但法语精通，中文造诣也很高，既对小仲马的小说情节十分熟悉，又富于情感，同情茶花女的遭遇，所以在合译时，能把原著内容详尽、动情地口述出来，尤其是对女主人公的心态描述得委婉尽致、如泣如诉，成为林纾传神而流畅的译笔不可或缺的前提，使林在笔译时能够很好地表达原文的风格神韵，这才有了中国近代文学翻译史上里程碑式的作品《巴黎茶花女遗事》的诞生。这部以文言文译成的小说就以王、林二人的笔名“晓斋主人”、“冷红生”于光绪二十五年（1899）二月在福州首版发行。

2.2.4 对等/等值问题

原文是 equivalence，必须用“对等”、“等值”等词语来表达。这个概念问题使我们进一步思考意义与翻译的问题。如何进行习语互译和隐喻互译，所涉及的远远不只是词项和语法项的替代问题，因为两种语言之间并不存在表意的同一性。我们应该把 equivalence 看成 ST 和 TT 内部及其周围的符号和结构之间的一种辩证关系。

比如成语“沐猴而冠”，曾被通汉语的外国学者误译成 give a monkey a bath and put a hat on its head。该成语出自《史记·项羽本纪》：“人言楚人沐猴而冠耳，果然。”比喻虚有其表，形同傀儡。常用来讽刺投靠恶势力窃据权位的人。根据详细释义，沐猴：猕猴；冠：戴帽子。本意：猴子穿衣戴帽，究竟不是真人。比喻虚有其表，形同傀儡。[29]《现代汉语词典》（第 5 版）的释义是：沐猴（猕猴）戴帽子，装成人的样子。比喻装扮得像个人物，而实际并不像。所以，该成语可译为：a mule in

---

29 出自 http://baike.baidu.com/view/25701.htm?fr=ala0_1_1。

horse harness。虽然英语俗语中没有猴子和帽子的形象，但内涵还是比较对应的。

波波维奇提出了四项对等，即语言对等(linguistic equivalence)、聚合对等(paradigmatic equivalence)、文体(译语)对等(stylistic/translational equivalence)和文本(组合)对等(textual/syntagmatic equivalence)。沐猴而冠的译例属于文体对等或功能对等(functional equivalence)。

奈达则提出两项对等：形式对等(formal equivalence)和动态对等(dynamic equivalence)。后者则由奈达在1986年的著作中改为functional equivalence(Shuttleworth & Cowie，2004：64)。

2.2.5 失与得

此问题直接从原文(loss and gain)译出，即所谓翻译中的“得失问题”。

翻译之所以存在得失问题，正是因为我们对翻译的对等/等值问题有了辩证的认知。既然两种语言之间不存在同一性(sameness)，那译者应该把精力放在如何处理失与得的问题上。我们要记住中国人的一句富有哲理的老话：“失之东隅，收之桑榆。”在翻译过程中，不仅要关注可能会失去什么，更要关注可能会获得什么。因此，提高 TL 的运用能力是更为重要的——这样，译者会比较清楚，为什么这样译将会有所失，那样译才会有所得，甚至得大于失。

以下特举一例。该例选自《浮生六记》及其两个译本，再加上笔者的译文(下画线由笔者另加)。

【ST】王怒余以目，掷花于地，<u>以莲钩拨入</u>池中。(Lin，1999：40)

【TT-1】Wang looked at me in anger, threw the flowers to the ground and <u>kicked them into</u> the pond. (同上：41)

【TT-2】Miss Wang looked at me angrily, threw the flowers on the ground, and <u>kicked them</u> <u>into</u> a pond <u>with her tiny foot</u>. (Pratt & Chiang，2006：33)

【TT-3】Wong looked at me in anger, threw the flowers to the ground and <u>kicked them into</u> the pond <u>with her lily foot</u>. (陈刚试译)

【笔者评析】这三段中“莲钩”的译文之“失”与“得”情况呈递增现象。林(语堂)译未将“莲钩”译出，从某种角度说，是有所失。Pratt & Chiang 译将“莲钩”大致译出，译语是 tiny foot；跟林译比，Pratt & Chiang 译有所得；跟 ST 比较，意义上未失亦未得，但似乎在风格上有所失，因为“小脚”与“莲钩”比，还是丢了些联想与色彩。陈译跟 ST 比，算是旗鼓相当，跟另外两个译文比，算是有所得了。总之，陈译给 TT 读者提供了较为完整的认知环境，反映了中国古代文化和封建社会妇女的一个侧面。

2.2.6 不可译性

历来存在两种不可译性：语言层面的不可译性(linguistic untranslatability)和文化层面的不可译性(cultural untranslatability)。而翻译是一个只能相对成功的辩证过程(translation is a dialectic process that can be accomplished with relative success)。既然如此，译者与其花过多精力去研究不可译性，不如更多地研究可译性，着重自己在翻译中实际要解决的问题。

比如，王维有三首诗均带有“空”这个词，原则上说是不可译的。但我们应该把精力花在如何更好地将其译成 TL。

【ST1】空山不见人，
但闻人语响。

(选自“鹿柴”)

【ST2】空山新雨后，
天气晚来秋。

(选自“山居秋暝”)

【ST3】人闲桂花落，
夜静春山空。
月出惊山鸟，
时鸣春涧中

(“鸟鸣涧”)

【TT1-1】I can't see men on the hill,
But can hear their voices.
(anonymous)

【TT1-2】In still hills no one ever comes,
Only a far-off voice is heard.
(笔者译)

【简评】显然，【TT1-1】没有将“空”译出，比较平，缺乏意境，但多少暗示是一座“人少之(空)山”。王维诗中之“空山”，指杳无人迹，即 rarely see the trace of man—deserted。【TT1-2】是笔者吸收了美国诗歌评论家的意见后的译文，“空山”译出，再现的“译境”也比较符合诗人的“本意”，尽管“诗无达诂”。

【TT2-1】After fresh rain in the mountains bare,
Autumn permeates evening air.
(XYZ)

【TT2-2】After rain the hills fresh and clean,
Stand autumnal in the evening.
(笔者译)

【简评】这里的“空山”意为雨后秋山的空明洁净，而 bare 却指 not covered with leaves; without plants or trees，即光秃秃的山，显然，XYZ 是“因韵害意”了。笔者的译文虽然没有诗人那么“空灵”，仍不失为一种“写实的译法”。变不可译为可译，就需要创造、创新。

【TT3-1】One is free and cassia is falling,
Night quiet and spring hill empty.
(anonymous)

【TT3-2】①I hear osmanthus fall;
②In a spring night dale.
③The moonrise startles a bird;
④Its chirping sets the dale still.
(笔者译)

【简评】这里的“山空”有独特的境界，有着夜间春山的宁静幽美，真是只可意会不可言传。如果直译，便是 tranquil and beautiful，一来音节长，二来缺美感。如果释义，诗句则过长，即…hills dissolve into void。为尽可能译出“山空”之境界，笔者是从翻译全诗的总体视角来考虑的。

句①和句②是写意的：人竟然能够听到桂花掉落的声音，莫非这山谷是绝对地宁静？而且这个“我”也非常悠闲自在，心无旁骛。句④为写实：在幽静的夜晚，鸟鸣山更幽。如此平静、宁静的春晚，桂花、春涧、月色、飞鸟、空谷……展现出一幅“宁静幽美的山空图”。

以上 3 例起码说明，我们完全可以变“不可译”为“可译”。“可译度”为多少？如何衡量？这也说明，翻译是非常主观的，也必须依靠主观来判断的一种实践、一门学科或者一门科学。它完全不能像自然科学那样可以(很准确地)量化。很多译文和现象是难以重复的；即使译法一样，译文也不尽相同，甚至相差很大，而这些译文却都是可取的、正确的。**无客观之标准、无统一之规范似乎正好是翻译的一种规律**。如何才算译得好，有一些尺度或标准(yardsticks)来进行衡量和价值判断。总体来说，它需要你的双语水平、文化底蕴、对细节的敏感、对读者的了解、对整体的把握和综合的判断。这实则是一种“直觉”，一种“直觉判断”。如何判断翻译的创造性？如何衡量这种创造性的价值？有学者强调翻译过程中的直觉因素(the intuitive element in translating)，译者千方百计要想出最佳方案、给出最佳译文，这本身就是一种创造性的行为(a creative act)。

不仅如此，译者还试图以最小的代价(或努力)博得最佳效果(或成果最大化)，即 a maximum of effect with a minimum of effort。换言之，他/她要根据自己的直觉决定采取 minimax stratategy(Bassnett，2004：42)，以期获得最佳译文。

笔者赞成书中引用的一个专门词汇——minimax，由 mini(mum)和 max(imum)组成。它既是数学词汇，意为极小极大；它还是博弈论用语：极小化极大定理，极大(中的)极小定理。其英语定义是：

Math the lowest of a set of maximum values // [as modifier] denoting a method or strategy in game theory that minimizes the greatest risk to a participant in a game or other situation of a conflict / denoting the theory that in a game with two players, a player's smallest possible maximum loss is equal to the same player's greatest possible minimum gain[30]。

请看两个现成的译例：

1) Both firms were guided by the principle of the minimax, choosing the best of the worst outcomes.（两家公司奉行极大中的极小原则，选择最劣结果中的最佳者。）

2) Just like that 50-50 combination of heads and tails, the minimaxing peasant might pick a 40-60 combination of wheat and millet.（就像掷币猜赌时硬币正反面机会各半 / 掷币猜赌输赢几率[概率]各半，这位力求减少风险以保证最大得益 / 力求利益最大化的农民可能采取 40%种小麦和 60%种小米的策略。）

2.2.7 翻译是科学还是非原创活动

这节是有关翻译学科本身和翻译学科的理念问题，非常有助于培养我们的翻译观。

首先，我们要读懂原著。有关这节的 SL 标题是 science or "secondadry activity"? 假设主语是 translation，那么它可以"管"后边两个表语，即 Is translation a science or secondary activity? 如果主语是两个，那提问的完整句应该是：Is Translation Studies/Translation Theory a science or translation a secondary activity?

依笔者之见，回答问题一，translation 是 a science，也不是 science；但包含了 secondary activity。

回答问题二，Translation Studies 或 Translation Theory 是 a science，因为它应该指 a subject that is formally studied in a college, university,

30 见 *New Oxford Dictionary of English Language*。

etc.[31]。例如 the science of linguistics, social science 和 political science。然而，如果认为翻译(translation/translating/a translation)是一种艺术，那它就不是 a secondary activity，而是一种原创活动、创作活动或者是一种(艺术)创造或再创造。

巴斯内特明确指出：The purpose of translation theory... is to reach an understanding of the processes of undertaken in the act of translation and, not, as is so commonly misunderstood, to provide a set of norms for effecting the perfect translation. In the same way, literary criticism does not seek to provide a set of instructions for producing the ultimate poem or novel, but rather to understand the internal and external structures operating within and around a work of art. The pragmatic dimentsion of translation cannot be categorized, any more than the "inspiration" of a text can be defined and prescribed. (Bassnett，2004：43；下画线为重点部分，由笔者所加)

如果认可这个观点的话，那么长期困扰翻译学或翻译研究的两个问题就能迎刃而解了。换言之，翻译学(a science of translation)是存在的，而且具有科学性；而翻译(translating)或翻译活动、翻译行为本身则(可以)是一种原创互动，一种创造性行为。

翻译学(或翻译研究)正在探索一片新天地，在风格学、文学史、语言学、符号学和美学等领域之间建起了一座桥梁。巴斯内特同时提醒大家：千万别忘了，翻译学是一门坚固地根植于实践应用之中的学科。André Lefevere 勾画出了翻译学的目的：to "produce a comprehensive theory which can also be used as a guideline for the production of translations" (同上：16)。那么为什么要系统地研究翻译呢？这一需要也完全是起源于翻译实践。在翻译过程中出现了不少难题，就有必要对这些难题进行理论探讨；同理，理论心得也可以用于文本翻译。

有鉴于此，巴斯内特认为：把理论与实践分离，使学者与译者之间闹矛盾，着实是一种悲剧。

---

31 见《韦氏高阶英语词典》(2010)。

翻译学是一门严肃的学科，它早就存在。讨论它的存在性显然是一个过时了的问题。如果我们清楚地知道翻译的过程，就清楚地知道了译者的地位和定位。翻译是“原创”还是“次生”(secondary)，“作者、译者和读者”之间的关系一经描述，问题便昭然若揭：

Author — Text — Receiver = Translator — Text — Receiver

(同上：43；下画线为核心部分，由笔者所加)

从研究文本角度出发论证翻译的原创性，墨西哥诗人、诺贝尔文学奖获得者帕斯(Octavio Paz，1914—1998)早在1971年就有一段精彩的论断，特引如下，以飨读者：

All texts, being part of a literary system descended from and related to other systems, are "translations of translation of translations":

Every text is unique and, at the same time, it is the translation of another text. No text is entirely original because language itself, in its essence, is already a translation: firsly, of the non-verbal world and secondly, since every sign and every phrase is the translation of another sign and another phrase. However, this argument can be turned around without losing any of its validity: all texts are original because every translation is distinctive. Every translation, up to a certain point, is an invention and as such it constitutes a unique text.

(引自Bassnett，2004：44；下画线为核心部分，由笔者所加)

原文虽然精彩，但读起来未必“通俗易懂”，特试译如下：

“所有文本，作为源于其他系统并与其他系统相关的文学系统的一部分，都是‘译本之译本’(从其他译本翻译过来的译本——笔者注)：

每一个文本都是独一无二的，同时又都是另一文本之译本。任何文本都不是完全的原创文本，因为它的语言本身，实质上已经是一种译本：首先，它是非语言领域的译本；其次，每一个符号和每一个短语都是另一个符号和另一个短语的译本。这种观点反过来说也是站得住脚的：即所有的文本都是原创文本，因为每一个译本都各不相同。从某种程度上说，每一个译本都是一种创造，因此它构成的是与众不同的文本。”

2.2.8 杂学、博学及译外功

所谓“杂学”，指科举文章以外的各种学问[32]，那真可谓无所不包。所谓“博学”，指学识渊博。“杂学”与“博学”，从语义角度看，意思重叠，起码是近义词吧。从英文角度来解读“杂学”，可谓“映日荷花别样红”。笔者将其译为 a vast variety of knowledge 或 miscellanous kinds of knowledge。查《韦氏大学生词典》，miscellanous 意为 dealing with or interested in diverse subjects[33]。有个典型的例子，是关于 George Santayana 的。根据 *Stanford Encyclopedia of Philosophy* 和 *Wikipedia*，他是一位 Spanish-American philosopher, essayist, poet, novelist, and literary and cultural critic。他的著作及研究领域起码涉及哲学、文学、文化、自然主义、伦理学、政治学、精神生活等。因此，他有句“名言”：“as a writer I was too <u>miscellaneous</u>”（下画线由笔者所加）。看来，这个“杂”（学）不可不谓“博”（学）。我们可以列一个公式：

miscellaneous = learned / erudite 或

miscellaneous ≈ learned / erudite

作为作者，理应努力做到杂学、博学。而对译者知识面的要求、知识储备的要求、杂学博学的要求，则似乎要高于其他专业人士。此外，对译者的要求还应包括“译外功”。宽泛地说，“译外功”应包括杂学与博学。笔者前边已经特别强调，“汝果欲学诗，功夫在诗外”。

由于中国会使用英语的人口超过 4 亿(据非官方统计)，于是根据“翻译悖论 1”，会做英译汉的中国人口，应该比英美两国讲英语的总人口还多数百万。那么我们是否可以认为我们有如此庞大的英译汉队伍呢？从专业角度讲，我们显然不能这么认为。这支“英译汉队伍”中的

---

32 参见百度百科。

33 参见 *Merriam Webster's Collegiate Dictioary* [10th edition]。

绝大部分，且不谈古英语和中古英语，连很多现代英语都没有搞懂呢！也许这些译者的古汉语(先秦的)水平，还(远远)不如他们的英语水平高呢！他/她或许修改自己的中文译本也未必称职，因为他/她未必知道何为“雅”；尽管译本是中文，却不是好的中文，还可能会越改越差。同理，对不少译者而言，其英译本也是如此。他们对英语水平之高低缺乏敏感度，缺乏判断能力——这是一件非常主观的事情，是难以量化的，尤其是对诗歌等文学作品、对修辞手段、对政治家们的空洞言辞、对一些“不可译”的语言现象等。然而，翻译正是要变不可为为可为。借用奈达的话：“Translating is simply doing the impossible well, regardless of the objections of such famous authors as Goethe, Schleiermache, and Ortega y Gasset, who insisted that translating is impossible and yet did not hesitate to have their own writings translated.”（Nida，1993：2）

翻译并不是学了翻译(原则、技巧、策略、理论等)就会的，功夫不全在翻译，却在许多与翻译“似乎无关”的方面，正是那些所谓“杂七杂八”的学问(miscellanous knowledge)。而杂学往往是翻译中重要的甚至举足轻重的一个方面。古往今来，凡翻译家都是博览群书、杂学旁收，能在翻译的自由王国纵横捭阖，在自己的专业翻译领域如鱼得水，游刃有余。杂学对译者和译文的品质发挥着“意想不到”的作用和影响。翻译与杂学息息相关。杂学可以“独立生存”，而翻译却离不开杂学。

如果从中国传统文化和思维定势出发，“博学”似乎要高于“杂学”，起码名称要好听些。实际情形却是：“博学”者(如某一个领域的专家、教授、博士等)未必“杂学”，“杂学”的本身可以不“博学”；“博学”的未必译得好，而“杂学”的却译得高人一筹。两种之间，应该互为补充、相得益彰。

在不少情况下，译者只需“杂学”即可，比如所译主题无需译者“博学”，翻译任务时间太紧，翻译要求不高，等等。笔者认为：只要有“博学”的意识，“杂学”可以被视作是“博学”的基础。对初学翻译的，“杂学”似乎更为重要，因为知识面“宽”、“广”乃至“博”，显然是首要的素质，只阅读若干本专业书籍对翻译或许毫无帮助。还是按照杨振宁所说，做学问就是要东看看，西看看——这正是要“杂”学。

见得多了，经历得多了，思考得多了，心得必然就多了，眼界就开阔了，语言也丰富了，翻译便自然得心应手了。仅举两例，有关魔幻小说《指环王》的大陆译本【TT1】与台湾译本【TT2】之对比[34]。按照译者身份，来自大陆的算是“博学”者（大学学者），来自台湾的算是“杂学”者（电子工程本科生），但一作译文对比，“孰是孰非”——即“孰像孰不像”便一目了然，昭然若揭。

【例 1】

【ST】“…For **it is said in old lore**: ***The hands of the king are the hands of a healer***….”（Tolkien，2007：1126）

【TT1】“……俗话说：‘**国王济世妙手回春**。’……”（汤定九，2008：144）

【TT2】“……**古老的传说曾经记载：王之手乃医者之手**。……”（朱学恒，2008c：166）

【例 2】

【ST】“**You cannot pass,**” he said. The orcs stood still, and a dead silence fell. “I am a **servant** of the Secret Fire, **wielder** of the flame of Anor. **You cannot pass. The dark fire will not avail you, flame of Udun. Go back to the Shadow! You cannot pass.**”（Tolkien，2007：430）

【TT1】“你过不去。”他说。奥克斯都呆住了，厅内鸦雀无声。“我是秘火之**仆**，阿诺之火的**主人**。**你过不去，邪火帮不了你的忙。乌敦之火，滚回阴影里去！你过不去！**”（丁棣，2008：402）

【TT2】“**邪灵退避！**”他说。半兽人全都停了下来，现场陷入一片寂静。“我是秘火的**服侍者**、亚尔诺炽炎的**持有者**。**邪灵退避！黑暗之火无法击倒我，邪淫的乌顿之火啊！退回到魔影的身边去！没有邪灵可以越过我的阻挡！**”（朱学恒，2008a：482）

---

34 引自笔者指导的 MA thesis：Professional vs Amateur：A Comparative Study on the Mainland and Taiwan Versions of *The Lord of the Rings*—A Functionalist Approach to Fantasy Literature，作者高思飞。

【简评】一言以蔽之，仅从语言判断，“杂学”译者的译文像魔幻小说，而“博学”译者的则不像。

如果说学者们不太关注西方魔幻小说体裁，不熟悉中西方有关“魔幻”小说的话语(discourse)，他们的翻译容易“出洋相”。下面笔者再举一个纯粹中国的例子，看学者是如何“出土相”的。

【例 3】

可能有人对 XYZ 之王维《鸟鸣涧》译文有看法，某学者在其书中做了针对性的解释或澄清：

“桂花落”说明时间是秋天，而“春山”、“春涧”又明示时间是春天。显然，原诗存在时间上的矛盾。在许译中，spring 的涵义不是“春天，而是“春意”，这样就巧妙地解决了诗歌在时间上的矛盾问题。(张智中，2006：前言第 4 页)

有关译句是：

Their twitter fills the dale with <u>spring</u>. (鸟鸣春涧中)

【简评】其实，张先生多虑了。抛开 spring 是否可以理解为“春意”，抛开 XYZ 等是否注意到了王维的诗是否包含了常识性错误，抛开文艺创作本身就允许夸张，我们“博学”的译家、学者还应该多多朝“杂学”靠拢。就品种分类而言，桂花包含“金桂”、“银桂”、“丹桂”等秋桂，还有常年开花的“四季桂”。国内某些地方(如秭归县)有一种叫“小桂”的桂花，就是我们常说的“春桂”。正月尾开始出现花蕾，二月初便开始开花，花期约 45 天，可持续到农历三月底(即阳历 4 月了)。

王维题友人所居《皇甫岳云溪杂题五首》，每首写一处风景，接近于风景写生，而并非一般的写意画。《鸟鸣涧》就是这五首诗歌之一，我们完全可以理解为山中的确长着春桂，除非有学者证明唐朝(王维友人处)尚无春桂或者四季桂。

笔者手头涉及“杂类”翻译的话题和案例(<u>miscellanous kinds</u> of translation topics and cases)举不胜举。现特引用笔者认为属于“中西合璧”的著名华人译者及学者思果老先生的经验之谈和深邃论点作为翻译第八个首要问题的小结。其实，应该读他的书，才是更为活生生的。

限于篇幅，也只能引其片言只语，以飨读者。

思果先生指出：

——翻译不像打铁、走索、造桥；那三行要学会了才可以干。而翻译却不是如此。人人可以说自己会翻译，其实不一定会；稍微懂一点外文，就可以觉得自己会翻译；稍微译过一两本书，就可以觉得自己译得很好，其实都不一定。一般翻译不能达到标准，也是因为好多译者没有认清这是件相当专门的事。

——高明的译者并不是魔术师，他们只能苦干——苦想、苦找、勤改、比较、试验，对自己一点也不慈悲。

——自己不懂的东西，怎么能译成中文？……不能乱猜。

——严复遇到不解的时候，就声明他是照字译得。这不是翻译，是敷衍塞责。他肯声明，诚实可敬。有人照字直译，还理直气壮呢。

——删也好，添也好，无非要说得过去(justified)。

——谁的中文也不会够用，谁的英文也没有完全懂。但翻译技巧人人可以学会。

——每次翻译都要当它是英汉对照才行。

——我教翻译，发现百分之五十的时间花在教中文方面。(某一位朋友教中译英，也有同感——他大部分时间花来教英文。)另外有百分之四十的时间花在解释英文方面。只剩下百分之十的时间教翻译的技巧，而这个百分之十还有一大部分时间教人守纪律，如核对书目，不要漏字，不要把原文的意思加进去，等等。

——字典要多查，多查几本；但是光靠字典翻译，绝对译不好。

(思果，2001：151/152/156/160)

综上，我们主要围绕翻译本体谈了八个话题。当然，专业翻译(specialized translation)和专业口译(professional interpreting)虽有其特殊性，如必须懂 subject knowledge，必须经过 special training，但基本道理是一致的、相通的。笔者认为：博学、杂学及译外功夫甚至比翻译前七个首要问题更为重要。

2.3 口译实践观

2.3.1 口译中国现状简述

全球化与和谐世界不仅对笔译而且对口译提出了更高的要求。口笔译已经在国际政治、经济和文化舞台上发挥着不可或缺的作用。

当今翻译行业的繁荣，跟信息是密切相关的。信息，无论是在今天还是未来，都是一种至关重要的生产力，通过传播而创造价值。要在世界各国不同语言群体间传播信息，当然离不开翻译活动这个中介，其中，口译发挥着特殊的重要作用。在国际贸易中常有这样的情况：因为外语信息没有及时翻译，短短几秒的延误就意味着错失商机。这个简单的例子凸显了全球化的信息时代口译的关键作用。显然，信息一旦失去时效就失去了价值。而口译的译语信息与源语信息的发布时间间隔很短(对同声传译而言是几乎同步)，正是这种工作方式保证了信息的时效性。在机器翻译能够完全取代人的劳动(仅为假设！)之前，口译将是保证信息及时传递、国际交往顺利进行的主要手段。

口译根据其服务对象、内容、场合和性质等可分为不同类型，包括会议口译、商务口译、陪同口译等大类。另根据陈刚(2010：18-19)，口译可分为 24 种(包括部分重叠、交叉现象)(表 2-1)。

表 2-1　口译分类

口译类别序号	口译类别及名称
(1)	会议口译(交/同)
(2)	商务口译(交/同)
(3)	陪同口译(交/同)
(4)	联络口译(交)
(5)	联络-陪同口译(交/同)
(6)	导译(同)

(续表)

口译类别序号	口译类别及名称
(7)	法庭口译(交/同)
(8)	医务口译(交)
(9)	社区口译(交)
(10)	耳语口译(交/同)
(11)	视译(同)
(12)	电话口译(交)
(13)	手语口译(交/同)
(14)	特殊教育口译(交/同)
(15)	接力口译(交/同)
(16)	网上口译(交/同)
(17)	远程口译(交/同)
(18)	视频口译(交/同)
(19)	媒体口译(交/同)
(20)	导游同传(同)
(21)	特殊/临时口译(交/耳)
(22)	外交口译(交)
(23)	外事口译(交)
(24)	宗教口译(交/同)

在这 24 种口译中，会议口译处于各种口译的专业高端，广泛应用于外交外事、商务活动、国际仲裁等诸多领域。

据中国外文局统计，中国翻译市场 2006 年产值超过 300 亿元，翻译市场需求正面临着急剧膨胀的趋势。北京外企人力资源服务有限公司日前发布的人才需求分析报告指出，奥运会开幕之后，奥运期间的体育翻译产值超过 7000 万元，覆盖 10 个语种。而这些还仅仅是一小部分，几百个代表团和数以万计的外国游客也需要大量的翻译服务。

会议口译作为翻译行业链条中重要的一环，也随着国际会议的增多而成为行业的新的增长点。根据不完全统计，每年在中国举行的不同规模的国际会议、展览超过 2000 个。包括同声传译、交替传译和联络陪同口译在内的会议口译已成为这些国际会议的重要沟通工具之一。然而中国翻译协会提供的数据显示，会议口译等高级翻译人才严重不足，只能供给市场的百分之十。

“工资高、工作时间短，又能在大型会议露脸，让许多中国年轻人向往翻译工作。不过，合格的人才实在太少了。现在有一些专业会议，一天 2 万人民币的报酬，也请不到人。”中国外文局教育培训中心主任王欣这段话，足以说明我国口译人才缺乏的现况。

随着经济的发展，国际交往、涉外商贸和涉外旅游越来越频繁，中国口译人才已出现严重短缺的现象。以北京为例，每年几百场国际会议，包括各类国际组织的年会、学术交流会、企业间的商务谈判等，都需要专业口译人才，但目前北京的合格专业人才不超过 30 位[35]。就全国而言，对口译人才的需求约在百万，而目前仅有北京外国语大学、上海外国语大学、广东外语外贸大学、对外经济贸易大学、厦门大学等少数大学开设了口译专业，每年从口译专业毕业的学员充其量二三百人。如此大的缺口现在只能由未受过专门口译训练的外语专业人员来填补，而这些译员因缺乏口译技巧和心理素质的培养，往往会影响到口译的质量(据“第六届全国口译大会暨国际研讨会”介绍)。中国急需培养一大批具备国际会议口译水准的专业译员，以满足经济全球化的需要。

我们之所以专辟一节来谈口译，不仅是学科介绍完整性之需要，而且还在于当前培养口译人才的紧迫性。长期以来，中国的口译教学从规模和方法上都相当欠缺。高等院校作为培养口译人才的重要阵地，却一直缺乏正确的意识和行之有效的方法。“内地长时间内没有专门的翻译院校，培养翻译人才的任务完全由语言院校承担。”“翻译教学长期被视为外语教学的一部分，严格意义上的翻译教学根本不存在……”“……口译课得不到应有的重视，教学时间过短，没有教学大纲和教

35 据台湾“联合新闻网”消息。笔者指出：这里的口译人才特指经过国际认证的译员(如 AIIC 译员)。

材，口译教学内容不清楚，入学和结业考试没有统一标准……”（刘和平，2005：99）这些曾经广泛存在的问题，在很大程度上造成了中国今天“口译乏人”的尴尬状况。值得高兴的是，进入21世纪以来，越来越多的高校开设了口译课程，口译教学和研究也受到更多关注。这些尝试对于培养更多合格的口译人才是有益的。

就口译学习者自身而言，选择口译，就像生产一种造价高、利润大的产品：投入的是多年的艰苦学习和积累，回报给译员个人的则是高收入和社会地位(且不谈口译对国家经济、文化发展的作用)。口译是一种高强度的脑力劳动，不仅需要双语知识，还要具备丰富的百科知识，良好的心理素质和所谓“急才”。这些特点对译员的素质提出了相当高的要求，不付出一番艰苦的努力，不经历各种口译现场的压力和考验，是难以满足要求的。另一方面，当译员的经验逐渐丰富，技巧日益娴熟，能够胜任重大场合的口译任务时，得到的回报也是相当可观的。以上海的翻译市场为例，英语会议交传的日收入可达2500—3000元人民币，而同声传译更高达6000—8000元[36]。口译已成为当之无愧的“金领”职业，口译员们不仅有令人艳羡的收入，还有机会亲临政界、商界、学界的各种重要场合；出色完成任务的口译员，总会受到人们的尊敬和赞扬。口译员是当今最具升值潜力的职业之一，对于有潜质的人才而言，选择口译不失为一种务实的做法。

2.3.2 口译特点

鲍刚指出：“在译学领域，最难作出系统研究的恐怕就是口译了，它的科研难度远远高于笔译。因为，尽管口译与笔译在本质上相同，但两者特点仍有所区别。”（1998：1）在此，我们基本上不涉及口译历史、口译理论、口译研究历史和现状等，因为这需要另书详述。陈刚列举了口译与笔译的诸多不同特点(2004：357-378)和口译与导译之间

36 参考 2007-1-31 上海译佰翻译公司报价(http://www.oktrans.net/kind/interpretation.htm)、上海译港翻译公司报价(http://www.shtranslation.org.cn/kyjg.htm)及上海妙文翻译公司报价(http://www.paper-translation.com/price.htm)。

的关系(2010：18-22)，加上补充部分，特归纳如表 2-2。

表 2-2 笔译口译异同点

翻译类别或模式/特点异同分类描述	笔译	口译	备注
(1)最大特点	慢	快	最大异同
(2)翻译要求	异同	异同	异多同少
(3)翻译文本	异同	异同	异多同少
(4)翻译单位	异同	异同	异多同少
(5)翻译种类	少	多	口译可达 20 多种
(6)翻译手段	少	多	口译更需灵活多变
(7)翻译对象	异同	异同	异多同少
(8)翻译环境	异同	异同	异多同少
(9)翻译设备	异同	异同	异多同少
(10)翻译时间	长	短	长少短多
(11)翻译速度	慢	快	口译须快
(12)翻译压力	小/大	大	口译大多
(13)翻译心理	反映隐性/显性	反映显性	口译显性多
(14)翻译情绪	反映隐性/显性	反映显性	口译显性多
(15)翻译过程	异同	异同	异同程度不一
(16)翻译方法	规则多	灵活多	规则/灵活各异
(17)翻译技巧	异同	异同	异同程度不一
(18)翻译结果	异同程度不一	异同程度不一	口译须当场见效
(19)译后总结	异同	异同	异同程度不一
(20)翻译教材	异同	异同	异多同少
(21)翻译历史	异同	异同	异多同少
(22)翻译理论	异同	异同	异多同少
(23)研究方法	异同	异同	异多同少

（续表）

翻译类别或模式/特点异同分类描述	笔译	口译	备注
(24)翻译规律	规律多	规律少	差异明显
(25)职业要求	异同	异同	口译要求更高
(26)的语要求	异同	异同	口译要求更高
(27)灵活性/度	异同程度不一	异同程度不一	口译灵活性/度更高
(28)翻译效果	异同	异同	异同程度不一
(29)效果检测	异同	异同	手段、方法不同
(30)健康状况	异同程度不一	异同程度不一	口译要求更高
(31)性格特征	异同程度不一	异同程度不一	口译外向型较多
(32)交际要求	低	高	导译要求最高
(33)听说要求	（很）低	（很）高	会议口译要求最高
(34)记忆要求	低	高	同传和交传要求最高
(35)笔记要求	（很）低	（很）高	会议交传要求最高
(36)判断能力	可以“弱”	必须“强”	“强”且“快”
(37)保密要求	低得多	高得多	对译员的要求最高

2.3.3 口译实践

要学好口译，要做好口译本体研究，口译实践乃是关键。以下分“实践为本”、“杂学为辅”和“功夫在外”来阐述。

2.3.3.1 实践为本

(1) 口译是一门技术。

口译，不能称之为科学，也不是纯粹的艺术。何以见得？根据《辞海》的定义，科学的特点是将现实世界进行抽象化，从而研究其客观规律，例如数学、物理学、经济学等。口译是一种具体的语言交际行为，而非抽象化的模型；所谓的“口译理论”或口译研究，主要是对口译过程本身的探究，并非对口译内容所涉及的现实世界的规律总结。所以说，口译不是科学。对于口译员的精湛技艺，人们常用“艺术”一词来形容，以表达欣赏和赞美之意，然而此“艺术”非彼“艺术”也。我们知道，文学、绘画、雕塑、音乐等都是艺术的表现形式，其特点是“通过塑造形象具体地反映社会生活、表现作者思想感情”[37]。口译并不塑造形象，口译中出现的形象是源语信息所塑造的形象的转移；口译应如实地反映讲话者本人的意图，而不是表现译员的思想感情。可见，口译也不是严格意义上的艺术。

口译是因各民族相互交流的需要而产生并发展起来的。从出现的第一天起，口译就是作为一种交际工具而存在的。换言之，口译是一门实用技术；在当今世界，口译更是一种专业和职业技能。亚太会议口译员协会(CIAP)对口译的定义是：“(Conference) interpretation is a specialised, highly demanding **profession.**”[38] 而 **profession** 一词的含义是“(需要专业教育和训练的)职业”[39]，如医生、律师、工程师等。同这些职业一样，口译员只有在进行口译的过程中才能使所学知识发挥作用，也只有在每一次具体的口译任务中才能体现口译的价值。这说明，口译活动是一个具体的、动态的过程，是一种需要专门技术的实践。美国国家口译协会(NAI)的网页中也体现了这一点：“Interpretation is a mission-based **communication process** that forges emotional and intellectual connections between the interests of the audience and the meanings inherent in the resource.”[40]

(2)在口译中学习口译。

口译员在工作中展现出来的超常记忆和迅捷的反应、(同传)边听边译的高难度技术等，在为译员赢得尊敬的同时，也给口译活动披上了一层神秘的面纱。近年来，关于译员工作时心智活动的研究越来越

37 《辞海》，1979：1258。

38 http://www.ciap.net/webpages/conference01.html 2007-1-11。

39 朗文当代高级英语辞典，2004：1563。

40 http://www.interpnet.com/ 2007-1-11。

多，例如，借助心理语言学和脑神经学等，希望理解译员在口译过程中大脑的运作机制等问题。这些探索可以促进相关学科的发展，也是未来发展机器口译的基础。

Peter Newmark 在 *Approaches to Translation* 中指出：翻译理论是一种依赖于实践的学术研究，其地位显然次于实践(an academic pursuit that is dependent upon and apparently subordinate to practical exercise)。对口译而言，尤其如此。口译理论或口译研究属于微观工程技术范畴，是跨学科的外部研究，对于口译实践的直接帮助不大。对口译学习者来说，真正有帮助的“理论”莫过于前人的经验总结：对待不同话语类别应当采取何种策略，遇到突发情况应怎样处理，等等。当然，最重要的还是亲身实践，在实践中强化自己的脑记和笔记，体会各种技巧的作用，比较不同译法的优劣，发现自己的长处和不足。

有经验的译员都知道，只有在口译中学习口译，才是唯一正确的方法。仅仅在课堂上谈论如何做好口译，或从书本上阅读口译原理和技巧，其意义是有限的，就像掌握了词汇和语法不等于会讲英语一样。既然口译是一门技术，就必须通过实践来学习和磨炼。这里所说的实践包含两个层次：从学习、记忆口译知识到尝试开口翻译，这是第一次实践。在模拟的口译过程中，学习者能巩固知识，体会技巧，为实际工作打下基础。但是，仅在模拟的环境中练习是不能胜任重要口译任务的。因为在现实工作环境中，特别是重大会议现场，译员要承受来自各方面的巨大压力，面临难以预料的突发情况，这不仅是对知识的考验，更是对心理素质的考验。实际上，职业口译员都是从那些重要性相对较低的任务做起的。随着现场经验的不断丰富，口译技巧的日渐娴熟，面对压力时自然更加从容。这就是我们所说的第二次实践，或现场实战。

要成为一名合格的口译员，“两次”实践各有其重要意义。具体地说，职业译员一般应取得国家或国际认可的口译资格证书，此前须通过相关的职业资格认证考试[41]。这些考试由于含金量高，每年都会吸

41 目前国内的翻译考试主要有全国翻译专业资格(水平)考试(CATTI)、长三角外语口译证书考试等。

引众多报名者，具有较大的难度，要求应考者具备良好的双语能力，并掌握常用的口译技巧。这就需要进行大量的模拟口译训练，在实践中打磨基本功，提高口译水平。另一方面，只有在真实的口译现场才能检验自我训练的效果，巩固技巧，发现问题。也就是说，第一次实践(模拟训练)是第二次实践(现场实战)的基础和必要准备；后者则是前者的延伸，也是其价值的体现。

应当说明的是，我们之所以推崇实践，并非否定理论的作用，而是希望大家建立起一种务实的翻译观，或者说“口译观”。每个人的口译观不尽相同，但有一点必定是共通的，那就是 **Never be an armchair strategist**。不仅对译员，对口译研究者而言同样如此。因为一切理论都源于实践，实践经验对理论的发展势必有促进作用。事实上，没有亲身实践是很难进行口译研究的。那些对口译理论有真知灼见的学者，全部都有过丰富的实践经验，有的曾是或现在仍是职业口译员。实践为本，对口译而言，尤其如此。

(3) 培养职业化的素质。

务实的口译观要求我们培养职业化的素质和能力。口译练习的努力方向，应以职业译员的素质为标准。那么，哪些素质是职业口译员应当具备的呢？

首先是扎实的语言功底，这是口译工作的基础。一名优秀的口译员应精通本国语和(至少一门)外语，熟悉其互译规律，具备敏锐的听力和流畅的口头表达能力等。译员语言水平的基本要求是，对 B 语[42]的掌握程度应基本相当于 A 语，即不仅能熟练运用 B 语的词汇和语法，而且通常能敏锐把握其修辞特征、感情色彩、文化背景等较为隐蔽的特点。如：“What has he been doing?”可以简单地译为“他做了什么”或“他一直都在干什么”吗？译员应当知道，现在完成进行时的这种用法常用来表达惊异的语气，结合讲话者的语调，正确的译法是“他究竟干了些

42 AIIC defines B language as “a language other than the interpreter's native language, of which she or he has a perfect command and into which she or he works from one or more of her or his other languages.” (http://www.aiic.net/glossary/default.cfm?ID=49 2007-1-31).

什么？”再如：“那位老人是您父亲吗？”能否译为：“Is that old man your father?”“北京市政府为奥运会做了大量宣传工作。”能否译为：“The Beijing municipality has made a lot of propaganda for the Olympics.”“You have nothing to lose and everything to gain.”应该怎么译？等等。

这些问题你能迅速回答吗？你的英语知识与优秀的口译员还相差多少？

作为语言功底的重要部分，听力水平“是口译成败的一个关键因素，也是一名译员的综合语言和知识水平的反映。在口译过程中，影响听力理解的因素有六个：口音、语感、词汇量、知识面、注意力以及音量与干扰”（刘和平，2005：80）。五花八门的英语口音常常令口译新手叫苦不迭，有些不规范的发音甚至连英语国家的人也听不清楚。下面这位菲律宾人的话，你能听明白吗：“I am dirty, my wife dirty do.”没听错吧？我脏，我夫人也脏？就标准英语发音来说，你没听错，但是如果了解东南亚口音就会知道，他真正的意思很可能是：我 30 岁，我夫人也是 30 岁（“I am thirty, my wife thirty too.”）。

有些新译员在遭遇“杂牌”英语时会在心里抱怨：真倒霉，怎么让我遇到这么难懂的口音？讲话人能不能事先纠正一下语音？然而这就是口译员的工作，他/她除了学会适应各种口音外，别无选择。服务行业视顾客为上帝，对口译这种特殊的“服务”而言，讲话人永远是对的，译员任务就是去适应他们的方式，理解他们的意思。这就要求译员平时多下工夫，有意识地听一些非标准、非规范的英语，注意总结其特点和规律；还要善于借助逻辑分析来推断讲话人的意图，这样即使有个别词句没听清，也能正确理解讲话人的意思。口音问题只是职业口译员面对的诸多难题之一。此外，由于讲话人英语水平所限，可能出现错用语法或词不达意的情况；有的发言人思路不清晰，整篇讲话逻辑混乱；有的语速过快，又缺乏停顿……这些都会给译员的听力理解带来困难。译员必须加强自我训练，为应对各种困难做好准备。

流畅的口头表达能力也是译员的必备素质之一，是他/她的语言功底的一种体现。对口译工作来说，听、译、说是三个主要的技术环节。

“说”这一环节建立在“听”和“译”的基础上，“说”得好不好直接影响到口译的效果。译员应善于表达观点和感情(注意：这不等于说可以在口译中加入自己的立场)，能流畅地遣词造句，用语精当、得体，逻辑清晰等。

作为口头表达的载体，译员的口齿要清楚。刘和平(2005：81)认为，口齿清楚包含以下几点：

- 发音清楚，明白易懂，讲话不能带有方言土语。
- 说话干脆利落，避免重复啰唆。
- 语速适当，停顿自然。
- 语调自然，不能装腔作势，更不能喧宾夺主。
- 音量适中，声音太小会令听众听起来费劲，太大则可能产生噪音。

除了语言功底，广博的知识面对于口译员也是非常重要的。口译涉及的领域非常广泛，从国际局势、人口问题、环境保护，到科技、经贸、法律、艺术、体育……包罗万象，复杂多样。“常常有译员因缺乏主题知识或百科知识而出现‘卡壳’的现象。”(刘和平，2005：80)

为此，译员必须做好两方面的准备：

一是针对每次会议的主题，查阅相关资料，了解可能涉及的理论、术语及各方的立场等，做到心中有数。例如，在联合国人权问题的会议上，有人提到国际组织是否有权受理个人的申诉。一位代表发言说，“I doubt whether an individual could be considered as a **subject** of international law.”译员把这句话译为：“我怀疑个人是否能算作国际法的一个审议对象。”表面上看译得没错，因为subject确有审议对象的意思。但译员如果熟悉国际公法，就会知道这里的“subject of international law”实际上指国际法的**主体**。(张维为，1999：24) 又如，在一次通信技术会议上，一位外国专家介绍说：“Each frame is divided into several **time slots**.”(每一帧分割成若干**时隙**。) 由于准备不充分，译员将time slot译成了“时段”。虽然这个词大致也能达意，但time slot是通信术语，术语的翻译应遵循行业的统一译法，否则容易引起问题。

另一方面，译员应掌握丰富的百科知识，“拥有较高的文化修养，能上知天文、下通地理、博古通今，并熟悉各行各业，努力做一个‘杂家’或‘万事通’”(刘和平，2005：80-81)。很多时候，译员的“杂学”功夫能起到关键作用。例如，某专家在分析美国股市状况时，提到了“Big Blue”，如果译员关心 IT 资讯，一定不会对“蓝色巨人”这个名字陌生，它就是美国著名的计算机生产商“IBM”。又如：That is **the sixty-four thousand dollar question**. 什么是“六万四千美元问题”呢？了解美国历史的译员知道，这个短语来源于 20 世纪 50 年代美国的一个电视竞猜节目，一连答对七个问题的人，就能获得高达六万四千(约相当于今天的五十万)美元的奖金。最后一个问题因此显得尤为重要，被称为 the sixty-four thousand dollar question。这个含义一直沿用至今，即表示“最重要的问题”。再如，在一次介绍网络虚拟社区的讲话中，提到 Members debate topics from technology to **The Grateful Dead**. “感恩的死者”，出自英国传说，讲述一个旅行者经过一个村庄，发现村民因为一个死者生前未还清债务而拒绝将他埋葬，旅行者替他还了钱让他体面地入土，后来旅行者在一次危机中神秘获救。但是，如果以为“社区”成员们讨论的就是这个故事，那么你很可能误解了讲话人的意思。本来是想说明虚拟社区里有各种热门话题，比如 technology(技术问题)，怎么会突然说起久远的传说呢？这就是问题所在。用 Google 一搜便知，The Grateful Dead 也是美国一支摇滚乐队的名字，从 20 世纪 60 年代一直活跃到 90 年代，影响巨大。译员如果对摇滚乐有所了解，此处应能译出“‘感恩的死者’**乐队**”。

对口译工作而言，译员的记忆力是一个先决条件。一方面，口译过程中基本不可能查阅词典或资料等，译员的语言知识和百科知识等工作“资源”都依赖记忆来存储，因此长期记忆力很重要；另一方面，(交替传译)译员必须准确、全面地记住讲话的内容，而笔记只起到提示性的辅助作用，这要求译员有很强的短时记忆能力。许多人认为口译员一定具有“超常”的记忆力，特别是短时记忆，而事实上，绝大多数译员是通过训练而获得这种记忆能力的。

以上几种素质都是由智力因素决定的，可以说是口译员的“硬件资源”。我们知道，一台计算机硬件配置再高，如果没有适用的操作系统等软件，也是无法有效工作的。对译员来说，他/她的学识等“硬件资源”同样需要依靠某些“软件”才能发挥作用，即，稳定的心理素质和良好的职业道德。心理素质就像是计算机的操作系统，没有它来统领全局，译员的所有“硬件资源”都将无用武之地。而职业道德的作用类似于防病毒软件，避免口译质量受到某些失当做法或不正确立场的危害。

口译工作对译员的反应速度要求很高，几乎要做到脱口而出，因此译员应保持清醒的头脑；同时，译语信息一经发布就很难更改，所以译员须格外谨慎，保证译语的正确性和完整性。这些特点要求译员在工作时必须充分集中精力，不能受外界因素和自身状态的干扰，因此稳定的心理素质尤为重要。影响译员心理的因素很多，比如场面宏大、现场听者众多、环境嘈杂等，以及译员性格内向、身体不适、睡眠不足、情绪不佳、准备不充分等，这些都会给译员造成压力，而紧张的心理会分散注意力，直接影响到思考的顺利进行。有些缺乏经验的译员甚至可能大脑一片空白，无法正常工作。因此，译员必须培养良好的心理素质，以坚强的意志和充分的自控力，冷静地面对各种不利情况。为尽量减少或消除上述干扰因素的影响，译员平时应更多地出席社交场合，克服腼腆心理；译前多做准备，对口译的主题等信息有所了解；合理作息和饮食，确保良好的精神状态等。

作为国际交流的直接参与者，译员的言行在很大程度上代表了国家的形象，因此他/她必须树立良好的职业道德观念。译员应始终保持中立的立场，即使讲话的内容违背译员本人或本民族的信仰、感情或价值观，也必须如实翻译。“例如，讲话人用‘Spratlys’，译员就应该译成‘斯普拉特利群岛’而不是‘南沙群岛’。”（张维为，1999：27）译员应对听众负责，“一旦发现自己因口误或一时误解而出现差错，就必须加以纠正。当然，纠正错误要注意策略，不必急于把句子重译一遍，可在听众不知不觉中进行补救。译员常用的补救办法，一是在随后的句子中逐渐补上；二是使用诸如‘I mean’，‘or rather’，‘that is’的缓冲表达语”（刘和平，2005：82）。译员应尊重讲话人，避免流露出不耐烦的语气，或使用夸张的语调，喧宾夺主。另外，由于可能接触到某些不公开的内容，译员应具有保密意识。对此，国际会议口译员协会(AIIC)的职业道德准则(Code of Professional Ethics，Version 2006)[43]第二条规定："会员应当严守秘密；不能借工作中获取的保密信息攫取私人利益。"口译是一种受人尊敬的职业，为了维护行业尊严，AIIC 规定：会员不能接受无法胜任的工作(第三条)；不能接受可能对口译职业有所贬低的工作(第四条)。

(4) 口译技巧。

知识 + 心理素质 + 技巧 ＝ 译员的综合业务水平。知识的来源可谓无所不包：除了专业图书，还包括大量的报刊、电视电台节目、互联网信息等。译员的知识底蕴建立在长期积累的基础上，没有所谓的"速成法"。就心理素质而言，虽然前人有过不少忠告和提醒，但心理毕竟是极其复杂微妙的东西，要想通过别人的传授来锻炼心理素质是不现实的，只有亲身经历过各种压力和逆境才能真正有所体会。因此，心理素质的提升也没有捷径可循。

相比之下，技巧也许是三者中相对容易习得的。所谓技巧，无非是对已有知识的灵活运用，甚至可以说，知识与技巧是"道"与"器"的关系。"形而上者谓之道，形而下者谓之器"(《周易·系辞上传》)，就是说，"道"是一般性的原理，而"器"是具体可感的事物。对译员来说，知识在长期积累中已经成为其内在的一部分，支配着译员思维的方方面面，具有一般性；而技巧是对某些情况的处理方法，是有针对性的、具体的东西。比如，同声传译中通常不能等到一句话结束才开始翻译，因此经常使用断句技巧，如：I come to China / at an important time. 笔译一般译为"我在一个重要的时刻来到了中国"，但同传译员差不多听到"/"处就要开始翻译，译句可能变为："我来到中国，**正逢**一个重要的时刻。"(张维为，1999：49) 大家可能注意到，为了使断句以后的句子通顺，译员用动词(正逢)来翻译了介词(at)，这就是一个技巧。由此

43 www.aiic.net/ViewPage.cfm/article24.htm 07-1-31.

大致可以看出，口译技巧往往是跟某些具体的译例相联系的，可以清楚明确地加以列举，因此相对容易传授，对学习者来说也易于领会和模仿。大家看到，目前口译方面的教材，介绍技巧的占绝大多数，这也从一个侧面说明了技巧的可传授性和可模仿性。知识和心理素质基本上需要译员从“零”做起，而口译技巧则可以“半道出家”，将前人的大量宝贵经验为我所用，从而少走弯路。

值得注意的是，口译技巧虽然较容易学习和模仿，但还须经过反复实践、亲身体会才能运用自如。口译是一门实践的技术，其技巧也应是实践的技巧。而且，口译接触的话题和讲话人的风格千差万别，仅凭前人的技巧是不可能包打天下的，译员必须在实践中不断摸索，针对不同的情况寻找合适的技巧，并通过实践来检验其可行性。

事实上，没有哪种技巧是唯一“正确”的，正如译文不应有“标准答案”一样。只要能较好地实现交际效果，就是好的技巧。以下是一些常用的实战技巧及其原理，供大家参考。

1) 讲话人的一段话结束后，译员通常应立即开始翻译。译员一般没有时间来重新组织译语，而是将主要精力用于记忆和表达信息内容。因此，口译的译语常常表现出与源语近似的语序。这在笔译中有时被指为“过度异化”，是不可接受的；但在迅速流动的口语中，“准确”、“达意”才是第一位的，只要不影响听众的理解，保留源语的语序有时是可行的。例如：

“因为政府的扶持性政策，市场发展很快。”译员很可能这样译：

“Because of the supportive policies of the administration, the market has been developing rapidly.”

（更符合英文表达习惯的译法是：“The market has been developing rapidly because of the supportive policies of the administration.”）

又如：

“The idea that women are less competent has been under assault for years.”可译为：

“有观点**认为**，女人的能力较弱，**这种看法**多年来一直受到抨击。”

（笔译可能译为：“认为女人能力较弱的观点多年来一直受到抨击。”）

再如：

“They have long feuded over discoveries they made while both were at NASA.”可译为：

“他们长期交恶，**起因是**两人在 NASA 共事时的研究成果。”

（笔译可能会译为：“他们因为在 NASA 共事时的研究成果而长期交恶。”）

需要注意的是，虽然不必重新调整语序，但仍须保证句子的通顺。技巧是采用某些连接词来断句，并注意体现原来的逻辑关系。如上例中的“认为”、“这种看法”、“起因是”。

2）准确、全面地传递信息是口译的一个基本要求。但是应当注意，所谓“准确”和“全面”，都是对**重要信息**而言的；对于次要的、意义不大的信息，则不必要求精确。上文已经提及，译员需要在短时间内记忆大量内容，因此切忌在所有信息上平均分配精力。译员首先应学会判断信息的重要程度，并由此作出取舍，重点记忆关键信息，不要在那些无关紧要的副词、插入语、引导语等上面浪费时间。例如：

“Apple built its reputation on insanely great products.”

“insanely”此处并没有实际含义，仅仅加强语气，因而不必译出。

又如：

“One of the ways that the company got into trouble, frankly, in the first place, was an excessive focus on market share.”

这句话中的关键信息是主语“公司陷入困境的原因之一”以及谓语和宾语“是过度关注市场份额”，而不是插入语“frankly”、“in the first place”。

3）在个别词没有听懂或听清的情况下，不能跳过不译，而应根据上下文进行词义猜测。随着讲话的进行，译员若发现刚才的猜测有误或不够准确，在合适的时候进行纠正也为时未晚。例如：

“The EC wants the United Nations to set up more regional fisheries-management organizations, in which U.N. member countries would enforce rules on deep-sea **trawling**."

"trawling"是个不太常用的词，意思是"拖网捕鱼"。译员如果一时不记得它的意思，可以根据上文的"fisheries-management organizations"(捕鱼管理组织)和逻辑关系"in which"(通过这些组织)，以及定语"deep-sea"(深海的)，猜测出"trawling"是某种捕鱼方法，于是笼统地译为"捕鱼"。

又如：

"Merriam-Webster Online offers free definitions and synonyms through its Web dictionary and **thesaurus**."

译员知道，这句话是说，网站通过网上词典和**某种网上工具书**来提供词语定义和同义词。译员是这样推断的：既然词语定义需要查词典，那么同义词应该是查**同义词词典**吧。这个猜测十分接近 thesaurus 的准确意义：同类词词典；(按同义词、近义词编排的)类属词典。

以上主要是从译员的角度出发的，目的是为口译工作提供便利。就听众而言，口译的效果是第一位的，他们希望听到的是明白易懂、准确无误的译文。

4)笔译看来是正确得体的译文，在口译中却不一定是好的译文。例如：

"我们很欣赏帕穆克的书，这本书追寻着他故乡的灵魂，找到了文明之间冲突与交错的新象征。"如果译为：

"We appreciate Pamuk's **book** questing for the soul of his native city, **which** has discovered new symbols for the clash and interlacing of cultures."

听者需要费点劲才能明白，which 指代的是前面的 book 而不是 city。为了方便听众理解，口译员常采用的策略是：避免用关系代词来指代远处的词，而改用实词(例如同位语结构)来与之呼应。上面的句子译员可能会这样译：

...native city, **a book that** has discovered...

再如，某些用法在笔译中是不妥的甚至是错误的，但在口语中却有助于澄清语义，因而也常被译员采用。比如，英文中有逻辑关联词

"if A, B"、"although A, B"、"because A, B"(更符合英文语言习惯的是"B, because A")等，当包含这些关系的句子(特别是前半句)很长时，听者往往弄不清前后的逻辑关系。为此，译员常采用"if A, **then** B"、"although A, **yet** B"、"because A, **so** B"等"改进"结构，虽然在笔译中不可接受，但在口语中却能清楚明白地传递信息，使听者更容易理解，因此不失为一种好的口译技巧。例如：

"由于经济自由和政治自由是相互关联的系统中的一部分，它们是相互依存的，所以我们必须在两者间寻求平衡。"译员可将这句话译为：

"**Because** economic freedom and political freedom are part of an interlinked system, and they rely on one another, **so** we must seek balance between them."

5) 当译员意识到自己出现了错译或漏译时，绝不能碍于面子而将错漏之处放过去，自欺欺人。一个对听众负责的译员，应在适当的时候通过一定的技巧来更正或弥补，确保听众接受的信息是正确、完整的。译员常用的方法是，用"I mean"、"or rather"、"that is"等来过渡。例如：

"我们的下一个目标是推动中国西南部的经济发展。"译员出现了口误，随即很自然地作出纠正：

"Our next goal is to boost economic growth in **southeast** China, **I mean, southwest** China."

除了以上关于具体译法的技巧外，译员还必须掌握做笔记的方法。口译的笔记完全不同于速记，速记的目的是还原讲话人的**原话**，而口译笔记仅用于辅助记忆讲话人的**意思**。不同于课堂笔记，需要日后复习查看，口译笔记只是应一时之需，作为记忆的线索；译员本人在口译任务结束后都不一定理解笔记的含义。因此，口译笔记常使用简单直观的符号、字母或汉字，记录的格式应体现讲话的逻辑关系和段落框架。译员一般使用长约 20 厘米，宽约 15 厘米的上下翻笔记本，便于携带和翻页。每页纸只用正面，并在其左边画条线，留出空间来记录表示逻辑关系的连词、箭头等。此处不再赘述。

口译技巧之多，不胜枚举。有 30 种技巧举例说明，详见《旅游英语导译教程》(陈刚，2010：66-90)。希望大家勤于学习和实践，体会各种技巧的作用，并熟练掌握它们。

2.3.3.2 杂学为辅

(1) 口译无界，重在理解。

Interpreting/**Interpretation knows no boundaries.** 有经验的译员无不对此深有体会。口译涉及的内容可以说无所不包：当今的各种热门话题，科学研究的新进展，经贸文化的合作交流，这些信息都须经过译员的翻译来传递给听众。译员必须对所译内容有充分的了解，才能顺利完成任务。

在外人看来，译员的工作只是把一种语言转换为另一种语言，似乎只需要跟语言打交道。而事实上，语言只是表达的工具、信息的载体，口译的目的在于传递信息，使听众理解讲话的内容。当然，译员本人首先应正确理解听到的内容，才能译出有实际意义的句子。法国释意理论的创立者之一塞莱斯科维奇(D. Seleskovitch)(1984：176)指出："在传译过程中，**理解**源语信息应放在首位，用目的语传达源语信息应放在末位。"翻译的基础是理解；如不能正确理解讲话人的意思，即使语言功底再好，译出来的句子还是可能让人不知所云，译了也等于不译。例如：

"The virtual community has been replicated in social networks such as Myspace and **user-generated content** such as YouTube."

对互联网缺乏一定了解的译员，很可能不清楚"user-generated content"指的是什么，于是直译为"YouTube一类的**用户产生的内容**"。听者会对"内容"这个概念感到迷惑，YouTube到底是什么呢？实际上，YouTube是一个较为特殊的**网站**，它的网页内容主要是由终端用户生成的[44]。而其他绝大部分站点的内容是由专门的网站制作人员生成的，用户只能查看网页内容或进行简单的交互，如在BBS(电子公告板)上发帖等。只有理解了这些背景信息，译员才能译出YouTube

44 User-generated content (UGC) refers to various kinds of media content that is produced or primarily influenced by end-users. (http://en.wikipedia.org/wiki/User-generated_content 2007-1-31).

的实际所指(是一个网站)。一种可行的译法是“YouTube 一类的由用户生成内容的网站”。

(2) 口译是个杂学的过程。

为了正确理解所译内容，译员应该对每次口译的主题都有所了解。针对主题知识的译前准备(包括基本原理和专业词汇等)，对于专业性强的口译任务很有帮助。在准备过程中，译员通过查找资料、请教专家，也扩展了自己的知识面；同时，由于译员要听懂讲话人的意思才能正确翻译，而讲话人经常是特定领域的专家(例如在为 seminar 做口译)，因此译员在口译进行中又能进一步加深对该主题的理解。如果遇上文化背景不熟悉的讲话者(例如在做 community interpreting)，译员还得现场向讲话者请教。可以这么说：口译工作本身就是个杂学的过程；杂学既是口译所需，又是它的“副产品”，两者相得益彰。只要译员积极学习和记忆，而不是被动地应付了事，自然会受益匪浅。正如张维为所见：“口译是一所流动的大学……口译大师让·艾赫贝尔说过：全世界的学者专家、有识之士都到这所‘高等学府’来授课，‘在译员面前讨论着当前世界上最重要的，极为广泛的问题’。只要当个有心人，时空无垠的知识宝藏就在你身边，随时可以开掘。”(1999：序 VII)

然而，仅有译前准备的主题知识，译员仍会不时感到捉襟见肘。在这个知识激增的时代，知识的边界越来越模糊，彼此融会贯通。即使是非常专业化的讲话，也可能涉及许多非本专业的知识。如果是政治、文化等领域的话题，更是包罗万象。因此，译员应该对各行各业都略知一二，并且最好能掌握一门或几门(除语言外的)专业知识。知识储备越多，口译时可以调动的资源也越多，理解和翻译就会越容易。今天学到的知识也许明天不会马上用到，但很可能在明年或是几年后的某次任务中起到重要作用。所谓“艺不压身”，说的就是这个道理。

(3) 感兴趣，懂专业。

译员要获取百科知识，一个简便的方法就是广泛阅读。这里的阅读是广义的，书刊、报纸、电视、广播、互联网等都可以是获取知识的来源。译员的阅读与其他人是有区别的：普通人主动接触某些信息往往是因为工作需要或感兴趣，而译员则没有这样的“选择权”，从某种意义上说，译员的“专业”是没有界限的，各种知识都可能是他/她的工作所需，不能因为不感兴趣而逃避。有兴趣的东西好学好记，而勉强去学不喜欢的东西不仅费时费力而且容易遗忘，这种经验相信大家都不陌生。口译工作要求译员博闻强记，为此，译员最好做到对所有知识都能迅速萌发兴趣，只有这样才能积极、高效地扩展自己的知识背景。很多成功的口译员都有强烈的求知欲和好奇心，即使是艰深难懂的科学材料，他们也能迅速找到吸引人的地方，这就是所谓“博学的口译”的奥秘。

尽管如此，要求译员对各种复杂抽象的知识迅速产生兴趣，谈何容易？显然，这不是根本的解决之道。问题在于，当前中国的职业译员绝大部分毕业于外语院校，他们较少拥有甚至很少拥有语言以外的专业知识。虽然他们明白杂学的重要，也为此付出了许多努力，但缺乏相关专业背景，想要看懂都很困难，更谈不上感兴趣了。如果译员精通一门或几门专业知识，情况就大不一样了：相近领域的知识大都是相通的，比如，大学主修经济学的译员，很可能对金融、贸易、概率、统计等学科较为了解；具有计算机专业背景的译员，往往熟悉通信、电子、数学、物理等领域的知识。“An interpreter should better be one that “knows everything of something and something of everything.”（陈刚，2004：8）与其他译员相比，懂专业(know everything of something)的译员显然更有优势，他们的知识结构更为多样化，从而为杂学(know something of everything)创造了良好的条件。

“理工科院校的学生大都有十年以上学习英语的经历，能否培养既懂专业又接受文化和语言训练的翻译人员？”（刘和平，2005：77）“非外语专业的学生有他们的明显优势：专业知识远远高于一般的翻译人员。其中不乏外语水平也相当高的人。”（刘和平，2005：135）“学生对翻译的认知能力不会仅仅因为他们选择了一个非外语专业而改变。”（罗选民，2002）“如何在理工科和人文学科学生中筛选和培养有意从事翻译工作的学员？”（刘和平，2005：77）这些学生中不少都具备了口译员的潜在素质，甚至比外语专业的学生更有潜力，如果能够获得有针对性的指导，日后完全有可能成为优秀的口译员。

2.3.3.3 功夫在外

“汝果欲学诗，功夫在诗外。”这是宋代诗人陆游在《示子遹》中写给儿子的话。陆游认为，一首诗作的好坏高下，是诗内和诗外功夫融合的结果，其中诗外功夫更需潜心修炼。所谓诗内功夫，指的是作诗的方法、技巧等可以传授的东西，而诗外功夫的内涵则要丰富得多，只可意会，不可言传，需要诗人在生活中用心体会。诗外功夫不仅体现在诗作中，更融入了诗人立身处世、待人接物的风格，是其才智、性情、气质、修养、阅历、见解、感悟等诸多因素的融合。国画大师齐白石也说过：“如果作画，功夫在画外。”讲的是同样的道理。

“功夫在外”，许多优秀的口译员也有这样的体会。对译员而言，双语精通、口译技巧精湛等都属于“译内功夫”，而广博的学识、敏锐的观察力和判断力、处变不惊的心态、挥洒自如的台风，等等，都是“译外功夫”的体现。

要在“译外”下功夫，广泛的兴趣是个很好的起点。译员如果喜爱侦探小说，着迷于那些环环相扣的逻辑推理，那么他/她很可能在生活中也养成了积极观察思考的习惯。凭借这种能力，译员不仅仅停留在“如实翻译”的标准上，还能迅速发现讲话人前后逻辑不一致等问题，并判断为讲话人的口误，推断出他/她实际要说的意思。比如，某发言人讲道：“China has always enjoyed a trade surplus. However, this year, for the first time, its **export outpaced its import.**”译员察觉到讲话人是想说，中国今年首次出现了贸易**逆差**，因此黑体部分应该是口误，于是按正确的逻辑翻译为“今年进口额首次超过了出口额”。又如，有些译员对中国古典诗词很有研究，有时也即兴创作一些诗句来抒情言志。他们在翻译诗歌、谚语等时，常常选用押韵、对偶的词句，给听众带来愉悦的听觉感受。例如，谚语“A stitch in time saves nine”有很多可行的译法，如“及时一针省九针”、“一针不缝九针难补”、“及时处理事半功倍”等。译员选择的译法是“小洞不补，大洞吃苦”，符合中文讲求对称、押韵的习惯，听来有美感。诸葛亮的名句“淡泊以明志，宁静以致远”，工整而优美，译员发挥自己的诗词功夫，在英译文中也体现了“音美”和“形美”：“When free from fame and fortune, one can do his will right; When serene in mood and mind, one can achieve a far sight.”

这些在“译外”所下的功夫不仅处处影响着译员的翻译观，还渗透于他/她的言谈举止、修养气质之中。比如，爱好书法或国画的译员，在挥毫泼墨之时，稀疏浓淡之间，常常能练就一种气定神闲的心境，这种心境使他/她在工作中能够很好地控制节奏，译文就如行云流水般自然流畅，即使面对逆境也能举重若轻。好读孔孟的译员，往往受到儒家思想的影响，为人谦虚礼让，处事不骄不躁，在口译工作中恪守职业道德，仪态端庄大方，用语分寸得体。译员的这种“处世”风格常常有助于维持良好的现场气氛，保证交际顺利进行。例如，世界野生动物基金会主席前往卧龙大熊猫保护区考察，中方主人说：卧龙地区不仅熊猫美，风景也很美，我建议你去看看那些森林大山。那位主席却说：“Well, I’m going there just to see pandas, I just don’t like **bloody mountains**.”直译过来就是：“我只是去看熊猫，才不爱看什么**鬼山**。”“bloody”是英国英语中骂骂咧咧的词，相当于 damned(他妈的)，表示对某事极其讨厌。然而，中方主人是出于善意才提出建议的，语气非常友好。客人说此话极不得体，极不礼貌，与当时的气氛格格不入。此时，译员的宽容和礼貌起到了重要作用，他将原话变通译为：“我这趟主要想去看看熊猫，大山恐怕没时间看了。”从而保证了交谈在友好的氛围中继续。

【思考题】

1. 翻译实践为何如此重要？以学翻译理论为主，学翻译实践为辅，能够练出翻译的真功夫吗？为什么[PT]+[AT]？
2. 中国(大陆)翻译界为何一直存在“两张皮”的问题？问题的症结在哪里[PT]+[AT]？
3. 我们的翻译理论家存在哪些不足？他们能称之为“翻译理论家”

吗？为什么[PT]？

4. 我们的翻译实践家存在哪些不足？他们需要在哪些方面不断提高自己？为什么[PT]+[PT]？
5. 就翻译实践而言，为什么我们一流大学的外语学院中存在(英语专业的)本科生强于硕士生、硕士生又强于博士生的现象呢？这是正常的吗[PT]+[AT]？
6. 你认同书中阐述的翻译的八个首要问题吗？你认为还有哪些问题可以列为翻译的首要问题？为什么[PT]+[AT]？
7. 翻译的首要问题中你对哪一/几个问题特别感兴趣？写一篇有思辨性的小论文来阐明自己的观点[PT]+[AT]。
8. 笔译的实践观和口译的实践观有何异同[PT]+[AT]？
9. 根据你自己的职业或工作/种，你会如何来进行口译分类，并进行有针对性的训练、提高[AT]？
10. 读了本章后，你愿意将来选择笔译还是口译(作为自己的专职/职业或兼职)？还是两者？还是均放弃？还是去考翻译院校读学位？为什么[PT]+[AT]？

Chapter 3

翻译观（专业篇）

Translation Philosophy (Professional)

本章主要从专业角度讨论“文学翻译”、“应用翻译”和“应用研究”的一些纲要问题。如何从体裁(genre)和文体/文本(style/text type)的分类、视角及细节等诸方面讨论文学翻译和应用翻译，请读者阅读本系列之《文学多体裁英汉互译》和《应用文体翻译：理论与实践》。

3.1 文学翻译

以下我们从文学(英汉/汉英)翻译的概念(定义、性质等)、标准、理论、基本问题等方面展开。

3.1.1 翻译概念

一、定义

从实践的角度简而言之，文学翻译指涉及文学体裁或题材的翻译。换言之，“Literary translation is the work of literary translators”(Baker，2004：127)。广义的文学翻译(实践)包括对所有涉及文学语言的翻译，并不局限于文学体裁。不少文体/本中常常出现诗歌、散文、楹联和古文的引用或创造。如政治家的演讲文本、商品推销、旅游宣传广告、名胜古迹介绍、诗情画意的导游辞等。

二、性质

文学翻译即 literary translation / translating，而不是 literary translation research / studies，所以是艺术，而不是科学。这一理论概念，这一活动的性质，我们通过对翻译的八个首要问题之七的讨论就已经明白了。所以，就性质而言，文学翻译更属于艺术。暂且不说文学翻译是否存在规律(迄今尚未证明)，它有许多超越规律的成分，一词多译、一句多译的现象属于正常。译者对翻译策略、方法的选择，对其中一种措词和译文的选择，就需要在“目的论”关照下的艺术鉴别，况且文学翻译需要创意、再创造，这都跟美学素养、艺术功力息息相关。尽管不同的译文之间可以比出高下，甚至对错，而且可以引经据典、以理服人，但要做出所谓的(量化)科学分析，以简单划一的(句法学或功能语法)标准判断优劣，反而是不科学、不艺术的。请看以下译例对比：

【ST1】凤姐笑道：好兄弟，你是个尊贵人，和女孩儿似的人品，别学他们猴在马上。下来，咱们姐儿两个同坐车好不好？(《红楼梦》第15回；底线由笔者所加)

【TT1-1】"Bao dear,"' said Xi-feng, "a person of your refinement belongs here with us. You don't want to go clomping around the countryside like apes on horseback with those horrid men! Why not get in with me? The two of us will keep each other company." (David Hawkes 译；底线由笔者所加)

【TT1-2】...she told him with a smile: "Dear cousin, you have your dignity and are as delicate as any girl. Don't copy those apes on horseback. Wouldn't it be better to come and share my carriage? " (Yang Hsien-yi & Gladys Yang 译；底线由笔者所加)

【简析】比较几处画线部分的文字，不难看出异曲同工之妙，尤其是霍克斯那句译文(You don't want to go clomping around the countryside like apes on horseback with those horrid men!)，颇具艺术想象力，属于 contexual amplification，semantic amplification，还是属于 artisitic re-creation 或 creative treason？很难作出"脸谱化"、"带帽化"或"科学化"的评判。

正如前面所指出的，文学翻译是艺术，其他类型的翻译也可以是艺术。例如哲学、社会科学著作的翻译也具有艺术性。特举英国哲学家、数学家和社会改革家罗素的哲学著作《西方哲学史》的英译汉。

【ST2】During the 15th century, various other causes were added to the declie of the Papacy to produce a very rapid change, both political and cultural. Gunpowder strengthened central government at the expense of fudal nobility.

【TT2】教皇势力之衰落，始于十五世纪以前。逮十五世纪，更有多种原因，促其衰落，政治与文化，均呈急剧变化。火药用于战争，

中央政府因之以强，拥据领地之公侯因之而弱。(许国璋译)

(许国璋，1991：249)

【简析】这样的译法，除了是许先生本人主张的“通译，切译，言之有文的翻译”外，完全可称得上是一种语言的艺术。它既没有按照“科学规律”翻译，也没有遵循现代汉语的规范，而以浅近的文言文译出，文字造诣之高，令人折服。这自然又使人想到王佐良先生以文言文翻译培根的哲理散文。许、王译文语言之高度艺术性，并没有一个整齐划一的科学规范或标准可用来加以评判，它主要靠艺术眼光。

这就涉及翻译理论的核心问题——翻译标准。

3.1.2 翻译标准

翻译标准的制定和确定非常复杂，须综合考虑翻译性质、文本、文体、体裁、时空、语境、诗学、意识形态等多种因素，不能简单划一，以不变应万变。比如，文学翻译的性质是艺术，但艺术并不等于辞藻华丽，也许是鲁迅的白描。有鉴于此，笔者给文学翻译定的标准是：

1) 总体标准：信、达、雅(借用严复)。

2) 动态标准：功能/动态对等(借用奈达)。

3) 主观标准：艺术的直觉(笔者实践总结)。

4) 灵活标准：具体情况具体分析(笔者实践总结)。

迄今，就文学翻译的总体标准而言，还是以“信、达、雅”为最。许渊冲先生指出：“20 世纪初对中国译论贡献最大的，是严复提出的‘信、达、雅’。这三个字的影响之大，可以说是‘世界之最’。比起‘信、达、雅”来，西方用语言学来研究翻译的理论，目前只能说是还处在翻译研究的初级阶段。因为他们解决的问题太少，实用价值太小；而‘信、达、雅’三原则却对文学翻译起到了非常重要的作用。中国翻译发展的道路是：从不确到正确，从模糊到明确，从笼统到精确，从文字到形象，这是在‘信’的方面取得的进展；从难懂到易懂，从长句到短句，从生硬到自然，这是在‘达’的方面取得的进展；从形似到神似，从知之到好之到乐之，从散体到诗体，这是在‘雅’或‘优’的方面

取得的进展。”（引自张智中，2006：55）

笔者提出文学翻译的动态标准，是因为文学翻译作品跟文学作品一样，必须把目标读者始终放在心上，强调“读者反应论”。文学翻译的特点之一，就是它的动态性和互动性，要关注诸多功能的实现，包括文学功能和美学功能。“动态对等”（dynamic equivalence）的翻译标准是奈达于1964年在其专著 *Toward a Science of Translating*（《关于翻译的科学探索》）[1]中提出的。这本专著一般被西方翻译界奉为现代翻译理论的代表作，它的最主要贡献就是提出了“动态对等”。奈达指出：

“In such a translation one is not so concerned with matching the receptor-language message with the source-language message, but with the dynamic relationship…that the relationship between receptor and message should be substantially the same as that which existed between the original receptors and the message.”（Nida，2004：159；下画线由笔者所加）

底线部分大意是：接受者和译文信息之间的关系，实际上应该与原文接受者和原文信息之间的关系相同。

“动态对等”概念把焦点落实在两种效果之间的对等上，较好地解决了两千年来直译与意译之争，也能发挥调控“信、达、雅”这个总体原则的作用。“信、达、雅”虽然也包含译文读者对象等要求，但没有像“动态对等”如此明确地提出。1986年，奈达担心对“动态对等”概念的曲解/误解，用“功能对等”（functional equivalence）取而代之。这里需要指出或澄清的是：“动态/功能对等”存在的不足主要是强调“效果”或“读者反应”比较模糊，较难把握，尤其是将文本译成非母语后如何判断有关“效果”。尽管如此，强调“动态/功能对等”、主张“等效”，是合理的、可接受的，因而也是正确的。难道用母语写作就好掌握了吗？答案也会是否定的。所以，“效果问题”并非是翻译的单独问题。由于用SL或TL写作、说话也要强调交流/交际效果，也同样会碰到如何判断效果这个问题。再如，何为“信、达、雅”，也是一个

1 亦可译为《对翻译的科学探索》。《翻译科学探索》乃误译，常易被人误解为是“对翻译科学的探索”。

主观判断。凡是对写作、翻译的质量和价值判断一定涉及主观判断，而且这个主观判断极为重要，必不可少，因为(文学)翻译质量的高低，是难以靠“分割”的，“量化”的，所谓“客观”的“科学”方法、规范、标准或尺度来鉴定、来衡量的。

于是，为了使文学翻译标准更为合理(justified)，笔者特别提出了“主观标准”和“灵活标准”。这两个新增标准，均来自笔者多年翻译实践的总结和心得。前者强调艺术的直觉，后者注重马克思主义分析问题、解决问题的活的灵魂——具体情况具体分析。翻译的过程就是译者做出选择和决策的过程，其主体性和主观性占着支配的地位。如果主客观比较吻合，译文效果就会比较理想，反之则不够理想、不太理想或很不理想。还由于文学翻译的本质是艺术，艺术的效果问题势必存在个体差异问题。在这样的语境下如何做出译文的价值判断，显然需要case by case，即具体情况具体分析，难以一刀切，难以两分法。

之所以新增两个标准，主要涉及一个深层次的问题——对文学这一特殊艺术的理解和评价。既然文学是语言的艺术，那么文学和其他各种形式的艺术一样，应当自有其(主观/客观)欣赏价值，或者说审美价值寓于其中。而这种审美价值的实现，从根本上取决于整部作品的审美诸要素：既取决于总体读者对其的总体评价，也取决于(也不能忽视)具体读者(个体的读者、某些读者群、来自具体的不同文化国度或领域的等)对其的具体评价。一部文学翻译作品是否成功，正是依赖译作本身所具备的审美功能和译作读者的主观审美反映。

下面举两个案例进行讨论，试图较为形象地说明问题。

【案例一】《红高粱》在国际获奖

1)获奖前国人对该电影的典型负面评价：简单、粗浅、粗野。

2)获奖后国人对该电影的典型负面评价：外国人不了解中国，不了解中国文化；靠落后去吸引、打动外国人。

3)在国际获奖一览[2]：

2 参见 http://news.rednet.cn/c/2005/09/25/748538.htm。

- 1988 年获第 38 届西柏林国际电影节最佳影片金熊大奖；
- 1988 年第 5 届津巴布韦国际电影节最佳影片，最佳导演，故事片真实新颖奖；
- 1988 年第 35 届悉尼国际电影节电影评论奖；
- 1988 年摩洛哥第 1 届马拉什国际电影电视节导演大阿特拉斯金奖；
- 1988 年第 8 届中国电影金鸡奖最佳故事片奖；
- 1988 年第 11 届《大众电影》百花奖最佳故事片奖；
- 1989 年第 16 届布鲁塞尔国际电影节广播电台听众评委会最佳影片奖；
- 1989 年法国第 5 届蒙彼利埃国际电影节银熊猫奖；
- 1989 年第 8 届香港电影金像奖，十大华语片之一；
- 1990 年民主德国电影家协会年度奖提名奖；
- 1990 年古巴年度发行电影评奖十部最佳故事片之一；
- ……

4) 国内某学术评价：

《红高粱》的民族文化与跨文化沟通浅析[3]

摘要：中国电影应该发掘既具本土性又可以为全世界所理解的那些“文化资本”，在保持本土文化特色的同时也兼顾与世界文化的融合沟通。因此，如何在这两者之间找到一个“契合点”，是电影跨文化传播能否成功的关键所在。采用国际化与本土化的“双重编码”策略，便可实现两种文化的转换。通过对电影《红高粱》的分析我们发现在电影跨文化传播中这种“双重编码”策略的运用和成功，相信这将对看清中国电影未来发展方向具有积极的意义。

5) 对(文学)翻译的思考：

- 如何做到将 ST 有效地转换成 TT(特指非母语目标与文本)？
- 如何了解、思考 TL 受众的审美心理？

3 参见 http://blog.sina.com.cn/s/blog_504ce1540100cvok.html。

- 如何想象、判断 TL 读者对 TT 的可能评价？
- 如何尽可能做到译者主观世界与客观世界的读者反应、接受美学等之间的“动态/功能对等”？

【案例二】如何翻译“芙蓉镇”？

1）目的：试图说明上述四种文学翻译标准的整合/综合运用。

2）地名翻译公式：芙蓉镇= Furong + Town/Township/Village 或（The）Town/Township/Village + of + Furong（翻译原则/方法：专名英译 + 通名意译）

3）小说名的翻译：按照“地名翻译公式”？

- 可接受。
- 虽可接受，但缺乏艺术性（指翻译文学特色、美学品质、艺术品味/位等）。

4）何为“芙蓉”：相当数量的（C-E）诗词翻译大家（包含顶尖的大家）认为此“芙蓉”为荷花，因为他们不谋而合地将“我欲因之梦寥廓，芙蓉国里尽朝晖”中的“芙蓉”译为 lotus（即荷花）。然而，笔者的“杂学”、专业敏感度、跨文化意识和职业经历、习惯及责任感等因素，往往使笔者不会轻易“盲从”，认同一个（重要）概念。此“芙蓉”乃彼“芙蓉”，非“水芙蓉”，而为“木芙蓉”。即使知道了“芙蓉”的真相及其译名（不止一个译名），选择更为准确的、符合语用原则的、为英语民族所喜闻乐见的、能产生“动态/功能对等”的那个译名，也不是“轻而易举”的。笔者曾为这种芙蓉的英文说法反复请教过 native speakers。当时完全是出于责任心和对学术/问的追求，不是为了《芙蓉镇》，但很巧，却为笔者后来的“学术新发现”做了重要的铺垫。

5）笔者初遇《芙蓉镇》译名的震撼与冲击：出于职业的习惯和敏感，知道古华的小说《芙蓉镇》后，总会自觉或不自觉地关注、留意其英译本。20 世纪 80 年代中期，笔者在外文书店偶遇一批新上架的“熊猫丛书”，高兴不已。当看到 *A Small Town Called Hibiscus* 时，没出几秒就十分肯定：这就是古华《芙蓉镇》的英文版。哇！如此新颖、大胆的译名，笔者受到了强烈的“思维震撼”和“思维冲击”。出于谁的译笔？一看便令人折服：Gladys Yang。显然这样的译者是谙熟英语受众的，而且译笔是高超的。但“译本也要知音捧”啊！顺便一提：我们“看不上”或轻视《红高粱》、《黄土地》、《秋菊打官司》等，认为它们“肤浅”、“文化内涵不深刻”，但却被海外看好。比较而言，张艺谋的作品在国内远不如路遥的作品更受欢迎。然而，我们以为获第三届茅盾文学奖的路遥曾经轰动全国的中篇小说《人生》很感人，改编成电影更受追捧，定能在国际电影节上拿个什么奖，结果外国评委看不懂。

6) 译名完全符合文学翻译“四大标准”：

- 总体标准：不仅做到了信达雅，而且还是“信、达、优”。
- 动态标准：相信译名一定优于 Furong Town / Hibiscus Town。
- 主观标准：主观评价属于上乘译名。
- 灵活标准：译者做到了具体情况具体分析。译名贵在“巧”，相信该译名会得到整体 TL 读者的欢迎，也会得到具体/个体 TL 读者的欢迎。

7) 译名的启示：

- 翻译是一种特殊思维的再现。
- 这种特殊思维是需要不断实践、不断思考、不断研究、不断训练的。
- 文学作品题目的汉译英需要进行全球化语境下的新的专题研究。
- (文学) 翻译切忌死板，切忌“科学验证”，而需要美学创意、艺术创新。
- “杂学”未必“小儿科”，“博学”未必是“权威”。
- 由此联想到：儿童文学 E-C 译家很缺，而 C-E 译家更是凤毛麟角，“小儿科”的翻译市场和翻译研究挑战“成人科”、“老人科”。
- 文学翻译是否具有在基本“信”的前提下的文学性 (literariness)，跟译者的主体性关系甚大。强调文学翻译的“主观标准”是非常切合实际的，突出文学翻译的艺术性才是必由之路。要使 TT 读者尽可能与 ST 读者感同身受，主张“动态/功能对等”何错之有？因为是否译得好，译得妙，都首先需要译者的主观判断，难道不主张“动态对等”反而可以把握译文质量了吗？例如，如何翻译毛泽东的《七律·到韶山》？“到韶山”是抵达韶山吗？“Arriving in Shaoshan”美吗？“到韶山”的内涵是什么？是毛泽东阔别老家 32 年重访方生之地，故翻译时一定要将“重访”的意思和盘托出，如 Shaoshan Revisited 或 Revisiting Shaoshan（重访韶山）；但也可以是 Returning to My Hometown / Back to the Hometown。译名高下不难评说。再如，埃德加·斯诺的自传 *Journey to the Beginning* 有三种译名：《回故乡去》，《旅行于方生之地》和《复始之旅》。不难判断，这些译名的“文学表现力”和“功能对等”百分比应该是从前到后递增。尽管我们的评价与判断属于主观性的，但的确客观、准确、公平，没有偏见。

3.1.3 翻译理论

有关文学翻译的理论丰富多彩，有纯理论的，如“多元系统论”、“描述翻译理论”、“改写论”、“调控论”（另译“操纵论”）、“女性主义”、“结构主义”、“食人主义”、“后殖民主义”等。这里我们介绍应用型的理论，即文学翻译本体论——可以用来指导实实在在的具体的文学翻译的理论和方法。实践、认识、再实践、再认识，所以，除了本体论之外，我们还要介绍文学翻译的认识论。更为重要的是，我们国家已经把介绍中国的软实力作为一项国家战略，因此中国文学、中华文化走向世界应该是我们翻译的目的，所以我们还要介绍文学翻译的目的论。讨论文学的英汉互译，我们理应介绍“中国创造”的文学翻译理论。笔者以为，中国文学翻译实践和理论做得同样出色的要首推许渊冲（XYZ）先生。以下就是许先生有关理论的一些精髓[4]。

3.1.3.1 本体论

许先生的本体论比较丰富，在此仅介绍“三美论”、“三美补论”和

4 参照许渊冲先生的著作和张治中的《许渊冲与翻译艺术》。个别地方笔者有不同看法，已注明。

"风格论"。

(1) 三美论。

所谓"三美"指意美、音美、形美。鲁迅在《汉文学史纲要》中提出这"三美"：意美以感心，音美以感耳，形美以感目。XYZ 先生将其作为诗歌翻译的理论。他说：译诗要像原诗一样能感动读者的心，这是意美；像原诗一样有悦耳的韵律，这是音美；还要尽可能保持原诗的形美。他还说：文学翻译，尤其是诗词翻译，要尽可能传达原诗词的三美，因而是综合性的艺术。

XYZ 的"三美论"中，意美最重要，音美其次，形美最后。

(2) 三美补论。

该论乃是"再创美论"。XYZ 指出：文学翻译就是把原文的美转化为译文的美，把一国之美转化为全球之美。换言之，文学翻译就是美的再创造。如果"三美论"是诗词翻译的本体论，"再创美论"则是文学翻译的本体论。

(3) 风格论。

- 研究文学翻译理论，不能从抽象的风格概念出发，而要分析具体的翻译实例。
- 同一作者在用不同的文字创作时，风格会有所不同。因此，译者在翻译时，就不必斤斤计较如何保存原作者或原作品的风格，不必把再现原作者或原作品的风格放在首位。更重要的，是要让读者像读原作一样得到美的感受。[5]
- 民族文化比个人风格重要得多。
- 如果转存原文风格和妙译之间有矛盾，应该舍风格而取妙译。[6]

5 这点笔者不能赞同。虽然 ST 和 ST 作者的风格难以再现，但如果只有一位译者呢？哪个风格放在首位？

6 如果 ST 风格比所谓的"妙译"更为重要，笔者主张舍妙译而保风格。但一切还得具体情况具体分析。

3.1.3.2 认识论

仅引用 XYZ 诸多认识论中的“信达优论”。

严复的信达雅可以这样理解：“信”即忠实于原文的内容，是翻译的本体论(What?)；“达”即通顺的译文形式，是翻译的方法论(How?)；“雅”即发挥译文的语言优势，是翻译的目的论(Why?)。“信”最为重要，“达”是必要条件，“优”是充分条件。这一字之改，正好说明了 XYZ 翻译观的核心：“优”就是发挥译语优势，采用译语最好的表达方法(make full use of best expressions in the TL)，采用富有意美、音美、形美的词语。

XYZ 还认为，在特殊情况下，也有可能为取得优势而放弃忠实。XYZ 认为：形似的译文不如神似的译文。为了神似，有时可以不忠实于原文的内容和形式。为了神似，往往需要发挥译语语言的优势。

他指出：“信”的译文能使人“知之”；“信达”的译文能使人“好之”；只有“信达雅”或“信达优”的译文才能使人“乐之”。文学翻译要改变劣势，争取均势，发挥优势。

3.1.3.3 方法论

仅简要介绍 XYZ 各种方法论中的“三化论”。“三化”指深化、等化、浅化。“三化论”是文学翻译的方法论。所谓“深化”，包括特殊化、具体化、加词、一分为二等类译法。所谓“浅化”，包括一般化、抽象化、减词、合二为一等类译法。所谓“等化”，包括活对、词性转换、正说、反说、主动、被动等类译法。

从译文角度说，“等化”指形似的译文；“浅化”指意似的译文；“深化”指神似的译文。

3.1.3.4 目的论

特挑选 XYZ 目的论中的“三之论”。它是文学翻译的目的论。“三之”指知之、好之、乐之，来源于孔夫子《论语》：“知之者不如好之者。好之者不如乐之者。”

就文学翻译而言，“知之”是基本或最低目的，“好之”是较高目的，而“乐之”则是最高目的。

一个文学译者应该经常自问：“我的译文能使读者知之，好之，还是乐之？”如果能使读者乐之，那才算是达到了文学翻译的最高目的或者最高境界。

XYZ 的“乐之”包含两层含义：既使读者乐之，也使译者乐之。要使读者乐之，译者必先“自得其乐”，此乃文学翻译成败之关键。

3.1.4 基本问题

文学翻译历来存在几大基本问题或者矛盾，解决好这些问题或矛盾既有历史意义，也有现实意义，而且还有深远的意义。这里根据笔者的文学翻译实践与研究，简述以下 11 个基本问题。有关译文孰高孰低，由读者自行作出判断、给出答案。

(1) Comprehension vs. Expression

【举例】About a Western religion

John eats no fish and plays the game.

V1：约翰不吃鱼，玩游戏。

V2：约翰既虔诚，又规矩(或：约翰忠于新教，遵守游戏规则)。

(陈刚 译)

(2) Faithful vs. Expressive

【举例】About a quip

—Age before beauty.

—Pearls before swine.

V1: ——老人(应)在美人前(哦)！

——珍珠(应)在懒猪前(哎)！

V2: ——长者优先(或：长者/老者优先哦)！

——珠前猪后(或：“遇人不淑”哦)！

(陈刚 译)

(3) Literal vs. Free

【举例】About a classic

The Scarlet Letter

V1: 《红字》(小说)

V2: 《绿帽子》(话剧)

(4) Form vs. Content

【举例】About an ancient Chinese poem

菊花(元稹)

秋丛绕舍似陶家，
遍绕篱边日渐斜。
不是花中偏爱菊，
此花开尽更无花。

(28 字)

V1: A prose form

Around the cottage, along the hedges they grow—clusters of autumn flowers. Around the cottage, along the hedges I stroll—till the sun goes down. Not that the chrysanthemum is particularly favored, but that of all flowers it's the last to fade and none comes after.

(温显良 译；46 words)

V2: A versified form

Autumn flowers flourish around the cot like their friend's;
I stroll and stroll and do not know the sun's hung low.
Not because I favor particularly the chrysanthemum,
But because after this flower no other will come.

(陈刚 译；37 words)

(5) Formal equivalence vs. Functional equivalence

【举例】About a dialogue when the Chinese leader reviews a guard of honor

——同志们辛苦了！

——首长辛苦了！

——同志们辛苦了！

——为人民服务！

V1: formal equivalence（请读者试译）

V2: functional equivalence（请读者试译）

(6) Amplification vs. Simplification

【举例】About a Chinese wordplay

人曾为僧，人弗可以成佛；

女卑是婢女，女又何妨成奴。

V1: A man, once a monk, cannot be made a Buddha;

A girl, once low-status, can turn from maidservant to bondservant.

（陈刚 译）

V2: A man who has been a monk（≥和尚）can be made a Buddhist monk（佛教徒）/ male Buddha（人+弗＝佛）;

A low-status girl, a maidservant, can become a bondservant（女+又＝奴隶）.

（陈刚 译）

V3: The man who has been a monk cannot be Buddha.

The girl who is a bond may also be called a slave.

（XYZ 译）

(7) Equivalence vs. Adequacy

【举例】About palindrome

Able was I ere I saw Elba!

V1: 不见棺材不落泪。（sense）

V2: 未到厄尔巴，我仍波拿巴。（sound）

V3: 不到俄/厄岛我不倒。（sound & form）

(8) SL-oriented vs. TL-oriented

【举例】About syntax, idiom, usage, and effectivity

Tom is a poor guy! His girl friend has got him to jump through hoops for her.

V1: SL-oriented version（请读者试译）

V2: TL-oriented version（请读者试译）

(9) SL culture-oriented vs. TL culture-oriented

【举例】About idiom, culture, expression, and effectivity

画蛇添足

V1: SL culture-oriented version（请读者试译）

V2: TL culture-oriented version（请读者试译）

(10) Domestication vs. Foreignization vs. Hybridization

【举例】About Chinese culture

清明节

V1: Memorial Day（Tomb Sweeping Day/Ancestor Worhsipping Day）[Domestication]

V2: Qingming Jie（Ching Ming Fesitival / Pure Brightness Festival）[Foreignization]

V3: Chinese Easter（Chinese Memorial Day）[Hybridization]

(11) Author-centered vs. Reader-centered

【举例】About language functions and text types

莫高窟大门外，有一条河，过河有一溜空地，高高低低建着几座僧人圆寂塔。(选自余秋雨的《道士塔》)

V1: Outside the entrance to the Mogao Grottoes flows a river, and across the river is a piece of land on which stand several stupas in honor of the deceased abbots of the Mogao Grottoes.（Author-centered version）

V2: Outside the entrance to the Mogao Grottoes flows a river, and across the river is a piece of land on which stand several pagodas for the eminent monks of the Grottoes.（Reader-centered version）

3.2 应用翻译

同样，我们从应用(英汉/汉英)翻译的概念(定义、性质等)、标准、理论、基本问题等展开。

3.2.1 翻译概念

一、定义

宽泛地说，应用翻译(applied translation / practical translation / pragmatic translation / translation for specific purposes / TSP)指非文学翻译(non-literary translation)或实用翻译(practical translation / pragmatic translation)。应用翻译“以传达信息为目的(同时考虑信息的传递效果)。它特别区别于传达有较强情感意义和美学意义的文学翻译。应用翻译几乎包括文学及纯理论文本以外的人们日常接触和实际应用的各类文字，涉及对外宣传、社会生活、生产领域、经营活动等方方面面，包括新闻翻译、科技翻译、法律翻译、经贸翻译、广告翻译、旅游翻译等”(方梦之，2004：126)。此外，在文学作品中，也会出现应用文体的文本，如林语堂*Moment in Peking*(即《京华烟云》)中的寻人启事。因此，文学翻译中，也会出现应用翻译。“纯理论文本”的翻译也可以(或不妨)归入应用翻译。当该文本作者委托中介或译者本人翻译其文本，这种委托翻译实属应用翻译的管辖范围。而且，“纯理论文本翻译”或“学术翻译”属于“专业翻译”，专业翻译应为特殊用途翻译(translation for specific purposes / TSP)。卡塞格兰德(Casagrade)就把科学论文(scientific treatises)等列入pragmatic translation (Shuttleworth & Cowie，2004：129)范畴内。可见，应用翻译无处不在。

二、性质

由于任何翻译(translating)都属于一种skill、craft和art，所以应用翻译同样表现为技能和艺术的性质和特点。跟文学翻译一样，应用翻译是艺术，是技能，是技巧，是技艺，而不是科学。我们要把应用翻译与“应用翻译学”(applied translation studies)区分开来。后者主要研究如何将“普通翻译学”和“特殊翻译学”的理论运用于翻译实践、翻译教学、翻译培训、翻译批评、翻译政策的制定、翻译工具书的编纂以及机助翻译或机器翻译等。笔者以为完全可以/应该把“翻译管理”、“翻译服务”、“翻译工程”等纳入应用翻译学的范围。

随着社会、经济、商贸、政治、教育等的不断发展，随着全球化的日益扩大，应用翻译往往跟职业翻译相提并论，或者实际上就是如此认知、如此看待、如此对待、如此操作、如此市场化、如此全球化、如此习以为常，如今如此学术化了。现在有必要对应用翻译的职业性质、特点等有关概念作一深度介绍。换言之，就是对职业翻译作一必要的介绍[7]。

职业翻译(professional translation)指为了建立起两种或多种语言之间的沟通而进行的将一种语言文本内容转换成另一种语言的职业。职业译者应事先受过专门的训练，并需通过实习。职业翻译主要涉及实用文本(pragmatic texts)，使用的翻译策略取决于文本类型和被译文本的目的性，也取决于假设的目的语受众。译文质量根据交际规范加以评估。(Delisle，2004：273-274)

应用翻译属于职业翻译，也属于专业翻译。**专业翻译**(specialized translation)指涉及不同专业主题和专业领域的翻译，是一种讲究高质量、规范化、准确度的翻译，它特别要求译者具备不同专业的学科背景或行业知识，甚至职业经历。这类翻译亦称为实用翻译(pragmatic / applied translation)。

有鉴于此，我们就翻译提出或者重复一个重要概念，即**作为职业的翻译**(translation as a profession)。这个概念在中国(大陆)的学术界和教育界，不可谓不是一个比较新的概念，但在西方翻译界并非是一个新概念，尽管2007欧洲出版了一本题为《作为职业的翻译》[8]的最新专著。

7 参照陈刚主编的《旅游英汉互译教程》(上海外语教育出版社，2009)。

8 英文书名是 *Translation as a Profession*，作者为法国专业翻译教授 Daniel Gouadec。

3.2.2 翻译标准

应用翻译或者职业/专业翻译的标准应该是动态的、多元的、功能的、与时俱进的。它固然可以按照传统的“信达雅”或者“准确、通顺”等着重文字或文本的静态标准，然而全球化的今天，静态的翻译标准，已经难以准确、客观、实际地描写并规范出翻译作为产品(translation as a product)的规格与要求。我们必须换一个视角，从动态的、多元的、功能的标准来谈论这个严肃的问题——既是学术的，更是实实在在的。它是一种全新的观念，全新的要求，全新的规格，全新的尺度，全新的做法，全新的操作，全新的规程，全新的合同，全新的关系，全新的规范，全新的科技，全新的挑战……一句话，全新的标准。它不容个人好恶，更不以个人的意志为转移。

一、职业翻译不仅仅是一种语言转换

称职的职业译者应在经济和技术两方面同时扮演重要的角色。换言之，他们扮演的是双重角色：既是双/多语技能高超、所译专业内容方面的行家或专家，又能熟练使用各种复杂的 IT 工具和软件。职业译者熟练掌握译出语/源语和译入语/目的语是非常基本的，然而却是远远不够的，还须掌握跟所涉文本和主题相关的背景知识，诸如文化、技术、政治、经济、医疗、法律、商业、金融、旅游、贸易、外交、出版、外宣、科技、传媒、会计等方面，还包括日常生活等实用领域的专业知识，例如电器维修、风味菜谱、家庭装修、商品使用说明等。一个职业译者未必是“全才”，什么文本都会译(即具备相关资质和能力)，但应努力使自己成为一名(多重)复合型译者或者“通才”译者。

二、职业翻译不是娱乐而是公务

原则上，职业翻译的宗旨不是娱乐，而是公务(**it means business**)。职业译者以此为乐，那是另一种境界，但绝不会是他们翻译的唯一或仅有的目的(translating just for pleasure / fun)。职业翻译涉及责任问题和经济问题，译者(作为接受者)需要处理与翻译委托人/发起者(initiator)或客户(client)之间的关系。因此，我们不能让年轻幼稚、没有职业经验的学生或"翻译"(wet-behind-the-ears students / "translators")来正式承担职业/专业翻译。

三、职业翻译要遵守职业道德

职业翻译既然是一种职业，职业译者就必须遵守职业道德(professional ethics)和职业规范/标准。学生在校期间，之所以难以成为一名职业译者，正是因为——也起码是因为——任何人要进入这个行业(profession)，是需要获得经过正式认可的翻译证书(如官方直接认可的或正式授权机构认可的)或者翻译专业学位的。而且，职业译者必须经过"学徒期"的训练，没有经过若干年的锤炼，难以成材。而译者的职业规范和职业操守等，是需要经过长期的职业生涯才能逐步认识、培养出来的。

四、职业翻译需具备良好的写作能力或天资

这里的写作主要指技术写作(technical writing)。翻译某种(技术)文本的译者应该具备驾驭相关文本的语篇能力。不具备这样的能力就从事(职业/专业)翻译，势必会产生源源不断的问题或麻烦(the greatest liability，用语参见 Nida，1993：136)。

五、职业翻译需要具备理论和实际相结合的能力

这是翻译职业化的要求。职业译者应该具备一定的翻译理论知识、学术研究能力，尤其应该具备在理论的指导下善于处理非标准译本和善于"变译"的综合能力。有不少(职业)译者能够进行全文本的翻译，但不善于"变译"，更不会处理非标准文本和拙译(non-standard translations / poor translation)，科研能力比较薄弱，还缺乏优秀译者的视野，所以这些译者的能力是相当受到限制的。

六、职业翻译的其他重要素质和能力

这些素质和能力涉及译前准备、质量控制程序、修改、审校、术语的研究和使用、"售后服务"、网络使用、网页设计、本地化、市场意识、协调合作、项目管理(如翻译助手的选择、机器/助翻译、译者培训)等。

至此，我们很有必要继续深化职业翻译这个概念，即更为具体地讨论职业翻译的内容和职业翻译的性质。

(1)翻译什么。

毫不夸张地说，职业翻译会涉及任何内容、任何文本，我们可以开出一张内容无穷尽的单子。具体地说，主要有两大类材料：一类是文字材料，另一类是非文字材料。文字材料的内容可以是日常应用文本，如邀请函、公证书、推荐信、产品目录、健康证明等；可以是法律文本，如保函、信用证、起诉书、法医鉴定、保险合同、合资企业合同等；可以是旅游文本，如委托书、旅游行程、饭店简介、旅行指南、景点介绍等；可以是 IT 文本，如网页、软件程序、电脑游戏、电脑菜单、操作说明、电脑广告等；可以是影视文本，如片名、影片对话、电视剧字幕、影视歌曲、剧情介绍等；可以是外事外交文本，如照会、会议记录、外交密函、外宣资料、引渡声明、外交部声明、政府白皮书等；可以是学术文本，如研究生论文、专利申请、科研成果、实验记录、论文摘要等；也可以是文学文本/体裁，如诗歌、小说、散文、戏剧、传记等。

非文字材料[9]，涉及图表、数字资料、录像资料、可视图像资料、象形图、计算机编码，或其他类型的编码/代码、声音、噪音、符号、颜色与信号，等等。非文字翻译会与各国、各民族、各种族的文化发生联系，是翻译中的难点。

(2)翻译性质。

前面已经特别指出：静态的描述、标准、定义及分析未必适用/职业翻译。

定义一：翻译通过克服在语言、符号或身体方面可能无法克服之障碍，使有效的沟通成为可能——使交易得以发生。这些障碍包括语言障碍、代码障碍(对代码系统一无所知)、身体障碍(失明、失聪)等。翻译对物品、产品、服务、概念、思想、价值观等的传输极为重要。(参见 Gouadec，2007：5)

9 比较“符际翻译”(intersemiotic translation)，参照本书第 2 章第 2 节之翻译类型。

定义二：翻译即生成一种与特定源语文本保持关系的功能型目的语文本，这种关系是根据目的语文本之原有功能或所需功能（翻译目的）而加以说明的。翻译使交际行为得以发生，因为由于语言和文化障碍之存在，没有翻译，这种行为是不可能发生的。（Nord，2006：32）

根据定义一，这类翻译应是职业化、专业化的（professional）。对从业译者的职业要求，首先应是 professionalism，即具备职业特性、职业作风、职业精神、职业水准。例如在具体的实践中，应用翻译之旅游翻译（大量地）涉及语言翻译和非语言翻译，而其根本目的在于有效的沟通。即使 SL 是难以理解的（如旅游研究论文），当转换成 TL 时，非但没有必要保持 SL 的"难懂特色"（如像文学翻译那样，注意其风格等），反而应使译文明白畅晓。这一点不仅体现于旅游语境下的诗歌等文学文本之翻译，尤其体现于旅游导译[10]。简言之，旅游翻译就是为了排除障碍，实现沟通。

根据定义二，应用翻译之旅游笔译是一种文本翻译。因其典型的功能性或目的性特色（为吸引旅游者，为宣传、推广旅游吸引物、旅游饭店、旅游商品、运输公司、餐饮服务、娱乐设施等），这种翻译完全可以称之为功能型/目的性文本翻译。在具体操作中，应尽可能采取以目的语文本为导向的策略和方法，有效保存源语文本中的功能，克服 ST 中存在的各种障碍，体现 TT 之各项（预期）功能，最大限度地实现翻译之目的。

综观对应用/职业翻译所作的简要介绍和对"什么是应用/职业翻译"所下的各种定义，我们最后要对"什么是应用翻译或职业翻译"这个基本概念作一提纲挈领的阐述。

(1) 质量标准与理念（职业翻译八大特征）。

既然我们强调的是职业翻译，我们提出的标准和理念一定在诸多方面有别于传统意义上的翻译标准和理念，而不仅仅是"信、达、雅"、"化境"等，当然，这些也是很重要的。我们会强调"**职业翻译八大特**

10 有关导译，详见陈刚《旅游英语导译教程》（上海外语教育出版社，2010）。

征”——**经济特征、产品特征、诚信特征、服务特征、交际特征、市场特征、客户特征、全球化特征**，以及由此制定出不同价值取向的质量标准和评判尺度。值得指出的是：强调翻译的上述特征，并非排除或弱化我们早已比较熟知的翻译之**语言特征、文化特征、美学特征**及其相应的翻译标准等，因为这些特征的具体再现和落实都是最终为职业翻译或翻译这项产业服务的。这，就是职业翻译的目的。归根结底，professional translation means business。Business is business。

(2)翻译结果即产品。

翻译(过程)是一种生产(production)，其结果即为产品(product / translation as product)，因此必须对翻译(产品)进行验收，实施质检。

(3)问题产品应召回。

既然翻译结果即产品，产品一旦有问题，理应按照讲究“诚信”的消费原则进行赔偿。我们要防止将应用/职业翻译简单化的错误倾向和做法，“引入世界著名管理大师菲利浦·克劳士比质量管理哲学的核心内涵‘零缺陷’(zero defects 或 ZD)等理念(被誉为‘创造了质量的新符号’)”，实行“翻译产品召回制度”，对翻译实施全面质量监控和管理。

(4)翻译乃(商业)服务。

翻译既然是一种商业服务，它是可以购买的。客户可以通过销售渠道直接购买这项服务(即译作或译品)，也可以通过帮助促进货物、服务和思想的输入与输出间接购买到这项服务(参考 Gouadec)。因此，翻译是应该讲究“售后服务”的。

(5)翻译是经济产业。

翻译是一项经济产值十分可观的产业。仅就欧洲翻译公司协会联盟公布和预测的不完全的数据，欧洲国家在 2008 至 2010 三年期间，翻译创造的产值分别是 75.84 亿美元、79.63 亿美元和 83.59 亿美元[11]。翻译既然是一项经济产业，就应该讲究经济(运行)规律，讲究商业运

11 据 BQTA 主席所作的“2006—2010 欧洲翻译市场最新精确资料”。

作，以最终是否产生经济效益为准。而经济效益跟翻译的质量息息相关。换言之，高质量翻译意味着高经济效益，高经济效益体现出翻译的高质量。

(6) 翻译是双刃剑。

成亦翻译，败亦翻译。好的翻译能够为公司、机构、组织，为国家树立良好的形象，在语言、文化、经济、商贸等方面起到一种增值的作用。就 21 世纪的中国而言，翻译为其在软实力输出方面发挥着不可或缺的作用。反之，差的翻译则有损单位、国家或民族的形象，也直接或间接地影响对外宣传和交流。无怪乎，跨国公司的对外宣传翻译，都是由母公司亲自负责。

(7) 翻译更应强调逆向性。

所谓“逆向性”指“逆向翻译”(inverse translation)。暂且不谈逆向翻译在教学用途和口译方面的重要性、必要性，在我国忽视这种翻译的重要性和“翻译(贸易)逆差”(即目前汉译英的出版/出口数量与英译汉的出版数量之比是 1 : 9)等问题/现象仍然比较严重。在英语世界，逆向翻译的情况比较少，而操其他语言的其他地方使用逆向翻译就要频繁得多。比较典型的文本类型是向国外旅游者宣传本国各种旅游资源的旅游文本(包括纸质、图像、电子、网页等诸多形式之文本)。加强逆向翻译会大大有助于一个国家(如中国)的文化出口、贸易出口、旅游出口等，对该国向全球市场渗透发挥不可替代的促进作用。

(8) 翻译是语言、文化多样性的保障。

全球化进程中，不少民族或种族的语言、文化会遭受某种“命运”：或被人“遗弃”，或濒临消亡。而翻译则在多种语言和多元文化的世界中发挥着重要的连接、沟通之桥梁作用，从而保护、保留了这些语言和文化，使全球气象万千、充满活力、欣欣向荣。

当然，(7) 和 (8) 中涉及的翻译，也包括了文学翻译等，无非应用翻译/职业翻译的份额会占主导地位。若从灵活的视角看世界，为什么不能有职业的文学翻译/译者呢？

有关应用翻译的标准远没有谈完。自改革开放以来，中国大陆在翻译学科和翻译专业的引进过程中仍然存在诸多体制上、学术上、观念上、实践上等方面的问题，所以应用翻译的实践与研究还不够成熟(文学翻译也不例外，只是程度有所不同)。尽管以上已就应用/职业翻译的标准做了一个较为全新的描述，然而由于观念上存在的问题比较重要，我们必须结合应用翻译的理论问题，从另一个高度来(结合)谈应用翻译的标准——功能标准。

具体地说，即使我们清楚了“什么是应用翻译或职业翻译”这个基本概念——即(1)至(8)提纲挈领的阐述，但在具体的操作过程中应该通过理论联系实际译好这些文本(pragmatic texts)，将“静态”的理论用来指导“动态”的实践。我们接着进入“(应用)翻译理论”和“(应用翻译)基本问题”的讨论。

3.2.3 翻译理论

适用于应用翻译的理论(含标准、原则、方法、策略等)主要来自西方的翻译理论，一个是英国实践型的翻译理论家彼得·纽马克的“文本类型论”，另一个是德国功能派的“目的论”(以介绍该学派的第三代代表克里斯蒂安·诺德在理论方面的新发展为主)。

3.2.3.1 文本类型论

纽马克根据语言功能对文本进行分类。他指出：语言可分为表达/情功能(expressive function)、信息功能(informative function)、呼唤功能(vocative function)、美学功能(aesthetic function)、酬应功能(phatic function)和元语功能(metalingual function)等。由于应用翻译跟前三个功能关系密切，我们着重讨论这三种功能及其对应的文本类型(text type)和翻译方法(translation method)。先用表格归类、建议如下(表3-1)。

表 3-1 翻译文本功能及对应翻译方法分类

语言功能	表达/情型功能/文本	信息型功能/文本	呼唤型功能/文本
文本重点	作者	真实	读者
作者地位	神圣	匿名	匿名
文本类型举例	①严肃文学：抒情诗、小说、戏剧等； ②权威性言论：政治讲话、各种文件、法律法规文献、权威人士的科学或学术著作等； ③某些文学作品：自传、散文、私人信件等	①科学类：课本等； ②技术类：报告等； ③商务类：公文等； ④工业类：章程等； ⑤经济类：备忘录等； ⑥经济类：备忘录、会议记录等； ⑦其他知识领域或其他事件等	①通知、告示等； ②各种说明书等； ③政治、意识形态宣传等； ④广告、公司介绍、内外宣传等； ⑤流行小说等
笔者建议翻译方法	语义翻译为主	交际翻译为主	交际翻译为主

（参考 Newmark，2001：39-53）

表格比较好懂，需要重点解释的部分是文本功能和翻译方法。

1）这三类文本并非仅具单一功能，它们还包含其他两种（及以上的）功能，只是以其本身具备的那种功能为主。纽马克指出："Few texts purely expressive, informative or vocative: most include all three functions, with an emphasis on one of the three. However, strictly, the expressive function has no place in a vocative or informative text—it is there only unconsciously, as 'underlife'. Most informative texts will either have a vocative thread running through them（it is essential that the translator pick this up）, or the vocative function is restricted to a separate section of recommendation, opinion, or value-judgment; a text can hardly be purely informative, i.e., objective. An expressive text will usually carry information; the degree of its vocative component will vary and is a matter of argument among critics and translators, depending partly, at least, on its proportion of 'universal' and 'cultural' components. The epithets 'expressive', 'informative' and 'vocative' are used to show the emphasis or 'thrust'...of a text."(Newmark, 2001：42；画线部分为重点，下画线由笔者所加)

2)针对这些类型文本的翻译，纽马克提出两种主要的翻译方法——这也是他本人对现代翻译理论研究的一大贡献，即语义翻译法(semantic translation)和交际翻译法(communicative translation)。根据纽马克的分类，语义翻译用于"表达/情型文本"，而交际翻译用于"信息型文本"和"召唤型文本"。(Newmark，2001：47)

3)语义翻译法：此法更多地考虑源语的美学价值，只要合适可以就"意义"作出妥协，而且，对一些不太重要的文化词可以选用文化上中性的但功能相似的词来译，也可以对读者作出小小的让步。语义翻译法比较灵活，译文只要有创意，不必百分之百地忠实，同时允许译者对原作产生直觉的情感共鸣。交际翻译法：交际翻译试图再现原文准确的上下文意义，其内容和语言都是读者易懂、易接受的。语义翻译的特点是"精确"和"经济"，即译文意义准确，用词简洁，文体上比交际翻译简练。总的来说，语义翻译的语言要向原文作者靠，而交际翻译的语言要向译文读者靠。这两种翻译方法更为适合印欧语言之间的翻译，也比较适合(但不完全适合)英汉互译。读者可以阅读原著，以便了解更多的细节。因此，语义和交际翻译方法的运用不应是机械的完全照搬，应像翻译技巧的运用一样，是综合的、整合的、灵活的、贯通的。

4)在英汉互译实践中，罕有使用一种翻译方法能够"成功对付"上述三种文本的。此外，每种文本都具有一种以上的功能。因此，笔者建议的翻译方法只能是以对应的翻译方法为主，以另一种翻译方法为辅。我们还不妨灵活运用中国人自己创造的常用翻译技巧。

3.2.3.2 目的论

德国功能派学者(如 Hans Vermeer)摆脱以 SL 为中心的等值论的束缚，首创了翻译目的论(*Skopostheorie*)——功能派的奠基理论。由于深刻地认识到语言学解决不了翻译的问题，该理论根据行为学的理论提出，翻译是一种人类有意识、有目的的交际行为活动。目的论强调翻译的互动和语用特征，认为：如何将 ST 转换为 TT，应当首先由 TT 在 TL 语境中想要达到的功能或"目的"(the *Skopos*)来决定。克里斯蒂安·诺德(Christiane Nord)用通俗的习语表达了目的论的精髓：目的决定方式(the end justifies the means)。换言之，翻译目的决定翻译过程(the translation purpose justifies the translation procedures)。

既然 TT 是由翻译的目的决定的，那么 ST 在翻译过程中起什么作用呢？显然，根据德国功能派理论，ST 由语言的和非语言的元素构成，后者包括图片、表格、手势、面部表情和其他身势语等；ST 不具有传统翻译观那种"至高无上"的地位，已经被"废黜"了(dethronement)。然而，这并不意味着 ST 对翻译毫不相关。在翻译行为中，ST 可以被看做是"信息的提供"(offer of information)，从这些信息中接受者(包括译者)选择他们认为对所要达到目的有用的那部分；在把这部分信息转换成 TT 的过程中，译者要使用与翻译目的相吻合的表现形式。完成转换的 TT 被称为是在 TL 文化语境下(SL 语言和文化中所谓有用的那部分)"信息的新提供"(a new offer of information)。

不仅如此，功能派理论对 ST 的分析也同时起到指导作用。它指导翻译过程，为译者做出有关决策提供如下基础：

- 翻译任务是否可行；
- ST 中的哪些单位与功能翻译是相关的；
- 哪些翻译策略能产生符合"翻译要求"(translation brief)的 TT。

跟传统翻译的过程和"套路"不一样，应用翻译的任务通常由客户或委托人(initiator / commissioner)因某种特定的目的要求译者翻译，于是该客户或委托人会给出特定的翻译要求，要素包括跟翻译和译文应用相关的目的、受众、时间、地点、场合、媒介、功能等。

按照这样的要求做，翻译是否就能获得成功呢？这个成功的概念可以由两点来决定：一是 TL 受众是否用与其自身情境连贯(coherent)的方式来理解 TT；二是 TT 在意义与形式上是否引起了受众的强烈反对，或者受众很不赞成、赞赏这种翻译文本。

那么，如何具体进行文本翻译才可能获得成功呢？目的论要求译者遵循三个重要原则：

1) 目的原则(*skopos* rule)。翻译所要达到的目的决定翻译的整个过程。

2) 连贯原则(coherence rule)。涉及语篇内连贯(intratextual coherence)和语篇间连贯(intertextual coherence)。前者指 TT 必须能让接受者理解，并在 TL 文化以及使用 TT 的交际环境中有意义；后者指 ST 和 TT 之间应该存在某种对应关系，即通常所说的忠实(fidelity)于原文，而忠实的程度和形式则由 TT 的目的和译者对 ST 的理解来决定这种语际连贯的一致性。

3) 忠诚原则(loyalty rule)。“忠诚”指译者在翻译互动中对合作者/参与者应尽的责任。译者必须兼顾两头：既要尊重 ST 作者，也要对 TT 读者负责，同时要考虑 SL 文化和 TL 文化之间的差异。需要特别指出的是：“忠诚”原则是一种道德标准，是交际过程中与合作者/参与者的人际关系中不可缺少的道德标准(a moral principle indespensibale in the relationships between human beings, who are parteners in a communication process)。前面涉及的“忠实”(fidelity)原则，强调的是两个文本之间的技术关系(a rather technical relationship between two texts)。在现实中，这种“忠诚”是一种理想的状态。有学者总结说：Loyalty is a term “introduced by Nord…to describe the attitude which should <u>ideally</u> characterize the translator’s relationship to the ST author and sender, and the TT reader. (Shuttleworth & Cowie，2004：98；下画线由笔者所加)。

以下，我们综合运用纽马克和诺德的有关理论一同来分析并且试译一个文本，以获得感性和理性的认识。

【ST】Pepsi-Cola hits the spot,
Twelve full ounces, that’s a lot,
Twice as much for a nickel, too,
Pepsi-Cola is the drink for you. （百事可乐广告）

【分析】[12]

第一步，确定 ST 的文本类型。乍一看，ST 是一首诗歌或顺口溜，应该属于 expressive text，它具备 expressive function 和 aesthetic function。但经过进一步分析，ST 是产品广告，应为主要具备 vocative function 的 vocative text，同时还具备"指称"、"表情"、"美学"等(次)功能。

第二步，确定选择什么翻译方法和技巧。显然，主要的有关翻译方法包括"交际翻译法"、"功能翻译法"等，也涉及传统英汉互译技巧的运用。

第三步，逐一明确"翻译要求"的具体内容：

- TT 的预期功能；
- TT 的受众；
- TT 接受的可能时间和地点；
- TT 传播的媒介；
- TT 生产或接收的原因/目的。

根据上述"翻译要求"，结合百事可乐广告的 ST，我们分析并且勾画出有关 TT 的预期功能和接受情况：

- 前 3 行是描述产品(或有关产品信息)的指称功能和表达功能，后 3 行(或者所有 4 行)具有召唤功能，通过指称、美学、表达等功能(口语化韵文)来传递产品信息。
- 讲中文/汉语或国语/华语的所有潜在客户。
- 做广告的时间和地点(似乎)是超越时空的，但 TT 实际应发生在中国(大陆)，时间受广告商的主观限定。
- TT 传播的媒介是中文/汉语的"顺口溜"，贴在百事可乐的罐装/瓶装容器上，同时/或者通过广播、电视传送。如果是前者，必须考虑顺口溜文本所占空间的可行性和美学性。
- TT 生产或接收的原因/目的是在讲中文的市场(主要在中国大陆)推销百事可乐，以获得更大的市场份额及利润。

---

12 有关功能派的介绍、ST 分析和翻译法之确定，综合参考 Newmark，2001 和 Nord，2001 等。

第四步，根据对翻译要求的分析和前景勾画，推导出对(一种及以上)TT 的总体要求：

- 要达到(一种或多种)TT 的多种预期功能，TL 文本应与文本类型(顺口溜)和总体风格(易懂，易记，朗朗上口，雅俗共赏)保持一致，TL 应使用口语体。
- 译者应考虑预期目标受众特殊的文化预设和可能的知识储备。
- 时空指示功能，这里特指百事可乐在中国大陆做产品广告，时间长度完全由该公司根据市场情况来定。
- TT 的大小、设计与排版应保持和谐一致，即顺口溜文本要适合罐装和/或瓶装可乐外包装的整体设计。
- 广告顺口溜的文字要占突出地位。

第五步，译者要具备广告宣传意识，了解广告的构成要素——视觉形象(visual element)和听觉形象(audio element)，并要做到“认知、理解、说服、行动”——ACCA(awareness, comprehension, conviction, and action)。

第六步，译出不同的 TT，作为广告营销的多种手段或组合手段。

笔者特提供 4 种 TT，并做简评。

【TT1】

① Pepsi-Cola hits the spot,	百事可乐味最好，
② Twelve full ounces, that's a lot.	十二盎司真不少，
③ Twice as much for a nickel, too,	五个美分买两瓶，
④ Pepsi-Cola is the drink for you.	一喝永远忘不了。

【简析】

- hits the spot (<for a drink or food to> satisfy a thirst or hunger): Cold Coke / iced tea sure hits the spot in dog days / on a hot afternoon. 故句①是交际译法，正确。
- ounce (1 oz = 28.3495 gm): 12 oz ≈ 340 gm / 2 bottles ≈ 680 gm。句②不是交际译法，最好在度量衡上做一变通。
- nickel (a coin of the US and Canada worth 5 cents): 1 nickel = 40 *fen* (Chinese cents)。句③不是交际译法，最好在度量衡上做一变通。

- 句④是交际译法，可接受。

以 TL 文化为导向的交际译法如下：

【TT2】

百事可乐味最好，
一瓶一斤真不少。
四角硬币买两瓶，
一喝永远忘不了。

- 重量视角做一转换。

TT2 到 TT4 三种译法都可以视为以 TL 文化为导向的交际译法。

【TT3】

百事可乐，冰凉爽口，
满满一杯，非常感受。
小小付出，尽享其乐，
百事可乐，您的选择。

- 营销对象做了调整。
- 重量视角做一转换。
- 在价值上做出判断。

【TT4】

百事可乐，运动之友，
一瓶一斤，让你喝够。
小小付出，超值享受，
百事可乐，你的朋友。

3.2.4 基本问题

3.1.4 谈及的文学翻译中存在的 11 个基本问题，大部分在应用翻译中也同样存在，只是出现的频率各有不同。在此基础上，我们再补充新的基本问题或矛盾 21 个，两大类基本问题相加共 32 个(后 21 个问题也大部分存在于文学翻译中），有关译文也同时提供，译文水平之高低，仍由读者自己作出判断。

(12) Hypotaxis vs. Parataxis

【举例】About a letter of invitation

您在深圳逗留期间，我将很高兴在鄙行会见您，我们可以重新发展双方的友谊，并就两行业务的进一步拓展交换意见。

V1: During your stay in Shenzhen, I will be very glad to meet you in my bank. We can renew our friendship and exchange views on further development of business between our two banks.

（parataxis；陈刚仿译）

V2: It would be a great pleasure（for me）to meet you at our bank during your stay in Shenzhen so that we can renew our friendship and exchange views on further expansion of business between our two banks.

（hypotaxis；陈刚仿译）

(13) Generalization vs. Specification

【举例】About political terms / jargons

精神文明建设

V1: the building of <u>spiritual civilization</u>

V2: promote <u>cultural and ethical progress</u>[13]

(14) Combination vs. Division

【举例】About an economic situation in China

从经济上来说，在改革开放中，当前中国正处在计划经济和向计划与市场相结合的商品经济转变过程中。

V1: From an economica point of view, in the reform and opening-up, the present China is in the process of transformation from a planned economy to an economy combining planning with

13 V1 和 V2 均参照过家鼎、张志气明主编的《汉英外事实用词典》(中国对外翻译出版公司，2009)。

the operation of market forces.

（division；陈刚仿译）

V2: China's economic system in the present reform and opening-up is changing from a planned economy to an economy combining planning with the operation of market forces.

（combination；陈刚仿译）

(15) Common term vs. Special term

【举例】About a hospital

耳鼻喉科医生

V1: ENT doctor / ENT specialist

V2: otolaryngologist

(16) Literary vs. Pragmatic

【举例】About a public sign

小草青青，踏之何忍！

V1: Tiny grass is so green;
To step on it is so cruel.

（literal；陈刚仿译）

V2: Keep off the grass.

（pragmatic；引自英语国家）

(17) Full rendering vs. Partial omission

【举例】About a description of a Taoist mountain

罗浮山是中国十大名山之一，也是我国著名的道教圣地，并被称为第七洞天、第三十四福地。

V1: Luofu Mountain is one of the ten major famous mountains in China and also a famous Taoist holy place in our country. It is regarded as the 7th cavern leading to the sky and the 34th place of ideal happiness for Taoist immortals.

（full rendering；陈刚仿译）

V2: Mt. Luofu, ranking among China's ten great mountains, is known as one of the country's famous holy places and blessed spots for Taoism.

(partial omission；陈刚仿译)

(18) Mechanical translation vs. Functional translation

【举例】About a company profile

山东鼎立股份有限公司(原山东泰山衡器股份有限公司)位于驰名中外的泰山脚下，始建于 1956 年。是中国衡器协会副理事长单位，国家二级计量单位，ISO9001 质量体系认证企业，拥有自营出口权单位。

V1: Shandong Dingli Co., Ltd lies to the east of famous Mountain Tai, established in 1956, is one of the largest scale manufacture in China. It's quality system is in conformity with ISO9001 standard. It has the self-operated privilege in doing overseas business.

(mechanical；引自《瞭望》)

V2: Shandong Dingli Co., Ltd is known as a leading weighing apparatus manufacturer in China. Formerly established in 1956, it is located near Mt. Taishan, one of the World Heritage Sites. As a State-Level II metrological service and deputy chair of the executive council of China Association for Weighing Apparatus, this ISO9001-certified company owns the right to engage in export trade independently (is an independent exporter).

(functional；陈刚重译)

(19) "Faithful" vs. Idiomatic

【举例】About a special noun phrase

公共服务领域外文译写

V1: translation and writing in foreign languages in the public service domain

(“faithful”；陈刚仿译)

V2: transwriting in public servives / transwriting in the public sector

(idiomatic；陈刚试译)

(20) Original order vs. Inverse/Reverse order

【举例】About a discourse pattern

新闻翻译在信息传播中占有重要的地位，但对其的深入研究却非常有限。本文放弃了在传统的语言层面对新闻翻译进行研究，而是以意识形态为重心展开对新闻翻译更为深入的讨论。

V1: News translation plays an important role in news transmission. However, it has attracted less attention than it demands and deserves. This paper discusses the ideological layer of news translation, instead of the linguistic layer which has been concentrated on for a lengthy period.

(original；翻译学研究生译)

V2: This paper makes an in-depth discussion on news translation, an important specialized type of translation in information transmission, from the perspective of ideology instead of linguistics. A linguistic approach to news translation has traditionally been adopted for a lengthy time, while an ideological approach has seldom been taken before.

(inverse/reverse；陈刚重译)

(21) Languagewise vs. Culturewise

【举例】About a description of a Chinese province

湖南是一内陆省份，实为丘陵山地，北部有洞庭湖平原。

V1: Hunan is an inland province of hills and mountains with the Dongtinghu Plain in its north.

(languagewise；陈刚仿译)

V2: Hunan, this hinterland province <u>larger than France</u>, is essentially a region of hills and mountains <u>apart from the</u>

plain around the Dongting Lake.

（culturewise；Gladys Yang 译写）

(22) Linguistic vs. Pictographic

【举例】About a typical Chinese bridge

八字桥

V1: an arched bridge / a curved bridge / Bazi Bridge

（linguistic；陈刚仿译）

V2: the 八-shaped Bridge

（pictographic；陈刚试译）

(23) Official vs. Informal

【举例】About a title

中共中央总书记

V1: the head / chairman of the CPC Central Committee / the Secretary-General of the CPC Central Committee

（informal；陈刚仿译）

V2: the General Secretary of the CPC Central Committee

（official；陈刚引译[14]）

(24) Common person's name vs. special person's name

【举例】About a personality

陈嘉庚

V1: Chen Jiageng / Chen Jia-geng

（作为普通人名名词处理）

V2: Tan Kah Kee

（作为特殊/专有人名名词处理）

(25) Common place name vs. Special place name

【举例】About a historic street

现在的淮海路和近代的霞飞路

V1: the present-day Huaihai Road and the Xiafei Road in the

14 见过家鼎、张志明主编的《汉英外事实用词典》（中国对外翻译出版公司，2009）。

Modern Chinese History

（作为普通地名名词处理）

V2: the present-day Huaihai Road and the Avenue Choffre in the Modern Chinese History

（作为特殊地名名词处理）

(26) Active vs. Passive

【举例】About a financial SL sentence

An endorsement on a check may be made in blank or special.

V1: 支票上的背书可以被开成空白的，也可以被开成有受益人的。

（作为被动语态处理）

V2: 支票上的背书可以是空白的，也可以是指明受益人的。

（作为主动语态处理）

(27) Phrasal vs. Sentential

【举例】About a title

农行如何面对乡企改革

V1: The Bank's Approach towards Township Enterprise Reform

（作为短语处理）

V2: How the Bank Faces Township Enterprise Reform

（作为句子处理）

(28) Rhetorical vs. Literal

【举例】About specific C-E translation

中国的经济（状况）将据此长盛不衰

V1: China's long-term economic health would depend on that.

（修辞处理；陈刚仿译）

V2: China's long-term economic prosperity would depend on that.

（直译处理；陈刚仿译）

(29) Emphatic vs. Narrative

【举例】About the different way of expression

There exists between us a difference of opinion about the

insurance of durable goods.

V1: 在耐用品的保险问题上，我们之间是存在着意见分歧的。

（强调处理；陈刚仿译）

V2: 在耐用品的保险问题上，我们之间存在着意见分歧。

（叙述处理；陈刚仿译）

(30) Neural vs. Derogatory / Commendatory

【举例】About wording

Be that as it may, the Bank of Canada did not take advantage of the re-emergence of free-trade trading in October 1950 to impose upon the market a Bank of Canada "clearing house"…

V1: 尽管这样，加拿大银行并没有利用 1950 年 10 月再度出现的自由贸易，把一个加拿大银行"清算所"(硬)加给金融市场……

（中性处理；陈刚仿译）

V2: 尽管这样，加拿大银行并没有趁机利用/很好地利用 1950 年 10 月再度出现的自由贸易，把一个加拿大银行"清算所"(强)加给金融市场……

（贬义/褒义处理；陈刚仿译）

(31) Native vs. Exotic

【举例】About publicity

四季餐馆

V1: Four Seasons Restaurant

（平易近人；陈刚仿译）

V2: Les Quatre Saisons Restaurant

（异国情调；陈刚仿译）

(32) Colloquial / Informal vs. Semi-formal / Formal

【举例】About factual description

过去通常，航班(再次)延误，国内的乘客没有别的选择，只有(长时间地)等待。

V1: Usually, domestic passengers had no choice but to cool their heels when their flights were delayed (again).

（口语/非正式体处理；陈刚仿译）

V2: Usually, domestic passengers had no choice but to wait (for a long time) / abide (for a long time) when their flights were delayed (again).

（半/正式语体处理；陈刚仿译）

3.3 应用研究

3.3.1 应用研究的优先性

不论是文学翻译还是应用翻译，都应首先强调应用研究，而非纯理论研究。应用翻译研究应是基于实践的研究。

学者们试图从理论的角度规划出应用翻译理论的体系建构，希望能对应用翻译实践产生积极的意义。然而杨振宁先生指出：研究要从“现象出发，不是自原理出发”(1998，223)。笔者以为应用翻译研究应主要基于实践的研究。根据近年来人文学科的新发展，越来越多的学者、专家正在把实践作为他们研究的有机组成部分，这类实践研究是把实践的元素融入到方法论或研究产出中去的一种学术研究，而非传统上把理论与实践之间的关系看做是一种对立的关系。有关英文表达可以勾勒出这种研究的概貌：practice-based research，practice-as-research，practice-led research 或者 practice through research[15]（下画线为作者所加）。尽管这种研究现象并不令人惊奇，但是我们在进行应用翻译研究时，往往出现本应主动避免的两大倾向或者两大问题：其一，注重理论研究，忽视实践研究。比如单纯从理论(假设)出发进行理论构建，试图解释、指导(具体的)翻译实践；其二，研究者是

15 请参照英国 AHRC 主页。

non-practice-led researcher，或者是 non-professional translator，因为他们在处理 ST 信息时往往缺乏必要的专业评价能力和专业翻译能力。这些问题在目前国内翻译界还比较严重，例子俯拾皆是。相信读者明白，国内目前都缺乏优秀的翻译理论工作者和优秀的翻译实践工作者，而后者更为缺乏，且缺口十分巨大。换言之，需要大量的高质量(应用)翻译实践人才，尤其是译介中国的人才。由此可见，搞好实践研究，对提高翻译实践水平和推动、繁荣翻译批评具有积极的现实意义和深远的历史意义。

3.3.2 应用研究缺失典型现象

本书讨论上述缺失现象以及对这些现象的价值判断和学术分析，目的是试图客观分析和记录现阶段翻译界存在的三方面的“重要问题”或“严重现象”，希望引起译界、业界和学界的高度重视。

尽管翻译学似乎正在成为一门“显学”，有关翻译的应用研究之数量日渐增长，但是看问题要透过现象看本质。

其一，国内目前培养典型翻译(应用型)人才的 MTI，专业师资很成问题。就前 40 个被批准的 MTI 教育单位而言，可用“专业师资十分匮乏”的话语来客观描述，更不用说后来(2010 年起)批复的 MTI 教育单位了。

其二，国内试办的本科翻译专业，专业师资捉襟见肘。翻译专业教师被要求参加有关的“权威培训”。试问，如果他们不参加有关培训，就“不合格”了吗？根据“培训通知”，他们“被认为”不合格。我们再试问，他们参加了培训就合格了吗？依据又是什么呢？据此可以推断，在申请翻译专业时或前后，这些“翻译专业教师”(几乎)都是不合格的，起码是不够合格的或者是有问题的。借用前段时间的“时髦”用语，我们这些所谓的翻译专业教师可能是“问题”教师。

其三，国内的 MTI 的(细分)方向和本科翻译专业的(细分)方向，十分缺乏“翻译专业方向”的教师。具体地说，我们迄今很少有基本胜任“新闻翻译”、“旅游翻译”、“英语导译”、“法律翻译”、“经贸口笔译”、“会议交传”等方向的“专业/职业师资”。最根本的原因有二：一是大学基本没有或很少有“货真价实”的“翻译系列”职称；二是大学历来或传统上对“何为专业/职业翻译”知之甚少。

其四，国内翻译教师的翻译实践量远远不够。有的学生翻译量已过百万，而我们还只敢给教师定 20 万的量，否则就有缺乏“合格”师资教授翻译课的危险。

其五，国内翻译教师的翻译量尚未/远未达到一个比较（主观）理想的标准，更不用说翻译质量了。一定的质量都表现为一定的数量。没有数量，也就没有质量。我们把目前翻译教学领域比较（主观）理想和不够理想的状况分为六种，列一“数学式”如下：

- 一瓢水（学生）<一缸水（教师） 最为理想的状态
- 一瓢水（学生）<半缸水（教师） 比较理想的状态
- 一瓢水（学生）<一桶水（教师） 还算理想的状态
- 半桶水（学生）<一桶水（教师） 比较危险的状态
- 一桶水（学生）<一桶水（教师） 出现危机的状态
- 一桶水（学生）<半桶水（教师） 完全危机的状态

上述状况只能内部人士心知肚明，甚至很难出现在学术论文中，更不可能出现在真实的数据统计中，并予以公布。这些状况还只是一个翻译“量”的问题，尚未涉及翻译“质”的问题；如果强调翻译“品质”，再强调翻译“难度”，可谓翻译授课困难重重。由于翻译(translating)是一个艺术、技能问题，学生水平、能力高于教师的早已不是新闻了。

可见，我们尚缺乏足够坚实和翻译专业化/职业化实践、教学及研究的前提和基础。在这种前提或基础上的翻译应用研究或应用翻译研究，怎么可能会是符合“专业翻译”教学要求的呢？

如果对这些现象难以判断，我们接下去将举一个 typical 和 specific[16] 的案例，以资说明。

16 这两个关键词参照并引自 Shuttleworth & Cowie，2004。

3.3.3 应用研究专业化/学术化缺失的典型案例

如何翻译/译写ST，如何修改TT，如何重译TT，换言之，根据什么翻译理念、翻译理论来进行更为理想的实践？我们特举有关广东肇庆景点的部分介绍文本(ST+TT)，加以认真、细致的实践研究，来论证某些处理是一种实践失误和理论失误。试想，错误的翻译实践会导致正确的翻译理论吗？明明是native speakers of English都使用的正规语言，我们的学者竟然还视而不见——这就显然不是一般的"学术意见"不同的问题，而是"学术上、专业上的正误之分"了。如果我们的翻译实践的质量(品质+数量)不行，所谓的翻译研究(甚至还要进行所谓的"纯理论研究")势必就建筑在错误或有问题的翻译实践上，那除了误人子弟之外，乃是实实在在地在浪费国家的钱，浪费纳税人的钱，做出来的课题也是属于"慷公家之慨"之"成果"，这样的成果不做也罢。

3.3.3.1 典型案例详释

以下通过5张表格来进行有关案例的对比分析、论证。

一、从中文文本类型和功能角度论证

研究者/译者对旅游ST类型的正确判断、对文本中所具有的功能的正确判断决定了他对翻译策略/方法的正确选择(表3-2)。

表 3-2

ST1【全文】 飞水潭是鼎湖山空气含负离子最高的地方之一，飞瀑、绿树、幽潭组成了<u>一个清凉世界</u>。<u>这里常有女子弹古筝，端正的面庞、悠扬的乐曲与溪流声相互辉映，就是</u>一幅绝美的图画。(71字)
ST2【改写】 飞水潭是鼎湖山空气含负离子最高的地方之一，飞瀑、绿树、幽潭组成了一幅绝美的图画。(36字) **【改写理由】**女子活动，偶尔为之，属"非常量事实信息"，信息价值为零。

(续表)

【笔者简评】

(1) ST2 属于文本类型判断错误。

(2) ST2 删除的是体现表情、美学和召唤功能的信息，本应保留。

(3) ST2 的处理理由不客观。

(4) 由 ST2 产生的 TT 问题不小。

(5) 深度论证见后。

二、从双语(平行)文本角度论证

表 3-2 讨论的旅游 ST 在现实生活中是否存在，我们不是简单地从理论(假设)出发，而是从涉外旅游的实际出发来分析、判断。由于旅游 ST 丰富多样，我们仅挑选最近出版的、由英文 native speakers 撰写的相关英文旅游文本和中文专业人士创写的相关的中英文旅游文本，作为实践研究的有代表性的论据和论证(表 3-3)。

表 3-3

ST1【美国人英文平行文本】

PLEASURE ISLAND

Caroline Beach… and… make up Pleasure Island. [1] This area prides itself on its clean, uncrowded beaches, reasonably priced accommodations, and friendly atmosphere. Don't be discouraged by the commercial nature of the drive in on U.S. 421. The beaches on the other side of all the buildings are well worth the visit.

…

[2] As you drive across the island to Kure beach, you'll no doubt notice the devices along the road that look like solar panels. For decades, the federal government has been conducting an experiment here to determine the corrosive effects of salty sea air on various types of metals.

…Among other riches discovered while testing the seawater were gold, silver, copper, and aluminum. [3] During World War II, a German U-boat fired—actually, misfired—on the plant, despite heavy security. Shortly after the war, the

（续表）

laboratory closed.

…

JUST THE FACTS

Pleasure Island is about 12 miles south of Wilmington on U.S. 421…

Air travelers will…

The main source for information…

The weekly newspapers…

（**Staff of John F. Blair, Publisher. *Travel North Carolina*, 2007**）

[注] 编号和下画线为笔者所加。

ST2【中国人中英文平行文本】

【ST2-1】刘庄(西湖国宾馆)

……西湖由外湖、内湖、后湖等组成。这就是后湖。往后湖方向看，那边就是刘庄，就是我们居住的西湖国宾馆。那几幢别致漂亮的小楼中，[1]一号楼，就是《中美上海联合公报》的签字地点。虽说这是《上海联合公报》，其实却是在杭州由我们已故的周总理和美国前国务卿基辛格签字的。……

[注] 引自笔者的导游词文本，编号和下画线为笔者所加。

【ST2-2】

COOL SPRING PAVILION

[1] Bai Juyi, a great poet and governor of Hangzhou, once wrote in his *Notes on The Cool Spring Pavilion*: "Speaking of the scenery in southeast China, Hangzhou has the best to offer. As for temples in this prefecture, Lingyin Temple comes first. And in terms of springs around this temple, the cool spring is second to none." Sandwiched between the Peak that Flew Over and Lingyin Temple is the Cool Spring Pool. In the middle of the pool stood the original Cool Spring Pavilion dating from the mid-Tang Dynasty. The pavilion was washed away by the mountain torrents. It was rebuilt on the bank in the Ming Dynasty. On the plaque hanging inside the pavilion was inscribed three Chinese characters—

(续表)

"Cool Spring Pavilion"...

(Chen，2006：142-143)

[注] 编号和下画线为笔者所加。

【笔者简评】

(1) **ST1** 是比较新的(2007 年)，也是当今较为流行、常见的英语国家旅游文本，属于复合型文本，既有信息功能，又融合了表意/情功能和召唤功能(见[1]—[3]的画线部分)，译成中文时没有必要做任何删节(如[3])。

(2) **ST2-1** 中文文本属于复合文本，[1]同时包含信息功能和召唤功能，发挥“卖点”作用，显然不能删除。

(3) **ST2-2** 英文文本亦属于复合文本，其初版列为 *China Travel Kit Series*，2004年由外文出版社出版。两书虽然由中国人基本直接用英文撰写(其中诗歌、楹联等属于翻译)，但书本身(包括英文文字和写作手法)受到外国读者(如 FIT、商务和观光旅游者)的欢迎。笔者的多年实践表明：[1]不是传统旅游纯信息(功能)文本的写法，但其谋篇布局为海外旅游者所喜闻乐见。因为篇幅有限，[1]中表现有关禅宗机智功能的内容没有引录。

(4) 综上所述，我们可以清楚地认识到：如果在 TT 中删去 **ST1** 和 **ST2** 中反映 expressive function、esthetical function 和 vocative function 的内容，那原本活生生的旅游 **ST1/2** 就会变得干巴巴的，缺乏生气、活力、“卖点”。换言之，复合文本的 ST 就变成了单一文本的 TT 了。这种根本性的改变与独具跨文化特色的旅游翻译之目的是不相符的。

三、从实际调研角度论证

飞水潭旁是否真的有女子“抚琴追昔”呢？中国(大陆)别的景区(点)是否也有类似的(added) attraction 呢？如果有，那结论不证自明。如果是“过去时”，或者是“现在时”的“有时”(sometimes/from time to time/on an irregular basis)，那这类信息/内容是否应该保留呢？(见表 3-4)

表 3-4

ST1【全文】 **飞水潭** 飞水潭是鼎湖山空气含负离子最高的地方之一，飞瀑、绿树、幽潭组成了一个清凉世界。这里常有女子弹古筝，端正的面庞、悠扬的乐曲与溪流声相互辉映，就是一幅绝美的图画。 ……
ST1【画线部分求证结果】  见 http://photo.cts2008.com/Photo/23562
【笔者简评】 (1) **ST1** 中的画线部分属于表情、美学和召唤功能的内容，照片就是“飞瀑抚琴”，实乃景点一大亮点(added attraction)。 (2) 全国别的景点，如杭州“新西湖十景”之一的“黄龙吐翠”就有江南丝竹表演和越剧折子戏。这类“亮/卖点”不管它属于历史还是眼前，理应保留。更何况即使今天停演，明天就可以恢复，恢复后又可以停演。 (3) 有个别学者“担心”有关表演项目属于历史，提供了属于“蒙骗”，请问在英文中提供“过去信息”不是使用过去式吗？如果是，如何从理论和实践的角度证明这是在欺骗海外游客呢？我们在中文中不是也说：“这是飞人博尔特打破世界纪录的第 x 跑道”；“这是飞鱼菲尔普斯打破世界纪录的第 x 泳道”。这些都是吸引参观者的语言，尽管这些事实都发生在过去。 (4) **ST1** 的翻译策略就应考虑时态(过去或现在)的使用、话语模式的改变、翻译画线部分时微技巧的综合运用，等等。

四、从专业评价能力和翻译能力角度论证

表 3-2—表 3-4 的不同视角分析、论证说明：专业(旅游+翻译)评价能力与专业(旅游+翻译)翻译能力对(旅游)翻译研究者和实践者是一种不可或缺的条件。即使我们认可表 3-2—表 3-4 论证的观点，然而最终确定文本翻译质量的关键，乃是对文本信息的专业评价能力和专业翻译能力。这实则是对应用翻译研究者和实践者的一个整体要求。表 3-5、表 3-6 更能体现这一重要性。分析中使用的“问题”或“错误”的概念，除了传统的定义以外，主要是建筑在诺德的功能理论中的有关定义、分析和阐述(Nord，2001：64-79)。

- **翻译问题**定义：翻译问题(translation problem)与翻译难题(translation difficulty)不同，前者指译者在翻译过程中必须解决的问题，以便从功能角度尽可能再现于目的语文本；后者指译者在翻译过程中遇到的翻译难题，比如词典未收录的词语。(参见 Nord，2001：141；笔者译编)
- **翻译错误**[17]定义：如果译文目的是要在目标读者中实现特定的功能，那么所有妨碍这一目的实现的任何问题，都被称为翻译错误(translation error)。
- **翻译错误功能分类：**翻译错误大致可以分为 4 种，即**语用翻译错误(PTE)**、**文化翻译错误(CTE)**、**语言翻译错误(LTE)**和**(特定)文本翻译错误(TTE)**。限于篇幅，有关定义和阐述不再展开，请参照 Nord，2001：73-76。

表 3-5、3-6 是对几个 ST 和 TT 的专业实践与理论的综合对比分析，所选的特定旅游文本翻译的最低目标是从功能角度出发，最大限度地合理保留并且准确、有效地译出 ST 中的信息。

---

17 有学者将 error 译为“误差”，笔者深知其意图，但“误差”在汉语中暂时还不具备他们的意图之含义。

表 3-5

ST01【原文本】

飞水潭是鼎湖山空气含负离子最高的地方之一，飞瀑、绿树、幽潭组成了一个清凉世界。[1]这里常有女子弹古筝，端正的面庞、悠扬的乐曲与溪流声相互辉映，就是一幅绝美的图画。(71 个汉字，编号与下画线为笔者所加)

【笔者简评】

(1) ST 信息可以基本保留。

(2) [1]最好在译前加以确认。

(3) ST 中的某些形容词在 TT 中可以灵活处理。

(4) 要求 C-E 译者具有比较高的 ST 信息分析能力和处理能力，具有在跨文化翻译中较强的书面英语表达能力。

ST02【某改本】

[1]飞水潭是鼎湖山空气含负离子最高的地方之一，飞瀑、绿树、幽潭组成了一个[2]清凉世界。这里常有女子弹古筝，端正的面庞、悠扬的乐曲与溪流声相互辉映，就是[3]一幅绝美的图画。(36 个汉字，编号与底线为笔者所加)

【笔者简评】

(1) 假设修改文本可以接受，即[1] + [3]。

(2) 不选[2]而选[3]未必最好。

TT01【原译本】

Flying Water [1] Pond is one of the places [2] with the highest density of negative ions in the air in [3] the Dinghu Mountain. The flying waterfall, green trees, and the deep [4] pond constitute a picturesque world. Here often a beautiful lady plays [5] zheng, a Chinese zither with 25 strings. Her angelical face, melodious music and the [6] stream flow sound match harmoniously. [7] What a beautiful scene it is! (66 words)

【笔者简评】

(1) [1]属于 LTE 和 PTE(选词错误和语用错误)。

(2) [2]属于 PTE(有些中式)。

(3) [3]冠词可省(因为 mountain 是单数，Dinghu 是专有名词)。

（续表）

（4）[4]同[1]。

（5）[5]最好为斜体。

（6）[6]LTE 和 PTE（Chinglish）。

（7）[7]一般应省略不译。这是由英语行文决定的（涉及表达思路、话语模式等）。

TT02【某译本】

The [1] Splashing Water Pool is well-known for its [2] higher density of negative ions in [3] the Dinghu Mountain area, [4] where the [5] splashing waterfall, the deep pool and surrounding green trees present to you a [6] picturesque scene. (35 words，编号与下画线为笔者所加）

【笔者简评】

（1）[1]+[5]属于 PTE。跟 **ST02** 中的“飞”和 **TT02B** 中的 flying 比，不仅在文字上远不对应，而且显然缺乏气势。[1]通常用来形容不是“飞流直下”的（小）瀑布。可惜，个别学者还认为 flying 是中文思维，会误导读者，殊不知很容易就能在英文网站上查到 flying waterfall，典型的例子是维基百科（Wikipedia）在介绍苏州狮子林的“飞瀑亭”时用的英文正是 Flying Waterfall Pavilion。

（2）[2]语言不够简练，与作者提出的“经济简明”原则不相符，而且这里改用了比较级，似乎未必合理、自然，因为这不是汉语。

（3）[3]可以省略，因为用与不用对外国旅游者来说区别不大。

（4）[4]属于 TTE，因为选择定语从句反而没有“分清主从”，削弱了 **ST02** 原有的重点/焦点和力度，比较 **TT02B**。

（5）[6]未必合适，问题出在译者对 ST 信息和功能的处理策略。

TT01A【笔者译本】

（The）Flying Water [1] Pool is known as one of the [2] anion-richest places in Dinghu Mountain. Its flying waterfall, green trees and deep pool present a cool world. A graceful lady [3] is often seen to play/playing an [4] ancient Chinese zither there. Her pretty face, melodious music, and [5] murmuring stream enhance each other. [6] (It is a pleasant scene, isn't it?)（50 words）

（续表）

【笔者简评】

(1) [1]飞水潭为自然形成的水潭，故应选用 pool。

(2) [2]表达地道、简练，比较 **TT01[2]**。

(3) [3]为了突出弹古筝的女子，用被动式比较自然。“be（+副词）+ seen to do/doing sth.”结构，在旅游指南文本中虽也常见/用，可 non-native speakers of English 由于缺乏语感（及分辨力），容易出错。详释见后。

(4) [4]另一种简洁表达法，适合这种文体风格，比较 **TT01**。

(5) [5]中的形容词有不少选择，如 whispering, gurgling, babbling, echoing 等。

(6) [6]可以省略。如果一定要保留，[6]则是一种较好的选择。

TT02B【笔者译本】

（The）Flying Water Pool, known as one of the anion-richest places in Dinghu Mountain, presents a cool world with its flying waterfall, green trees and deep pool.（26 words）

【笔者简评】

(1) 语言简洁、经济，字数最少，比 **TT02** 少约 9 个词。可惜，个别学者对文字简洁、经济（economical）与“字数少”的关系不太明白，因此特引美国词典一例作为佐证：The author is often praised for her simple, *economical* writing style. [= a way of writing that uses only the words that are most necessary][18]。如果是表达同一个意思，某译本多出 9 个词，难道这 9 个词是 most neceesary 的吗？字数就不能再减少了吗？纽马克说得好：The shorter the translation, the better it is likely to be。

(2) 对 **ST02** 的信息处理合理、得当。

(3) **TT02B** 解决了 **TT02** 中存在的问题与不足。

(4) 原文（“飞水潭是……之一，飞瀑、绿树、幽潭组成了一个清凉世界”）把“飞水潭”当做“清凉世界”，这也是飞水潭的特色，所以译文理应突出这一重点特色，强调针对性、差异性，而非笼统性。问题是个别学者却理解有误，突出毫无说服力的“一幅绝美的图画”，显然是站不住脚的。

(5) 深度论证见下。

18 参见 *Merriam-Webster's Advanced Learner's English Dictionary*（2008）。

表 3-6

ST03【某改本】

鼎湖山是我国首批自然保护区之一，[1]联合国科教文组织在那里设有“人与生物圈”生态定点科研站。这里既能观赏到美丽的自然景观[2]飞水潭和[3]天湖，亦可欣赏到[4]人文景观[5]庆云寺和[6]宝鼎园。[7]飞水潭瀑布高达 40 多米，瀑布潭水由此再往下倾泻，继而形成另一深潭；[8]天湖[9]方圆 30 余亩，[10]碧水蓝天，群峰环绕，鸡笼山巍巍高耸，映衬湖面，风景如画；宝鼎园位于天湖景区旁，园中有气势恢宏的巨型[11]青铜九龙宝鼎和国内独一无二的重达 2 吨的端砚；庆云寺乃广东四大名[12]寺之一。[13]寺庙由第一层韦陀殿，第二层大雄宝殿，第三层中正堂，第四层毗卢殿，第五层塔殿组成，[14]寺内文物古迹甚丰。

【笔者简评】

(1) **ST03** 是“某改本”，我们暂且接受这一修改文本。其实是值得商榷的，起码修改者把原始文本中一些值得保留的、鲜活的、专业人士不舍得丢弃的内容“无情”地删去了：这些内容涉及怡情功能、美学功能、表意功能、召唤功能等。现在的文本是一篇“不够活泼”的“纯事实”文本，缺乏生气，如同科技文本，一板一眼。尽管如此，**TT03** 译者对自己修改的文本处理结果却与自己的“理论”自相矛盾。因受篇幅限制，不便展开。

(2) [1]重要信息，最好采用 official translation，但 **TT03** 译者没有做到。

(3) [2]属于老问题。

(4) [3]和[8]最好采用词义翻译法，但 **TT03** 译者没有选择。

(5) [4]较难译，**TT03** 有问题。

(6) [5]引发 **TT03** 的误差/问题。

(7) [6]应采用直译法。

(8) [7]应采用直译法，保留气势。

(9) [9]对“亩”的理解错误。

(10) [10]难译，应下工夫。

(11) [11]重要信息，却被略译。

(续表)

(12) [12]最好在 TT 中再现"(四大名)佛寺(之一)"的内涵。可惜，**TT03** 漏抓了这个重要信息。

(13) [13]许多具有价值的信息(如该名寺的各殿堂名称)被毫无理由地删去。

(14) [14]为保留句，不知如此保留是否经过了"发起人/委托人"(Nord，2001：20)的同意。

TT03【某译本】

The Dinghu Mountain is one of China's first natural reserves, where [1] the UNESCO has set up an ecologic scientific research center called "Man and Biosphere". It boasts two picturesque scenic spots—the [2] Splashing Waterfall Pool and [3] the Tianhu Lake, as well as two fascinating [4] Humanities sights featuring [5] Chinese culture—the Qingyun [6] Temples and [7] the Tripod Caldron Garden. The [8] 40-meters-high splashing waterfall rushes down from the crag and forms two chain pools. The [9] 30-*mu*-square Tianhu Lake is surrounded by [10] ranges of mountains [11] with the image of the magnificent Rooster-Cage Peak reflected on the rippling lake. The Tripod Caldron Garden, lying by [12] the Tianhu Lake, [13] presents the visitors marvelous relics—a huge [14]? tripod caldron decorated with [15]? nine-dragon pattern and a [16] two-ton-weight inkstone made in the well-known Duanxi county. The Qingyun [17] Temples, [18] well-known as one of the four famous ancient temples in Guangdong Province, [19] consists of five magnificent halls where you may find a great number of valuable Chinese relics.

【笔者简评】

(1) [1]不是"官方译法"(official translation)，故译文质量欠高。

(2) [2]老问题。

(3) [3]、[12]换一种译法则更好。

(4) [4]不知是否有生造之嫌；H 不必大写。

(5) [5]用词过大，属于 PTE。

(6) [6]、[17]没有必要用复数。好比宋朝不是 the Song Dynasties。

(续表)

(7) [7]最好把“宝”译出。

(8) [8]meters 不必用复数，属于 LTE 和 PTE。

(9) [9]属于 PTE,“亩”本身就是面积单位，根本没有必要再加 square(平方)。使用 *mu* 为 CTE。

(10) [10]译文啰唆，大可不必。

(11) [11]使用“with… reflected on…”结构不够自然。

(13) [13]属于 LTE / PTE，动词“present”用法问题。

(14) [14]漏译了“青铜”。

(15) [15]漏了不定冠词，属于 LTE。

(16) [16]“-weight”可以不用。

(17) [18]重复同一表达法，读起来不舒服：well-known as one of the four famous ancient temples。应该避免英文中这样使用形容词，或者删去“well-”。

(18) [19]省略了不该省略的颇具价值的“常量事实信息”。一个专业人士理不应该做出这样的评价与判断。

TT03A【笔者译本】

Dinghu Mountain, one of China's first national [1] nature reserves [2] (1956), is among [3] the first group of designated scientific research stations of the UNESCO "Man and Natural Biosphere" [4] (since 1979). It boasts noted scenic spots like Flying Water Pool and [5] Heavenly Lake, and [6] sights of cultural interest such as Qingyun Temple and [7] Treasure Tripod Garden. The [8] 40-meter-high flying waterfall rushes down, forming a deep [9] dragon pool below. The [10] 5-acre crystal-clear Heavenly Lake [11] mirrors the blue sky, surrounding mountains, and the 1,000-meter-high Rooster Cage Peak. Treasure Tripod Garden, located by [12] (the) Heavenly Lake (scenic area), features two main attractions—an enormous bronze tripod designed with nine [13] curling dragons and the unique 2-ton *Duanxi* ink-slab in China. Qingyun Temple ranks among the four famous ancient [14] Buddhist temples in Guangdong. With rich cultural relics, it

（续表）

consists of five halls: [15] the Hall of Skanda (at the first level), the Mahavira Hall (at the second level), the Zhongzheng Hall (at the third level), the Hall of Vairochana (at the fourth level), and the Hall of Pagoda (at the fifth level).

【笔者简评】

(1) [1]用 nature reserve 比用 natural reserve 更常见，属于语用问题，更何况 national 不能省略。

(2) [2]应该补充的信息。

(3) [3]属于“官方译法”。

(4) [4]应该补充的信息。

(5) [5]采用语义翻译法较好。

(6) [6]“人文景观”的正确译法，当然还有其他几种译法。

(7) [7]把“宝”译出来，tripod 本身就是一种三角鼎。

(8) [8]“(飞水潭瀑布)高达 40 多米”可以译为“the 40-meter-high (flying waterfall)”，或者“(the flying waterfall) with a drop of over 40 meters”。

(9) [9]因形成的“飞水潭”为龙潭，加 dragon，效果则更佳。

(10) [10]“30 余亩”应转换为欧美人熟悉的计量单位，如英亩或者公顷(前者优于后者)。这是跨文化意识。

(11) [11]比 **TT03** 中相应的译文要简洁、明快，动词也可用 reflect；1000 米是特意增加的重要信息。

(12) [12]若是景点，可以省略括号中的词语；若是景区，则应保留。

(13) [13]增加 curling，显得栩栩如生，也符合事实。

(14) [14]属于符合“目的论”的 cultural amplification。

(15) [15]将 **ST03** 中[13]的重要信息全部保留，这里特地选用佛教词汇，也可以选用通俗词汇，就看目的、对象等因素，但括号中的词语可以省略。

3.3.3.2 典型案例详释后的小结与思考

通过五张表格的案例详释后，我们不难得出如下结论：

1) 三百多字的汉语文本译成英文，居然出了几十处的 errors、

mistakes 和 problems——如对“演出项目”介绍的“过去时意识”的缺失，把“flying waterfall”的地道搭配扣上“中式思维/英语的帽子”，对“be（+副词）+ seen to do/doing sth.”结构之“陌生”和“误解”，搞不明白“文字简洁、经济(economical)”与“字数少”之间的关系，否定“飞水潭”是“清凉世界”这个景点特色之事实，将已经是面积单位的“亩”译成英文偏加上“square(平方)”以及大量译文品质欠高、大量信息随意删节等本不该发生的——建筑在如此有问题之上的翻译实践上的理论及其研究还会有价值吗？

2) 自称“purely practical”的陆谷孙先生曾于 1979 年在杭州大学(现为浙江大学西溪校区)做讲座，提出没有译过 100 万字不要谈翻译。28 年后的 2007 年，在首届全国高校翻译专业建设圆桌会议上，陆先生提出没有译过 200 万字不要谈翻译。如果我们的有关学者这样要求自己的话，他们似乎应该不会过多地撰写翻译论文了。可是在国内，不会翻译的教翻译理论，不会教翻译理论的，只能谈翻译理论了。他们缺乏实质性的旅游(翻译)实践，如何谈旅游(翻译)；同理，我们如何谈打仗，如何谈游泳？除了“纸上谈兵”、“黑板上种田”，还有什么？

3) 他们似乎没有读懂德国学者 Wilss 的高论：“翻译理论是不可能被归纳出经验法则来的。”反而偷换概念说：“翻译研究若连基本经验法则都不能归纳出来，又如何从经验感性跃进到理性认识而‘创建概念和理论系统’?”首先，他们缺乏应有的翻译实践，哪里知道翻译(实践)中变数之多、变数之妙，简直令“理论研究者”难以招架；其次，“翻译理论”≠“翻译研究”；再次，翻译的实践研究可以归纳出经验法则，而非纯理论。没有感性知识，哪来理性知识？所以足量的实践才能使人具备理性认识。关键是这些专家说自己在这方面有多年实践，所以我们特地提出问题究竟出在哪里！

4) 我们不由得联想到：某学者在出版物上吹嘘自己具有一年的英语导游经验，却连 room service 都译得大错特错；某学者对 bed-and-breakfast 毫不知晓，被指出译错了，还强词夺理；某学者反对将“(亚洲四小)龙”译成 Dragons，说是 dragon 有邪恶的形象，他哪里知道哈佛大学亚洲学专家教授 Ezra F. Vogel 是 "one of the most widely read scholars on Asian affairs"，他的书就是 *The Four Little Dragons: The Spread of Industrialization in East Asia*；某学者从理论角度(即二语习得)大批特批 "enjoy free medical care"（享受免费医疗)是绝对的 Chinglish，我们只能说他中二语习得理论的毒太深了，连做过 1 年英语导游(并知道五保户)的都知道美国人就是这样说的；某学者运用"系统功能语言学"来"评论"某一中国古诗的翻译，殊不知古诗英译是不宜拆卸式地被分解、被解构的，他这样做就已经解剖、割裂、破坏了诗歌译文的整体性(holicism)。

5)一些翻译学者以为是我们翻译理论落后，从而导致翻译水平不高。假设/如果我们的理论已经达到甚至超过国际水平，难道我们的汉译英就达到国际水平了吗？早有学者指出：造成总体翻译水平不高的首要原因是翻译人才，特别是高水平人才匮乏，远远不能满足社会和市场的实际需求。翻译最难学的是实践，因为翻译实践本身就不是科学，而是艺术、技能，不存在"可证性"。所以翻译理论水平 ≠ 翻译实践水平；感性认识是理性认识的前提。第(6)点便是明证。

6)由于有的学者对真实的语料了解不多，对旅游话语(tourism discourse)知之不多，认为"A graceful lady ***is often seen to play*** an ancient Chinese zither."存在语言和翻译问题，还质疑说：英语国家在旅游指南中推介"卖/亮点"会使用模糊而间接的被动式吗？以下，我们先看一些英语语料(14 个例子)，然后再看英文名家学者是如何看待"be（+副词）+ seen to do/doing sth."结构的。

【英语多元语料】

[YL01] A 3% Goods and Services Tax（GST）is imposed in Singapore. If more than SGD 300 <u>is spent</u>, the GST will <u>be refunded</u>. Besides, receipts of SGD 100 or more can be combined from shops displaying the Tax Free Shopping sticker.

——选自《城市之国——新加坡》（主题：旅游购物）

[YL02] The Traveling Insurance Contract is signed to insure the rights and obligations between the policy-holder and the underwriter. At present, there are the Traveling Accident Insurance, the Travel Agency's Liability Insurance, the Traveling Safety Insurance, etc. in China.

——选自《西南旅游英文基础教程》(主题：旅游管理)

[YL03] Buddhism was introduced into Tibet in the 7th century. After many trials and tribulations, it was gradually transformed into a local religion—Lamaism and a theocracy came into being which lasted until the 1950s. Over the more than a millennium, thousands of monasteries and temples sprang up on the Tibetan Plateau. Today, the Buddhist faith remains the spiritual prop of most Tibetans.

——选自《新编导游英语》(主题：传统文化)

[YL04] In the dense groves on either side wild monkeys are often seen to appear and disappear. The wild mountain flowers in full bloom look like rosy clouds.

——选自“中国水上游”系列介绍(自然景观)

[YL05] Government officials and especially wealthy individuals have often been able to violate the policy in spite of fines. For example, between 2000 and 2005, as many as 1,968 officials in central China's Hunan province were found to be violating the policy, according to the provincial family planning commission.

——引自 *Wikipedia via Xinhua*(关于对外宣传计划生育政策)

[YL06] ...bush babies...can be seen swinging through the trees.

—www.african-safaris-adventures.com/great_apes_abacus_african_safaris.htm

(关于非洲之旅中乌干达丛猴的描写)

[YL07] He is often seen to walk up / walking up the hill.

——引自《英语惯用法词典》(葛传椝)(关于动词 see 的惯用法)

[YL08] A man was seen to leave the rear of the house.

——引自 *New York Times*

[YL09] The New Yorker was spotted leaving trendy London nightspot…

——引自 *Daily Mail*

[YL10] You will be shown all the major sights of the city.

——引自 Dr. Marco Piovaz

[YL11] How long does it take you to play the guitar if you're in this category? About 10 minutes max. The important thing here is to "be seen to be playing the guitar"!

—www.33rpm.com/How-Long-Does-It-Take-To-Play-Guitar-593-art.html

(关于如何学弹吉他)

[YL12] Bruce is often seen to read newspaper in his room.

http://zhidao.baidu.com/question/81978637.html?fr=qrl&cid=951&index=5&fr2=query (关于英语问答)

[YL13] They were seen waiting on the corner.

——引自《朗文英语语法》第 550 页(关于 see 的用法)

[YL14] They were seen to climb through the window.

(同上)

【名家结论及要点】

名家结论及其他要点归纳如下：

(1) 为了有助于我们的(旅游)译者用好自然的英语，在此很有必要强调两点：

1) 在作为特殊语篇的旅游英语文本中，被动形式还是不少见的，并非偶尔才使用。比如，作为典型举例，“The tour guide will show you all the major sights of the city.” 这句话，西方旅游学者(如 Dr. Marco Piovaz)将其改为 “You will be shown all the major sights of the city.” 对此，我们也许既不了解，更不习惯。

2) 为突出旅游吸引物中有生命的人或动物，需要将该吸引物作为主语，此时选用的动词及短语比较多的是 “be seen to do/doing”（主动语态是：to see sb./sth. do/doing）。选用 “to do” 和 “doing” 有差别吗？根据英国英语教学专家 L. G. Alexander，“We can use a bare infinitive or the -ing form after the verb of perception see. The bare infinitive refers to the complete action.” 并给出了很有说服力的例子。[19] 英国语言学大家 A.S. Hornby 和国内惯用法权威葛传椝先生均给出了相同的、富有特色的解答。然而，用错这类“句套子”的学生乃至学者还是不少见的，曾有针对上述短语的研究生入学试题，结果却给错了答案[20]。

(2) 得体使用语态有一定的难度，尤其在译写旅游指南文本和介绍中国国情时。

英语中被动语态用得较多，而汉语中被动语态则用得相对较少，因此英译汉时被动语态可转换为主动语态，而汉译英时，汉语中的主动语态根据表达习惯也经常要转换为被动语态(除非都是用人称来作主语)。该技巧在预制类导译文本中可以有意识地使用，尤其是进行客观描述时，可以模仿英语文本中的习惯表达法。这些惯用法涉及动词

---

19 见《亚历山大英语学习丛书·朗文高级英语语法》和《亚历山大英语学习丛书·朗文英语语法》(外语教学与研究出版社，1999/1991)。

20 指出错误的专著是《英语常见问题解答大词典》(赵振才编著，薄冰作序，黑龙江人民出版社，1998)。

see 和 find 等的比较多，后者常见但一般不会用错，然而前者，尤其是"be（+副词）+ seen to do/doing sth."结构，在旅游指南文本中虽也常见/用，可 non-native speakers of English 由于缺乏语感(及分辨力)，容易出错。为此，特提供使用指南如下：

1) 据葛传椝先生对**[YL07]**的解释，两句意思相仿，用不定式比用分词语气重些[21]。

2) 据 A.S. Hornby，用动词不定式和用现在分词的唯一区别就在于：前者是指 complete activity，而后者指 activity in progress[22]。

3) 换言之，无论从惯用法，还是从语法、逻辑上看，"to see sb do/doing sth."和"be seen to do/doing sth."都是可接受的。

4) 因此，关于音乐之都维也纳之旅的描写，我们可以看到：A divine gift for music is believed to pervade the landscape, the people, the atmosphere, and even the stones of Vienna. 关于在国内一些主题公园描写音乐表演或地方戏演出等特色节目时，可以采用这样的文字：A local opera troupe is regularly/often/seen to perform/performing some highlights of traditional Chinese operas. 以及 Some folk musicians are seen from time to time to play/often seen playing/often seen to play popular southern Chinese tunes. 如果主语是节目本身，就没有必要死套"be seen to do/doing"这个结构。例如：

【ST】黄龙洞公园常有地方折子戏演出。

【TT】Seleced pieces of local opera are often performed at Yellow Dragon Cave Park.

【简释】从译文中完全可以推理出：既然常有演出，那就会"常被看到"（to be often seen）。笔者以为没有人会毫无语感，故意使用语法正确但语用可能有问题的语句：

● 黄龙洞公园常有地方折子戏演出。（语法正确；语言自然）

21 参见葛传椝的《英语惯用法词典》（新修订本，2002 年版）。

22 参见 A.S. Hornby 的 *A Guide to Patterns and Usage in English*（1959）。

- 人们常常看到黄龙洞公园有地方折子戏演出。（语法正确；语言自然；语境有差异）
- 人们看到黄龙洞公园常有地方折子戏演出。（语法正确；语言自然；语境有差异）
- 黄龙洞公园常被看到有地方折子戏演出。（语法正确；可接受；语用欠自然）

可见很少有人无故首先使用最后一句。然而，考虑到目前译者的语境观和语境意识不强，我们还得通过比较来详释语境下的两个 TT。

【ST】	飞水潭是……一个清凉世界。这里常有女子弹古筝，端正的面庞、悠扬的乐曲与溪流声相互辉映，就是一幅绝美的图画。
【TT1】	Flying Water Pond is…a cool world. Here often a beautiful lady plays *zheng*, a Chinese zither with 25 strings. Her angelical face, melodious music and the stream flow sound match harmoniously. What a beautiful scene it is!
【TT2】	Flying Water Pool is…a cool world. A graceful lady is often seen to play/playing an ancient Chinese zither there. Her pretty face, melodious music, and murmuring stream enhance each other. (It is a pleasant scene, isn't it?)

【要点释疑】

1)【ST】这里常有女子弹古筝……【TT1】完全是直译：Here often a beautiful lady plays *zheng*…——主动语态陈述事实。【TT2】A graceful lady is often seen to play/playing an ancient Chinese zither there.——属于“有意使用的被动语态”和“表示着重点的被动语态”[23]。这样的有意而为之是强调有位 a graceful lady 常来此弹琴，以增添神秘感和吸引力。如果用主动语态就失去了被动语态的特点。既然如此，该句动词就首选 to see，即 be seen to do /doing sth.，而非 We / Tourists often see a graceful

23 参见《亚历山大英语学习丛书·朗文英语语法》（外语教学与研究出版社，1991）。

lady play/playing…。

2) to be seen 后边跟 to do sth. 还是 doing sth.，已经做出详细阐释，不再赘述。

3) 有人自己臆造出"Selected scenes of Shaoxing Opera are often seen to be performed"(原句有语病，本书直接引用——笔者注)这样的句子，把显然愚蠢的论调强加在"论敌"(持不同但是正确观点的学者)的头上，试图否定"被动语态"的正确用法，以掩盖自己英语语感之"缺失"，不知孰自然孰不自然？只要英语语感不太差的中国人，一定把该句写成：

Selected pieces of Shaoxing Opera <u>are often performed</u>.

而怎么可能写成：

Selected pieces of Shaoxing Opera <u>are often seen to be performed</u>.的呢？

如果真的要特别强调主语和宾语，可以这样处理：

<u>Selected pieces of Shaoxing Opera</u> <u>are often watched</u> <u>by local and foreign tourists</u>.

这样的语言自然吗？自然。这些笔者根据英国语言专家的下列例子[24]模仿而成：

—Who composed that piece?(那首曲子是谁作的？)

—***It was composed by Mozart.***(是莫扎特作的。——强调译法)

我们往往不会/不敢/不知道/不善于这么回答。如果按照中国人的一般思路来回答，译文必然有差异：

—Who composed that piece?(谁作了那首曲子 / 那首曲子的作者是谁？)

—Mozart.(莫扎特。——非强调译法，原文没有强调)

换言之，我们也许不太清楚"It was composed by Mozart"是强调说法，还以为是啰唆，甚至不自然。

24 参见《亚历山大英语学习丛书·朗文英语语法》(外语教学与研究出版社，1991)，第440页。

我们从学术角度讨论了这么多相关性的问题，尤其是通过上述 5 张表格（表 3-2—表 3-6）以小见大的对比分析，可以发现长期以来旅游翻译实践、研究与（大学）教学中一直存在的十个典型问题或误区（参见陈刚，2008a）：

1）以为旅游翻译很简单。事实上，它是相当难的，只是多年来不少专家学者在这方面的低端与高端错误没有被披露，并加以公开讨论而已（笔者在自己发表的论文、专著和教材中有所涉及），只是人们对旅游翻译的标准、质量、要求等缺乏必要的了解。

2）旅游翻译论文多得“铺天盖地”，但是诸多“隐性”问题没有被揭露。比如重复率高，雷同现象严重，“外行”参与偏多（所以产生错误结论的多），学术价值和实际意义很小。

3）参加旅游翻译研究的业外人士颇多，但他们缺乏旅游职/专业方面必要的阅历，其中不少人士职/专业翻译的水准也不理想。

4）参加旅游翻译研究者，在跨文化交际的意识和敏感度等方面尚有待提高，有的甚至连起码的跨文化意识和语言敏感度都还很不够。

5）撰写以旅游翻译为主题的本科生毕业论文和研究生学位论文的越来越多，相对不足的是，学生和指导教师在相关方面的实践和研究都相当缺乏，尤其是在实践研究方面显得很薄弱。

6）老大难问题，也许是业内“讳莫如深”或“羞于启齿”的（因为学界缺乏批评的传统，造成批评者有罪），研究旅游翻译的，“两张皮”（实践与理论、汉语与英语、中国文化与外国文化、中国古代文化与现当代文化、一般知识与地方知识等）这个关键问题，一直没有解决。

7）比较致命的问题，也许更是业内“讳莫如深”的，研究旅游翻译的，其双语基本功一直没有达到研究人员理应/必须达到的高度，更有甚者，他们的英文写作水平还相当/比较有限。由于他们的“底”没有打好，难以承担研究重任。

8）特别作为一个问题单列，即使具备了双语、双文化和足够与文本内容相关的知识还是很不够的（参见 Nida，1993 和 Newmark，2001 的相关章节[25])，英译水平(基本)取决于一个人的英文写作水平。诚如 Scollon & Scollon 所总结的(2000：1-15/194-204)，成功的跨文化交际还在于是否能使用正确的 professional discourse(专业话语)和进行 interdiscourse professional communication(跨话语专业交流)。这从另一个重要角度给应用翻译研究者和实践者提出了仍然有待我们大大提高的要求，即如何在宏观、中观和微观等方面真正做得更为专业/职业。

9)不少应用翻译研究者囿于一些所谓“高深”理论的研究，搞一些烦琐哲学，结果“以其昏昏，使人昭昭”，对一般缺乏实践经验的翻译工作者，乃至对“懂理论”的高手，也会是一头雾水。

10)目前高校外语专业(特指英语专业)学生的双语基本功相当成问题(当然这反映了师资、课程设置、学制，甚至体制等问题)，口笔译教师水平(尤指翻译学科的)参差不齐，比较能够代表学生实践与学术综合水平的 TEM8(专八考试)成绩和本科毕业/学位论文水平，前者学生通过率不高(即使通过，分数偏低)，后者学生的英语表达能力较差(暂且撇开科研能力、剽窃现象、“放水现象”不论)。本科教育跟不上，何来高质量的硕士、博士研究生教育？何来相关职业的高质量专业人士？

笔者以为：**如果这些问题解决不好，我们翻译界就会后继乏人，应用翻译实践与研究也难以取得实质性的成效和可持续发展。**

事实上也是如此。在译界圈内，在学术上“错怪”、“冤枉”他人的例子举不胜举，但奇怪的是出自我们教授们的例子居然也想找就能找到，只要是涉及翻译问题，就往往容易出问题，哪怕是“很简单”的问题。在专业和学术上自认为正确的错误或不足，几乎随处可见，这些错误或不足源自专业单位、专业团队和专业人士。

25 如 translating is essentially no different from writing (Nida). 又如，knowing a foreign language and your subject is not as important as being sensitive to language and being competent to write your own language dexterously, clearly, economically and resourcefully (Newmark). 下画线是重点，为笔者所加。

【例 1】

- 出处：教师节贺卡——Happy Teacher's Day
- 来源：南方知名的外语出版社
- 修正：Happy Teachers' Day
- 理由：尽管这不是一个"严重"问题，海外有用 Teacher's Day 或 Teacher Day 的，但联合国教科文组织的"世界教师日"的英文则是 World Teachers' Day，而且多数国家都采用 teacher 的复数形式，中国(大陆)的教师节正式译文也是 Teachers' Day。

【例 2】

- 出处：《公共场所英语标识语错误解析与规范》(上海外语教育出版社，2010 年 4 月)第 22 页——把 Public Toilet 定性为"过度翻译"，建议去掉 public。
- 来源：编者是上海市语言文字工作委员会办公室、上海市公共场所名称英译专家委员会秘书处。
- 点评：这个例子举得不恰当，理应调整。它不是一个翻译问题，完全是世界英语(或英语变体)中的一种正确的、可接受的、仍在使用中的标志语。Public toilet(公共厕所)用于区别 Private toilet(私人厕所)。
- 说明："A public toilet (also called a bathroom, restroom, comfort room, powder room, toilet room, washroom, water closet, W.C., public lavatory, or the bog & the John for slang) is a public toilet facility—in contrast to a private usually residential toilet room". "In Britain, Australia, Hong Kong (as 'toilets'), Singapore (as 'toilet') and New Zealand, the terms in use are 'public toilet', 'public lavatory' (becoming rare) and more informally, 'public loo'." (引自 *Wikipedia*，下画线由笔者另加)

● 展示：

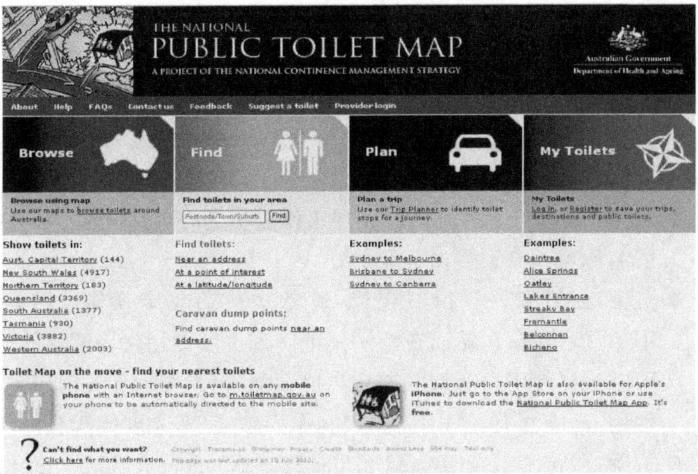

（澳大利亚的“公厕图”）

（马来西亚首都吉隆坡的高科技公厕，门两边的是本地模特，路透社有专文报道）

有关图片和英文图说引自法新社：An employee at a newly-launched public toilet booth, flanked by two models in traditional attire, during the official unveiling of a self-cleaning toilet booth in downtown Kuala Lumpur. Photo: *AFP*

【例 3】

- 出处:《公共场所英语标识语错误解析与规范》(上海外语教育出版社,2010 年 4 月)第 22 页——把 WC 定性为翻译"文体不当"、"已经过时"。
- 来源:编者是上海市语言文字工作委员会办公室、上海市公共场所名称英译专家委员会秘书处。
- 点评:这个例子举得不恰当,解释过于主观。英美国家用得固然不多(但也有),然而在欧洲其他国家以及国际化程度高的城市,WC 照样使用。尽管其原意指"茅厕",迄今世界各国还是普遍使用,一来最便于识别,二来制作简单,三来主要能起交流作用。
- 说明:"WC" is still used in the French language, although not as common as the term "toilet", and pronounced as "VC" a shortened version of "dowble VC". In Germany and the Netherlands…the toilet is still kept in a separate room known as the "WC" even in newly built residences. In the Dutch-speaking part (Flanders) as well as the French-speaking part of Belgium (Wallonia), "WC" is a frequently used synonym for "toilet". (引自 *Wikipedia*, 下画线由笔者另加)
- 展示:

(图片摄自罗马;在拉丁语系国家,WC 代表厕所或洗手间)

【例 4】

- 出处：Reservation Entrance（国家馆个人预约入口）；Group Reservation Entrance（国家馆团队预约入口）——世界博览会中国馆标识牌和“中国国家馆简介”折叠小册子。
- 点评：译文是典型的中式思维之结果。“预约”是非生命的，何来“入口”？原文内涵应是“（已预约的）团队入口”和“（已预约的）旅游散客入口”。简而言之，是“人”的入口，或“团队”的入口、“旅游者”的入口，而非“预约”的入口。因此，准确的译文应为 Reserved Group Tours Entrance / Reserved Tour Groups Entrance（预约团队入口）和 FIT Entrance / Tourist Entrance / Entrance for Visitors with Reserved Tickets（[预约]散客入口/[预约]散客入口）。也可以换一种思路：Groups Entrance（*Reservation required*）；FIT Entrance（*Reservation required*）。那何为 Reservation Entrance 呢？其真正的意思是“……保留的入口/大门”。为此，笔者临时找了有关联度的图片例证如下。
- 展示：

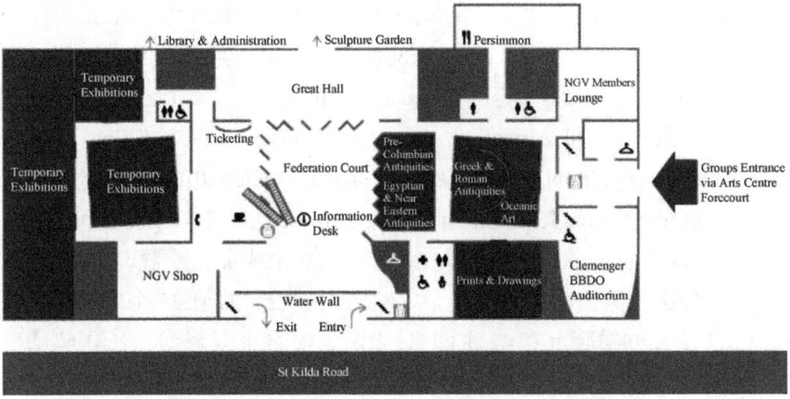

（这是澳大利亚 National Gallery of Victoria 的一个平面图。箭头的文字和说明是：The school groups entrance is located on the north side of the building, adjacent to the entrance to the Arts Centre.）

（有关伦敦塔入口的图说是：Main tourist entrance of the Tower of London, the Middle Tower）

【例 5】

- 出处：二十国集团领导人第二次金融峰会。G20 峰会 2009 年在伦敦举行，国内（主流）媒体的报道都把 G20 翻译为“20 国集团”。
- 点评：此乃误译。G20（Group of Twenty）意指 20 个正式成员（membership），而不是 twenty countries。事实上，G20 只有 19 个国家[26]，即 Argentina, Australia, Brazil, Canada, China, France, Germany, India, Indonesia, Italy, Japan, Mexico, Russia, Saudi Arabia, South Africa, Republic of Korea, Turkey, United Kingdom 和 United States of America。欧盟（EU）是第 20 个成员。欧盟现有 27 个成员国，除去名单中的 4 个，欧盟还代表了其他 23 个成员国，所以 G20 实际上有 42 个国家。之所以把 G20 误译为“20 国集团”估计是受到 G8（Group of Eight，即“八国集团”）译名的影响。笔者开始对 G20 的反应也是“20 国集团”。G8 的译名是正确的，

26 根据 G20 官方网站。

而 G20 的译名是不准确的，也是不能接受的。

- 修正：根据翻译方法，在汉语系统中，可以采用两种并存的译名，大同小异。一是“转音+意译”——“G + 20”，读“集二十”；另一是“音译+意译”——“集 + 二十”，读“集二十”。喜欢使用“散装英语”的，可以照英文发音来译。但广播、电视的播音理应遵循有关规定。

有鉴于此，读者们很有可能对这么“简单”(deceptively easy)的翻译也会出错误、出问题感到奇怪吧。然而，国内英语/翻译学者(包括笔者本人)应该值得原谅：我们毕竟是 non-native speakers of English。

可见，翻译的应用研究要求之高出乎不少圈内外学者的想象和意料。目前，翻译界可谓长进不少，尤其表现在对理论的研究。那么，翻译界有了理论还缺什么呢？笔者以为还缺：

1) 专业化水平；
2) 专业化实践；
3) 专业化研究；
4) 实践研究；
5) 基本常识；
6) 感性认识；
7) Professional know-how；
8) Technical know-how；
9) Academic know-how；
10) 巧实力(比较“规则”)。

不破不立，破字当头，立也就在其中了。专业译者/学者就深知此道。“外人”可能“丈二和尚摸不着头脑”。谈到应用翻译，人文社科翻译与旅游翻译相比之最大不同：前者相对“死板”(rigidity)，后者相对“灵活”(flexibility)——但灵活最难把握。正如英文学到最后，就是这个语言“活”的灵魂把握不住，或者把握不好。——翻译有对错之分，更有高下之分，这不是学了理论就能解决得了的。

笔者经常语重心长地跟学生说，我们所谓的英语教授，其英语应用能力不如英美本科生，我们没有必要以为自己了不起。作为学生，你们更应该学会吃苦，毕业后像一个英语专业或翻译专业的毕业生。我用来鼓励学生的英语谚语和一句名人名言是：

An ounce of practice is worth a pound of theory.

Little by little, one travels far.（J.R.R. Tolkien, British scholar & fantasy novelist）

按照西方人烧菜的“公式”是烧不出好菜的！按照欧式造园法，是不可能营造出中国式的园林的。孟子强调一个“巧”字：梓匠轮舆能与人规矩，不能使人巧。梁启超也非常欣赏孟子的话，在给儿子梁思成的信中也引用了亚圣的这段话，并且指出：“凡学校所教与所学不外规矩方面的事，若巧则要离开了学校才能发现。规矩不过是求巧的一种工具，然而终不能以此为教，以此为学，正以能巧之人，习熟规矩后，乃愈其巧耳。……况且一位大文学家、大美术家之成就，常常还要许多环境及附带学问的帮助。中国先辈说要‘读万卷书，行万里路’。将来你学成之后，常常找机会转变自己的环境，扩大自己的眼界和胸襟，到那时候或者天才会爆发出来，今尚非其时也。”

死守书本，寻着一个窠臼去思考，不知应变，这样的理论研究，这样的(旅游)翻译培训或教学，只会误人子弟。一个没有读过书的人，很有可能比一个饱学的知识分子更有智慧，因为前者更有生活常识，而后者只会进行一些无法解决问题的自我理论表现，更何况这些理论又是如此之“灰色”，如此缺乏活力，难以跟常青的生命之树相提并论。

克里希那穆提(印度的著名哲学家，在西方有着广泛而深远的影响)在《一生的学习》中指出：

1)知识无法与智慧相比，知识不是智慧。智慧是无法换取的，它不是能借学识或戒律而购得的商品。智慧无法在书中寻获，无法加以聚集、背诵或储存。智慧起于自我的舍弃。谦虚的心比学识更为重要，而要具有一颗谦虚的心，并非借着种种知识来填满它，而是对我们自己的思维、情感加以觉察……

2) 当一个有学问的人信赖书本、知识和权威，借着它们以获取了解，那么他便是愚蠢的。了解是由自我认识而来，而自我认识，乃是一个人明白他自己的整个心理过程。因此，教育的真正意义是自我了解，因为整个生活汇聚于我们每个人的身心。

这些至理名言对我们进行翻译的实践、研究启发甚大。以下针对本科生和研究生存在的诸多问题，我们从西方(应用型)翻译学者的视角，结合自己的“理论心得”和“经验之谈”，特引用这些学者们的话语(因为国内太多的“翻译研究者”连语言的基本功都非常 shaky，便“踌躇满志”在搞学术研究了，无怪乎我们这么多的论文几乎等于一张废纸)，作为尚未入门、刚入门或已入门的翻译研究者的指南(下画线由笔者另加)，这样坚持数年，必有好处。

- Translation has its own excitement, its own interest. A satisfactory translation is always possible, but a good translator is never satisfied with it. It can usually be improved. There is no such thing as a perfect, ideal or “correct” translation. A translator is always trying to extend his knowledge and improve his means of expression; he is always pursuing facts and words. He works on four levels: translation is first a science, which entails the knowledge and verification of the facts and the language that describes them—here, what is wrong, mistakes of truth, can be identified; secondly, it is a skill, which calls for appropriate language and acceptable usage; thirdly, an art, which distinguishes good from undistinguished writing and is the creative, the intuitive, sometimes the inspired, level of the translation; lastly, a matter of taste, where argument ceases, preferences are expressed, and the variety of meritorious translations is the reflection of individual differences. (Peter Newmark)
- …a translator must look up every word, especially the ones he knows best. Preferably, words should be looked up only to confirm

knowledge, and every time one consults a bilingual dictionary the word should be checked in half-a-dozen source and target language monolingual dictionaries and reference books. (Peter Newmark)

- …knowing a foreign language and your subject is not as important as being sensitive to language and being competent to write your own language dexterously, clearly, economically and resourcefully. Experience with translationese…shows that a good writer can often avoid not only errors of usage but mistakes of fact and language simply by applying his common sense and showing sensitivity to language. (Peter Newmark)
- Being good at writing has little to do with being good at "essays", or at "English" as you may have learned it at school. It means being able to use the appropriate words in the appropriate order for the object or process you are attempting to describe; continuously trying to improve your writing (a translation is never finished); and increasing your won English vocabulary co-extensively with your knowledge of new facts and a new foreign-language words. And it means making flexible use of the abundant grammatical resources of your language, which are enriched by contemporary speech…, you are not born a good writer; you do not have to be one now; you have to be determined to become one, to relate new experience to fresh language. (Peter Newmark)
- All texts may be regarded by the translator as an amalgam of standardized and non-standardized language. The distinction between them is that for standardized language, when it is used as such (but technical terms often melt into ordinary language—e.g. "fail-safe", "parameter"), there should be only one correct equivalent… Whilst for non-standardized language, of whatever length, there is rarely only one correct equivalent, and that is the art or craft of translation.

(Peter Newmark)

- Standardized language consists partly of terminology… Whilst many terms are internationalisms, others…are polysemous… [a translator must look up every word, especially the ones he knows best. Preferably, words should be looked up only to confirm knowledge, and every time one consults a bilingual dictionary the word should be checked in half-a-dozen source and target language monolingual dictionaries and reference books.] Any target language word found in a bilingual, not in a monolingual, dictionary must be rejected. Bilingual dictionaries often have obsolete, rare or one-off words invented through interference. (Peter Newmark)
- However, standardized language goes beyond technical terms. It includes any commonly used metaphor, idiom, proverb, public notice, social phrase, expletive, the usual ways of stating the date or time of day, giving dimensions, performatives expressed in accepted formulae. Thus one would expect only one valid translation for "Keep Britain tidy", "One man's meat is another's poison"… and for phatic phrases such as "Nice weather we're having". There should be little choice in translating the restricted patter in the specialized use of language… (Peter Newmark)
- Which leaves non-standardized language, language creatively used, which is how is daily used by everyone. Here, translation becomes a craft and an art—or simply art—where there are limited choices. Here, too, *the scientific method operates*, since the sense of the translation must be tested for each unit and stretch of language against the original, and vice versa, as well as against the reference, so that clear errors of language and fact are eliminated. Further, the translation has to be seen as natural language acceptably used in the context, if it is so in the original. The translator's craft lies first in

his command of an exceptionally larger vocabulary as well as all syntactic resources—his ability to use them elegantly, flexibly, succinctly. All translation problems finally resolve themselves into problems of how to write well in the target language. Benjamin (1923) stated that in a good work, language surrounds the content of the original in large folds. A translation is never finished, and one has to keep paring away at it, reducing the element of paraphrase, tightening the language. The shorter the translation, the better it is likely to be. (Peter Newmark)

- Secondly, the translator as craftsman has to know the foreign language so well that he can determine to what extent of the text deviates from the language norms usually used in that topic on that occasion. He has to determine with an intuition backed by empirical knowledge the extent of the text's grammatical and semantic oddness, which he must account for a well written "expressive" text, and may decide to normalize in a badly written "informative" or "vocative" text. Moreover, he requires a degree of creative tension between fantasy and common sense. (Peter Newmark)
- If a translator adequately controls both source and receptor languages, translating is essentially no different from writing. As the result of inadequacies in their B and C languages, students of translation must struggle to find the right words and to arrange them appropriately. As a result, their translations frequently seem unnatural, awkward, or even misleading. Such difficulties often result from misleading grammatical terminology and from grammatical systems that are largely unrelated to meaningful relations between words. (E.A. Nida)

综上所述，我们讨论的几个 cases 起码反映出一个深层次的问题：我们不少“研究型”的(副)教授、学者(包括硕士、博士、博士后)尚未在 bilingual proficiency 领域行走了万里路。他们并不是在外语基本功(比较/十分)扎实的情况下研究外语、翻译，似乎在“学术”方面 sensitive，但在语言和文化方面(远)不够 sensitive，或缺乏 sensitivity，由此造成相关理论没有吃透，却花了大量的时间，做了大量的脱离实际的所谓学术研究，他们的观点、理论尽管在“内地”狭窄的学术界 travel widely，但只是 travel in the limited area of the Chinese mainland，永远不可能超越 the cultural line 和 the English line。我们的诚挚建议是：

Travel and think.

Travel before reseach.

Travel widely before research.

Read 10,000 books and travel 10,000 miles.

Keep learning how to travel across the language and cultural line.

【思考题】

1. 何为文学翻译[PT]？
2. 文学翻译的标准是什么？你有自己不同的观点吗[PT]？
3. 你是如何解决文学翻译实践中的基本问题的[PT]+[AT]？
4. 何为应用翻译？它与文学翻译有何差异[PT]+[AT]？
5. 你是如何分析、对比应用翻译和文学翻译的标准的[PT]+[AT]？
6. 你是如何解决应用翻译实践中的基本问题的[AT]？
7. 应用翻译研究比纯翻译(理论)研究更为重要吗？为什么[PT]+[AT]？
8. 试着举例说明应用翻译研究中的(典型)缺失现象[PT]+[AT]。
9. 你如何评价你自己发现的应用研究专业化缺失的(典型)案例[PT]+[AT]？
10. 你如何评价你自己发现的应用研究学术化缺失的(典型)案例[PT]+[AT]？

Chapter 4

翻译观（拓展篇）

Translation Philosophy (Expanded)

中国之翻译，可谓源远流长；中国之有翻译理论，亦可谓历史悠久。翻译无论在中国还是在西方均为一项极其古老的活动。季羡林先生把中华文化之所以源源不断的根本原因归功于翻译，也有学者从某种意义上说，把“西方的(以至于人类的)文明首先归功于翻译工作者”(谭载喜，2004：1)。

自从人类开始用不同的语言作为工具进行交流，翻译活动就随之产生。在中国，早在周代就已经有了关于翻译活动的明确记载。在《周礼》和《礼记》两部古书里，甚至还记载有周王朝当时的翻译官的专门职称。在西方，广义上讲，最早的译作是公元前 3—公元前 2 世纪之间由 72 名犹太学者在古埃及亚历山大城翻译的《圣经·旧约》，即《七十子希腊文本》。其严格意义上的最早译作是约在公元前 3 世纪中叶安德罗尼柯(前 284？—前 204)在罗马用拉丁语翻译的希腊荷马史诗《奥德赛》。不论前者还是后者，距今都已有两千多年的历史。众所周知，理论源于实践，人类的任何社会实践活动发展到一定阶段，总需要用理论来将其概括和总结，并反过来指导实践。翻译也不例外。历史上，中国和西方都经历过数次翻译高潮，译著数量之多自不待言，更令人欣慰的是，数千年的翻译史也留下了丰富的翻译理论。这些理论不仅是世界各国文明史的重要内容，而且在推动翻译事业不断向前发展的过程中发挥着积极的指导性作用。

熟悉中西翻译史，并具丰富翻译实践和研究的学者一定会认为：中国的翻译理论自有特色，自成体系，在世界译坛独树一帜。西方翻译理论流派众多，精彩纷呈，影响面宽。由于翻译理论本身是一个综合性、开放性、独立性、跨学科、跨专业、跨行业的系统，其发展是一个不断深化的无限过程，所以要拓展翻译观，更为全面、深入地了解翻译和翻译学，只有知己知彼——即摸清“自身家底”，理清“他人家谱”——才能对翻译学科如数家珍，更不会妄自菲薄，出现民族虚无主义。

受篇幅所限，本章先以表格形式为读者提供中西翻译简史(表 4-1)，以便对翻译的发展有一个粗略的轮廓。中西翻译史的准确分期似乎尚无定论，有关表格是笔者参照中外有关资料，主观“制作”而成的(任何错误或"谬误"由笔者自己承担)[1]：

表 4-1 中国翻译史简表

名称	大致年代	见证代表	备注
古代翻译	周朝(公元前 1046)起至 1600	《周礼》和《礼记》里记载有周王朝当时翻译官的专门职称；文学(口头)翻译	职称为"舌人"、"译官"、等；口译历史则更为悠久
佛经翻译	东汉至宋朝(25—1279)	佛经 49 部(支谦译)；佛经 75 部，1335 卷，1300 多万字(玄奘译)	223—252 年译出；645—664 年译出
明清翻译	14—18 世纪晚清	科技翻译，如《几何原本》(徐光启、利玛窦译)；社科翻译，如《天演论》(严复译)；文学翻译，如《巴黎茶花女遗事》(林纾译)	1606—1607 年译；1897 年译出；1899 年译出
近代翻译	1840—1949	胡适、茅盾、朱自清、郭沫若、郁达夫、成仿吾、闻一多、鲁迅、瞿秋白、林语堂、朱生豪、贺麟、朱光潜、金岳霖等几十位著名翻译家和学者	如鲁迅对译学理论的重大贡献；林语堂的在西方广受欢迎的英译作品和英文作品；朱生豪传世的《莎士比亚戏剧全集》译著等
现/当代翻译	1949—今	董秋斯、梁实秋、钱歌川、吕叔湘、郭大力、傅雷、林汉达、姜椿芳、周煦良、萧乾、钱锺书、戈宝权、叶君健、杨宪益、王佐良、许渊冲等几十位翻译家和学者	如梁实秋独自翻译的《莎士比亚全集》；傅雷的法国文学翻译；戈宝权的苏俄文学翻译；杨宪益对中国古代、现代文学的翻译(《红楼梦》)；许渊冲对中国古诗的英译和法译

1 中西翻译史简表由主编提供。其中历史见证以译家的作品和译家本身为主。翻译学者则另详述。

表 4-2 西方翻译史简表

名称	大致年代	见证代表	备注
古代翻译	公元前 3 世纪前后起	《七十子希腊文本》在埃及亚历山大城问世	公元前 285—249 年；口译历史则更为悠久
中世纪翻译	罗马帝国后期(193—476)至中世纪(476—1453)初期	《通俗拉丁文本圣经》(哲罗姆译)	382—405 年译出
文艺复兴时期翻译	14—16 世纪(1301—1600)	《圣经》(维尼法译)；乔叟翻译、改编《十日谈》里的故事	1340 年译；1381—1400 年译编
近代翻译	17—19 世纪(1601—1900)	《钦定圣经译本》(英国翻译出版)；莎士比亚戏剧 17 部(施莱格尔德译)	1611 年；1797—1810 年译出
现代翻译	20 世纪—1945	《翻译的艺术》(美国托尔曼出版)；《〈道德经研究〉序》(韦利发表)，阐述中国作品英译问题	1901 年出版；1934 年发表
当代翻译	1946—今	在国际法庭上首次采用同声传译；科技等专业翻译大规模开展；翻译理论蓬勃发展；翻译成为独立学科；20 世纪是"翻译时代"	1945—1946 年；1946 年至今

也由于篇幅所限，在此只能在中西翻译史的基础上，为翻译观的拓展，提供一些入门之"必备"：将分中国古今译学、西方古代译学和西方现代译学三个部分来阐述中西译学的主要理论及其代表人物的翻译观。不求面面俱到，但求对颇具影响力的重要译学思想加以介绍和探讨。在此，需要特别加以说明的是：由于本章涉及大量的史学资料，

主编对写作的要求有所不同，读者看到的文本主要以资料整合后的面貌出现，有关出处难以一一标注(特殊情况除外)。笔者主要参考了以下资料：陈福康(2000)、蒋童(1999)、刘宓应(2005)、潘文国(2002)、谭戴喜(1999，2000，2004)、王秉钦(2005)、王宏印(2003)和张南峰(2004)等。

4.1 中国古今译学

中华文明可谓源远流长，在其数千年的文明史中，翻译大致经历了四次高潮：从东汉到宋的佛经翻译时期；明末清初的科技翻译时期；清末民国初期、五四时期的西学、社会科学和文学翻译时期；新中国翻译时期。这四次翻译高潮不仅在中国和世界各国的交往中发挥着重要的桥梁作用，使中华文化永葆青春，还造就了一大批杰出的热爱翻译的理论家和学者。他们的理论虽然系统性不强，但其丰富而又精彩的译学观点对中国传统译学的形成和发展具有重要的理论意义和深远的影响，是中华文化的一笔宝贵遗产，更是世界翻译理论珍宝中的一颗璀璨明珠。由于篇幅所限，本节只是介绍在笔者看来是最为重要的或最为典型的译学观点。

4.1.1 支谦的翻译观

支谦(3 世纪人)，原为月支人，生于中国，精通六国语言，其译学观点主要体现在《法句经序》中：

> 天竺言语，与汉异音。云其书为天书，语为天语。名物不同，传实不易。唯昔蓝调、安侯、世高、督尉、佛调，译胡为汉，审得其体，斯以难继。后之传者，虽不能密，犹尚贵其实，粗得大趣。始者维祇难出自天竺，以黄武三年来适武昌。仆从受此五百偈本，请其同道竺将炎为译。将炎虽善天竺语，未备晓汉。其所传言，或得胡语，或以义出音，近于质直。仆初嫌其辞不雅。维祇难曰：“佛

> 言依其义不用饰，取其法不以严。其传经者，当令易晓，勿失厥义，是则为善。”座中咸曰：“老氏称‘美言不信，信言不美’。仲尼亦云，‘书不尽言，言不尽意’。明圣人意，深邃无极。今传胡义，实宜径达。”是以自偈受译人口，因循本旨，不加文饰。译所不解，则阙不传，故有脱失，多不出者。然此虽词朴而旨深，文约而义博。

这篇序对维祇难和竺将炎所作的翻译进行了理论评价，并阐述了支谦自己的翻译思想，实际上也是对中国佛经翻译最初阶段的一个小结。涉及的不仅有翻译的美学问题，如“文”与“质”的关系，而且还论及翻译的标准。序中指出，在不同的语言中，“名物不同，传实不易”，并在关于“文”和“质”的讨论过程中，引用了老子的“美言不信，信言不美”和孔子的“书不尽言，言不尽意”等美学和哲学理论来说明“实宜径达”的翻译标准。虽然，支谦本人所倾向的“文”译(“其所传言……近于质直。仆初嫌其辞不雅。”)在这次争论中被“质”译派占了上风，所翻译出的《法句经》“因循本旨，不加文饰。译所不解，则阙不传。故有脱失，多不出者”。但是这次争论的意义远不在此，其关键在于双方在此次争论中已经涉及被后代译人认为最高翻译原则的“信达雅”的基本范畴，对翻译的探讨也已经上升到了理论的高度。此外，争论也清楚地表明中国译学从一开始便与中国传统文化紧密相连，而这简短的序文正是中国传统翻译思想的奠基石。现在有些人将中国古代的文质之争等同于源自西方的直译意译之争，这是不可取的。首先，两者蕴涵的内容不同。前者比后者丰富得多，不仅指翻译方法，还与中国文化有着极深的渊源，既是哲学命题也是美学问题。其次，中国传统译学中的“直译”是相对于“重译”而言的，而“重译”也不是今天意义上的重新翻译，而是指非直接译自梵文而是译自胡言的佛经的重译或转译。因此，传统译学中的直译实指直接译自梵文的译文。区分两者概念的不同将有利于译学研究沿着正确的方向发展。

4.1.2 道安的“五失本”、“三不易”

道安(314—385)，东晋、前秦高僧，在《摩诃钵罗若波罗蜜经钞序》中提出著名的“五失本”、“三不易”，即在五种情况下佛经翻译会失去本来面目，有三个方面决定译事之不易。按照陈福康《中国译学理论史稿》中的解释，“五失本”是指：一、经文乃外语，其词序在汉人看来是颠倒的，汉译时被改从汉语语法；二、经文质朴，而汉人喜欢文采，为适合广大读者，译文有一定的修饰；三、经内论述，往往不厌其烦，尤其颂文更是反复再三，翻译时被删简；四、经文在长行之后，另有偈颂复述，称为“义说”，类似汉人韵文最后总结的“乱辞”，内容重复，或千字，或五百字，译时被删去；五，经文中讲完一事，要转说他事时，又将前话重提然后再往下说，这些话也被删除。所谓“三不易”则是：一、“圣人”本是按照当时的习俗来说法的，而今时代不同，要改古以适今，很不容易；二、“圣人”的智慧本非凡人可及，而要把千年前古代圣哲的微言大义传给后世的浅俗之众，很不容易；三、释迦牟尼死后，其大弟子阿难等人出经时尚且反复斟酌，兢兢业业，而今却要由平凡人来传译，更谈何容易。

在此，道安已把原文和译文间的语体差别系统化、条理化，更为可贵的是，他全面地总结出译经过程中出现的种种困难。“失本”从本体论角度出发，说明原文本不可企及，从而论证翻译之不可能；“不易”则进一步从译者与作者的关系等翻译活动的主体性差异以及翻译过程中的社会因素等多角度对翻译之不可能进行论证。尽管这一学说有翻译不可能论的倾向，但从其论述的角度和内容来看，无疑是译学观点的显著进步。正因此说具有如此重要的译论价值，钱锺书先生认为“吾国翻译术开宗明义，首推道安的《摩诃钵罗若波罗蜜经钞序》”。作为质派代表人物，道安主张“案本而传，不令有损言游字”，除了允许按照汉语习惯颠倒原文语法顺序外，不允许以文体问题为借口随意删削经文内容。其主张可以从以下两个方面加以解释：一、从译者的深层心理机制看，由于缺乏源语知识，译者对翻译对象本身心存恐惧，唯恐对其不忠，因而对处理效果缺乏安全感；二、从个人情感上看，道安是一名僧人，佛教经典于他有一种神圣感，因而翻译时对原文亦步亦趋就显得非常自然。可以说，道安的译学思想是中国真正译学思想的开始。

4.1.3 彦琮的“八备”说

彦琮(557—610)，隋朝翻译评论家，其最大贡献是提出了有关译者主体性的“八备”说。和上述几位译家不同，彦琮所主张的译学观点不是分散在有关译经的序文中，也不是某些传记材料中保存的片言只语，而是完整地记载在其独立的学术论文《辩证论》中。著名的“八备”说，即系统论述译者主体要求的八条内容，就是其中一部分。以下是著名史学家范文澜对文中所列八条内容的翻译：

1) 诚心热爱佛法，立志帮助别人，不怕费时长久。

2) 品行端正，忠实可信，不惹旁人讥疑。

3) 博览经典，通达义旨，不存在暗昧疑难的问题。

4) 涉猎中国经史，兼擅文学，不要过于疏拙。

5) 度量宽和，虚心求益，不可武断固执。

6) 深爱道术，淡于名利，不想出风头。

7) 精通梵文，熟悉正确的翻译方法，不失梵文所载的义理。

8) 兼通中国训诂之学，不使译文文字欠准确。

显而易见，其中 1)、2)、5) 和 6) 这四条是对“译德”的论述，而 3)、4)、7)、8) 这四条则是关于“译才”。只有德才兼备，方能成为合格的译者。虽然彦琮“八备说”的提出针对的是佛经翻译，但他对翻译人才素质的论述至今仍有重要价值，完全可以移用于其他类型的翻译。

当然，我们也不能一味地抬高“八备”说在译者主体性构建方面的理论意义，而应该以今天所具有的现代理论新视野对其加以科学的评估。首先，彦琮对作为翻译主体的译者提出的是静态的条件性的规定，而不是把译者放在翻译活动中去作动态的理论描写，也就是说，“八备”说是规定性的而不是描写性的，它过于理想化，与现实有距离，因而实用性不是太强。其次，“八备”说不涉及译者和其他翻译主客体之间的相互关系，而只是将其视为孤立的个人加以条件性的限制，因而没有对一个完整系统进行各部分之间相互联系的理论思考。不过，彦琮能在当时的历史条件下提出主体性构建学说实属不易。

4.1.4 玄奘的“五不翻”

玄奘(602—664)是中国最杰出的佛经翻译家，他在翻译佛经名义方面摸索和归纳出著名的“五不翻”理论。所谓“五不翻”指的是出于各种考虑，对于有些梵语词语，不必按意思翻译成汉语，而是保持源语语音的汉字写法，即今天所说的“音译”。以下是“五不翻”的具体内容：

一、秘密故，如“陀罗尼”(直言，咒语)。

二、含多义故，如“薄伽”，梵具六义(自在，炽盛，端严，名称，吉祥，尊贵)。

三、此无故，如“阎浮树”(胜金树)，中夏实无此木。

四、顺古故，如“阿耨菩提”(正遍知)，非不可翻，而摩腾以来，常存梵音。

五、生善故，如“般若”尊重，“智慧”轻浅；而七迷之作，乃谓“释迦牟尼”，此名“能仁”，“能仁”之义位卑周孔；“阿耨菩提”，名“正遍知”，此土老子之教先有无上正真之道，无以为异；“菩提萨埵”，名“大道心众生”，其名下劣。皆掩而不翻。

简单地说，这五种不翻的情况为：神秘语、多义词、中国所没有的物名、久已通行的音译以及宣扬佛教需要的场合。例如，“般若”一词本来显得庄重，意译为“智慧”则显得轻浅；“释迦牟尼”若意译为“能仁”，其地位便似乎不及中国的周公和孔子；“阿耨菩提”若意译为“大道心众生”，亦显得低劣。玄奘认为凡遇此类名词，皆宜不翻。所谓不翻，其实是用“音译”。玄奘这一物名音译的原则，不仅对统一当时混乱的翻译秩序作出了重大贡献，而且对后世的翻译活动，特别是20世纪初掀起的章士钊和胡以鲁之间的“译名大讨论”也具有重要的指导意义。

“五不翻”作为音译派的基本主张，涉及了翻译的方法论问题，音译实际上已经归于翻译的概念之中。当今翻译界所使用的一些翻译原则和方法，如约定俗成、保持异族文化的原汁原味、保持原文名物的一致性以及保持文风的一致和纯洁等等，在这些主张中都已有所体现。然而，“五不翻”最大的理论启示还在于保守原文的秘密，即，翻译应该有所为有所不为，或者可以说，有所不为才能有所为。这正好和老子的“无为”主张相吻合，从而进一步说明中国传统译学和中国传统文化之间的密切关系。玄奘这一理论中的“不为”原因主要有：一、在文本层面上，作者的原意总是有不能尽知尽述之处(或因为语言文化差异，或因为言不能尽义)。二、在词汇层面上，意译的方法总有行不通之时。另外，文本特征、翻译目的、翻译的可译性限度等也可以说明“音译”作为翻译方法存在的理由。

除了提出“五不翻”原则，玄奘主张翻译“既须求真，又须喻俗”。他既不赞成道安等人的“质”译，也不赞成罗什等人所倾向的“文”译，而是主张两者的完美结合，正如梁启超所说：“若玄奘者，则意译直译，圆满调和，斯道之极轨也。”玄奘的译文既重“信”，又重文体风格，在翻译史上被称为“新译”。

4.1.5 严复的“信达雅”

严复(1853—1921)，中国近代翻译史上学贯中西，具有划时代意义的翻译家，是我国倡导完整翻译标准的先驱者。他在翻译理论方面的最大贡献是提出译事三难“信达雅”。该说记载于《天演论·译例言》中：

> 译事三难：信、达、雅。求其信，已大难矣！顾信矣不达，虽译犹不译也，则达尚焉。……此在译者将全文神理，融会于心，则下笔抒词，自善互备。至原文词理本深，难于共喻，则当前后引衬，以显其意。凡此经营，皆以为达，为达即所以为信也。

自严复提出“信达雅”，就引起极大的关注，并被翻译界视为翻译标准。即使一个多世纪之后的今天，人们一谈翻译仍然必谈“信达雅”：赞同者视其为金科玉律而百般维护；反对者视其为古旧桎梏而加以指责。当然，也有一些人取中间态度，认为可以在原来的基础上对其进行改进。无论何种态度，都足以说明严复这一思想具有无限的魅力。要真正了解并正确认识其价值，首先必须了解其来历、文化渊源以及这一理论提出的社会文化背景。

关于这三字的来历，钱锺书先生认为可以追溯到支谦的《法句经序》："仆初嫌其辞不雅。……老氏称'美言不信，信言不美'。仲尼亦云，'书不尽言，言不尽意'。明圣人意，深邃无极。今传胡义，实宜径达。"显然，信、达、雅三字都已出现在这一著名的经序之中，但是是否直接来源于此，则无从考证，但至少支、严两人的论述方式非常相似：支谦在序中引用了老子、孔子作为立论依据，而严复则引用了儒家经典《易经》和孔子的有关论述作为自己立论的依据。此外，据考证，严复曾经研究过六朝翻译佛经的方法。鲁迅先生在《关于翻译的通讯》一文中曾这样写道："他[严复]的翻译，实在是汉唐译经历史的缩图。"看来，"信达雅"的提出至少是受到了古代翻译理论的影响。

从理论渊源来看，这一翻译标准的提出是以中国传统写作理论为基础的。这点可以从严复在《天演论·译例言》中寻找出答案。在这篇文章中，严复继提出"信"和"达"概念之后，紧接着说：

> 《易》曰："修辞立诚。"子曰："辞达而已。"又曰："言之无文，行之不远"。<u>三者乃文章正轨</u>(下画线乃笔者所加)，亦即为译事楷模。故信、达而外，求其尔雅。……"

具体而言：

一、"修辞立诚"出自《易经·乾卦》："子曰：'君子进德修业，忠信，所以进德也，修辞立其诚，所以居业也。'"原文含义是：君子提高品德修养以成事业，若忠诚而讲信用，则可以不断提高修养水平，写文章以真实可信为本，则可以正确对待事业。其中"诚"与"忠信"相辅相成。由此可知，严复所谓"修辞立诚"是指写文章要真实可信，符合中国文章学正轨。

二、"辞达而已"出自孔子《论语·卫灵公第十五》："子曰：'辞达而已矣。'"这里指的是说话和写文章的要求，即：言辞只需达意即可。达，本义指行路通达无阻，后转义为"到达"、"通晓"。由此可见，达意是说话写文章的通则。

三、"言之无文，行之不远"出自《左传·襄公二十五年》："仲尼曰：'《志》有之：言以足志，文以足言。'不言，谁知其志？言之无文，行而不远。"大意是：孔子说："《志》上有这样的话：'言辞要能表达意愿，文采要能完善言辞。’言辞若不表达出来，谁又能知道你的志愿是什么呢？言辞若缺乏文采，就不能流传久远。”(摘自王宏印，2003：100-101)

由此可见，“信达雅”的提出，是严复运用中国古典文论思想，吸收中国古代佛经翻译思想精髓，总结自己丰富的翻译实践经验而进行的高度的理论概括和升华，是中国传统翻译的理论核心和思想纲领，其重要性不言而喻。但是，为何又有那么多人对这一翻译准则不以为然呢？在这些人看来，问题主要出现在“雅”上。他们的观点主要有以下两点。一、“雅”没有存在的必要。如果原文不讲修辞文采、文理不通，却硬要将其译成文采斐然，则何“信”之有？因此将“信”、“达”和“雅”放在一起作为翻译的标准形不成一个统一的体系，缺乏逻辑性。二、严复主张“用汉以前字法句法”翻译，这本身就是失“信”。

其实，我们应以开放、辩证、历史的眼光去看待这两个问题。首先，对于不同类型的作品，其翻译的要求也有所不同。文学类作品要求最高，其次是哲学社科类，科技、公文之类则更低。对于文学作品，若原文整体上就不讲修辞、文理不通，那么作品本身就没有多少文学价值，因此也就没有翻译的必要。而文学作品中由于内容需要而特意创造的“丑”则是为了塑造整部作品的“美”，因此应该保留，但这并不影响整体的“雅”，也没有违背“信”的翻译标准。其次，严复是在译介西学的时候提出“信达雅”的，虽然他对这个“雅”字没有说明透彻，我们必须结合当时的历史背景来审视它，而不能简单地就事论事。众所周知，严复生活的那个时代，中国正面临着内忧外患。作为一名启蒙思想家，他希望通过引进近代西方先进的科学思想，作为改造中国人世界观的理论基础，从根本上改变中国的落后状况。正因如此，他在提出“求其尔雅”之后，紧接着说道：

> 此不仅期以行远已耳，实则精理微言，用汉以前字法句法，则为达易；用近世利俗文字，则求达难。往往抑义就词，毫厘千里，审择于斯二者之间，夫固有所不得已也，岂钓奇哉！

正如王佐良先生在其“……”一文中所说：“雅不是美化……而是指一种努力，要传达……原作者的心智特点，原作的精神光泽。”“严复之所以选择‘汉以前字法句法’是有目的的，即要吸引士大夫们的注意。”在严复看来，只有让这批保守成性却又足以左右大局的当时的上层知识分子和官僚接受西方先进的思想，才有彻底改造中国社会的希望。因此，我们说，严复之所以提出“雅”是有其特定的翻译目的和读者对象的，不应该用孤立的眼光看待它并将其完全否定。相反，应该以描写的方法(descriptive approach)、与时俱进的姿态将其继承和发展。此外，从严复的翻译效果来看，他所提倡的“雅”译的确在历史上起到了积极的作用。

当然，我们也不能把“信达雅”过于神圣化。首先，严复提出这三个字时，并不是将其作为翻译标准而提出的，它只是严复翻译实践的心得体会，是后人因为这三个字对翻译的要求而言具有高度的概括性而将其奉为圭臬，赋予其撼动不得的地位的。过分推崇它不利于吸收新的翻译观念，不利于译学的发展和进步。其次，虽然这三个字具有高度概括性，但是因为缺乏对其作为一种译学理论的具体阐述，人们对其有不同的理解。也许正因如此，“信达雅”至今仍有无限魅力。(欲全面了解严复的翻译理论及其对中国译学的影响，请参阅沈苏儒先生的《论信达雅——严复翻译理论研究》)

4.1.6 贺麟的哲学翻译观

贺麟(1902—1992)，著名哲学家，也是一位责任心极强的翻译家，他的翻译思想是他哲学思想的重要组成部分。1940年，贺麟的“论翻译”在《今日评论》上发表，这不仅是中国翻译史上较早讨论翻译可译性问题的专文，而且也是迄今为止对此问题讨论得最为深入的一篇。

文章一开头就尖锐地指出：“中国近20年来的翻译界，可以说是芜滥沉寂到了极点了！”虽然贺麟对译界的这一评估应该说有些偏低，但他对问题的分析则比较全面透彻。在他看来，出现这一状况的原因有三条：“一因上焉者自矜创造不屑翻译，故尔沉寂。一因下焉者学问语言之培植不够，率尔操觚，视翻译为易事，故尔泛滥。三则因缺乏严正的同情的翻译批评，以鼓励好的翻译，纠正坏的翻译，也足以长养这种芜滥和沉寂的局面。”

正因为把问题看得非常严重，为了使“学术界多数人对于翻译的性质和意义”有透彻的了解，贺麟认为要“就根本处着眼”来谈翻译问题，而“翻译所包含的哲学意义”应该首当其冲。如此明确地将翻译提高到“哲学意义”上来讨论，这在中国译论史上还是第一次，这自然和他的哲学家身份分不开。在《论翻译》中，贺麟主要从哲学角度谈论了两大问题。第一，“穷究翻译之理，要考察一下，在理论上翻译是否可能”。为说明翻译的可能性，他首先反驳了某些神秘主义哲学家的观点。这些人认为：“‘言不尽意’。意，神秘不可道，自己之言尚不能尽自己之意，他人之言，更无法尽自己之意。故翻译是不可能。”

对此，贺麟雄辩地指出，这显然是误解“言意之辨”的不正确思想。因为：“意属形而上，言属形而下：意一，言多；意是体，言是用，诚是意与言之间的必然的逻辑关系，在某意义下，言不尽意，意非言所能尽，亦系事实。但须知言虽不能尽意，言却可以表意。文虽不能尽道，文却可以载道。盖言为心之声，亦即言为意之形。”接着，贺麟又指出，意思枯燥，言语亦随之枯燥；意思活泼，言语亦随之活泼；意思深邃，言语亦因而含蓄。未有心中真有意思而不能用语言文字传达者，凡绝对不能用语言文字或其他方式表达的意思，就是无意思。

作了如上“言意之辨”后，贺麟揭示出了一条“翻译所包含的哲学原理”，即：

> 因为意与言或道与文，是体与用、一与多的关系。言所以宣意，文所以载道。意与言、道与文之间是一种体用合一，而不可分的关系。故意之真妄，道之深浅，皆可于表达此意与道的语言文字中验之。一个人如能明贞桓之道，知他人之意，未有不能用相应之语言文字以传达之者。今翻译之职务，即在于由明道知意而用相应之语言文字以传达此意、表示此道。故翻译是可能。因道是可传，意是可宣的。再则，意与言、道与文既是一与多的关系，则可推之同一真理、同一意思，可用许多不同的语言文字或其他方式以表达之。

虽然贺麟的这段论述中有不够严密的自相矛盾之处(一方面说意与

言、道与文之间是一与多的关系，即同一意思可以用不同的语言文字来表达，意与言之间是可以分开的；另一方面，他又说两者之间是一种体用合一的不可分割关系），但这仍然是对翻译本质问题的具有创新性的思考，给人以启发。此外，这一哲学原理的讨论还包含了如下意思：既然可以用多种语言文字去传达同一思想，译者应该在充分了解原文意思的前提下，发挥主体性，而不应斤斤于语言文字的机械对译。

《论翻译》中从哲学角度讨论的另一问题是翻译本身的意义与价值问题。这一问题又可以分为两个方面，一是译文与原文的价值关系。鉴于很多人将翻译视为改造品、仿造品以及抄袭品，贺麟指出：

> 译文与原文的关系，在某种意义上，固然有似柏拉图所谓抄本与原型的关系。而在另一意义下，亦可说译文与原文皆是同一客观真理之抄本或表现也。就文字言，译文诚是原著之翻抄本；就义理言，译本与原著皆系同一客观真理之不同语文的表现。故译本表达同一真理之能力，诚多有不如原著处；但译本表达同一真理之能力，有时同于原著，甚或胜过原著亦未尝不可能也。

从这个意义上讲，译作和原作都是和同一客观真理构成相互关系，因而应该是平起平坐的。

另一方面，贺麟还论述了翻译与创造的关系。他指出：“翻译为创造之始，创造为翻译之成。翻译中有创造，创造中有翻译。”翻译的价值在于其对于社会文明进步的实用价值，在于传播、促进和繁荣文化的功能，以及启发创造的作用，但其最大的价值和贡献在于“内化外学”，即，使西洋学问中国化，灌输文化上的新血液，使西学成为国家文化的一部分。贺麟的观点得到了翻译史的充分论证。正是因为能够不断地学习和吸收外来文化和思想，中华文化才能数千年绵延不绝，翻译功能的价值因而得以体现。在国外也有类似对翻译价值的评价。歌德曾在一篇书评中写道：“对于一个民族来说，把其他民族的作品翻译成自己的语言，乃是迈向文明的主要的一步。”西方翻译史学家凯利(Louis Kelly)也曾说，古罗马时期以来西方文化的发展，首先应当归功于翻译。

4.1.7 傅雷的“神似”论

傅雷(1908—1966)，一名艺术造诣很深、卓有成效的杰出翻译家。他本身虽然不是翻译理论家，也不妄谈翻译理论，但所发表的几篇译论却在译界影响深远(1951 年为《高老头》重译本写的序文，1957 年应《文艺报》约稿而写的《翻译经验点滴》以及为林以亮、罗新璋等人写的谈翻译方面的书信)。在这些译论里，傅雷反复论述了自己一贯坚持的翻译观，不仅涉及面广，而且论述非常精辟。

他首先强调翻译工作是一项神圣的事业，强调翻译工作者不仅必须认真了解原作、作者，还要了解自己，并且加强自身的学识修养。在他看来，翻译是一种艺术，损害艺术品就如同歪曲真理，并且强调无法容忍在介绍一件艺术品却不能还它一件艺术品。因此，他在选择原作时抱有非常郑重的态度：“选择原作好比交朋友：有的人始终与我格格不入，那就不必勉强；有的人与我一见如故，甚至相见恨晚。但即使一见如故的朋友，也非一朝一夕所能真切了解。想译一部喜欢的作品要读到四遍五遍，才能把情节、故事，记得烂熟，分析彻底，人物历历如在目前，隐藏在字里行间的微言大义也能慢慢琢磨出来。”(《翻译经验点滴》)

了解原作和作者很难，但了解自己也不容易。傅雷紧接着说道：“从文学类别来说，译书要认清自己的所短所长，不善于说理的人不必勉强译理论书，不会作诗的人千万不要译诗，……从文学的派别来说，我们得弄清楚自己最适宜于哪一派：浪漫派还是古典派？写实派还是现代派？每一派中又是哪几个作家？同一作家又是哪几部作品？……”在傅雷所译的 34 部重要外国文学名著中，巴尔扎克的作品就有 15 部，另外有罗曼·罗兰的《贝多芬传》、《约翰·克里斯朵夫》以及他的其他作品，这与译者和作者在性情、气质上以及对生命、文学和艺术的看法上有相似之处不无关系。事实证明许多优秀的翻译家一生都钟情于某一个外国作家，并将其作品全面而传神地介绍给读者。比如著名翻译家张谷若先生就一生痴迷于英国作家哈代的作品，并将其大部分作品翻译给了中国读者，如《德伯家的苔丝》、《还乡》、《无名的裘德》等。类似的翻译家还有李文俊先生，他是美国现代作家福克纳作品的推崇者，以致不遗余力地翻译了福克纳的绝大部分作品。

在谈到译者的修养方面，傅雷还谈到译事要“以艺术修养为根本”。在《论文学翻译书》中，他这样写道：“译事……要以艺术修养为根本：无敏感之心灵，无热烈之同情，无适当之鉴赏能力，无相当之社会经验，无充分之常识(即所谓杂学)，势难彻底理解原作，即或理解，亦未必能深切领悟。”

在当代的翻译家中，恐怕没有谁能比傅雷更强调译者本身的条件、气质对于原作的“适应性”了。而他这样的严格要求，正是出于他对翻译事业的热爱以及对翻译工作极强的责任心。傅雷以上关于译事之神圣以及译者修养方面的论述，也是彦琮“八备”说中所提倡和要求的。此外，傅雷还认为，一名称职的文学翻译家必须不断丰富自己的人生经验。他说：“文学的对象既然以人为主，人生经验不丰富，就不能充分体会一部作品的妙处。而人情世故是没有具体知识可学的。所以我们除了专业修养，广泛涉猎以外，还得训练我们观察、感受、想象的能力；平时要深入生活，了解人，关心人，关心一切，才能亦步亦趋地跟在伟大的作家后面，把他的心曲诉说给读者听。”（《翻译经验点滴》）

傅雷翻译观中另一项突出的内容是对中西方语言与思维差异的总结。众所周知，翻译是一种以语言为转换媒体的实践活动，其基础自然涉及两种语言之间的对比研究以及两种思维和文化之间的对比研究。傅雷在多年的翻译实践中，摸索到了中西语言及其思维逻辑之间的显著差异。早在 20 世纪 50 年代初给林以亮的信中，他就指出：

> ……民族的 mentalité(精神面貌)相差太远。外文都是分析的，散文的，中文却是综合的，诗的。这两个不同的美学原则使双方的词汇不容易凑合。本来任何译文总是在“过与不及”两个极端中荡来荡去，而在中文为尤甚。

后来他又多次提及中西两种语言及思维的区别：

> 中国人的思想方式和西方人的距离多么远。他们喜欢抽象，长

于分析；我们喜欢具体，长于综合。要不在精神上彻底融化，光是硬生生的照字面搬过来，不但原文完全丧失了美感，连意义都晦涩难解，叫读者莫名其妙。(《翻译经验点滴》)

况东方人与西方人之思想方式有基本分歧，我人重综合，重归纳，重暗示，重含蓄；西方人则重分析，细微曲折，挖掘唯恐不足，描写唯恐不周：此两种 mentalité(精神面貌)殊难彼此融洽交流。(摘自 1963 年傅雷致罗新璋的信)

正因为对中西语言和思维差异有着深刻的认识，傅雷强调翻译绝不可按字面硬搬，而必须保存原作的精神和美感特征，并且得出自己对译事的看法，即重神似不重形似；译文必须为纯粹之中文。这也是傅雷翻译观中最被人们所熟知的一项内容。早在 1951 年《高老头》重译本序言中，傅雷就曾说过："以效果而论，翻译应当像临画一样，所求的不在形似而在神似。"

其实，在傅雷之前，已有不少翻译家，如茅盾、郭沫若、闻一多、曾朴、曾虚白、陈西滢、林语堂、朱生豪等对"形似神似"问题进行过论述，其中最早的是茅盾，早在 1921 年他便说过"神韵"重于"形貌"，并进行过详尽论述。不过，相比这些论述，傅雷的"神似说"以艺术哲学原理和美学理论为指导，以精湛的翻译水平为依托，并博采众家之长，因而显得更为突出，并有着丰富的内涵。

一、"化为我有"

傅雷认为，传神，首先在于理解、体会、感受、领悟原作，吃透原作的精神和全部细节，将原作"化为我有"。所谓"化为我有"，就应该将翻译工作视为"蚕造丝"，即蚕吃了桑叶进去，吐出来的应该是丝，而不是桑叶渣。翻译的首要工作就是要把原文彻底弄明白、完全消化。只有"化为我有"了，译者才有可能成为作者的最佳"代言人"。

二、"行文流畅，用字丰富，色彩变化"

在了解与体会原作的基础上，需要进一步把所了解的、体会的忠实而又生动地表达出来。翻译是一门语言艺术，文学作品的语言是一种"多度语言"，不仅要让人理解，还应该有感官度、感觉度和想象度等多方面的要求。傅雷就要求自己的译笔必须“行文流畅，用字丰富，色彩变化”。做到这一点着实不易，因为“领悟为一事，用中文表达为又一事”：

> 两国文字词类的不同，句法构造的不同，文法与习惯的不同，修辞格律的不同，俗语的不同，即反映民族思想方式的不同，感觉深浅的不同，观点角度的不同，风俗传统信仰的不同，社会背景的不同，表现方法的不同。以甲国文字传达乙国文字所包涵的那些特点，必须像伯乐相马，要“得其精而忘其粗，在其内而忘其外”。而即使是最优秀的译文，其韵味较之原文仍不免过或不及。翻译时只能尽量缩短这个距离，过则求其勿太过，不及则求其勿过于不及。（《高老头》重译本序）

三、“气息贯通—文脉贯通”

这是傅雷“神似说”的第三要义。所谓神似神韵，既指原作内容的传达，也指原作风格的体现。在 1957 年致林以亮的两次信函中，傅雷都谈了保持原文风格的问题。他写道：

> (翻译上)普通总犯两个毛病，不是流利而失之于太自由(即不忠实)，即是忠实而文章没有气息。倘使下一句跟上一句气息不贯，则每节既无气息可言，通篇就变成了一杯清水。译文本身既无风格，当然说不到传达原作的风格。真正要和原作铢两悉称，可以说是无法兑现的理想。我只能做到尽量的近似。……原文风格之保持，决非句法结构之抄袭。……处处假定你是原作者，用中文写作，则某种意义当用何种词汇，以此为原则，我感保险译文必有百分之七十以上的成功。

虽然傅雷以上译学观都只是对自己翻译实践的经验总结，并没有形成系统的理论，但是由于傅雷本人既精通中国传统美学，又深受西方古典艺术的影响，因此，这些思想带有明显的艺术特色，为源远流长的中国传统译学画卷抹上了重重的一笔。

4.1.8 钱锺书的“化境”说

钱锺书(1910—1998)，文学家、文论家。虽然不像傅雷那样译作等身，确切地说，一生中没有译过大部的作品，但是钱锺书却凭借他的博学高才为翻译事业作出了巨大的贡献。他提出的“化境”说与严复的“信达雅”和傅雷的“神似”说共同构成了中国传统翻译思想的主体。

钱锺书关于翻译的思想主要出现在 1963 年写的“林纾的翻译”和 1979 年中华书局出版的《管锥编》中。

在“林纾的翻译”一文中，他以评析林纾的翻译为对象，从语源学着手，悉心挖掘和开发，深刻揭示了翻译的作用、实现过程与目标。文中写道：

> 汉代文字学者许慎有一节关于翻译的训诂，意蕴颇为丰富。《说文解字》卷六《口》部第二十六字：“囮，译也。从‘口’，‘化’声。率鸟者系生鸟以来之，名曰‘囮’，读若‘譌’。”南唐以来，“小学”家都申说“译”就是“传四夷及鸟兽之语”，好比“鸟媒”对“禽鸟”的引“诱”，“譌”、“讹”、“化”和“囮”是同一个字。“译”、“诱”、“媒”、“讹”、“化”这些一脉通连、彼此呼应的意义，组成了研究诗歌语言的人，所谓“虚涵数意”(polysemy，manifold meaning)，把翻译能起的作用(“诱”)、难以避免的毛病(“讹”)、所向往的最高境界(“化”)，仿佛一一透示出来了。

这段话告诉我们，在钱锺书看来，翻译的过程就是一个“引‘诱’、避‘讹’、求‘化’”的过程。

1) 钱锺书的“诱”字说明了翻译的性质和作用。在“林纾的翻译”中，他还形象地对“诱”字作出了解释：

> “媒”和“诱”当然说明了翻译在文化交流里所起的作用。它是个居间者或联络员，介绍大家去认识外国作品，引诱大家去爱好外国作品，仿佛做媒似的，使国与国之间缔结了“文学因缘”，缔结了国与国之间唯一的较少反目、吵嘴、分手挥拳等危险的“因缘”。

2)“讹”是指对原义的悖谬或反逆，也就是钱先生所说的“译文总有失真和走样的地方，在意义和口吻上违背或不尽贴合原文”。关于翻译中的“失”，其实是翻译本体的失落，早在佛经翻译时期的道安就有著名的“五失本”之说，但那时所谈论的对象仅限于佛经翻译。钱先生此处再次提到“失”，却是从翻译过程中所涉及的各个因素去解释本体失落的原因，更提到翻译过程本身：

> 一国文字和另一国文字之间必然有距离，译者的理解和文风跟原作品的内容和形式之间也不会没有距离，而且译者的体会和他自己的表达能力之间还时常有距离。以一种文字出发，积寸累尺地度越那许多距离，安稳到达另一种文字里，这是很艰辛的历程。一路上颠顿风尘，遭遇风险，不免有所遗失或受些损伤。因此译文总有失真和走样的地方，在意义或口吻上违背或不很贴合原文。那就是“讹”，……

这段文字清楚地说明了翻译本体的失落源于距离，包括译出语与译入语之间、译者与原作之间以及翻译过程中译者的理解与表达之间的距离。随后，钱先生还将“讹”分为几类，并且说明“讹”几乎是不可避免的：

> ……一部作品读起来很顺利容易，译起来马上出现料想不到的疑难，而这种疑难并非翻翻字典、问问人就能解决。不能解决而回避，那就是任意删节的“讹”；不敢或不肯躲闪而强作解人，那就是胡猜乱测的“讹”。可怜翻译者给扣上“反逆者”的帽子，既制造不来烟幕，掩盖自己的无知和谬误，又常常缺乏足够厚的脸皮，不敢借用博尔赫斯(J. L. Borges)的话反咬一口，说那是原作对译本的不忠实(EL original es infiel a la traduccion)。

可见，钱先生深刻理解翻译工作的难处和译者的无奈，因而对翻译过程中的“讹”持有一种较为宽容的态度。当然，宽容不代表纵容，翻译过程中几乎难以避免的“讹”不应成为任何劣质译作的借口，翻译所追求的应该是“化”。

3）“化”即“化境”，是“文学翻译的最高标准”或“所向往的最高境界”，对此，钱先生是这样论述的：

> 文学翻译的最高标准是“化”。把作品从一国文字转变成另一国文字，既能不因语文习惯的差异而露出生硬牵强的痕迹，又能完全保存原有的风味，那就算得入于“化境”。十七世纪有人赞美这种造诣的翻译，比为原作的“投胎转世”(transmigration of souls)，躯壳

换了一个，而精神姿致依然故我。换句话说，译本对原作应该忠实得以至于读起来不像译本，因为作品在原文里决不会读起来像经过翻译似的。

从这段文字来看，“化境”说所描绘的翻译是一个抽象的不易达到的至高境界。钱先生本人也深刻意识到这点，因为“彻底和全部的‘化’是不可能实现的理想”。虽然“化”是一个无法实现的抽象的概念，我们应该努力去接近这一至高境界。为达到这一可以实现的目标，我们应该如何去做呢？在“林纾的翻译”中，钱先生提到了翻译的两种方法：

就文体和风格而论，也许会又希莱尔马诃区分的两种翻译法，譬如说：一种尽量“欧化”，尽可能让外国作家安居不动，而引导我国读者走向他们那里去，另一种尽量“汉化”，尽可能让我国读者安居不动，而引导外国作家走向咱们这儿来。然而，“欧化”也好，“汉化”也好，翻译总是以原作的那一国语文为出发点而以译成的这一国语文为到达点。……(引自三联出版社版的钱锺书《七缀集》[2])

这段文字让我们想起近些年来翻译界的一个热点话题——归化和异化。虽然钱先生没有在这里明确表态，但是根据他所提倡的“化境”说以及对林纾的欣赏和评价，“汉化”似乎更受其青睐。此外，在对林纾的评价中，他还论述了翻译作品在艺术上胜过原作的可能性问题。他提到自己宁可读林纾的译文，而不乐意读哈葛德(Sir Henry Rider Haggard)的原文，因为“林纾的中文文笔比哈葛德的英文文笔高明得多”。从这个意义上说，正是林纾的翻译使哈葛德的原文得以重生。这一问题在当代西方翻译理论中也有所论述，本章第三节将会论及。

从上述两种译学观点来看，傅雷的“神似”说和钱锺书的“化境”其实并无太大区别。两者都以回归中国传统文艺学的直觉思维方法为理论源泉和思维特征，尤其关注语言问题或借鉴语源学资料，把翻译标准和方法融为一体，侧重于文学翻译本质论的讨论，可以说这两种译学理论是文艺学翻译理论，是中国传统译论的重要组成部分。

---

2 主编注：《七缀集》所收录的“林纾的翻译”为“完整版”，与其他书籍收录的有所不同。

4.1.9 中国当今译学发展简述

当代，随着翻译事业的蓬勃发展和各国之间学术交往的日益密切，我国传统译论也受到了一定的冲击。虽然其影响依然存在并且仍然有不少支持者，但由于这些译论只是经验式点评，缺乏系统性和严密的论证性，人们普遍认为传统译论的鼎盛时期已经过去，急需建立的是与国际接轨的当代译学。

说起译学，早在 1951 年，董秋斯就发表了《论翻译的理论建设》一文，提出中国翻译理论的建设问题。文中明确论述了“翻译是一门科学”的观点，并倡导建立中国翻译学。但是这一主张并没有引起太多的关注，直到 1987 年，由于翻译事业在改革开放新时期的蓬勃发展以及翻译学科所处的尴尬地位(属于语言学、应用语言学之下的“三级学科”)，译界才再次提出建立翻译学的主张。对此，并非每位译界人士都持相同的观点，反对者认为建立翻译学是一种幻想，是一个未圆且难圆的梦，因为翻译是一门艺术，译者的天赋最重要。经过广泛激烈的争论，大多数译论家主张建立翻译学，并对翻译学的性质问题达成了共识：翻译学是一门独立的、开放性的、综合性的人文社会科学。

但对于建立何种翻译学，译界又出现两种不同的声音：一派以研究我国传统译论为主，称为“传统派”或“特色派”；另一派以研究西方译论为主，成为“西学派”或“共性派”。

“传统派”的主流意见是建立“具有中国特色的翻译学”或称“(自成体系的)中国翻译学”。这一派的代表人物有罗新璋、刘宓庆和张柏然。罗新璋认为，经过无数知名和不知名的翻译家、理论家的努力，我国译论已形成独具特色的翻译理论体系，并用“案本—求信—神似—化境”加以概括。刘宓庆也强调建立“中国特色”的翻译学。他认为翻译理论体系的建立，必须基于特定的语言、文化，“世界上不存在适用于各语系、各种类型的语言的语际转换的翻译理论模式”，但中国“目前存在的倾向是将印欧语系翻译理论研究的进展或模式看成了‘放之四海而皆准’的真理”。张柏然则指出：“具有中国特色的翻译理论与具有普遍适用性的纯翻译理论是一个问题的两个方面。在中国翻译学和纯翻译学这一对矛盾中，前者是特殊性(或差异性)，后者是普遍性，两者既对立，又统一，不可偏向某一方而忽视另一方。重视译论的中国特色，并不意味着放弃对普遍性的追求；同样，对纯理论的偏重也不应该以对特殊性的牺牲为代价。"

由此可见，在传统派队伍当中，他们的观点也并非完全一致。罗新璋似乎笃信传统译学，并将其视为一个完整的体系。不可否认，中国传统译学理论丰富，涉及面广，而且很有特色——有着极深的古典文论和美学渊源，但称其为"自成体系"，则尚待进一步研究论证。相比而言，张柏然的观点更具开放性。

近二三十年来，西学派的呼声日渐高涨，其代表人物有谭载喜、张南峰和谢天振。他们认为，既然承认翻译是一门科学，那么它就应该和其他科学一样，是"不分国界，不分民族的"。谭载喜就认为，提出建立具有中国特色的翻译学口号，可能令中国译学研究"陷入狭隘民族主义的泥坑"。针对"特色派"学者认为"西方译论不适合中国"这一说法，张南峰提出首先应该验证这些译论在中国的适用性，将其改良，并以建立世界翻译学作为中国译界的努力方向。就谢天振而言，他没有否认由于语言文字的不同，各国各民族的翻译必然有各自的特点，但他认为这些特点只是反映在翻译的实践层面，或者部分地反映在应用性的翻译理论上，而不是翻译的纯理论层面。同时他也指出，在讨论翻译理论时片面强调"中国特色"很可能导致拒绝甚至排斥引进、学习和借鉴国外先进的翻译理论，或是以"自成体系"为借口，盲目自大自满。为证明自己的论点，翻译派试图将国外翻译理论用于解释中国的翻译现象，如用"多元文化理论"解释 20 世纪初中国翻译文学的繁荣景象。

尽管在建立翻译学的问题上，尚未达成共识，但可喜的是，译学界近些年来一直为此在努力着，译学研究也取得了显著的成果，如：翻译队伍空前壮大，翻译研究的刊物和著作不断涌现，翻译方面的学术交流日益增强，引进西方新译论的积极性不断提高。而就学科自身发展而言，中国从 1979 年就开始招收翻译方向的硕士研究生。1986 年，国务院学位办公布了首批“翻译理论与实践”硕士点。教育部于 2006 年批准设置翻译本科专业，迄今已有 31 所高校设立了该专业。2007 年，国务院学位委员会批准增设翻译硕士专业学位(MTI)，迄今已有 158 所高校成为培养单位。此外，还有三所高校设立了独立的翻译学硕士/博士点，其中 2003 年大陆设立了第一个二级学科学位点，招收翻译学硕士、博士研究生。更有一百多所高校招收和培养了大量各语种翻译方向的硕士生；已经培养出翻译学方向的博士生近 300 名。

在翻译院系的建制方面，成立了约 20 个翻译学院和翻译系，约 60 个翻译研究所和翻译研究中心，有的还是省级重点文科基地。学术团体方面有中国翻译协会(一级学会)等各类各级翻译研究会，各省市自治区大都有翻译研究社团、机构。出版翻译类图书的出版社不断增加。据学者统计，改革开放 30 年来，共出版翻译研究论著 1575 部，在 15 种外语类核心期刊上发表翻译研究论文 8939 篇。

所有这些说明，中国在翻译学科体制建设和理论建设方面取得了前所未有的丰硕成果，它必将促进全球化新时期中国译学的迅速发展。

4.2 西方古代译学

在西方，最早的有一定规模的翻译活动从古罗马开始，公元前 3 世纪，大量希腊文学作品被译成拉丁语，这也是西方翻译史上第一次大的翻译高潮。与此同时，有些译者开始发表关于翻译的零星见解，西塞罗和贺拉斯就是其中最为著名的两位。

4.2.1 西塞罗

西塞罗(Marcus Tullius Cicero，公元前 106—前 43)是西方最早的翻译理论家。他认为，在翻译中既要保留原作的内容，也要保留原作的形式，但是这种“保留”不是“字当句对”，而是保留语言的总的风格和力量。身为修辞学家和演说家的他还首次将翻译划分为“解释员”

式翻译和“演说家”式翻译，并称自己“不是作为解释员，而是作为演说家进行翻译的”。所谓“解释员”式翻译实际上指没有创造性的翻译，相当于现代意义上的直译，而“演说家”式翻译则指具有创造性、可与原作相媲美的翻译，即相当于意译。可以说，西塞罗对翻译方法的分类具有高度的理论概括性，并且确定了后世探讨翻译的方向，从此以后，西方翻译理论的探讨便围绕直译与意译、死译与活译、忠实与不忠实等问题而展开。

4.2.2 贺拉斯

贺拉斯(Quintus Horatius Flaccus，公元前65—前8)反对逐字逐句的翻译，并主张将希腊文化原作看做是“公共的产业”，鼓励罗马人通过翻译，“改编”创作出优秀的作品来。他在《诗艺》中说过的“忠实原作的译者不会逐字死译”这句话常被后人引用，成为活译、意译者用来批评直译、死译的名言。与此同时，他主张在创作和翻译中不要墨守成规，必要时可以创造新词或引进外来词，以丰富民族语言和增强作品的表现力。从这点看，贺拉斯将翻译提到了丰富本民族语言的高度，是值得称道的。

以上两位译家之所以都反对逐字翻译或直译而倾向于“灵活翻译”或意译的主张是有其历史原因的。罗马人在军事上征服希腊后，以胜利者自居，不仅不再仰视希腊作品，而且将其视为一种任由“宰割”的文学战利品并加以随意删改，丝毫不顾及原作的完整性，试图借此表现出罗马知识方面的成就。古罗马另一位翻译家昆体良就曾说：“我所说的翻译，并不仅仅是意译，而且还指在表达同一意思上与原作搏斗、竞争。”

4.2.3 哲罗姆

古罗马后期，文学翻译逐渐消沉，与此同时，宗教翻译却逐渐成为西方翻译界的主流。

其实，最早的宗教翻译早在公元前3至公元前2世纪就开始，那时72名犹太学者在古埃及亚历山大城翻译了《圣经·旧约》，即《七十二子希腊文本》。从此以后，《圣经》翻译就从未停止过。到了罗马帝国末期和中世纪初期，由于教会在文化上的垄断地位，《圣经》翻译得到进一步加强。在形形色色的译本中，哲罗姆(St. Jerome，347?—420)翻译的《通俗拉丁文本圣经》取得了与世俗文学翻译分庭抗礼的重要地位，哲罗姆本人也在译经中总结出“文学用意译，圣经用直译”以及“不逐字对译”的观点。他的观点说明，应区别宗教翻译和文学翻译，在《圣经》翻译中，主要应采用直译，因为它“连句法都具玄义”，但在文学翻译中，译者可以而且应当采用易于理解的风格传达原作的意思。他甚而提出译者可以掺入自己的风格色调，使译作像原作一样优美。哲罗姆的这一观点在很大程度上重复了西塞罗和昆体良的“翻译是创作”以及译作可以与原作“竞争”的观点。此外，哲罗姆不相信在用词造句上有什么“上帝的感召”。他坚信，正确的翻译必须依靠正确的理解，用他的话说就是“我只能翻译已经弄懂了的东西”，而句子的理解和翻译则要靠译者的博识与对语言的精通。由此可见，哲罗姆已经有针对不同文本采用不同译法的意识以及对译者的明确要求。这些译学观点已经涉及对主客体以及翻译方法等不同方面的研究。

4.2.4 奥古斯丁

除了哲罗姆，奥古斯丁(St. Augustine，354—430)也为西方翻译理论作出了巨大的贡献。他根据自己对语言的研究和校订拉丁文《圣经》译本的经验，对翻译提出了独特的观点，主要反映在《论基督教育》、对《旧约·诗篇》的诠释以及一些书信当中。他最早提出翻译的风格取决于译文读者的要求。在他看来，翻译启蒙文本需要朴素的风格；颂扬上帝的文本需要典雅的风格；规劝和引导性文本需要庄严的风格。换句话说，同一文本可以根据不同的需要采用不同风格的译法。他还发展了亚里士多德的符号学说，认为翻译应考虑“所指”、“能指”和译者“判断”的三角关系，翻译的基本单位是词，并从译词与原词词义的对等来衡量翻译的对等。他的译论对后世语言与翻译的研究起了重要的作用，产生了深远的影响，他也因此被奉为西方翻译史上语言学派的鼻祖。

由此可见，罗马时期就已出现了西方翻译史上的两大学派——语言学派和文艺学派。这两派之间的争论在日后愈演愈烈，成为西方翻译研究史上的重要内容之一。

进入中世纪后，宗教翻译取得了与世俗文学并驾齐驱的重要地位，并在以后较长时间里超过了世俗文学而成为西方译界的主流，影响遍及整个欧洲。

4.2.5 波伊提乌

曼里乌·波伊提乌(Manlius Boethius，480?—524?)是中世纪初期翻译领域里的中心人物，也是罗马帝国灭亡后的前几个世纪中最重要的神学家、政治家、哲学家和翻译家。他主张：1)内容与风格互为敌对，或者讲究风格，或者保全内容，二者不可兼得；2)翻译是以客观事物为中心，译者应放弃主观判断权。在某些著作的翻译中，译者所寻求的是准确的内容，而不是优雅的风格。因此，为了表达出“没有讹误的真理”，译者应当采用逐词对译。显而易见，波伊提乌是位直译论者。虽然他提倡放弃译者的主体性，并且将内容与风格对立起来太过绝对，但是他的译学主张在一定程度上遏制了当时流行于宫廷权贵们当中的世俗文学的自由式译风，为译学的健康发展起到了积极的作用。因此，评价一个译家所作的译学贡献，除了译学本身的价值，还应结合时代背景以及整个译学的发展状况。

其实，欧洲中世纪翻译史上最引人注目的是《圣经》的民族语翻译。那时候，欧洲开始建立起不同的国家，其民族意识日益增强，民族语言相继形成。在《圣经》民族语翻译的浩大工程中，人们也发表了一些对翻译的看法，其中最为著名的是意大利诗人但丁的翻译“不可译”论。

4.2.6 但丁

但丁(Dante，1265—1321)通过认真研究《圣经·诗篇》的拉丁语译文，发现原文中有许多诗的特性在译文中走失，从而得出文学作品不可译的观点。在他看来，诗的形式与该诗所使用的语言是密不可分的。

他认为：任何富于音乐、和谐感的作品都不可译成另一种语言而不破坏其全部优美和谐感。也就是说，每种语言都可以成为适合某种诗歌生存的土壤，这是其他语言所不能取代的。正因如此，他认为荷马的史诗未译成拉丁语；同样，《圣经·诗篇》的韵文之所以没有优美的音乐和谐感，就是因为这些韵文先从希伯来语译成希腊语，再从希腊语译成拉丁语，而在最初的翻译中其优美感便完全消失了(引自谭载喜，2004：42)。但丁在《飨宴》中提出的这一观点意义重大，它拉开了西方翻译史上对于翻译的可译性与不可译性的漫长讨论与争论的序幕。也因为他在西方文学史上的重要地位，西方大部分有关翻译是否可译的争论，无不引用但丁的话来批评那些在文学作品翻译中忽略形式和韵律的译者。

但丁去世数十年后，意大利一位较有影响力的翻译理论家阿雷蒂诺提出了与但丁相对立的观点，即有效的翻译在任何两种语言之间都是可能的。他这种强调语言共性的观点被 20 世纪语言学家和翻译理论家，如费道罗夫、雅各布森和奈达所继承和发挥。

综观整个中世纪，西方翻译理论继续发展。一方面，文艺学派译论得到继承；另一方面，翻译语言学派也在发展之中，只是因为影响不是很大，没有得到太多的重视。此外，由于当时的译论者对翻译的看法大多源于自己的实践，他们的翻译观往往带有经验性质，缺乏系统性。

14 世纪，文艺复兴运动开始，西方迎来了翻译实践和理论研究的真正飞跃时期，其主要内容是对古希腊、罗马的哲学、艺术和文学的重新发现和振兴。这不仅是一场思想和文学革新的大运动，而且是西方翻译史上的一次大发展。特别是这一运动在西欧各国普遍展开的 16 世纪和随后的一个时期，翻译活动深入到思想、政治、哲学、文学、宗教等各个领域，涉及古代和当时的主要作品，产生了一大批杰出的翻译家和一系列优秀的翻译作品。在这一翻译时期，无论是翻译实践水平还是理论水平，都得到了巨大的提高。

4.2.7 马丁·路德

在德国，15 世纪时围绕着直译、意译所进行的争论一直持续到 16

世纪。这一时期，德国出现了不少颇有成就的翻译家和理论家，宗教改革的领袖和翻译家马丁•路德(Martin Luther，1483—1536)就是其中的代表。他翻译《圣经》时，遵循通俗、明了、能为大众接受的原则，译本被誉为第一部民众的《圣经》，译本的语言被誉为德语的典范，对德语语言的统一和发展起了重大的作用。在翻译理论方面，路德也有杰出的贡献：1)他主张用通俗、明了、能为广大民众所接受的语言翻译。他坚持人文主义的语言观，认为不同的语言无法在结构、词汇上求得完全等同。既然《圣经》的读者对象是人民大众，那么翻译就必须采用地道的德语，而不用拉丁化的德语。2)只有使用意译才能在某种程度上再现原文的形式、风格和精神实质。3)译者应尊重原文，深刻理解原文的精神实质，不能轻信教会神父的传统解释。为了再现原文的精神实质，译者可以增补原文字面上没有但字里行间蕴涵的意义。4)翻译应依靠集体的智慧，集思广益。

此外，他结合自己的翻译实践提出了关于翻译的七条细则：1)可以改变原文的词序；2)可以合理运用语气助词；3)可以增补必要的连词；4)可以略去没有译文对等形式的原文词语；5)可以用词组翻译单个的词；6)可以把比喻用法译成非比喻用法，把非比喻用法译成比喻用法；7)注意文字上的变异形式和解释的准确性。很明显，路德主张既要尊重原文又要方便读者，提出的翻译的七条原则更是具体，可行性强。此外，他所提倡的集体翻译的方法对提高翻译的质量有重要作用。总之，他的这些翻译观体现了其人文主义思想。

4.2.8 查普曼

在英国，文艺复兴运动于16世纪初开始蓬勃展开，16世纪中叶到17世纪初的伊丽莎白时代为其鼎盛时期。这也是英国翻译史上的第一个高峰，表现为翻译题材广泛，著名译著数不胜数，并产生众多译者。在翻译理论方面值得一提的是查普曼(George Chapman，1559—1634)。他提出的指导译诗的原则，填补了16世纪特别是后期翻译理论的某些空白。在翻译诗歌时，他反对过于严格，也不赞成过于自由。最反对的是逐字死译，他认为逐字死译最不自然，最为荒唐，并且丧失本族语的活的灵魂，是用生硬的语言给原作者抹黑。显然，查普曼提倡的是一种折中的译法(在这点上和哲罗姆的观点有点类似)，这一观点被 17 和 18 世纪的许多译者所继承。倡导这种译法首先应该承认诗歌的可译性，看来，查普曼的观点与前文提到的但丁是不同的。

4.2.9 多雷

比起英国，同时期法国的翻译规模要小得多，艾蒂安·多雷(Etienne Dolet，1509—1546)在翻译理论方面的贡献为法国翻译事业的发展增添了光辉。在其发表于 1540 年的论文“论如何出色地翻译”中，他首次将翻译方法和原则归纳成条：1)译者必须完全理解原作的内容；2)译者必须通晓所译语言和译文语言；3)译者必须避免逐字对译，以免有损原意的传达和语言的美感；4)译者必须采用通俗的语言形式；5)译者必须通过选词和调整词序使译文产生色调适当的效果，即译者必须讲究译作的风格。这五条原则一方面对译者在理解原文和语言方面提出了要求，另一方面也为其自主性的发挥提供了空间，译者在翻译过程中作为原文读者及译文创造者的重要角色也因此得到一定的体现。此外，这里还涉及了翻译方法以及美学等诸多内容。有些人认为多雷的“翻译五原则”所涉及的问题已与后世翻译家如德莱顿、泰特勒等所提出的一些翻译原则问题相接，多雷也因此被称为西方近代翻译史上第一个比较系统地提出翻译理论的人。

受文艺复兴运动的推动，西方各国的翻译在 17 至 19 世纪继续向前发展。在翻译理论研究方面，整个西方翻译界出现了前所未有的黄金时代，其中英德两国在翻译理论方面的成就最为显著。

4.2.10 德莱顿

约翰·德莱顿(John Dryden，1631—1700)，17 世纪最伟大的翻译家，他首先明确提出翻译是艺术，要求在保留原作的特点和不失真的前提下，尽一切可能使原作迷人，做到美的相似。他指出，一名优秀的译诗者，首先必须是一名优秀的诗人；译者必须考虑读者，也必须绝对服从原作的意思。他还将翻译分为逐字译(metaphrase)、意译(paraphrase)和拟作(imitation)三类。他解释说，逐字译可比作“戴着脚镣在绳索上跳舞”；拟作是“译者表现自己的最好方法，但他对九泉之下的作者的英灵和声誉，却是一种莫大的不公”，因为它过于脱离原作面貌，超越了翻译的范畴，更接近创作；介于逐字译与拟作之间的意译“表达了原文的思想或意义而不被词所羁绊”。可见他比较崇尚意译，事实也是如此。德莱顿本人在翻译维古尔、贺拉斯、奥维德、乔叟等人的著作时，就采用了这种方法。翻译三分法原则的提出是对西方翻译传统上直译与意译二元论的重要发展，极富启发性，而且也影响了随后几个世纪英国的翻译研究。

4.2.11 泰特勒

亚历山大·弗雷泽·泰特勒(Alexander Fraser Tytler，1747—1814)是英国又一位著名翻译理论家。他在《论翻译的原则》(1790)这一翻译专著中，首先提出了“优秀译作”的标准。所谓“优秀译作”是指原作的优点完全移植在译作语言之中，使译语使用者像源语使用者一样，对种种优点能清楚地领悟，并有着同样强烈的感受。此外，他提出了著名的翻译三原则：1)译作应完全复写出原作的思想；2)译作的风格和手法应和原作属于同一性质；3)译作应具备原作所具有的通顺。这三条原则分别从内容、风格和形式三个方面为翻译定下了标准。这一系统、全面的翻译观成为后来许多翻译家遵循的信条，对19、20世纪的翻译理论产生了积极影响，是英国乃至西方翻译理论史上一座重要的里程碑。研究者甚至指出：“泰特勒的理论标志着西方翻译史上一个时期的结束和另一个时期的开始。”不仅如此，泰特勒的翻译三原则在中国译界也颇有影响，甚至有学者认为，严复的“信达雅”三字原则本于泰特勒或受其影响。这一观点尚未得到证实，但两者的确有相似之处。首先，“信达雅”也是从三个方面对翻译进行阐述，并且内容大体相当；其次，两者的阐述方式都非常简洁。

4.2.12 歌德等

在德国，随着文学翻译的数量和质量的明显提高，翻译理论方面也提出了许多新颖的观点。

德国最卓越的文学家歌德(Goethe，1749—1832)认为译者是“人民的先知”，因而翻译是世界事务中最重要、最有价值的活动之一。他还指出，文学作品包括诗作是可译的，因为语言形态之间存在着一种相互交织的关系，不同的语言在其意思和音韵的传译中有着彼此相通的共性。在此，语言的共性再一次得到了强调。关于翻译标准，他在致 J. D. 格里斯的信中说：“忠实和美，是对任何文学翻译都该提出的两个主要要求；换句话说，译文应该绝对忠实于原文，并且能使人理解原文特性，读起来舒服。”总括全句的意思，歌德对文学翻译提出的要求就是既忠实地传达出原文的内容，又恰当地再现原文的艺术风格和审美价值。另外，他还主张不论外国名著是诗体还是散文体，都应该用平易明快的散文体来翻译，因为在他看来，朴素无华的翻译总是最适当的翻译。歌德以散文译诗的主张未必得到所有译者的赞同，但这可以折射出他对翻译中语言的要求：不追求华丽但求朴实。可以说，这也是人文主义的翻译观的一种体现。除此之外，歌德还将翻译分为三类：1) 了解外国文化的翻译，即用简明易懂的散文翻译外国作品，其内容通过潜移默化，渗透到民族特性之中；2) “取而代之”的翻译，也即“化外国的为自己的，然后再努力以自己的方式将其表现出来”；3)“力求做到译文和原文完全一致的翻译，即要求译者放弃本民族的特点，产生一个新的第三者”。可以看出，前两类翻译以目的语为中心，其中第二类可视为改写，而第三类则以源语为中心。

几乎和歌德同一时代的荷尔德林(Hlderlin)提出，人类的每一种具体语言都是同一基本语言即所谓“纯语言”(pure language)的体现，翻译就是寻找构成一个更贴近所有人类语言所共有的东西的一个所谓“文化和言语上的中间地带”。荷尔德林提出的“纯语言”观是对语言共性的更深层次的认识，这一翻译观点被后来的解构主义代表人物本雅明(Walter Benjamin)在其1923年撰写的《译者的任务》中所继承和发展，成为解构主义翻译思想的核心概念。

4.2.13 施莱尔马赫

在德国这一时期，对翻译理论作出更深刻和精辟分析的当数弗里德里希·施莱尔马赫(Friedrich Schleiermacher，1768—1834)和威廉·冯·洪堡特(Wilhelm von Humboldt，1767—1835)。施莱尔马赫是西方第一个把口译与笔译区分开来并加以界定和阐述的人，他提出要创造一种单独的专供文学翻译用的语言的主张。他还从阐释学的角度阐述了翻译和理解之间密不可分的关系，并提出两种不同的翻译途径，即，译者要么尽量不惊动作者，而让读者去适应作者；要么尽量不惊动读者，而让作者去适应读者。施莱尔马赫认为，一方面，人的一切思想意念都是语言的产物；另一方面，每一个能独立、自发地思考并运用知识的人都在建构他使用的语言。因此，如果译者要让他的读者理解原作者，就必须对原作者本身语言的精神有所认识，同时还必须领会原作者的独特思想方式与感觉。但是由于语言受到原作者的教育、知识、想象能力等因素影响，译者要充分传达原文的思想神韵绝非易事。译者的主要任务就是要缩短原文作者和译文读者的距离。因此施莱尔马赫指出，要帮助译作的读者在不脱离本族语的情况下正确而完全地看懂原作，可以采取上述两条途径，让译者成为走在同一条路上的作者和读者的中间人。可以说，施莱尔马赫的这一提法突破了传统讨论直译和意译的界线，并且将译者视作一个主动的、灵活的个体，有其进步的一面，但是由于他实际上也没有脱离非此即彼的二元观点，其翻译思想同样有美中不足之处。尽管如此，施莱尔马赫从阐释学的角度来进行翻译研究，为20世纪阐释学翻译学派的形成和发展奠定了良好的基础。

4.2.14 洪堡特

洪堡特在翻译方面的贡献是其二元论语言观。作为语言学家和哲学家，洪堡特是这样表达其语言本体论思想的：世界在语言中获得表述，人通过语言拥有世界。拥有共同的语言，人们也就拥有共同的世界。拥有不同的语言，人们也就拥有不同的世界。他的名言是："每一语言都包含着一种独特的世界观。"洪堡特此处强调了语言的个性。对于翻译，他认为，所有的翻译都只不过试图完成一项无法完成的任务。任何译者都注定会被两块绊脚石中的任何一块所绊倒：他不是与原作贴得太紧而牺牲本民族的风格和语言，就是与本民族特点贴得太紧而牺牲原作。介于两者之间的中间路线不是难以找到而是根本不可能找到，换句话说，既忠实于原作又不牺牲本民族的风格和语言是不可能的。这显然是翻译不可译的观点。但是，洪堡特也曾说过："在任何语言中，甚至不十分为我们所了解的原始民族的语言中，任何东西，包括最高的、最低的、最强的、最弱的东西，都能加以表达，这么说并不过分。"他还认为："人类先天具有的语言能力是一种普遍存在的能力，因此所有语言中必定都具有理解所有语言的秘诀。"语言的共性在此得到了强调，因而为可译性提供了理论基础。洪堡特在不同场合表述的语言观似乎有自相矛盾之处，但正是这两点说明了洪堡特对翻译所坚持的一种辩证立场。在把语言当成一个"系统"时，语言之间的共性决定了不同语言之间可以相互转换。但在操作层面上，由于语言的个性使翻译过程必然有所损失，因此，翻译又有不可译性。虽然他的翻译本体论思想在当时并没有引起特别的重视，但在 20 世纪却成为翻译家们所热烈探讨的课题之一，并得到翻译语言学派的批判继承。

以上我们论述了西欧几个主要国家 20 世纪前的译学发展状况，作为大国的俄国却尚未提及。虽然和英法德等国相比，俄国的译学成果并不十分显著，但因其翻译传统独具特色，在西方翻译史尤其是近代史上仍然占有一席之地。

4.2.15 俄国译学人物

18 世纪之前，由于社会政治因素以及地理位置等原因，俄国一直处于落后闭塞的状况，对外交流很少，翻译事业也比较落后。但在彼得大帝实行改革之后，随着对外交流日益频繁，翻译活动大量增加，这也促进了人们对翻译理论的研究。

首先，18 世纪俄国翻译家米哈伊尔·瓦西里耶维奇·罗蒙诺索夫(Mihailo Vasilevich Lomonosov，1711—1765)通过把外国语言中的科学术语巧妙地译成俄文，使其俄罗斯化，为俄罗斯科学术语的纯洁化、统一化作出了巨大贡献。他认为，如果某些外来术语不能准确地译成俄语，或者这些术语早已通用，那么，可容许它们在俄语中继续存在下去，但必须把它们改造成最接近俄语或最便于发音的形式。他的这些做法和主张被俄语翻译界普遍接受，这无疑有助于俄罗斯科学术语的纯洁化、统一化。

19 世纪俄国翻译界首先应当提到的是亚历山大·普希金(Alelesandr Pushkin，1799—1837)。在他为数不多的翻译评论中所发表的精辟见解，有力地推动了俄国翻译的向前发展。首先，他认为译者在选择原文材料上必须有自己的主张，不能人云亦云，受别人思想的支配。其次，译者在处理原著的过程中，应当享有充分的自由。这两点都表明，普希金提倡的是译者享有充分的主体性，包括选材及翻译方法。他特别反对不讲究译文艺术性而只追求表面准确的逐字死译。他说，“逐字逐句的死译永远不可能忠实于原文”，因为“每一种语言都有自己的措词，自己修辞上的固定辞藻，自己固有的表达法，而这些东西不能用相符的词汇译成另一国语文”。可以说，普希金遵循的是一种不死抠字眼的活译原则，虽然有的不免过于灵活，但是他的译作连同创作共同创立了标准而又出色的俄罗斯文学语言。同时，普希金也认为译者必须尽量保留原著独具的特色，特别是对待真正的大诗人如贺拉斯等的作品时，不能把他们作品中的风格特色、地方特色和历史特色一笔勾销，而应准确地传达过来。传译的方式可以是保留原诗的特殊格式，也可以是重现原作的言语特点，还可以是加注说明。

维萨利昂·别林斯基(Vissarion Belinsky，1811—1848)是俄国 19 世纪中叶的一位文学批评家，所发表的关于翻译方面的重要见解主要有以下三条：1)无论原著或译著都必须内容充实。这是针对选材而言的。别林斯基认为，译者的首要任务，就是选择内容丰富的作品作为翻译对象而不是迷恋于空洞无物、内容贫乏的作品。2) 忠实于原文在于忠实于原文精神，而不是原文字面。和普希金一样，别林斯基也坚决反对逐字死译，认为各种语言既然有各自的特点、性质和措词手法，在翻译原文某一形象时不一定要与原文一致，重要的是使译文语句的内在活力符合原文语句的内在活力。在他看来，理想的译文应该是不随意增删修改原文；充分保持原著特点，甚至是缺点；充分代替原作，使读者通过译作能真切地、毫无出入地了解外国作品，并有可能对原著作出正确的欣赏和评论。3) 翻译文学作品，译者本身必须是艺术家。这和德莱顿所说的“一名优秀的译诗者，首先必须是一名优秀的诗人”如出一辙，表明的也是翻译是艺术的观点。

普希金和别林斯基的思想传统，得到了 19 世纪其他优秀翻译理论家的继承和发展，其中包括屠格涅夫、车尔尼雪夫斯基、杜勃罗留波夫。他们也都从宏观上即从作品的整体效果上去评论译品的优劣，既看译品的思想性，又看其整体艺术性。概括起来，他们谈论最多的主要是以下三个方面：1) 在选择原文材料上，他们认为，译者必须在思想和艺术上有较高的要求，不去理睬那些空洞无物的原著，而只翻译介绍最优秀、最有代表性的作品。2) 从翻译的目的看，他们认为翻译是为不懂原作语言的读者服务，因此要求译者既具有创作天才，又必须注意译文的措词的大众化。3) 翻译方法上，他们一方面都反对逐字死译，反对在形式上过分接近原文，因为他们认为追求形式上的逐字相对，往往会破坏语言的明确性和正确性，进而也就损害了译文的准确性；另一方面，他们也不赞成歪曲原文意思的过分自由的译法。他们认为，翻译文艺作品的正确方法应该是“比较自由地处理原文形式、对原著精神不任意修改、对原著的总的内容能生动而正确地加以表达的活译法”。译者的主要任务乃是杜勃罗留波夫所说的“使读者产生原著所传达的那种情绪”。

19 世纪的俄国译学，除了以上观点，还有其他翻译思想值得关注。例如，茹科夫斯基认为译诗应当比译散文享有更大的创造自由，因为“散文的译者是(作者的)奴隶；诗的译者是(作者的)敌手”。莱蒙托夫认为衡量一个作品的好坏，首先取决于这个作品作为俄语作品在文学上有无充分的价值，这点涉及了翻译文学和文学翻译之间的关系，也是现代翻译研究的内容之一。A. K. 托尔斯泰奉行折中主义的翻译原则，即在忠实性或准确性不致损害原文艺术印象的地方尽可能逐字翻译，但如果逐字译法会在俄文中产生有悖于原文的现象，那就毫不犹豫地抛弃这个译法，因为翻译的不应是词，也不应是个别意思，而主要应当是印象。A. K. 托尔斯泰主张摆脱表面的“词”、“意思”的束缚，而追求“印象”的传达，实际上提出了文学翻译的一个更高层次的追求，与中国著名翻译家傅雷的翻译思想有异曲同工之妙。

综观俄国 18、19 世纪的翻译观，可以看出其文艺学派的观点深入人心，他们不仅注重译文的思想内容和文学价值，还普遍认为翻译是一种创造性的工作，并将翻译文学视为俄国文学生活的重要部分，同时他们也强调了译文的人民性。但是，由于整个翻译过程以及翻译本身涉及的远远不止翻译方法、翻译原则和翻译目的，因此，俄国这一时期的翻译观显得较为单薄，而且由于讨论的大多是文学作品，翻译对象的涉及面也较为狭窄。

4.3 西方现代译学

20 世纪被称为“翻译的世纪”，在这期间，尤其是第二次世界大战后的几十年时间里，世界各国翻译事业空前活跃、空前繁荣，翻译范围广泛、形式多样、规模宏大、成果丰硕、流派纷呈。本节我们将对文艺学翻译理论、语言学翻译理论、目的论、多元系统理论、阐释学翻译理论、解构主义理论等主要翻译理论以及一些著名翻译理论家的译学观点作简要的论述(详细阐述及相关名词术语英注见第 8 章各节)。

4.3.1 文艺学派翻译理论

对西方译界而言，20 世纪首先是语言学派的大发展时期。但在语言学迅速发展并占据主导地位的同时，文艺学派也在继续发展，他们不仅大量翻译现当代作家的文学作品，而且从文学翻译的角度出发去探讨翻译问题。

从历史上看，很多著名翻译理论家如西塞罗、贺拉斯、德莱顿、泰特勒等都从文艺学角度提出自己的译学观点。他们研究翻译的结果，特别是比较原文和译文的主题结构、风格特色和艺术效果。直译和意译之争、死译和活译之争、文学的可译性与不可译性之争等都是从文艺学角度进行翻译研究的主要内容，这种译学研究在 20 世纪得到了继承和发展。

意大利美学家克罗齐在其名著《美学原理》中指出：翻译不可能完美地再现原著面貌，这是因为完全相等于原作表达方式的翻译不可能存在，翻译必须靠再创造。克罗齐这种文学作品不能完全移植，文学翻译只能是艺术再创作的翻译思想和但丁“文学不可译”观点有相似之处。在克罗齐看来，再创造并不是指可以对文学作品进行胡译、乱译，因为对文学翻译采取过分自由、对专业翻译采取过分拘谨的态度都是不可取的。

20 世纪后半期，英国翻译理论家西奥多·萨瓦里也在其《翻译的艺术》一书中明确指出，翻译是一门艺术，并把文学翻译比作绘画，把科技翻译比作摄影。此外，他在归纳了翻译家的实践经验后，提出了翻译的十二条(两条为一组)指导原则：

1)翻译必须译出原作的文字；

2)翻译必须译出原作的意思；

3)译作必须译得读起来像原作；

4)译作必须译得读起来像译作；

5)译作必须反映原作的风格；

6)译作必须反映译者的风格；

7)译作必须译得像原作同时代的作品一样；

8)译作应该译成与译者同时代的作品一样；

9)翻译可以对原作进行增减；

10)翻译不可以对原作进行增减；

11) 诗必须译成散文；

12) 诗必须译成诗。

显而易见，这十二条其实是六组相对立的翻译原则。虽然萨瓦里在这里只是对其作了描写性叙述而没有作出选择，但它们都与文学翻译有直接的关系，因而给这方面的翻译研究提供了广阔的空间，这本书也因此被视为西方译学研究者重视文学翻译理论问题的肇始。

除此之外，苏联的翻译界也对翻译理论表现出了极大的热忱，他们大都从文艺学角度去谈论翻译，这在西方翻译史上是独具特色的。

20 世纪 20 年代，俄国形式主义对翻译研究产生了重要影响。蒂尼亚诺夫认为，文学作品中的各个成分相互间按一定的关系而组成一个体系，每一个成分都起着一定的结构功能，这种功能既与该成分有关，又与整个体系有关(以后的多元系统理论和俄国形式主义有一定的相似之处)。对于文学翻译而言，这个成分首先就是文学作品的形式。在文学翻译中存在着形式与功能背离的现象，即不同的形式却起了相同的功能，这在诗歌中尤为突出，因此诗歌是可以翻译的。

A. 斯米尔诺夫从文学翻译的角度首次提出“等同翻译”的概念。他认为文学翻译等同是指“再现原作的思想内容、感情以及言语结构”，即“传达原作者的全部创作意图”。为达到总体效果，翻译有时需要作出某些牺牲，舍弃原文中的某些次要因素，这和中国古典文化所提倡的“有所为有所不为”有相似之处。

伊凡·卡什金是从文艺学角度研究翻译问题的杰出代表，在苏联被誉为“代表俄国翻译史上整整一个时代”的理论家。他论证了小说的译者本质上应当是作家，并指出：现实主义的作家是将生活作为创作的源泉；小说翻译者只有运用作家认识生活的经验，才能达到“等值翻译”的要求。

20 世纪三四十年代对翻译文学有理论贡献的还有日尔蒙斯金。他认为文学作品的翻译，尤其是语言大师、作家，而不是职业翻译家翻译的作品，总是为了迎合某一文学—社会集团在特定历史阶段的意识形态的需要而译的。在此，日尔蒙斯金提出了意识形态对翻译的影响，从而从翻译的外部因素去探讨翻译，这无疑是译学的又一进步。

六七十年代，翻译理论家加切奇拉泽继承了卡什金提出的现实主义翻译理论。他认为，原作与译作的关系同客观现实与它在原作中的反映一样，作者面对的是自己要反映的生活现实，译者面对的则是原作的艺术现实。原作者提供的是一个程式化的艺术现实，翻译家则要创造一个程式化的第二次的艺术现实。翻译是原著艺术现实的反映过程，反映的是原著在内容和形式上的统一。这也就是文艺翻译的辩证法。现实主义翻译方法讲究作品内容与形式的统一，它是一种特殊形式的创作，必须运用译者的创作天才，创造性地再现原作的艺术整体。

和西方其他翻译文艺学派相比，苏联的文艺学派的研究具有明显的文学研究性质，但很少引用语言学派的理论，甚至怀疑语言学理论对文艺翻译的必要性。

总之，翻译的文艺学派除了讨论传统译学的直译和意译之争、可译性和不可译性之争之外，他们还关注译本，强调翻译的创造性，同时也论述翻译的目的和效果等问题。但是他们往往脱离语言环境和上下文孤立地看待原文和译文，并且缺少系统性。

4.3.2 语言学派翻译理论

西方翻译历来存在两条翻译传统路线，一条是文艺翻译理论，另一条是语言学翻译理论。后者从古代的奥古斯丁一直延伸到 20 世纪的结构语言学，但在 20 世纪之前理论基础薄弱，系统性和理论性都不强。将翻译问题纳入语言学的研究领域是西方现代翻译研究的一大特点。从历史的发展来看，翻译语言学派批判地继承了 19 世纪施莱尔马赫、洪堡特等人的语言学及其翻译观。20 世纪初索绪尔提出的普通语言学，不仅为语言学的发展奠定了基础，同时也为翻译语言学派的确立注入了活力。随后的布拉格学派、伦敦学派、韩礼德的功能语法学说、布龙菲尔德的结构语言学和乔姆斯基的生成语法都为语言学派提供了理论基础。在这些理论影响下，翻译理论家们从比较语言学、应用语言学、社会语言学、语义学、符号学、逻辑学、人类学和哲学等不同角度，对翻译研究进行了新的思考，赋予其新的含义，增添新的内容，从而提出新的研究方法和理论模式。这一派的代表人物有费道罗夫、雅各布森、卡特福德、奈达、纽马克、威尔斯等。

1953年，费道罗夫的《翻译理论概要》问世，这是苏联第一本从语言学角度探讨翻译理论的专著。在这本书中，费道罗夫指出，翻译理论是语言学的一个分支，翻译问题只能在语言的领域里求得解决，因为任何体裁的作品的翻译都要借助于两种语言的对比。此书使费道罗夫成为翻译理论语言学派的奠基人。

1959年，雅各布森发表《翻译的语言观》，第一次将语言学、符号学引进翻译研究，强调“广泛的语际交流，特别是翻译活动，必须时刻接受语言科学的细查”。他将翻译分为三类：语内翻译(intralingual translation)、语际翻译(interlingual translation)以及符际翻译(intersemiotic translation)，并视这三种分类为“理解语言符号的根本途径”，完全将翻译置于符号学的框架内进行考察，并从符号出发，探讨了翻译中可译与不可译这一翻译理论和实践中的根本问题。雅各布森对翻译的三种分类无疑大大拓宽了翻译所包含的内容。此外，他还认为所有的语言都具有同等表达能力，准确的翻译取决于信息对等。可见，雅各布森是个语言共性论者。

奈达是20世纪60年代最富于开拓精神、成果颇丰的翻译理论家，也是著名的美国语言学家、圣经研究及翻译专家。在西方翻译界，甚至在东欧和我国翻译界都产生了较大的影响。在中国，奈达的翻译理论在当代西方翻译理论中介绍得最早、最多，影响也最大。他主要的理论贡献“在于他帮助创造了一种用新姿态对待不同语言和文化的气氛，以增进人类相互之间的语言交流和了解”。他坚持认为：任何能用一种语言表达的东西都能够用另一种语言来表达，一个民族使用的“落后”的语言结构并不会“限制”它对世界的认识能力，而不同语言和文化之间能通过寻找翻译对等语，以恰当方式重新组织信息的形式和语义结构而进行交流。和雅各布森一样，奈达是位语言共性论者。

在奈达丰硕的翻译理论研究成果中，最著名的要数“动态对等”翻译观的提出了。按照奈达的定义，动态对等是指“译文接受者和译文信息之间的关系应该与原文接受者和原文信息之间的关系基本相同”，或者说“译语语言中的信息接受者(应能)产生与源语中的接受者基本相同的反应”，并且要求译文在不同的语言结构里尽可能完满地再现原文意旨。所谓“动态对等”翻译是指从语义到语体，在接受语中用最切近的自然对等语再现源发语的信息。在动态对等的翻译中，译者着眼于原文的意义和精神，而不拘泥于原文的语言结构，即不拘泥于形式对应。因此说，动态对等翻译不等于传统上的“自由翻译”或“活译”。奈达之所以提出“动态对等”是因为他认为翻译要为接受者服务，并使译文接受者最大限度地准确无误地理解原文信息，这就要求译文尽量使用其接受者喜闻乐见的、符合译语表达规范的言语形式。动态对等在西方翻译界产生了很大的影响。在理论上，它可以结束几百年来的直译、意译之争，因为赖以评价翻译的标准将不再仅仅是译文与原文的比较，而是原文与译文同各自的接受者之间的关系的比较。在实践上，奈达按照这一理论指导的《圣经》翻译取得了良好的效果。这说明动态对等理论的确有其实用价值。尽管如此，还是有不少人对以读者反应作为衡量翻译的标准持质疑态度，认为过多地考虑读者的反应虽然对《圣经》的翻译颇为有效，但它不一定对其他类型的文本产生同样的效果，因为过于强调读者反应而产生的译文由于过于集中在解决译文的交际性和可懂性问题上，其使用范围受到限制。拿文学翻译来说，由于文学作品的重要特征就是较多地使用比喻的和新颖的语言，作者的真正意图可能要到字里行间去体会。一旦过于强调可懂性，译文的语言就会简单化，从而失去很多文学元素。虽然这些论述不无道理，但是奈达提出的读者反应论拓宽了人们进行译学研究的角度，使人们不再局限于以原文为中心或通过对原文或译文进行语言对比来进行翻译研究，而且为重译提供了一个新的理论依据。

这里需要说明的是，读者反应论其实并非奈达首创。早在 17 世纪，德莱顿就曾经提出“译者必须考虑读者”的观点。19 世纪下半叶发生在阿诺德和纽曼之间关于《荷马史诗》翻译问题的论争之中，也讨论过以什么样的读者反应作为衡量译作重要标准的问题。尽管双方对读者类型有不同观点，但前提都是：读者反应是衡量译作的重要标准。由此可见，奈达的读者反应论其实是对以前译学成果的继承，并通过实践扩大了其影响。

在奈达多年的翻译研究中，其译学思想并非一成不变，这虽然有时会让人们无所适从，但从译学本身的发展而言，是有非常积极的意义的。

纽马克是翻译语言学派中又一位著名翻译理论家。首先，他认为翻译既是科学，又是艺术，也是技巧。后来，他又认为翻译部分是科学，部分是技巧，部分是艺术，部分是个人品味的问题。但是，在认为翻译是科学的情况下，纽马克却不承认翻译作为一门科学的存在，因为在他看来，目前的翻译理论缺乏统一全面的体系，很多问题没有统一的认识，根本就不存在翻译的科学。要充分体现翻译的艺术性、技巧性，译者必须具备以下条件：1）译者在本国语方面要能掌握丰富的词汇和各种句型，并能运用母语写出优美、活泼、简练的文章；2）精通外语，能够分辨常见说法的原著的立意创新之处；3）能够顺利地把自己理解的原文意义准确地用母语表达出来。这几条说明精通两种语言在翻译中所起的重要作用。

由于多方面的因素，原文的意思会走失。纽马克认为主要表现在以下四个方面：1）原文内容涉及源语国特有的自然环境、社会制度、文化习俗，译文的意思就必然走失。2）每一种语言都有自己的语音、语法、词汇体系和运用方式，各种语言对世界上各种事物和概念的分类方法也不同。各种语言的词句很难在文体、感情色彩、抽象程度、评价尺度等四个方面完全对应。3）译者和源语作者在语言的运用方式上有差异，每个人都有自己惯用的词句和写作风格。4）译者和原作者具有不同的语义理论和价值观念。纽马克对翻译中意义走失的四种情况的论述非常详细和全面，但他并不因此认为翻译是不可能的，这几条只是从侧面说明了为提高翻译质量，译者在翻译中应该注意和避免的几个方面。

纽马克还根据经雅各布森修改的比勒的语言理论，提出一套由他扩充了的文本分类法：信息功能、表达功能、呼唤功能、审美功能、酬应功能和元语言功能。在这六个文类之中，前三个是主要的。

语义翻译和交际翻译是纽马克翻译理论的核心所在，也是其翻译理论中最有特色的组成部分。纽马克自己也声称，这是他“对普通翻译理论的主要贡献”。语义翻译法和交际翻译法是在翻译界长期围绕直译和意译争论不休的背景下提出来的。纽马克认为两种传统翻译方法的矛盾是可以调和的，为此，他采用了一个平底的 V 字形图案来表示各种翻译方法的差异：

SL emphasis	**TL emphasis**
Word for word translation	Adaptation
Literal translation	Free translation
Faithful translation	Idiomatic translation
Semantic translation	Communicative translation

这八种方法是一个连续体，左边是以源语为中心，右边是以目标语为中心，各种方法相辅相成，并不能完全割裂开来，但语义翻译法集逐字翻译、直译和忠实翻译的优势，而交际翻译法则集归化、意译和地道翻译的优势。前者较为客观，讲究的是准确性，屈从于源语文化和原作者，当信息的内容与效果发生矛盾时，重视的是内容而不是效果；后者较为主观，注重的是译文读者的反应，使源语屈从于译语和译语文化，当信息的内容与效果发生矛盾时，重视的是效果而非内容。既然翻译也是个人品味问题，我们不能根据主客观性来判断两种翻译方法的优劣。

结合文本分类，纽马克认为语义翻译用于抒发文本，交际翻译用于信息和呼唤文本。但是纽马克又强调，翻译方法也不可截然分开，如果文本要传递的信息没有文化特殊性，而内容又与风格同等重要，那么语义翻译和交际翻译可能重叠，尤其是把最重要的宗教、哲学、艺术和科学文本翻译给有同样背景知识和兴趣的读者看时，更是如此。此外，在处理同一个文本时，可能某些部分必须用语义翻译，其他部分必须用交际翻译。分别阅读杨宪益和 David Hawkes 翻译的《红楼梦》就能发现，虽然杨译为了传播中华文化，主要用的是语义翻译的方法，而

Hawkes 为了照顾目标语读者，主要采用的是交际翻译法，但他们的译文中有不少交互使用两种译法的情况，甚至在处理某一部分或者句子时，也可能用比较偏向语义或者比较偏向交际的翻译方法。总之，在把某种翻译方法应用在某类文本时，不能生搬硬套、一成不变。

除了以上几位著名翻译理论家，英国翻译理论家卡特福德的“等值”翻译理论以及德国翻译家威尔斯对翻译是“科学”、翻译是“交际过程”以及翻译应“以话语为基本单位”所进行的论述都为翻译语言学派的发展注入了新的活力，使该翻译学派的影响不断扩大。

4.3.3 功能学派翻译理论

1971 年，赖斯在其著作《翻译批评的可能性与限制》一书中将文本功能列为翻译批评的一个标准，即从原文、译文两者功能之间的关系来评价译文。这一关系实际上是建立在对等理论基础上原文和译文之间的功能对等。目的论是功能学派翻译理论中最重要的理论，是汉斯・弗米尔对一些应用翻译理论脱离现实而感到不满的状况下提出来的。弗米尔认为，翻译研究不能单单依靠语言学，原因有二：第一，翻译不只是甚至并不主要是语言过程；第二，语言学还没有提出真正针对翻译困难的问题。因此，在行动理论的基础上产生了翻译的目的论。这一理论的中心思想是：行动皆有目的，行动者参照实际环境选择一种他认为最合适的方式以求达到预期目标；既然翻译也是一种行动，译者也会在翻译目的的指引下，尽量考虑一切可能有关的因素，从而决定最合适的行动方式；基于这种对实际情况的描述，可以得出一条规范性的基本规则——“(翻译)行动的目的决定达到预期目标的策略”，也就是说，译文应对预定的受话者发挥预期的功能，决定译文面貌的，不是源文面貌而是翻译目的，源文只是任由译者使用的“原材料”。

这一开放的翻译理论为翻译研究提供了一个全新的视角，但也往往让人觉得翻译是可以“为达目的不择手段”的。为消除这种疑虑，目的论的另一代表人物诺德提出“忠诚”(loyalty)原则。这里所说的“忠诚”不等于忠于原文，因为在诺德的术语系统里，“忠实”(fidelity)是指两个文本之间的一种技术性关系，而忠诚是一种道德原则，是人与人之间的关系中不可缺少的。所谓忠诚，就是要考虑翻译活动的所有参与者(原文作者、翻译的客户或委托人、译文的接受者)的意图和期望，但这并不是说要按照别人的期望行事，而是说在译者的翻译目的或者策略可能有违其他参与者的期望(或者关于翻译的主观理论)时，必须向他们解释。此外，忠诚法则要求译者对原文作者忠诚。可以说，诺德的"目的论"是"功能性加忠诚性"的理论。

和奈达的理论甚至是纽马克的理论相比，目的论有一点和它们是相同的，即都关注文本的功能，但三者之间有着根本的区别。奈达主张译文效果应与原文效果相同，又说译者要抱着"与原作者大体相同或至少相似的目的"；纽马克则规定翻译方法由原文功能决定。这两种理论都有很强的规范性，而且大致上都是面向原文或来源系统。目的论则不同，它面向的是目标系统，而且是一种描述性与规范性相结合的理论。此外，奈达和纽马克追求的是永恒的、绝对的、跨文化的翻译标准，弗米尔和诺德则强调，关于什么是(好的)翻译的概念，只反映文化的规范(norm)或者惯例(convention)，是会随着时空而改变的，因此说目的论将翻译研究纳入了跨文化交际研究中。这点正是目的论在宏观策略方面所起的指导作用的具体体现。

4.3.4 描写学派翻译理论

这一学派所共知的奠基人是霍姆斯。在翻译理论上，如果说以前的文艺学派更注重译本，语言学派更注重原文的话，霍姆斯可以说是第一个关注到过程的，他认为翻译过程是个作决定的过程，一个决定接着一个决定，到了某个点以后，翻译就开始产生了自己的一套规则。后来，霍姆斯的思想得到埃文-佐哈尔等人的继承和发展。佐哈尔的多元系统论认为，各种社会符号现象，即各种由符号支配的人类交际形式(例如语言、文学、经济、政治、意识形态)，应视为系统而不是由各不相干的元素组成的混合体。这些社会符号并非构成单一的系统，而是由不同成分组成的开放结构，因此是多元的，即是指社会中各种相关的系统——文学的和非文学的——组成的网络。系统是分层次的，有“高级”或“典范”的形式，如诗歌，也有“低级”或“非典范”的形式，如儿童文学和通俗小说；有“首位”重要的(创新的)和“次位”重要的(只是强化现存形式的)等等。多元系统理论就是要解释在某种特定文化中各种系统的功能。翻译文学只是佐哈尔研究的一个方面，但他发现，一般人所认为的翻译是一种次位系统的观点是不准确的。对于一种大的古老的文化如英法语来说也许是如此，但对一些年轻的或小型国家如以色列以及荷兰等低地国家而言却并非如此。他认为，有三种社会条件可以使翻译占据文学多元系统的中心位置：1)文学多元系统依然“幼稚”，如以色列；2)文学多元系统在大多元系统中处于边缘或者处于“弱势”，如荷兰等低地国家；3)文学多元系统出现转折点、危机或真空，如六七十年代的美国。而在这三种情况以外，在一种强势文学系统里，翻译就只好扮演“次位”的角色，但它仍能不时地提出一些新的观念。从文学翻译可以在目标语系统中扮演多种角色的事实出发，就必然得出翻译行为是由翻译文学在该系统中的地位决定的这个结论，是社会、文化条件决定了对需译材料的选择。如果该系统中缺少某些技巧、形式甚至体裁，就可能会通过翻译引进，以保持整个系统的活力和“动态的多样性”。因此，并不是说翻译的性质和界限一经确定就不能再变化，翻译是一种依赖于一定文化系统中各种关系的活动。佐哈尔对翻译性质的这种新认识产生了一系列新见解。

埃文-佐哈尔的多元系统理论实质上是一种文化理论，但它对翻译性质的新认识为翻译研究提供了新视野和新见解。首先，它为翻译提供了一套宽阔的理论框架，让我们可以在社会文化的语境中，对翻译的过程、产品和功能作描述性的研究，使人们不再纠缠于原文和译文间的等值问题，而是把译本看做存在于目标系统中的一个实体，来研究它的各种性质。用巴斯内特的话来说，它“已改变了翻译分析的性质，并且大大拓宽了如今称为翻译学的领域”。其次，在多元系统理论指导下所作的描述性翻译研究，证明了翻译对文化发展的重大贡献，改变了文学界对翻译作品的轻视。第三，多元系统论反对以价值判断作为选择研究对象的准则，主张对中心和边缘一视同仁，在意识形态的层次上直接提高了翻译的文化地位，并且间接提高了翻译研究的学术地位。此外，多元系统理论从整个译入语文化的多元系统入手来研究翻译文学，并认为应该对大量的译文作分析，因此最适宜应用于探究某一时期的整体翻译面貌。

当然这一理论也存在一些不足。它虽然对翻译文学的行为和位置之间的关系有详细的论述，但是对文学多元系统和同一文化中的其他多元系统如政治和意识形态之间的相互作用的研究却显得单薄。此外，这一理论强调的主要只是目的语文化对翻译的影响，而忽略了翻译对目的语文化的影响。

4.3.5 文化学派翻译理论

20 世纪 80 年代初，在多元系统的启发下，一群后来被称为“操纵学派”的学者开始积极从事理论性和描述性的翻译研究。这一学派在他们的研究中采用了“文化研究模式”，把“赞助人、社会条件、经济、建制操纵等文学外因素”与“翻译的选择及其在文学系统中的作用方式”联系起来研究，将文化而不是文本作为翻译的单位，把文化研究纳入到翻译理论中来，于是在全球译界发生了翻译研究范式的一次非常重要的转向——“文化转向”(cultural turn)。

翻译研究的文化学派特别强调文化在翻译中的地位以及翻译对于文化的意义，翻译的目的是使译文在目的语文化中起着原文在源语文化中同样的功能。翻译的这一“文化转向”在勒弗维尔的著作中表现得最为明显。一方面，他把文化视为由文学、科学、技术等系统组成的复合系统，并认为文学外的现象必然会与文学发生相互作用；另一方面，为更好地分析文学外因素对文学的影响，他引入了一套新术语。意识形态、诗学和赞助人就是这套术语里的三个关键词。勒弗维尔认为，翻译必定受到这三个因素的影响和支配，因而必定不能真实地反映原文的面貌。他指出，翻译是重写文本的一种形式，是创造另一个文本形象的一种形式。只有对原文进行“重写”才能反映某种思想意识和诗学，才能使原文的生命得以延续。这一观点改变了以往将翻译视为低于原文的观念，特别强调了翻译的意义和作用，甚至将它与创作(重写)等同起来，因而极大地提高了翻译作品的地位。

此外，勒弗维尔还提出“翻译实际上是文化融合”的观点，认为翻译教会我们理解不同文化之间的关系。

巴斯内特是另一位著名的翻译文化学派的代表。他认为，翻译应以文化为单位，而不应该停留在以前的语篇上；翻译不只是一个解码－重组过程，更重要的还是一个交流的行为，一个文化里的翻译文本代表的是这一种文化。翻译就是文化内部与文化之间的交流，翻译等值就是源语与译语在文化功能上的等值。与奈达的动态对等或功能对等不同，巴斯内特的文化功能等值观不是以再现源语信息为目的，而是以文化为单位，以文化转换为目的，由此，翻译也就被纳入了更为宏观的研究范畴。不过，对于如何界定功能、如何确定源语功能以及如何实现功能对等等问题尚需作进一步的研究。

总而言之，这一学派被视为翻译描写派。其主要特点是把翻译放到时代中去研究，即放到政治、意识形态、经济、文化之中去研究，并以宽容的态度对待翻译现象。该学派根本不关心直译、意译，而是把翻译语境化，从宏观角度去研究翻译。是什么因素促使译者选中了这篇著作并翻译成另一种语言？译文在译入语文化中起到了什么作用？这是描写派学者经常自问自答的两个问题。其功劳在于给予各种各样的翻译以正确的定位。按照该理论，很多传统的规范性翻译标准认为无法接受的翻译现象都可以得到解释，如夏济安翻译霍桑的“古屋杂忆”时，故意将“母牛”翻译成“乌鸦”以衬托凄凉氛围是完全行得通的。

4.3.6 阐释学派翻译理论

随着阐释学的发展，它对翻译研究也产生了重要的影响，并逐渐形成翻译的阐释学派。这一学派不把文本当做共识的对象，他们感兴趣的是原作者的精神过程，文本只是一个透镜，通过它，译者可以探视原作者的思维踪迹，并且去积极地创造文本，而不是消极地接受文本。

翻译的阐释学派强调翻译和理解之间密不可分的关系，对理解的作用及方式进行不同的阐述。早在 18 世纪，施莱尔马赫就在其翻译理论中提出阐释学派的一个基本理念，即真正的理解是对语篇作出“创造性的重新阐释”。到了 20 世纪，乔治·斯坦纳对施莱尔马赫的阐释学发扬光大，明确提出“翻译即理解”的论断。他对翻译过程创造性地提出了信任、侵入、吸收、补偿四个具体阐释步骤。所谓信任是指根据以往的经验，读者相信原文是严肃的作品，言之有物，有翻译的价值，否则不必翻译。侵入是指译者侵入原文，对原文加以理解。所谓吸收，是指译文对原文意思加以吸收，给译文注入新的活力，而补偿是指对翻译过程中的走失进行补偿，以便原作能在新的地区和新的文化领域里继续生存下去。通过对翻译四个步骤的阐述，斯坦纳说明了译者不可避免地将个人的生活经验、文化和历史背景渗入原文，使翻译成为对原文的再创造。斯坦纳的观点标志着阐释学翻译理论渐趋全面和成熟。

此后，海德格尔和伽德默尔运用哲学解释学对理解、语言及其与翻译的关系进行独特的论述，为翻译研究及重新认识译者在翻译中的作用提供了有效的理论视角。海德格尔从历史的角度对理解问题提出了自己的看法。他认为，理解受到历史和语言的双重影响。人是历史的人，文本是历史的文本，人在理解文本时，受到文本产生时的历史和产生后的历史的影响，也受到人自己的历史意识的影响。要理解文本，就要摆脱历史的阴影。只有抹掉了历史的印迹之后人们才能看到一个完整而统一的文本。理解还受语言的影响。他认为，翻译是语言的固有本质，它不仅存在于从一种语言到另一种语言的转换中，而且涉及母语内的传承。要想理解文本，就必须打破命名、结构概念，用语言自身的变化来说明自身。

伽达默尔从海德格尔的阐释学思想出发，把海德格尔理解的概念扩展到存在性，把阐释学作为哲学本性论来对待，视阐释学现象为人类的世界经验，通过强调理解的普遍性，确立了以理解为核心的哲学阐释学。

(1) 理解的历史性。

他认为历史性是人类生存的基本事实。人是历史的存在，有其无法摆脱的历史特殊性和历史局限性。真正的理解不是去克服历史的局限，而是去正确地评价和适应它。翻译中对文本的理解无疑也是历史性的。理解的历史性导致了理解的偏见，包括误读现象。但他充分肯定了偏见对于理解的意义。一方面，偏见是一种普遍现象；另一方面，偏见本身可以是人们创造力的表现。一个译本就是一个时代制造的偏见，好的严肃的译本应是该时代认可的合法的偏见。显然，这一原则有助于人们正确认识中外翻译史上的诸多增删、改译现象。如在中国晚清时期就有很多译者对外国文学题材和文类有目的地选择引进，在具体翻译操作过程中有目的地对原作进行取舍或删改，有些取得了非常显著的成效，这是传统译论所无法解释的。

(2) 视界融合。

伽达默尔反对传统阐释学认为文本原意只有“唯一正确”的观点，他认为，在理解过程中存在着两种不同的视界：一种是理解者的视界；一种是文本的视界。理解者有自己特定的视界，这是由他自己的历史文化境遇所赋予的。文本也有自己的历史视界，同时在特定的历史条件下由作为特定历史文化存在的个人所创造出来的，是作者创造文本时的特定历史语境。视界是指理解的起点、角度和可能的前景。理解本质上就是传统与现在、文本和解释者之间的对话，理解的过程就是要将两种视界交融在一起，达到“视界融合”。视界是一个不断形成的过程，它永远不会固定下来，融合又是建立在差异基础上的融合，因此，由于历史性和文化性误读导致的文化过滤现象是不可能避免的。例如，外国式美女经中国译者的手笔很有可能成为译者生活的那一时代的中国美女的典型。当然，为减少误读现象，达到视界融合，译者应该进入原文文本的世界，应努力领悟作者的本意。这点从理论上说明了为什么诸多翻译家非常重视自己的性格旨趣要与所选作者相近相合了。

(3) 效果历史。

理解者和理解对象都是历史的存在，文本的意义是和理解者一起处于不断的形成过程之中，这种历史过程被伽达默尔称为“效果历史”。这一原则说明文本是开放性的，其意义不可穷尽，因而没有译作是超越时空的不朽之作。从这个意义上讲，重译尤其是文学作品的重译是必要的也是重要的。

由此可见，阐释学为很多翻译现象提供了理论上的解释，对翻译研究具有很好的借鉴作用。其实，从西塞罗到泰特勒，阐释学的观点贯穿整个西方传统的翻译理论，只是到了当代才将其系统化和理论化而已。

4.3.7 解构学派翻译理论

德国翻译理论家沃尔特·本雅明(Walter Benjamin)被当今英美理论界奉为解构主义翻译理论的鼻祖，他于1923年所写的《译者的任务》被认为是解构主义翻译思想的经典文献。该文从根本上对传统的翻译思想提出质疑，认为译文和原文之间本来就无“忠实”可言。翻译本身就不应求同，而应存异。可惜这篇论文在当时并未引起足够的重视，反而受到批评。

20世纪60年代，法国哲学家德里达倡导一种解构主义的反传统思潮，这种思潮受到了福柯(Michel Foucault)、巴特(Roland Barthes)和德曼(Paul de Man)等著名翻译理论家的拥护，并得以引入翻译研究，逐渐形成解构主义翻译学派，也称翻译创新派。

这一学派不再像结构主义者那样机械地把原文看成一个稳定而封闭的系统，而是主张用辩证的、动态的和发展的哲学观来看待翻译，认为由于能指和所指之间存在着差异，原文意义不可能确定，译者应充分发挥主观能动性来寻找原文意义，发掘出使原文存活的因素。由于文本的结构与意义既不确定，又难把握，因而解构主义者否定原文与译文的对立，以及由此派生出来的种种二元对立关系，主张原文与译文、作者与译者应该是一种相互依存的共生关系，而不是传统理论中的模仿与被模仿的关系。在他们看来，原文取决于译文，没有译文原文无法生存，原文的生命不是取决于原文本身的特性，而是取决于译文的特性。他们甚至认为“翻译文本书写我们，而不是我们书写翻译文本”。

解构主义者还认为，译文只是另一个早先存在的译文的翻译，原先的译文又是更早的译文的翻译，如此向前不断循环，直至无限，即成为“无限回归的意义链”，也就是说，解构主义认为，一切文本都具有“互文性”。原文要想生存下去，就必须有译文。译者和译文读者在阅读的过程中，不断地对原文进行解释，这些解释是互相补充的。由此可见，解构主义的翻译观与其他任何翻译学派的翻译理论都不同，它从一个全新的视角为翻译研究开拓了新的思路。一方面，它所说明的“互文性”否定了作者的权威性，从而消除了原文与译文的区别，这在无形中提高了译者和译文的地位，强调了翻译的主体性和创造性。另一方面，原文要依靠译文才能存活，因此文本能否存活就有赖于译文所具有的特性，这从侧面说明了翻译的重要性。

但是，解构主义翻译思想也存在一些消极影响。首先，它强调原文意义的相对性和不确定性，这一方面是对翻译本体的否定，容易让人产生一种虚无主义；另一方面也使译者的理解和对译文的衡量失去客观有效的标准，从而为某些乱译现象提供借口。其次，由于解构主义翻译观宣称作者和原文死亡，作者的权威性和原文本的创造性遭到否定，译文和原文的区别也被抹杀，译文甚至得到了比原文更高的地位，这看似大大提高了译者和译文的地位，实则抹杀了翻译本身。

当前译界比较热门的理论还有女权主义翻译理论、后殖民翻译理论等。详见第 8 章。

【思考题】

1. 中国古代的“文质”之争与现代翻译理论中的直译、意译之争有何区别[PT]？
2. 你认为道安的“五失本”、“三不易”以及玄奘的“五不翻”分别是从翻译的什么角度去进行论述的[PT]？
3. 你认为严复的“信达雅”翻译标准构成一个完整的翻译标准体系吗，为什么？这一翻译思想在中国翻译史上为何有如此重要的地位？请结合历史文化背景进行阐述并说明它在当代是否仍有存在的价值[PT]+[AT]。

4. 中国传统文化对中国传统译学的发展起着什么样的作用，两者有何关系？请举例说明[PT]+[AT]。
5. 你认为翻译是一门艺术、技能还是科学？为什么？若是科学，中国应该建立具有中国特色的翻译学吗？建立这种翻译学是否会陷入民族狭隘主义[PT]+[AT]？
6. 对比中西古代译学，两者有何异同之处，表现在哪些方面？总体而言，中国译论家的构成和西方译论家的构成有何区别？这对译学思想有何影响？翻译在中国和西方社会的发展进程中起到了什么样的作用[PT]+[AT]？
7. 请举例说明纽马克所说的六种文本功能，并请根据中英互译的实践举例说明纽马克所述的关于原文意思走失的四个方面因素[PT]+[AT]。
8. 功能主义理论与我国的“信达雅”有无相似之处，两者之间最大的差别是什么[PT]+[AT]？
9. 规范性翻译和描写性翻译有何区别，哪种翻译包含的内容更为广泛？请举出一些特殊的例子来说明两种不同翻译研究方法在解释什么是翻译时的不同态度[PT]+[AT]。
10. 如何运用多元系统理论解释中国 20 世纪初翻译文学蓬勃发展的情景[PT]+[AT]？

下　编

培养实践研究的能力

Chapter 5

实践深化

Further Practice

20 世纪 60 年代，以语言学为导向的翻译研究在翻译学界占主导地位。语言学派以对等论为基础，遵从结构主义的刻板模式，一般都侧重原文，主张在译语环境中保留原文特征，创造与原文对等的表达。但是，在新的翻译实践中，越来越多的译者感觉到在许多情况下，对等非但难以实现，也根本不需要实现。译者常常在源语形式和译语要求两者之间进退维谷，理论与实践的脱节引发了译界对对等理论的质疑与不满。在这种背景下，功能翻译学派开始于 20 世纪 70 年代进入了人们的视野，并在八九十年代迅速崛起。功能主义是一个广义的术语，涵盖所有专注于文本与翻译功能研究的流派。除了核心的“目的论”外，还包括受“目的论”启发的其他翻译理论(Nord，2001：1)。

1971 年，卡塔琳娜·赖斯(Katherina Reiss)在《翻译批评——潜力与制约》(*Translation Criticism: The Potentials & Limitations*)一书中提出以文本功能确定翻译策略的学说。该书虽仍以对等论为基础，却可以视为德国功能主义翻译理论的萌芽。在赖斯的文本类型说(text typology)之后，德国功能主义翻译学派出现了百花齐放的局面，主要理论包括汉斯·弗米尔(Hans Vermeer)的目的论(*Skopostheorie*)，贾斯塔·赫尔兹·曼塔里(Justa Holz Manttari)的翻译行为理论(theory of translation action)和克里斯蒂安·诺德的功能加忠诚理论(function plus loyalty)。

5.1 功能主义

5.1.1 翻译的概念

根据行为学理论，功能主义提出了翻译行为(translation action / translational action)的概念，将翻译的含义拓展到了一个前所未有的广度。传统上，狭义的翻译仅仅指对文本的处理，而翻译行为包括的内容更为广泛，涉及译者的建议、警告和否决等等。根据弗米尔的定义，翻译是“一种有意图的、人际的、以原文为基础、部分以文字形式体现的跨文化交际行为”(an intentional, interpersonal, partly verbal intercultural interaction based on a source text)。

翻译行为的参与者不再局限于原作者、译者和译文读者，更多角色被纳入到翻译活动当中，包括发起人(initiator，即顾客)，委托人(commissioner，如翻译公司)、译者(translator)、原作者(source-text producer)、目标文本接受者(target-text receiver，即译文读者)、目标文本使用者(target-text user)，角色可以重合，如翻译的发起人可以是原作者或者目标文本使用者。翻译是一个各方交际互动的过程。发起人发起翻译任务，给出最终目的，委托人按发起人指令给出具体的翻译纲要(translation brief)，译者是整个翻译过程中关键的一分子，他可以就翻译纲要与委托人进行磋商，并最终执行(或建议取消)翻译行为。原作者创作的原文为翻译行为的开展提供信息，译者根据翻译纲要对原文信息做出取舍。目标文本接受者是翻译行为的一个决定性因素，译文读者的信息(包括社会文化背景、对译文的期待和感知度以及世界知识等)是翻译纲要的重要组成部分，译者必须对此有详尽的了解。目标文本使用者是译文的最终使用者，可能将译文付诸不同用途，如为教材、信息来源或广告等。

显而易见，在功能主义理论中，译者的作用得到了极大的提升，成为协调各方关系的中心角色。译者不必再唯原文是从，而是可以从法律、经济、道德准则、社会文化等各方面对翻译纲要进行评估，并向委托人提出建议和咨询；译者可以选择翻译策略，全译、归纳翻译甚至建议客户取消翻译。译者的主动性可以在下面这则商标翻译中得到印证。台湾大西洋饮料公司(发起人)打算在台湾地区销售美国著名软饮料Apple Sidra。广告主(委托人)原来打算将该产品冠以“汽水”的名号以便于消费者理解，但是国际广告策划人员(译者)经过对台湾消费者(目标文本接受者)和饮料业的调查，建议去掉“汽水”两个字，这是因为汽水往往被人们认为是不健康、过时的食品，其地位已经被各种可乐、果汁取代。用了这两个字，产品也不易在市场中创造新的出路，因为“汽水”二字已限制了这种饮料的范畴。而且“美国苹果西打汽水”名称太长，从消费心理学考虑，不利于产品的推广。为此，译者与委托人进行了颇久的争论，最终还是确定遵从译者的决定，将 Apple Sidra 译为“苹果西打”。

相对于译者地位提高的是原文地位的下降。功能主义是在对对等理论的批判和扬弃基础上发展起来的。对待原文的态度是两者最大的差异之一。对等理论强调忠实原文，主张在译语环境中创造与原文对等的解读与文化息息相关，由于原文通常是为源语文化中的某个情景而制作的，仅仅通过文字“转码”成的译本，置于译语文化背景中很难达到与原文一样的预期功能。更何况，上文也提到，译文功能未必要与原文功能一致，弗米尔甚至认为译文是有自身存在价值、有其潜在用途的文本，因此，译文与原文功能一致是例外而不是通则。(Vermeer，1989，引自张南峰，2004：112)

由于翻译是为了实现译文的目的，而不是求得对原文的对等，功能主义者提出了“罢黜”(dethronement)原文的口号。原文的地位受到了极大的挑战，仅仅成为信息来源(offer of information)。译者则根据译文的预期功能，结合译文读者的社会文化背景、对译文的期待交际需要等，有选择性地将原文信息传递给目的语的接受者，甚至可以酌情大胆改写(adaptation)。

5.1.2 功能主义翻译类型理论

5.1.2.1 赖斯的文本类型理论

功能理论迈出的第一步便是基于对文本类型的研究。不同于先前的文学和语言学的文类，功能主义文本分类基于文本的传意功能——卡塔琳娜·赖斯在德国心理学家、语言学家布勒(Karl Bühler)的语言功能“工具论模式”基础上将文本按语言功能分为四类。赖斯认为在一定的历史时期和文化体系中，不同的文本类型总有其对应的约定俗成的翻译方法，因而她具体分析了每类文本对应的翻译策略。

1)内容为重文本，即 informative (content-focused) text。包括新闻发布会文稿、新闻报道、商务信函、货物清单、操作手册、使用说明、专利说明书、条约、官方文件、教育著作、非小说类书籍、散文、报告、论文以及人文、自然科学、技术领域的专著等。此类文本翻译重在内容的准确传达(invariance in transfer of their content)。为此，可以按照译语习惯调整语言形式。翻译内容忠实于原作，但形式应该是以译语为导向的。

2)形式为重文本，即 expressive (form-focused) text。包括所有利用修辞和文体手法达到某种美学效果的文学艺术类作品，如散文、传记、纯文学(belles-lettres)、轶事、小说、传奇文学、诗歌等。此类文本翻译的根本目的是营造相似的美学效果。语言形式应以源语为导向，譬如在赖斯看来，以散文体译诗甚至都不能算是严格意义上的翻译。但是这并不是说译者要刻板地照搬原文语言形式，译者应当在译语中找寻与源语类似的形式(analogous form)。

3)述请为重文本，即 operative (appeal-focused)，包括所有以呼吁、感召为主要目的的文本，如广告、公告、布道、宣传、辩论、煽动性或讽刺性的作品等。翻译此类文本最主要的目的是保证呼吁功能与原文一致，因此往往需要对原文做出重大变动。

4)声音媒介文本，即 audio-media text。这类文本与声音、视觉等非语言因素密切相关，包括歌曲、剧本、广播稿等等。此类文本的翻译目的是保留相同的整体效果，不仅要考虑语言形式与内容，也要注意声音和画面的契合。

赖斯的文本类型理论提出以文本功能作为翻译评判的标准，跳出了以往对于内容与形式的纷争，开启了功能主义理论的大门。但是赖斯理论常被批评的缺点便是过于刻板，赖斯自己也承认多数文本事实上都是杂合的(hybrid)，有时甚至呈现出相互矛盾的特征(Reiss，1971，引自 Snell-Hornby，2001：30)。此外，赖斯理论还有一个致命的弱点，那就是它仅仅考虑到了原文和译文功能一致的情况。而现实生活中原文功能却未必要和译文功能相同，例如将散文改写成舞台剧，把戏剧翻译成外语课堂教材，把名著改编为儿童读物等。赖斯也意识到了这点，但可惜的是她没能对此给予足够重视，反而将这些异功能的翻译(heterofunctional translation)排除在“常规的翻译过程”(normal processes of translating)之外。

5.1.2.2 文献型翻译和工具型翻译

在赖斯之后，诺德将文本功能和翻译过程相结合，发展了更全面详尽的翻译类型理论。

诺德根据目标文本在目标文化中的作用，区分了两种基本翻译类型：documentary translation(文献型翻译)和 instrumental translation(工具型翻译)。前者面向源语文化，旨在用译文语言记录原文作者与原文读者交际的情景，不考虑针对目标语境对译文做出调整。逐词翻译(word-for-word translation)、字面翻译(literal translation)和异化翻译都属于文献型翻译。后者则面向译语文化，其着眼点是如何满足译语环境中的某个交际目的。工具型翻译所产生的译文的目的，可以与原文功能一致(equifunctional translation)，也可以不一致(hetero-functional translation)。工具型翻译还包括了一种主要针对文学翻译的同等翻译(homologous translation)，指译文和原文在各自环境中的文学地位相当(详见 Nord，2001：47-53)。

诺德的翻译类型理论使得功能主义翻译研究更为全面和客观，有力地驳斥了功能主义便是归化主义、编译主义的观点。但是诺德的翻译类型理论同样没有逃出过于刻板的宿命：诺德坚持文献型翻译和工具型翻译之间不存在中间路线，翻译策略必须贯彻始终，否则就会走上“文化的‘之字路’”(张南峰，2004：128)。而事实上，很多成功的译作都胜在对翻译策略的灵活把握上。如杨氏夫妇的《红楼梦》英译本，总体而言采用的是保留中国文化的异化翻译策略，属于文献型翻译；但是其中也不乏采用偏重交际功能的工具型翻译的情况。以第 67 回贾宝玉和柳湘莲谈论尤三姐的一段文字为例：

【原文】

宝玉道：“他是珍大嫂子的继母带来的两位小姨，我在那里和他们混了一个月，怎么不知道。真真一对尤物，可巧他又姓尤。”湘莲听了，跌足道：“这事不好，断乎作不得了。你们东府里，除了那两个石头狮子干净，只怕连猫儿狗儿都不干净。我不做这剩王八。”

【译文】

“She's one of the two daughters of Madam Yu's step-mother, old Mrs. Yu, by her first marriage. I saw a lot of them for a couple of months, so of course I know. She and her sister are really a pair of beauties.” Hsiang-lien stamped his foot.

“That's not good then! I can't go through with it. The only clean things in that East Mansion of yours are those two stone lions at the gate. Even the cats and dogs there are unclean. I don't want to be a cuckold and take someone else's leavings.”

译文考虑到读者的接受能力，隐去了原文的谐音双关“尤物”和“尤姓”，只保留其交际意义；“王八”也没有按文献型翻译译为 tortoise 或 soft-shelled turtle，而是归化为 cuckold。

对翻译策略运用的刻板限制违背了功能主义，尤其是目的论的宗旨。因为功能主义主张“目的决定手段”(详见 5.1.2.3)，当然要根据**是否有利于目的的实现**来灵活选择具体的翻译策略。事实上这种刻板和僵化是许多翻译类型理论的通病，其根源在于传统对于范畴的错误认知。传统的范畴概念秉承二分法的哲学观点，认为非是即非，因此分类往往界限分明、非常刻板。另一位颇受功能主义启发的翻译学家玛丽·斯内尔-霍恩比用认知语言学的原型概念(prototype)取代了传统的类型概念(typology)，模糊了类别之间的界限，承认了不同种类之间存在交叉重合与渐进过渡的动态关系，翻译类型说才得以根本改观(斯内尔-霍恩比的文本类型与翻译标准，详见 Snell-Hornby，2001：32)。

5.1.2.3 目的论

目的论(*Skopostheorie*)是功能主义翻译学派的核心，由赖斯和她的学生弗米尔提出。*Skopos* 一词源于希腊语，意为“目的”。在赖斯和弗米尔看来，翻译的目的有三种：译者的目的(如赚钱)、译文的交际目的(如启发读者)和使用特定翻译策略或程序的目的(如采用字面翻译以体现源语的语言结构特点)。其中最重要的是译文的交际目的，也是*Skopos* 的主要内容(Nord，2001：27-28)。诺德认为目的论的要义可以用一句话来概括：翻译目的决定翻译程序(the translation purpose justifies the translation procedures)(Nord，2001：124)，也就是目的论创始人弗米尔和赖斯所说的“目的决定手段”(the end justifies the means)。这实际上体现的是目的论三大翻译准则之一的目的准则(*Skopos* rule)。

目的论认为翻译应遵循三条准则：目的准则、一致准则(coherence rule)和忠信准则(fidelity rule)。目的准则是一切翻译必须遵循的最高准则(Nord，2001：29)，要求翻译应当能使译文在译语环境中发挥译文使用者预期的功能，即：“...translate/interpret/speak/write in a way that enables your text/translation to function in the situation in which it is used and with the people who want to use it and precisely in the way they want it to function.”(Vermeer，1989，引自 Nord，2001：29)

翻译目的可以细化为翻译纲要(brief)，用以指导翻译行为。最理想的情况当然是委托人能够给出详尽的翻译纲要。但实际上，委托人通常都不会这样做，而且由于文化和翻译知识的局限，有时委托人甚至会给出错误的指令。因此，翻译目的经常需要委托人和译者共同商榷决定。当然在翻译纲要不明确的情况下，有经验的译者常常能够从翻译情况本身推断出翻译目的，这也体现了译者的素质。

除此之外，翻译还需要遵循一致准则和忠信准则。前者指的是译文要做到“篇内一致”(intratextual coherence)，即符合译文的交际场景和文化背景，便于译文接受者正确理解。譬如在开大会时，常会听到中方主持人在大家已经就座的情况下说“大家请坐好”，旨在唤起与会者的注意，如果翻译成“Please be seated”就不符合交际场景，不如按照英语习惯译为“Attention, please.”。文化背景对于翻译的影响就更不容小觑了。有一则英文娱乐新闻，报道好莱坞老牌影星哈里森·福特参加新片首映式，标题赫然写着“Ford gets real...sexy”。中国文化含蓄内敛，虽然近年受到西方文化影响，国人也都能接受“性感”这样的赞誉之辞，但是中国传统一贯敬重长者，用“性感”来形容已经 62 岁的哈里森，难免有戏谑之感。译者很显然注意到了这一文化差异，因此相应的中文标题是“新片《防火墙》上映　哈里森・福特宝刀未老”。不过宝刀未老多指精力或才干，不如译为“魅力不减”或“风采依旧”更为妥帖。

忠信准则要求译文做到篇际一致(intertextual coherence)，也就是说译文要尽可能地模仿原文。这种模仿可以是形式、内容等多方面的，取决于译者对原文的理解和翻译目的。

三大准则的地位不是平等的，忠信准则从属于一致准则，而两者又都从属于最高的目的准则。譬如一则英文交通警示语写道：“Better late than the late.”这句话语带双关，前一个“late”意指“迟到”而后一个“late”却表示“已故的”。这句警示语委婉地规劝人们遵守交通规则。有人曾将其译为“晚到总比完蛋好！”译文采用的是谐音双关，固然是保留了原文的修辞效果，而且两个 late 的内涵也翻译得很准确，可以说是在内容和形式上都极好地模仿了原文，体现了忠信准则。但是这种翻译却是有悖于文化背景和交际情景的。放眼当今的中文交通警示语，普遍带有“温馨提示”的倾向，避讳“死”之类扎眼的词，更不要说用“完蛋”这样的恶语。假如真打出这样的警示语，只会引起人们的反感和惊诧，难以达到规劝的功能。不如遵循目的原则和一致原则，将其改译为“守时固然重要，生命更加珍贵！”

5.1.2.4　功能加忠诚理论

既然目的论认为“目的决定手段”，那么是否就意味着译者为了达到译文的交际目的可以随意而为呢？针对功能主义中的激进倾向，诺德于 20 世纪 80 年代末在其专著《翻译中的语篇分析》中首次提出功能加忠诚理论(function plus loyalty)。诺德认为“没有原文，就没有翻译”，自由重写(free rewriting)不属翻译的范畴；“译者应同时对原文和译文环境负责，对原文信息发送者(或发起人)和目标读者负责”。译者的这种责任就是“忠诚”(loyalty)。(张美芳，2005：63)

诺德的“忠诚”并不是传统译论中所说的“忠实”，也不等同于目的论的“忠信”。“忠实”和“忠信”都指的是译文对原文的关系，而“忠实”则属于人际关系的范畴，指的是译者对其他翻译活动参与者负责，协调各方关系。因此“忠诚”至少是双向的，译者要尊重原文作者的意图，努力通过分析各种语内、语外因素来准确把握原文作者的交际意图。只有当信息发送者的意图同时适用于源语和译语文化受众时，才能使用工具型翻译。在翻译目的与原文意图冲突时，译者应该在尊重原文作者的基础上，协调译文目的和原文作者意图，寻求共识。而当信息发送者意图无法准确推断时，诺德建议使用文献型翻译(Nord，2001：125-127)。另一方面，译者也必须考虑读者的期望。当无法达到读者的期待时，译者应该承担解释说明的责任，不能欺骗读者。譬如林语堂的译作多从西方普通读者的角度出发，作了不少编译、选译、仿译，林语堂在许多作品的序言中，对自己的翻译策略都有说明，使读者了解译作与原作的差异。他在《英译重编中国传奇小说》导言中说明：“有时严格翻译实不可能。语言风俗之差异，必须加以解释，读者方易了解。而在现代短篇小说之技巧上，尤不能拘泥于原文，毫无改变，因此本书乃采用重编办法，而以新形式写出若干故事中，作者曾有所省略，有所增加，冀其更能美妙动人。虽有更动，必求不背于正史。”在《苏东坡传》序中说：“原文中引用的诗，有的我译为英诗，有的因为句中有典故，译成英诗之后古怪而不像诗，若不加冗长的注解，含义仍然晦涩难解，我索性就采用散文略达文意了。”(卞建华，2005)

“功能加忠诚”理论强调了译者对其他翻译活动参与者的责任，限制了译者的自由度；忠诚原则是对目的论的补充，避免了目的论以译者为中心走向极端。

5.1.3 功能主义批判：仅谈文学翻译

作为一种挑战传统的新兴翻译理论，功能主义自然遭受了种种批评和质疑。功能主义者似乎也很乐意回应各方的责难，诺德在著作《目的性行为——析功能翻译理论》中还特地辟出一节，解答了 10 种针对功能理论的质疑。

在此，笔者只从文学翻译入手，剖析对功能主义的批判。一方面，功能理论不适合文学翻译，可算得上对功能理论批驳中最为响亮的声音之一了，究其原因，很大程度上是由于功能理论认为翻译研究不应仅限于文学翻译，而把目光更多地转向了实用性文体。更重要的是，这种观点集中体现了许多其他对功能理论的重大质疑，如翻译(行为)是否一定都有目的、功能理论是否缩小了翻译目的、是否尊重原作、是否归化或改编理论等。

5.1.3.1 翻译(行为)不都具目的性

认为功能理论不适合文学翻译最主要的理由是文学作品不像实用文体那样有明确的目的性，主张“目的决定手段”的功能理论对文学翻译没有解释力。但事实上，文学作品的目的性是毋庸置疑的：托物言志、借景抒怀、针砭时弊、传达哲理、唤醒民众，林林总总无不体现作者的良苦用心。只不过，文学作品的目的性往往是含于内而不是行于外的，因此更需要译者的揣度。而只有准确地把握了文学作品的目的，译者才能更好地决定翻译策略，也才能更有效地传达原作的精神。请看以下 ST 和 TTs。

【ST】 This Ashley Wilkes in his faded, patched uniform, his blond hair bleached tow by summer suns, was a different man from the easy-going, drowsy-eyed boy she had loved to desperation before the war. And he was a thousand times more thrilling. He was bronzed and lean now, where he had once been fair and slender, and the long golden moustache drooping about his mouth, cavalry style, was the last touch needed to make him the perfect picture of a soldier.

【TT1】艾希礼回家时，身上穿着褪色补缀的军服，头发已被烈日灼晒成了漂过的麻屑一般，跟战前她所痴恋的那个潇洒风流的男子完全不同了。从前的他是风度翩翩的，现在他变成红铜色了，瘦了。两撇金黄的长髭挂在口角，竟是一个道地的兵大爷了。(傅东华译)

【TT2】艾希礼不再是战前那个美少年了。战前的他，白净颀长、温雅随和、眼神慵然，那么的令她痴迷。眼前的艾希礼一身缀满补丁的褪色军装、一头金发被夏天的烈日灼晒得如同漂过的亚麻丝。他清瘦了，皮肤变成古铜色，配上嘴角两撇骑兵式的金色胡髭，竟带得一身地道的行伍之气了。但在思嘉丽看来，却是千百倍地动人心魄。

这是《飘》中的一段人物描写。《飘》取材于美国南北战争。本书作者玛格丽特·米切儿出生于南方富庶家庭，因而她冒天下之大不韪，公然站在南方邦联的立场上，哀叹南方庄园贵族古典之梦的破灭。男主人公艾希礼是没落的南方文化的象征，这段人物刻画的主要目的在于反映南方文明正被新兴的资产阶级工业文明无情摧毁，字里行间透露出无限的伤逝与惆怅。【**TT2**】通过篇章结构调整，突出了艾希礼新旧形象对比，较之【**TT1**】更吻合原文的主旨。

同时，这段描写又是通过女主人公思嘉丽的视角实现的，所以也体现了思嘉丽对艾希礼强烈的爱慕与久别重逢的惊喜。【**TT1**】略去了“And he was a thousand times more thrilling.”，无疑是一损失。【**TT2**】从原作目的考虑，将之译为：“但在思嘉丽看来，却是千百倍地动人心魄。”

此外，《飘》所塑造的艾希礼高贵儒雅、彬彬有礼，却性格懦弱、不思进取，代表了没落的南方贵族。原文中的 easy-going, drowsy-eyed boy, fair and slender 正是反映了艾希礼的这些特点。而【**TT1**】过度归化，套用了中国古代小说中才子佳人的模式，“潇洒风流”、“风度翩翩”两个词把艾希礼描写成了风流倜傥的公子哥，与原旨相去甚远。相比之下，【**TT2**】更符合原文人物塑造的目的。

当然，翻译目的并不等同于原作目的，有时译文可能需要具备原作所没有的预期功能。譬如 21 世纪初，一些英美青年诗人因不满当时冗长浮靡、矫揉造作的维多利亚诗风而发起了意象主义运动。他们放眼东方，深深为中国诗歌独特的意境美以及凝练的语言所吸引。因此意象主义代表人物，如庞德、洛威尔(Amy Lowell)都热衷于译介中国诗歌，其目的就是为了向诗坛吹进一股清风，促进本国的意象主义运动。因此意象派诗人笔下的中国诗歌，重在表现意象之美和语言的质朴凝练，往往不刻意追求形式和内容上与原作的对等。

以洛威尔译杨贵妃的《赠张云容舞》为例，原作描绘的是侍女张云容跳霓裳羽衣舞时的曼妙舞姿：

【ST】 罗袖动香香不已，
经蕖袅袅秋烟里。
轻云岭上乍摇风，
嫩柳池边初拂水。

【TT】 Dancing.
Wide sleeves sway,
Scents,
Sweet scents
Incessant coming.
It is red lilies,
Lotus lilies,
Flatting up,
And up,
Out of autumn mist.
Thin clouds,
Puffed,
Fluttered,
Blown on a rippling wind
Through a mountain pass
Young willow shoots
Touching
Brushing
The water
Of the garden pool.

对洛威尔的译文评论褒贬不一。吕叔湘认为译作在音美、形美和意美三方面都超越了原作，而许渊冲却认为译作篡改了原作的意境，原诗柔缓，而译文香艳，让人联想起美国女郎在酒吧间里跳摇摆舞。建议改译为：

【TT2】Silken sleeves sway with fragrance incessantly spread,
Out of autumn mist float up lotus lilies red.
Light clouds o'er mountains high ripple with breeze cool;
Young willow shoots caress water of garden pool.

（许渊冲，2006：144-145）

其实，洛译的主要目的是为了推动意象主义运动，因此她强调原文中意象的展现：鼓动芬芳的长袖、秋雾中的红莲、清风吹拂的淡云、拂水的柳枝，形成了美妙的“意象叠加”，清晰而富有质感。而对诗歌形式，洛威尔则采取了灵活的做法，将节律工整的七绝译成意象派推崇的自由体诗歌，语言平易清新、凝练明确。

许译的目的在于再现原诗的风貌，一方面追求意境的一致，另一方面也注意形式的对等——许译在格律上更为严谨工整。

可见文学翻译行为是有目的性的，目的不同则翻译策略不同，所产生的译文不同，相应的评判标准也不同。这不正印证了目的论的观点吗？

5.1.3.2 功能理论的目的导向限制了翻译目的

另有意见认为，特定的翻译目的会限制或缩小翻译程序的适用范围，从而制约译文对原文的诠释(Nord，2001：110)。特别是文学作品，包含了丰富的潜在意义，功能理论的目的导向会从一开始就限制对原文整体潜在意义的把握。(Nord，2001：120)

对此，诺德的回应是功能主义并不排斥使译文产生和原文同样丰富的含义，其实这本身就是一种翻译目的。其原话是：...one translation purpose may be precisely to produce exactly the same range of possible interpretations as that offered by the source text.(Nord，2001：111) 但是在现实生活中，这种目的往往难以达到，甚或也没有必要达到。一篇译作往往只能实现原文部分的潜在含义。

文学作品由于不受常规的限制，所以文本理解过程就更加复杂，不同译者会有不同的诠释，这本身也在所难免。译者有权利在经过深入研究后，按照自己的理解进行翻译。诺德更指出，最著名的译作往往是最能体现译者个人诠释的作品。其原话是：the most personal interpretations are often the ones that become most famous.（Nord，2001：90）事实的确如此，林语堂所译的《论语》、《道德经》，庞德所译的中国诗歌，严复和林纾的译作便是证明。

我们再来分析一首唐诗的英译文。

锦 瑟

锦瑟无端五十弦，一弦一柱思华年。
庄生晓梦迷蝴蝶，望帝春心托杜鹃。
沧海月明珠有泪，蓝田日暖玉生烟。
此情可待成追忆，只是当时已惘然。

李商隐的《锦瑟》夹杂了大量典故，含义隐晦，被称为中国诗歌史上的“斯芬克斯之谜”，千百年来人们对这首诗众说纷纭。有人认为该诗是表达诗人对飞逝华年的留恋和感伤；有人从望帝化杜鹃探望爱妃的典故中看出端倪，结合李商隐自身的爱情悲剧，推断这是一首情诗；又有人从珠玉被遗忘于产地，猜测这是诗人怀才不遇的感慨；佛家从中解读出禅学的意味；游子读此思乡泪垂。

假如有人可以把《锦瑟》中庞杂的典故和丰富含义以同样隐晦、凝练的英文表达出来，同时又能保证美感和诗意不至于流失，那自然最好不过。但是可惜至今这样的译文还没有面世，倒是不乏译作追求面面俱到，结果却要么使人费解，要么诗意丧失殆尽。倒不如许渊冲只取华年伤逝这一种目的，隐去复杂的典故，而仅保留其诗意。

The Sad Zither

Why should the zither sad have fifty strings?
Each string, each strain evokes but vanished springs:
Dim morning dream to be a butterfly;
Amorous heart poured out in cuckoo’s cry.
In moonlit pearls see tears in mermaid’s eyes;

From sunburnt emerald let vapor rise!
Such feeling cannot be recalled again;
It seemed long-lost e'en when it was felt then.

(许渊冲译)

至于功能理论是否忽视原文、太过自由，诺德的“功能与忠诚”理论已经给予了很好的回击。目的论和诺德的翻译类型理论也驳斥了功能主义只崇尚归化与改编的错误观点，在此不作赘述。

在笔者看来，功能主义至少在以下三个方面可以对文学翻译理论起到推动作用：首先，功能主义强化了译者的责任和作用，肯定了译者基于原文作者意图和目标语境对原文信息的解读，有利于译者主体性的发挥；其二，功能理论更多地考虑到了历史文化因素，其翻译策略和评判标准更为灵活；第三，将异功能翻译纳入理论研究中，有利于拓宽文学翻译研究的视野。但是，功能主义对文学翻译目前还缺乏深入系统的研究，只是停留在和传统译论(尤其是对等理论)进行比较的层面上，尚未形成独立的文学翻译理论体系。

5.2 动态对等

5.2.1 动态对等定义

动态对等(dynamic equivalence)是美国当代著名语言学家、翻译理论家尤金·奈达(Eugene A. Nida)翻译思想的核心。动态对等理论以《圣经》翻译为基础，融合了结构主义语言学、信息论、符号学、交际学、社会语言学等诸家之长，其确立经历了一个不断发展完善的过程。

动态对等概念始见于奈达 1964 年著作《翻译科学探索》[1](*Toward a Science of Translating*)。在书中，奈达指出翻译中存在着两种不同的对

1 主编特注：该书的准确译名应是《翻译之科学探索》或《对翻译之科学探索》。保留原译是“和而不同”。

等，即形式对等(formal equivalence)和动态对等。前者着眼于信息(message)本身，“尽可能地从字面上和意思上传达原作的形式和内容”(reproduce as literally and meaningfully as possible the form and content of the original)(Nida，1964/2004：159)。后者着眼于效果相当(equivalent effect)，其目的不在于寻求形式对应，而在于创造“完全自然的表达”(complete naturalness of expression)，以使译作接受者与译作间的关系与原文接受者与原作的关系大致相同，即 the relationship between receptor and message should be substantially the same as that which existed between the original receptors and the message(同上)。在该书中，奈达将动态对等定义为“对源语信息最切近的自然对等”(the closest natural equivalent to the source-language)(同上：166)。“自然”指译文必须合乎译语的语言与文化，合乎语境以及译文读者的要求。奈达认为任何语言都有丰富的表现力，译文应当自然流畅，完全没必要使用别扭的翻译腔。但是动态对等并不提倡片面追求译语优美、无视原文的自由译，它还必须遵循“贴切”的原则，譬如以散文体译诗歌，译文或许自然，但却绝不是“最切近的对等”。

在奈达等著的《翻译理论与实践》(*The Theory and Practice of Translation*，1969)一书中，动态对等被正式定义为一种“将原文信息转入接受语，使得译文接受者的反应与原文接受者的反应基本相似的翻译性质”(quality of a translation in which the message of the original text has been so transported into the receptor language that the RESPONSE of the RECEPTOR is essentially like that of the original receptors)(Nida，2004：202)。

有人将“dynamic”一词理解为具某种效果和感染力的东西，认为译文只要有感染力就是达到了动态对等，因此可以忽视原文。针对这种误解，奈达于 1969 年在《从一种语言到另一种语言：论圣经中的功能对等》(Jan de Waard 与 Nida 合著)一书中，把“动态对等”改为“功能对等”。在 1993 年出版的《语言、文化与翻译》(*Language, Culture, and Translating*)中，奈达进一步指出对等是多层次的。当译文达到“最高对等”(maximal level of equivalence)时，“译文读者能以基本等同原文读者阅读和欣赏原文的方式解读译文”(The readers of a translated text should be able to understand and appreciate it in essentially the same manner as the original readers did)。最高对等是一种理想状态的对等，而最低对等则现实多了，只要达到使“译文读者在解读译文能设想原文读者是如何理解和欣赏原文”(The readers of a translated text should be able to comprehend it to the point that they can conceive of how the original readers of the text must have understood and appreciated it)。译文不得低于最低对等，否则就不能被接受。最高对等和最低对等间还存在不同层次的对等。(Nida，1993/2001：118/87)

奈达理论中的“对等”概念是反对者矛头直指的焦点。中外译学界有许多人认为对等是一种不可能达到的理想，理由是“对等”意味着不同语言之间的对称(symmetry)，译文相对于原文具有可逆性(reversibility)与互换性(interchangeability)，这对于翻译来说是不现实的。这些反对的观点无一例外，都将奈达的“对等”理解为“等同”，进而将动态对等理论曲解为(追求)译文与原文效果的完全一致。

可是试想，如果对等就是数学概念上的一一对应，那么奈达为什么会有不同层次的对等一说？事实上，奈达本人也最担心这种误解，因此他明确指出“对等”不可以理解为数学意义上的等同(identity)，完全对等的译文是不存在的。“对等”只能理解为“近似”，即在不同程度上对功能等同的近似。(Nida，2001：87)

5.2.2 动态对等原则

由于动态对等的着眼点是传意，而形式的对应往往会有损原文意思的正确/准确表达，因此在很多情况下需要对原文形式做出调整。奈达在《翻译科学探索》一书的第 10 章中特别介绍了增(addition)、减(subtraction)、改(alteration)三类调整原文的技巧。有人因此认为动态对等就是篡改原文，这其实是对动态对等的一种误读。奈达指出，如果直译在指称意义和联想意义两方面都能达到与原文对等，那么就没有必要对形式做出调整。只有在以下 6 种情况下才能对原文形式进行调整：

1) 形式上贴切的翻译可能导致指称意义的误解；
2) 形式上贴切的翻译没有意义或表意晦涩；
3) 形式上贴切的翻译在语义和句法上给一般的读者造成极大困难，而使其极有可能放弃对译文的理解；
4) 形式上贴切的翻译可能导致对原文联想意义的严重误解或者对原文风格的恰当欣赏；
5) 译文的用途会显著影响对原文调整的程度。譬如说同样是一部剧本，供阅读的译本因为可以加注说明，所以较为切近原文形式，而对供舞台使用的译本而言，加注是不现实的[2]，因此就不得不对原文做出更大的调整。
6) 某些原文伴随着其他的信码(如歌曲、台词等)，翻译时要考虑语音、词汇、句法和话语等各个层次的调整。翻译这些文本时，往往需要对原文形式做出较大的改变。(Nida，2001：92-95)

动态对等最终是为了取得一致的读者反应。为了达到这个目的，有时需要改变原文形式，因此形式调整只是达到目的的一种手段，而不是目的本身。这一点是在解读动态对等(或功能对等)理论时需要特别注意的。

5.2.3 动态对等与归化

奈达考虑到译语读者的接受程度，以及译文的自然流畅，主张对原文进行归化。比如如果译语读者对雪毫无了解，那么"白如雪"就应视译语习惯译为"白如木棉花"(Nida，2004a：171)，"以圣吻互相问候"可以根据译语读者的习惯翻为"热情握手"(同上：160)，等等。于是，便有反对者据此推断奈达倡导全盘归化，甚至将奈达批判的例子也误扣上"奈达如是说"的帽子。譬如斯内尔-霍恩比(1988)曾误认为奈达主张在将《圣经》译为爱斯基摩语时，把"上帝的羔羊"翻译为"上

2 主编注：可以变通为"打字幕"，但仍然不(够)现实。

帝的海豹”，更有后人不加考证，以讹传讹。

奈达果真是极端归化论者吗？其实从动态对等的原则中，我们就可以窥见奈达对归化所持的谨慎态度。奈达认为翻译不可能为试图逾越文化障碍而消除原文中所有的文化氛围。有些词语深深植根于源语文化中，有着特殊的象征意义，这些词语所含的异国情调，不但不可能，也不可以避免。比如《圣经》中的 Pharisees，Sadducees，Solomon's temple，cities of refuge，anointing，adulterous generation，living sacrifice，Lamb of God 等，这些词语承载着独特的基督教文化内涵，如果仅仅因为考虑到读者的接受程度而加以归化，势必损害《圣经》的神圣性和完整性。

奈达对腓力斯《圣经》译本(Phillips)中的一些归化译例进行了驳斥。譬如，现代英文译本(TEV[3])中的句子“a woman...who had an evil spirit in her that had kept her sick for eighteen years”在腓力斯译本中被译为“a woman who for eighteen years had been ill from some psychological cause”。奈达认为后者试图运用其他文化信息(心理学)解释《圣经》，这种做法不尊重历史背景，是错误的。在奈达看来，语言翻译(linguistic translation)才合法，而文化翻译(cultural translation)即改写(adaptation)是不合法的。文化改写(cultural adaptation)是牧师或教师而不是译者的工作。(Nida & Taber，1969 / 2004b：134)

而且，尽管动态对等追求译文自然流畅，但是，奈达承认当译语与源语文化差异较大时，不可避免地会存在一些无法“自然化”的表达形式。如厄瓜多尔希瓦拉族印第安人的习俗是男人蓄长发，女人剪短发，因此他们不能理解为什么《圣经》中会说“让男人蓄长发，使他蒙羞”。处理此类翻译问题时，加注是一个很好的办法。(Nida，1964/2004a：168)

由此可见，奈达主张的是适度归化，对于无视历史、歪曲原文文化形象的极端归化，奈达非但不提倡，反而还予以批判。

3 Today's English Version。

5.2.4 动态对等的局限性

由于动态对等理论建立在《圣经》翻译的基础上，因此其适用范围常常受到质疑，譬如说动态对等不适用于文学翻译(谭载喜，1999：XXIV)，或不适用于哲学、历史、科技等著作的翻译(郭建中，2000：79)。事实上，我们需要全面地、客观地来认识动态对等的适用性。笔者认为，纯粹从理论的角度来主观判断动态对等的局限性，将其一棒子打倒，是有失公允的。

5.2.4.1 奈达谈诗歌翻译：动态对等不适合文学翻译吗？

认为动态对等不适合文学翻译的理由主要是在于奈达理论基于《圣经》翻译，过于关注译文的交际性和可懂性。而文学作品却较多地使用比喻和新颖语言，耐人寻味。文学翻译如果也始终将译文的可懂性摆在第一位，将会极大地影响作品的文学性。纽马克曾经指出："如果把《圣经》中那么多奈达认为读者不能理解的比喻统统删去，那么就会不可避免地引起意义的大量走失。"(谭载喜，1999：XXV)

动态对等理论果真不适用于文学翻译吗？奈达曾就文学翻译，特别是诗歌翻译表达过自己的观点，他明确表示诗歌翻译应当摒弃形式对等而追求功能对等。

首先，诗性语言是对语言常规的系统性背离，语言差异决定了诗歌在韵律、节奏、结构、修辞等表现手法方面的独特性，因此诗歌翻译很难达到形式对等。一味追求形似，只会导致译文聱牙诘屈、晦涩难懂，这样的译文言何文学性？

其二，诗歌的主要目的不是表达日常事物而是抒发感受。诗歌翻译在很大程度上应该是一种再创作，旨在传达与原文相似的感受。奈达指出，译诗就是要译出原作的"精神"(spirit)(Nida，1964/2004：162/177)。奈达所说的"精神"类似于我国传统文论中的"神韵"，套用林语堂先生的话来说就是"字神句气与言外之意"所构建的整体美感。奈达认为伟大的诗篇和伟大的画卷一样，是一个有机的整体(格式塔），不能割裂开，单从字面上去解析，即 mere verbal analyses（Nida，2001：76）。译者如果无法摆脱语言表达形式的羁绊，势必会害“神”，破坏原作的文学性。

在奈达心目中，优秀诗歌翻译应该将动态对等发挥到极致，其中的典范当推庞德的译作。在奈达看来，庞德所译的中国诗歌犹如音乐中的主题变奏曲（variations on a theme），虽然不算严格意义上的翻译，却极富艺术魅力（Nida，2001：209）。

奈达主张摆脱语言形式的羁绊，并不说明他忽视文学语言的表现形式。恰恰相反，奈达认为，文体风格是文学作品的重要特征，文学翻译必须重视文体风格的移植。就诗歌翻译而言，奈达主张以诗译诗，这涉及动态对等的“贴切”原则。因为诗性语言有其自身风格：统一、新颖、复杂、洗练、简明，即 it is characterized by unity, novelty, complexity, compression, and simplicity（Nida et al，2004b：133）。诗歌如果译成散文等其他文体，或许十分自然流畅，却不是最贴切的对等。因为尽管译作表达出了原文的内容，却无法传达原文的情感和韵味。

当然，以诗译诗不是指拘泥于原作的格律、修辞形式，用形式对形式的方法处理修辞特征通常是徒劳无益的。比如《旧约》中有许多排比诗句，在希伯来语中，排比具备表示认知完整性、相关性、审美平衡和强调的修辞功能，但如果直译成目标语言，其中的重复形式在许多语言中会被误解为轻视读者的智慧。原文的这些功能便会受到严重的破坏。然而，在许多语言中，排比诗句的修辞功能却能通过完全不同的方式加以表达，如采用分词强调式、节律和浓缩手段来标记诗意（谭载喜，1999：112-113）。

但是也不能一概而论，譬如英文读者不习惯以诗歌形式叙事，如果将《荷马史诗》译为诗体，就会让英文读者觉得风格古旧怪异，如此一来，荷马史诗栩栩如生、娓娓道来的文风就荡然无存了。因此，奈达赞成像 E.V. Rieu 那样，以散文体翻译史诗《伊利亚特》和《奥德赛》。与之相反，由于诗歌形式在印度备受推崇，因此《圣经》中关于耶稣生活的诸多记事都被译为马拉亚兰语诗歌，可见非诗体也可以译为诗

体。(Nida，1969/2004b：133)

至于纽马克所说的，将读者不能理解的比喻统统删去会引起意义的大量走失，这点也值得商榷。从上文奈达对文学翻译的论述不难看出，比喻翻译应当从立足全文的角度来考虑。因为文学作品讲求的是整体美感，如果直译会破坏整体美感，那就必须加以变通，而且译文可能会删除原文中的比喻，但也可能会产生原文中没有的比喻。再说，文学作品的表现手段多种多样，由于删除比喻所导致的美感流失，可能会在韵律、节奏和其他的修辞手法上得到弥补。

综上可知，动态对等理论使我们跳出语言的羁绊，从总体上把握文章的神韵，而且有利于发挥译语优势，因此是可以用于指导文学翻译的。不过动态对等以读者反应为准绳，从上文我们也可以看出，译语读者反应是文体选择的重要标准。但是，译文的文体风格、修辞形式是否一定要符合译语的习惯，对于这点，笔者持保留意见。因为无论在东方还是在西方，外来诗歌形式成功移植入译语的例子并不鲜见。英文中的英雄双韵体来自法语，十四行诗体源于意大利文学，英语新诗则借用了日本的俳句、短歌等文学形式。中国诗歌中的自由体和十四行诗、四行诗、三行诗、俳句等也都是舶来物。外来的文学形式给文学创作注入了清新的活力，有时甚至还是文学革命的原动力。

当然，从理论上讲，也许各有各的理，但中国各种体裁的汉语文学作品如何译成英语中相应体裁的文学作品，尤其是涉及具体 case 中度的把握，真不是“侈谈”理论所能真正、有效解决的。这个复杂、极富挑战的问题，还是随着时间的推移和实践的深化再来探讨吧！

5.2.4.2 动态对等不适用于科技、哲社翻译吗？

动态对等不适用于科技、哲社翻译，笔者认为这种说法也有失偏颇。科技、哲社作品的主要目的在于表达作者的观点，因此科技、哲社翻译重在传达原文的意思，而不是保留原作的语言形式，这无疑符合动态对等“译意”(Translating means translating meaning)的本质，怎么能说动态对等不适用于科技、哲社翻译呢？

英汉语言结构存在很大的差异，就科技文体而言，英语习惯用长句，以主、谓为主干，加以从句、非谓语动词、介词短语等修饰成分，充分体现英语形合的特点。而汉语属于意合语言，没有英文那么严谨的语法体系，句子多为较散的“流水句”。如果一味强调在科技文体中保留源语结构特征，难免会导致译文充满翻译腔、艰涩难懂，甚至破坏原文的逻辑性，影响原文意思的表达。

【ST】 I HAVE hitherto sometimes spoken as if the variations—so common and multiform in organic beings under domestication, and in a lesser degree in those in a state of nature—had been due to chance. This, of course, is a wholly incorrect expression, but it serves to acknowledge plainly our ignorance of the cause of each particular variation. Some authors believe it to be as much the function of the reproductive system to produce individual differences, or very slight deviations of structure, as to make the child like its parents. But the much greater variability, as well as the greater frequency of monstrosities, under domestication or cultivation, than under nature, leads me to believe that deviations of structure are in some way due to the nature of the conditions of life, to which the parents and their more remote ancestors have been exposed during several generations.

【TT1】 我以前有时把变异——在家养状况下的生物里是如此普遍而且多样，在自然状况下的生物里其程度稍微差些——说得好像是由于偶然而发生的。这当然是一个完全不正确的表述，但是它清楚地承认了我们对于每种特定变异的无知。某些作家相信，它是生殖系统产生个体差异或构造的轻微偏差的机能，就像使孩子像他的双亲那样。但是在驯化和培育的情况下，比在自然中，变异更大、畸形发生频率更高，导致我相信结构之偏差在某些方面是由于其父母和更远的祖先代代暴露其中的生活条件的性质所致。

【TT2】 在家养生物中，变异非常常见且形式多样，而在自然状态下，则往往达不到这种程度。此前笔者所言似乎让人觉得变异纯属偶然。当然，这种说法是完全错误的，它清楚地显示了我们对于变异起因的无知。有的作者将变异归因为生殖系统的功能：生殖系统产生个体差异或是结构上的细微偏差，就如同其能使子代与亲代表现出相似性一样。但是较之自然状态，在人工培育的情况下，变异的程度要更为剧烈，畸形的发生率也更高。这使笔者相信变异与生长条件有关：从某些方面而言，亲代和更远的祖先长期的生活条件导致了子代的结构偏差。

【ST】取自达尔文的《进化论》，语言质朴平实，说理清晰明白，但是**【TT1】**由于过于强调与原文形式上的贴切，句子冗长，还保留了许多汉语读者不太习惯的名词性结构，结构译文显得生硬晦涩，原文通晓明了的特征荡然无存。而**【TT2】**将长句进行分解，使之更符合汉语习惯，也更有逻辑性。“child”、“parents”也译为汉语的相应科技术语，更符合科技文体特点。

可见，在进行科技翻译时，与其让读者费时费力从晦涩的语句中去揣摩原文的意思，不如遵从译语习惯，对原文语言结构进行调整，便于读者理解。这正印证了奈达的“the maximal reception for the minimal effort in decoding”(Nida，2004a：182)翻译标准。

动态对等同样也适用于哲社翻译，林语堂译《道德经》便是一个绝好的例子。《道德经》以韵文编撰，被世人视为古代哲学的奇葩。林语堂在翻译《道德经》时，主张“传神”的翻译标准。他在透彻准确把握原意的基础上，跳出原文的语言文体限制，译文《老子的智慧》采用自由诗体，优美凝练，无论在意义还是形式上都与原文有异曲同工之妙，既“自然”又“贴切”。如果我们拜读许渊冲先生等当代翻译大家翻译的《道德经》，拜读许国璋先生翻译的英国人撰写的社科类著作，也会得出相同的结论。

过分强调语言形式非但会有碍理解，有时甚至会导致误解，这对于医学翻译来说就更为致命了。如将“带下医”译成“a doctor below the belt/under the skirt”不仅费人思量，且产生歧义，理应译为

“gynecologist”。中医典籍中的“毒药”指所有治病的药物，不同于西医中置人死地的“毒药”。因此，“其病生于内，其治宜毒药”就应当根据动态对等原则译为：“People are apt to suffer from visceral illness due to improper diet and emotional changes, which should be treated by Chinese medicinals.”（参照兰凤利，2004）。

5.2.4.3 译者可以超越作者吗？

奈达的动态对等理论，一举打破了传统译论针对原文和译文文本关系静态分析的狭隘局面，将译文读者纳入翻译研究的视野，使人们得以更多地考虑翻译中的历史与文化因素。因此，动态对等在 20 世纪 80 年代刚传入中国时，受到中国译界的大力追捧，甚至形成了“言必称奈达的局面”（周仪、罗平，1999：32-33）。但是热捧过后，奈达理论又备受质疑，几乎又到了“言必称奈达之不是”的局面了。其实从上文我们可以看出，许多对动态对等理论的批驳事实上都是由于对奈达理论缺乏全面认识而产生的误读。由此可见，翻译理论研究和批评应当本着全面、客观的态度，切忌主观臆断。

由于动态对等仍旧没有能跳出翻译对等的框架，因此原文在动态对等理论中依然享有至高无上的地位，翻译的目的就是努力使译作取得与原作相似的读者反应。因而译者必须诚实，应该尽量避免将个人的主观感受带入到翻译中。译者的基本任务是复制原文而不是改进原文。

然而实际上，许多译作正是由于译者的巧妙诠释才大获成功。譬如严复翻译达尔文的《进化论》一书时，针对当时中国闭关自守、盲目排外的国情，有选择地摄取原作精髓，并在原文之外加大量按语，发挥、强调自己的见解。译文风格也较之原文有极大的拔高。而正因如此，进化论思想才最终被当时排斥西学的士大夫们接受。

也正因为如此，译文超越原文的现象在历史上是存在的。换言之，译文也是可以超越原文的。以庞德译汉武帝悼念宠妃李夫人的《落叶哀蝉曲》为例：

【ST】 罗袂兮无声，

玉樨兮尘生。
虚房冷而寂寞，
落叶依于重扁。
望彼美之女兮安得，
感余心之未宁。

【TT】 The rustling of the silk is discontinued,
Dust drifts over the courtyard,
There is no sound of foot-fall and the leaves
Scurry into heaps and lie still,
And she the rejoicer of the heart is beneath them:
A wet leaf that clings to the threshold.

【TT】前五句营造了原文凄切悲凉的氛围，最后一句添加了原文没有的意象，把李夫人比喻成一片依附在门槛上的湿树叶，其状依依、其情切切，将原文的缠绵悱恻发挥到了极致。正是这神来之笔使得一则尘封于中国诗歌典籍中的平庸之作成为意象派运动的杰作。如果按照对等标准来衡量，这种拔高原文的做法显然是不可取的。然而有趣的是，奈达本人却偏偏对庞德的译作推崇备至。

无论是形式对等还是动态对等，其根本目的都是营造译文与原文在某种程度上的相似。前者强调的是内容形式上的相似，后者重在读者反应的相似。但是事实上，许多情况下"相似性"却并不是翻译的目的。

5.3 译语优势

5.3.1 译语优势与传统译学

翻译应当发挥译语优势的观点由来已久，在西方可以追溯至古罗马时期的活译派。古罗马著名演说家、政治家、哲学家、修辞学家和翻译家西塞罗(Marcus Tullius Cicero，106—43 BC)反对拘泥于原作的"解释员翻译"，推崇富有创造性的"演说家翻译"，主张翻译即创作。贺拉斯

(Quintus Horatius Flaccus，65—8 BC)反对逐词死译，提出针对译文受众的“忠实”原则。昆体良(Macus Fabius Qunitilianus，35?—95?)要求罗马人“在表达同一思想上与原作搏斗、竞争”(谭载喜，2004：19-22)，这可被视为翻译“竞赛论”的最初表述。即便是直译派的哲罗姆(St. Jerome，347?—420)也赞成译者在进行文学翻译时掺入自己的风格，“译者应当靠征服把原文意思译成自己的语言”(同上：26)。

古罗马译者对原作的藐视态度与其时代背景息息相关。随着罗马在军事上对希腊的征服，罗马人将希腊作品也视为其战利品之一，随意支配和宰割。罗马译者凌驾于希腊原作者之上。翻译的目的不再是模仿，而是竞争和超越。此外，谢天振认为古罗马活译派的这种灵活、随意的态度反映的是翻译初期必然经历的翻译和创作混杂状态，是一种幼稚的“编译”，会随着人们对翻译认识的加深而得到纠正。(谢天振，1999：28)

然而，如 Andre Lefevere(2001)所言，长期在西方传统译学占据主导地位的却是“忠实”(faithfulness)标准。西方翻译史上的结构主义语言学派以“对等”为其核心观点，翻译的目的即产生与原文在词汇、语法结构、篇章、文体、语义、语用等不同层面的对等。

西方翻译史上的另一大主要流派文艺学派认为翻译是一门再创作的艺术，重视翻译的目的和效果。尽管该派在翻译实践中意识到译语语言和文化的重要性，但在理论表述上却坚持忠于原文、贬抑译者的自由发挥。如德莱顿(John Dryden，1680)指出翻译分为词译(metaphrase)、释译(paraphrase)和拟译(imitation)，译者可以根据自己不同的目的采取不同的翻译策略。但其本人却视译者为“奴隶”，必须绝对服从原作的意思。因而德莱顿青睐重意不重词的释译，对于“漂亮但不忠实”的拟译却并不欣赏。蒲柏(Pope)译《荷马史诗》使用英诗中流行的英雄双韵体，并大量使用了18世纪英诗中的惯用词汇，是创译的典范。但其本人却主张翻译应当忠实于原作的语言形式和文体风格。英国学者泰特勒(Alexander Fraser Tytler，1747-1814)著名的翻译三原则要求译文完全复写原作的思想、保持与原作相同的风格。

Lefevere认为中国传统译学相对而言不大强调“忠实”(Bassnett & Lefevere，2001：15)，对此笔者不能苟同。中国译论的渊源是古典哲学、美学和文论。中国传统的哲学思想，如《易经》中的“修辞立诚”(写文章应表现出作者的真实意图)、孔子的“从心所欲，不逾矩”、老子的“美言者则不信，信言者则不美”、韩非子的“理正者直其言，言饰者昧其理”等都对中国传统译论产生了深远的影响。佛经翻译对于中国传统译论的影响也不容小觑。尽管佛经翻译始终存在着雅俗之争，但“佛无二言”，对佛旨的崇拜和敬畏决定了“准确”、“忠实”是翻译所应遵循的不二标准。由此看来，“忠于原作”也同样被中国传统译论奉为圭臬。

早在东汉时期，安世高与支娄迦谶便主张“贵本不饰”、“审得本旨”，两者的译作都是“时有不达”。东晋道安主张“案本而传”，反对背离原作、源语的“五失本”。隋代彦琮“宁贵朴而近理，不用巧而背源”，所提“八备”之中含“诚心爱法”、“乃闲正译，不坠彼学”，均表明了其对原文的重视。

不可否认，中国传统译论是意识到翻译要合乎译语规范的，如傅雷提出译文“必须为纯粹之中文”，茅盾认为文学翻译应当采用“文学语言”。也不乏译家认同文学翻译是运用译语进行的再创造，甚至承认译本有可能在文笔上优于原作。如茅盾提出，“把文学翻译工作提高到艺术创造的水平”。郭沫若在《郭沫若创作》编后记中说：“好的翻译等于创作，甚至超过创作。”文学翻译“需有创作精神”。钱锺书在《谈艺录》上提出“译笔正无妨出原著头”。

虽然如此，“忠于原文”却一直被放在首要的位置，如玄奘的“既须求真，又须喻俗”，严复的“信、达、雅”，林语堂“忠实、通顺、美”。译者可以在语言层面上做出调整，但是“当然以原作为依旧”(傅雷)。翻译的目的是要保留原作的“丰姿”(鲁迅)、“神韵”(傅雷)、“气韵”(郭沫若)或“风味”(钱锺书)。甚至与原作“无毫发出入”方可算得“善译”(马建忠)，为了求“信”可以容忍“不顺”(鲁迅)。

由此可见，无论西方还是中国，传统译论都是以原文为导向的、规范性的(求“忠”求“信”)。在原文导向的理论框架下，翻译的依附性得到强化，译文和译者的地位被贬低，译者成为仆人、奴隶、舌人、象胥、反舌；译文被称作花毯的背面、翻面的锦缎、原作的奴隶、两种语言间的媒婆、嚼饭与人等等。译语优势和译者的创造性被无形压制。译者必须“戴着镣铐起舞”、发挥创造性即是“叛逆”。

5.3.2 许渊冲的“优势竞赛论”

5.3.2.1 “优势论”和“竞赛论”

许渊冲教授结合自己多年的文学翻译实践，明确提出翻译应当发挥译语优势，并将之发展为完整的理论体系。“发挥译语优势”的观点始见于许教授在 1981 年《翻译通讯》第 1 期发表的“翻译的标准”一文。文中说道：“翻译首先要求忠实准确，主要是忠实于原文的内容，在可能的情况下也要忠实于原文的形式；其次是要求通顺流畅，符合译文语言的习惯用法；最后还要注意修辞，发挥译文语言的优势。”在“知之·好之·乐之·三之论”一文中，许教授进一步指出“发挥译语优势”指的是充分利用译语中好的表达方式，也就是发挥译语之长。

为了求得“最好的表的方式”，翻译必须展开竞赛。这种竞赛可以存在于原作和译作之间，译作不但可以而且应当努力超越原作；也可以在译作之间展开，看谁最能传达原文的内容，最具备“音美”、“形美”、“意美”。

发挥译语优势、展开翻译竞赛有利于原作在译语文化中的传播。譬如大量精彩的中国文学作品译成英文往往黯然失色，以至于诺贝尔奖评选委员会对中国翻译的评价是“很糟”，这或许可以解释为何中国至今尚无诺贝尔文学奖得主。而许教授所译的《诗经》、《楚辞》、《唐诗三百首》、《宋词三百首》、《西厢记》等，由于与原文展开竞赛、发挥了译语优势，在国际上得到了好评。

发挥译语优势、展开翻译竞赛更可以推动全球文化交流与发展。许教授在“再谈‘竞赛论’和‘优势论’”中说道：“有了优势论和竞赛论，文学翻译才能提高全球文化，共同提高才是文化交流的真正目的。”

5.3.2.2 如何发挥译语优势

有观点认为"优势论"、"竞赛论"鼓吹文化、语言的优劣之分。其实不然，"优势论"并不认为某种语言文化处于绝对的优势或劣势，而是各有长短，翻译时要扬长避短。由于不同语言文化并非总处于均势，故而翻译的目的不是寻求对等的译语表达方式，而是要在原文和译文、译文和译文之间展开竞赛，充分发挥译语优势，寻求最佳的译语表达方式。[4] 中文和英文之间语言和文化差异极大，两者处于均势的情况就更少，因此更要尽可能发挥译语优势。

发挥译语优势并非仅限于语言结构的转换，译者的创造性、译语文化都是发挥译语优势的重要因素。下面从语言、文本和文化三个层面来分析翻译中如何发挥译语优势。

(1) 尊重差异，体现译语语言特征。

上文提到任何两种语言都不可能完全处于均势，而是互有长短。下面具体比较汉语和英语各自的语言优势和劣势、形合与意合、被动与主动、物称与人称、替代与重复、静态与动态、具体与抽象。

就表现力而言，由于汉语是表意文字，英语是拼音文字，两者表现力不同。英语在表达音美方面有其独特的优势，如头韵(alliteration)、辅韵(consonance)、类韵(assonance)、诗行内韵(internal rhyme)等。许渊冲先生在翻译岑参《山房春事》时，便巧妙地运用了诗行内韵(internal rhyme)：

【ST】
梁园日暮乱飞鸦，
极目萧条三二家。
庭树不知人去尽，
春来还发旧时花。

【TT】 What riot do crows run, veiling the setting sun!

4 许渊冲的"优势论"并非一概抹杀翻译对等。如果对等的方式就是最好的译语表达方式，那么，优势论和对等论是相同的；然而"对等"的译文并不一定是最好的译文，在这种情况下，就要舍"等"取"优"。(许渊冲，2006：5)

As far as eyes can see, there're two houses or three
The garden trees don't know all men gone but the crow;
In full bloom they appear as when spring came last year. [5]

（XYZ 译）

原诗为一、二、四句押韵的七言绝句，而译诗却采用另一种手法来表达诗歌的音美，run 与 sun、see 与 three、know 与 crow、appear 与 year 分别两两押韵，构成英诗有而汉语古诗无的诗行内韵，这便是发挥了英语优势。

作为表意文字，汉语在表达形美方面较之英语更胜一筹。刘英凯在翻译 Linton Scollard 的诗歌时，也发挥了汉语独特的形美优势。

【ST】Don't you love to lie and listen?
Listen to the rain,
is little patter, patter,
And its tiny clatter, clatter,
And its silvery spatter,
On the roof and on the pane?

（Linton Scollard：A Rain Sony）

【TT】难道你不欢喜——
躺下来谛听那微雨，
嗒嗒滴滴，
淅淅沥沥，
银铃般的清清脆脆，
敲打着屋顶和窗上的玻璃?

（刘英凯 译）

(2) 妙语连珠，善用译语表达方式。

每种语言中都存在着大量固定的表达方式，如成语、谚语、习语、流行语、名言、警句、诗句、典故，等等。这些固定的表达方式是译

5 下画线为本书笔者所加。

语语言文化的瑰宝，最能体现译语优势。

四字成语是汉语的一大特色。汉语中的四字成语不但洗练而且寓意丰富、搭配灵活、整齐利落、朗朗上口，如能恰当使用，更可增加译作的美感和文学性。

【ST1】There is something of magic appeal in the rush and movement of a "boom" town…—just a clatter of hammers and saws, rounds of drinks, rolls of money.

（Stephen Leacock：*Nonsense Novels*）

【TT1】一个"繁荣"城市在那熙熙攘攘、川流不息的尘嚣中，自有一种迷人的魅力——到处都在大兴土木，到处都在觥筹交错，到处都是成叠成叠的钞票。

（引自奚永吉，2001：918）

当然，发挥译语优势是要用译语中最好的表达方式。而成语仅仅是汉语的优势之一。而无论是英语和汉语中都还有大量的习语、俗语、谚语、流行语、警句等，它们对于发挥译语优势的作用也不容小觑，再如：

【ST2】你李登辉是既忘了根又忘了本，你是根本不对！

【TT2】You've betrayed your national root, and you've betrayed your ancestral branch. So you're wrong root and branch!

（注：使用英文习语"root and branch"，意为"completely"）

【ST3】For the best part of 20 years, Alan Greenspan has been a symbol of the stupidity of <u>ageism</u>.

【TT3】在过去 20 年的大部分时间里，艾伦·格林斯潘代表了一种形象，他不断证明了"<u>人老不中用</u>"的说法是多么愚蠢。

（注：使用了汉语俗语"人老不中用"）

【ST4】Most Lucrative College Degrees（新闻标题）

【TT4】美国 2006 年毕业生调查报告：最有"钱途"专业

（注：使用流行语"有'钱途'"）

【ST5】Well-fed, well-bred.（英谚）

【TT5】仓廪实则知礼节。

（注：管子名言）

【ST6】

故国三千里，
深宫二十年。
一声何满子，
双泪落君前。

（唐张祜：《何满子》）

【TT6】

Homesick a thousand miles away,
Shut in deep palace twenty years,
Singing the dying swan's sweet lay,
Oh! How can she hold back her tears!

（XYZ 译）

（注：发挥译语优势还要善于动用译语文化背景，如译语中的典故、传说等。《何满子》为舞曲，相传由唐代著名乐人何满子在临刑前所作，歌曲极为哀切，闻者痛彻心扉。传唐武宗李炎临终前，其宠爱的孟才人向武宗表达了生死相随的决心，并献《何满子》一曲，"声调凄咽，闻者涕零"，曲终殒命。许渊冲由此联想到古希腊神话中有关天鹅绝唱的典故。天鹅被认为是阿波罗的神鸟，文学和艺术的象征，临死会引吭高歌，故英语中有"swan song"的说法，表示绝笔或绝唱。许渊冲利用"swan song"来翻译《何满子》）

【ST7】

Spring, the sweet spring, is the year's pleasant king,
The bloom each thing, then maids dance in a ring,
Cold does not sting, the pretty birds do sing,
Cuckoo, jug jug, pu-we, to-witta-woo!

（by Thomas Nashe）

【TT7】

春，甘美之春，一年之中的尧舜，

处处都有花树，都有女儿环舞，
微寒但觉清和，佳禽争着唱歌，
啾啾，哥哥，割麦、插一禾！

（郭沫若 译）

（注：中国民间素来认为杜鹃的叫声是在催促收割、播种，因而杜鹃也称“布谷鸟”。郭沫若译诗 Spring, the Sweet Spring 时，巧妙运用了这一传说，使文平淡的拟声词转化为亲切生动的催耕之声，更显生机盎然。）

(3) 勇于“深化”，发挥译者主观创造。

许渊冲从翻译实践中总结了文学翻译扬长避短的“三化法”（深化、等化、浅化）[6]。其实质就是强调译者必须发挥创造性，灵活使用“倒”、“转”、“移”、“变”、“改”、“分”、“合”、“删”、“增”、“缩”等变通手段。而“扬长”尤其须用“深化”译法，即透过原文的表层形式，进入原文的深层内容，深化诗意。

为了深化诗意，许渊冲甚至会刻意进行“误译”。他认为“有时，有意的误译甚至可能胜过原文”（许渊冲，1998）。所谓“诗无达诂，字无定诠”，有时原文往往会有多种不同的诠释。以王维的《鸟鸣涧》(The Dale of Singing Birds)为例：

【ST1】
人闲桂花落，
夜静春山空。
月出惊山鸟，
时鸣春涧中。

【TT1】
I hear osmanthus blooms fall unenjoyed;
In still night hills dissolve into the void.
The rising moon arouses birds to sing;
Their fitful twitter fills the dale with spring.

（XYZ 译）

6 许渊冲的文学翻译“三化”法，详见其《文学与翻译》第 76-77 页和《翻译的艺术》第 11-13 页。

诗中的"桂花"和"春涧"的关系就颇具争议。一说桂花有春花、秋花、四季花等不同种类，此处所写当是春桂。另一种意见认为此为文艺创作，不是生活实景。还有人认为山中节气异常，故而导致桂花春开。而上海古籍出版社《王维孟浩然诗选》中的解释是：王维所说的桂花是一种叫做"桂枝香"的植物，春天开花。许渊冲没有采用上述任何一种解释，而是"进入深层内容"，将末句译为"鸟鸣使山涧充满春意"，以表现原诗所营造的那种静而不寂、生机盎然的氛围。请比较主编译文，见第 2 章之"**2.2.6 不可译性**"。

即便对于没有争议的诗句，许渊冲也会发挥创造力，有意误译。如柳宗元的《江雪》：

【ST2】

千山鸟飞绝，
万径人踪灭。
孤舟蓑笠翁，
独钓寒江雪。

【TT2】

From hill to hill no bird in flight;
From path to path no man in sight.
A straw-cloak'd man afloat, behold!
Is fishing snow on river cold.

（XYZ 译）

此诗为柳宗元被贬到永州时所作，旨在表达自己傲岸清高的精神面貌。原诗的末句意为渔人独自在雪中钓鱼，而许译却说成是在"钓雪"，比原诗意境更独特，也更能反映诗人的清高孤傲。

5.3.3 许渊冲的再创作和忠实

上文提到许渊冲为了发挥译语优势，主张突破原文的表层形式，充分发挥译者的创造性，甚至刻意进行误译。正因如此，"优势竞赛论"常被批驳为鼓吹"不忠"、"不信"、"胡译"、"乱译"。

事实上，许渊冲的文学翻译思想脱胎于中国传统译论[7]，“忠实”仍然是其信守的标准。

许渊冲曾说在翻译一本文学作品时，要问自己三个问题：1）译文是不是忠实于原文？2）译文语言是不是通畅，有没有避短？3）有没有发挥译文语言的优势，有没有“扬长”？由此可见，许渊冲首先关注的还是“信”和“达”。忠实通顺是翻译的必需条件，翻译必须忠实通顺；发挥译语优势是翻译的充分条件，佳译应当发挥译语优势。

而且许渊冲主张创造应以“忠实”为准绳，译者享有的自由度是有限的（许渊冲，2003，44）。根据许先生（2001），译文要“不逾矩”。此处的“矩”指的就是原作的内容。“再创造”的前提就是忠实于原文的内容，而不是忠实于原文的词汇。创造性的翻译并不“绝对自由”，它创造的，应该是原文深层内容所有、原文表层形式所无的东西（2003：7）。没有一首诗词不能“再创造”成忠实于原文内容的译文。当然许先生所说的“内容”指的不是原文字面上所反映出来的表层内容，因为他的译作往往都是对原文表层内容的改变或重塑。也不是风格的对应，而应该是原文的深层内容。因此，“忠于原文”其实指的就是译文和原文在“意境”、“神韵”方面的契合，是译文和原文在高层次上的统一。

从许渊冲的译例可见，即便是“误译”也需契合原作的思想、意境。对于违背原作主旨的“逾矩”翻译，许渊冲并不欣赏。如宾纳把“野渡无人舟自横”中的“无人”译成“似有人”，把“自横”的静态改成相反的动态（The ferry-boat moves as though someone were poling）；洛威尔译“赐张云容舞”被批为歪曲的原诗的意境，韵律形式不像中国唐代的轻歌曼舞，而像美国现代酒吧间的音乐舞蹈（许渊冲，2003：36）。甚至连庞德所译的《长干行》，这则“20 世纪美国最美的诗篇”，许渊冲也评其在思想上与原文没有联系，只能算是创作，不是翻译（同上：143）。

7 许渊冲总结自己的文学翻译思想为“美化之艺术，创优似竞赛”。除了“优”是许渊冲自创的“优化论”，其余均来自中国传统译论。“美”来源于鲁迅、林语堂、茅盾的翻译理论；“化”取自钱锺书的“化境”；“之”取自胡适的“乐之”；“艺术”取自朱光潜的“艺术论”；“创”来自郭沫若的“创作论”；“似”来自傅雷的“神似说”；“竞赛”为叶君健“竞争”说的升华。

5.3.4 “逾矩”的翻译

“忠于原文”是传统译论的核心思想，西方求“等”、东方求“似”。然而在人类几千年的翻译实践中，“不等”、“不似”的“逾矩”译作似乎并不少见。传统译论和翻译实践之间一直存在着矛盾：一方面，“忠实”之说在传统翻译理论中占据绝对的主宰地位；另一方面，一些不“忠”的译作却大放异彩，如查普曼之译《荷马史诗》、菲茨杰拉德之《鲁拜传》、庞德所译中国古诗、林纾所译西方小说、林语堂译笔下的儒道思想，均是大家耳熟能详的例子。一方面，理论家口口声声“求信”，其译作却以“背信”而取胜，譬如严复；另一方面，翻译家挥洒译笔、自由驰骋，却又宣扬翻译当存其旨、如其言，譬如蒲伯、林纾。

常见的“逾矩”翻译有“增”、“减”、“转”、“编”、“改”、“讹”、“伪”7 种：

(1) 增：译者添加原文无论在形式还是内涵上都没有的信息。

如法国拉封丹寓言诗，很多是对伊索寓言的扩充。而苏曼殊在译雨果(Victor Hugo)的《悲惨世界》时，为了呼应当时提倡西方“科学”、“民主”和“打到孔家店”、推翻封建制度的主流意识形态，特意杜撰了一段故事，并增加了原作中不曾出现的人物男德，同时借男德之口，吐出了一段批判孔子的话。有的译者会添加自己的评论，如林纾在翻译英国小说家狄更斯的《冰雪姻缘》(今译《董贝父子》)时，会不由自主地插入自己的感叹：“书至此，哭已三次矣！”苏曼殊翻译雨果长篇小说《悲惨世界》，开始几章还算“忠实”原作，但到后面不仅把雨果的原作几乎全部删去，还随心所欲地改变了情节的发展，还让原作的人物讲出了译作想要说的话(谢天振，1999：28)。此外，还有严复《天演论》中的大量的加注和评论等。

(2) 减：译者考虑到译语文化的风俗、道德观念、政治因素、译语读者的审美情趣等，往往会删减原作的语句、段落甚至篇章。

如 1903 年出版的《绣像小说》中的《华生包探案》一文的译者把故事开场时提到的福尔摩斯的背景、习惯、怪癖以及华生与福尔摩斯的关系的描写全部删去。《黑奴吁天录》原著作者常借叙事者之口，表达自己的道德与宗教观点，而林纾遵照中国古典小说的叙事模式，删除了大量宣道、劝诫内容，从而塑造出一个比较寡言含蓄的叙事者(张佩瑶，2003)。田汉在把托尔斯泰的《复活》改编成剧本时，删掉了《马太福音》，抹去了原作的宗教色彩。梁启超在翻译《十五小豪杰》时，删去“无关紧要”的闲文和“不合国情”的情节。

(3) 转：有的译作并非直接译自原文，而是转译自其他语言的译本，内容扭曲自然不可避免。

如鲁迅兄弟的《域外小说集》中有通过日语转译的波兰等“弱小民族”的文学作品。而 20 世纪 20 年代一些西方译者通过葡萄牙语、法语等译本翻译了中国的古典诗歌(引自董明，2003)

(4) 编：有的译者会在参考不同译本的基础上进行编译。

如台湾的林文月在翻译日本的《源氏物语》时曾参考了两种日语古文注释本、三种近代作家的日本现代语译本以及两种英美学者的英译本。我国许多译者在复译外国名著时常参考已有的中外译本(引自董明，2003)。

(5) 改：译者可能会对原文的体裁、语言风格、内容、意图改头换面。

如朱生豪为了避免拘泥、生硬、艰深、晦涩，用散文体翻译诗体的莎剧。为了更生动直观地唤醒民众，剧作家田汉把托尔斯泰的小说《复活》改变成剧本(引自董明，2003)。查普曼用十四行诗体译《伊利亚特》，用英雄双韵体译《奥德赛》，并改造了诗中人物的性格，增添了道德说教的成分(谭载喜，2004：78)。福尔摩斯译者按照中国传统的公案小说形式翻译西方侦探小说的题目，即将谜底显现在题目中，而不是像原作放在结尾，旨在将读者注意力更多地集中到逻辑推理上，以开启民智。如：*The Blue Carbuncle*——《鹅腹蓝宝石案》，*The Adventure of the Copper Beeches*——《亲父囚女案》、*The Adventure of the Yellow Face*——《孀妇匿女案》(王巍，2005)。林纾所译《黑奴吁天录》，抹杀了原文的基督教教化，代之以孟子性善论认知。

(6) 讹：译者有意误译，创造出无论在形式上还是在内容上都背离原文的译文。

美国诗人庞德在他翻译的中国古诗《神州集》中的多处误译和异化的翻译是故意不忠实于原文并违反译语的语言规则进行翻译的典型范例（见董明，2003）。学者唐弢指出：原来林语堂先生和胡适一样，是用西方的眼睛来看中国人，看中国文化，看中国的儒家的、道家的。他有的不是一般西洋人的眼睛，而是西洋传教士的眼睛（1989：311）。这段话对于理解林语堂的文化观尤为重要。唐弢先生明确指出林语堂文化心态的异域色彩，即以西方传教士的视角观照中国传统文化。

(7) 伪：假托翻译之名的创作，原文不可考，甚至根本不存在原文，即图里（Toury）所说的"伪翻译"（pseudotranslation）。

如晚清时期，翻译和创作的界限不明确，有人便以创作冒充译作（见孙萍，綦天柱，2005）。

再如古爱尔兰英雄史诗厄尔斯特故事"Ulster Cycle"的翻译，更是扑朔迷离。古爱尔兰语早已失传，"原文"已几乎无人可以读懂，"忠实"根本无从谈起，加上后世的译者为了民族解放斗争的需要，添枝加叶或削足适履、或增或删，可以说把"原文"弄得面貌全非。但是，这些译作在爱尔兰民族解放斗争中的确起到过举足轻重的作用。有学者在研读了 Maria Tymoczaco 的专著 *Translation in a Postcolonial Context: Early Literature in English Translation* 后得出了上述结论（林克难，2001）。

【思考题】

1. 功能理论始于对对等理论的扬弃，请谈谈两者之间的差异[PT]。
2. 请结合实例，说明你对目的论的三大翻译准则的理解[PT]。
3. 请根据功能理论，将自选的 ST 译为中文或英文，注意推断各文本的翻译纲要[PT]+[AT]。
4. 功能理论界定了四类翻译错误，即语用错误、文化错误、语言错误、特定文本错误（详见 Nord，2001：75-78）。请指出自选 TTs 中分别存在哪些错误，并提出修改意见。

5. 功能理论适用于文学翻译吗？请结合自选实例加以说明[PT]+[AT]。
6. 有人认为，奈达的对等理论拘泥于字词句子的对等，而忽视语篇的重要性，谈谈你对此的看法，并分析产生这种观点的原因[PT]+[AT]。
7. 动态对等理论对于哪些文体翻译特别具有指导意义？结合实例说明[PT]+[AT]。
8. 在《语言与文化》一书中，奈达提到汉诗英译中存在一种不良风气，即译者过分希望借诗歌来传达中国独特的文化现象，结果却产生了大量蹩脚的译作。对此奈达毫不客气地指出，诗歌不是用来交流文化特色的媒介（Poetry is not the medium for communicating cultural distinctiveness）（Nida，2001：209-210）。结合实际谈谈你在多大程度上认可奈达上述观点[PT]+[AT]。
9. 你认同"优势论"和"竞赛论"这样的观点和做法吗？如果认同，你又是如何在翻译中尽可能实践这些观点的[PT]+[AT]？
10. "优势竞赛论"的优势和不足体现在哪里[PT]+[AT]？

Chapter 6

教学深化

Further Teaching

6.1 跨文化研究

根据本书的语境，这里的“跨文化研究”(cross-cultural approach)主要是指通过“跨文化”这个途径/方法(approach)或视角(perspective)进行翻译研究(cross-cultural approach to translation)，所采用的方法是案例比较研究(comparison of case studies)。翻译教学跟文化密切相关，我们还是从最基本的概念说起。

6.1.1 什么是文化

现代汉语中“文化”二字的含义不同于古代汉语。试比较：“凡武之兴，为不服也，文化不改，然后加诛”(汉·刘向《说苑·指武》)，“文化内辑，武功外悠”(晋·束晰《补亡诗·由仪》)，均指“文治教化”。(刘禾，2002：411) 日语把这两个汉字借入自己的语言，然后又用来翻译英语中的“culture”。我们重新把这个词引入现代汉语，但游历一圈的“文化”已经主要用来对应“culture”了。

“culture”一词源于拉丁语“cultus”，意思是“开垦”(cultivation)。人类不断地开垦，形成了文化。对文化的具体定义异彩纷呈，众多学者从不同学科不同角度定义文化。引用最广也是最早的定义之一是爱德华·泰勒(Edward Burnett Tylor) 1871 年对文化的定义，1983 年版的《大不列颠百科全书》和美国学者萨丕尔(Edward Sapir)都曾引用该定义：“Culture is that complex whole which includes knowledge, belief, art, morals, law, customs and any other capabilities and habits acquired by man as a member of society.”(文化是一个复杂的综合体，包括知识、信仰、艺术、道德、法律、习俗以及该社会成员所获得的各种能力和习惯。[1]) (Katan，2004：16) 随着对文化研究的深入，该定义已经明显有些片面，

1 笔者译文。

它只总结了文化的精神层面，没有顾及物质层面。

Larry Samovar 在《跨文化传播概论》(*Understanding Intercultural Communication*)一书中指出："文化是一个复杂而棘手的概念。给'文化'下定义看起来很简单，但如果我们细细考虑定义的内涵，则'文化'一词就显得十分宽泛，从而难以把握了。按通常的定义，文化是一种积淀物，是知识、经验、信仰、价值观、处世态度、意指方式、社会阶层的结构、宗教、时间观念、社会功能、空间观念、宇宙观以及物质财富等等的积淀，是一个大的群体通过若干代的个人和群体努力而获取的。文化表现为一定的语言模式和一定的行为方式；这些共同接受并采用的言行模式和传播方式，使我们在某一特定的时间内，生活于具有一定技术技能并受到一定的地理环境限制的社会之中。同时，文化也涉指并受限于在共同生活中起着实质性作用的物质存在，诸如房屋、工农业生产中的用具和机器、运输方式、战争器具等构成社会生活中的物质基础。可见这样一个定义涉及了人类生活的广大方面；而且，我们不难看出，文化是持续的、恒久的、无所不在的，它包括了我们在人生道路上所接受的一切习惯性行为。文化在我们的物质环境中同样起着决定性作用，它包含并说明我们生活在其中的社会环境。"(陈南、龚光明译，引自刘宓庆，1999：2)

可见，虽然文化的定义有几百种，对于文化的本质众说纷纭，但所有的定义都脱离不了文化的基本构成。研究文化可以从内部入手，也可以从外部入手：文化的内部主要指精神层面(ideas)，包括信仰、价值观等等；文化的外部是物质层面，包括产品，如文学、音乐、绘画、工艺品等，以及行为，如语言、手势、习俗等等。(Katan，2004：17) 每门学科都可以从本学科的视角研究相关的文化问题，跨文化翻译学则全面系统地关注语际层面(interlingual level)跨文化审美表现形式的转换机制。(刘宓庆，1999：11)

6.1.2 跨文化交际

跨文化交际作为一门学科，始于 20 世纪 60 年代，一般把爱德华·霍尔(Edward Hall)的《无声的语言》作为跨文化研究的奠基之作。跨文化研究涉及语言交际、非语言交际、交际手段、思维模式、价值观念、认知行为等交际所需的各种因素。忽略各种文化要素在两种文化系统中的差异会导致交际失败，跨文化研究则通过分析文化差异，找出失败的根源。但仅仅了解文化之间的差异只是跨文化交际的开始。

一、文化自觉

所谓文化自觉，按照费孝通先生的解释，主要内容是："生活在一定文化中的人对其文化有自知之明，并对其发展历程和未来有充分的认识，也许可以说，文化自觉就是在全球范围内提倡'和而不同'的文化观的一种具体体现。"[2]

在跨文化交际语境中理解文化自觉，包含两个层面，即认识层面和实践层面。在认识层面上，文化自觉主要表现为，跨文化交际者在交际中能够正视和尊重文化的多元性和差异性，自觉反思和调整民族本土文化与异域文化之间的差距，超越民族本土文化与异域文化之间的非此即彼的界限，摒弃本民族文化优越论，但也不是完全放弃民族本土文化，让异域文化同化自己，而是按照新的文化语境进行调适，达到多元文化之间的新的整合和新的建构。在实践层面上，文化自觉主要表现为跨文化的敏感性，对不同文化环境的适应和反应能力，设身处地理解别人的行为，避免用自己的行为来解释别人的行为，主动协调跨文化交际中的文化差异，尽量减少和避免因文化差异而导致的文化错误。认识层面上的文化自觉最为重要，它决定了实践层面上的文化自觉。

二、跨文化交际的障碍

由于文化之间具有同质性和异质性双重属性，跨文化交际必然会出现很多障碍。程度轻的只是不适应新的文化，程度严重的会造成文化冲突。因此如何避免或减少文化冲突，实现成功的文化交流成为跨文化研究的重点。

2 引自 http://www.sociology.cass.cn/shxw/sociologist/fxtwj/t20050520_6027.htm。

三、文化休克

美国人类学家奥伯格(Kalvero Oberg)于 1960 年提出"文化休克"(culture shock)的概念，概括了种种跨文化交际中的不适应症状：①由于不断进行必要的心理调整而引起的疲惫；②由于失去朋友、地位、职业和财产而引起的失落感；③不能接受属于新文化的成员或者被这些成员拒之于门外；④在角色、对于角色的期望、价值观念、感情和自我认同方面感受到的混乱；⑤觉察到文化差异后感到的惊奇、焦虑，甚至厌恶和气愤；⑥由于不能应对新环境而产生无能为力的感觉。文化休克是人们对于另一种不熟悉的文化环境的心理反应。一个人从一地迁移到另一地，原来自己熟悉的一套符号、习俗、行为模式、社会关系、价值观念等被另一套新的自己不熟悉的符号、习俗、行为模式、社会关系、价值观念所代替，因而在心理上产生焦虑，在情绪上不安定甚至沮丧,在严重的情况下,会产生各种心理和生理方面的疾病。(胡文仲，1999：187-188)

虽然在跨文化交际中并非每个人都会产生"文化休克"，但这一现象具有相当的普遍性。"文化休克"的产生是由于对异文化缺乏必要的了解和缺乏相应的跨文化交流的技能所造成的。影响"文化休克"的因素有很多。一方面是文化差异的程度。文化共同点越多，"文化休克"就越少。例如，德国人到瑞典比他到中国经受的"文化休克"要少得多，甚至没有，因为瑞典和德国在政治、经济、文化习俗方面的共同点多。另外，东道主文化对待外来文化的态度也影响一个人的"文化休克"。在一个愿意接受和容纳外来文化的环境里，外乡人适应得快，调整得也快。而有些文化不愿接纳外来文化，对外来文化加以排斥，或保持距离，这会加深外乡人最初的焦虑和不安。另一方面，个人的诸多因素，如年龄、性别、职业、受教育程度等也影响到"文化休克"的程度。对异文化适应性越强，"文化休克"的程度就越小。

因此，克服跨文化交际中经常出现的文化休克，首先要熟悉外国文化，掌握与外国文化交流所必需的文化知识，尊重并愿意体验外国文化，善于站在外国文化的角度观察和思考问题，并能够按照新的行为模式和思维方式进行跨文化交际。以上这些能力完全可以通过专门的学习和系统的训练来达到，当然，最重要的还是对外国文化的了解和自身心理素质的提高。

四、文化冲突

科技、经济的全球化使得不同文化接触更加频繁，伴随的碰撞也愈加频繁，不仅在精神层面上存在价值观、信仰等的碰撞，在物质文化层面上也会发生冲突。文化冲突体现为两种类型：一种是外部冲突，即民族文化与外来文化之间的冲突；一种是内部冲突，即民族文化内部传统文化与现代文化之间的冲突，或是主流文化与亚文化的冲突，也包括国家内部族群文化多样性的诉求，如有学者指出："我对我国'少数民族'文化身份构建的反思，实际也是对汉文化自以为是的'国家文化身份'意识傲慢的警惕。"（姚新勇，2002：58）

比如李安的电影《推手》（*Pushing Hands*）就置于中西文化冲突的背景之中。朱老从小练习太极拳，在北京退休后独生儿子把他接到美国。原本以为可从此安享晚年，可是语言不通，生活习惯不同，朱老根本无法和美国儿媳交流，只能整日在家中练习太极，而美国儿媳整天面对无法对话的中国公公也觉得莫名的压力从四处袭来。儿子则夹在父亲和妻子的冲突之间，无法取舍。《推手》探讨的是父子关系在一个异国文化背景下的重新定位和重新权衡。李安站在中国人的角度来揣摩文化间的差异，借用太极拳中的"推手"来比喻中国式的家庭概念。东方人崇尚含蓄的美与和谐，有进就有退，有阴需有阳，追求一种和谐的平衡关系。

五、成功的跨文化交际

根据 Samovar 和 Porter（1988）的理论，影响跨文化交际的因素主要有三个方面：观察事物过程（包括信念、价值观、态度、世界观及社会组织）、语言过程（包括语言及思维模式）和非语言过程（包括非语言行为、时间观念及空间的使用）。跨文化交际中，要百分之百地理解说话人的意图，不发生任何误解是不可能的，成功的交际实际上是尽量缩小误解而已。不同文化背景的人们往往处于两种文化模式之间，两种交际规范之间，双方需要协力合作，既从各自的立场出发，又积极理解对方，与其尽可能沟通，以实现真正平等的对话式交际。（贾玉新，1997）因此，平等对话是成功的跨文化交际的基础。

跨文化交际需要交际双方具备一定的跨文化交际能力，这种能力是和文化自觉紧密相关的，既要了解目的语文化，也要对本国文化有充分的认识和足够的修养。缺乏文化自觉容易导致两方面的偏差：一是交际双方都固守本民族文化的疆域界限，都认为本民族文化的价值观、道德伦理标准以及语言文化是最优秀的，是其他文化认同的准绳，就会将本民族文化的特殊性赋予普遍性的特征，要求其他文化对自己的文化认同，而不会主动尊重和容纳其他民族的文化，表现为文化中心主义和文化霸权主义。二是在跨文化交际中主动放弃民族本土文化，全盘接受交际客体的文化，以交际客体的文化作为评判是非曲直的标准，实行文化上的"民族文化虚无主义"。这两种取向都会妨碍跨文化双方的相互理解和沟通。

六、破除文化中心论

文化中心论是以自身的文化价值和标准去解释判断其他文化环境中群体的一种态度，体现在两个方面：首先，自己的群体优于其他任何群体，自己群体的价值具有普遍性，适应于任何人。其次，认为外人群体不如自己群体，否定其价值观念，并与外人群体保持一定的距离。这种中心言论是"文化偏见"的一种表现。"偏见"是对某一个人或群体消极、贬毁性的观念，同时在这一观念中先验地包含了对个人和群体的某些行为特征的"模式固见"，它带有情感和固执的特点，即便它在实践中没有被认可，也难以匡正。[3]

2003 年 9 月 4 日的《南方周末》转载了李岳伍的文章"到底要什么样的华人形象"，大意为：《古墓丽影 II》(*Tomb Raider II*) 被中影封杀，不得在中国公映，因为影片牵涉到"华人形象"问题，影片的情节和人物设置"有损华人形象"。李岳伍指出，生存环境的差异、信息交流的

---

3 观点参考《外语与外语教学》2003 年第 10 期之"论'Stereotype'的意蕴及在跨文化交际中的功能"。

不畅无疑会导致不同国家和民族彼此之间存在偏见，从这个意义上说，要求毫无偏见地对待他人，本身就不是什么正见，而是地道的偏见。偏见只能在交流中慢慢校正，绝对不可能通过封闭而稍有消解，封闭只能导致更多更大的偏见发生。

张英进(美国加州大学圣迭哥分校比较文学与中国研究教授)撰文“美国电影中华人形象的演变”揭示了美国文化中心论下美国电影是如何塑造华人形象的。美国电影中有许多歪曲的华人形象，比如傅满洲(Fu Manchu)。傅满洲是英国作家洛莫尔(Sax Rohmer)小说中的主人公，1913 年到 1959 年，洛莫尔以傅满洲博士为主要反面人物创作了 13 部长篇小说、3 部短篇小说和一部中篇小说。在《阴险的傅满洲博士》一书中，洛莫尔这样描述他：“你可以想象一个人，瘦高，耸肩，像猫一样地不声不响，行踪诡秘，长着莎士比亚式的眉毛，撒旦的面孔，秃脑壳，细长眼，闪着绿光。他集所有东方人的阴谋诡计于一身，并且将它们运用发挥得炉火纯青。他可以调动一个富有的政府可以调动的一切资源，而又做得神不知鬼不觉。想象这样一个邪恶的家伙，你的头脑里就会出现傅满洲博士的形象，这个形象是体现在一个人身上的‘黄祸’的形象。”傅满洲的阴险狰狞成为西方文化中“黄祸”的形象代表，也成为一系列效仿作品中典型的歹徒形象。电影《阎将军的苦茶》(*The Bitter Tea of General Yen*)中，阎将军就以一副狰狞、色情的傅满洲的形象出现，追逐西方女传教士玫根不放，完全是阴险野蛮的恶魔。

要破除文化中心论，首先要有开放的心态去认识其他文化，不同文化之间并非水火不容的对立关系，而是可以和平共处、共同发展的关系。当然有时文化中心论并非出于对其他文化的无知，而是出于一种“文化霸权”，想以自己的文化征服别人，这种心态是和政治、经济、宗教等因素紧密相关的。西方文化作为一种强势文化，在世界文化的多样性发展中占据着主流和中心地位，对其他文化形态产生不平等和不均衡的信息流动。它在全球的发展实际上是一种“独语”，而不是一种对话，由此形成了强势文化对弱势文化的挑战和文化霸权的出现。

交际双方要摆脱文化偏见，从接受到适应到最后的融合，但这种融合不是文化的大一统，而是“和而不同”。乐黛云(2002：66)指出，“文化差异未免不是好事，正是这些差异赋予人类文化的多样性，所谓世界文化的融合、一体化，只会带来人类文化的枯萎和没落”。“和而不同”保持了文化的多元化，试想一下全球的餐馆都变成了麦当劳和肯德基，我们的世界会是什么样？因此，跨文化研究的焦点在于探索不同文化传统的民族、国家如何在多元文化中共存，探索多元文化对话的方式与原则，破除文化中心论，促进文化多元化，创造一个和平、发展的国际环境。费孝通先生说得好，对待世界上的不同的文化应该采取的态度是：“各美其美，美人之美，美美与共，天下大同。”

七、摒弃文化虚无论

2006 年初，出生于香港的华人经济学家张五常频发惊人之语，质疑中国文化：“中国的礼教传统就是扼杀天才的传统”、“从一首协奏曲想到的”、“该培养出敬仰创作的文化　日本就是比我们会创作”等等。

在“从一首协奏曲想到的”(2006 年 1 月 26 日博客)一文中，张五常提到，他在街上花 10 元钱买了一张盗版碟，是卡拉扬指挥、穆特演奏的贝多芬“D 大调小提琴协奏曲”，听了一晚，于是写道：“欧洲的确了不起。说过了，无论科学、文学、音乐、雕塑、建筑、绘画等，炎黄子孙没有一项比得过人家，输得面目无光。先天智慧不弱于人，但后天的发展很尴尬。昔日的什么儒家学说，什么三从四德，加上一个学而优则仕的科举制度，不容许以独立思考或以专业知识而为生计的空间。欧洲也曾经因为宗教约束与君主制度的蹂躏而在创作上乏善可陈，但 16 世纪文艺复兴后，这些约束摆脱了，创作的涌现成为人类历史奇迹。”

先不说张教授在史实和例证方面过分简单，也不说他崇洋媚外之类。就文化而言，他的方法失之偏颇，值得商榷。因为文化的不同，主要在于差异，而不在于优劣。说中国音乐优于或劣于西方音乐，中国绘画优于或劣于西方绘画，中国诗歌优于或劣于西方诗歌，根本不能成立， 因为不能以一种文化为指标去度量另一种文化，任何文化都有其必然性与合理性，都应当给予充分的理解和尊重。张教授这种“民族文化虚无论”徒然引起更多争论，无助于中西文化的更好交流。我们应该正视自己文化中的精华与“糟粕”，吸收借鉴外国文化对我们有益之处。没有哪种文化是纯粹的自给自足，都是在交流中更好地发展的。

八、文化互补

文化本来是一种不自觉的行为，只有碰到差异时才会意识到自己的文化是有边界的(boundary)。“他山之石，可以攻玉”（《诗经·小雅·鹤鸣》）也可以用来说明文化之间的交流。18、19世纪欧洲掀起一股“中国文化热”，把中国看做是世界上的超级大国。清末以前，中国人并不把“万里长城”、“四大发明”作为中华文明的象征，最早使用这些赞美的，是欧洲人。在《大清帝国的城市：阿罗姆铜版画中的中国》(*China, The Scenery, Architecture, and Social Habits of That Ancient Empire*)一书的序言中，赖特(G. N. Wright)说：“在这个美丽的国度里，有世界的最高峰，广阔的驿道，无数的运河，许许多多的拱桥和宝塔，更不用说还有那绵延北疆的万里长城。”“在这个人口众多的国家里……他们的农业和工艺制造业是别的民族不可比拟的榜样。推动了人类现代文明发展的三大发明：印刷、火药和指南针，都是中国人贡献给世界的。”（李天纲，2002：2）在中国人对欧洲懵懂无知的时候，西方人对中国已经有了深入的了解。

文化具有传承性、流变性、兼容性。没有任何文化是自给自足的，中国文化深受外来文化的影响，先是汉朝时佛教进入中国，明清时基督教和西方的现代科技又进一步影响了中国文化，五四运动以来的新文化运动、马克思主义，最近的全球化又掀起新一轮文化交流的高潮。中国文化内各种亚文化也处于不断的交流变化中，有的亚文化渐渐消失，比如民俗、口头遗产等。罗素在《中西文明的比较》(1922年)一书中说道：“不同文明之间的交流过去已经多次证明是人类文明发展的里程碑。希腊学习埃及，罗马借鉴希腊，阿拉伯参照罗马帝国，中世纪的欧洲又模仿阿拉伯，而文艺复兴时期的欧洲又仿效拜占庭帝国。”（高永晨，2003：70）

陈原先生曾指出，凡是兴旺发达即向上的文化群体，往往是自信力很强的，他们不害怕接触不同的甚至其中有抵触因素的异文化；这些文化群体不但不怕异文化，正相反，他们有自信有力量去消化(不是消灭)异文化，即吸收其值得移植的部分，拒绝不符合本文化群体的生活习惯和社会习俗的部分。只有那些自信力弱的文化群体，或文化群体中自信力弱的那一部分，才害怕异文化或异文化中某些因素的“侵入”或影响，而在现实的社会生活中，这种“侵入”或影响却是不可避免的，往往是堵也堵不住的。(陈原，2003：77)

文化接触的结果不一定是完全照搬，而是接受了当时社会生活认为有必要的、有益的、优美的东西，而在很多情况下，按照自己的习惯或审美观念加以改造。(陈原，2003：78) 乐黛云先生也说过，两种不同的文化接触时总是按照自身的文化传统、思维方式和自己熟悉的一切去解读另一种文化。一般来说，人们只能按照自身的思维模式去认识世界。原有的“视域”决定了人的“洞见”和“不见”，决定了如何对另一种文化进行选择、切割，然后又决定如何对其加以认知和解释。(乐黛云，2002：67) 以中国古塔为例。古塔是汉唐时期佛教文化同中华民族传统文化接触而产生的建筑形式，同印度的塔的形状有很大不同，而是融合了许多中国楼阁的建筑元素。少林寺外的塔林那样旨在藏着高僧舍利子的塔，可能更像原型的塔。

九、非言语代码

非言语代码(non-verbal codes)是一种非文字语言交际手段，是交际者运用身体的自然特征和本能向对方传递信息、表达思想的言语代码(verbal codes)之外的一切表现形式。主要包括三个方面：1)体距学(proxemics; Edward Hall，969)，研究人们在交际时保持相互的身体距离及由此而体现出的特定含义；2)体势学(kinesics; Birdwhistell，1970)，研究人们交际时身体各部分动作的模式所表示的含义，是非语言交际研究的重点，包括面部表情、手势、体姿、眼神、体触、头饰等非言语代码；3)副语言(paralanguage)，或称伴随语言，指一些超出语言特征的附加现象，如声调、音量、停顿和犹豫等。非言语代码在人类交际过程中具有语言代码所不可替代的作用。它同语言代码相辅相成，共同完成交际过程，实现交际的最终目的。Ross(1974)的研究表明，在

交际中通过语言代码所传达的信息仅占35%，而通过非言语代码所传递的信息则高达65%。（熊金才，2001：56）

非言语代码作为一种传递信息、交流思想的方式，不仅是一种非语言符号系统，还是一种文化形态，受深层文化的影响而形成。因文化背景不同，非言语代码存在着内涵差异，不恰当地运用非言语代码，会造成文化冲突，导致交际失败。因此，交际者必须了解不同文化之间非言语代码的差异，并遵守特定文化背景中的规约。

举一些常见的例子。敬烟酒茶时，中国人一般用双手递东西，对方用双手接，而且要三番两次劝敬；英语国家通常只敬一次，而且用一只手递给对方。借火抽烟时，英语国家的男子一般坐着不动，中国人往往要站起身来，即使难以站起来，也要用另一只手去帮助对方给自己点烟。在中国，同性之间搂抱肩膀是友好的表示，异性之间的接触则较谨慎，而在英语文化国家刚好相反，异性之间的接触比较自由，而同性之间的勾肩搭背或者拉手则有同性恋嫌疑。

6.1.3 跨文化翻译

翻译虽然是和文字打交道，但本质上是跨文化的信息交流。由于文化语境的不同，译者对原作的解读过程，就是与另一文化的接触过程。因此，从跨文化交际的角度看，翻译实际上是原作经过译语文化系统过滤后的文化产物。

作为文化产品的源语文本不是为译语文本读者生产的，译语文本读者的接受心理也全然不在考虑之列。但翻译这一跨文化交际活动却不能不考虑这个因素，翻译的目的就是要在源语文本和译语读者之间架设桥梁。因此，译者需要充分考虑译文读者的文化背景、知识结构，在译语文化系统中重新构建源语文本。成功的翻译不仅取决于译者扎实的语言功底，也取决于译者对文化差异的敏感性，以及他为译语读者营造新的文化语境的能力。

李运兴（2001：123）认为，语篇中的文化成分体现在两个不同的语篇层次上：信息单位和语篇结构。信息单位上体现的是与文化相关的基本概念或形象，具体表现形式为文化词语和形象语言；语篇结构体现的是语言使用者组句成篇的特定模式。为了更好地达到交流的目的，翻译时经常要调整原文，可能只是词、句的调整，也可能是段落、篇章的调整，最大的调整就是改写原文，调整幅度主要由语篇类型和交际的目的来决定。

6.1.3.1 文化词的翻译

萨丕尔(Sapir)在《语言论》一书中指出文化交流带来语言上的交互影响："Languages, like cultures, are rarely sufficiently onto themselves. The necessity of intercourse brings the speakers of one language into direct or indirect contact with those of neighboring or culturally dominant languages. The intercourse may be friendly or hostile. …Whatever the degree or nature of contact between neighboring peoples, it is generally sufficient to lead to some kind of linguistic interinfluencing. Frequently, the influence runs heavily in one direction. The language of a people that is looked upon as a center of culture is naturally far more likely to exert an appreciable influence on other languages spoken in its vicinity than to be influenced by them."（"语言，像文化一样，很少是自给自足的。交际的需要使说一种语言的人和说邻近语言的或文化上占优势的语言的人发生直接或间接接触。交际可以是友好的或敌对的。……邻居的人群互相接触，不论程度怎样，性质怎样，一般都足以引起某种语言上的交互影响。这种影响往往是一面倒的。被看做文化中心的人群的语言，自然更可能对附近的语言发生显见的影响，而不那么为它们所影响。"译文见陆卓元所译之《语言论》，商务印书馆 2003 年版）

语言中的词汇负载着大量文化信息，生态环境、物质文化、社会生活以及价值观等文化的各个层面均反映于各自的词汇系统中。比如，《诗经·鲁颂》的《駉》这一首诗里提到马的名称就有 16 种。《诗经》里的马的名称还有好些，再加上别的书里的，名堂就更多了。《汉语大字典》第三卷中"牛"部的字多如牛毛，有 329 字，其中许多字早已不知道指什么东西了(《辞海》只收了59个而已)。也就是说，五六百年前或者甚至七八百年前的学者早已不认得这些字了，为了某种原因，他们仍然把这些不认得的字收在字典里了。(陈原，2003：90-91)

同一文化系统内的交流都会出现障碍和隔断，跨语言系统的文化交际更是不可避免。由于负载着特殊的民族文化内涵，文化词汇成为跨文化交际翻译中的难点。本节拟从跨文化交际的角度探讨英汉文化词汇(culturally loaded words)翻译的策略及原则。

一、借词(borrowing)

同一语族内的文字借译的情况很多，因为拼写、发音都比较接近，借译是最方便的一种方法。英语中就充斥着许多借自其他欧洲语言的词汇，如来自法语的bureau，coup d'état，détente，eau-de-cologne，reservoir；意大利语的pizza，soprano；德语的zeitgeist等等。英语与汉语形态差别非常大，一个是字母拼音文字，一个是方块字，所以英语中没有直接借用汉语的现象，但是汉语从英语借译的词汇越来越多，如CD，VCD，DVD，WTO等等。《新华词典》(2001年修订版)中专门收录了87个西文字母开头的词语。这也印证了萨丕尔所说的“文化中心的人群的语言，自然更可能对附近的语言发生显见的影响”(Sapir，2002：173)。

二、音译(transliteration)

汉字系统不是拼音系统，用汉字去对应字母文字的音节非常不经济，如ultimatum(最后通牒)最早音译为“哀的美敦书”。此外，音译还容易“望文生义”，如钱锺书所言“吾国古来音译异族语，读者以音为意，望字生义”。一个新词往往有很多音译，有些慢慢被淘汰，剩下应用最广泛的一个。如，blog有部落、博客，还有意译“网络日志”，但“博客”的使用更为广泛，基本定型。

《汉语大字典》的“口”部收载了汉唐时期从佛教音译的词，加上“口”字作偏旁。如，《西游记》中经常提到的“六字真言”：唵，嘛，呢，叭，咪，吽。从汉唐起音译借词即采用原来汉字加“口”作偏旁的方法，也许这是符合汉语造字法的最简便的方法。更多的词则是借用汉语现有的词，如，唢呐是波斯语sunan的音译，原来是流行在中东一带的簧管乐器。还有咖啡(coffee)、咖喱(curry)、吗啡(morphine)等。(陈原，2002：100-103)

三、仿译(loan translation, calque)

仿译是模仿源语的语法形式，用目的语把每个词素拼写出来。因此，有些词刚开始会有些怪异，需要目的语使用者有个接受过程。汉语中有大量仿译词汇，有些已经不让人感觉是翻译的词汇了。如蜜月(honeymoon)、蓝领(blue-collar)、黑板(blackboard)、热狗(hot dog)。英语也有一些从汉语来的仿译，如 paper tiger(纸老虎)，但比较少。

四、直译(literal translation)

对于涉及特定的历史事件的词汇(historical reference)，主要是涉及人名、地名、历史典故的词语，直译不能很好地实现跨文化交际。比如，朝鲜战争时期抨击美国的侵略行径时用到了“司马昭之心，路人皆知”这个习语。最初译成“The aggressive intentions of the American imperialists are none but Sima Zhao's heart which is known to every pedestrian.”碰到这种情况，意译能更好地实现跨文化交际的意图：“…are none but an open secret”。

五、释意(paraphrase)

释意是一种解释性的翻译，对于无法用一个词表达清楚的概念经常采用释意的方法。陆谷孙主编的《英汉大词典补编》中，许多词都采用该办法。如：whirlpooling 戏水性骚扰(在游泳池中遭到骚扰)，twentynothing 无所事事的二十来岁的人。汉译英时采取该方法也很普遍，如：

她们是妯娌。Their husbands are brothers.

他们是连襟。Their wives are sisters.

6.1.3.2 文化图式与文化缺省

在“语篇分析”一节(**6.2**)中，我们将会提到，所有的语篇都是在一定的情景语境和文化语境中生成的。语篇中的语言符号可以在语义上转换成另外一种语言符号，但源语语篇与文化的关系却不能完全转换到另一种语言系统中。文化图式的冲突会导致语篇连贯的错位。

源语作者对于源语读者的知识结构总会有一个大致的了解，因而对于一些他认为与读者共有的文化信息，往往会在文中略去。源语读者可以根据先有知识和经验自觉地填充文化缺省所留下的空位。从文化空缺的角度来看，作者的省略和读者的填充往往是无意识的，因为两者有共同的文化图式作基础。但是，在跨文化语篇交际中，译语读者和源语读者在文化图式方面存在着差异，译者如果没有补偿文化空缺，译文读者就无法建立语篇原有的连贯关系。此外，译语读者还可能从与源语篇作者不同的角度来构建语义连贯。

文化缺省(cultural default)不同于表层连接关系中的省略或是隐性连贯下的“语境缺省”，文化缺省的内容往往在语篇内找不到答案。要使译文在译语文化语境中实现连贯，关键是译者首先要对原作和译语读者的认知差异作出充分的估计，对由于文化认知图式的不同而可能导致语篇连贯空位和错位的语符信息进行补偿，为译语读者营造一个具有关联性的语境。对文化缺省的补偿并非为了追求译文的连贯，而是用译入语文化替换源语文化，或者删除由于文化缺省而影响语篇连贯的信息。有时这种连贯掩盖了文化差异，并剥夺了译语读者了解源语文化的机会，反而不利于文化的交流。因此，所有的策略还是要根据文本的功能和翻译目的来定夺。

对于文化图式缺省所导致的语篇连贯中断，主要采取以下方式进行补偿：

一、文外加注

为译语读者增补有关的文化知识，使读者能够认同语篇所预设的语用信息。

比如翻译《红楼梦》时，霍克斯采取很多办法让英文读者真正理解、欣赏《红楼梦》，比如撰写长篇序言和大量的附录。第一卷序言长达32页，一万多字，详尽介绍这部小说、相关红学问题及翻译得失体会。第二卷序言介绍了前80回文字中由于高鹗的校订造成的前后不一致的现象，以及译者的处理方法。第三卷序言涉及《红楼梦》成书过程。第四卷序言说明作品内容的不确定性。第五卷概述了小说最后的结局。每卷的附录详细介绍中国文化，包括人名、诗歌、骨牌、奴婢、八股文等。（陈宏薇，2003：51）杨宪益翻译时也增加大量脚注，解释文化信息。

但文学作品中，太多注释会影响读者阅读的乐趣。就像霍克斯在《红楼梦》译文第二卷的序言中说的，“小说里注太多，读起来就像上着镣铐打网球”(reading a heavily annotated novel would seem to me rather like trying to play tennis in chains)(思果，2001：150)。因此，许多译者，包括霍克斯、傅雷，都采取文内变通的方法。

二、文内变通

主要方式是增加解释性信息来明示。

【例 1】(大紫檀雕螭案上，设着三尺来高青绿古铜鼎，)悬着待漏随朝墨龙大画，……地下两溜十六张楠木交椅，又有一副对联，乃乌木联牌，镶着錾银的字迹，道是：……（《红楼梦》第 3 回）

【TT1】...On the wall above the ding hung a long vertical scroll with an ink-painting of a dragon emerging from clouds and waves, of the kind often presented to high court officials in token of their office. ...and above the chairs hung, one on each side, a pair of vertical ebony boards inlaid with a couplet in characters of gold:

(on the right-hand one) May the jewel of learning shine in this house more effulgently than the sun and moon.

(on the left-hand one) May the insignia of honour glitter in these halls more brilliantly than the starry sky. (David Hawkes)

【TT2】On the wall hung a large scroll-picture of black dragons riding the waves...By the walls were a row of sixteen cedar-wood armchairs; and above these hung two panels of ebony with the following couplet inset in silver... (杨宪益)

这短短一段话中有大量的文化信息，霍克斯在行文中增加了许多解释性翻译，如画线部分所示，解释“墨龙大画”的作用，并指出中国对联左右各一的特点。霍克斯作为英国人能更好地估计英语读者“文化缺省”的程度，并作适当的补偿，而杨宪益可能从中国人的角度出发，没有注意到这些差异造成的接受障碍。

【例 2】(穿一件二色金百蝶穿花大红箭袖，)束着五彩丝攒花结长穗宫绦……(《红楼梦》第三回)

【TT1】It was confined at the waist with a court girdle of colored silks braided at regular intervals into elaborate clusters of knotwork and terminating in long tassels. (David Hawkes)

【TT2】…was tied with a colored tasseled palace sash. (杨宪益)

这 12 个汉字用来描述宝玉身上的物件，霍克斯翻译时用了 27 个英文字，其中实词 15 个；而杨宪益只用了 8 个英文字，实词 5 个。霍克斯用了一半的词来解释汉语的文化现象。

三、替换

替换是用目的语中相似的文化现象代替源语文化，避免理解上的障碍。但使用这一方法时应审慎，替换一方面抹杀了源语文化形象，译文读者无从知晓，一方面会误导译文读者，因为两种文化形象不可能完全一致。

【例 1】早被他外祖母一把搂入怀中，“心肝儿肉”叫着大哭起来。(《红楼梦》第三回)

【TT1】but before she could do so her grandmother had caught her in her arms and pressing her to her bosom with cries of “My pet!” and “My poor lamb!” burst into loud sobs… (David Hawkes)

【TT2】but before she could kowtow the old lady threw both arms around her. “Dear heart! Flesh of my child!” she cried, and burst out sobbing. (杨宪益)

霍克斯把“心肝儿肉”变成了英语的 pet，poor lamb，虽然更容易接受，却会对译文读者造成一定的误导。

6.1.3.3 文化过滤与文化渗透

文化过滤是本土文化接受外来文化时对外来文化的选择，文化渗透则是外来文化对本土文化的影响。如何选择以及影响的程度受到本土权力话语结构的制约，我们可以通过跨文化翻译的视角清楚地透视文化的这种双向性“运动”，从而更加凸显文化的冲撞。

在福柯的“权力话语”理论中，“权力”是指一切控制力和支配力。有些是有形的，如政权机构、法律条文；有些是无形的，如意识形态、道德伦理、文化传统与习俗。他们形成一个庞大的网络，任何人都不能逃离，但人们却并未清楚地觉察到它的存在。“话语”是权力的表现形式，所有权力都是通过话语来实现的。一个社会中的各个层面都具有特定的话语，形成一个缜密的网络，控制、驾驭着社会成员的思想活动以及组织规范。

意识形态是最重要的一种支配力，翻译作为意识形态的工具或手段，作用十分明显。从翻译活动的角度来看，意识形态具有双重改造功能：其一，改造接受者的意识形态；其二，对原作的改造，强化或弱化原有的意识形态。孙艺风(2003：110)指出，中国近代历史上的“西学东渐”带有强烈的意识形态色彩，通过翻译引进外来思想和文化的目的非常明确。这段时期跨文化交流的特色是本土文化的自我否定、自我批判、自我扬弃。西方意识形态随着翻译自然地进入到中国的话语体系，在很大程度上改变乃至改造了中国的话语体系。五四时期，我们的语言、文字和文化被认为是阻碍社会进步的障碍而受到讨伐。许多人(包括鲁迅、钱玄同等)认为汉字妨碍了中国文化的发展，汉字被当做传统文化中的糟粕，挨骂受辱，遭到种种不公正的指责。一时间，汉字竟然和女人的小脚、男人的辫子一样，成了落后的象征。

2005 年 12 月，国内最早出版纳博科夫作品的上海译文出版社推出了主万翻译的《洛丽塔》。该社称，虽然《洛丽塔》中文版(包括台湾)至今已有 10 个不同的版本，但他们的新版是第一部“全译本”，“字数最多，没有任何删节”。

“没有任何删节”的宣传非常耐人寻味。1989 年黄建人译的《洛丽塔》(漓江出版社)为 23 万字，而最新版的《洛丽塔》35 万字，二者相差整整 12 万字，一本书的三分之一。黄建人描述自己的翻译时说：

“《洛丽塔》英文原版里也没有直接描写性行为的内容。我在翻译的时候，只有极少数的删节，因为有的非英语的词汇我实在译不出来。删其实顶多就几句话，没有成段删减的，更没有成章节删减的。”那么，主万翻译的《洛丽塔》字数多在哪里了？主万先生去世以后，他的儿子叶尊完成了书稿的最后校订工作。叶尊说道，主万“根据中国人的阅读习惯和英语能力，除了翻译所有的注释外，还增加了很多新的注解。因为纳博科夫的作品是用英语写就的，很多精妙的对比、隐喻、转文，不加注解，中文读者是看不明白的。这个译本还补齐了此前因为各种原因删节和遗漏的段落。”也就是说，最新版《洛丽塔》多出的12万字，基本上都是注释。（张英，2006）

遭五家出版社拒绝后，以出版情色作品为主的巴黎奥林匹亚出版社看中了《洛丽塔》，并在1955年9月出版。《洛丽塔》相继在欧洲各国出版，但1955到1982年间，先后被英国、阿根廷、南非等不同国家列为禁书。虽然《洛丽塔》在美国出版了48年，但直到今天，在乡风保守的美国南方小镇公共图书馆，仍然看不到《洛丽塔》这本书。五十年来，《洛丽塔》在世界文坛的影响越来越大，在文学史上的地位也越来越高，甚至有人把《洛丽塔》、《尤利西斯》和《追忆逝水年华》共同称为20世纪三大经典文学名著。

《洛丽塔》从“非道德”的禁书变成世界经典，并在中国突然走俏，短短六个月印刷了六次，并非偶然，这些是由某种“看不到的力量”促成的。某种意义上说，《洛丽塔》在中国的成功应该是书商的成功，普通读者把这部“文学经典”买回去更多是猎奇，但是为觅色情文字而购书的读者可能会失望了。《洛丽塔》这部书“没有直接描写性行为的内容”，争议主要来自故事本身，中年男子和未成年继女洛丽塔之间的一段“不伦之恋”。其实，只有抛开道德才能真正从语言、从叙事、从挖掘人类的本性的角度来欣赏这部作品。

这部书在中国的成功除了评论界和书商的竭力推荐，更多的是源自作品本身在西方的“经典”地位。翻译过程中的遮遮掩掩更多的是出于本土意识形态的顾虑，最棘手的是性描写的处理，而其实中国传统的道德观念对这种“乱伦”的批判态度要弱于西方，就像苏轼诗中所说“十八新娘八十郎，苍苍白发对红妆。鸳鸯被里成双夜，一树梨花压海棠”[4]。中国意识形态关注的是性描写，中国评论界的批判也是西方评论的跟风。所以，有大量性描写的《金瓶梅》在西方是中国文学的经典，但在国内却是提不上台面的作品，没有什么性描写的乱伦或类似“乱伦”的故事在中国更容易被接受，何况又是“西方经典”。有了“西方经典”的光环，在国内就可以大行其道了。

6.2 语篇分析

text 和 discourse 这两个英文术语通常译为“篇章”、“语篇”或“话语”。有些学者认为这些术语没有什么差别，只是使用习惯不同，英美学者喜欢用 discourse，而欧洲大陆学者喜欢用 text；而韩礼德的系统功能学派中，text 的使用频率要比 discourse 高得多。（黄国文，2001：5）也有学者认为这两个术语在意义上有差别，应当区别对待，discourse 是社会交际中的语言活动(language activity in social interaction)，而 text 只是交际活动中语言的记录(a record of language used in such social interaction)，同样的 text 会用在不同的交际环境中产生不同的 discourse。（丁言仁，2004：3）

许余龙在总结西方流派对这些概念的使用时指出，有些学派把 text 对应“篇章”，把 discourse 对应“话语”，Beaugrande & Dressler 则认为“话语”是比“篇章”高一级的语言单位。Widdowson 认为“篇章”侧重语言形式，篇章分析研究的是组句成篇的形式规律，“话语”侧重语言交际功能，话语分析研究语句在特定情景中交际功能。Van Dijk 对这两个术语的用法相近，他认为“篇章”与语言能力有关，“话语”与语言行为有关。（许余龙，2001：225）

4 “一树梨花压海棠”典自苏轼嘲笑好友词人张先(990—1078，字子野)的调侃之作。据说张先在 80 岁时娶了一个 18 岁的小妾，苏轼做诗调侃。

廖秋忠定义语篇时，采取了非常宽泛的方法。他认为，语篇是“一次交际过程中使用的完整的语言体。在一般情况下，篇章大于一个句子的长度，涉及说话人/作者和(潜在的)听话人/读者。篇章既包括对话，也包括独白，既包括书面语，也包括口语”(徐赳赳，2003：10)。

本章不区分 discourse 和 text 的差别，采取宽泛的角度，把“话语”和“篇章”都作为“语篇”来研究。这样做的目的在于从语篇分析出发，讨论语篇的跨语际交际，这既关系到语言的形式，也离不开语言的功能。

“语篇”的概念是动态的，可以从形式或结构上定义，也可以从功能的角度定义。从结构上看，“语篇”是大于句子的语言单位，但一些特殊的语篇只有一个词构成，可以看做是这个句子由一个词构成。(黄国文，2001：6) 其实，语篇并不取决于句子的长短，而在于是否具有独立的交际功能。胡壮麟指出，“语篇是指任何不完全受句子语法约束的在一定语境下表示完整语义的自然语言”。因此，从功能角度来看，“语篇”是使用中的语言，是一个完整的语义单位，和句子之间是“实现”(realization)的关系，即语义单位的语篇由属于语法单位的句子体现。(王佐良，2000：141)

李运兴将语篇研究分为密切相关的两个方面，即语篇内(intratextual)和语篇外(extratextual)，并进一步指出，“语篇内研究侧重语篇的衔接、连贯、意向性及语篇结构，语篇外研究则强调语篇的语域、情境和功能等”(李运兴，2001：36)。张德禄也把语篇连贯的条件归纳为“内部条件”和“外部条件”两类，但是范围更大。“内部条件”从语篇的意义和体现语篇意义的衔接机制的角度来研究对语篇连贯的影响和限定。“外部条件”则包括文化语境、情景语境、认知图式、心理思维等因素，主要研究这些因素如何决定对意义的选择并影响语篇连贯。文化语境和情景语境从社会群体的角度研究制约语篇连贯的条件；认知模式和心理思维从个体的角度研究制约语篇连贯的条件。文化语境和认知模式是支配人们把某一语篇解释为连贯或非连贯的基本因素，并通过语篇形式的各个层次来体现。(张德禄，1999：28)

翻译的目的一般是用译语语篇再现源语语篇的交际功能，但只有连贯的语篇才能恰当地实现这一目的。要保证译文的连贯，译者必须借助语篇分析，把握原文的连贯性，在译语语篇中重新构建具有同等价值的连贯语篇。从翻译实践出发，译者总是从语篇的微观层次着手，但整个翻译策略必须从宏观的语篇及外部语境制定。因此，影响译文语篇质量的因素一方面包括译文语篇衔接连贯手段及篇章布局等语篇内因素，另一方面还受语篇外因素的约束控制。本节将从这两方面入手探讨语篇分析与翻译的关系。

6.2.1 语篇内因素与连贯

从语篇内的角度来看，语篇是句子相互衔接、意思相互连贯的有机整体，表现为句子间既有外显的黏合性，又有内部语义的内聚性，这种外在的黏合性通常称为“衔接”(cohesion)，也有学者称之为“粘连”(许余龙)或“黏合”(程雨民)；语义的内聚性即“连贯”(coherence)。“衔接”和“连贯”这两个概念紧密联系，是语篇最基本的特征。大多数语言学学者认为，衔接是语篇中句子内部或句子之间表层的词汇、结构关系，连贯是语篇内句子的深层意义关系或交际功能关系。

6.2.1.1 衔接

对于衔接的定义，语言学学者们众说纷纭，有狭义和广义之分。

韩礼德和哈桑(Halliday & Hasan)在《英语的衔接》(*Cohesion in English*，1976)一书中指出，如果对语篇中某一语言成分的理解取决于对该语篇中另一语言成分的理解，两者之间便是衔接关系(the interpretation of one feature in a text is dependent upon another feature elsewhere in the same text)，并且把英语衔接具体分为五类，即指称(reference)[5]、替代(substitution)、省略(ellipsis)、连接(conjunction)以及词汇衔接(lexical

5 reference 有两种汉语译文，胡壮麟、张德禄等学者使用“指称”，许余龙等学者使用“照应”。但“照应”在胡壮麟的《语篇的衔接与连贯》一书中对应 anaphora，回指某个以前说到过的单位或意义的语言学单位，覆盖面很广，reference 只是其中一部分。我们在本节的讨论使用胡壮麟“指称”的说法，而把“照应”看成更广的概念。

relationships)(柯平，2004：160)。这是对"衔接"狭义的理解。Beangrande和 Dressler 认为，所有能将篇章中各表层语言成分联系在一起的语言关系都可称为衔接(all the linguistic relationships that bind various surface elements in a text together)。这是一种广义的理解。

虽然国外语言学学者论述"衔接"的角度有所不同，但理论要义趋于一致。Brown & Yule，J. Richards，J. P. Gee 及 J. Lyons 的著述中基本上照本援引韩礼德—哈桑的衔接论。国内学者也不例外，论衔接和连贯必称韩—哈，基本上全盘转述韩—哈的衔接理论。许余龙综合狭义的衔接与广义的衔接，把衔接手段分成语义衔接与结构衔接两类，具体如下(2001：227)：

语义衔接：指称、替代与省略、连接词、词汇衔接；

结构衔接：主述位结构、信息结构、排比、对偶等句式。

6.2.1.2 英汉衔接方式比较

衔接在本质上是构成句子间语义关系的一种线性表达，是语篇中句子之间的语义关联。下面我们从英汉比较的角度出发，辨别两种语言在衔接上的显著特点，为后面讨论语篇的翻译打好基础。限于篇幅，本节只进行语义衔接的比较。

一、指称

指称可以细分为三类：人称指称、指示指称和名词指称。

(1)人称指称。

人称代词是指称衔接中的一小类，在使用上英汉有很大差别。英语广泛使用人称代词，而汉语使用人称代词时却非常有节制，使用频率远远低于英语，因为"他"、"她"、"它"三个代词发音一样，口语中无法区分，而且同一语段中频繁使用可能会造成指称混乱。其实汉语人称代词有性别之分是受英文的影响，从"新文化运动"才开始区分。

【例 1】**He** was called Little Chandler because, though **he** was but slightly under the average stature, **he** gave one the idea of being a little man. **His** hands were white and small, **his** frame was fragile, **his** voice was quiet and **his** manners were refined. **He** took the greatest care of **his** fair silken hair and moustache, and used perfume discreetly on **his** handkerchief. The half-moons of **his** nails were perfect, and when **he** smiled you caught a glimpse of a row of childish white teeth. (James Joyce, A Little Cloud, from *The Dubliners*)

【译文 1】 **他**只比中等身材稍稍矮一点，**Ø** 却被叫做小人儿钱德勒，因为人们看到**他**，就会想到什么是小人儿。**他的**双手白皙小巧，**他的**身子骨很娇弱，**他的**嗓音轻柔，**他的**举止文雅。**他**极其小心地护理着**他那**浅淡如丝的头发和胡髭，还在 **Ø** 手帕上恰到好处地用一些香水。**他**指甲前头的半月形完美无缺，**他**微笑的时候，你还能瞥见一排儿童般洁白的牙齿。(徐晓雯译，《一小片云》，2003，译林出版社)

【译文 2】 大家叫**他**小钱德勒，因为**他**给人矮小的印象，其实**他的**身材仅是中等偏下。**他**很单薄，**Ø** 手白嫩而纤巧，**Ø** 声音也细声细气，**Ø** 一副文雅样子。**他**总是精心梳理**他的**柔软有光泽的浅色头发和八字胡，并在 **Ø** 手帕上小心地洒上点儿香水。**他**把手指甲修得光光滑滑的。**他**微笑时，露出洁白的牙齿，如同小孩子的幼齿。(安知译，《一朵小云》，2002，人民文学出版社)

【译文 3】 人们叫**他**小钱德勒，那是因为**他的**个头虽然只比中等身材稍矮一些，但 **Ø** 却给人很矮小的感觉。**他的**那双手又小又白，**Ø** 身架很单薄，**Ø** 说起话来慢条斯理的，**Ø** 一幅斯斯文文的样子。**他**对<u>自己</u>那头柔软漂亮的头发和胡髭真是倍加爱护，还不时小心翼翼地往 **Ø** 手帕上洒香水，**Ø** 半月形的指甲修剪得无可挑剔，要是 **Ø** 朝你露出笑容，你还会瞅见一排稚气十足的白牙。(沈东子译，《一朵小小的云》，1998，湖南文艺出版社)

乔伊斯的原文共用了 5 次“he”和 7 次“his”，**【译文 1】**用了 6 次“他”，4 次“他的”；**【译文 2】**用了 6 次“他”，2 次“他的”；**【译文 3】**用了 2 次“他”，2 次“他的”。译文中省略代词之处都用 **Ø** 符号标出。

【译文 1】只省略了两处英文代词，读起来似乎在强调“他”这个词的重要性，尤其是第二句连用 4 个“他的”，造成排比的修辞效果。其实“he”是构成英文主谓结构必不可少的成分，“his”起到必要的照应作用。乔伊斯并非有意运用排比的修辞，而是组织句子不得不重复使用代词，这是由英语的特点决定的。**【译文 3】**省略 8 处英文代词，只保留了必不可少的 4 处代词，充分体现了汉语组织句子的特色。

【例 2】（宝玉此时欢喜非常，忙唤人起来）……出了院门，四顾一望，并无二色，远远的是青山翠竹，自己却如装在玻璃盒内一般。于是走至山坡之下，顺着山脚刚转过来，已闻得一股寒香拂鼻，回头一看，恰是妙玉门前栊翠庵中有十数株红梅如胭脂一般，映着雪色，分外显得精神，好不有趣。（《红楼梦》第 49 回）

【译文 1】Once outside **his** own gate **he** gazed round. All was white except for some green pines and emerald bamboos in the distance, so that **he** had the sensation of being in a crystal bowl. As **he** rounded the foot of the slope **he** smelt a cold fragrance and, looking over **his** shoulder, saw a dozen or so crimson plum trees in Green Lattice Nunnery where Miaoyu lived…（杨宪益译）

【译文 2】(Pao-yü got, by this time, into an unusual state of exhilaration)… As soon as **he** sallied out of the gate of the courtyard, **he** gazed on all four quarters. No trace whatever of any other colour (but white) struck **his** eye. In the distance stood the green fir-trees and the king-fisher like bamboos. They too looked, however, as if they were placed in a glass bowl. Forthwith **he** wended **his** way down the slope and trudged along the foot of the hill. But the moment **he** turned the bend, **he** felt a whiff of cold fragrance come wafted into **his** nostrils. Turning **his** head, **he** espied ten and more red plum trees, over at Miao Yü's in the Lung Ts'ui monastery… (by H. Bencraft Joly)

比较原文与译文可以发现，汉语省略了指称词，胡壮麟把这种用法叫做零式指称，而英语必须反复使用“he”来指称“宝玉”。零式指称是汉语的常态。零式指称的使用受到一些因素的影响，主要有四种，即篇章因素、语义因素、语用因素和语体风格。（许余龙，2001：249）但从根本上来说，这是由汉语的特点决定的，汉语是主题显著（topic-prominent）的语言，主题和述题之间没有语法限制，可以采用零式指称；而英语是主语显著（subject-prominent）的语言，主语和谓语之间有形式上的制约，如主谓一致、单复数一致等，省略主语就无法组织句子。

(2) 指示指称。

说话人通过指明事物在时间和空间上的远近来确定所指对象。在语义上，汉语的“这”和“那”分别对应英语的“this”和“that”，表示近指和远指，但在指称功能上，英汉指示词却不尽相同。英汉指示词的功能负荷量有差异，that 的功能负荷量远大于 this，从使用频率来看，that 排在第 7 位，this 排在第 22 位（*Word Frequencies in British and American English*，Longman，1982）；汉语中，“这”的功能负荷量大于“那”，根据《汉语词汇的统计和分析》（外研社，1985）的抽样统计，用作代词的“这”使用频率是第 12 位，“那”排在第 27 位。因此，汉语使用近指词“这”的某些场合，英语一般要用远指词“that”。（许余龙，2001：253）比较下面的原文和译文，英汉区别就一目了然了。

【例 1】“**这**倒难以说定。可是你只要看看**这儿**的小客厅，就得了解答。**这**里面有一位金融界的大亨，又有一位工业界的巨头；这小客厅就是中国社会的缩影。”《子夜》

【译文】“**It**’s a tall order, your question. But you can find the answer in the **next** room. **There** you have a successful financier and a captain of industry. **That** little drawing-room is Chinese society in miniature.”（许孟雄译）

(3) 名词指称。

英汉语篇中都有大量名词指称的现象，但功能有所不同。英语主要是避免重复同一个说法，以免造成单调乏味的效果。汉语有时会变换不同的说法，但并非完全为了避免重复使用同一个词，而是体现交际双方的关系及社会地位。比如提到英国前首相撒切尔夫人时会有多种表达，以避免重复，如 Margaret Thatcher，Mrs Thatcher，Lady Thatcher，Baroness Thatcher，the Iron Lady，the former Prime Minister，the first woman Prime Minister，the former Leader of the Conservative Party 等等。

【例 1】王离了龙书案好言奉敬，为王的传口诏细听分明。今早朝郭娘娘启奏一本，叫**寡人**把**姚刚**问罪典刑。孤登基也曾把那免死牌赠，姚不反汉汉不斩姚，在凌烟阁标明。想**孤王**走南阳东逃西奔，**老皇兄**接驾在白水西村。孤念你老伯母悬梁自尽，孤念你孝三年改三月，孝三月改三日，孝三日改三时，孝三时改三刻，孝三刻改三分，三年三月三日，三时三刻三分，永不戴孝保定了乾坤！孤念你草桥关英名大震，孤念你是一个开国老臣。适才间卿递本降旨已准，**寡人**戒酒不听谗言，岂斩你开国老臣。孤是有道的明君！**姚皇兄、姚次匡、伴驾王、孤的爱卿**，你那里休流泪，免悲声，放大了胆，一步一步随定了**寡人**！

这是京剧《草桥关》中刘秀的一段唱词，刘秀提到自己时分别用了“王”、“寡人”和“孤”等说法，提到姚刚则有“老皇兄”、“姚皇兄”、“姚次匡”、“伴驾王”和“孤的爱卿”等说法，表达二人之间不同程度的亲密关系。

二、替代

替代是用某种语言形式替代前文中某些词语，但两者不存在认同的一致关系，也就是说其关系是同类而非同指。按英语的标准可以分为名词替代、动词替代和小句替代。替代在汉语中有时意义更加宽泛，如张春柏(2003：181)在《英汉汉英翻译教程》一书中认为，替代是利用代词、同义词、近义词以及代替句型等来替换前文出现过的词语。这种定义包括了前面的人称指称，以及后面的词汇衔接。为了比较的方便，我们遵循韩礼德的分类标准，以避免概念不同而导致比较的混乱。

(1) 名词替代。

英语中最常见的名词替代词是 one，same，that 和 those 等词。

【例 1】Between the hounds and the horses and twins there was a **kinship** deeper than **that** of their constant companionship.（*Gone with the*

Wind)

起替代作用的 that 不同于指示指称的 that，上例用 that 代替前文的 kinship，但不是同一种 kinship。

【例 2】**These biscuits** are stale. Get some fresh **ones**.

该例中的 ones 也是指 biscuits，但不是那几个 biscuits，而是其他同类的 biscuits。

(2) 动词替代。

英语常用 do 来替代前面的动词结构。

【例 1】Americans are **reducing** their defense expenditure this years. I wonder if the Russians will **do** too.

美国人今年在**削减**国防开支，不知道俄国人会不会**这样做**。

关于汉语的动词替代形式，王力(1944)有"谓语替代"的说法，并举《红楼梦》里的例子，如下例中用"这么着"替代"不叫丫头开门"。(胡壮麟，1995：73)

【例 2】黛玉……便说道："你既这么说，为什么我去了你**不叫丫头开门**呢？"宝玉诧异道："这话从哪里说起？我要是**这么着**，立刻就死了。"

赵元任(1968)认为汉语中最常见的动词替代词是"来"。如：

【例 3】"他会打牌吗？"

"他不会，不能让他**来**。"

(3) 小句替代。

英语经常用 so 替代前面的小句或小句的一部分。汉语使用"这么""这样"来替代，避免说话太啰唆。

【例 1】People believe that the American team will win the football game. Peter thinks **so**, but I believe not.

人们认为美国队会赢得这场足球赛。彼得**也这样想**，我却不这么认为。

三、省略

省略是避免重复的一种手段，在使用上和替代有些相似，前面已经出现的词组或结构重现时，采用替代或省略的方式。从意义的角度讲，省略总是有一个预设，该结构项前面已经出现过，在此出现只是一种重复；从结构形式讲，它总是留下一个空位，由接受者来填补。省略与替代从这个角度讲是相同的，所以也称为零替代。

英语的省略形式分为三类：名词省略(nominal ellipsis)、动词省略(verbal ellipsis)和小/分句省略(clausal ellipsis)。汉语也可以从这三个角度划分，但使用的方式有所不同。

(1) 名词省略。

名词词组内表示事物意义的中心词可以省略，其修饰成分可以省略，甚至整个名词结构都能省略。英语名词词组的构成方式为“修饰语+中心词+修饰语”，汉语的构成方式与之相似，但很少有后置修饰语，此外前置修饰语的排列顺序有较大的差别，在此不作深入讨论。

【例 1】He prefers Dutch cheese and I prefer Danish **Ø**.

【例 2】甲：我想买日本品牌的电视。
乙：要买就买国产的 **Ø**。

(2) 动词省略。

英汉动词都有省略现象，但有时省略的方式不同。

【例 1】A: Do you understand? 明白了吗？
B: Do you **Ø**? 你呢 **Ø**？(汉语省略动词)

【例 2】I **belong** to you, you (**belong**) to me.
我属于你，你**也属于**我。(汉语不能省略动词)

(3) 小句省略。

这种省略主要出现在肯定词或否定词回答的句式中，英语和汉语都很常见，用法相似。

【例 1】People believe that the American team will win the football game. Peter thinks so, but I believe **not**.[6]

【例 2】甲：难道你另有想法？

6 笔者在此特地重复同一例子，但说明另一问题。

乙：没有！

四、连接词

连接词能够把句子或者段落衔接起来，明白准确地传递句子或段落之间的各种语义联系和逻辑关系。但英汉连接词在使用上有明显的区别，体现了英汉形合(hypotaxis)和意合(parataxis)的对比。

"意合"并非新概念，王力在其《中国语法理论》及《汉语语法纲要》两本书中都提到了意合问题。汉语句子之间往往不靠连接词作为联系纽带，而是通过句子间的逻辑关系以及先后顺序表现出来，也可以看做是一种隐性的连接。现代汉语中连接词的使用越来越多，也是外语翻译体影响的表现。英语小句之间通常要有连接成分联系，一般用连词来表示。有时也使用标点符号，比如冒号可以表示进一步说明或提供更详细的内容，分号表示并列关系。

连接词的使用是英汉两种语言之间差别最大的一种衔接手段。当然，这种差别并不是绝对的，汉语中也有形合，英语中也有意合，只是使用程度的不同。

【例 1】 照例每年夏天有一批中国留学生学成回国。这船上也有十来个人。大多数是职业尚无着落的青年，赶在暑假初回中国，可以从容找事。那些不愁没事的学生，要到秋凉才慢慢地肯动身回国。船上这几位，有在法国留学的，有在英国、德国、比国等读书，到巴黎去增长夜生活经验，**因此**也坐法国船的。(钱锺书《围城》)

【译文】 Each summer as usual a batch of Chinese students were returning home **after** completing their studies abroad, **and** about a dozen of them were aboard. Most were young people who had not as yet found employment**;** they were hastening back to China at the start of the summer vacation to have more time to look for jobs. Those who had no worries about jobs would wait **until** the cool autumn **before** sailing leisurely toward home. **Although** some of those on board had been students in France, the others, who had been studying in England, Germany, and Belgium, had gone to Paris to gain more experience of night life **before** taking a French ship home.（translated by Jeanne Kelly and Nathan K. Mao）

上例可以说明英汉语篇使用连接词的频率有高低之别，如黑体字所示。汉语段落只用了1个连接词“因此”；英语译文则使用了6个连接词，有句内连接也有句间连接，第二句还使用了分号。

五、词汇衔接

语篇中一些词汇之间存在语义上的联系，韩礼德和哈桑（1976）把英语语篇中这种语义上的联系分为两类，即复现（reiteration）和搭配（collocation）。复现关系可分为四种：原词复现、同义/近义词复现、上下义词复现、概括词复现，胡壮麟分别称之为重复、相似性、可分类性和泛指。

根据侯易（Hoey，1991）的研究，在韩礼德和哈桑的文本分析中词汇衔接占了所有衔接点的42%（罗选民，2003：17）。因此，词汇衔接成为所有衔接手段中最重要的一种，它不像其他衔接方式（指称、省略、替代、连接）那样严格受语法的约束，能够在较长的语篇中起到衔接作用，而不是只衔接相邻或相近的句子。我们可以通过分析语篇的词汇链来研究语篇的连贯。由于不同的语言具有不同的语法词汇体系，因此在相似的语言场合，两种语言可能会采用不同的词汇衔接手段。

(1) 重复。

重复就是用一个单词或词组反复出现，可以起到强调、模仿、认同和确认等功能，并且有一定的修辞效果。科技、合同等文本为了避免产生歧义也经常采取重复的方式。

【例 1】**Fog** everywhere. **Fog** up the river, where it flows among green aits and meadows; **fog** down the river, where it rolls deified among the tiers of shipping and the waterside pollutions of a great (and dirty) city. **Fog** on the Essex marshes, **Fog** on the Kentish heights. **Fog** creeping into the cabooses of collier-brigs; **fog** lying out on the yards and hovering in the rigging of great ships; **fog** drooping on the gunwales of barges and small boats. **Fog** in the eyes and throats of ancient Greenwich pensioners, wheezing by the firesides of their wards; **fog** in the stem and bowl of the afternoon pipe of the wrathful skipper, down in his close cabin; **fog** cruelly pinching the toes and fingers of his shivering little prentice boy on deck. Chance people on the bridges peeping over the parapets into a nether sky of **fog**, with **fog** all round them, as if they were up in a balloon and hanging in the misty clouds.（Charles Dickens，*Bleak House*）

这是小说《荒凉山庄》开头狄更斯对英国大法官法庭外部的描写，fog 一词反复出现 13 次。这种方式是对英语指称的一种偏离（deviation），因为英语避免重复同一个名词，从而达到修辞效果。读者面前呈现出一个浓雾弥漫的世界，河流、沼泽、高地、码头、船舶等一切都被浓雾吞噬。

【例 2】红玉道："平姐姐说：我们奶奶问**这里奶奶**好。原是我们二爷不在家，虽然迟了两天，只管请**奶奶**放心。等五奶奶好些，我们奶奶还会了五奶奶来瞧**奶奶**呢。五奶奶前儿打发了人来说，舅奶奶带了信来了，问**奶奶**好，还要和这里的姑奶奶寻两丸延年神验万全丹。若有了，**奶奶**打发人来，只管送在我们奶奶这里。明儿有人去，就顺路给那边舅奶奶带去的。"（《红楼梦》第 27 回）

【译文】She said, "Our Lady sends her compliments to **Her Ladyship**. Our Second Master is away from home now, so **Her Ladyship** shouldn't worry over a couple of days' delay. When the Fifth Mistress is better, our lady will come with her to see **Her Ladyship**. The Fifth Mistress sent a servant the other day to report that our lady's sister-in-law had inquired after **Her Ladyship** in a letter, and hoped her sister-in-law here would oblige her with two longevity pills. If **Her Ladyship** has any to spare, please send them to our lady, and the next person to go that way will deliver them to her sister-in-law."（杨宪益、戴乃迭译）

红玉是下人，她不厌其烦地重复“奶奶”，是由双方的社会地位决定的，提到主子的时候只能称呼“奶奶”。

(2) 相似性。

相似性包括正反两方面，既有同义词，也有反义词。【例 1】中黑体字都和 die 的意义相近，可以避免重复同一个词，给人乏味的感觉。

【例 1】If people mean anything at all by the expression “**untimely death**”, they must believe that some deaths run on a better schedule than others. Death in old age is rarely called untimely—a long life is thought to be a full one. But with the **passing** of a young person, one assumes that the best years lay ahead and the measure of that life was still to be taken. History denies this, of course. Among prominent **summer deaths**, one recalls those of Marilyn Monroe and James Deans, whose lives seemed equally brief and complete. Writers cannot bear the fact that poet John Keats **died** at 26, and only half playfully judge their own lives as failures when they pass that year. The idea that **the life cut short** is unfilled is illogical because lives are measured by the impressions they leave on the world and by their intensity and virtue.（TEM8 试题）

【例 2】惜春冷笑道：“我虽年轻，这话却不年轻。你们不看书，不识字，所以都是呆子；倒说我糊涂。”尤氏道：“你是状元，第一个才子……”（《红楼梦》第 74 回）

惜春和尤氏的对话中都使用了同义词，如不看书—不识字，呆子—糊涂，状元—才子。通过相似的说法表达相同的概念意义。

(3) 可分类性。

就是词汇之间上下义关系（hyponymy）、局部整体关系（part-whole relation）等。上下义关系区别的是命名上的内涵，如“杯子”可以包括茶杯、葡萄酒杯、啤酒杯等等。局部—整体关系则区别实体的“内包”，如 room 可包括 wall，floor，ceiling，window，door；而“头”可以包括眼、耳、鼻、舌、口等等。英语和汉语在词的对应性上经常会出现词汇空缺。

(4) 泛指词。

英汉语篇中都会使用一些泛指词，使表达更方便简单，如英语中的 person，thing，stuff，place，fact 等，汉语中有人、东西、物、事等。

(5) 搭配。

搭配是词项的习惯性共现，有些语言学家主要用来指句子中同一结构内词与词的搭配，如动词与名词、形容词与名词等。韩礼德与哈桑将搭配扩展至语篇的层次，搭配不仅在同一个句子内出现，也可跨句。

以上 5 种衔接手段适用于英汉两种语篇，但使用频率不同。比如，英语人称代词和指示代词的使用频率明显高于汉语，而汉语多通过零指代和名词指称来表达指称关系。汉语中替代的频率要低于英语，往往使用原词复现的方式来达到语篇的衔接。汉语语篇的句际之间没有英语那么多外在的"黏合剂"，主要靠"意合"达到语义上的前后贯通。汉语语段以语义为中心，语义连贯或靠内容层次来衔接，或靠前后意思的照应，只要意义相关，语篇就会自然流动，吕叔湘把这样的汉语句式称为流水句。"意合"手段使汉语在语义连贯上有很大的灵活性，使用语法衔接手段时有很大的随意性。

不同的语言对衔接手段的使用会有不同偏好，不同体裁的语篇也会偏好不同的衔接方式，比如指称衔接在叙事语篇中比较明显，对话中则更多使用省略与替代，说明类语篇中会有清晰的词汇链条。所以语篇的体裁不同，交际功能不同，会导致语言风格和组句成篇的衔接方式上的差异。我们在"语篇类型"一节会继续讨论这一问题。

6.2.1.3 连贯

衔接与连贯是紧密联系的一对概念，衔接是语言表层形式和陈述之间的关系，而连贯是交际行为之间的统一关系。（胡壮麟，1994：181）尽管语言学者对衔接与连贯的概念表述不尽相同，但理论共识相似：大都把衔接看作语篇的表层词汇、结构关系，把连贯看做较深层的语

篇内容关系或意义关系或交际功能关系。(刘礼进，2002：8)

衔接是实现语篇连贯的有效手段，但有学者指出，“表层形式的衔接有时也会影响或阻碍语篇意义的有效表达和正确传输”，并举例如下(赵明，2003：128)：

【例1】There are other problems of structure peculiar to writing history. History books have been sold out recently. The recent events are reported in this newspaper. A newspaper stand is round the corner.

该学者对上文的分析如下：“读者读完此段，如坠五里云雾，不得要领，尽管每一个句子都表达一定的语义，语法结构也完整，但各句未围绕同一话题，意义互不相干，虽具语篇形式，但不具语篇内容，只不过是一组句子的简单堆积。因此，语言成分之间的机械衔接并不能组成意义相关的语篇，并不能保证语篇的交际意图总是取得连贯。”

我们认为，语篇必然是连贯的，否则不能称之为语篇，因为从定义来看语篇就是“在一定语境下表示完整语义的自然语言”，衔接只是实现连贯的方式之一。上例各句之间并没有很好的衔接，不能说某个词在下一句中再现就是衔接，writing history 与 history books，recently 与 recent events，newspaper 与 a newspaper stand 没有构成衔接关系。这段话并不是自然的语篇，只是为了证明“表层形式的衔接有时也会影响或阻碍语篇意义的有效表达和正确传输”这一论断编造的一个例子，根本不能称作语篇。胡壮麟(1995：80)也举过类似的例子，尽管每句话都有意义，句子之间似乎也存在词汇衔接，但整个语篇根本不连贯。如下例：

【例2】张大嫂有个女儿。男尊女卑的思想在中国尚未彻底消除。中国正在实现四个现代化。后现代主义是一种文学思潮。

因此，对语篇连贯性的研究，应从语篇的组织模式入手，分析句子如何组织成单位更大的语篇。要比较不同语言的语篇在语义结构上的异同，应首先分析这种语言在组织语篇时惯用的方式。凯普兰(Robert Kaplan)认为，语篇的组织方式具有语言和文化的特殊性，反映了一定的思维模式。(许余龙，2001：261)

英语语篇的组织呈直线型，开篇由主题句直接切题，结尾是对要点的概括，所有细节都围绕要点直线展开，很少离题。从段落来看，往往先陈述段落的中心意思，而后分点说明。分点说明是对主题句的展开，并为增加其他意思做好准备，句子之间的联系清晰有序，后面的句子总是由前一个句子产生，给人一种深入发展的感觉。（胡曙中，1993：161-162）

汉语语篇的组织多呈螺旋形，以“起、承、转、合”（opening, complication, claim/climax, and conclusion）为基本框架，以反复而又发展的形式展开主题。汉语语篇的推进有一定的反复性，前面讨论过的问题后面可能又会提及。“起”主要解释主题的重要性或意义，或介绍主题产生的背景，或建立与听话人能共享的情感框架。与英语语篇的起始部分不同，汉语语篇的“起”很少起到“指向”作用，语篇要点通常保留到最后。“承”和“转”是对主题的发展，而“合”是对主题的进一步展开，是语篇的高潮，可能对主题有“画龙点睛”的作用。

英汉语篇规范的差异可以概括为：英语语篇的开头告诉人们“辩论/谈话走向何处”（where the argument/talk is going），而汉语语篇开头讲的是“辩论/谈话从何而来”或“从何说起”（where the argument /talk is coming from）。从段落上来看，英语段落围绕一个中心主题展开，分段比较严格；而汉语段落有很大的随意性，句子之间没有明显的标记。

凯普兰归纳的语篇结构的差别有些粗略，只能看做一种倾向性的概括。自然语言千变万化，要概括一种结构来以不变应万变非常困难。伯特勒（S. Butler）认为根据会话的实际情况和需要，人们在系统网络中进行选择，选择时有一定要求，即合乎体现规则（realization rule），由此得出实际的语篇结构。（胡壮麟，1994：221）

因此，语篇结构不是一成不变的，具体的语篇或段落的组织受很多因素的影响，诸如体裁、题材、语体，还有许多语篇外部因素，如目的、对象、场合等。我们将在“语篇类型”一节中研究上述因素对语篇结构的影响，并把语篇划分为不同的类型，从不同的语篇类型来讨论翻译的策略和方法。

6.2.2 语篇外因素与连贯

自然的语篇中，外在的衔接应该造成内在的连贯，但连贯的实现却不一定需要衔接手段。

【例 1】A: What do you think of my new dress?

B: It's a nice day.

A 要 B 评价自己的新衣服，B 的回答听起来牛头不对马嘴，答非所问，实质上却是连贯的，B 出于交际策略的考虑而采用了明褒实贬的回答。一问一答在没有任何衔接手段的情况下合乎逻辑地组织成一个有机的语义整体。

口语语篇中经常没有运用衔接手段，书面语篇中也不乏这样的例子。

【例 2】Once again I lie awake in the small hours tormented by my social conscience. Sometimes it is the single mothers, sometimes the lower classes or disadvantaged Highland sheep farmers, but today it is the homeless.

两句话之间没有外在的衔接手段，但大多数英国人会认为这两句话是连贯的。在他们看来 social conscience 就是同情穷人和弱势群体，单身母亲、养羊的农民还有无家可归的人都是穷人。（丁言仁，2004：252）虽然连贯并不总是依赖于语篇的形式特征，但一个语篇中所有的句子都必须与深层的话语主题有关。在上例中，两句话是否和深层的话语主题相关就需要读者有必要的共有知识才能判断了。

可见，有些语篇的连贯要依靠必要的语内衔接手段，有些语篇的连贯要依靠各种语篇外因素，即外部语境，如话语的参与者、双方的共有知识和逻辑推理能力、话语的情景、语用或文化语境等。正如韩礼德所言，"A text is characterized by coherence; it hangs together. At any point after the beginning, what has gone before provides the environment for what is coming next. This sets up internal expectations; and these are matched up with the expectations referred to earlier, that the listener or reader brings from the external sources, from the context of situation and of culture”。韩礼德认为语篇的连贯不仅取决于语篇的内部因素，还取决于语篇的情景语境(situational context)和文化语境(cultural context)。交际双方要依靠共有知识(shared knowledge)或逻辑推理(logical inference)才能把语篇内的语义连贯起来，形成一个有机的、意义完整的整体。如果交际双方缺乏必要的共有知识和文化背景，接受者就无法获得语篇蕴涵的意义，不能很好地构建语篇深层的语义连贯。因此，语篇连贯的构建需要交际双方协调默契才能成功。正是基于这种观点，Widdowson (1978)才可以举出许多没有衔接机制，但语篇仍然连贯的例子来说明衔接不能保证连贯。

张德禄(2000：106)把构成语篇连贯的语篇外因素称为“外指衔接机制”，即从情景语境和文化语境中去寻找其所指项的衔接机制和隐性衔接机制，包括外指显性衔接和隐性衔接。显性衔接是直接把语篇与情景语境联系起来的衔接机制，而隐性衔接不能通过情景语境获得，要借助讲话者和听话者共知的信息和共享的文化背景。隐性信息具有衔接作用，因为这些信息可以通过交际活动的性质，讲话者和听话者的关系、身份和背景等推测出来，从而使语篇连贯。

这里涉及不同的分类方式和标准，张德禄把影响语篇连贯的语内及语外因素看做语内衔接与语外衔接。但从翻译角度来看，把衔接只看做形式上的联系会更方便讨论。

6.2.2.1 情景语境

根据系统功能语言学理论，情景语境是文化语境现实化的表现，在具体的语言交际中支配语义的选择。情景语境中有三个因素最为重要，影响语言使用，这三个因素包括语场(field)、语式(mode)、语旨(tenor)，称为语域变体(register variables)。语场，或称为语篇范围，指发生了什么事，包括参加者从事的活动和题材。语式，或称为语篇方式，指信息的传播方式，主要分口头和书面两种，每种下面又可以细分为具体的方式。比如，口头方式可以包括私下谈话、演讲、广播和舞台演出等等。语旨，或称为语篇体式，指参与者的基本情况及相互关系等，主要表现为正式程度如何，包括正式、随便或亲密等不同程度。语域把语篇和情景语境联系起来，并体现在语言形式上，生成与情景相称的语篇。情景语境制约着交际者对语言的选择和运用，语域的三个变量中，任何一项的改变都会引起语言的变异，产生不同类型的语篇，因此可以说语篇是在情景语境制约下通过对语言的选择生成的。

情景语境是主要由现场情景中的因素，如发生的事件、参与者、交际渠道和媒介等组成的情景框架，所以情景语境给讲话者提供了外界环境，对语言选择进行了限定。比如，哪些是在现场情景中和在上下文中明确的，不必用形式手段表达出来，哪些对现在的交流十分重要，必须明确表达，哪些可以从形式上进行预设等等。语义的相关性主要由以上因素决定，在语言形式上由多个层次的特征表现出来，如非结构衔接手段、主位结构、信息结构、及物性结构、语气结构、语音语调等。(张德禄，1999)

6.2.2.2 文化语境

任何语篇都在一定的文化中生成，语篇与其文化背景之间的各种关系构成了文化语境。文化背景在语篇中以语言的形式表现出来，可称之为“文化成分”。不同语篇类型中的文化成分有很大差异，文化分布的程度也有很大不同。从翻译角度来看，语篇中的语言符号可以在语义上转换成另外一种语言符号，但源语语篇与文化的关系却不能完全转换到另一种语言系统中。译者要在译入语文化中构建一种文化语境，用译语语言符号来表述源语文化，这种文化语境既不同于源语文化，也不是译语文化固有的，具有一种异质性。构建新的文化语境过程中，文化差异肯定会导致文化冲突，译者应采取各种手段来解决这些冲突和矛盾，从而产生不同的跨文化交际模式。“**6.1 跨文化研究**”中已经比较深入地讨论了跨文化交际中的各种问题及跨文化翻译。

6.2.3 语篇与翻译

译者面对的不是孤立的句子，而是完整连贯的语篇，译者必须首先仔细分析源语语篇的特征。我们在前面的分析中已经指出，影响语篇特征的因素有两类：一是语篇内的衔接手段，二是语篇外的情景语境和文化语境。译者应根据英汉两种衔接手段的异同做适当的转换，但这种转换会受到情景语境变量因素的影响，所以译者应综合考虑外部因素对语篇连贯的影响，从宏观的语篇制定翻译策略，采取适当的翻译方法。

6.2.3.1 衔接与翻译

不同的语言组织连贯的语篇时，使用的衔接手段也有所不同，因为每种语言系统都有自己的特点。如果译语语篇照搬源语的衔接手段，可能会造成译语语篇不连贯，或是效果不好。既然源语语篇是自然连贯的，译语语篇也应该同样自然连贯，因此译者必须在译语语篇中调整衔接手段的使用。

德国功能派翻译理论提出“目的论”，其中包括一条连贯原则[7]。该连贯原则包括语篇内连贯(intratextual coherence)和语篇间连贯(intertextual coherence)。语篇内连贯就是要求译文符合译语的表达习惯，在译语交际环境和译语文化中发挥相当的作用，成功的翻译意味着译语语篇与接受者的语境完全连贯。语篇间连贯又叫“忠实原则”(fidelity rule)，要求译文不违背原文，但并不要求译文和原文在内容上一字不差，译文和原文应存在某种联系，其程度和形式由译文目的来决定(Nord，2001：32)。所以，逐句对应的翻译并不能保证译文语篇的连贯，译文的语篇连贯应以实现原文语篇连贯的功能为目的，以原文的连贯结构为参照，由译者依照译语的连贯模式和规律重新组织语篇。

从目的论出发，译者必须充分考虑源语与译语之间的差异。译文不能拘泥于原文词语的表层意义和句子形态结构，而应从总体连贯和

7 主编注：本章节再次涉及“目的论”，考虑到篇章中阐释的必要性，故从整本书的角度看似有所重复，但也理应如此。其中一些同一英文术语，有两种中译文，既属准确，亦可接受。

局部连贯的角度，理顺原文的语义关系。因此，译者应首先分析原文的衔接手段有何特点，可以从照应、替代、省略、连接及词汇衔接等五种手段出发，运用适合译语语篇连贯的衔接手段。具体方法包括保留源语衔接手段、转换源语衔接手段或增添译语衔接手段。

多数情况下，汉译英时要把汉语名词的重复衔接改为英语的人称代词或指示代词；把汉语潜在的逻辑关系和层次关系改为英语明示的连接词。英译汉时要省略人称代词，避免啰唆，如刘宓庆(1998：447)所说："汉语重复名词而避免使用代词除了可以消除指代关系的混乱以外，还可以使引文中的某些部分产生'语感上的优势'，加强有关词语的感染力。"

一、衔接方式的转换

译者应充分认识源语语篇衔接手段的特点，按照译语的要求用恰当的衔接手段重构译语语篇。

(1) 转换衔接手段。

不同语言的语篇衔接模式存在一定差异，照搬原文的衔接手段可能会导致译文不合语法，或不连贯，因为衔接手段的选择与某一语言的语法体系紧密相关。

【例 1】Work with, not against **nature**.

【译文】要顺应**自然**，不要违背**自然**。

【例 2】A man is called selfish, not for pursuing **his own good**, but for neglecting **his neighbor's**.

【译文】说一个人自私，不是因为他只顾**自己的利益**，而是因为他不顾**邻里的利益**。

上面两句英文都省略了名词，避免重复，而汉语译文则要补上省略的名词才更自然。这种转换体现了英汉两种语言的特点。

【例 3】**I** grieve to leave Thornfield: **I** love Thornfield—**I** love **it**, because **I** have lived in **it** a full and delightful life—momentarily at least. **I** have not been trampled on. **I** have not been petrified. **I** have nor been burned with inferior minds, and excluded from every glimpse of communion with what is bright and energetic and high. **I** have talked, face to face with what **I** reverence, with what **I** delight in—with an original, a vigorous, an expanded mind. **I** have known **you**, Mr. Rochester; and **it** strikes **me** with terror and anguish to feel **I** absolutely must be torn from **you** for ever. **I** see the necessity of departure; and **it** is like looking on the necessity of death.（*Jane Eyre*，Chapter 23）

【译文 1】离开桑菲尔德**我**感到痛苦，**我**爱桑菲尔德；——**我**爱**它**，因为**我**在**那里**过着丰富、愉快的生活，至少过了短短的一个时期。**我**没有受到践踏。**我**没有被弄得僵化。**我**没有被埋在低劣的心灵中，没被排斥在同光明、活力、崇高的一切交往之外。**我**曾经面对面地同**我**所尊敬的人，同**我**所喜欢的人，——同一个独特、活跃、宽广的心灵交谈过。**我**已经认识了**你**，罗切斯特先生；感到**自己**非从**你**这儿被永远拉走不可，真叫**我**害怕和痛苦。**我**看到非走不可这个必要性，就像看到非死不可这个必要性一样。（祝庆英译，上海译文出版社，1995）

【译文 2】离开桑菲尔德很让**我**伤心，**我**爱桑菲尔德——**我**爱**它**是因为**我**在**这里**过着充实而愉快的生活——至少有一段时间。**我**没有遭人践踏，**Ø** 也没有弄得古板僵化，**Ø** 没有混迹于志向低下的人之中，也没有被排斥在同光明、健康、高尚的心灵交往的一切机会之外。**我**已面对面同我所敬重的，同**我**所喜欢的——同一个独特、活跃、博大的心灵交谈过。**我**已经熟悉你，罗切斯特先生，硬要**我**永远同**你**分开，使**我**感到恐惧和痛苦。**我**看到非分别不可，就像看到非死不可一样。（黄源深译，译林出版社，2006）

【译文 3】离开桑菲尔德，**我**黯然神伤：**我**爱<u>此地</u>——因为 **Ø** <u>此地</u>曾有过一段充实愉悦的日子——至少曾短时间有过。**我**没有遭人践踏，**Ø** 没有变得麻木，**Ø** 没有埋没于小人堆里，没有脱离过明媚灿烂、生机勃勃、高尚脱俗的一切，始终与之息息相通。在

此 Ø 曾经与一位十分崇敬、Ø 乐意与之交谈的人——一位思想独创、精力充沛、心胸开阔的人——直面倾谈。罗切斯特先生，**Ø** 与**你**相识了，**Ø** 却又一定要与**你**永远分离，想到此处令**我**既感恐惧又觉痛楚，犹如面对必将来临的死亡。

小说《简·爱》中的这一段共使用人称代词“I”13 次，“me”1 次，“you”2 次，“it”4 次。对比三种译文，我们可以发现译者翻译策略的差异。【译文 1】的代词完全对应英文，用了 13 个“我”，1 个“自己”，2 个“你”。【译文 2】省略了 2 处“我”。而【译文 3】只使用了 4 次“我”，2 处代词“it”还原为名词“此地”。该例充分体现了英汉代词使用的差异，以及翻译时的对策。

【例 4】那年冬天，祖母死了，**父亲**的差使也交卸了，正是祸不单行的日子，我从北京到徐州，打算跟着**父亲**奔丧回家。到徐州见着**父亲**，看见满院狼藉的东西，又想起祖母，不禁簌簌地流下眼泪，**父亲**说：“事已如此，不必难过，好在天无绝人之路。”（《背影》朱自清）

【译文 1】In that winter, my grandma died and my **father** lost his job. I left Beijing for Xuzhou to join **him** in hastening home to attend my grandma's funeral. When I met **him** in Xuzhou, the sight of the disorderly mess in our courtyard and the thought of my grandma started tears trickling down my cheeks. **He** said, "Now that things've come to such a pass, it's no use crying. Fortunately, Heaven always leaves one a way out." (*The Sight of Father's Back*, 1994，张培基译)

【译文 2】In the winter of more than two years ago, grandma died and **father** lost his job. I left Beijing for Xuzhou to join **father** in hastening home to attend grandma's funeral. When I met **father** in Xuzhou, the sight of the disorderly mess in his courtyard and the thought of grandma started tears trickling down my cheeks. **Father** said, "Now that things've come to such a pass, it's no use crying. Fortunately, Heaven always leaves one a way out.（*The Sight of Father's Back*，1999，张培基译）

【译文 3】That winter my grandmother died, and **my father's** official appointment was terminated, for troubles never come singly. I went from Beijing to Xuzhou, to go back with **him** for the funeral. When I joined **him** in Xuzhou I found the courtyard strewn with things and could not help shedding tears at the thought of granny. "What's past is gone," said **my father**. "It's no use grieving. Heaven always leaves us some way out."（*My Father's Back*，杨宪益译）

原文却 4 处都用"父亲"，未用代词，**【译文 1】**和**【译文 3】**在第一句使用了名词 my father，接下来的几句基本上都用代词 he 或 him。这固然主要是由于汉英语法的不同所致，但原文多处用"父亲"而少用代词"他"，可能还有文体方面的考虑，通过多次重复"父亲"这一庄重正式的称呼使文章显得凝重深情。

(2) 增添译语衔接手段。

汉语语篇的衔接关系常常呈隐性，译成英语有时必须运用显性的衔接手段。

【例 1】孔乙己是站着喝酒而穿长衫的唯一的人。**他**身材很高大；青白脸色，皱纹间经常夹些伤痕；一部乱蓬蓬的花白胡子。穿的虽然是长衫，可是又脏又破，似乎十多年没有补，也没有洗。**他**对人说话，总是满口之乎者也，教人半懂不懂的。

【译文】Kong Yiji was the only long-gowned customer who used to drink **his** wine standing. **A big, pallid man** whose wrinkled face often bore scars, **he** had a large, unkempt and grizzled beard. And although **he** wore a long gown, **it** was dirty and tattered. **It** had not by the look of **it** been washed or mended for ten years or more. **He** used so many archaisms in **his** speech that half of **it** was barely intelligible.（杨宪益译）

汉语语篇用了两次人称指称“他”，英语语篇除了直译的“he”之外，还增添了7个代词，包括2个“his”，1个“he”和4个“it”，更符合英文的衔接方式。

二、衔接的修辞功能

不同语言对衔接手段有不同的偏爱，但有时源语语篇对衔接手段的选择不是随意的，而是为了达到整体的修辞目的。尤其是在文学作品中，衔接手段的选择经常发挥重要的修辞功能。因此，译者除了考虑衔接手段生成语篇的功能之外，还应考虑其修辞功能。译者应当分析源语语篇选择特定衔接手段时的目的，衡量自己所作的切换是否与原作者的初衷一致，因为衔接手段的选择反映了作者的意图。

(1) 指称衔接。

英语和汉语对指称衔接手段的运用有各自的规律，有时衔接手段的运用会产生一定的修辞效果。下面我们通过《水浒》中的例子来说明。

第24回“王婆贪贿说风情，郓哥不忿闹茶肆”有潘金莲设宴款待武松的一段，极尽挑逗之能事。潘金莲刚开始一直称呼武松为“叔叔”：

“叔叔，寒冷？”

“奴等一早起。叔叔，怎地不归来吃早饭？”

“叔叔，向火。”

……

“叔叔，只穿这些衣裳，不冷？”

“叔叔不会簇火，我与叔叔拨火；只要似火盆常热便好。”

吃这顿饭，潘金莲一共称呼武松12次“叔叔”，觉得火候差不多了，突然迸出一个“你”字：“你若有心，吃我这杯残酒！”

金圣叹批注《第五才子书》这段文章时点破过：一连用了39个叔叔，最后才来一个“你”，可谓绝矣。金圣叹说的39个叔叔是从与潘金莲最初见面时算起的，不单指那一次晚饭。(陈原，2005：230)

比较沙博理(Shapiro，1995：370)的英译，我们可以发现，汉语中这种指称转换发挥的修辞作用无法体现出来。所有用作呼语的“叔叔”都变成了“you”，如：

【例 1】叔叔不会簇火，我与叔叔拨火；只要似火盆常热便好。

【译文】**You** don't know how to stir up a fire. I'll show **you**. The idea is to get it good and hot.

所以，到了“你若有心，吃我这杯残酒！”这句，英译本的读者就无法体会到指称变换带来的人物情绪变化，“Finish this, if **you** have any feeling for me.”汉语中的称呼由“叔叔”变成“你”揭示了潘金莲心理活动一步步的变化，是作者利用汉语的特点有意的安排；而英语都转换成代词“you”，也是无可奈何之举，这样更符合英语的表达习惯，当然也无法体现出汉语原来的修辞特点。

(2) 词汇衔接的修辞功能。

英文常常避免过多重复使用同一个名词或同一个结构，而是采取代词指代、替换或省略的方式，以免造成单调、乏味的效果。但有时作者有意重复原词来突出主题，创造形象，从而加深读者印象。

【例 1】It was the best of times, it was the worst of times, it was the age of wisdom, it was the age of foolishness, it was the epoch of belief, it was the epoch of incredulity, it was the season of Light, it was the season of Darkness, it was the spring of hope, it was the winter of despair, we had everything before us, we had nothing before us, we were all going direct to Heaven, we were all going direct the other way--in short, the period was so far like the present period, that some of its noisiest authorities insisted on its being received, for good or for evil, in the superlative degree of comparison only. (Charles Dickens, *A Tale of Two Cities*)

【译文 1】那是最好的年月，那是最坏的年月，那是智慧的时代，那是愚蠢的时代，那是信仰的新纪元，那是怀疑的新纪元，那是光明的季节，那是黑暗的季节，那是希望的春天，那是绝望的冬天，我们将拥有一切，我们将一无所有，我们直接上天堂，我们直接下地狱——简言之，那个时代跟现代十分相似，甚至当年有些大发议论的权威人士都坚持认为，无论说那一时代好也罢，

坏也罢，只有用最高比较级，才能接受。（赵文娟、石永礼译）

【译文 2】那是最美好的时代，那是最糟糕的时代；那是智慧的年头，那是愚昧的年头；那是信仰的时期，那是怀疑的时期；那是光明的季节，那是黑暗的季节；那是希望的春天，那是失望的冬天；我们全都在直奔天堂，我们全都在直奔相反的方向——简而言之，那时跟现在非常相像，某些最喧嚣的权威坚持要用形容词的最高级来形容它。说它好，是最高级的；说它不好，也是最高级的。（孙法理译，译林出版社，2006）

狄更斯在《双城记》开篇第一段有意识地运用修辞手法，主要通过词汇衔接的各种关系来体现，有同义词，如 time，age，epoch，season，也有反义词，如 best—worst、wisdom—foolishness，belief—incredulity，light—darkness，hope—despair 等等。通过强烈的对比展现了当时社会极为矛盾的心态，具有震撼人心的效果，直译可以达到类似的效果。

【例 2】这儿是**宝地**！要不是**宝地**，怎么人越来越多？

【译文】This is **a lucky place**; if it isn't, why do more and more people come to live here?（吕瑞昌《汉英翻译教程》）

汉语中词汇重复现象很常见，这是由汉语的特点决定的。但有时词汇的重复是一种强调，如上句重复"宝地"这个词，这句话也可以改用名词替代的方式"要不然"。既然没有用替代，而是重复，则必然体现了人物的情绪。英语如果重复名词则只会给人啰唆的感觉，不如省略效果好。

6.2.3.2 情景语境与翻译

情景语境的分析对理解语篇的连贯非常重要，有些语篇完全借助外部语境构成语篇连贯。因此，对语篇连贯的识别是一个动态过程，译者要利用推理，将表层意义和情景语境结合起来，寻求两者的内在联系。

【例 1】A: Did your treatment for stammering work?

B: Peter picked a peck of pickled pepper.

A: How amazing!

B: Yes, b-but th-th-that's not s-s-something I v-v-very often w-w-want to s-s-say

【译文】甲：你治疗口吃有效吗?

乙：彼得劈了一片劈掉外皮的劈柴。

甲：多么惊人。

乙：是的，但—但是，那—那—那不—不是我常—常要说——说的话。

这一则英语语篇的连贯是建立在 B 的“言外之意”上。B 没有直接回答 A 的提问，而用一段绕口令代替。语篇的连贯依赖于对话中的隐含信息，B 并不是要告诉 A“彼得挑了一堆腌辣椒”，而是以绕口令显示治疗口吃的效果，这一隐含信息需要读者根据语境和相关知识进行推理，然后才能正确理解整个语篇。

这句英文绕口令的语音和语义有完美的结合，如果直译为“彼得挑了一堆腌辣椒”，无法反映出绕口令在语音上的特色，汉语读者无法推测这句话和甲的问题有何相关。这种方法不能实现汉语语篇的连贯。为了使语篇在汉语语境中同样保持连贯，程雨民教授创造性地用汉语模拟英文的绕口令。这种“创造”不是没有根据的胡编，而是遵循了语际语篇连贯的原则，从英文绕口令的语音出发，选择发音接近英文的汉字重新组句。译文与原文相比，虽然意义差别很大，但通过语音的相似，保证了汉语语内及语际语篇的连贯。(转引自杨志亭，2002：119)

6.2.3.3 语篇类型与翻译

语篇的分类方法和标准众说纷纭，相互重叠。这体现了语篇复杂多元的特点，即 Hatim 所说的混合性(hybridisation)和多功能性(multi-functionality)(李运兴，2001：91)。每个研究角度都有其优势和存在的价值，但我们应该寻找一种最适合翻译研究的分类方式。

李运兴在《英汉语篇翻译》一书中，从文体的角度出发，把语篇分为叙述描写、说明论说及应用文体三大类。叙述描写类主要指小说、回忆录、游记、描写抒情类散文以及报刊上的记事文章。说明论说类主要指社科、科技理论书籍、论文、报刊文章、社论、评论及议论类散文等。应用文体则一般包括公函、广告、说明书等。不同文体类型的翻译，其翻译策略是不尽相同的。李运兴在后面又进一步指出各种文体从词汇、句式到语篇结构都有不同特点。比如，叙事文体通常以时间顺序组句成篇，描写语篇通常以空间顺序为主线，论说语篇则主要以逻辑层次的安排来布局谋篇。

出于翻译学习的实际，李运兴提出了上述划分语篇类型的方法，并认为这是从文体的角度进行划分。其实这种分类比较接近汉语写作时所说的"体裁"，从语篇的形式和叙述方式出发，是一种"静态"的划分方式。这种分类有时并不能很好地指导翻译实践，比如应用文体中公函、广告和说明书三种文本的翻译策略肯定有所不同，一份广告可能采用说明的方式，或叙述描写的方式，甚至是论说的方式；而同样是信函，商务信、情书和求助信的写作方法也有很大差别。

体裁的概念比较混乱，在一些理论著作中有不同的阐释和区分。有时作为一种写作的表现方式，分为抒情体、叙事体、戏剧体、议论体、说明体等类别。中国古代文论家也有类似的区分，如南宋著名理学家真德秀编辑文章总集《文章正宗》，便明确地用表现方式的名称，分为辞命、议论、叙事、诗赋四类。体裁也用来指诗歌、小说、戏剧和散文等文学类型。

有些学者又把体裁和西方普遍使用的 genre 对应，而 genre 的定义也非常混乱。genre 这个词是法语，源自拉丁文"genus"，本来指事物的品种或种类，后来用于文学的分类，如诗歌、小说、戏剧等等。现在 genre 渐渐渗透到语言学领域，并成为语篇分析中的热门话题，其分类也不再局限于文学，而是扩展到新闻、旅游、广告等多种类别。因此，为了与表示写作方式的"体裁"区分开，有些学者建议把 genre 称为"文类"。

美国密执安大学的 John M. Swales 认为，genre 是交际事件(communicative events)的一种分类，分类的主要标准是一整套公认和共同遵守的交际目的，而不仅仅是语篇在语言形式上的近似性或相同点。

genre 对语篇的内容和形式起着制约作用，交际行为的组织是否得体和成功，部分取决于对其掌握和运用的纯熟程度。

新加坡国立大学的 Vijay K. Bhatia(1993：13-16)作了进一步的阐述：genre 是一种可辨认的交际事件，而且是内部结构特征鲜明、高度约定俗成的交际事件。建构语篇时，我们必须遵循某些特定体裁所要求的惯例。genre 对语篇的组织有约定俗成的制约力，报纸上的社论和新闻报道之所以有差别，我们之所以能一眼辨别出私人信件和商务公函的差异，其原因即在于此。

但体裁的常规性并不意味着体裁是一成不变的。Ruqaiya Hasan (1978)提出了“体裁结构潜势”(generic structure potential)一说，认为“体裁结构潜势”是特定情境下形成的话语范围、话语方式和话语基调的具体体现，它包含某种体裁中可能出现的所有的语篇模式和语篇结构。某一类别的体裁，其结构既有“限制性”(obligatory)的特征，也有“选择性”(optional)的特征。同一体裁的语篇之间存在某些差异，人们可以在不破坏体裁基本结构的原则下发挥自己的创造性。

语域(register)的概念有时和 genre 混淆在一起。我们知道，语域的三个变量中任何一个发生变化都会影响交际者对语言的使用，比如，语场就在很大程度上决定了交际中词汇的选择和语言的语法特征。Bhatia 指出，“语域”是从语言运用的社会情景角度提出的，多将分析的重点放在对语言变体的词汇和语法层面的描写上，而未能说明为什么特定的语言交际具有固定的语篇结构。社会交往过程往往具有“重复性”(repetitive)、“习惯性”(habitual)，一个交际过程往往可分成若干“步骤”(stages)，这些步骤并不完全一样，但相似之处颇多。这种具有可辨认的有步骤的交往过程，便构成了 genre。Swales 认为 genre 讲的是“在运用语言办事时该如何做”，“语域”在词汇和句法层面展示其约束力，而 genre 则在语篇结构层面实现其约束作用，只能在完整的或能够做到完整的语篇中得以体现，因为 genre 规定了语篇的开头、正文和结尾。(秦秀白，1997：6)

可以说，语篇是 genre 和语域的共同产物，语域规定了交际的情景，

genre 体现了交往过程。从语域的三个变量中的语场来看，语篇可以分成文学、科技、经贸等，同样的内容传播途径不同、接受者不同，最后生成的语篇肯定有差异。从 genre 角度看，交际过程中的若干步骤也会有所变化，影响到整个语篇结构。可见，语篇的生成是动态的过程，受到语言使用者、使用目的和接受者等多种因素的影响，翻译时不仅要考虑源语语篇的这些要素，还要综合考虑译语语篇涉及的因素。

从语域角度分析不同的语篇类型是和语言的功能相一致的，genre 的形成也是为了实现一定的功能和目的。语言学家已经指出，语言的使用有不同的目的，可以实现不同的功能。交际者按照语言特定的功能组织语篇来实现特定的交际目的，语篇也都是在特定的社会文化环境中起到交际作用。

英国翻译家纽马克(Peter Newmark)运用布勒(Karl Buhler)的语言功能理论，并参照雅各布森(Roman Jakobson)的分类，将语言功能分为六类：表情功能(expressive)、信息功能(informative)、召唤功能(vocative)、美学功能(aesthetic)、酬应功能(phatic)和元语言功能(metalingual)，其中前三类为语言的主要功能。纽马克则根据语言的功能将文本分为三类(1988/2001：39-44)：

表情类文本：包括严肃文学、权威言论、自传、随笔、个人通信等；

信息类文本：包括教材、专业报告、报刊文章、学术论文/著、会议纪要等；

召唤类文本：包括告示、说明书、广告、宣传、劝导性文字、通俗小说等。

绝大多数文本兼有三种功能，只是各有侧重，有一种功能起主导作用。为此，纽马克提出了两种基本的翻译操作方法：语义(semantic)翻译与交际(communicative)翻译。语义翻译侧重文本意义(meaning)的传达；而交际翻译注重文本语境意义(contextual meaning)的传达。换言之，语义翻译乃是以源语文本为中心的，可以处理表情功能的文本，而交际翻译则是以译语读者(target readership)为中心的，可以处理信息、召唤功能类的文本。

德国一些翻译学家也从语言的功能出发，分析文本类型的划分。赖斯(Catherina Reiss)认为，文本类型决定翻译方法，从文本功能划分文本类型有助于制定恰当的翻译策略。赖斯把文本功能主要分为三类：信息功能(informative)、表达功能(expressive)和祈使功能(vocative)。一个文本可能具有多重功能，翻译时要把不同的策略有机地结合起来。

同一个语言系统内，不同的语篇类型有不同的组织模式，从词汇、句子结构到语篇结构都有自己的特点，与其他语篇类型相比会有使用频率的差异。不同的语言系统之间，同一种语篇类型可能会有不同的组织模式。比如旅游宣传文本的主要功能是吸引游客前来参观游览，这时语言的祈使功能起主导作用，但不同语言的语篇实现这一功能的方式是不一样的。英语旅游文本主要通过提供相关旅游信息，包括景点的位置、交通、旅游项目及服务设施等来吸引游客，文字比较朴素；而汉语文本则主要运用花哨的语言让游客有身临其境“画中游”的感受。所以按照语篇的功能划分语篇类型能很好地指导译者选择适当的翻译策略。

语篇体裁(text genres)和从功能角度划分的语篇类型并不是一一对应的，两者可以看做是同一语篇的属性的不同侧面。一种语篇类型可能包含不同的体裁，比如信息类语篇就包括科技类、经贸类等等，但一种体裁却不一定对应一种语篇类型。比如信函这种体裁，可以分成商务信函(business letter)、情书(love letter)、求助信(letter requesting help)等几类，但分别属于不同的语篇类型，商务信函是信息类文本，情书是表情类文本，而请求信是指令性文本，因此翻译策略也就需要“量体裁衣”了。

限于篇幅，我们选择一篇广告语篇的翻译为例，来说明语篇对翻译的作用。英汉广告语篇的功能基本相同，都是为了达到宣传并引起消费者关注的目的，即祈使功能(vocative)。但是两种语言实现同一种功能的方式有所不同，广告语篇的组织有较大的差别。因此，翻译广告时，往往需要大幅度调整源语语篇，译文必须适应译入语的语篇及文化规范。

【例 1】徐州工程机械集团有限公司成立于 1989 年 3 月，1997 年 4 月被国务院批准为全国 120 家试点企业集团，是国家 520 家重点企业，国家 863/CIMS 应用示范试点企业，2005 年实现营业收入 170 亿元，是中国最大的工程机械开发、制造和出口企业。

徐工集团秉持“严格、踏实、上进、创新”的企业精神，按照以工程机械为核心的多元化发展战略，建立了以国家级技术中心为核心的技术开发体系，不断开发出高附加值、高技术含量的新产品。主要产品有工程起重机械、路面机械、压实机械、铲土运输机械、混凝土机械、高空消防设备、建筑机械、特种专用车辆、工程机械专用底盘、驱动桥、回转支承、液压件、驾驶室、柴油机、齿轮箱、齿轮泵、工程轮胎等系列工程机械主机和基础零部件产品，其中 70%的产品为国内领先水平，10%的产品达到国际当代先进水平。

徐工集团下属企业全部通过了 ISO9001 质量体系认证，徐工牌工程机械被定为江苏省重点名牌产品，压路机、装载机分别被评为中国机械工业名牌产品、中国名牌产品。徐工集团大力实施技术创新工程，已将 CIMS（计算机集成制造系统）广泛应用于新产品开发、生产制造、市场营销、企业管理等方面，大大提高了企业的竞争力。

徐工集团大力发展外向型经济，积极发展与国际大公司的合资合作，与世界 500 强的美国卡特彼勒公司、德国利勃海尔、德国克虏伯公司等国际一流的跨国公司组建了 14 家中外合资企业。经国家外经贸部批准，成立了省级外贸进出口公司，大力实施以产品出口为支撑的国际化战略，将产品销售与收集国外先进技术、用户需求信息相结合，形成了东南亚、中东、非洲、南北美等产品出口主导市场，2005 年出口创汇 1.2 亿美元。

徐工集团将奋发进取，紧紧围绕工程机械主产业的发展，以具有国内外领先的高新技术产品支撑公司的战略发展，以计算机技术、电子监控技术、网络信息技术等高新技术改造、提升传统产品，增强综合竞争力，“十五”营业收入达到 200

亿元，成为中国工程机械行业的领先者，国际工程机械市场强有力的竞争者，实现强大的、国际化、现代化企业集团的发展目标。

【译文】 **Brief Introduction**

Founded in March 1989, and with a total business turnover reaching RMB 17 billion (USD 2,050 million) in 2005. Xuzhou Construction Machinery Group Co., Ltd. (XCMG) has become the largest developing, manufacturing, and export concern for construction machinery in China. Operating under a national 863/CIMS engineering project, it is also currently one of key 520 enterprises in our country and has been chosen as one of the premier groups of the selected 120 National Enterprises in all of China.

Persisting in an enterprise sprit of "Strictness, Dependence, Advance, Innovation" and implementing an industrial diversification strategy based on construction machinery manufacturing, XCMG has established a technological development system led by its national classified TC through which a larger number of high tech, high value added products have been initiated continually. The primary products and basic components are as follows: serious hydraulic cranes, road compaction and surfacing machinery, earth moving and loading machinery, concrete equipment, aerial fire fighting trucks, special purpose vehicles, special chassis for construction equipment, slewing ring bearing, hydraulic components, cabins, diesel engines, gear box, gear pumps, etc. Amongst them 60% have positioned the leading place domestically while 10% have reached the present world advanced level.

We have been adhered to the policy of export-orientation and developed international co-operation programs with many leading companies in the world. XCMG has brought into existence a total of 14 joint ventures with international high profile organizations such as Caterpillar (U.S.), Liebherr (Germany), Krupp (Germany) and so on, which belong to world's top 500 enterprises. With the authorization from the State Ministry of Foreign Trade and Economic Relations, the Group has set up a provincial level Imp. And Exp. Company, which is committed to the whole Group's international exploring strategy corner-stoned by its over-seas marketing programs. With the establishment of 9 over-seas representative offices and 3 joint ventures in foreign countries, which serve as inter-links of product sales, accumulating world advanced technology, and feedback of customers' requirements, the Group has found its major markets in Southeast Asia, the Middle East, Africa, South and North America, etc. The export volume has reached USD120 million in 2005.

All subsidiaries of XCMG that obtained ISO9001 quality certification. Throughout China "XCMG" is recognized as one of the flagship manufacturers of Jiangsu Province. Our road compactors and wheel loaders have been widely accepted as remarkable products among great many customers. XCMG has endeavored to make technical innovations with its CIMS (computer integral manufacturing system) having been widely utilized in new product development, manufacturing, marketing, enterprise management, etc., which greatly enhanced its capability with respect to market competition.

XCMG will forge ahead by concentrating its main effort on manufacturing of construction machinery. It will take the new and high tech products both at home and abroad as the strong support for the whole Group's development. We will further transform, promote conventional products to a large extent and greatly increase our Group's comprehensive competitiveness by adopting more computerized technology, electronic supervising technology, modern IT. With its business volume reaching RMB20 billion (USD 2.42 billion) by the end of "10th five year plan", XCMG will certainly achieve its target of becoming a powerful, internationalized, and modern enterprise group, facilitating its enormous role in the globe construction equipment markets.

汉语文本共有五个段落，可以分成四个部分，从段落组织上看，结构比较清晰。第一段是对公司的综述，主要包括公司的历史和财力。第二段和第三段是第二部分，都是产品的介绍。第四段是第三部分，介绍公司与外国公司的合作。第四部分是第五段，表明公司对未来的展望。原译没有考虑英汉广告宣传语篇特点的差异，就是把汉语对应翻译成英语，这样的译文很难达到很好的宣传的目的。

我们先来分析一下这则语篇所体现的汉语语篇与英语语篇不同的组织结构特点。首先，汉语宣传喜欢叠床架屋，罗列很多名头，比如各种奖项，但大部分对英语读者并无帮助。译文应按照英语宣传材料的特点加以省略。其次，整个语篇呈螺旋反复的特点，每段都涉及技术的革新，而英语文本每部分只围绕一个话题组织语篇，因此译文应该重新组织语篇，合并一些相似的表达，调整段落的排列顺序。第三，汉语小句之间基本上靠逗号和句号衔接，而译文在把汉语的小句翻译成英语的复合句时，对状语的处理不甚妥当。比如，"Founded in March 1989, and with a total business turnover reaching RMB 17 billion（USD 2,050 million）in 2005"，这是译文第一句的状语部分，两个短语结构并列在一起非常啰唆，对照汉语我们发现这是译者调整后的结果，但我们认为仍有改进的余地。

因此，从英汉广告语篇的不同特点出发，我们对译文做了一些改动。

改译首先为每一部分拟定了标题，每一部分都围绕这一标题组织语篇。第一部分的开始增加了一句口号，使英语读者对后面的内容一目了然。原文第一段只保留了对英文读者最有吸引力的三点：公司建立的日期、在中国的地位和 2005 年的营业额。原文第二部分有两段，主要是对公司产品的介绍。改译按照由上到下的逻辑顺序做了调整，第二部分介绍公司的业务状况，然后第三部分介绍公司的产品，译文语言也做了较大调整。产品介绍部分合并了原文的两个段落，集中介绍公司的产品多样性。第四部分是公司对未来的展望，在语言上进行简化，对于中国特有的文化词如“十五计划”加以淡化，采用具体的年份代替，“从 2001 年到 2005 年”的表达更容易被英语读者接受。

【改译[8]】 **Corporate Overview**

Get a snapshot of the facts and statistics about our business activities worldwide, our product mix, and our financial strength.

Founded in March 1989, Xuzhou Construction Machinery Group Co., Ltd. (XCMG) has become the largest enterprise in China in construction machinery developing, manufacturing, and export, its total business turnover reaching RMB17 billion (USD 2,050 million) in 2005.

Our Business

XCMG has adopted an export-oriented policy and developed international co-operation programs with many leading companies in the world. XCMG has established 14 joint ventures with some world's top 500 enterprises such as Caterpillar (U.S.), Liebherr (Germany), and Krupp (Germany). With the authorization from the Ministry of Foreign Trade and Economic Relations, XCMG has set up a provincial level import and export company, which is committed to the whole group's international strategy and overseas marketing programs. The establishment of 9 overseas representative offices and 3 joint ventures overseas contribute to product sales,

8 主编注：“改译”大体可行，但仍可以改译，以进一步提高品质。现保留原译者 TT，供读者批评、参考。

accumulating world advanced technology, and feedback of customers' requirements. XCMG has secured its major markets in Southeast Asia, the Middle East, Africa, South and North America, with an export volume reaching USD 120 million in 2005.

Our Products

XCMG has established a technological development system based on its national level technological center, and applied CIMS (computer integral manufacturing system) in developing, manufacturing, and marketing new product, and enterprise management, which greatly enhanced its capability of market competition. XCMG covers a wide range of machinery products, including serious hydraulic cranes, road compaction and surfacing machinery, earth moving and loading machinery, concrete equipment, aerial fire fighting trucks, special purpose vehicles, special chassis for construction equipment, slewing ring bearing, hydraulic components, cabins, diesel engines, gear box, gear pumps etc. Amongst them 60% have positioned the leading place domestically while 10% have reached the world level.

Our Targets

XCMG will further improve its products and increase its competitiveness through computerized technology, electronic supervising technology, and modern IT. XCMG aims to reach a business volume of USD 2.42 billion by the end of 2005, and becomes the leading construction machinery manufacturer in China and a powerful competitor in the globe market.

6.3 文体分析

6.3.1 文体概念的流转

什么是“文体”？是“文章的体裁”？是“文章的体格”？是“文章的体式”？“文体”对应哪个英文表达？是“style”？还是“genre”？“文体”的汉语意义非常复杂，古今众多学者使用该词时，所指范围不同，而英文的“style”和“genre”同样有多重意义。这些中英术语相互重叠，你中有我，我中有你，要梳理清楚绝非易事，中外学者、理论家对此莫衷一是。

6.3.1.1 汉语“文体”概念的流转

现在我们所说的“文体”已经更多地是一个现代合成概念。我们先从“文体”基本概念的阐释做起，探寻古代文体学语境里“文体”的原生状态，然后再考察“文体”这一术语的概念流转。

中国古代“文”的内涵非常复杂，是一个由文教礼制、文德、典籍、文辞等组成的多层次共生系统，各层次之间既相互区别又相互错杂，在这一系统外部又与“武”相对并高于“武”。就“文体”之“文”而言，范围也相当宽泛，几乎所有出自人类情感而运用技巧和修饰的语言文字形式都可称为“文”。除了像诗歌、辞赋以及日常公私所常用的文字等，还有大批我们现在已经很少了解的“文”。比如，东汉刘熙《释名》一书中的《释书契》就把文章分为奏、简、簿、笏、牍、籍、檄、谒、节、传、券、契、策、约、示、诣、书、刺、题、署、告、表、敕等类别。《释典艺》中也有经、纬、图、传、纪、诗、令、诏、赞、叙、诔、谥、谱、碑、语、说等分类。

虽然无法考证最早使用“体”这一概念来论文章是在何时，但从现存文献来看，汉魏时似乎已经用“体”这一概念来论文。到西晋时已经将“体”、“文体”作为重要的文学理论范畴来使用，文体意识已经相当成熟。

曹丕在《典论·论文》里就以“体”论文，比如：

1) 夫人善于自见，而文非一**体**，鲜能备善，是以各以所长，相轻所短。

2) 夫文本同而末异，盖奏议宜雅，书论宜理，铭诔尚实，诗赋欲丽。此四科不同，故能之者偏也，唯通才能备其**体**。

3) 文以气为主，气之清浊有**体**，不可力强而致。

曹丕这三句话中，第一个“体”是针对文章体裁而言；第二个“体”兼有两义，不仅指奏、议、书、论等八种体裁，而且隐隐兼指雅、理、实、丽等四种不同的风格；第三个“体”则是就作家风格而言。

西晋陆机《文赋》也从风格、体裁意义上以“体”论文，比如“**体**有万殊，物无一量，纷纭挥霍，形难为状”，“其为物也多姿，其为**体**也屡迁”。

南朝梁·刘勰的《文心雕龙》总结借鉴前人的诗学理论，更深入广泛地阐述了文体概念的形成，成为后代文体论之先导。《文心雕龙》中“文体”一词的所指内涵主要有三：体裁、风格和语言表达方式。刘勰这种广义的文体概念，在魏晋南北朝时期较多为人们所采用。体裁，是中国传统诗学常用的概念，其具体含义有两点：一是文章的体制，二是文学作品的类别[9]。语言表达形式是指“据事似闲，在用实切。巧者回运，弥缝**文体**，将令数句之外，得一字之助矣”。很明显，这里的“文体”一词专指文辞，即语言的表达方式问题。《文心雕龙》使用“文体”一词主要是指体裁，而使用“文体”概念表示“风格”时，其具体所指对象大致可以分为三种：体裁风格、作家风格、时代风格。

到宋代以“体”来指称风格的人越来越少，而比较普遍地沿用唐代一些如风格、体格、格、气格、格韵之类的新词。比如，叶梦得在《石林诗话》卷上中说：“欧阳文公诗始矫昆体，专以**气格**为主，故其言多平易舒畅。”欧阳修以自己的诗歌创作实践来矫正西昆体的文风，“气格”即指风格。这一时期，“文体”一词较多地用来指称文学作品体裁，

9 古代“文学”的概念与现在不同，是从文章功能出发的分类，比较接近英语的 genre。

“文体”的外延逐渐缩小，风格这一层含义有从中分离出去的趋势，而以一些特殊的术语代称。

到明代，文学体裁成为明清诗学理论关注的中心。“文体”或“体”，大多从体裁、体制方面立论，而较少指称风格或作品的语言表达方式。“文体”与“风格”开始成为相互独立的概念并存：文体(体)主要指的是作品的体裁，包括体制、样式；风格则是作品内容与形式的统一所显现出的整体风貌。明代论文体的大作有吴纳的《文章辨体》和徐师曾的《文体明辨》，这两部书名中的“体”、“文体”都指体裁。吴纳、徐师曾对体裁问题的重视与强调，以及专以文体指称文学作品体裁的观点，在中国古代文体概念的运用上起着划时代的作用。此后，文体(体)这一概念，一般都是就体裁这个意义上而言。

到清代，人们已较少用“文体”指称体裁，文体概念中体裁这一意义也最终直接用体裁或体、体制代称。在王国维的《人间词话》里，“文体”或“体”也是就体裁而言。清代诗学理论中，“风格”一词已经成为专指文体概念里风格意义的一个专用名词，普遍用它评品文人的创作。

五四以后，从现代文学史及文学理论著作来看，人们很少以中国传统的文体概念指称风格或语言表达方式，也较少用其指称体裁。风格与体裁都从文体概念中分离出来，作为两个新的独立概念使用，而文体一词在中国现代诗学理论里很少使用。

20 世纪 80 年代中国学界引入西方的文体学(stylistics)，“文体”一词又回到了体裁、风格等之多重层次。

6.3.1.2 “文体”与相关英文术语的比较

丁往道在《文体学概论》(1986)一书的序言中，解释了英文“style”的复杂含义。英语的“style”既可指某一时代的文风，又可指某一作家使用语言的习惯；既可指某种体裁的语言特点，又可指某一作品的语言特色。它包含文体(或语体)和风格两方面的意思。“文体”和“语体”的关系似乎有些“理还乱”，虽然研究对象相同，但学术界对术语的运用却并不统一，造成中国汉语界与外语界研究的“两张皮”现象。

一、汉语界："文体"与"语体"是两门学科

复旦大学李熙宗教授撰文指出："现代语言学界一般认为，夏尔·巴依(Charles Belly，1865—1947)《法语语体学》(1909)的问世是本学科建立的标志。我国现代意义上的'语体'学研究始于20世纪的50年代中期，正是从这一时期起语体学这门21世纪初建立的有关语言运用的语言学分支学科才较为系统地被介绍到我国，学科的基本理论、概念和术语才被渐次引入；'语体'也正是在这时作为style的借用和意译而被赋予了语体学学科所特有的、确定的科学涵义，从而成了汉语语言风格学、语体学的一个新的基本概念和术语。"(李熙宗，2005：180)

可见，汉语界的"语体学"是参照西方的"stylistics"建立起来的，"语体"专用以指称语言的功能风格，因此也有学者称之"语言风格学"，如程祥徽、邓骏捷、张剑桦三位学者有专著《语言风格学》(广西教育出版社，2000)。

具体地讲，人们在交际活动中，出于不同的交际领域和交际目的，在运用语言材料和表现手段上形成不同特点的语言表达体系，就是语体。各种语体的不同特点和不同的语体色彩，都是通过语音、词汇、语法、修辞方式、篇章结构等语言因素体现出来的。某一交际领域会形成特定的语体系统，如果要在这一交际领域内有效地进行交际，就必须运用相应的语体来表达，否则就可能会因为不得体而影响交际效果。

汉语界的"语体学"与"文体学"是不同范畴的学科，两者既有联系又有区别。汉语界的文体学其实是文学文体学，注重探讨作者如何通过对语言的选择来表达和加强主题意义和美学效果。它研究的是文学文体特征，包括文学各体裁的语言风格，文学作品所表现出来的民族的、时代的、个人的语言风格，文学作品的语言修辞和表现手法等。

语体的分类是依据不同的交际目的所形成的不同的语言表达体系，而文体的分类是依据文章内容、结构与表现手法等方面，但两者之间又有种种联系，某些语体正好与某些文体相对应。例如，文艺语体分韵文体与散文体，韵文体中又分为格律体、自由体、说唱体，这是语体的分类，从语言运用的特点体系着眼。文学体裁则根据其结构形式分为诗

歌、散文、小说、戏剧等，诗歌中又分为格律诗、自由诗，或分为抒情诗、叙事诗等，这就是文体的分类，是从结构、情节、形象、表现手法等方面着眼的。文体中格律诗、自由诗的分类与语言表达特点有关，与语体中韵文体内部的格律体、自由体恰好对应；而抒情诗、叙事诗的分类标准主要与其内容和表现手法有关，因而没有相对应的语体。

“文体集合”有时对应“语体”，唐松波在《语体·修辞·风格》一书中指出：“《文心雕龙》事实上意识到语体的存在，排列文体，总是把语体性质相同的放在一起。骚、诗、乐府、赋、颂、赞，这一类属古代文艺语体；祝、盟、铭、箴、诔、碑、哀、吊，这一类是古代同礼仪有关的应用语体；章、表、奏、启、议、对，这一类是同政务有关的应用兼议论的语体。”上面所涉及的三大类20种文体在形成、发展过程中都形成了自己特有的结构和形式，但三个大类各自内部的各种文体，由于交际领域、目的相似，在语言材料的选择上、表现手法的使用上显现出了很大的一致性，实际上形成一种“文体集合”与同领域的语体对应的关系。(李熙宗，2005：180)

汉语界的“语体”概念更接近英文的“genre”，如丁金国教授的论述：“语体是人们在长期语言运用的过程中，对语言运用与语境之间的选择关系类型化的结果。现实生活中交际语境的类型化，为语言运用的类型化提供了客观的基础。这种类型化不是一时完成的，而是经历了一个由不确定态到范模化的历史沉淀过程，是具体的、个人的话语(discourse)或语篇(text)经反复运用所形成的为特定语言社群单位全体成员所共识的约定俗成的语用范式。这种语用范式我们称其为语体(genre)。”(丁金国，2000：62)

丁教授认为，“文体”就是文章体裁，它是从现实具体的客观语篇中概括出来的书面语用形式的类，为了避免理论上的混乱，不妨称为文类。如果译成英语，丁教授认为，可以对应“kind”或“class”。(丁金国，2003：114) 而“语体”则是对书面形式的“文类”和口语形式的“话类”的进一步抽象，与文体比较，更富有概括性，更抽象。这种类型化不是一时完成的，而是如前面所说的反复运用所形成的为特定的语言社群单位全体成员共识的约定俗成的语用范式。

李熙宗教授认为，语体学以语体现象为研究对象。语体学作为一门记叙性的科学，在对语体的性质、形成、分类原则等这些基本理论问题进行研究的同时，研究的重心在于对各个层次的不同类型语体进行描写研究，并在此基础上揭示和建立某一时代的语体风格体系(就当代来说即是建立现代汉语的语体体系)，确定语体风格的规范，指导语言实践。

对于语体分类的标准大致有文体(体裁)标准、语言形式标准、(不同情境中不同表意效果所具的不同)风格标准、交际功能标准等几种。这种分歧也就直接地影响着实际的语体分类，目前较为通行的分法是先分为口头语体和书面语体，书面语体再分政论、事务、科技和文艺四体。由于书面语体的语言特点体系实际上只存在于其下位的各分语体中，因此，“书面语体”其实只是一个空名。具体如图 6-1 所示。除了传统的语体，还出现了一些新兴语体，如广告语体和网络语体。

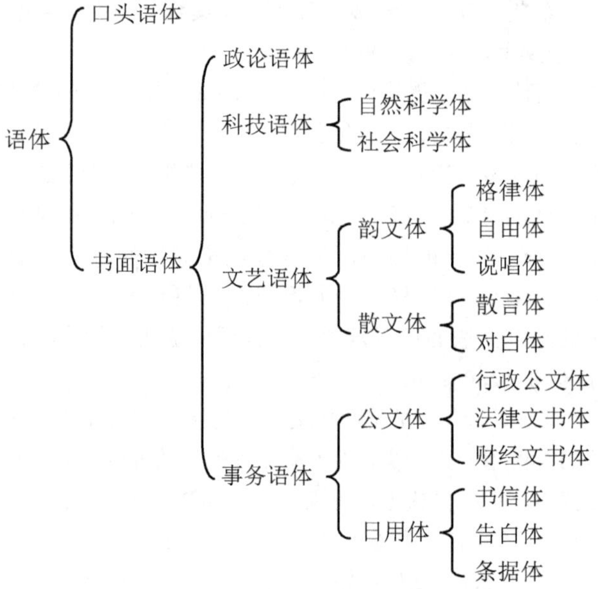

图 6-1 语体分类

二、“文体”等同于“语体”

有些学者并不区分这两个概念，中国社科院网站上对“文体学”的解释为：文体学，又叫语体学。研究为适应各种不同交际需要而形成的各种语文体式的一门学科。人们常把文体分为政论文体、公文文体、科学文体、文艺文体、口语文体。这些文体是与不同的语言环境、与不同的交际需要相适应的，它们在选用哪些语音、选词造句等语言的各个方面都体现出各自不同的特点。文体学就是要提供这些方面的研究成果，为人们提供实际的服务。（http://myy.cass.cn/file/2005122216242.html）

简言之，这两个概念对应的都是西方的“stylistics”。

三、英语界的“文体学”包括汉语界的“语体学”

英语界探讨的现代“文体学”是以法国学者巴依 1902 年所著的《法语文体论》（*Traite de Stylistique Francaise*）为现代文体学开端的标志。（秦秀白，1996：4）如上节所说，汉语界也把这本书作为“语体学”的开端，并把书名译为《法语语体学》。把“stylistics”译为“文体学”，采用了“文体”的广义，包含体裁（也有学者称为文类）和风格两层。西方传统文体学是运用语言学理论来研究文学作品的风格特点，现代文体学则不限于对作家作品的分析，而是扩展到包括文学在内的各种体裁的特点，如经贸、科技、新闻、法律、医学、广告、军事、学术、体育、广播、公文等等。这种分类是从语言的功能角度出发的，如秦秀白所说：“社会交际的需要使得语言产生不同功能变体——文体……社会交际的需要是文体存在的社会基础，语言成分在功能上的分化是文体存在的物质基础。”（秦秀白，1996：3-6）

申丹也指出：“文体有广狭两义，狭义上的文体指文学文体，包括文学语言的艺术性特征（即有别于普通或实用语言的特征）、作品的语言特色或表现风格、作者的语言习惯以及特定创作流派或文学发展阶段的语言风格等。广义上的文体指一种语言中的各种语言变体，如因不同社会实践活动而形成的新闻语体、法律语体、宗教语体、广告语体、科技语体；因交际媒介的差异而产生的口语语体与书面语体；或因交际双方的关系不同而产生的正式文体与非正式文体等。由于文体

有广狭两义，文体学也就形成了‘普通文体学’(即语体学)与‘文学文体学’这两大分支。”(申丹，2005：77)

从申丹的论述可见英语界的“文体学”涵盖了汉语界的“语体学”(即英语界的“普通文体学”)和“文体学”(即英语界的“文学文体学”)。胡壮麟也指出：“今后的文体学的研究必然包括文学文体学、语体学和理论文体学三大块。……文学文体学再也不是文体学的同义词。”文体学根本的任务应当是揭示文体的实质，寻找进行文体分析的有效方法，探讨各种文体特征的表现形式和交际效果，对具体语篇进行分析等等。(胡壮麟，2000：4)

申丹对“语体”的分类是从“语域”(register)的角度出发的，也就是从语言的社会功能角度出发，这种分类更接近英语的“文类”(genre)，与汉语“语体”的分类一致，但是英语界对“语体”的定义更加宽泛。秦秀白的《文体学概论》(1986)介绍了由于使用英语的社会情境不同而产生了各种变体，如个人变体(idiolect)、时代变体(temporal varieties)、地域变体(regional varieties)、社会方言(social dialects)，以及从语域角度出发产生的口语语体与书面语体、正式文体与非正式文体、科技、公文、新闻、广告等文体。王佐良、丁往道主编的《英语文体学引论》(1987)一书分析模式相同，英语文体学就是研究各种英语的变体。

上面两本英语文体学专著讨论的“语体”其实是“(language) variety”的研究。侯维瑞在《英语语体》(*Varieties of English*，1988)一书中指出：“本书综合运用语言学、文体学、修辞学、文学等方面的知识，系统讨论英语的各种语体(包括文体)。”语言在实际使用中受许多因素影响，引起语言形式和结构上的变异，形成各种语体。这些因素主要有：

1)时间：语言因时代的变迁产生变异，比如英语大致可分为古英语、中古英语、现代英语等，汉语也有古汉语和现代汉语之分，每种时间变体都可以继续划分。

2)地域：因地理区域不同引起的变体，包括一种语言内部的方言，也包括一种语言在不同国家使用产生的变异。

3)语域：语域的概念有不同的界定，但基本上从传递媒介、正式程度和题材三方面出发，将语言分成口头和书面、正式语和非正式语，以及文学、广告、新闻、科技、法律等。

后面这几类也叫英语的功能文体。语言有诸多功能，由于“语言的这些功能，用于社会生活的不同领域，就形成了不同类型的文体(genre)”(侯维瑞，1996：189)。这些语言的功能变体也正是汉语界所谓的“语体”。

6.3.2 文体分析

前文已经指出，英语文体研究的任务之一就是寻找文体分析的有效方法，探讨各种文体的表现形式和交际效果，对具体语篇进行分析等等，所以我们先从文体分析的对象入手。

6.3.2.1 文体分析的对象

文体分析的对象呈现多层次性。首先，文本可以分成不同的文体，每一类文体都可以从词汇、句法、修辞、篇章等几个方面出发具体分析其文体特点。此外，每一类文体都可以继续寻找其民族风格、时代风格、地域风格、个体风格、流派风格以及表现风格等。(张剑桦，2001：108)

从语言的社会功能出发，可以划分出文学、科技、法律、广告、新闻等文体。比如，科技英语是正式程度很高的文体，具有科学性、准确性和抽象性等特点，而这些特点是通过词汇、句式、语篇等各层面反映出来的。胡曙中(1997：503)在《英汉修辞比较研究》一书中对科技英语的语体风格有非常清楚的例证概括：“科技语体的主要作用是运用概念、判断、推理，系统论述自然、社会和人类思维的规律，使人获得理性的认识，……所以专门科技语体不需要语言上的饰华和气氛上的渲染。”概括来说，科技英语语体风格表现为词汇上的单义性、专门性、书卷性，语句上的复杂性、被动性，语篇上的逻辑性、客观性。

民族风格是某一语言特色的集中表现，是一种语言系统的成分、结构、表达方式等各方面的综合。民族风格与其他语言的风格是相比较而言的，没有比较也就无法归纳出民族风格的特点。也正因为民族风格是比较而言，翻译时很难保留和复现，因为文字不同，表现力也有差异。萨丕尔在《语言论》中指出："每一种语言都有它鲜明的特点，所以一种文学的内在的形式限制从来不会和另一种文学完全一样。用一种语言的形式和质料形成的文学，总带着它的模子的色彩和线条。……一把他的作品翻译成别的语言，原来的模子的性质就立刻显现出来了。文学家的一切表达效果都是通过他自己的语言的形式'天赋'筹划过的，……不能不受损失地或不加修改地搬过来。"（Sapir，2002：199）萨丕尔还举例说明这一点，如英语要求的散漫结构在汉语里会淡而无味，而汉语由于不变的词和严格的词序，就有密集的词组、简练的骈体和一种言外之意，这对英语说来又未免太辛涩、太刻板。（Sapir，2002：203）

时代风格是由某一时代运用语言的各种特点所形成的特色。比如，古代汉语、近代汉语、现代汉语就是不同时代的汉语，反映在具体文本中，就呈现出不同的时代风格。比如《史记·李广列传》中的一段："广出猎，见草中石，以为虎而射之，中石没镞。视之，石也，因复更射之，终不能复入石矣。"李广射虎这一段文字仅四十字，却讲得惟妙惟肖，充分体现了古汉语多用单音节字而形成的简洁风格。用现代汉语再描述这个故事，字数则将近多出一倍，因为现代汉语多用双音节字，如："李广外出打猎，看见草里有一块石头，以为是老虎，就朝它射箭，箭射中了石头，连箭头都射了进去。过去一看，原来是石头。因此又朝它射箭，却再也射不进石头里去了。"

地域风格是指运用语言的地方变体所形成的地域特色。方言语音、词汇、语法中所体现的独具地方特色的风貌与韵味是形成语言地域风格的主要因素，如中国的广东话、闽南话，又如南非英语、苏格兰英语，还有带有南方口音的美语等。地域方言(regional dialect)是语言因地域方面的差别而形成的变体。有翻译家使用山东方言翻译英文名著，有作家使用陕西方言或北京方言创作，这些作品均反映出独特的地域风格，也反映出译家和作家的个人风格。

个体风格包括作家个人风格和作品个体风格。个人风格指作者个人运用语言所形成的独有风貌和气派。个人风格不仅与其语言特点有关，而且与作者所处的时代、知识结构、思维特点、心理特点、性格特征、生活经历，甚至与所居地域环境有关，或者说正是这些因素影响和形成了个人风格。

个人风格表现为作者在选词造句、修辞方式与表现手法等方面的独特之处。从另一角度看，个人风格实际就是民族风格、时代风格、地域风格、表现风格等在作者个人的言语、作品中的具体表现。如鲁迅的杂文具有含蓄、诙谐的风格，这是表现风格；同时又呈现出 20 世纪二三十年代的时代特色。这些组成个人风格的复合体，表现为个人风格的不同侧面。表现风格指运用语言的各种表现方法和修辞手法所形成的语言风貌格调，比如繁丰与简洁、藻丽与平实、明快与含蓄、庄重与诙谐、豪放与柔婉等。

6.3.2.2 文体分析的方法

在文体分析方法论这个层面，由于现代文体学的基础是语言学，并且利用了语言学提供的全部有关模式和术语，我们可以根据不同的语言学模式总结出几种主要的学派：结构主义文体学、功能主义文体学、话语文体学、认知文体学等。

一、结构主义

结构主义的核心概念是系统与关系，其基本思想是：一个系统由若干要素和子系统构成要素之间的联系是高度有序与组织化的；要素的值来源于它和其他要素之间的关系；经组织后的要素的值大于单个要素值的简单相加。（刘家荣，2004：167）

Michael Short 把文体分析概括为互相关联的描写、解释、评价三个步骤。描写的方法依照语言的结构层次分别进入语音层、词汇层、语义层、句法层与语篇层。在文学作品特别是诗歌语言的分析中，要把语言的结构或形式分析转变成文体分析，还需要一些理论和方法论的支撑，其中最著名的是 Jacobson 的投射说、Leech 的变异说和 Ohman 的转换说。

结构主义的分析方法不但适用于文学文本的分析，对非文学或实用语体的文本分析也能应付自如。事实上，现代文体学的创始人巴依力主把文学文体排除在文体学之外，他认为文体学应当研究组成语言系统的言语结构的感情表达力，而文学家的词语都是经过反复认真的推敲，掺有美学意图的。(刘家荣，2004：167)

二、功能主义

功能主义在方法上也是从结构主义衍生的，韩礼德早期的研究也是采用结构主义的路子。不同的是，功能主义力图从功能上说明作家为什么要选择某一种结构而不是另一种结构。(胡壮麟，2000：121)

1969年，韩礼德在美国召开的文学文体研讨会上宣读了一篇颇具影响的论文《语言功能与文学文体》(*Linguistic Function and Literary Style*)，该文指出语言的功能理论是进行文体研究的有效工具。所谓"语言的功能理论"，就是"从语言在我们的生活中起某种作用，服务于几种普遍的需要这一角度出发来解释语言结构和语言现象"。韩礼德这篇论文是功能文体学的奠基之作。

首先，语言的功能理论打破了传统上文体与内容的界限。韩礼德明确指出，任何语言结构都有其特定的语言功能，文体存在于语言的任何领域之中。但是，韩礼德在判断文本中语言结构的文体价值时，依据的并不是语言的基本功能，而是具体文本的主题意义。倘若我们仅以语言在生活中承担的功能为标准，就难以判断哪些语言结构具有文体价值，哪些结构无关紧要，因为任何语言成分都具有其基本的(往往是两种以上的)语言功能。

韩礼德认为，一个数量上十分突出的特征可能是些无关紧要的特征，而某一数量上不十分突出的特征可能是十分相关的。一种数量突出的语言结构只有与整个文本的意义相关联时，才会成为真正的突出，这是一种功能性质的关系。假如一种数量上突出的语言结构对表达作品的意义起作用，它凭借的是它在语言系统中的价值，即产生其意义的语言功能。当该种语言功能与文本的阐释相关联时，这种语言结构的突出看起来就是出于特定目的真正的突出。

"突出"或"前景化"(foregrounding)，是布拉格学派的学者Mukarovsky

于 20 世纪 30 年代提出的。他认为，作者为了作品的美学价值和主题意义对标准语言(语法)有意识的偏离，即性质上的突出；或者频繁采用的某种语言结构，即数量上的突出。“偏离”是和“常规”相对的，“常规”是指语言中普通的、基本的那部分词汇、句式和语法，即共核语言；而“偏离”则是指超出共核语言之外的那部分特殊用法。两者互为比较，没有绝对的界线。王佐良先生论述两者的关系时说：“不论常规或变异都只有一种大致的范围，其边沿常是模糊的、交叉的(例如，常规过甚变成了老套，而变异过甚又变成了怪诞，界线是不易分清的；在局部是常规的，在全局可能是变异，反之亦然；同时还有时间因素，在昨天是变异的，在今天可能成了常规)。”(秦秀白，1996：97) 从这一论断出发，文体特点和各种风格的表现都是相比较而言的，不与其他语篇相比较就难以发现文体特征。

里奇(Leech & Short，1981：48)在《小说文体》(*Style in Fiction*)一书中指出了偏离、显著性(prominence)与突出的关系。里奇认为偏离是一个统计概念，因语篇或语料中的某些语言特征违背常规而产生。而显著性是一个心理概念，“显著”的程度和类型对读者识别文体风格提供了一个主观认知基础。读者的注意力程度、对文体的敏感度、已获得的阅读能力以及文体本身的模糊性与不确定性等因素都会直接或间接地影响读者对显著性的识别。里奇把这些因素称之为文体能力(stylistic competence)，是读者后天获得的能力，因此不同的读者对同一突出现象的认知程度也不一样。韩礼德把“突出”看做“有动因的显著性”(motivated prominence)，单纯的语言突出不能作为有无文体价值的标准，只有突出在表达讲话者的全部意义有一定功能时，才具有文体价值。突出、显著性和偏离这三者之间是一种单相包含关系，即突出包含显著性，显著性包含偏离，反之则不然。

第二，韩礼德这篇论文并不重视违背语言规则的性质上的突出，但却重视选择频率上的或数量上的突出。他断言在语法上偏离常规的语言现象“对文体学来说价值十分有限，这种现象很少见，而当它出现时，也常常没有文体价值”。他还引用了 Angus McIntosh 的话为自己的观点提供依据，“常常……我们发现一个作品具有巨大的感染力。但逐个字、逐个短语、逐个小句、逐个句子地看下来，却看不出在语法或者词语上有什么非同寻常或引人注目之处”。韩礼德认为重要的是数量上的突出，即作者在有可能进行多种选择的区域坚持频繁采用同一类型的结构，这样规则一致的选择可以构成文本内的常规，但在更大的范围中来看，则可能偏离了常规的频率。(申丹，1997：5)

韩礼德轻视违背语言规则的性质上的突出，与文学文体学家形成了对照，后者一般更重视或同样重视性质上的突出。但是新批评派的韦勒克(Wellek)支持韩礼德的观点，认为文体特征不一定非得违反语言常规，“语言文体学的危险是过于着重对语言常规的偏离，甚至扭曲。常规文体学被扔给语言学家，而偏离文体学则留给文学研究者。但是经常的情况是，最普遍、最规范的语言成分就是文学结构的成分”(胡壮麟，2000：115)。

功能文体学还有一个显著特点，即强调语言、语篇与社会语境的关系。韩礼德认为语言是社会符号，语篇受制于情景语境。20 世纪 80 年代初以来，在女权主义、新历史主义、文化研究等新思潮影响下，越来越多的功能文体学家将注意力转向了文本语言与权利关系/意识形态之间的关联和相互作用。这也促进了新的文体研究派别的形成：社会历史文化文体学。不少文体研究从语言学模式来说，应划归功能文体学，但从其研究目的来说，则属于社会历史文化文体学。同样，有的文体研究从分析对象来说属于话语文体学，譬如戏剧或广播访谈等实际对话，但采用的分析工具也是系统功能语法，因而具有了双重属性。(申丹，1997：6)

三、话语文体学

20 世纪 80 年代话语文体学蓬勃发展，该学派采用话语分析模式以及语用学和语篇语言学来进行文体分析。在分析对象上，话语文体学有两点不同于其他文体学派，一是注重分析会话，注重交际双方的相互作用过程。近年来的话语文体学注意研究文学文本(而不是生活中的实际对话)，分析重点为戏剧、小说、诗歌中的人物会话、独白或巴赫金(M. M. Bakhtin，1895—1975)理论意义上的种种对话关系。另一特点是，话语文体学的分析对象为句子以上的单位，如对话的话轮之间的关系和规律，句子之间的衔接，或话语的组成成分之间的语义结构关系等。总的来说，与功能文体学家相似，话语文体学家较为重视语言学描写的精确性和系统性，注意展示或检验所采用的语言学模式的可行性。话语文体学家也越来越强调文本与社会、历史语境的联系，主张超越对文本美学价值的探讨，而将注意力转到文体特征与阶级、权力、意识形态的关系上去，这无疑促进了社会历史/文化文体学的发展。(申丹，2000：25)

综上所述，语言是一个多层次的系统。西方现代文体学借鉴语言学理论，对文体的结构层次作了细致的划分。文体分析不同于纯粹的语言学分析，文体分析的目的在于探索一个语篇的文体风格特征及其效果，寻找与文本主题意义密切相关的语言结构，这样的语言结构才具有文体价值。就文体分析和语篇分析的关系而言，文体分析关注的是语篇的独特性；而语篇分析则相反，所选择的特征要求具有代表这类语篇的典型性，并偏重于研究在一个语篇中信息的表达和理解，特别是隐含的。(胡壮麟，2000：117)

就文体分析方法而言，传统方法是对语言的词汇、句法和修辞手段的某一方面作深入全面的介绍。王佐良、丁往道主编的《英语文体学引论》，在分析文体时，大致从语音、词汇、句法、语篇结构四个方面入手。区分文体结构的层次主要是为了描述和分析文体的需要，因为各个结构层次之间具有紧密的逻辑关系，从而构成某一文体的特点。文体虽然主要是揭示文本的形式特征，但由于文本的形式与内容不可分离，特定的形式总是反映特定的内容，文体分析也必然要和题材、内容紧密相关。胡壮麟在分析狄伦·托马斯的一首诗时指出，该诗虽采用了头韵、正韵、辅韵、行中停顿、跨行等常规方法(1984：168-171)，但后来他又提出了“语言形式全应效果”的概念(胡壮麟，2000：5)，说明诗人的意图有时反映于语言的语义、词汇、句法、音系各个层次，互相呼应。

以上关于文体的阐述，最终目的是要运用于翻译实践。

6.3.3 文体与翻译

对于文体的定义众说纷纭，秦秀白和刘世生总结了三十多种定义。对于这种现象，刘世生指出两个原因，一是界定者所依据的语言学理论不同，有的定义以传统语言学理论为基础，有的定义则以结构主义语言学理论为基础；二是界定者本人认识上的不同，有的界定者以研究文学风格为己任，有的界定者则乐于研究各种语言变体的不同风格。（胡壮麟，2000：3）

我们在前面一节已经指出了文体的多层次性，并介绍了最主要的两种文体分析的方法，这些都是在同一个语言系统内部进行的，而文体翻译则涉及两种不同的语言文化的转换。鉴于文体的多层次性，译者翻译之前应首先加以辨别。从文体的社会功能出发，可以分成文学、科技、政论等文体，这是第一个层次；每一种文体又会因为语言的变异可以继续划分，比如文学有诗歌、戏剧、小说、散文等形式，这是中间层次；最高层次是风格的研究，包括作家、作品、不同流派的语言变异和总体风貌。（刘宓庆，2001：219）限于篇幅，本节着重讨论风格的翻译。

6.3.3.1 风格的可知性

风格有可知性（recognizability）吗？风格可以说是语言在运用中所展现的一种气氛或格调，这听起来有些玄虚缥缈，比如，论及杜甫李白，都说“子美沈著，太白飘逸”。但是风格所赖以形成的语言要素和手段是具形可见的。从语言形式出发，风格可以变成看得见、摸得着的客观东西。用语言材料营造气氛，常常采用两种方法，即“风格要素”和“风格手段”。风格要素是指在孤立状态下也可以显示风格类属的语言成分，具有“封闭性”的特点。风格手段则是由“中立性”的语言材料构成，在语言中占绝大多数，并呈现在各种不同色彩的言语作品中。运用风格手段表现风格，着重在于语言材料的组成或结构。风格的形成，“风格要素”和“风格手段”缺一不可。但风格的确立不仅仅涉及形式因素，也涉及作品所要传达的各个方面，在综合的形式中显示出其整体的审美情趣和风貌，风格表现在主题、题材、结构、情节、语言等各个方面。（张剑桦，2002：149）所以，风格始终与表达主体紧密相关，并且在接受过程中，还因接受主体的特质而异。

既然风格是由语言表现的，我们就可以从语言出发，识别风格外在的显性特征，用刘宓庆先生的话来说就是寻找“可被我们认识的形式标记”(form markers)，包括语音、词汇、句法、修辞和章法等。这是风格分析最直观、最基础的一步。

此外，风格还具有隐性特征，即神韵、风骨、气势、情调等“非形式标记”(non-formal markers)，隐含于作品的字里行间。非形式标记属于意象的或心理的和情态的因素，在美学上称为“非定量模糊集合”。非形式标记借助审美客体总的语言结构体式和特点(textual patterns and features)、语境、交际功能等，构筑起审美客体的“非稳态结构”(unstable structure)，唤起审美主题(即接受者)审美意识中的映像、体验和感觉等心理因素，形成模糊性审美。这种审美的“非稳态结构”具有明显的开放性，因为从根本上要依靠审美主体的想象力和创造力。（刘宓庆，2001：230）不同审美主体会有不同的审美体验，这也正是里奇所说的“文体能力”(stylistic competence)。

6.3.3.2 风格的翻译

1954年茅盾就提出，文学翻译要“用另一种语言，把原作的艺术意境传达出来，使读者读译文的时候能够像读原作时一样得到启发、感动和美的享受”。所以，文学翻译者肩负着双重任务：一方面，要忠实于原作的思想内容；另一方面，还应忠实地再现原作的风格，否则译文就失去原作的艺术魅力。就风格的可译性而言，主要有两种观点：一为不可译，一为难译但可译，至少在不同程度上可译。

一、风格不可译论

常乃慰1948年在《文学杂志》第3卷第4期上发表《译文的风格》一文，提出风格不可译。他认为，译品与原作之间的关系不是影与形或子与母，而是哪吒太子，他剔骨还父，剔肉还母，莲花化身。译品与原作是脱胎换骨的关系，是法身与原身的关系。“文学风格的价值只能附丽于他所使用的文字，一经翻译成另一种文字时，就属于译文所有，风格是无法移译的。”(程永生，2001：393)

张中楹(1984：669)认为：“在同一语言的领域里，尚且不易模仿一个作者的风格；在翻译方面，把原作译成另一种语言而要保持同一风格，这是更不易做到的工作……用另一种语言，根据原作题材的正反，用字的难易，表达的繁简，色彩的浓淡，同时还要照顾到原作雄伟的体势，或者是优美的格调，一字字，一句句，一段段，一章章翻译出来，既忠实原作，又合乎译文的语言规律，这是不可能也是不必要的工作，同时，也决没有人会敢于作这样的尝试。”张中楹(1984：672)还进一步引用周煦良的观点，认为“在通常情况下，它(指风格——引者)好像只是在无形中使译者受到感染，而且译者也是无形中把这种风格通过他的译文去感染读者的，所以既然是这样的情形，我看，就让风格自己去照顾自己好了，翻译工作者大可不必为它多伤脑筋。”

二、风格可译论

《中国翻译》从 1985 年到 2003 年[10]有 60 篇文章专门论述文学翻译，其中有 40 篇关于风格翻译。多数学者认为风格是可以翻译的，这期间还有 30 篇译文赏析，标题都是中国古代诗话之类的溢美之词，如“清新流畅、达意传神”，“晓畅通达、貌合神合”，“细刻精雕、丝缕毕现”等。虽然承认风格的翻译有一定的限度，但大多数学者都肯定了风格翻译的可能性。刘宓庆在《当代翻译理论》一书中专门用一章论述翻译风格，可以算是可译论的代表。他指出，译文风格对原文风格有依附性，因此，译者的首要任务是发掘源语的全部风格意义，识别源语的风格标记(stylistic markers)，使译文在与源语的对应中力求在风格表现上做到“恰如其分”。翻译风格意义的可知性从原则上基本保证了风格的可译性。(刘宓庆，1999：219，236)

中西方存在语言、历史和文化背景上的差异，但无论是作家与作

---

10 笔者以为该 18 年是译界对风格翻译的认识从“幼稚”走向“成熟”的时段。

家之间，还是作家与译者之间，皆有着彼此相通的风格特征。如果从宏观上把握，作者的风格或热情奔放，或庄重典雅，或明白晓畅，或晦涩难懂，这些都是可以借鉴和传递的。翁显良(1983)认为："风格可译，指的是原作意象的隐或显、婉或直、艳丽或质朴、庄重或谐谑都可以译；何止可以译，简直非译不可。"

刘宓庆先生指出，传统的文体学和文艺理论中，风格的论述通常借助于所谓"印象性术语"，譬如"典雅"、"绮丽"等等，……印象性术语在对文章的总体风貌作美学描写时是适用的……但不能忽视对语言形式的结构分析，译者只有对原文进行结构分析并与非形式标志模糊集合的审美活动相结合，文章的风格才能显现，从而使风格意义成为可知。翻译风格意义的可知性从原则上基本保证了风格的可译性。(刘宓庆，2001：219-220)

综上，我们认为风格的可译性是相对的。两派的分歧主要在于着眼点不同，不可译派着眼于微观，从两种语言系统的区别出发；可译派则是从宏观上语言文化的相通之处着手。不可译论者都是从语言的微观出发，认为语言载体发生变化，风格也将不存。正如唐诗宋词具有一定形式美，体现在平仄、音韵等外在形式标记上。外在形式发生变化，负载的内容也会给人不同的感受，唐诗没有其外在的形式也就不再是唐诗了。可译论者从宏观出发，认为语言文化有差异，但是审美心理可以是相通的。因此在这一层次上，译者可以在译入语中模拟原文的气质。模仿的成功与否与译者的努力相关，同时也因审美主体的差别而异。

6.3.3.3 风格翻译的方法

由于翻译受原作的局限，译文的基本体式和风貌不能由译者随意加以改变。正如刘宓庆先生所指出的，译文风格对原文风格有依附性，因此，译者的首要任务是发掘源语的全部风格意义，识别源语的风格标记(stylistic markers)，使译文在风格表现上做到"恰如其分"。(刘宓庆，2001：219)

风格的符号体系包括形式标记(form markers)和非形式标记(non-form markers)。形式标记主要包括以下几方面：音系、用词、语域、个人用词、句法、章法、修辞。非形式标记则是非直观的，属于意象或心理因素，美学上称为“非定量模糊集合”。它借助审美客体总的语言结构体式及特点、语境、作品的交际功能，构筑审美客体的“非稳态结构”，来唤起审美主体审美意识中的映像、体验和感觉等心理因素，形成模糊性审美活动。它不诉之于直觉体验，从根本上依靠想象力和创造力，因而具有开放性、兼容性、独特性。

两种语言之间存在很多差异，因此，在翻译过程中，要想不改变原文的形式把意思完全翻译过来根本是不可能的。所以，要想把原文的风格真实传达到译文中去，不仅需要考虑作品的遣词造句，更要从整体上把握原文语篇，根据译入语的特色，创造性地再现原文的风格。风格翻译的关键在于与原作风格的适应性，可以采取以下换码模式：

- 对应式换码(corresponding)：大多数作品可以通过模仿来传译原文风格。简言之，模仿。
- 重构式换码(recasting)：实质是风格意义的再创造。简言之，重构。
- 淡化式换码(decoloring)：权宜之策，在确保概念意义的前提下不得已(部分)放弃风格意义。简言之，淡化。

以下，我们分别述之。

一、模仿

模仿就是通过在目的语中寻找与原作风格特征对应或相似的语言形式来再现风格的手段。关键在于译者紧紧抓住原作的语言形式特征，并在目的语中找到适当的语言形式再现原作的艺术价值和魅力。

比如地域方言的翻译。地域方言具有浓厚的地域文化色彩，生动、形象，具有很强的生命力和表现力。方言的文化独特性，使得它在别国语言中很难找到对等词语。这给方言的翻译带来了不小的困难。地域方言的使用通常有两种情况，一种是整个作品都用地域方言写成，另一种是利用方言词语来塑造人物形象。在全篇用方言写成的作品中，方言就像任何一门外语一样，只是一种交际工具，可以不作特殊处理，一般直接译成标准语即可。对后一种情况的处理则要复杂得多。如张谷若所译之《苔丝》。

二、重构

《狂人日记》一书中的文体差异给翻译带来巨大困难。狂人以白话文写日记，前面由“友人”所记的序，则用文言文。白话文和文言文在文体上的差异有重要的时代意义和象征意义。《狂人日记》是反封建反传统背景下的作品。鲁迅认为中国文字艰深，使得许多人不能借此说话，而古训筑成的高墙，甚至使人无思想的余地，导致老百姓四千年来默默生长、枯死，如压在石底下的草。狂人的日记没有用当时流行的文言笔记体小说文体，而用白话文，具有强烈的反传统意义。狂人过了三十多年发昏的日子，第一次见到月光，得到启蒙，在历史的字缝中看到了“吃人”的真相，却被视为“疯子”。而在他“病愈”之后，语言也恢复了文言体，象征其“正常”，极具反讽效果。

William A. Lyell 的译本 *Diary of a Madman and Other Stories* 认为，白话文中夹杂文言引文的风格极难翻译，因为英文没有这一类文体差异的对照。他常用的处理方式是将文言引文用斜体字排印，或使之押韵，或采用浮夸、生硬不自然的文体以示区别。比如，小说的“序”全段采用斜体字印刷，文体夸张，不自然。此外又加注说明日记用的是口语语体(colloquial)，序是古文文体(classical Chinese)。(范文美，2004：146)

译者虽然竭力表现文中这种文体差异，但脱离了汉语文化背景，英语文本中这种文体差异似乎无关主旨。用韩礼德的话来说，一种数量突出(foregrounding)的语言结构只有在与整个文本的意义相关联时，才会成为真正的突出，这是一种功能性质的关系，换句话说，只有与文本主题意义密切相关的语言结构，才具有文体价值。韩礼德强调社会语境对语篇的制约作用，脱离了汉语社会语境的英语译文只能在英语语境中产生新的文体意义。

三、淡化

即在确保概念意义(conceptual meaning)的前提下(不得已)放弃

(或部分放弃)风格意义。请看选自朱自清《匆匆》中的段落及其译文：

【原文】燕子去了，有再来的时候，杨柳枯了，有再青的时候；桃花谢了，有再开的时候。但是，聪明的，你告诉我，我们的日子为什么一去不复返呢？——是有人偷了他们罢：那是谁？又藏在何处呢？是他们自己逃走了罢：现在又到了那里呢？

【译文】If swallows go away, they will come back again. If willows wither, they will turn green again. If peach blossoms fade, they will flower again. But, tell me, you the wise, why should our days go by never to return? Perhaps they have been stolen by some one. But who could it be and where could he hide them? Perhaps they have just run away by themselves. But where could they be at the present moment? (张培基译)

通过分析，我们不难看出：从句法角度出发，原文都采用流水句，完全是意合；然而译文难以再现这样的句法风格，改用形合，如使用了三个"if 从句"，又如把主动句变为被动句，等等。

尽管如此，原文和译文在总体风格上还是接近的，所以只是原文文体部分有所"淡化"或"放弃"，原文的思想内容还是很好地得到了保留的。

【思考题】

1. 什么是成功的跨文化交际[PT]+[AT]？
2. 如何进行成功的跨文化翻译[PT]+[AT]？
3. 跨文化翻译有哪些有效的方法？你能举出自己的翻译实例吗[AT]？
4. 语篇内因素与连贯有哪些主要内容？如何在翻译实践中注意这些问题[PT]+[AT]？
5. 语篇外因素与连贯有哪些主要内容？如何在翻译实践中注意这些问题[PT]+[AT]？
6. 请用自己的翻译实践和研究说明语篇类型与翻译的关系与重要

性[PT]+ [AT]。

7. 中文中“文体”的概念与英文中的“style”概念有何异同及联系[PT]+ [AT]？
8. 文体分析的方法有哪些？这些分析的方法对文体翻译有什么帮助[PT]+ [AT]？
9. 就英汉互译而言，风格可译吗[PT]+ [AT]？
10. 书中提供的风格翻译法有用吗？请用你自己的译例分别加以说明[PT]+ [AT]。

Chapter 7

跨学科深化

Further Interdisciplinary Research

7.1 俄国形式主义

7.1.1 起源

俄国形式主义是当代西方科学主义文论的早期代表之一。该学派从瑞士语言学家索绪尔的语言学理论中得到启发，提出以科学的方法探究文学的"内在问题"，以期揭示文学之所以为文学的"文学性"——文学中的语言形式、结构。

俄国形式主义者拒绝接受当时支配俄国文学批评的心理学/哲学或社会学方法，认为文艺学之所以长期沦为其他学科的附庸和侍女地位，关键在于没有自己明确的对象和研究范畴。

俄国形式主义反对把艺术看做一种思维方式和认识方式，也反对传统的工具论文学观所形成的外部研究风气。这样做的目的就是要让文学从认识论中独立出来，从文学内部自身的形式入手，将文学本身的特性和审美价值即文学性确定为文学研究的对象。

俄国形式主义运动产生于第一次世界大战前夕，发祥地包括圣彼得堡大学的"奥波亚兹"(Opoyaz，"诗歌语言研究会"的俄文缩写名称的音译)和"莫斯科语言学小组"，文艺学史上一般以"奥波亚兹"代称整个(俄国形式主义)运动。前者即"诗歌语言研究会"于1916年由什克洛夫斯基(Shklovsky，1893—1984)创立和主导；后者即"莫斯科语言学小组"(the Moscow Linguistic Circle)于1915年由雅各布森(Jakobson)发起和领导。

7.1.2 核心理论

俄国形式主义是十月革命前即已形成的一个文学理论与批评流派，到20年代中期，俄国形式主义的其他理论家们连续推出一系列著作和文章，逐步建立了系统的理论构架。其中，什克洛夫斯基提出的

"艺术的目的是提供对陌生事物的感觉"、"艺术的手法是使事物'陌生化'"的观点，对于艺术的本质问题做出了重新回答。雅各布森关于文学研究的对象是作品的"文学性"的见解，则更新了传统的文艺学观念，开创了文学的"内部研究"之先河。"陌生化"和"文学性"的研究理论，成为俄国形式主义的两块理论基石。

一、陌生化

作为一个文学概念，"陌生化"最早见于什克洛夫斯基的纲领性宣言——《语词的复活》(1914)。(张冰，2000：162)

"陌生化"的英文译名有多种，其中包括作为名词的 defamiliarization 和 bestrangement，以及作为动词(词组)的 defamiliarize 和 make it strange。它的意思是"使之陌生、奇特、不同寻常"，就是要审美主体对受日常生活的感觉方式支持的习惯化感知起反作用，要很自然地对主体生活于其中的世界不再看到或视而不见，使审美主体即使面临熟视无睹的事物时也能不断有新的发现，从而延长其关注的时间和感受的难度，增加审美快感，并最终使主体在观察世界的原初感受之中化习见为新知，化腐朽为神奇。(杨向荣，2005)

正如什克洛夫斯基所说："艺术的设计是对象的陌生化设计，是造成形式困难的设计，这是一种增加感觉难度与长度的设计；因为在艺术中，感知过程本身就是目的，必须设法延长它。"(姚斯、霍拉勃，1987：295)

根据"陌生化"的概念，诗歌或文学作品中的一切表现形式，都不是对现实的严格模仿、正确反映或再现，相反，它是一种有意识的偏离、背叛甚或变形、异化。从广义上说，文学本身就是对现实生活的一种陌生化。所谓陌生不是绝对的陌生，是相对于生活的本来状态、读者的前接受视野、一个时代文学中占统治地位的审美原则，等等，是在一定背景下"显得"陌生。由于"陌生"的现实客体总是通过语言这一介质呈现出来的，因而陌生化所欲使之陌生的，除客体外，还有语言或语词。陌生化是文学语言的本质属性，也是作为一种语言艺术的文学的最本质的特征。(张冰，2000：163)

什克洛夫斯基在《作为手法的艺术》一文中谈到："那种被称为艺术的东西的存在，正是为了唤回人对生活的感受，使人感受到事物，使石头更成其为石头。艺术的目的是使你对事物的感受如同你所见的视像那样，而不是如同你所认识的那样；艺术的手法是事物的'陌生化'手法，是复杂化形式的手法，它增加了感受的能度和时延，既然艺术中的领悟过程是以自身为目的的，它就理应延长；艺术是一种体验事物之创造的方式，而被创造物在艺术中已无足轻重。"（方珊等译，1989：6）这段话集中地体现了俄国形式派的方法论原则。

陌生化手法的着眼点在于，如何使作品的结构原则、构造方式、韵律、节奏和语言材料变得困难和复杂，增加读者感觉的难度和体验的时间长度，从而使美学的形式之梦得以实现。也就是说，只有那些被当做艺术感知的对象，脱离了习惯性和自动性的感知，方值得冠之以"艺术"的美称。（刘万勇，1999）

"陌生化"这种手法乃是语言艺术的根本表现方法，是文学语言的本质特征。"陌生化"本身可以在语言、叙述视角、情节构成等方面得到体现。

陌生化是艺术的普遍性特征，其核心性质在于对现实和自然进行创造性的变形，使之以异于常态的方式出现于文艺作品中。艺术的首要任务是提升作品的陌生感，使人们习以为常、司空见惯的感觉和认知方式变得新鲜、新奇，使人们对作品所描述的客体对象充满兴趣和期待。（张冰，2000：85）。

二、文学性

正如前文所述，俄国形式主义旨在揭示文学之所以为文学的"文学性"，文学研究的对象不是作者，也不是作品，而是"文学性"。所谓"文学性"，就是"使特定作品成其为文学作品的那一特性"。

为建立一门独立的文学科学——文学学，俄国形式主义否定了文学与社会存在的相关性，否定了它与哲学、心理学、道德、宗教的相关性，将文学研究的对象严格地局限在文学与其他学科的差异性之上，即文学之所以成为文学的那个东西。文学性也就是文学作品区别于历史文献、哲学论著、科学著作等的根本原因，换言之，就是文学作品之所以为文学作品的存在依据和理由。这一概念的提出实际上维护了文学系统的独立自足性。

文学性只能在纯粹的文学世界中寻找，通过“陌生化”技巧和文学形式的演变，文学作品能凸现其文学性，帮助读者产生艺术化的感觉和新奇的体验。这种演变就是帮助人们超越日常感觉，形成艺术感觉，从而产生新奇和惊异的陌生化效果；而这种效果最终又使人体会到形式本身的更新过程，使美学的感性形式之梦得以实现，突出文学之所以成为文学的那种特质。(刘万勇，1999)

综上所述，俄国形式主义所说的文学性，指文学作品区别于非文学作品，如历史文献、哲学著作、科学作品等的根本特质，这一概念既维护了文学系统的独立自足性，也维持了文艺学的主体性和主体地位。俄国形式主义者把对文学性的追求视为其终极目的，而使文艺形式“陌生化”则体现了文学性的实践价值。

7.1.3 对翻译的启发

一、陌生化与文学翻译

“陌生化”对于翻译，尤其是对于文学翻译具有重要的启示。因为翻译中，源语文本(source text)和源语文化(source culture)含有异质性(heterogeneity)和异域性。所谓异质性或异域性，即是源语文本(作品)与客观世界，源语文化与译语文化之间的差异性。换言之，翻译是对文化的“他者”和文本新奇内容的审美过程，而“他者”的属性是陌生。

陈琳和张春柏(2006：93)这样定义翻译中的陌生化概念：“将源语文本的陌生化表现手法保留，或把文学样式、文学手段、文学主题、文化信息陌生化，”“通过将源语文本的语言和文化差异的保留即异域化，将陌生化的手段保留或将源语文本的语言文化差异与平行文本的诗学特征杂合制造杂合文本，使翻译审美主体和审美接受者不断有新的发现，从而延长其关注的时间和感受的难度，增加审美快感，并最终使翻译主体和审美接受者在观察世界的原初感受之中化习见为新知和新奇，使他们在审美过程中不断有新的发现，制造新奇感。”

无论对于作者的创作行为，还是对于译者的翻译活动，陌生化这一概念都具有重要的实践指导意义。笔者认为，陌生化在翻译过程中可以有多种表现形式，包括：

1）保留源语文本和文化的差异性和异域性；

2）将源语文本的诗学特征与译入语的平行文本的诗学特征相杂合；

3）在译文中再现原文的文学性，让译文读者获得同样的审美感受等。

4）在译文中增添原文没有的“陌生化”手法或形式，丰富译文的意趣，体现译者的主体性。

二、陌生化与异化译法

“陌生化”可以应用于翻译实践中，通过各种形式再现源语文本和文化的差异性、异域性和文学性，实现原文读者与译文读者之间审美感受的最大对等。“陌生化”这一概念和手法的特殊属性使其容易与“异化”（alienation / foreignization）翻译方法混淆。下面将阐述两者的联系与区别。

首先，在宏观层面上，两者属于不同的学科范畴。“陌生化”是文学艺术的一种表现手法，是文学评论的常用术语，是艺术技巧的问题。而“异化”则是翻译理论术语，指“在翻译方法上迁就外来文化的语言特点，吸纳外语表达方式”（方梦之，2004：3），是就翻译中所涉及的文化转化问题而言，是译者对文化差异的取舍问题。

其次，在微观层面上，两者具有不同的操作目的。“陌生化”是在同一种语言中进行考察，而“异化”却是在双语之间进行操作。“陌生化”是以艺术价值为目的，“异化”是以信息传真为宗旨。翻译过程中“陌生化”是翻译的对象，可用“归化”也可用“异化”方法来翻译。（汤水辉，2005）

简而言之，“陌生化”是目的，是结果，“异化”是手段，是方法。两者并不能画等号。请看下面的例子。

【例 1】

【原文】Their parents do not encourage the joining of forces. … We have a proverb here: "*Two boys are half a boy, and three boys are no boy at all.*"

【译文】他们的父母不鼓励把人手集中起来。……我们有句俗话说："**两个小伙子抵半个，三个小伙子不干活。**"（陈文伯，2005：63）

【简析】"Two boys are half a boy, and three boys are no boy at all." 是一句英语习语，意思是"the more boys that help, the less work they do"。这里的"boys"泛指"人们，人手"，这句习语的本意是："帮忙的人手越多，工作做得越少。"

【例 1】采用"异化"译法将习语译成："两个小伙子抵半个，三个小伙子不干活。"因为这不是汉语固有的习语用法，所以这种译法保留了原句的文化特色，使读者感到新奇。然而，原文中并没有出现陌生化的文学手法。

因此，"异化"只是实现原文"陌生化"的翻译方法之一。如果原文没有"陌生化"因素，译文也可以采用"异化"译法。原文若含有"陌生化"因素，译文除了使用"异化"译法外，也可以使用其他翻译方法。

三、翻译陌生化的方法

为了在翻译过程中保留和再现源语文本和源语文化的差异性、异域性和文学性，即转移其"陌生化"手法和"文学性"特质，译者可以采用各种翻译手段或方法。翻译陌生化的方法大致分两个方面：首先，原文含有"陌生化"，译文予以保留；其次，原文没有"陌生化"，译文予以增加。

归纳起来，实现"陌生化"的翻译方法包括异化、归化、杂合和创造。

(1) 异化 (foreignization)。

【例 2】

【原文】 维护团结的人（节选） 王蒙

艾团结悄没声息地走进了老王的家，他压低了声音，对老王说："老王，不要理他。宰相肚子里撑大船，不跟他一般见识。"

老王莫名其妙，眨了眨眼睛，由于他正忙着打家具，顾不上回答老艾的话。

"其实你也早知道了，你不会计较的，你的水平不一样嘛。"

老王低下头，拾掇刨子。

艾团结弯下腰，凑过身去说："你知道，老周说你的鼻子是假的。"

老王鼻子哼一下，没言语。

艾团结把脸凑得更近一些，哈出来的热气冲到老王的耳朵上："老周说，你的鼻子是从他家的垃圾堆里找出来，用猪皮胶粘在脸上的。"

老王抬起了头。

"老周还说，你把你原来的鼻子卖给走私商了，没有缴纳赋税。"

老王皱起了眉。

【译文】 **A Man Upholding Unity (Excerpt)** Wang Meng

Ai Tuanjie stole into Lao Wang's home quietly and whispered surreptitiously to him, "Lao Wang, just ignore him. As the saying goes, a Prime Minister's heart is big enough for a boat to sail. So you needn't bother to reason with him."

Lao Wang blinked his eyes in bewilderment. He was busy making furniture and so he didn't have the time to make any response.

"In fact, you must have heard about it," he continued. "But you didn't pay any heed to it, I am sure. You are above all gossip."

Lao Wang stooped to fix the plane.

Ai Tuanjie bent closer and went on, "You know, Lao Zhou said your nose is artificial."

Lao Wang let out a snort through his nose but kept silent.

Ai Tuanjie moved still closer, breathing hot air into Lao Wang's ear, "Lao Zhou said your nose was picked up from among the rubbish heap in front of his house and stuck on to your face by the adhesive made of pig skin."

This remark finally made Lao Wang look up at him.

He then added, "Lao Zhou also said that you have sold your own nose to a profiteer without paying tax."

Lao Wang knit his brows.

（琥珀 译注）（乔萍等编著，2002：180-183）

【简析】原文是一篇讽喻短篇小说，故事情节和人物语言都比较含蓄，频繁采用“陌生化”的文学手法。节选部分中有几个地方值得一提。首先，小说人物之一“艾团结”这个人名是“爱团结”和“碍团结”两个意思的双关语，译文采用音译，直接译成“Ai Tuanjie”，然后再页底加脚注解释。其次，故事情节围绕艾团结转述老周如何评论老王的鼻子，令读者不易理解作者的意指。译者基本采用异化译法翻译有关“鼻子”的评说的。例如：“老周说你的鼻子是假的。”“老周说，你的鼻子是从他家的垃圾堆里找出来，用猪皮胶粘在脸上的。”“老周还说，你把你原来的鼻子卖给走私商了，没有缴纳赋税。”这几句都是如此译法，以保留原文的“陌生化”手法和讽喻的“文学性”。

(2) 归化(domestication)。

上文举过类似的习语例子，采用的是异化译法。再请看这个例子：

【例 3】

【原文】Lindbergh's father, a populist Republican Congressman from Minnesota, had taught him to be totally self-reliant—"*One boy's a boy; two boys are half a boy; three boys are no boys at all.*"

【译文 1】林德伯格的父亲是具有人民党思想的明尼苏达州共和党议员，他教育林德伯格要完全自立——“**一个人全劳力，两人半劳力，三人无劳力。**”（陈文伯，2005：63）

【译文 2】林德伯格的父亲是具有民粹主义思想的明尼苏达州共和党议

员，他教导林德伯格学会完全自立——**“一个和尚挑水吃，两个和尚抬水吃，三个和尚没水吃。”**（笔者译）

【简析】上述**【译文 1】**译出原文习语的意思，显得平淡无奇。相比而言，**【译文 2】**采用“归化”译法，用汉语中的谚语来替代。尽管两个谚语不能完全对等[1]，但一句汉谚由一个外国人物说出口，这样译却能使译文新颖、有趣，使译文“陌生化”。

此外，原文没有采用陌生化手法，**【译文 2】**却增加了这一手法，虽然突兀，但更显得新奇且富有吸引力。

(3) 杂合(hybridization)。

“杂合”或称“糅合”，是从生物学的“杂交”引入到人文社会科学的一个术语，指“具有发生交流的两方的特点，但与两方又都不相同的混合体”。词语杂合后就称之为“杂合词语”(hybrid word)，同样还有“杂合语言”(hybrid language)和“杂合文化”(hybrid culture)等。

“杂合化”指不同种族、种群、意识形态、文化和语言互相混合的过程。在语言方面，这种杂合性(hybridity)既可体现在语境化的言语之中，也可体现在系统化的语言之中。(王东风，2003)

文化的异质性和文化交流的必要性决定了翻译中文化杂合的必然。在全球化语境中，文化杂合具有抵抗强势文化的积极意义。(蓝红军，2006)

【例 4】

【原文】 **过节(节选)** **楼书聪**

孩提时住在农村，常常盼望过节。记得最有乐趣的节，莫过于年终的**“谢天地”**。那谢完天地之后，母亲用**福礼汤**(鸡、肉汤)下的**银丝面条**，其鲜美无比至今还留下十分美好的记忆。

【译文 1】 **Festival-Celebrating (Excerpt)** Lou Shucong

I always looked forward to festivals while a kid living in the

1 陈文伯(《简明英文谚语习语词典》，世界知识出版社，2005：63)对于这个英文习语和汉语谚语的差异这样解释：“不过英谚重在抵消力量减少效果，汉谚重在互相推诿无人负责；后者可指‘大家的事情无人干’，前者则有‘人多办不了事’之意。”

countryside. As I now recall it, no other festival held greater fascination for me than ***"Thanksgiving" ceremony*** held at the end of the Chinese lunar year. To express gratitude to Heaven and Earth, Mother would use, among other dishes, ***"Thanks-for-Happiness Soup"***（chicken and meat soup）as one of the offerings, and, the rituals over, she would cook the whitest and finest noodles（called *"silver-thread noodles"*）in the broth. The delicious taste lingers to this day!

（居祖纯译；居祖纯，2000：13-14）

【译文 2】 **What Festivals Mean to Me**

I always looked forward to festivals during my early childhood in the countryside. Perhaps the biggest fun of all I could remember / for me is no other than **the sacrificial ceremony for thanking Heaven and Earth**, which was held at the end of the Chinese lunar year. After the ceremony, my mother would cook what was described as "silver-silk noodles" in her special soup called "**Thanksgiving soup**"（with chicken and pork）. Its unmatched taste lingers even to this day!

（陈刚译）

【简析】【例 4】中有三个词语的翻译值得关注。首先，“谢天地”指的是大年夜家人共进团圆饭前供奉天地的传统仪式。这种富有中国文化特色的传统习俗并不为英美人所熟悉。两位译者都试图把中国的传统文化介绍给异国读者，居译采用了归化法，即使用 Thanksgiving Day（感恩节）的传统和餐前祷告的礼仪，动机不错，但文化指向性出了问题——“感恩节”是感谢上帝，而“谢天地”则是感谢天与地的供奉仪式，而且具体内容、程序都是不同的。陈译采用了简洁的解释性直接翻译，则较为准确地传递了原文的文化信息与内涵。在此铺垫下，陈译采用“水到渠成”的归化译法来处理“福礼汤”，同时采用“顺理成章”的异化译法来直译“银丝面”（前边增加英文中惯用的“what was described as”表达法作为“引子”)。由此可见，陈译从整体上构成了“杂合化”译法。比较而言，居译“单刀直入”地使用 Thanksgiving ceremony，似嫌突兀，后边的 Thanks-for-Happiness Soup 存在语法和惯用法问题等。此外，居译补充了 To express gratitude to Heaven and Earth，语言显得不够简练。

(4) 创造(creation)。

毋庸置疑，翻译是一种创造性活动。因为“它赋予作品一个崭新的面貌，使之能与更广泛的读者进行一次崭新的文学交流；还因为它不仅延长作品的生命，而且又赋予它第二次生命”(埃斯卡皮，1987：137)。同时，创造也可以视为一种翻译方法。创造的目的有多种多样，原文信息的增添、减缩、变换等或是为了满足读者的需求，或是为了顺利传译原文的文化特色，甚至纯粹是适应求新、求异的陌生化手法之需。

【例 5】

【原文】黄龙风景，自海拔近 3600 米处，沿山谷而下，逶迤 3.5 公里，地上覆盖着一层淡黄色碳酸钙沉积，形成大大小小的众多水池，状如梯田。池水澄清，呈淡蓝、淡绿各色。远看宛如黄龙俯卧，鳞光闪闪。两旁森林，全是高大云杉。林间地上，多奇花异草，或蓝或白，或红或紫，灿烂如缤纷。

【译文】Viewing Huanglong from a distance, one might imagine that the noble serpent for which the area was named is still lying on the hillside. Actually, this “yellow dragon” is a geological formation unique to this karst region; its yellow color is due to a layer of calcium carbonate, and the tiny, clear pools that line its back look like scales. The dragon is surrounded by spruce trees and assorted rare flowering plants in blue, white, red, and purple.

(边幽芬 译注)(乔萍等编著，2002：94-95)

【简析】上例原文并没有出现“陌生化”手法，但译文围绕“黄龙”这一形象，借以创造译法，把“黄龙”解释为“a geological formation unique to this karst region”，同时将“鳞光闪闪”巧妙地译成“the tiny, clear pools that line its back look like scales”。这里，“its back”自然是指“黄龙”或“a geological formation”的“back(背脊)”了。既然为“龙”，就少不了“背脊”上有“scales(鳞)”。这一创造性译法为译文增加了“陌生化”，因为一些英语国家读者毕竟对中国“龙”的形象还很生疏，而通过在美景与“龙”之间建立联系，可以更好地促进文化交流和沟通。

7.1.4 存在的缺陷

俄国形式主义主要存在以下缺陷。

一、“陌生化”过度

俄国形式主义者过于强调文本的语言和结构的奇与异，“唯陌生而陌生”，认为文本之所以具有强烈的美感就在于文本与接受者之间距离的无限拉大。在对度的把握上，形式主义者显然“过度”，走到了极点。因此，应在陌生化与熟悉之间保持一种中庸，对陌生化的追求要做到“常”中出“奇”，“奇”中见“常”，保持一种不偏不倚的态度。(杨向荣，2005)

二、作者(主体性)缺场

俄国形式主义者认为，作为创造主体的作者对体裁、风格或形式的选择，很大程度上是受到文学历史发展等客观因素的制约的。

对于奥波亚兹来说，艺术技巧是比创作心理学更为坚实的一块地基。他们认为文学即使不是一种非个人现象，也是一种超个人现象。文学是应用材料的一种技巧，而不是一种自我表现或心灵的坦露。(张冰，2000：93)

三、社会文化因素受到忽视

什克洛夫斯基曾说：“艺术永远是独立于生活的，它的颜色永远不反映飘扬在城堡上空的旗帜的颜色。”

20世纪初产生的俄国形式主义文学流派鲜明地提出文学的独立自主性，即文艺不是对外部生活的模仿和反映，文艺有其自身的本质和内部规律。强调文学理论不应只研究文学的外部关系(如文学与生活、自然，文学与人心的关系等)，而应重点研究文学作品本身，研究文学的内部规律。

什克洛夫斯基曾说："我的文学理论是研究文学的内部规律。如果用工厂方面的情况来做比喻，那么，我感兴趣的不是世界棉纱市场的行情，不是托拉斯的政策，而只是棉纱的支数和纺织方法。"而所谓"文学的内部规律"，在他看来，主要指文学作品的形式结构。

7.2 多元系统论

7.2.1 简介

多元系统论理论来源于俄国形式主义的理论和研究成果。多元体系学派(school of polysystem theory)的创始人为以色列学者特拉维夫大学的教授伊文·佐哈尔(Itamar Evan-Zohar)。佐哈尔吸取俄国形式主义、结构主义、一般系统理论与文化符号学的积极因素，使用俄国后期形式主义学派的多层次文学体系说，创造了"多元体系"或"多元系统"(polysystem)这个理论术语，涵盖文学大系(从诗歌、韵文到儿童文学、通俗小说)，探讨译作和文学大系之间的关系，阐述译入文化既决定作品是否翻译，又规范遣词用语。该派超脱了译界中"语言学派"和"文艺学派"之争，将译学与文学研究、社会和经济因素结合起来，赋予译学以历史意义，但仍属于译入文化的可接受性，未摆脱"文化对等"的羁绊。(参考方梦之，2004：35）多元系统论可以较为全面地解释翻译这种复杂的文化现象，在现代的翻译研究中具有其不可替代的优越性。

多元系统论认为，系统是分层级的，其中包括"高级的"(high)、"中央的"(central)、"经典的"(canonical)文学形式，例如诗歌；"低级的/通俗的"(low)、"边缘的"(peripheral)、"非经典的"(non-canonical)文学形式，例如儿童文学、通俗文学；"首位"重要的(primary)和"次要"重要的(secondary)等等。多元系统理论就是要解释在某种特定文化中各种系统的功能，所以，佐哈尔在其论文"多元系统论"中开篇便论述了现代功能主义中的系统与多元系统，研究其动态观和静态观。

这套理论认为，各种社会符号现象，应视为系统而非由各不相干的元素组成的混合体。这些系统并非单一的系统，而是由若干个不同的系统组成的系统；这些系统各有不同的行为，却又互相依存，并作为一个有组织的整体而运作。任何多元系统，都是一个较大的多元系统，即整体文化的组成部分；同时，它又可能与其他文化中的对应系统共同组成一个"大多元系统"。也就是说，任何一个多元系统里面的现象，都不能孤立地看待，而必须与整体文化甚至于世界文化这个人类社会中最大的多元系统中的现象联系起来研究。

7.2.2 对翻译的新认识

传统上，人们认为翻译是一种次要系统，但佐哈尔却不以为然，他着重讨论了翻译作为多元系统中的一个系统在文学多元系统里所占的位置。佐哈尔认为：要弄清翻译文学在一个文学系统里所占的位置并非易事。过去的研究只是把翻译文学视为个别的翻译作品，这样并不能全面认识翻译文学的价值和功能。翻译在文学多元系统中既可以占主要位置，也可以占次要位置，关键是要看该文化系统里当时其他文学的状态而定。当翻译文学占主要位置时，翻译在多元系统的建构过程中扮演举足轻重的角色，即翻译文学积极参与建造多元系统的中心的工作。有三种具体情况如下：

1）当文学还处于幼稚期，或处于在建过程之中；

2）当文学处于边缘或弱势状态；

3）当文学正经历转折点、危机或真空阶段。

在上述任何一种情况下，翻译文学可能成为主要活动，原来的文学不单要借助翻译文学来输入新的思想和内容，形式和技巧也需要翻译来提供，因而这时的翻译活动就会占据主要和中心地位，扮演重要的创新角色。

相反，如果原来的文学系统处于强势地位、已经发展完备时，翻译便会处于次要地位，翻译文学在文化系统中就会处于边缘地带，其文学模式也往往是次要的了。

佐哈尔又指出，翻译文学在多元系统中占据主要或次要位置，并不表明整个翻译文学都处于同一个位置。有时候某一部分的翻译文学会占据中心地位，另一部分则可能处于边缘地位。文学之间的接触关系与翻译文学的地位息息相关。以下加以具体阐述：

1）当外来文学大规模进入某一文学系统时，外来文学源语的地位对其翻译文学在目标语文学中的地位影响重大，只有这一部分翻译文学才有可能占据中心位置。翻译文学所处的位置成为影响译者采取翻译规范、策略、原则、方法、技巧等的重要参照元素。

2）当翻译文学处于中心位置时，它便成为打破传统、标新立异的重要力量，它便与多元系统中文学史上的重大事件联系在一起。在这个历史阶段，译文的“忠实性”(fidelity)和“充分性”(adequacy)会趋同，原著中许多新元素(如新思想、新语言、新模式、新技巧等)会带到目标语的文化系统中来。

3）从目标语文学系统角度出发，因采纳新翻译规范的译文在最初可能会由于标新立异而难以或不被目标语文化所接受，所以翻译文学中的新元素就不易在目标语文化中流行。

4）如果翻译文学在目标语多元系统的文化冲突中占据优势，那么它所带来的新元素便会容易流行，同时能丰富整个目标语文学系统，并有利于该系统的发展。

5）如果目标语文化中的文学系统占据强势地位，翻译文学处于次要地位，那么译者只能屈服于目标语系统里一些原有的规范、诗学、意识形态等，在目标语文化中寻求已有的模式，如采用归化或容易为读者所接受的思路、逻辑、表达方法等。换言之，译者此时往往需要修改或放弃原文的形式，甚至内容，结果译文和原文会出现较大的差距。

7.2.3 与文学翻译的关系

根据多元系统理论，一个系统的行为模式有时与它在多元系统中的位置有关。多元系统论主要与翻译文学产生联系，因此，我们完全可以应用该理论来观察、解释翻译文学。当翻译文学处于中心时，往往参与创造一级模式，不惜打破本国的传统规范；处于边缘时，则常常套用本国文学中现成的二级模式。前者的翻译策略，着重译文的“充分性”，后者则着重“可接受性”。(Even-Zohar，1990）因此，不同的翻译策略，只反映不同文化语境下的翻译规范，而规范并没有正确错误之分，而只有是否得到官方文化认可的问题。(佐哈尔观点，张南峰译文）

佐哈尔也借用了“陌生化”这一概念，他甚至把“陌生化”作为检测历史上文学重要性的手段。他认为处于文学多元系统中心位置的必须是经典化文学，经典化文学必须采用“陌生化”表达方式[2]。可见，佐哈尔对“陌生化”的推崇比形式主义者和结构主义者都有过之而无不及。他认为翻译文学同样可以进入文学多元系统中心，但中心也有“空缺”的情况，那就是说可能有系统内所有文学作品都缺少艺术表现技巧、新颖的形式等的情况。根据他的理论，翻译文学也必须采用“陌生化”的表达方式才能被经典化，才能进入系统中心。(汤水辉，2005)

此外，多元系统论也能在一定程度上合理解释中国历史上出现的三次翻译高潮，即汉唐时期的佛经翻译、明末清初的科技翻译和近现代的西学翻译。(参见查明建，田雨：2003)

7.2.4 价值与缺陷

多元系统论对翻译研究与实践具有学术价值和实用价值。该理论把翻译行为与文化的弱势或强势联系起来，对学界客观、全面认识各民族文学中的翻译行为颇有启发意义，为学者从客观描写、功能主义、跨文化交际、以目标语系统为导向等视角研究翻译指出了一条新的途径，由此能很好地指导我们在不同历史阶段的翻译实践，比如名著复译等。

---

2 对于翻译陌生化的意义，佐哈尔鲜明地指出：“当翻译文学欲进入文学多元系统中心，而且中心有‘空缺’的情况，那就是说在系统内所有文学作品都缺少艺术表现技巧、新颖的形式等的情况，这时通过在译文中再现源语文本中的新颖的语言形式和表现技巧，即陌生化的翻译策略，使翻译文学被经典化或进入系统中心。”(Even-Zohar, The Position of Translated Literature within the Literary Polysystem [A]. in Lawrence Venuti (ed.), *The Translation Studies Reader* [C]. London: Routledge, 2000)

总之，多元系统论对翻译的价值体现在：

1) 将翻译文学和文学翻译纳入社会、历史与文化的多元系统或语境下进行研究，有助于文化翻译理论和文学翻译理论的发展；

2) 开拓了翻译理论家和实践家的事业，从传统上对单个译本进行孤立的研究转移到对该译本所处的文化和文学多元系统中进行研究；

3) 生发开放性和多元价值观，对翻译的等值论与翻译的充分性(adequacy)进行非规定性定义。

尽管如此，多元系统论也存在一些不足或缺陷。

一方面，多元系统论的提出与一直处于劣势地位的以色列的民族文学地位有关。以色列文学受到欧洲文学和文化的冲击和介入，佐哈尔的研究主要针对希伯来文化，难以在国际上取得应有的地位。另一方面，多元系统论的提出并不是主要针对翻译现象，而是针对文学和文化方面，它是一种广义的文化理论。

此外，多元系统论在考察翻译的策略时，只注意到了客观的文化因素，认为翻译的策略受到文学翻译地位的制约。而实际上，翻译的策略在很大程度上还受制于译者的世界观和主体性，以及文本类型、文本目的、翻译目的、读者反应等诸多因素。

多元系统论自身理论上的不足，似可归纳成以下几点：

1) 从很大程度讲，多元系统论遗传于其理论母体——俄国形式主义。由于形式主义的理论根基，多元系统论存在着如下深层理论局限性：强调系统运作的超然客观性，因而存在译者主体性缺场的问题；深陷陌生化诗学的窠臼，因而暗含心理主义主观性的因素；过于强调系统的自律性，因而对社会文化因素关注不足。(参考于德英，2004)

2) 过于概括化、抽象化，有时候会造成言之有理却持之无据的结果。

3) 研究方法和话语体系限制了研究领域。就话语体系而言，佐哈尔将自己的理论置于其他的翻译理论之上，采用一种孤立的眼光看待翻译现象，这样做要达到客观、中立、准确是不可能奏效的。

虽然多元系统论存在上述缺陷，它仍应给予客观的评价。正如下文所述："埃文-佐哈尔的多元系统论尽管不够完整和严密，但仍是将来研究工作的基础。只要这样看待它，这项理论将继续产生丰硕的理论研究成果或描述性研究成果。尽管‘要做的工作’还很多，也存在要修改和完善的地方，多元系统理论对于我们深入理解翻译的本质和作用作出了重大而深远的贡献。”[3](Baker，2004：179)

7.2.5 新的发展

由于佐哈尔的多元系统假设存在一些不够完善的地方，一些学者对系统概念进行了重要补充，使多元系统论有了新的发展。

一、图里的翻译规范

翻译是一个决策过程，从此推理，(语际)翻译实际上是在 ST 和 TT 两套规范或习俗的制约下的决策/抉择活动。以色列学者图里认为，在实际翻译过程中译者会受到三类规范的制约：

1)预先规范(preliminary norms)。它实际指翻译政策——如何选择待译文本。由此，译者要考虑哪些作家及其作品容易得到目标语文化的青睐，哪个时代的作品受到偏爱，哪些体裁、题材、流派的作品受到追捧，哪些翻译策略和方法为首选，等等。

2)初始规范(initial norms)。它实际决定译者对翻译的总体倾向——是以 ST 文化为导向，还是以 TT 文化为导向。这两极被称为 adequacy(充分性)和 acceptability(可接受性)。

3)操作规范(operational norms)。它实际制约翻译活动中的决策/抉择。该规范又细分为：

- 母体规范(matricial norms)——从宏观结构上制约翻译的原则；
- 文本规范(textual norms)——从微观层面上影响乃至制约翻译如何谋篇布局、遣词造句等，甚至包括极为细小方面如大小写、斜体等用法的“规定”。

---

3 原文是：“Even-Zohar's polysystem theory is not a complete, watertight package but rather a point of departure for further work. As long as it is viewed as such, it is likely to continue to give rise to fruitful investigation, of both a theoretical and a descriptive nature. Although it remains very much 'work in progress', open to further modification and refinement, the contribution of polysystem theory to our understanding of the nature and role of translation has been significant and highly influential.”

二、操纵与重写

1) 操纵(manipulation)。该名称或术语指用一种特定的方法研究翻译文学。"操纵学派"特指"翻译研究派"(Translation Studies)或"低地国家学派"(Low Countries Group)。该学派的基本观点是：从 TL 的角度看，所有翻译都会出于某种目的而对 ST 实施某种程度的操纵。因此，翻译过程将使 TT 与一种特定模式、进而与一种特定的正确/得体观念相符，以此确保社会接受，甚至称赞。(参考 Shuttleworth & Cowie，2004：101)

2) 重写(rewriting)。该术语是勒弗维尔提出的，指包括翻译在内的一系列类似过程，可以以某种方式对原文本进行重新解读、改变或有目的地调整(操纵)。学者坚信，翻译研究需要探讨产生于文本背后的那些制约文本的社会文化、意识形态与文学等方面的因素。重写这个术语来源于此。翻译家、批评家、历史学家、教授和记者都是文本生产者，他们的作品都可以归为 rewriting(重写)。(同上：147)

翻译时，如何处理与意识形态和诗学的关系，勒弗维尔指出："翻译过程的每一层面均可能表明，如果语言上的考虑跟意识形态和/或诗学观上的考虑发生冲突，后者通常会胜出。"(Lefevere，2004：39)

7.3 接受美学理论

7.3.1 简介

接受美学(Reception Aesthetics)亦称"接受理论"(Reception Theory)。它起源于联邦德国，是 20 世纪 60 年代中后期新兴的文艺美学流派，其基本主张是反对"文学文本具有决定性"的说法，不承认文学文本只有一种绝对的意义，认为文学文本是一个多层面的、开放的图式结构，它的意义可以因人而异、因时代而异地作出诠释。(方梦之，2004：296)

接受美学认为，原作者的创作行为已将他的部分读者包括进去了。

这部分读者，埃尔文·沃尔夫(Erwin Wolff)称其为“意向读者”(intended reader)，特雷·伊格尔顿(Terry Eagleton)称其为“潜在读者”(implied reader)。作者必须关注“意向读者”或“潜在读者”的“期待视野”(horizon of expectation)，给予读者一系列的提示，即许多空白，待读者填补。读者通过对作者所给出的提示和空白以及两者所构成的“召唤结构”进行补充、想象和感觉，形成与作者(或作品)的“视界融合”，并再现审美客体(作品)的审美价值和意义。

接受美学最重要的理论渊源当然是阐释学/解释学(Hermeneutics)和文学现象学。接受美学的创始人之一——姚斯(Hans Robert Jauss)便是阐释学研究大师迦达默尔(Hans George Gadamer)的学生；而现象学美学家英加登(Roman Ingarden)则对接受美学的另一重要学者沃尔夫冈·伊瑟尔(Wolfgang Iser)影响至深。

据伊瑟尔阐述，接受美学包括两大研究方向。接受美学中的接受研究以姚斯为代表，着重于读者研究，关注读者的期待视野和审美经验，致力于建立新的文学史理论，更多地采用历史-社会学的研究方法，其后来的发展走向了文学解释学。而效应研究则以伊瑟尔为代表，着重于接受活动中的文本研究，关注文本的空白和召唤结构，关注阅读过程本身和这一过程中的交流。它更多地采用文本分析的方法，邻接英美新批评理论，其后来的发展是走向文学人类学。(金元浦，1998：47)

7.3.2 与传统读者关注的区别

一、读者作用不同

传统文艺理论认为，读者是被动地接受作者和文本所赋予的结构和含义的。在接受美学看来，读者对文本的接受过程就是对文本的再创作过程，也是文学作品得以真正实现的过程。文学作品不是由作者独家生产出来的，而是由作者和读者共同创造的。读者不只是鉴赏家、批评家，而且也是作家，因为鉴赏和批评的本身就是对文学作品的生产，就是文学作品的实现。接受美学反对文学文本具有决定性的说法，不承认文学文本只有一种绝对的独一无二的意义；认为文学文本是一个开放式的意义召唤结构，它的存在意义和价值仅仅在于人们可以对它作出不同的解释，这些解释可以因人而异，也可以因时代变化而有所不同，但无论哪种解释都是有意义的，也是合理的。正因为这样，所以接受美学认为：作品的本质在于作品的“效应史”的永无完成之展示。

二、读者地位不同

正是在读者地位这个层面上，接受美学与传统的文学理论彻底地划清了界限。一般的文艺理论也重视读者的欣赏和批评，但都认为读者的欣赏和批评必须以作品为基础，即作品是第一性的，读者的欣赏和批评是第二性的。读者的地位在接受美学理论中是十分明确的，即是以读者为主，读者或读者的主观意识在接受美学的研究中处在主导的决定性地位。(姚斯・霍拉勃，1987：4-7)

7.3.3 与俄国形式主义的联系

接受美学是对俄国形式主义的传承。金元浦(1998：76-79)根据俄国形式主义发展中呈现的两个方向，总结出俄国形式主义的两条传承路线。以莫斯科语言小组为主，以罗曼・雅克布森为代表的第一条传承路线如图 7-1。

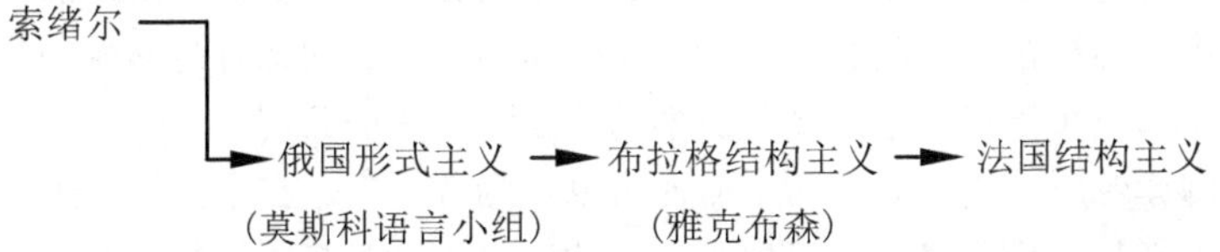

金元浦(1998：78)

图 7-1 俄国形式主义传承路线之一

以彼得堡诗歌语言研究会为主，以什克洛夫斯基、艾肯鲍姆等人为代表的第二条传承路线如图 7-2。

俄国形式主义的第二条传承路线为接受美学所选择。原因之一是范式转折在历史关头的相似性。

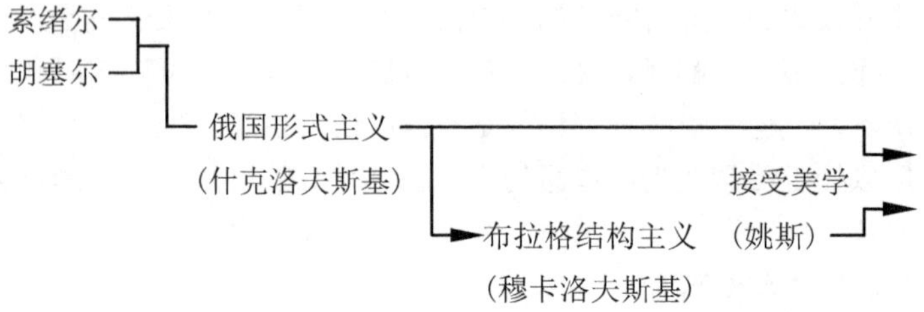

金元浦(1998：78)

图 7-2　俄国形式主义传承路线之二

俄国形式主义标志着由作者中心论范式向文本中心论范式的转折，而由什克洛夫斯基为代表的第二条路线受到索绪尔语言学和胡塞尔现象学的影响，更为关注主客体关系的相互溶浸问题，因此也更为关注文学作品的审美感知。这就契合了接受美学转折时期的期待视野。同时，加上当时联邦德国范式危机表现出的对读者这一未知领域的热情以及对审美感知与经验的关注，又使他们回到德国的现象学传统，这就使这一承传成为一种“合理的必然”。(参见金元浦，1998：79)

俄国形式主义美学对文艺理论最主要的贡献之一是陌生化——自动化与可感性理论学说最根本的工作假设(working hypothesis)：文学作品是为被感受而创作的，是为被感受而存在的。他们首次提出了文学作品的存在方式问题，揭示了文学作品生命力的源泉是感受。到了20 世纪 60 年代，德国接受美学的代表人物进而断言：一部作品如果不为读者所欣赏，则它的生命便可以认为等于零。在这方面，俄国形式主义是接受美学的真正先驱，它的终点恰恰是德国接受美学当年所起步之处。(张冰，2000：177-178)

接受美学是俄国形式主义的发展。俄国形式主义提出“文学演变”的原则。“文学演变”纳入接受美学的研究视野后，就意味着一部作品的艺术特点在其初次遇到的视野中往往不能被立即感知到。新作品与其第一个读者之间的距离有时是如此之大，以至它需要一个很长的接受过程，在第一视野中不断消化那些没有预料到的、超乎寻常的东西。

因而，作品的本质意义就要经过很长一段时间，直到“文学演变”通过更新形式的出现，实现了视野的融合与提高，才使人们得以理解先前曾被误解的过去的形式。(金元浦，1998：13-14)

姚斯在《文学史作为向文学理论的挑战》一文中提出，文学的功能是建筑在作品的社会效果之上的。所有时代的文学都不可斩断与社会的联系，只有读者进入他的生活实践和期待视野，形成他对世界的理解，并因而对其社会行为有所影响之时，文学才真正有可能实现自身的功能。(金元浦，1998：14-15)

文学在社会存在中的特殊作用并不局限于艺术的再现功能，它能打破社会中根深蒂固的道德禁忌，改变陈旧的社会习俗，为新的道德准则的确立开辟道路，并逐渐为包括所有读者的社会舆论所认可。这就是文学的社会功能。(金元浦，1998：14-15)

相反，俄国形式主义全然不关注文学作品外的社会存在，忽视文学的社会功能。这是两者的一个重要区别。

7.3.4 局限性

首先，接受美学“偏向性”地从读者的视角来探讨文论体系内部各要素的关系，它对作家、作品以及社会环境等要素研究不够，“尚未形成一个比较系统的学科型的理论框架”(寇鹏程，1999)。

关于这一点，姚斯也承认自己早期著作中存在着某种“片面性”。他指出：“接受美学并不是独立的、放之四海而皆准的原则，它并不足以解答自己所有的问题。”(转引自金元浦，1998：55) 他主张重新找到被文学事实所掩盖的文学交流是接受美学新的研究方向。

其次，在接受美学那里，每个读者自身的个性、能动性确实得到了空前的膨胀凸显，姚斯的人本主义思想也确实从中显露无遗，他的“立场”得到很清楚的表白。他强调的是每一个人，因此在文论中他强调的不是抽象的读者，而是每一个个别的读者，而且着重强调其差异性。而每个读者的能力、经历、情感需要等各不一样，因此形成的期待视野也不相同，他们对作品意义、价值的创造、认定的标准也不一样，文学作品也就没有什么相对稳定的客观的意义价值了，一切都随读者的不同而改变。没有一个相对客观的标准使接受美学陷入了相对主义、虚无主义的泥潭，使其言说缺乏有效性和可操作性。（寇鹏程，1999）

7.3.5 对译学的启发

一、读者能动性

接受美学理论认为：“在翻译过程中，译者必须考虑到读者的这种审美能动性，并选择与原文审美构成相适应的审美再现手段。”（方梦之，2004：296）

姚斯认为，在作者、作品和读者的三维关系中，读者并不是被动的；相反，它是文学史能动的创立者。显然，他已经把读者放在了本体论的地位，构成了他美学思想的核心。（秦洪武，1999）

二、译者主体性

根据接受美学的观点，翻译从本质上说首先是一种阅读，是具有一定的文化艺术素质、特定的时代历史背景的读者的解读，而读者在阅读一部具体的作品时，先前的阅读经验已经构成了一种思维定式或现在结构，姚斯称之为“期待视野”，海德格尔称之为“前理解”，伽达默尔则称之为“偏见”（杨松芳，2005）。译者在翻译活动中具有双重身份，他/她既是原作的读者，又是译作的作者。首先作为原作的读者和阐释者，译者必定结合自己的“期待视野”、“前理解”或“偏见”对原作的信息和意义予以“解码”。然后，译者对所理解的内容重新“编码”，即成为译文。整个翻译过程都离不开译者主体性的参与，离不开译者创造性的发挥。

三、翻译的审美距离

西方现代主义文学大师乔伊斯认为，作品不仅要有艺术性和美学效果，而且应体现一定的创造性。要达到美的境界，艺术家应保持“超然态度”，让读者去体会，使作品与读者之间保持一段距离，而不是对读者的直接灌输。接受美学理论也强调，“审美距离”是衡量译文的标准。译文与原著之间、译文与读者之间存在一定的距离，三者相互联系，但又互相制约，此消彼长。若采用直译或异化法，译文与原文的距离近了，但离读者和译文目标语的距离远了，读者便难以接受；反之，若采用意译和归化法，读者易于接受，但译文却失去了原作的韵味和美感。只有三者和谐统一的翻译，才是佳作。(杨松芳，2005)

四、重译(复译)

译语文本的特点是依赖源语文本，因为译语文本是对源语文本解释的结果。译者首先是一个解释者，而解释必然与原文本有出入，因而，源语与译语之间的差异是不可避免的。译语文本是不稳定的。当读者对源语文本不满意时，他们不会要求作者去改变作品的形式和结构或要求作者将作品重写，但可以要求一部译作重译。在读者的眼里，译本可以是欣赏的起点，但它却不能成为文学和翻译批评的起点，因为它缺乏源语文本所具有的独立性和稳定性。译语文本的这些特性正能说明为什么译语文本，尤其那些拥有广泛读者群的文本会被多次重译。重译在很大程度上体现了翻译对读者反应的关怀。(秦洪武，1999)

从读者反应的角度看，重译至少在以下两个方面起到了积极的作用：

第一，读者群间有层次上的差异，他们受教育的程度不同，阅读译文的目的也不一样，因而有着不同的期待视野。在此情形下，采用不同译法(直译/意译、异化/归化)的译本可以满足不同期待视野的读者。

第二，社会在发展，人类的知识在不断丰富，读者的接受能力、接受倾向也呈现历史的变化。截至 20 世纪末，大凡国外的名著都被多次翻译过。

以上对重译现象所作的两个方面的分析，试图说明：读者反应具有时代性，译文也应具有时代性。读者反应与翻译的互动导致了重译现象的出现，也推动了译文质量的提高。(秦洪武，1999)

总之，接受美学翻译观强调文本的开放性和阐释的不唯一性，强调作为读者的译者在翻译过程中的主体性地位，强调译文读者的参照地位，认为译文应顾及译文读者的反应效果，提出翻译乃是文本与译者的对话和视野融合之主张。这些观点给翻译尤其是文学翻译研究提供了新的视角。(杨松芳，2005)

7.4 读者反映论[4]

7.4.1 简介

1980 年，简·汤普金斯编辑了《读者反应批评》一书，收辑了有关读者阅读接受的代表性论文。此后，当代批评便将这一批评思潮称为“读者反应批评”（reader-response criticism）。（金元浦，1998：208）

如同康斯坦茨作为接受美学的发祥地一样，霍普金斯大学是读者反应批评的发祥地。（金元浦，1998：221）

细致区分起来，总的读者反应批评名称可包括三个更小些的话语共同体：“读者反应批评（或接受反应批评）”、“意识批评”和“布法罗批评”（金元浦，1998：209）。

尽管其内部具体主张各有差别，但从总体上看，读者反应批评仍具有一些基本的特征。首先，读者反应批评家们都认识到，文学不能仅局限于文本之中的孤立的事实，而必须依据读者的阅读才能实现其效应。他们主张把文学批评的注意力从作品本身（文本）转移到读者和反应上来。其次，读者反应批评家认为，新批评[5]主张的那种文本只有一个唯一正确的含义的所谓客观性是不存在的。文学作品的意义取决于读者个人的创造性阐释，作品的意义实际上是读者的“创造物”。（参见金元浦，1998：208-209）

7.4.2 对译学的启发

1）译者首先必须是读者。他的阅读、理解、阐释过程与机制和其他读者并无两样。

4 笔者倾向于使用哲学术语“反映（论）”，除此之处，本章节改用“反应”。请原作者谅解。

5 主编注：新批评（New Criticism）是英美现代文学批评中最有影响的流派之一，其主要理论观点包括文学本体论、结构-肌质论、语境理论等。新批评提倡和实践的立足文本的语义分析仍不失为文学批评的基本方法之一，对当今的文学批评尤其是诗歌批评产生着深远的影响。

他在阅读原文本前也是处于一种前知识或前理解的状态。在阅读的过程中它积极地向文本开放，相互交流、对话，使文本的理解、意义的产生成为可能。

译者作为原文本的第一读者，他对文本的理解、阐释必然影响到译文读者的解读。一方面，译文是译者对原文在一定时期的理解、阐释的必然结果；另一方面，译文是译者通过对字、词、句子结构等的有意识地选择、运用的结果。在某种程度上，翻译活动如同原文本的生产(创作)过程，是一种社会性的能动的创造过程。翻译也存在着主体的“目的动机”和由社会历史制约的“原因动机”。它最终导致了译者在翻译活动中的有所为有所不为。

译者、读者均始终处于一个动态的系统中，因此对文本的接受、理解、阐释也必然是动态的。

2)翻译(活动或行为)始终处在一个动态、循环的过程中。译者接受文本(阅读、理解)后，作出反应(阐释)，创造性地给出译文。通过译文读者接受(阅读、理解)、翻译批评及调查分析之后，译者了解了读者反应，再修正译文。可见，翻译不可能一蹴而就。一个译者不可能一下子吃透原作，尽窥其妙，因而必须不断修正旧译。正是由于读者地位的提高与译者进行平等对话，才有可能使翻译活动更趋科学合理。(陈志杰，2001)

3)读者是一个不断变化着的接受群体，重译可以满足不断变化的读者的需要、反映他们的期待视野、缩短现时读者与已有译本的审美距离。读者反应的变化往往会引起翻译理论和翻译技巧的变化。

读者反映论认为，译者可以合理选择读者(即目标读者)，翻译理论和翻译实践应充分关注目标读者的期待视野、审美偏爱和审美能力。(秦洪武，1999)

7.4.3 奈达的“读者反映论”

“读者反映论(reader’s response 或 responses of receptors)”是奈达早期翻译思想中重要的论点之一，在其《翻译科学探索》(*Toward a*

Science of Translating，1964）中提出。

他在《翻译理论与实践》（*The Theory and Practice of Translation*，1969）中这样阐明翻译的性质和定义："翻译就是译入语用最接近的自然对等体复制出源语信息——首先就意义而言，其次就风格而言。"[6]（Nida and Taber，2004：12）他在《翻译科学探索》中提出翻译的两个基本方向（two basic orientations in translating），即"形式对等（formal equivalence）"和"动态对等（dynamic equivalence）"[7]。同时，指出翻译方法的重心已经从"形式对等"转向"动态对等"（During the past fifty years, however, there has been a marked shift of emphasis from the formal to the dynamic dimension. A recent summary of opinion on translating by literary artists, publishers, educators, and professional translators indicates clearly that the present direction is toward increasing emphasis on dynamic equivalence.）。（Nida and Taber，2004：161）

他指出，所谓"动态对等"，是指"译文接受者和译文信息之间的关系应该与原文接受者和原文信息之间的关系基本相同"（the relationship between receptor and message should be substantially the same as that which existed between the original receptors and the message）（Nida and Taber，2004：159）。可见，翻译的重点应当是读者对译文的反应，而不应当是语言的表现形式。

奈达进而提出评判具体翻译情况的基本准则——"优先因素体系"（sets of priorities），其中包括 4 种优先考虑的情况："1）上下文一致优先于词语一致（逐字对应）；2）动态对等优先于形式对等；3）口头形式优先于书面形式；4）受众所通用、接受的语言形式优先于传统上享有盛名的语言形式。"（Nida and Taber，2004：14）

---

6 这一翻译定义的原文如下："Translating consists in reproducing in the receptor language the closest natural equivalent of the source-language message, first in terms of meaning and secondly in terms of style."（Nida and Taber，2004：12）

7 由于担心读者误读"动态对等"，奈达于 1986 年特提出"功能对等（functional equivalence）"。据他解释，两者并无实质上的区别。改用"功能对等"这一术语，旨在突出翻译的交际功能，以消除误解。

奈达从社会语言学和语言交际功能的观点出发，认为翻译必须以接受者为服务中心，要根据不同接受者的要求对译文作出相应调整。他强调指出，任何信息如果起不到交际即思想交流的作用，就会变得毫无价值。“要判断某个译作是否译得正确，也必须以译文的服务对象为衡量标准。”也就是说，要判断译文质量的优劣，必须看读者对译文的反应如何，同时必须把这种反应和原作读者对原作的反应加以比较，看两种反应是否基本一致。（方梦之，2004：41）

以奈达为代表的“读者反映论”实质上是一种指导翻译研究和实践的理论，其理论源流包括古罗马的西塞罗（Marcus Tullius Cicero）和文艺复兴时期的德国宗教改革家马丁·路德（Martin Luther），而读者反映批评理论则是一个西方文论流派或思潮，源于阐释学和接受美学，其代表人物众多，包括伊瑟尔（Wolfgang Iser）、费什（Stanley Fish）、霍兰德（Norman Holand）等人。

7.4.4 奈达“读者反映论”与接受美学理论

首先，两者的区别在于：接受美学理论着重于读者反应的多样性和差异性，而奈达“读者反映论”强调读者反应的一致性。

当然，两种理论各有其不足之处。以前者为理论根基建立起来的等效论实际操作中是很难把握的，有时可能还是根本无法达到的。如有学者指出，要让当代的译者了解荷马时代的读者对《伊利亚特》和《奥德赛》的反应是不太现实的。总之，读者反应绝不可能完全等同，它会因历史、社会意识形态和文化背景的差异而有不同阐释。接受理论则过于强调读者的主观性及其在阅读、阐释和文本评价中的巨大作用，似乎有喧宾夺主之嫌。但无论怎么说，它在译学研究中有着举足轻重的作用，它将人们从传统的批评模式中解脱了出来，在译学研究中引入了以读者为中心的译学批评新机制，它在翻译实践和文化交流的过程中所起的作用无疑是划时代的。（胡安江，2003）

其次，奈达“读者反映论”可以借鉴接受美学的有关理论，拓展适用范围，增强解释力。

奈达的“读者反映论”可以从接受美学理论中得到下列启发：

- 翻译文本的读者具有选择性，译者可以有目的地选择读者。
- 翻译手段的使用与所选择读者的期待视野相关。
- 读者反应是现时的，又是历时的；是可把握的，又是可变的。翻译史和翻译手法的流变、翻译文本的更迭蕴涵着读者期待视野的演变。
- 应从读者反映的角度来历史地评价翻译和翻译技巧的得失。

（秦洪武，1999）

7.5 心理语言学[8]

翻译具有两重意义：一是静态意义，指翻译**结果**；二是动态意义，指翻译的**过程**。（许钧，2001）很长时间以来，在中国译学界，对翻译的研究一直处于静态研究阶段，即对翻译作品的研究。虽然无数优秀的翻译家在长期的翻译实践中积累了丰富的翻译经验并总结出许多翻译方法，但是却无法摆脱传统的评点式、随感式和印象式的翻译批评方法(黄国文，2004)，无法解释翻译过程的内部运作机制。而对翻译的动态研究则可以从考察翻译实践的过程入手，从源语的听辨，到源语的理解，再到译入语的产出，解释翻译过程的信息处理模式。

要深入探讨翻译的动态过程，跨学科的研究成为一个必然。和心理学联姻的心理语言学，一直致力于研究语言的理解和产生、信息处理的过程以及语言和思维的关系。本节将主要介绍心理语言学的特征、信息处理模式对于翻译学尤其是口译学的贡献，图式理论在翻译学中的作用，各种心理机制(包括注意、记忆等)对翻译学的影响，以及近年来呈现的实验翻译学研究。

---

8 主编注：此乃特增设章节。近年来，翻译的跨学科研究发展较快，心理语言学正在发挥着其独特的作用。套用本节作者的话说：“当心理学与语言学牵手的时候，翻译学笑了。”

7.5.1 学科简介

心理语言学主要研究人们的语言使用(理解和产生)和语言习得的心理过程(Carroll，1999；桂诗春：2000)。具体地说，这门学科包括语言感知、语言理解和语言产生过程，语言与记忆，内部言语概括过程，语言与思维的关系，文化和思维的紧密联系。

心理语言学也是一门注重过程的认知学科。它关注的是言语理解、言语产生的过程，而不是理解和产生的结果。因此信息处理模式在心理语言学中占据着非常重要的作用：从来自环境的信息到回到环境的信息，期间到底发生了什么？

心理语言学同时也是一门实验性很强的学科。这就意味着采取什么样的实验方法取得数据来验证假设是至关重要的。心理学实验中最常用的诸如反应时实验和再认实验在心理语言学实验中也经常出现。

7.5.2 信息处理模式对译学的贡献

翻译(含口译)的动态研究把翻译这种双语转换行为看做一个复杂的认知心理过程。口译与笔译一样，都是强度很大的脑力劳动，是一种复杂的信息处理过程。口译包括理解、脱离源语语言外壳、重新表达等一系列过程(刘和平，2001)。口译过程可以具体地划分为聆听、分析、笔记、记忆、阅读笔记、译语产出等步骤。因此，译员的经历分配模式是多任务的(肖晓燕，2001；王瑞昀，2004)。在口译各项任务中合理分配精力，对高质量完成口译至关重要。根据认知资源有限性理论，如果其中某项任务分配的处理能力太多，分配到其他任务上的处理能力就相应减少，从而影响口译的顺利进行。任何认知知识的习得都有一个从陈述性阶段过渡到程序性阶段的过程。语言知识的提高要经历这样的过程，口译技能的获取也要经历这样一个过程。在陈述性阶段，译员多把注意力投放在低级处理程序上。而程序性阶段的处理则自动化程度高，速度快，而且会超越意识的控制(蔡小红，2001)。因此，译员掌握的相关知识与技能技巧的熟练程度直接影响其对信息的处理速度。

让我们以信息处理模式为例来说明这个问题。心理语言学感兴趣的是人们语言运用的过程。这个过程可以表示为一个如图 7-3 所示的信息流程图(桂诗春，2002)。

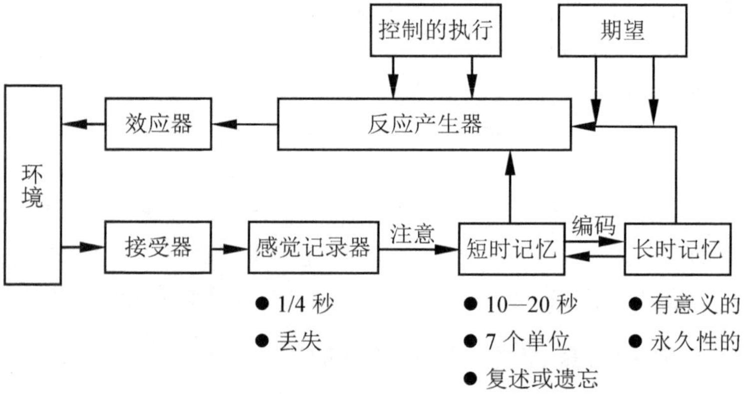

图 7-3　信息处理模型

以上信息处理模型是教育心理学家 Gagne(1977；参见桂诗春，2002)提出来的。这个模型提出，大脑的一些内部结构和它们所执行的相应的过程，其核心过程就是使用不同层次的记忆(处理视觉和听觉信息的感觉记录器、起到中央处理器作用的短时记忆、保存知识的长时记忆)来加工信息。感觉记录器里所发生的感觉信息加工，是指涉及外部信息在人脑内的瞬间滞留，这种被滞留的信息被称为感觉信息。感觉信息被注意后才会进入短时记忆。

认知资源理论把注意看做对于刺激信息进行识别和加工的认知资源，其容量或能量是有限的。每一项认知活动都需要占有和消耗一定的认知资源。当同时呈现几种不同的复杂刺激信息时，认知资源信息就会很快消耗殆尽，如果此时再呈现另外的刺激信息，这些新异刺激信息就不能被加工和处理，即不能够被注意。

短时记忆被看做信息通往长时记忆的中间环节或过渡阶段，是记忆对信息加工的核心之一。首先，短时记忆所能够加工和处理的信息容量是非常有限的。按照 Miller 的研究，短时记忆的容量大约为 7±2 个组块(chunk)，即短时记忆大约可保存 5—9 个组块或者是有意义的信息单元。其次，短时记忆对信息的保持时间大约为 10—20 秒，它包括两个成分：一个是直接记忆，即输入的刺激信息没有经过进一步的加工编码，就在脑中短暂存储，但是，其信息的容量相当有限；另一个是工作记忆，即对输入的刺激信息再一次进行加工与编码，使其信息容量扩大。由于它与长时记忆中所储存的信息发生了相互作用，尤其是在信息的意义上进行了比较广泛的联系，因此就使那些编码了的信息能够进入长时记忆永久储存。

长时记忆是指信息在人脑中存储一分钟以上、几天、几月，乃至终身的记忆。长时记忆中所存储的刺激信息，绝大部分来自短时记忆信息内容的精致性复述加工，也有一小部分由于印象深刻而一次性存储的。存储在长时记忆中的刺激信息是一个有组织、有体系的永久性的知识与经验系统，这种有组织的知识与经验系统对人的学习和行为决策具有重要意义，它能够使人有效地对新信息进行编码，以便更好地识记与存储，也能使人迅速有效地从记忆中提取有用的刺激信息，与短时记忆中存储的刺激信息整合后，解决当前所面临的问题。

长时记忆一般区分为陈述性记忆和程序性记忆两个部分。**陈述性记忆**是指一个人对事实和时间的记忆，它适合于存储经加工处理后形成的任何与意义联系的东西。**程序性记忆**是指一个人对自己通过练习后所逐渐获得的技能或经验的记忆，比如对经口译练习后所获得的记笔记技能的记忆。陈述性记忆中所存储的知识是比较灵活的，它能够比较容易地被提取出来并应用于新的刺激信息项目或情景中。而程序性记忆中所存储的技能与经验一般比较固定，依赖于学习者原来的练习状况，不容易被其他没有参与最初练习的反应系统取代。

记忆在口译中尤其是交替传译中起着十分重要的作用，是影响口译准确性的关键因素之一。然而，掌握记忆的技巧对于译员来说是个难点。首先，让我们来看一看记忆的原理。Anderson (1995) 是以如图 7-4 所示的流程图来表示这一过程的。

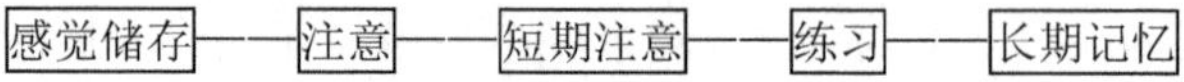

图 7-4 记忆流程图

由上图可知：人的感觉器官接收到外来信息后，先使它们成为“感觉储存”，这些信息中只有被注意的信息才进入短期记忆，其余的则自行消退；进入短期记忆的信息如果得到联系，就会进入长期记忆中得到保存。心理学家经过大量的实验证明：短期记忆的容量有限，只能储存 7 个左右“单位”。要扩大记忆单位的容量，就要按知识“块”来记忆，这样译员可以扩大知识“块”的容量，从原来的字母扩大到句子乃至篇章，这时他就可以借助“自上而下”的篇章语义处理策略来记忆。如果一个译员有较丰富的语言知识和背景知识，那么他所划分的“块”就较大，所能理解与记忆的东西就较多，信息处理的速度就更快。交传时译员尽管有熟练的笔记技术作帮助，但他仍需要在听辨过程中调动自己的短期和长期记忆中的储存内容，努力将持续数分钟的源语信息在大脑中保留至译语发布完毕。由此可见，有效地掌握记忆的技巧，就能加速信息处理速度，提高译员的工作效率。

7.5.3 图式理论在翻译学中的作用

图式是语义记忆中围绕不同的事物和情境形成的有序的知识系统 (Carroll，1999)。在心理学或心理语言学中，图式并不是一个全新的概念。图式理论最早是 20 世纪 30 年代英国的心理学家 F. C. Bartlett 通过故事复述实验提出的，他认为信息的识记并不是一个死记硬背或再产生的过程，而是保持一个事件的主旨，然后在这个整体印象的基础上重新建构事件的细节。他发现当我们碰到与平常理解模式相悖的事件时，我们就无法轻易地把这个事件整合到现存的图式中，结果就是我们或者不能有效地记住这个事件，或者改变这个事件的细节以达到和自己的图式相吻合。这一理论直到 70 年代才受到人们的重视，成为人工智能研究方面的热点研究课题。人工智能要解决的一个问题是如何使计算机识别和理解典型的场景和话语，要做到这一点，计算机首先要像人那样具备有关各类场景、物体和事件的“常识”。于是，研究人员就可以分析诸如去餐馆、洗衣店、看病等各种生活中的典型场景，从中分析出相关的图式模型。人们把这类情景图式又称为脚本。这就像演出用的剧本一样，在规定的情景里，人们要按照一定的程式行事(桂诗春，2000)。

心理学实验证明，知识图式在阅读理解和听力信息的提取方面扮演着重要的角色，几年来图式理论还被广泛地运用到暗示语和否定句的理解中。认识这方面的作用对于提高翻译特别是口译的能力是很有必要的。知识图式对于理解力的加强主要表现在三个方面：

1)知识图式为解释篇章的内容提供了参照。在信息的读取过程中，篇章中的内容与读者头脑中的知识图式交汇融合，构成新的、更为具体的图式，从而完成理解过程。

2)知识图式有助于词义的确立和选择。许多词语都具有多义性，在不同的场合所表达的语义是不同的。

3)知识图式有助于对下文的预测。人们在阅读一篇文章时，文章内容可以激活读者头脑中相关的知识图式，而这种图式一旦被激活就有助于读者预测文章下一步有可能出现的场景。(王立弟：2001)

比如 hedge 这个词，在不同的场合就会衍生出不同的语义，在语言学的文本中 hedge 就表示一种模糊语言现象，熟悉语言学的听众就会预测在这个词之后很有可能会出现模糊语言的各种分类以及它的语用功能。而在经济学的文本中 hedge 则代表对于某种风险投资的规避行为，相应地听话人就会自动地在长期记忆中开始提取与投资模式或对冲基金(hedge fund)相应的知识体系。

知识图式在加强记忆和信息提取方面的作用具体表现如下：

1)知识图式为信息的提取提供一个导向。例如，人们可以借助“洗衣”的一般知识，回忆起洗衣房的某一具体情境。

2)知识图式有助于信息的重建。有的时候人们对某些具体的内容

回忆不起来，可以利用相关的知识图式对这些信息进行合理的补充和重建。(Singer，1990；参见王立弟，2001)

翻译，特别是各种形式的口译，要在很短的时间里进行篇章理解、信息记忆和转换、译出语的产生。专业的译员能够做到高质量的翻译，是因为他们在话语理解、记忆和信息提取方面能够比一般人更加迅捷而精确。图式的作用在口译中表现为，能有效地促进译员对信息的注意和记忆，抑制无关信息的干扰，帮助译员对接收到的信息进行推理并最终提高译员对信息的处理速度。认知心理学理论认为，由于较丰富的图式知识为新输入的信息提供了心理框架，所以译员会对输入的新信息特别敏感，注意力也就容易集中。当译员大脑中的图式与输入信息之间建立起和谐与匹配时，他便实现了对输入信息的解码，并容易记住话语的要点。由于有图式知识的帮助，译员不必细究输入信息中某个单词的意思或某个话语的语法结构，运用自上而下的信息处理模式便可以尽心合理地推导、预测，并达到理解的目的，继而加快口译过程中对语言和信息的处理速度。

7.5.4 实验翻译学研究

翻译学中的同声传译是一项受时间限制的高度复杂的双语活动，译员在接收源语输入的同时要进行译入语输出。同传中译员要经过源语接收、理解、转换、译入语表达等一系列过程。随着认知心理学和心理语言学的发展，口译研究也开始朝着跨学科和更加科学化的方向发展，但是科学的、成体系的同声传译过程研究还是比较少，尤其是以工作记忆(working memory)和语言水平相结合的同传过程研究则更少。

工作记忆是一种对信息进行暂时性的加工和贮存的能量有限的记忆系统，对于语言理解、学习、推理、思维等复杂认知任务的完成起关键作用。国际上的工作记忆研究始于 20 世纪 70 年代，主要集中在纯粹地探讨工作记忆的工作原理，或工作记忆的个体差异(Baddeley，2000，2001；Buntinga，et al：2004；Burgess & Hitch，2005)。国内的工作记忆研究是在过去的两年中出现的，主要是运用 Baddeley 的认知结构模型来研究流体智力(fluid intelligence)、工作记忆跨度与阅读能力的相关性(刘昌，2004；鲁忠义、范宁，2006)。但是无论是国际还是国内，从工作记忆的角度来研究涉及复杂认知过程的同声传译却很少。Rinnea 等(2000)从神经学的角度用正电子断层扫描仪(positron emission tomography / PET)测量同传过程中的大脑激活状态，认为从母语译入非母语的过程涉及更多的大脑激活量。他们的研究为我们的同传过程研究提供了心理物理学(psychophysics)的依据，但是过分强调生理机制，忽视了同传作为语言处理的本质特征。

荷兰阿姆斯特丹大学的 Annette De Groot & Ingrid Christoffels(2006)开始尝试同传过程中的工作记忆研究，认为工作记忆才是同传作业的关键因素，而词汇提取任务在语言水平相当的情况下区别并不显著。但是 De Groot 等并没有深入探讨工作记忆的作用，也没有说明高效的工作记忆到底是同传的前提，还是大量同传练习的结果。

在口译研究领域还有一个重要的领域，就是以法国第三大学高等翻译学院 (ESIT)的 Daniel Gile 为代表的口译行为主义科学研究。Gile (1995)将口译的完成所需牵涉到的种种努力归纳为三项基本任务(3 efforts)，即听力理解 L(listening and analysis)、短时记忆 M(short-term memory effort)和翻译 P(production)，但是基本没有涉及口译心理过程的量化研究。

国内的口译实验研究刚刚起步，确切地说，在 1996 年之前，国内发表的口译论文都寥寥无几，而且主要集中在经验介绍方面。近几年的发展主要也只是介绍国际上的同传理论为多，很少有真正的实证性研究。目前国内的口译研究主要集中于两个方面：一是以林郁如、仲伟合等为代表的国外理论引进和梳理研究，二是以刘和平、蔡小红为主的法语同传研究。

厦门大学的林郁如教授及英国 Westminster 大学的 Jack Lonergan 根据 Gile 模式创立了厦门模式，如图 7-5。

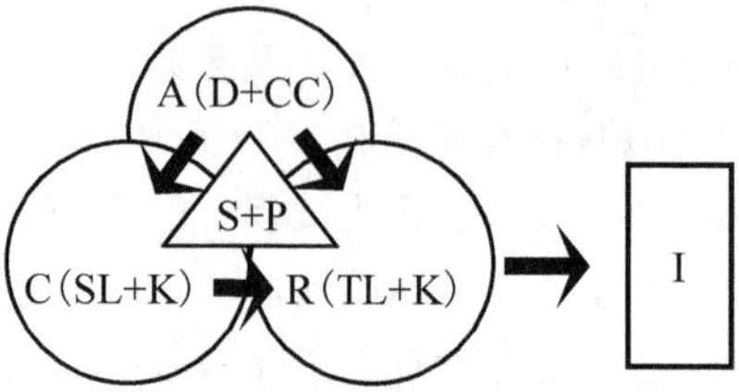

图 7-5 厦门大学口译训练模式

上述模式中，I=Interpretation(口译结果)；A(D + CC)即：对话篇(Discourse)与跨文化交际成分(Cross-cultural communication)的分析；C(SL + K)(Comprehension in source language + Knowledge)即：对源语与源语外知识的理解；S + P(Skills + Professional standard)是口译者在对源语的语言与知识进行理解、对跨文化交际的问题做了分析之后，应用口译技巧对源语的信息在目的语中进行重组，进而完成整项口译工作。

蔡小红在过程模式、注意力分配模式和 Anderson 的口译能力发展模式的基础上，通过中国法语译员和学生的交替传译活动研究，指出以上三种理论模式在口译的不同环节中都有着很强的解释力(蔡小红，2001)，而且提出了交替传译过程模式，极大地丰富了法国释意派的三角形模式(即源语、脱离源语形式、译语)，但是她并没有就交传过程中的工作记忆做详尽的研究，这使得 Anderson 的能力发展模式仍然处于一种神秘而界定不够清晰的状态。

从 2004 年到 2006 年，国际上对于工作记忆的研究异军突起，无论是工作记忆的容量，还是在阅读和语言产出中工作记忆的精细处理功能，都给口译学提供了有力的证据。随着工作记忆研究的深化，口译过程中的信息处理过程应该可以掀开它神秘的面纱。

【思考题】

1. 俄国形式主义的核心理论是什么[PT]？
2. “陌生化”的基本内容是什么[PT]？
3. 如何看待“形式主义”跟翻译实践的关系[PT]+[AT]？
4. 多元系统论对翻译研究与实践有哪些启发[PT]+[AT]？
5. 接受美学是如何看待文本的？它对翻译实践有哪些意义[PT]+[AT]？
6. 读者反映论对翻译为何如此重要？哪些翻译/译本可以不关乎读者的反映[PT]+[AT]？
7. 如何将读者分类？如何分比较合理[PT]+[AT]？
8. 针对不同的读者，试着翻译若干种不同类型的文本，并做对比研究[PT]+[AT]。
9. 信息处理模式和图式理论对翻译实践与研究能够发挥哪些作用[AT]？
10. 参与实证研究，了解、体验一下“当心理学与语言学牵手的时候，翻译学笑了”这句话的含义[AT]。

Chapter 8

综合研究深化

Comprehensive Research

8.1 The Emergence of Translation Studies
8.2 The Cultural Turn of the 1980s
8.3 The Interdiscipline of the 1990s
8.4 The Turns of the 1990s
8.5 The State of TS at the Turn of the Millennium
8.6 The Future Perspectives / Turns of TS
Questions

如何进行翻译学的深化研究？除了需要了解并熟悉学术规范、方法论和技术性等方面的要求之外，认真细读(close reading)原著是必由之路。读懂原著并非易事，作为翻译学的入门读本(专著/教材)的重要组成部分，我们用中文对迄今全球最新的英文专著《翻译学的多重转向——新范式还是新视角》(Hornby，2006)做了一个详细的概述和“评述性导读”(evaluative guide)。

这样做有何特殊目的呢？

据我们对在校英语专业/翻译专业的学生和翻译研究业余爱好者的了解，要全面综合地学会翻译研究并非易事。要在未来进行有效的翻译研究，他们在专业和学术等方面首先需要读原著，需要读原著的译本，需要 exposure，需要 literacy，需要 sensitivity，需要深化基本思维训练、阅读-反应训练和一般的评述性训练，等等。正如我们在本书绪论中所指出的:“第 8 章……是为培养学生的综合研究能力而专辟的一章。……这样的特殊设计与安排是翻译(学)导论类书籍从未有过的，也算是我们的一种尝试。”尽管本章与前面个别章节在部分内容上有重叠、交叉现象，但为了这一章的独特设计和安排，我们尊重原作者的思路、观点、写作意图和基本构架等。将一本两百多页的专著用一章来再现，我们采用了简化、浓缩和删繁的做法，同时也“不失时机”地、有选择地加入我们的观点、阐述等，与原作互动，给学生一种具象的参考。这点表明，我们不是简单地、盲目地全盘照搬西方学者的一切，而是清楚地展示我们“羽翼尚未丰满”的年轻人自己的翻译观、方法论和实践观。

8.1 学科的诞生

翻译活动古已有之，但翻译作为一门学科，其历史并不悠久。和其他任何学科一样，翻译学科的建立也融合了多代人的努力与辛劳。可以说，许多现有的翻译理论都带有早期思想的影子。正如美国翻译理论家安德烈·勒弗维尔(André Lefevere，1944—1996)所说，只有与那些相对来说陈旧的传统翻译思想比较着阅读，才能全面理解新的理论(Hornby，2006：6)；并且，这些理论需要放到当时的时代背景下去理解才能看得更全面、更深刻。因此，我们有必要对翻译学科建立的这段历史和其中对此作出过贡献的代表人物及其翻译思想作一番了解。

8.1.1 伟大的先驱

霍恩比认为，翻译学科萌芽于 19 世纪初期。翻译研究受到了浪漫主义思潮的巨大影响，促成了当时翻译领域中的思想交流。这一时期的代表人物有施莱尔马赫、歌德、洪堡特等。

早在 19 世纪初期，翻译界的一些学者就呼吁要建立翻译学科，其中尤以**弗里德里希·施莱尔马赫**(Friedrich Schleiermacher，1768—1834)最具代表性。施莱尔马赫是德国基督教新教哲学家和语言学家，颇具影响。当时的翻译界只是存在着一些零碎的思想，并没有形成完整的理论体系。比如，古罗马翻译家西塞罗(Marcus Tullius Cicero，公元前 106—前 43)提出翻译可分为直译和意译，主张应该意译，反对直译；古罗马诗人、翻译理论家贺拉斯(Quintus Horatius Flaccus，公元前 65—前 8)认为翻译分为忠实的翻译和自由的翻译；德国文学评论家和翻译家施莱格尔(August Wilhelm Schlegel，1767—1845)坚持浪漫主义翻译观，翻译了莎士比亚的多个剧本，追求译文对原文的忠实以及读者所要求的诗化的创造性译文。施莱尔马赫则主张整合这些零碎的思想。1813 年 6 月 24 日，他在柏林皇家科学院的学术讨论会上宣读了一篇题为"论翻译的方法"(Ueber die verschiedenen Methoden des Uebersezens)的论文，提出了他的翻译思想。他认为，翻译分为"真正的翻译"(genuine translation)和"日常(应用)翻译"(mere interpreting)[1]。其中，"日常(应

1 谭载喜在《西方翻译简史》(增订版，商务印书馆，2004)第 107 页中将 mere interpreting 译为"机械的翻译"，笔者认为不妥。因为施莱尔马赫认为"mere interpreting"和"真正的翻译"(genuine translation)中的"意译"(paraphrase)都是"机械的"，因此笔者认为，将 mere interpreting 译为"机械的翻译"容易产生误解，让人以为所有的 mere interpreting 都是机械的，而所有"真正的翻译"都不是机械的，导致施莱尔马赫的本意被误解。

用)翻译”是指日常事务和商业上的翻译，他认为这种类型的翻译活动，无论是口头形式还是笔头形式，都是“机械的”(mechanical)，不值得学术界对此广泛关注。根据弗米尔(Vermeer)，这里 mechanical 意为 practical，goal-directed，与 the aesthetic quality of fine arts 相反(Hornby，2006：8)。“真正的翻译”又可分为“意译”(paraphrase)和“模仿”(imitation)。“意译”通常应用于学术和科学作品的翻译，是把译入语和译出语这两种语言的元素当做数学符号，像加减乘除一样用机械的方法来克服语言间的差异；而“模仿”主要应用于文学作品的翻译，其前提是译者无法译出与原文的每一部分都准确对应的复制品，只能译出在总体效果上尽可能接近原文的模仿品。

可见，**在当时施莱尔马赫就已经开始关注文学翻译和科技翻译的区别**。今天看来，他甚至先于结构语言学、术语学和机器翻译等理论，最先将语言的元素当做数学符号来处理；他提出的文学翻译上的“模仿”法，这种把对象作为一个整体来研究的方法，在一百多年后的格式塔心理学和 20 世纪欧洲翻译研究中得到了发展。另外，**施莱尔马赫可以说是第一个明确区分口译和笔译的学者**。他认为，所有“日常翻译”，以及“真正的翻译”中的“意译”都是“机械”的，而这里的“机械”一词是实用的意思。笔者认为，这种“机械”的口译也和笔译一样，需要译者有较强的双语能力、更快的反应速度和较强的沟通能力，因此也并不像施莱尔马赫说的那样不值得引起学术界的广泛关注。

施莱尔马赫的另一著名观点就是译者在做翻译时可选择两条路。一条是尽可能保持作者不动，将读者推向作者；另一条路刚好相反，即尽量保持读者不动，将作者推向读者。两条路完全相反，因此译者必须一开始就做好选择并一路走到底，以免南辕北辙，使作者与读者碰不到面。他的这一见解与今天的异化和归化颇为相似，施莱尔马赫本人并没有给这两条路命名，但他明确表示自己倾向于类似异化的第一条路。然而他又不主张逐字翻译，而是倾向于创造一种故意异化的语言。“两条路”这一观点并不是施莱尔马赫率先提出的，而是歌德的首创。

约翰·沃尔夫冈·冯·歌德(Johann Wolfgang von Goethe，1749—1832)

最为人们熟知的身份是德国伟大的文学家。其实他还是一位多产的翻译家，非常热衷于翻译。歌德关注作者、读者和译者三者之间的关系，也提出了类似于归化和异化的翻译思想。他赞同启蒙运动的重要作家克里斯托夫·马丁·维兰德(Christoph Martin Wieland)的观点，认为两种方法应有所调和，而有疑问时，还是以归化(naturalization)为佳。现在的一些翻译学者也赞同歌德，尤推归化的观点，并给出了有力的论证。

在翻译史上，曾有多位翻译家提出过将翻译分为三类。比如，英国的德莱顿在1680年提出的“直译”(metaphrase)、“意译”(paraphrase)和“模仿”(imitation)三类翻译，德莱顿把其中的“直译”比喻成“戴着镣铐跳舞”。德国浪漫主义时期的诗人诺瓦利斯也在1798年主张将翻译(a translation)分为“语法翻译”(grammatical translation)，“转换翻译”(transforming translation)和“神化翻译”(mythical translation)。

歌德也提出了翻译三分法，认为翻译可分为以下三类：

第一种是散文式翻译(prosaic)，即完全按照本国的语言习惯翻译外来文本，以使译文读者了解外国文化。在歌德看来，朴实无华的散文式译文是这类翻译中最理想的。

第二种是模仿诗文作者的翻译(parodistic)，即译者先读懂原文文本的内容，然后用本国语言和文化中相似的语言和风格加以表达。比如：维尔德的翻译就属于这种类型；法国的诗作翻译也采用此法，大抵是因为“不忠的美人”翻译观起源于17世纪法国，而在19世纪初期的浪漫主义运动中仍有影响。

第三种是与原文一致的(identical)翻译，即翻译是“接替式”译文，而非“取代式”译文。从价值判断角度出发，译文与原文这两者中任何一者的价值就得依据另一者的标准来衡量，而不是一者的价值取代另一者。这种译文与原文融为一体的翻译备受歌德推崇，被他称为“最高层次的翻译”，也是施莱尔马赫的理想翻译类型，之后又为本雅明所采用。

笔者认为，歌德的这三类翻译并没有多大的区分性，而且由于他本人对此并没有作过多详细的解释，因此三分法分得让人难以理解。

但是他提倡的译文与原文融合一体的翻译观还是值得欣赏的，为提高译作的地位产生了影响。

另一位先行者**威廉·洪堡特**(Wilhelm von Humboldt，1767—1835)，是德国重要的语言学家，与柏拉图、柯勒律治、索绪尔等人齐名，曾翻译过古希腊戏剧家埃斯库罗斯的名剧《阿伽门农》。时代造就英雄，时代也造就学术伟人。洪堡特所取得的成就与他所处的时代和国家密切相关。当时的德国涌现了浪漫主义思潮，而由于语言学与心理学的蓬勃发展，新的文学作品大量涌现，包括歌德在内的大批学者和翻译家积极从事文学名著的创作和翻译，对语言和民族意识产生了深远的影响。我们在看洪堡特关于语言和翻译方面的著作时，也要把它们放到这个学术大环境中去理解。

洪堡特是第一批将语言与文化、语言与行为紧密联系起来的学者之一。他认为，任何一种语言中的任一单词在另一种语言中是找不到与之完全对应的单词的，因此语言是动态的；一个单词或一个字，不仅仅是一个符号(sign)，更是一种象征(symbol)；语言可构成思想概念和文化。这就要求：1)译者要从整体上审视原文，要与作者产生共鸣；2)译文整体要清晰流畅，忠实于原文，避免模糊与"非德国化"(un-Germanness)。笔者认为，德国人向来以严谨著称，德语也是如此，根据洪堡特自己对翻译和注释之区别的论述，这里的"非德国化"即指译者不按照原文而做过多的解说。

可见，德国浪漫主义时期的这些翻译理论家有一个共同之处，即注重对原文的理解，而不是纯粹将原文作为客观对象来处理。这种倾向来源于阐释学，尤其是施莱尔马赫，他本人就对阐释学领域作出过重大贡献。施莱尔马赫提出"阐释循环"(hermeneutic circle)的概念。他认为：理解的过程就像一个圆周运动，从整体到局部，再从局部到整体，循环往复，像螺旋式那样不断推进，从而永远更新其意义之组合。因此霍恩比建议，在阅读施莱尔马赫1813年6月24日"论翻译的方法"那篇论文时应该将当时德国浪漫主义运动及德国的崛起这个大背景考虑进去。这样就不难理解为什么施莱尔马赫倾向于将读者推向作者这条路，也不难理解他在 1813 年的论文中的某些观点流露出的对他自己祖国和祖国语言的热爱。比如，在施莱尔马赫看来，译者必须忠于自己本国的语言，一旦原文中出现与译者祖国的观念相左之处，译者就要遵从本国人民的理念，在翻译时把相应的地方改过来。霍恩比认为，如果不考虑当时的时代特点，施莱尔马赫的这个观点肯定会被曲解且已经被曲解了。也就是说，这是由于他的时代局限性所致。虽然有局限，但总体说来这些 19 世纪初的德国翻译理论家仍被公认为现代翻译学的重要先驱人物，因为他们将翻译提高到了思想和现实的层面，用韦努蒂的话说就是他们将翻译"当做一种创造性的力量，其中各种翻译策略就具有多种文化和社会功能，从而建构语言、建构文学、建构民族"(转引自 Hornby，2006：16)。

时代在发展，人们的思想也在发生着变化。19 世纪初期的这些先驱及其翻译观在德国浪漫主义运动之后的整个 19 世纪中期遭到了翻译领域内部激烈的批判，被认为太过于忠实原文，从而导致译文无法像原文一样达到形式和内容上都统一的境界。之后，德国民族主义和浪漫主义的热情减退，更尖锐的批评随之而来，德国的传统翻译在尼采(1844—1900)看来显得僵硬而辞藻浮华，且有殖民主义倾向。

20 世纪初期的德国翻译理论家代表人物中，**沃尔特·本雅明**(Walter Benjamin，1892—1940)无疑是最为著名的一位。本雅明主张译文应该尽量与原文靠近；真正的译文应该是透明的，能够让原文的生命力得以保存。因此他认为，最佳的翻译类型应该是译出语和译入语的隔行对照译本。这一观点其实是来源于歌德的翻译三分法。另一位代表人物是和本雅明持相反意见的犹太哲学家弗朗兹·罗森茨威格(Franz Rosenzweig，1886—1929)。罗森茨威格认为，在理解施莱尔马赫的"两条路"观点时，我们不能想当然地认为译者走的非此路即彼路。在这一点上笔者赞同罗森茨威格的观点，因为施莱尔马赫对于这"两条路"并没有给出详尽的解释，也没有考虑到具体情况中的运用。如果只是一味地倾向于第一条路，笔者认为有失偏颇。在大陆翻译界，不少学者把施莱尔马赫的观点盲目搬来，试图论证自己的"异化"论，结果在翻译观念上树立了“不良榜样”，误导了众多译者(包括他们自己)，从而造成汉译本和英译本的品质整体下降(不少重要翻译大赛的一等奖常常空缺便是一个很典型的事实)。罗森茨威格建议将这“两条路”作为一种方法以解决翻译中的复杂问题，从而引出了一个本质问题，即：什么情况下应该将读者推向作者？什么情况下应该将作者推向读者？

由此，笔者总结，翻译研究兜了一圈，回到的不是原点，而是原点之上。对传统翻译的继承、批判、发展、再继承、再批判、再发展，形成了一个上升的螺旋线，而线上串着的美丽珍珠则是这些先驱们闪耀着智慧之光的思想。

8.1.2 研究铺路人

第二次世界大战使得当时的翻译活动被迫停止，翻译学者之间得不到交流。二战后翻译活动得以复苏，非文学作品的翻译虽然在当时只被认为是语言学的一个分支，但开始引起了众多学者与翻译家的兴趣。这一时期有着良好的学术环境，尤其有利于翻译研究开花结果，来自多个国家的一大批语言学及相关学科领域的杰出人物为翻译研究的发展铺平了道路。

20 世纪 20 年代中期发展起来的布拉格学派就是一块为翻译研究提供养分的沃土。该学派的学者，从音韵学到文学理论，各有专长，所操语言涵盖了欧洲的整个语言系统，有英语、德语、捷克语及俄语。其创始人及主要代表人物有雅各布森、列维等。

罗曼 · 雅各布森(Roman Jakobson，1896—1982)早年在莫斯科致力于俄国形式主义运动，之后又先后移民到斯堪的那维亚和美国。1959 年，雅各布森在他写的一篇题为“论翻译的语言学问题”的论文中，提出了翻译可分为：

1) 语内翻译(intralingual translation)，即同一种语言内部进行的翻译。比如，把普通话翻成广东话、把天津话翻成维吾尔语等。

2) 语际翻译(interlingual translation)，即两种不同语言之间的翻译。比如中译英、英译中，或者俄语和法语之间的互译等。

3) 符际翻译(intersemiotic translation)，即用非语言的符号来解释语言符号，或者用语言符号来解释非语言符号。比如，聋哑人所打的手势就是一种非语言符号。一个懂手语的人将聋哑人所打的手势翻译成语言让另一个不懂手语的人理解，即属于符际翻译。

这种区分在传统的翻译分类基础上又进了一步，没有将目光仅仅放在不同语言之间的翻译上，而是从符号学的观点出发将翻译看做符号间的转换，从而超越了语言的词汇和语法结构的层面。它开创性地涵盖了几乎一切语言和非语言的交际活动，为翻译研究开拓了新的发展方向。

布拉格学派在欧洲的代表人物是前捷克学者、历史学家、翻译家**吉里·列维**(Jiří Levý，1926—1967)。列维对翻译研究发展成一门独立学科作出了极大的贡献，可以说是翻译研究学科形成过程中的元老级人物。他详细探讨了文学翻译的目的、标准、方法和效果，也最先提出了文学翻译中的“规范”概念。他认为，文学翻译是艺术的一种特殊形式，介于创造型艺术和“复制型”(reproductive)艺术之间；翻译就像舞台上的表演艺术一样：译文是对原文的艺术再现，译文的读者就是观众，翻译的过程则要求译者具有艺术创造力和想象力，因此翻译的两个标准就是忠实于原文以及具有艺术性。列维还将翻译的过程分为理解(understanding)、解释(interpreting)、转换(transfer)三步。另一方面列维认为，读者会根据他们自己生活的那一时代的观点来看译文，因此译者要从整个文学系统、历史和文化背景出发将原文看做一个整体，要认识到从整体上把握翻译目的的重要性，以避免只见树木不见森林。类似的思想在 20 世纪 80 年代的目的论、描述翻译学和翻译关联理论中都可以找到。

在翻译实践和译者培训中较具代表性的先行者是加拿大学者**让·保罗·维奈**(Jean-Paul Vinay，1910—1999)和**让·达贝内尔**(Jean Darbelnet，1904—1990)。作为最早比较英语与法语翻译的文体风格的学者，他们注意到了不同的两种语言及文化之间存在着本质的不同，并将其研究基于真实的未经翻译的平行文本上。比如，公园长椅上漆上了油漆，通常会在边上放一块写有“WET PAINT”的牌子，但是翻译成中文时就不是按照其语法结构翻成“湿油漆”，而应该翻成中文中对应的标识语“油漆未干”。他们强调，在翻译某一语言结构时应当考虑它是出现在什么样的交际情形下，而正是它所处的交际情形决定了他们称之为“对等”（équivalences）的概念。那之后的二十年中，“对等”一词在翻译领域占了主导地位，但在其真正意思和应用方面却存在着不少争议。

比如，在圣经翻译领域，领军人物**尤金·奈达**（Eugene A. Nida，1914—）就区分了形式对等（formal equivalence）和动态对等（dynamic equivalence）。前者指译文与原文在语言结构形式上的完全对应，后者则追求译文读者对译文的反应与原文读者对原文的反应大致对等。奈达较为关注将外国语译成本国语，注重翻译与文化的紧密关联。他认为，语言是文化不可分割的一部分，而单词则是文化现象的符号。文化符号不同，语言也就不同，因此，翻译无法做到完全的对等，但可以达到“在思想内容和风格上最接近于原文的、自然的信息等值”（转引自Hornby，2006：25）。例如，由于中国的江南地区传统上被誉为“鱼米之乡”，译成英文就可以说“a land of milk and honey”（《圣经》上指农业富庶之地）；同样，汉语中的“银河”一词相当于英文中的“milky way”。奈达还依据当时热门的转换生成语法提出了翻译的三个步骤，即：分析（analysis）、转换（transfer）和重构（restructuring）。笔者认为，相比列维提出的理解、翻译、转换三步骤，奈达的这三个步骤虽来源于转换生成语法，但更为清楚，也更有利于译者操作。

欧洲东部的莱比锡学派（Leipzig School）在当时的翻译研究中也相当活跃，代表人物有**奥托·卡德**（Otto Kade）、**雅格尔**（Gert Jäger）和**纽伯特**（Albrecht Neubert），其中应首推德国学者奥托·卡德（1927—1980）。卡德最先超越了在20世纪60年代占主导地位的语言学之限制，引入交际理论来解释翻译行为（尤其是非文学文本的翻译）。他将翻译活动看做一个具体的行为，这一行为不仅涉及语言元素的转换，也涉及交际参与者（原文作者、译者和译文使用者）以及语言之外的情景。

他的这一观点成了当时翻译研究的创新点，也肇始了后来功能翻译理论的相关基本理念。此外，功能翻译派中**凯瑟琳娜·赖斯**(Katharina Reiss，1923—)发展的文本类型理论也可追溯到卡德提出的文本特征(character of the text)。卡德认为，翻译作为一种交流方式，是由思想内容和表达形式组成的。其中，思想内容包括两个要素：知识要素和情感要素；表达形式则主要涉及形式要素。非文学翻译中，知识要素一般比情感要素更重要，在科技文本的翻译中尤为如此。而在广告和宣传材料类的非文学翻译中，译者应首先考虑情感要素，因为这些文本的目的就是要引起读者的共鸣从而影响读者。形式要素在文学翻译中比在非文学翻译中更重要，比如，形式是诗歌的重要组成部分，一首诗有其节奏和韵律，给人以美感，且能表达某种意义及诗人的情感。在德国语言学家**卡尔·布勒**(Karl Bühler)提出语言三功能(即陈述、表达和说服)之基础上，赖斯提出了相应的三种文本类型：

1)信息型文本(Informative text)，即注重内容的文本。如科技文本、洗衣机的操作指南等。

2)表达型文本(Expressive text)，即注重形式的文本。如抒情诗、戏剧以及一般的文学文本。

3)感染型文本(Operative text)，即注重对读者的感染作用的文本。如广告文本。

在这三种文本类型的基础上，赖斯又发展了一套用于翻译批评的模型理论，规定了评价译文的具体标准。她认为，应从语言要素和语外要素两个方面来评判译文的质量。其中，语言要素被定义为译文与原文之间的语义对等、词汇对等、语法正确以及文体风格相对应，而语外要素则包括直接的语境、主题、时间和地点因素、说者和听众及情感暗示。之后，赖斯又加入到弗米尔的目的论研究中。今天她已被公认为德国翻译研究领域的女前辈。

美国学者、翻译理论家**乔治·斯坦纳**(George Steiner，1929—)则从阐释学的角度对翻译过程进行了研究。斯坦纳是《通天塔之后——语言与翻译面面观》(*After Babel. Aspects of Language and Translation*)一书的作者。该书初版于 1975 年，被誉为不朽之作，不仅对整个语言研究的历史进行了全面梳理，而且对人类翻译活动的历史作了系统的追溯，把翻译理论、翻译实践和翻译历史分为四个阶段。在写该书时他就已经认识到，正是翻译中跨学科性的潜力才连接了当时已经建立的和正在建立的各学科，如人种论、社会学和形式修辞学等。斯坦纳认为，翻译可分为四个步骤，即：信任(trust)、侵入(aggression / penetration)、结合(incorporation / embodiment)、复原(restitution)[2]。“信任”是指译者主动相信原文中包含了思想内容，相信原文中存在着意思。“侵入”是指译者试图去理解参透原文中的意思，先侵入原文，然后抽出其中的精髓，并将这种精髓作为战利品“带回家”。“结合”也是一个吸收的过程，将原文的意思和形式挪用到译文中，使之与目标语相结合。“复原”是其中最重要的一个环节，指译者努力平衡前面几个步骤所造成的不协调与混乱。因为将两种语言文化和思想形式融合在一起时必定会产生冲突，破坏两者原有的平衡。这一观点与歌德的翻译三分法中的“逐行对照翻译”有着相似之处(两者都追求译文与原文融为一体)，而斯坦纳也是极力推崇歌德的“逐行对照翻译”。这一模型本身就存在着争议，也引发了后来关于后殖民翻译批判的诸多辩论。笔者认为，这里斯坦纳只是做了一个比喻而已，将翻译比喻成殖民的过程，其精髓意义还是符合翻译的过程的，因此没有必要对他的理论进行大肆的后殖民批判。

另一位将阐释学引入翻译研究领域的先驱是德国学者**弗里茨 · 帕埃普克**(Fritz Paepcke，1916—1990)。作为一名翻译家，帕埃普克的译作涉及面很广泛，有哲学、抒情诗歌、法律文本以及广告等。帕埃普克结识了德国当代哲学家、现代哲学——阐释学的创始人和主要代表之一伽达默尔，并在后者相关思想的影响下推崇在翻译研究中使用阐释学的方法。帕埃普克驳斥了 20 世纪六七十年代乔姆斯基的语言学观点，以及以语言学为导向的翻译学派，因为他认为，“语言学是一门没有语言

2 斯坦纳在书中使用的措辞是 import(吸收)、compensation(补偿)等(Steiner，2001：312-316)。

的科学”(The science of language is a science without language)。笔者认为，这句话的言下之意就是所有的语言背后都是不可言说的意义，类似于中国传统的道家思想：“道可道，非常道”，即：意义的不可言说性。比如，“他很好。”这句例句中，“好”一词究竟意味着什么，也许只有说者自己能体会，这“好”字的丰富含义对说者来说是无法用言语准确表达的，而听者也无法获得与说者一样的感受，只能用自己的经历、经验或者根据自己对于“好”的标准来衡量例句中的“他”。明白了这一点，也就不难理解帕埃普克质疑“对等”概念，认为“对等”只是一种幻象的原因了。在帕埃普克看来，翻译不仅仅是语言的问题，也涉及文本中的文化、历史、经济和社会空间。他也成了那一代人中最先强调这一点的学者之一。他认为，翻译一定要建立在译者理解的基础上，而不应该建立在理论的推理上，因此，他的阐释学方法的重点不是用语言学的方法来分析文本的结构，而是分析文本所传达的信息。他还提出了文本的整体概念，即一个文本的信息要大于该文本各部分所提供的信息之和，试图填补翻译理论和翻译实践之间的鸿沟。

8.1.3 语用转向

前面所提到的这些翻译研究中的先驱都或多或少地对当时的语言学持批判态度，而随后的语言学家们似乎也意识到了这一点，开始转向语用学，促使翻译研究从语言学和对比文学中解放了出来。

第二次世界大战结束后，机器翻译引起了科学领域的兴趣，一场关于翻译的大讨论随之开始。当时的研究人员认为，要得到机器全自动翻译的高质量译文，只要确保机器翻译系统储有详尽的句法规则、广泛的词汇、能高速处理意义不明确的词语就行了。这样的结论在现在看来确实比较天真。还有学者觉得这样不够，认为应该在机器翻译系统中加入人类知识的模型，毕竟翻译不是纯粹的机械活动。在语言学家中这一争论一直持续到1966年语言自动处理咨询委员会(Automatic Language Processing Advisory Committee)公布其研究结果而告终：机器翻译的研究被认为对翻译实践没有任何提高。

笔者认为，完全的机器翻译至少在目前是不可能的，但是也不能一味地否定它，一些软件及数据库等都能有效地帮助译者，尤其在非文学翻译中，能为译者提供该领域的专业词汇、用法、相应的平行文本及相关资料。而在文学翻译中，将来也可以做一些研究，开发相关软件工具，为译者成功进行二次解读从而更好地完成翻译并提供相关资料支持。

这场大讨论得出的结论不够成熟，其主要原因是当时乔姆斯基的转换生成语法在语言学领域占了主导地位，非文学翻译在当时被明确划为语言学的一部分。乔姆斯基将语言看做一种天赋的能力，认为具体的一种语言的语法规则能理想化地生成所有的句子，并在此基础上提出了一套相当抽象的语言分析系统。这种方法最多只是分析句子，提供的例子也非常简单，比如："John hit the ball." 就可以生成 "The ball was hit by John." 等句子。乔式理论具有一定的革命性，但翻译学者们并不买他的账。他们认为语言实际上要比乔式的转换生成语法复杂得多，因为语言中有很多比喻，以及看似不符合语法规则但人们都懂的用法。笔者也同意这些翻译学者的观点。举个例子："你平时在哪吃饭的？""我吃食堂。"很明显，若严格地从语法上分析，"吃"和"食堂"怎么能作为动宾结构连在一起用呢？但是大家都懂这句话指的是："我平时在食堂吃饭。"

在乔姆斯基忙着研究他的转换生成语法时，英国哲学家**约翰·奥斯丁**(John Langshaw Austin，1911—1960)也为我们认识语言开辟了新的视角。他提出的言语行为理论就是这场语言的"语用转向"中最为强劲的推动力之一。奥斯丁的这一理论认为，表意和行事是言语的两大功能，即：用语言来做事情。例如两人之间的对话，A 说："电话响了。" B 回答："我在洗衣服。"显然，A 提醒 B 电话响了，是想让 B 去接电话，而 B 说他/她正在洗衣服，言下之意就是让 A 去接。他的模式后来在他的学生塞尔(John Searle，1932—)那里得到了完善和发展，从而促使之后的翻译研究将语言的社会和交际方面包括在内，也促进了篇章语言学(text-linguistics)的诞生，为翻译的过程研究和译文研究提供了更具批判性和更有价值的、全面而跨学科的方法。

对语用转向作出过贡献的主流语言学家有很多，文献资料中也有详细记载。但对翻译比较感兴趣而又间接地影响了翻译研究发展的欧洲语言学家却不多。罗马尼亚籍的**尤金尼奥·科谢里乌**(Eugenio Coseriu，1921—2002)、瑞士语言学家**厄恩斯特·雷斯**(Ernst Leisi，1918—2001)和美国语言学家**查尔斯·菲尔莫尔**(Charles Fillmore，1929—)就是其中三位。

在今天看来，科谢里乌对翻译研究的贡献有两方面。一方面，他挑战当时极受推崇的索绪尔的语言和言语的二分法，并对此提出了补充修正意见，认为在语言和言语之外还有“规范”(norm)这一成分，“规范”不仅存在于语言系统中，也存在于文本和话语中。“规范”观念后来成了翻译研究的主要问题，弗米尔和诺德的功能翻译理论就涉及社会和文化规范，后来演变成了描述翻译研究中的翻译标准。科谢里乌提出的“语言规范”(language norm)，其本身也是译者的原材料的基本组成部分。语言比较抽象，而经社会认可的“规范”则较为具体，且“规范”作为文化的一部分也受到社会的制约，因此比语言系统更具动态性，会随着时间和地区的不同而变化。例如，标准英语曾是英国公众场合使用的唯一标准英语，但现在各种口音的英语也都被社会接受，甚至比老式的标准英语使用得更普遍。另一方面，即科谢里乌的第二个贡献，涉及文学翻译，仍与“规范”有关。他认为，诗歌比较灵活，比日常语言更能反映出一种语言的使用潜力，因此是对语言规范的创造性延伸，而并没有违反静态的规范性语言规则。这一观点对于翻译研究有着极为重要的意义，因为在文学翻译中，译者面临的困难之一就是如何传递原文中的语言规范而又不违反目标语的语言规范。由此笔者想到，诗歌翻译并不意味着可以不遵守目标语的规范而乱翻，也不意味着非要完全按照语法规则死板地翻或者逐字对应着乱翻，而也应在不违反目标语的前提下进行创造性的翻译。

雷斯在对比词汇语义学领域对翻译研究作出了贡献。他认为，词的意思与其使用情况有着密切联系，内涵要素、情感要素和价值要素有时对决定词的意思来说是基本的因素。但是由于各国语言之间的差异，一个词的词义内容，特别是其语义场的结构是不同的，也就是说，在 20 世纪六七十年代作为翻译基本标准之一的“对等”观念遭到了质疑。可以说，雷斯对语言的功能研究法肇启了 20 世纪 80 年代发展起来的功能翻译理论。

推动 20 世纪 70 年代的这场语用转向的人物有个共同的特点，就是对生成语法学派进行了批判，菲尔莫尔也不例外。他的景象和框架语义学(scenes-and-frames semantics)将语言结构、语言行为和语言习得综合起来进行研究，是较为全面的词义理论。其中的“框架”(frame)指的是一个语言选择系统，包括单词和语法结构等，这个系统可以在人的头脑中引起一个对应的“景象”(scene)，反之，某一“景象”也可以让人想到与之相关的单词和语法结构，形成一个相应的语言系统。笔者认为可以这样理解：“景象”就像在人脑中放的电影画面一样，而“框架”就是这个电影在人脑中的剧本，因此译者在阅读原文文本时，特别是阅读文学文本时，也可以在头脑中形成相应的画面，以更好地理解原文，体会原文的意境。

于是，篇章语言学(text-linguistics)在语用转向及随后的翻译研究发展等方面扮演了极为重要的角色。韩礼德的系统功能语法和对语篇连贯性的研究，以及篇章语言学家**伯格兰德**(Robert de Beaugrande)和**德莱斯勒**(Wolfgang Dressler)的整体研究，分别在英语国家和德语国家使翻译研究(如翻译单位)、翻译实践(如文学与非文学翻译)、翻译培训(如翻译授课方法)等有了新的实质性的跨越。

简言之，语言学中的语用转向主要反映在言语行为理论、篇章语言学的兴起以及对语言的社会和交际功能的研究上。20 世纪 70 年代呈现两大趋势：一是从语言符号的孤立概念和语言系统的抽象概念(如两极化的二分法)到篇章的整体概念，语言学和其他学科的研究角度更为宽广了；二是思想文化等方面相互裨益的交流使得单个学科领域之间的障碍被破除，人类学、哲学、社会学和心理学的发展丰富了对语言本身的研究。笔者认为，一门学科要发展，不断吸收其他领域的知识非常重要。这也是为什么边缘学科、交叉学科这么活跃的原因。而翻译更是如此：一方面，许多优秀的作品由于未被翻译过来而不为人所知，冷战中这种情况更为严重；另一方面，一个优秀的译者在掌握好母语和目标语的同时也需要培养自己广泛的兴趣爱好，涉猎不同的知识，才能做好翻译实践，并有所创新——詹姆斯·霍姆斯就是一个成功的例子。

8.1.4 奠基人霍姆斯

美籍荷兰翻译理论家詹姆斯·霍姆斯(James Holmes，1924—1986)是现代翻译研究的奠基人，熟谙美国和荷兰两种语言及文化。他的研究不以驳斥其他的知识体系为基础，而是在他自己的领域中打造出独立的学术新天地，从而提出了翻译学科的成立“宣言”，为“翻译学”立名，并提出了著名的译学图。这在 20 世纪 60 年代后期是非常之不易的，因为当时学术界各学科之间有严格的界线。但他不仅自己参加语言学和文学这两大领域的学术讨论会，还做了诸多努力促使来自不同国家的学者们一起交流与合作。

任何学科要建立，必须有：①相对统一的名称和术语；②公认的学科结构和研究范围。1972 年，霍姆斯在哥本哈根举行的第三届应用语言学国际大会的翻译讨论会上宣读了他的一篇论文，题为“翻译研究的名与实”(The Name and Nature of Translation Studies)，可谓是建立了翻译学科的蓝图。他采用“翻译研究”/“翻译学”(Translation Studies)作为这一学科的标准名称，采用“翻译”(translation)作为标准术语；还提出了译学图，满足了上述第②项条件。图 8-1 是霍氏的译学图。

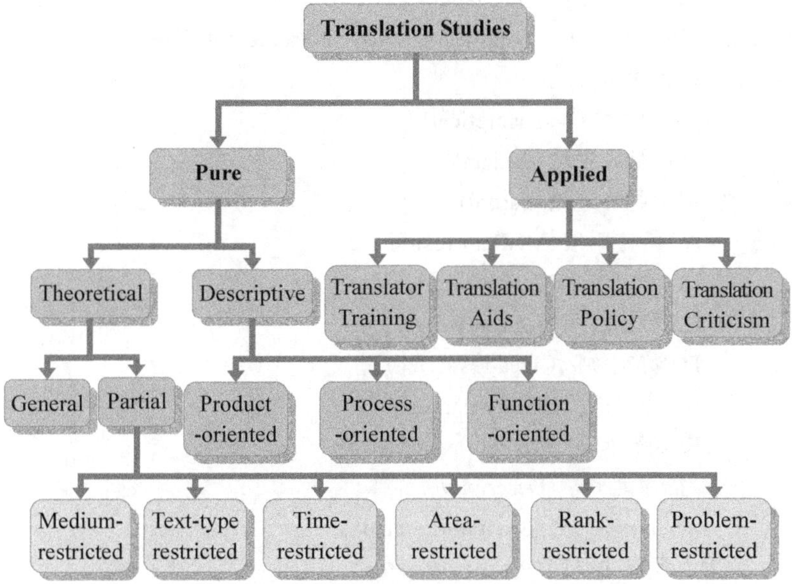

图 8-1 霍氏译学图

其中，应用翻译学又可作如图 8-2 的划分。

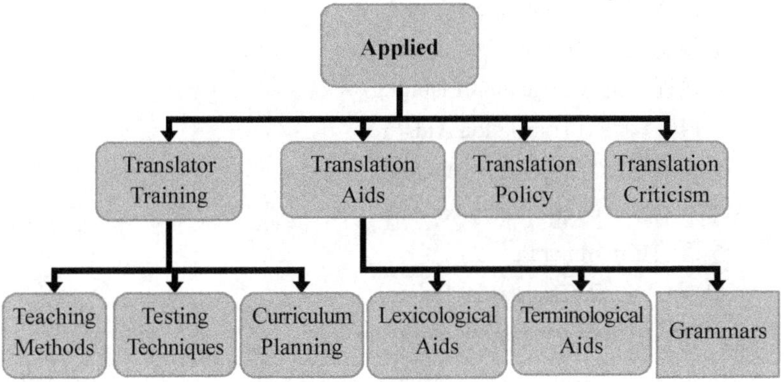

图 8-2 应用翻译学图

霍姆斯把翻译学(Translation Studies)分为纯翻译学(Pure Translation Studies)和应用翻译学(Applied Translation Studies)两大系统。

纯翻译学可分为:

(1)理论翻译学(Theoretical)

①通用翻译理论(General)

②局部翻译理论(Partial)

A. 特定手段(Medium-restricted)

B. 特定文本(Text-type restricted)

C. 特定时间(Time-restricted)

D. 特定领域(Area-restricted)

E. 特定语层(Rank-restricted)

F. 特定问题(Problem-restricted)

(2)描述翻译学(Descriptive)

①产品导向研究(Product-oriented)

②过程导向研究(Process-oriented)

③功能导向研究(Function-oriented)

应用翻译学可分为:

(1)翻译教学(Translator Training)

①教学方法(Teaching Methods)

②测试技术(Testing Techniques)

③课程设置(Curriculum Planning)

(2)翻译辅助(Translation Aids)

①词汇辅助(Lexicological Aids)

②术语辅助(Terminological Aids)

③语法(Grammars)

(3)翻译政策(Translation Policy)

(4)翻译批评(Translation Criticism)

虽然给翻译研究分了类，但是霍姆斯认为纯翻译学和应用翻译学这两个分支之间的关系是辩证的、相互渗透的。

1984 年的国际译联世界翻译大会上，霍姆斯宣读了他的论文，题为“两门人文学科的现状——今日西方之文学翻译与翻译研究”(The State of Two Arts: Literary Translation and Translation Studies)。在论文中，他总结了文学翻译者的糟糕地位，认为他们遭受众多批判的原因是人们囿于一种传统观念，即：文学是被公众普遍认可的文本，具有很高的文学价值，因此文学研究者的任务是找到能更好地理解文本的方法。霍姆斯公开挑战这种传统观念，其实是看到了解构主义的潜力。接着，他介绍了埃文-佐哈尔提出的多元系统论(polysystemic approach)，并誉之为比传统方法更好的研究文学翻译的模型。翻译学者在中途分成了规范派和翻译实证/历史/描述派，后者是霍姆斯所支持的，因为他认为，随着翻译的发展，后者的研究成果能改变文学翻译的面貌。最后的结论是：翻译研究的现状比以前好多了；但是还不够理想，可谓“研究尚未成功，译者仍需努力”。

8.2 20 世纪 80 年代的文化转向

20 世纪 70 年代的“语用转向”使得翻译学科的出现成为可能，而 80 年代的“文化转向”则大体上勾勒出了翻译学的基本轮廓，促使翻译研究作为一个独立的学科蓬勃发展。这一时期产生了丰富的翻译研究成果，关于描述翻译学和目的论的文献层出不穷。

8.2.1 描述翻译学/操纵学派

描述翻译学(Descriptive Translation Studies)的发展还得从霍姆斯 1984 年的论文说起。霍姆斯在论文中介绍了当时文学翻译研究中出现的新视角，也就是佐哈尔提出的“多元系统”理论。该理论认为某一特定社会的文学是由多个相关系统构成的一个集合体，里面的各种系统在不断地变化着，并为争夺主导地位而相互竞争。按照这一理论，文学不再是静态的稳定的系统，而是处于相当活跃的状态中。但是由于这一理论的手稿材料有些是用荷兰语和希伯来语写的，未经过翻译，也未曾出版或者只是在当地小范围发行，因此在当时还鲜为人知。由此，笔者不禁想到，“不翻译，即灭亡”：一种理论要发展，首先要为人所知，如果受到人们肯定，那么可以蓬勃发展，广泛流传；如果受到批判，也可以在批判中不断成长，不断完善。也就是说，不管是肯定还是否定，都赋予了这种理论以生命力，翻译在这一过程中功不可没。

1985 年，“文化转向”迎来了新的突破。西奥·赫曼斯(Theo Hermans)整理编辑的论文集《文学的操纵》出版，这些论文的作者包括图里(Gideon Toury)、乔斯·兰伯特(José Lambert)、亨德里克·范·戈普(Hendrik van Gorp)、苏姗·巴斯内特(Susan Bassnett)以及安德烈·勒弗维尔(André Lefevere)，操纵学派(The Manipulation School)也由此得名。该学派认为，从文学译文的角度来看，所有的翻译都带有一定的目的，都是对源语文本在一定程度上的操纵。他们的创新之处在于：1)将文学看成一个复杂的动态系统；2)认为理论模型与实例研究之间是相互影响、相互作用的；3)对文学翻译的研究方法较为系统，是描述性的，且以翻译的目的和功能为导向。这其实为后来功能翻译理论的生根发芽提供了沃土。

当时这些学者们关注的中心问题就是翻译在译入语文化中的功能。比如：图里就认为目标语文化是决定翻译策略的关键。这里的“文化”指的是“翻译中涉及的一切社会背景，包括这个社会(/译文接收者系统)的社会规范、惯例、意识形态和价值观等”(转引自 Hornby，2006：49)。而 20 世纪 80 年代与“文化转向”联系最紧密的当属巴斯内特和勒弗维尔。

1990 年，巴斯内特与勒弗维尔合编了一册会议论文集，题为《翻译、历史与文化》(*Translation, History and Culture*)，文中抛弃了基于“对等”概念的语言学方法，使得翻译的关注点也从“文本”转移到了“文化”上。该书中“文化”的概念比图里的更为广泛，因为它将后殖民领域中的创新(如妇女话语等)也包括进去了。

8.2.2 目的论及功能翻译学派

跟之前翻译研究发展过程中的其他创新理论一样，目的论(the *Skopos* theory)也是在批判当时的语言学研究范式上建立起来的。1977年，德国翻译理论家**沃尔弗拉姆·威尔斯**(Wolfram Wilss，1925—)基于语言学和交际理论，参考莱比锡学派的一些观点用德语著成一书，于1982年被翻译成英文出版，题为《翻译学：问题与方法》(*The Science of Translation: Problems and Methods*)。该书被公认为德国翻译学的开端，也确实为翻译在学术界被接受作出了很大的贡献，使得人们不再认为翻译"不过是一项实践活动而已"。然而，给翻译研究带来新范式的学者并不是他，而是弗米尔。

当代德国翻译理论家**汉斯·弗米尔**(Hans J. Vermeer)是目的论的创始人之一。1978年，他发表了一篇题为"普通翻译理论框架"(A Framework for a general theory of translation)的文章。这篇重要文章为目的论奠定了基础。目标语文化在当时已受到普遍重视，弗米尔这篇文章的中心思想就是：目标语文化中读者的需求和期望决定了翻译的目标和目的。弗米尔称之为*Skopos*，希腊语意为"目的"，而所谓的"忠于原文"以及"对等"等概念都不像它一样触及根本。基于弗米尔的观点，汉斯·郝尼希(Hans Hönig，1941—2004)和保罗·库斯莫尔(Paul Kussmaul)于1982编辑出版了一本名为《翻译策略教程》(*Strategy of Translation: A Coursebook*)的学生用书，以"文化"为中心，简单易懂且例子较多，因此在当时很是畅销。这使得弗米尔的思想更为盛行。在以后的许多著作和演讲中，弗米尔又进一步阐述了他的理论。他认为，语言不是一个自主的系统，而是文化的一部分，同样，文本也并非静止孤立的，而取决于能否被读者接受，并且始终与语言之外的环境相关联，因此，译者不仅要懂译出语和译入语，还要了解译出语文化和译入语文化。这就使得文本和翻译相对化了：译文并不是唯一的；完美的译文并不存在；任何译文都取决于它的目的。

弗米尔从广义上将翻译分成了5种类型：

1) 逐行翻译/逐字翻译(the interlinear version / word for word translation)。即不考虑目标语语言系统的任何规则，将词逐个逐个按照它们在原文中的顺序翻译成另一种语言。这种方法曾被用于《圣经》翻译，以注解的形式出现。

2) 语法翻译(the grammar translation)。即应用于外语课堂中词汇和语法知识的测试，主要考察目标语句法的规则，但这一类型翻译的功能只停留于句子水平，不涉及上下文。

3) 文献型/“学术性”翻译(the documentary / “scholarly” translation)。即以源语文本为导向，目的是向读者传递源语文本的内容，有时甚至采用异化手段。类似于纽马克的“语义翻译”。

4) 交际/“工具型”翻译(the communicative / “instrumental” translation)。即以目标语文化为导向，在翻译中较多地运用目标语中的习惯用语，一般看不出是译文。类似于纽马克的“交际翻译”。

5) 改译/“调”译(The adapting / “modifying” translation)。即将源语文本作为“原材料”，其中的信息并非全部都翻译。比如：多媒体翻译，国外的新闻报道经过改译被用于国内的媒体等。

由此可见，弗米尔从译文的意图目的角度来看翻译，使得翻译的概念更接近翻译实践的真实情形。笔者认为，一个译者的翻译观恰恰可以从他/她对翻译的定义中看出来。弗米尔对翻译的定义，简而言之：“作为文化转换之翻译”(translation as a cultural transfer)；具体而言，即“根据特定的功能，模仿 S 文化中 s 语言的文本信息，用 T 文化中的 t 语言来提供相同信息。换言之，翻译/译文不是语言间转换中单词或句子的代码转换，而是一种复杂形式的行为活动——某人/译者在新的功能、文化和语言的条件下以及在新的情形下，提供有关某一文本(源语材料)的信息，同时尽最大可能保留源语形式”(an offer of information in a language t of the culture T, which imitates an offer of information in a language s of the culture S according to its specified function. In other words, a translation is not the transcoding of words or sentences from one language into another, but a complex form of action in which someone gives information about a text [source language material] under new functional, cultural and linguistic conditions and in a new situation, while preserving formal aspects as far as possible.)(转引自 Hornby，2006：53)[3]。这一定义将翻译看成一项复杂的行为，而不是源语文本的“对等”版本。

因此，翻译中目的(*Skopos*)是最重要的因素，因为它能决定翻译的过程和译文。但是弗米尔又建议区分 *Translationsskopos* 和 *Translatskopos*，前者指“译者目的”（即译者的预期目的，the translator’s intended purpose)，后者指“译文目的”(即译文在接受语文化中达到的功能，the function of the translation as seen in the receiving culture)，两者在实际操作中常常会不同，只有在理想的情况下才会一致。

弗米尔认为翻译的第二个重要因素是“篇内一致”(intratextual coherence)，即读者能理解译文，不仅译文本身具有意义，而且在其相关的环境中具有意义。而且，这个因素比“篇际一致”(intertextual coherence)/对原文的忠实(fidelity to the source text)更为重要，即使是在源语文本功能和目标语文本功能一致的情况下。也就是说，篇际一致从属于篇内一致。如果要求译文与原文的功能不同，则翻译标准也要与译文的目的一致。可见，弗米尔只是将原文看做“译文的原料”(a means to a new text)，这就降低了原文在翻译中的地位，也引起了众多语言学家甚至翻译学者们的反对。然而弗米尔的翻译方法从本质上说是动态的，具有整体性，且与时俱进，有些观点还与霍姆斯的观点不谋而合。例如，他用“篇际一致”代替了“对等”的概念，完善了霍氏“意义对应网”(network of matchings)的提法。

弗米尔将翻译视作一种文化转换，而不是语言的转换，因为语言本身就是文化的一部分。他把“文化”定义为“决定一个社会所有成员行为的标准、惯例和观念，以及这些行为的结果”。“文化”这一功能翻译理论中的基本概念，在 20 世纪 80 年代中期的德国就引起了翻译研究的“文化转向”。霍恩比认为，这场转向从 1982 开始，由汉斯・郝尼

---

3 S/s = source; T/t = target。

希和保罗·库斯莫尔推动，接着弗米尔和他的同事又经过了几年的努力才完成，谱写了 80 年代的这一成功乐章。90 年代那场轰轰烈烈的“翻译学之文化转向”，就是来源于德国的目的论及功能派学者。

8.2.3 翻译行为模式

如果说操纵学派成长于学术会议活动，目的论诞生于演讲厅，那么，翻译行为模式(the model of translatorial action)理论则反映了实践经验丰富的译者之日常翻译程序。这位译者就是出生于德国汉堡，多年居住于芬兰的专职翻译和翻译教师**贾斯塔·霍尔兹-曼塔利**(Justa Holz-Mänttäri)。曼塔利于 1984 年出版了《翻译行为：理论与方法》(*Translatorial Action: Theory and Method*)一书，阐述了新的翻译研究理念。

曼塔利认为，翻译从根本上来讲是一种行为，是两种文化间交流的一种形式。也就是说，翻译是以文化为载体的交流行为，语言在其中并非内容也非目标，而是必要的工具。但是翻译并不是单一的行为，而是与其他的行为同处于一个系统中，且受到其他外在因素控制的行为。她的翻译观与弗米尔的相同之处在于，两人都把翻译看做文化之间进行交流的复杂行为，降低了源语文本和整个语言部分的地位。这些共同之处也为两人日后的合作奠定了基础。

曼塔利的这一理论可以用以下实例来说明。一位不懂中文的客户(比如一家英国手机制造公司销售部的经理)为使他们公司的产品进军中国市场，委托一位译者将手机原有的英文使用说明书翻译成中文。这位译者首先需要和公司沟通，问明细节，尤其是潜在使用者的相关信息等，这一点非常重要。这里并不要求译者原原本本将英文译过来，也许将原文中的有些地方用图表或草图表示出来会更好。如果译好的说明书能让中国用户正确操作手机，翻译的即时目标也就达到了；若这些说明书能促进销售，那么公司也达到了其最终目的。由此可见，翻译的目的取决于原文语言内容之外的因素，翻译行为并非语言转换行为，而是包含所有相关活动的一个综合整体，包括委托人和译者等之间的团队合作等，因此翻译的标准也由翻译的特定目的决定。在曼塔利看来，翻译过程有以下步骤：

1) 委托人提出翻译委托并提供原文材料和译文要求等相关信息；

2) 译者根据委托人提供的信息制定该翻译项目的计划，明确译文要求；

3) 译者进行原文分析和相关背景信息搜集；

4) 译者翻译；

5) 译者就翻译中的疑问询问委托人或相关人士，相应地对译文做出修改，并解释为何这样翻。

当然，有些步骤可以穿插其中交互进行，比如步骤 4) 和步骤 5)。翻译行为理论是曼塔利作为一名专职翻译的经验总结，在刚问世时深受翻译实践者的欢迎和拥护，但学术界一开始却并没有表现出热忱。笔者认为，其原因是学术界缺乏实践。翻译是一项对理论和实践要求都很高的学科，尤以实践为基础，因此实践经验较丰富的译者提出的翻译理论更有说服力，也更容易成功。该理论看似为非文学翻译量身定做的翻译方法，其实大量的实例研究表明，它的应用非常广泛，尤其在口译和文学翻译方面效果显著。这对 20 世纪 80 年代的文化转向作出了极大贡献，也推动了翻译作为一门受人认可的学科之进一步发展。

8.2.4 解构主义/食人主义

在 20 世纪 80 年代后期的巴西，一些翻译研究者试图用德里达 (Jacques Derrida) 的解构主义 (deconstruction) 理论来研究翻译中的有关现象，**罗斯玛丽·阿罗约** (Rosemary Arrojo) 就是其中一位。

由于巴西的殖民历史，翻译在该国曾被认为是摆脱过去屈辱历史的一种手段。20 世纪 20 年代，巴西兴起了一场被称为“食人运动” (Anthropophagy Movement) 的政治抵抗运动。“食人”文化源于巴西一印第安部落，该部落的人经常吃敌人的尸体，以期获得力量和勇气，这里取其“吞噬”之意。该运动主要是指巴西“吞噬”欧洲工业化殖民国的文化，并将其吸收，以丰富自己本国的文化。到了 60 年代，这一比喻被巴西诗人和翻译家**奥古斯托·德·坎波斯** (Augusto de Campos) 和阿罗多·德·坎波斯(Haroldo de Campos)两兄弟用于翻译中，并由此提出了“第三世界翻译模式”(Third World translation model)，但这里的“食人”并不意味着反对或忽略他者文化，而是指吸收殖民文化的语言精华，并用来丰富本国的语言文化。20 世纪 80 年代翻译领域的讨论主要集中在原文的权威性和翻译的自主性，对文本的“食人”解释则旨在创造一种对殖民主义的新的解读。这种解读在翻译中产生了一系列的话语，挑战着原文和译文之间的权力分级。在这个基础上，阿罗约借鉴了德里达的解构主义理论，以文本为焦点，质疑了传统翻译理论的基础——西方哲学传统中的逻各斯中心主义(Logocentrism)，从而进一步完善了“第三世界翻译模式”。逻各斯中心主义强调对真理(truth)的不断追求，认为一切文本都能找到一个中心思想。而解构主义则认为，任何文本都没有其固定的意义，每次阅读都能产生新的理解，从而产生新的译文。这样一来，原文不再是神圣而至高无上的，若想把原文作者的意图完全不变地复现出来是不可能的，译者自己就扮演了作者的角色。同样，阿罗约的观点反映了德里达的思想。她也认为，文本的意义主要取决于读者自己的解读，因为通过阅读，文本不仅传达了原文作者的本来意图，也根据每个读者的不同而产生了各自新的意义。因此从这个角度来说，阅读并不是去寻找作者的原意，而是读者自己去构建意义，也就是说，读者自己就是作者。这就提高了读者和译者的地位，巴特(Barthes)称之为“读者的出生”，也意味着“作者死了”。

笔者认为，一方面，其实读者/译者的“生”并不一定要通过作者的湮灭来实现，也不可能让作者湮灭。因为在阅读某一个特定文本时，具备常识的读者都能理解到作者的意思，若没有该作者也就没有该文本；当然，读者也很重要，一个文本有了读者才有了生命力，至于读者有时会对文本产生不同的理解，那也难免，或是因为文本中的意思比较含蓄，或是作者根本就没有想到那一层，而只是无心之笔，都有可能，且这种情况主要存在于文学作品的阅读中，但是文学作品说到底还是作者创作的，为何这样创作也只有作者自己知道，往往读者通过多次的解读才能更接近于作者本意。另一方面，译者的角色和读者的角色是不同的，特别是在文学翻译的阅读中，读者可以三教九流，“仁者见仁，智者见智”，但是译者却不能什么都不懂，而要抓住原文的意思，避免翻译出来的译文贻笑大方，否则，凡是掌握点双语能力的人都能当翻译家了。

阿罗约的翻译观和弗米尔的相关思想如出一辙，特别是在降低原文的权威性、拒绝“对等”这一静态概念以及译者和译文读者在翻译中所扮演的积极角色方面。值得一提的是，弗米尔的目的论、曼塔利的翻译行为模式理论以及阿罗约的翻译观三者虽然是相互独立、截然不同的理论，但这些都不重要，重要的是三位之间的相互合作，且著作都在德语国家共同出版，从而更好地推进了80年代这场文化转向。

8.2.5 20世纪80年代回顾

欧洲整个20世纪80年代的翻译研究，不仅经历了从传统的语言学为本的翻译理论到以文化为本的研究范式的转变，也出现了两个分支：一是“操纵学派”，主要关注文学翻译，其理论著作用英语写成；二是功能派，由弗米尔发起，其理论著作多用德语写成。它们之间的共同点是：

1）都关注文本的功能；

2）其观点都曾遭到过反对，但后来又成功克服了这些阻碍，对翻译研究作为一个独立学科的发展作出了贡献；

3）都强调理论与实践相互影响，相互作用（如：描述翻译学、翻译行为模式理论）。

“操纵学派”和功能派的真正分歧在于前者是描述性的（descriptive），后者是评价性的（evaluative）。“操纵学派”反对规范性的以源语文本为导向的传统翻译方法，这一点值得肯定，但是他们也进而在总体上反对任何形式的翻译批评/评价以及译员培训机构，导致该学派以后的发展受到了限制，连他们自己也承认后期的著作还是没能超越形式主义的方法，也缺乏清晰的目的。而德国功能派理论本身就是在这些翻译培训机构中诞生的，自然带有评价性质，只是翻译评价的标准从源语文本的语言学要素变为了目标语文化中译文的功能，因此功能翻译理论也能很好地应用于文学翻译的评论中。

除了上述分歧，两者还存在第二个不同。霍姆斯以及其他的“操纵学派”学者把主要关注点放在文学翻译上；而目的论则是关于笔译和口译的总体性翻译理论，既适用于非文学翻译，也适用于文学翻译。80年代，由于刚从翻译训练的背景下诞生，目的论难免会与实用性的文本翻译联系较紧密，虽然弗米尔认为这一理论既涉及非文学翻译，也涉及文学翻译，但对此还是有较多学者怀疑。霍恩比就曾经有此怀疑。她指出，文学翻译需要考虑更多问题，比如源语文本的地位、功能以及复杂的风格问题等，目的论能很好地适用于文学翻译吗？多年以后她被玛格丽特·阿曼(Margret Ammann)的翻译批评模式说服，转而认为目的论在翻译领域中适用的范围要比描述翻译研究宽广得多。确实，功能翻译理论因为经受住了实践的证明才得以兴盛发展。

就 80 年代翻译学科中应用翻译学和描述/写翻译学这两个分支本身而言，虽然都批判以语言学为基础的传统翻译理论，但“操纵学派”和功能派两者几乎没有对应的术语，且对对方的理论存在着误解。究其原因，当时封闭的学术环境使得两派学者之间缺乏交流，不知道对方在研究什么，这对翻译研究这样一个以交流为最终目的的学科来说，确实是严重的问题。

简言之，80 年代末期，刚刚兴起的翻译研究中各种分支领域间仍然存在着明显的不同。霍恩比认为是文化在这一沟壑上架起了桥梁，为来自不同国家、有着不同背景的翻译学者搭建了对话的平台。

8.3 20 世纪 90 年代的“跨学科”

20 世纪 90 年代是西方翻译研究的勃兴时期。在这一时期，新理论层出不穷。这个时期的一个主要特征就是翻译研究广泛借鉴其他学科(如心理学、社会学、信息学等)的理论，从而越来越具有“跨学科”(或

"交叉学科")的特点。同时后殖民翻译研究蓬勃发展，它主要探讨殖民主义、语言、文化身份认同与翻译之间的关系。这些新特点的出现不仅开拓了翻译学的研究思路，同时也为翻译理论范式的突破打下了基础。当然，这些新特点的出现与当时世界局势的变化密切相关。

首先，在政治经济方面，第二次世界大战以后，以欧洲为中心的国际关系格局，被以美苏两极的新的世界格局所取代。英、法、德等老牌资本主义强国的国力在战争中受到严重削弱，美国的经济军事实力空前膨胀，成为头号资本主义强国，而苏联的综合国力得到很大提升，成为世界上唯一能够与美国相抗衡的国家。由于社会制度及意识形态方面的巨大差异，苏联与美国等西方国家的矛盾日益突出，国际关系日趋紧张。为了取得世界霸权，遏制社会主义力量的发展，美国开始对苏联等社会主义国家推行"冷战"政策，形成了以美国为首的资本主义阵营和以苏联为首的社会主义阵营对峙的局面。1961 年柏林墙的建立，更是二战以后德国分裂和冷战的重要标志性建筑。在此期间，欧洲大陆东西两大阵营之间的经济文化交流受到很大限制，人员流动减少，给翻译学的发展带来了极大的负面影响。到了 20 世纪 90 年代，世界局势开始发生巨大变化。1989 年，长久以来作为东西方对抗最有力标志的柏林墙最终被推倒，1991 年苏联的解体改变了国际体系结构，美苏两极体系瓦解，世界格局呈现为"一超多强"的态势。霍恩比指出，随着冷战的结束，欧洲大陆上一些所谓的"小国"如匈牙利、波兰和当时的捷克斯洛伐克等要求对外开放，促进经济发展，提高自己的国际地位。旅游业开始兴盛，欧洲各国在政治、经济、学术、文化等方面的交流日益频繁。人员与物资的流通导致对翻译工作者的需求激增，为翻译学的蓬勃发展提供了非常有利的环境。1991 年，来自原社会主义阵营的欧洲国家的翻译工作者在奥地利首都维也纳召开了"中欧学术研讨会"(Central European Symposium)。自此以后，欧洲翻译学者的联系更加密切，并于 1992 年成立了"欧洲翻译研究学会"(European Society for Translation Studies)。20 世纪 90 年代，亚洲、非洲和拉丁美洲很多地区出现了民族解放运动的高潮，许多第三世界国家摆脱了殖民主义枷锁，获得了民族的独立。随着第三世界国家的崛起，这些国家的语言也更多地在国际舞台上被使用，翻译工作越发显得重要和不可替代。

在科技方面，这一时期也是第三次科技革命高速发展的重要时期。“第三次科技革命是以原子能、电子计算机和空间技术的广泛应用为主要标志，涉及信息技术、新能源技术、新材料技术、生物技术、空间技术和海洋技术等诸多领域的一场信息控制技术革命。”[4] 科技的进步使得各学科之间的界限日益模糊，跨学科及多学科研究开始盛行，同时也为翻译研究借鉴其他学科的研究成果提供了必要条件。正如《翻译学的多重转向》中指出的，图里(Toury)提出的“规范论”(norms)和切斯特曼(Chesterman)提出的“模因论”(memes)，就是分别借用了文学和社会生物学的相关概念。

在文化方面，20 世纪科学技术的飞速发展在打破了地区经济纬度的同时，也触动了社会价值与社会认知的矛盾与整合。全球化不是纯粹的经济或政治的全球整合，“其目标甚至首先指向了文化价值方面”(万俊人，2001)。西方世界利用其经济等方面的优势，向全球扩展其西方文化和价值观念，他们希望在全球树立以西方价值观为主导的文化霸权，那就是“以某一既定的社会理念或社会观系统为前提预制的单极化或一元化普遍主义。也就是说，某种强势社会理念或者是由某些强势的社会政治、经济和文化力量所支撑的文化价值观念系统，可能被强行地确定为现代全球化运动的既定目标并加以强行推行”(同上)。而这种扩张性和排他性的文化扩张，很容易与其他民族文化发生矛盾。“冷战时期，全世界被意识形态所分割。当国际关系格局冲破意识形态的控制时，人们突然发现别国的文化价值观念已经渗入进来。在全球范围内，各民族在首先做出排他性反应的同时，也遇到了文化认同的危机。然而，当源于西方的工业文明和技术文明给当今世界带来巨大的冲击时，为了自身的发展，各个民族程度不同地从物质层面上接受了它，但也无法拒绝隐藏在物质产品背后的文化价值。于是，非西方

4 参见 http://baike.baidu.com/view/275554.htm?fr=topic。

文明的国家在世界格局的转型期选择了吸纳与排斥西方文明的双向行为范式。当两种不同文明相遭遇时，双方都表现出强烈的排他行为，并且加强了对自我文化的认同，然后便进入了排斥与接受对方的两难境地。”[5] 这种矛盾也反映在翻译理论的发展变化之中。如 90 年代翻译研究的热点“后殖民翻译研究”（postcolonial translation），把翻译和政治联系在一起，探讨弱小民族语言的文本被翻译到强大民族的语言时译者因意识形态、权利等因素的影响而采取的不同翻译策略，具有很强烈的政治色彩和文化排他性。这些理论对现在翻译策略的“归化”和“异化”之争也有着深刻的影响。

本节将从以上几个方面入手，介绍 20 世纪 90 年代翻译学发展的一些创新概念和创新思想及重要观点，从而使读者对翻译研究方法及理论有更深刻的认识。

8.3.1 语言之外

霍恩比以“文化转向”一词来统括 20 世纪 80 年代翻译理论的主要特点，点出这些理论与传统的以语言学为本的翻译理论的根本差异在于翻译被视为一种创造性的文化行为，而非语言转换行为。到了 90 年代，翻译研究更是广泛地借鉴其他学科理论，翻译学所涉及的领域也越来越广。霍恩比认为，翻译学是一门综合而又独立的学科，不仅包括了从文学到科技等各种类型的翻译，同时还包括了相邻学科的相关领域，如符号学、人类学、心理学等(Hornby，2006：71)。图里在一次私人谈话中，向霍恩比指出翻译学并不是一门学科(discipline)，而是一门“跨学科”(interdiscipline)。这个概念成为 1992 年维也纳翻译学大会的关键词。维也纳大学学者克劳斯·肯戴尔(Klaus Kaindl)指出了跨学科发展的三个阶段：

1)第一阶段是“帝国主义式”(imperialistic)跨学科，即一种学科将它的观点、理论和研究方法强加于其他学科之上，就如 20 世纪 60

5 参见 http://zhidao.baidu.com/question/17484031.html。

年代至 70 年代语言学与翻译学的关系一样。

2) 第二阶段是"引入式"/"借用式"(importing) 跨学科，即一种学科通过借用其他学科的工具和研究方法来弥补自身的不足，两者的关系是"单赢"的，翻译学的发展目前仍然处在此阶段。

3) 第三阶段是"互惠式"(reciprocal) 跨学科，也是翻译学的最高发展阶段。两种学科或多学科之间互相合作，共同发展研究方法及理论，使各个学科都得到丰富和完善。同时，肯戴尔还指出，翻译学如果想巩固自己跨学科研究的地位，必须超越"引入式跨学科"的阶段，致力于和其他学科构建互惠式的合作。20 世纪 90 年代翻译学的跨学科发展仍然停留在第二阶段，而实现第三阶段仍需要不懈地努力。

至此，我们很有必要回顾、简述在 20 世纪 90 年代翻译研究过程中形成的"超越语言"(beyond language) 界限的真知灼见。

8.3.1.1 规范、模因、道德

一、规范

这里要涉及的是以色列翻译理论家图里的"规范"论 (norms)。从现有的资料来看，最早把"规范"这一原属于社会学中的概念移植到翻译研究中的，应该是利维和霍姆斯这两位学者。利维指出，翻译作品受到"复制规范"和"审美规范"的影响，翻译活动的特点在于它自始至终都是一个"做出决策的过程"(a decision-making process)。也就是说，"无论是在翻译的哪个阶段，包括从原文的选择、翻译策略的确定，到翻译时具体的遣词造句，译者都需从诸多的选项中作出唯一的选择。虽说每个译者都有选择的自由，但从总体来看，译者的选择并不是杂乱无章的，而是遵循一定的规律的。利维的这个论断可以认为是对翻译规范研究的最早的表述"(李德超，2004：68)。以利维为代表的早期学者对翻译规范的研究做了开创性的工作，但总的看来，这些讨论还是处于一种自发的认识阶段，并没有上升到理论的高度。而真正使翻译规范得到发展并逐渐在翻译学界引起重视的，应该是图里。

作为以色列特拉维夫大学诗学、比较文学和翻译研究教授，多元

系统理论和操纵学派的代表人物之一、描写译学的创始人，图里的工作可以大致分为两个阶段：

第一阶段是1972年到1976年，图里与同事佐哈尔合作，发展了多元系统论(polysystem)。在该理论的影响下，他把翻译规范这个概念运用到希伯来文学翻译研究之中，并于1977年写成《翻译规范与希伯来文学翻译：1930—1945》一书。“图里认为，翻译的作用取决于译入文化及其文学的强弱和发展阶段。认为译作无固定身份，因其社会、文学和历史背景而具有多种特征。这种观点超脱了译界中语言学派和文艺学派之争，将译学与文学研究、社会和经济因素结合起来，赋予译学以历史意义。”（方梦之，2004：35）他的理论突破了传统的“翻译诚信观”，即任何翻译都不可能与原文完全契合，使翻译对等成了相对的概念。

第二个阶段为1975年至1980年。在这一阶段，图里致力于“描写译学的建构和方法论的探讨，开展了范围广泛的个案研究，建构了描写译学，为西方译学奠定了良好的方法论基础，使20世纪80年代的理论焦点转向文学翻译描写方法的改进上”（同上：401）。这一阶段的主要理论成果收集在《翻译理论探索》（*In Search of a Theory of Translation*，1980)一书中。后来，他对该书进行了修改和补充，于1995年出版了《描述翻译学及其他》（*Descriptive Translation Studies and Beyond*）。

图里对翻译学的一大重要贡献是他引入了“翻译规范”(translation norms)的概念。图里认为，翻译就其本质而言是一种社会文化活动，因而受到社会文化规范的制约。规范是多元系统论者经常使用的术语。不同的学派对规范有不同的理解，“传统译论或现代译论的某些分支基本上将其理解为‘规定’（prescriptive)，亦即指导原则，甚至理解为译者必须遵守的规则。但是，目前规范经常跟应用翻译理论的各个领域(例如译者培训、翻译教科书的编写)联系起来。它是某个译者、某派译者，甚至整个文化氛围中产生译本的实际翻译过程的反映。笼统地说，规范的概念因人而异，取决于把翻译理论的作用理解为可调节的、描写的，抑或是规定的”（方梦之，2004：32）。

关于社会文化对翻译的制约力，图里是这样描述的：它处于两极之间，一极是“相对而言的绝对规则”(relatively absolute rules)，另一极是“纯粹的个人特性”(pure idiosyncrasies)，两极的连线构成一个连续体。

翻译既然涉及两种语言和两种文化的转换，因此只有在规范的作用下，译者才能有明确的行为依据。也就是说，在具体的翻译过程中，译者要在两种语言、文化、篇章之间进行取舍，翻译规范由此体现。翻译规范是图里理论的核心。翻译规范不仅在各种翻译中产生作用，而且贯穿整个翻译过程。图里首先将规范的概念应用于翻译研究，并将翻译规范分为三类：

1) 预先规范(preliminary norms)，又称为“初步准则”。图里认为，由于翻译的定义会因历史的变化而发生变化，故此有必要预先回答一些原发性问题，这样才能建立起可以成为翻译过程之架构的文化语境。这些问题包括：①目标语文化的翻译方针(translation policy)，指在特定历史时期制约篇章类型以及某个具体文本的选择的因素，如目标语文化所青睐的作家、作品、作品诞生的历史时期、文类及流派；②翻译的直接程度(directness of translation)，它涉及从最原始版本以外的其他语言版本进行翻译的临界线(threshold tolerance)，如是否允许以二手资料作为原本进行翻译，如果允许，可以接受的媒介或中间语言又是什么。

晚清民初时期翻译的“译前规范”就在很大程度上反映了当时的历史文化背景。近代对中国而言是一个救亡的时代，同时也是一个启蒙时代。帝国主义的坚船利炮敲开了中国的大门，迫使中国改变了闭关锁国的状态，重新睁开眼睛看世界。在经历鸦片战争之后，中国的知识分子开始把目光转向西方。起初，他们关注的焦点是西方先进的科学技术，因为西方正是有了“坚船利炮”做后盾，才敢对中国肆意侵略，因此他们提倡“师夷长技以制夷”，文学并不在他们的视野之内。但是，后来他们逐渐认识到，西方的强大不仅是因为他们科技的进步，更因为他们拥有先进的政治体制和议会制度，尤其是中日甲午战争的失败，使得中国的知识分子阶层进行了深刻的反思。梁启超在《清代学术概论》中提到：“甲午丧师，举国震动，年少气盛之士，疾首扼腕言‘维新变法’。而疆吏若李鸿章、张之洞辈，亦稍稍和之，而其流行语，则有所谓‘中学为体，西学为用’者。张之洞最乐道之，而举国以为至言。盖当时之人，绝不承认欧美人除能制造、能驾驶、能操练之外，更有其他学问。而在译出西书中求之，亦确无他种学问可见。康有为、梁启超、谭嗣同辈，即生育于此种‘学问饥荒’之环境中，冥思苦索。”（谢世坚，2002）这就是说，当时不再注重科技书而主要是新思想的输入，人们翻译的重点便从军工、制造、天文等自然科学转移到政治、经济等社会科学方面，因此文学翻译就随之逐渐繁荣起来。由此可见，翻译文本的选择与当时的社会历史条件有着密切的联系，一些大翻译家选择了自己青睐的外文小说并把他们翻译成中文，对近代中国的救亡和启蒙运动都起到了很大的推动作用。

2）初始规范(initial norms)是译者在翻译过程中作出的最基本的选择。译者或者遵守源语文本或文化的规范(决定源语文本的充分性)或者遵守目标语文本或文化的规范(决定目的文本的可接受性)。对此，图里在《翻译理论研究》(1980)和《描述翻译学及其他》(1995)中都有详尽的阐释。他认为译文存在着两种倾向(或称为两极)：如果译者完全遵循源语规范，拘泥于保留源语文本的语篇规范而不顾目标语的语言和文学规范，那么译文就具有充分性(adequacy)；如果译者反其道而行之，恪守目标语文化所规定的语言和文学规范，而不考虑源语文本的语篇规范，则译文具有可接受性(acceptability)。而译者在实际翻译的过程中，都是两者兼顾的，而且总有一定的倾向性，不可能会在两极连线的中点上。而究竟倾向于哪一极，就取决于译者翻译的初始规范。所以，预先规范与译者自觉或不自觉地选择翻译目的有关，而翻译目的又控制着翻译过程的具体策略。

其实，“充分性”与“可接受性”这两个概念与我们经常接触到的直译与意译、异化与归化有着异曲同工之处。初始规范决定着我们在具体翻译过程中对源语文化及目标语文化的取舍程度。杨必女士翻译的英国 19 世纪小说家萨克雷(W. M. Thackeray)的成名作《名利场》(*Vanity Fair*)具有很强的可读性，在某些部分的处理上融入了中国文化的特色。例如：

【原文】"...who is a good Christian, a good parent, a good child, a good wife or a good husband, who actually does have a disconsolate family to mourn his loss..."

【译文】"……真的是虔诚的教徒，慈爱的父母，孝顺的儿女，贤良的妻子，尽职的丈夫，他们家里的人也的确哀思绵绵地追悼他们……"

这五个"good"的翻译被后来许多的翻译研究者赞美，称其翻译达到了译作的较高境界："忠而不泥，活而不滥。"（李端严，1980）从杨必的译文我们可以看出，她是采用了归化的方法，也就是更多地考虑到译文的可接受性。原文的五个"good"如果直译为"好"字，则显得比较没有文采，同时也不能体现中国人的文化观念。我们知道，杨必生活在 20 世纪上半期的中国，当时中国社会虽然开始接触西方文明，但中国传统的孔孟之道仍然根深蒂固，中国传统的价值观念仍深入人心。从杨必对五个"good"的翻译中就可以看出，在中国人的心目中，一个好的教徒应该是虔诚的，我们的道教和佛教强调心诚则灵，这和西方基督教的信仰上帝在某种程度上是相似的，都要求信徒要虔诚，这点在翻译时不会引起太大的困惑。而对后面几种身份"好"的定义，就价值观而言在东西方则存在着较大的分歧。如在西方人的心目中好父母的最大优点不一定是慈爱的，可能是开明的；好儿女不一定是孝顺的[6]，而可能是独立的；好妻子不一定是贤良的，而可能是漂亮的；好丈夫不一定是尽职的，而可能是忠诚的，等等。因此我们今天重新来评价这句话，情况又有所不同，甚至很大的不同。随着改革开放的进一步深入，中国逐渐走向世界，中国的文化在世界传播的同时也受到了异国文化的影响，中国传统的价值观念逐渐地发生变化，比如对一个好丈夫的定义不仅仅停留在"尽职"的程度上，妻子更看重的是丈夫的"忠诚"问题或其他，因为现代人的思维多姿多彩，个人的标准也不尽相同。在全球化的过程中，中国更需要了解其他国家的政治、

6 主编注：西方没有"孝"/"孝顺"这种中国文化所固有的观念，故英文中则没有"孝"的对等词。

经济、文化和价值体系，我们需要接触更多的原汁原味的西方文化，而文学作品是构建东西方文化交流的重要桥梁，因此，在当代的一些文学作品的翻译中，我们也不乏看到一些学者采用了直接翻译的方法(而且在操作层面上完全可以直接翻译)，保留了较多的源语文化特色，给中国引入了一些新的词汇和概念。如陈刚在《旅游翻译与涉外导游》一书中提到的关于“red-eye flight”的翻译，就是一个很好的例子。“red-eye flight”最初于 1959 年出现在美国，指深夜从美国西海岸出发，清晨到达美国东海岸的航班。因为乘客下飞机时大多睡眼惺忪，因此被称为“红眼航班”。目前很多国家的航空公司为了增加经济效益，提高竞争力，都推出了这种航班，这种航班价位低，而且一般是在深夜飞行。维基百科对此的解释非常详细：

> A red-eye flight is a flight operated by an airline late at night or very early in the morning, during the period from 9:00 p.m. to 5:00 a.m. local time. The term “red-eye” derives from the fatigue symptom of having red eyes. Red-eye flights are often called a “dry flight”. This simply means that there is no moisture in the air at high altitudes during the late evening and early morning times.

对这个新词的翻译，词典里给出了不同的译本，如“旅行者无法得到充足睡眠的航班”(*Oxford Concise English-Chinese Dictionary*)、“夜间航班”(*Random House Webster's College Dictionary*)、“夜航航班”(《简明英美语言与文化词典》)、“红眼”航班(《朗文当代英语大词典》)等，而其中以红眼航班的译文最为妥当。陈刚指出：“红眼航班的译法保留了原文形象，这是异化的一个佳例，虽然来自异邦，但给人以耳目一新的感觉。‘新奇’的译文刺激人去追根寻源。一旦懂其真正含义，便会一传十、十传百，于是‘红眼航班’就会在中国落户，成为喜闻乐见的外来词。久而久之便归化了，国人渐渐也会忘了这是外来词。”(陈刚，2004/6：42-43) 反过来我们再看看《名利场》中 5 个“good“的翻译，其实将其直译成“好”字又未尝不可呢？表面上看这种译法似乎缺乏文采，但实际上“好”字的内涵却更广，给了读者想象和自我发挥的空间，更符合当代特色。当然，初始规范的选择决定着整个译本的风格，由于篇幅有限，这里只是选取文本中的几个例子稍做解释。

3）操作规范(operational norms)是指实际翻译过程中做出的具体决策(direct decisions made during the actual act of translating)，其中包括“母体规范”(matricial norms)，可以决定语篇成分的位置、增删等，也包括“语篇规范”/“文本规范”(text-linguistic norms)，可以反映作者或译者的语言和文体嗜好。因此，操作规范在翻译方式的选择上起中心作用。最后来看一段有趣的短文(下画线为笔者所加)：

【原文】Mr. Brown is a very white man. He was looking rather green the other day. He has been feeling blue lately. When I saw him, he was in a brown study. I hope he'll soon be in the pink again. (《英语学习·四十年精选之语言文化卷·话里话外》，2003：20)

【译文 1】布朗先生是个非常忠诚可靠的人。那天，他脸上颇有病色。近来他感到闷闷不乐。当我看到他时，他在极度深思之中。希望他早日恢复健康。(《英语学习·四十年精选之语言文化卷·话里话外》，2003：20)

【译文 2】布朗先生是个很诚实的人。那天，他脸上气色不好，近来他也总是闷闷不乐。当我看到他时，他正陷在一种沮丧的思绪之中。我希望他能够尽快地好起来。(笔者译)

对于人名的翻译，有好几种翻译原则/技巧，如 Adopting the Established Popular Translated Names(约定俗成)、Following the Pronunciation of the Owner of Proper Names(名从主人)和 Using the Standard Pronunciation of the Chinese Character(标准汉音)。对于颜色词翻译(translation of color words)，如红、蓝、白、黑等，都各有其惯用语。如 see red 并不是“看见红色”，而是“发怒”的意思；blue 可以表示“忧愁”；white 表示“纯洁”；而 green 有“幼稚”之意。所以，在很多情况下，颜色词翻译和习语翻译(translation of idioms)经常需要联系起来，才能获得原文的真正意思。同时，笔者对这个句子的翻译还采用了词性调整(conversion)的技巧，将“in a brown study”这个介词

结构翻译为一个偏正结构。

二、模因

继图里之后，不少学者都对翻译规范的本质和适用性等方面作了深入研究，他们有的也提出了一些和“规范”相类似的概念，如赫曼斯(Theo Hermans)、诺德(Christiane Nord)、斯内尔-霍恩比(Mary Snell-Hornby)、朗勃特(Jose Lambert)及切斯特曼(Andrew Chesterman)等人。《翻译学的多重转换》对切斯特曼的模因(meme)理论和图里的规范理论进行了对比。在切斯特曼建构的翻译理论框架里，“模因”和“规范”这两个概念与翻译规范的研究密切相关。

1997 年弗米尔(Vermeer)和切斯特曼分别把“模因”[7]的概念引入了翻译理论。“模因这个术语源于生物社会学，最早见于多金斯(Dawkins)《自私的基因》(*The Selfish Gene*)一书。按多金斯的定义，文化基因是文化传播的单位，或是模仿的单位。”(李德超，2004：69) 弗米尔认为文化可以被看做“模因库”(meme pools)，其中的模因似乎都是相互依存的。在后来的一篇文章中，他将模因的概念应用到翻译理论特别是功能目的论之中。霍恩比认为他的这一理念和切斯特曼的观点有着相容性。“切斯特曼把多金斯的 meme 概念引入到翻译研究中来，并指出翻译中的 meme 指的是翻译理论和观念。”(Chesterman，1996：63-71；译文引自韩江洪，2004：44) 他认为翻译规范是由翻译理念因子演变而来。规范分为**期待/期望规范**(expectancy norms)和**专业规范**(professional norms)，后者又可以细分为责任规范(accountability norms)、交际规范(communication norms)和关系规范(relation norms)。“**期待规范**是指目标语读者对译文的期待，比如在语法、可接受性、风格等等方面的期待。这些期待部分地受到目标语文化所盛行的种种翻译传统的制约和类似文本类型形式的制约，也受到经济、意识形态因素、同一文化及

7 meme 的译法还有“理念因子”、“文化基因”等。这里采用何自然的译法：“模因”。该词由希腊语 mimeme 一词缩略而成，Dawkins 把 mi-去掉，希望其读音和意义都类似 gene，具有模仿、复制和传播的功能。译为“模因”容易使读者联想到“基因”的读音和功能，具有类比性。memetics 则指模因学。

不同文化间权力关系的影响。**责任规范**是道德规范，也即译者接受委托人赋予他的翻译工作的责任。**交际规范**是一种社会规范，指译者应致力于使参与交际的各方获得最大程度的成功交际。**关系规范**是一种语言规范，主要涉及两种语言之间的关系。这三种专业规范部分地是经过规范权威的批准而生效，但也有相当一部分专业规范像期待规范一样，是因为它们自身的存在而生效，即人们接受了它们，承认它们是制约专业译员翻译实践的规范。打破这些规范通常被认为应该受到批评。批评或许会受到(被批评的)译者的抵制，从而引发关于应该如何解释规范的争论。规范总是可以争论的。”(韩江洪，2004)

在多金斯观点的基础上，切斯特曼创造了另一个术语“超文化基因”(supermemes)来指那种具有更高概括和包容能力的文化基因。切斯特曼第一个介绍了翻译学的五个“超文化基因”(包括来源－目的、对等和自由－字面)，并且追溯了翻译学模因的进化路程。他继续推进对“模因”的讨论与研究，并将它导向一个重要的发展方向，使其对翻译实践、译者的职业和翻译学科的发展都起重要的作用。作为“翻译(学)的模因”，规范(norms)的概念包括了“完整性和完全性的专业标准”，它涉及了翻译学的翻译道德领域(translation ethics)。

三、道德

这个领域已经在德国功能学派的一些理论中被提及，主要强调了译者的责任，但是直到 20 世纪 90 年代才被系统研究。尽管切斯特曼不是第一个提出翻译道德的人，但他提出的模因论为翻译学的进一步发展提供了工具。例如切斯特曼提出的责任规范的概念，在霍恩比看来是对翻译道德理论构架的重大贡献。但是图里明确地表示并不赞同此概念，因为它违背了图里提出的“译文翻译是只是一个系统的事实：目标系统”(Toury，1985：19；引自 Hornby，2006：78)，但是德国功能学派和切斯特曼则不这么认为。他们认为翻译是一个由一系列参与者、特殊需要和各种期待组成的非常复杂的事件。切斯特曼后来发展了对翻译道德的研究及讨论，详细地阐明了一些问题如“读者的预期规范”(expectancy norms of readers)、“国际译联的翻译工作者的道德规范”

(the FIT translator's code of ethics)和"解放式翻译"(emancipatory translation)。这些问题的探讨引发了对权力问题的深思，使其成了 20 世纪 90 年代翻译学争论的重要问题。直到现在，关于翻译道德的争论仍在进行，并且将继续向前发展。翻译学的"道德转向"(the ethical turn)还有待形成。

8.3.1.2 翻译与非语言交际

在本节中，霍恩比介绍了非语言交际/非言语交际(nonverbal communication)在翻译学发展中所起的作用。肯戴尔早在 1997 年就将翻译视为从文本到动作的活动，从而将翻译从过分强调源语和目标语的泥潭中解放出来，并把它视为未来翻译学科发展的关键。当然，没人可以说翻译能摆脱语言而存在，但是现在语言更多地被当成翻译行为的工具或道具，而不是翻译学研究的中心对象。因此，对于"文本"的形式我们也有了更广泛的理解，它不仅仅局限于口头的或文字的。

加拿大纽布伦斯威克大学(the University of New Brunswick)人类学、心理学及社会学教授波亚托斯(Fernando Poyatos)提出的观点引发了翻译学研究的激烈讨论，尽管他并没有直接将这一观点运用于翻译学。波亚托斯将"非语言交际"定义为：

> The emission of signs by all the nonlexical, artifactual and environmental sensible sign systems contained in a culture, whether individually or in mutual costructuration, and whether or not those emissions constitute behavior or generate personal interaction. (Poyatos，1997：1，引自 Snell- Hornby，2006：79)
>
> 非语言交际是由包含在同一文化中的所有的非词汇的、人工的和环境的感官符号系统发出的信号，不论它是单独还是共同构建的，也不论那些散播的信号是否构建行为或引发个人交互作用。(笔者译)

这一定义涉及"副语言"(paralanguage)的概念。副语言主要指口头运动，所牵涉到的因素包含音质(timbre)、共鸣(resonance)、音量(loudness)、节奏(tempo)、音调(pitch)、声调变化(intonation range)、音节宽度(syllabic duraction)和韵律(rhythm)。波亚托斯(Fernando Poyatos)在其著作 *Paralanguage* 里提到:"发自鼻腔的声音和语言是非常有说服力的,但是接受者对于声音的接受与了解,仍有部分是依据说话者的音调、节奏、韵律、表情、动作,以及信息的联想。"同时,这一定义也强调了人体动作学(kinesics)的作用,包括身体动作、姿势、手势和面部表情等。这一定义在口译中有着明显的表现,但是波亚托斯将它与字面翻译也联系起来,他认为:"所有的非语言系统在翻译的过程中都经历了深刻的变化,译者在翻译一个文本时,必须对所有已经发生的和还未发生的事物保持充分的敏感性,因为翻译并不仅仅是一种跨语言的活动,它更是一种跨文化的活动。"(Poyatos,1997a:17-18;引自 Hornby,2006:79-80)

由此可见,副语言学(paralinguistics)研究如面部表情、头部运动、眼睛移动和手势这一类非语言(即副语言)现象的运用。这些现象可能对人们所说的话起着支持、强调作用,或者在意义上表示细微的差别。这种特征被称作副语言特征(paralinguistic features)。了解这种副语言特征在不同文化中的含义,对口笔译者可谓意义重大。

为更有效地说明这类非语言交际,特引用陈刚《旅游翻译与涉外翻译》中部分章节的内容(2008/2010:第 4 章)。

根据美国社会心理学家 K. W. Back 的观点,非言语行为可分为三类:

1)动态无声的,如点头、姿势、微笑、皱眉等;

2)静态无声的,如站、坐、蹲等姿势语以及交际双方保持的身体距离;

3)有声的,即辅助语和类语言等行为。

跨文化交际中,非言语行为的最基本的文化差异涉及时间和空间行为方面。涉外口笔译工作者很有必要了解跨文化交际中时间学(chronemics)、体距学(proxemics)、身势语(kinesics)、接触语(haptics)、外表语(physical appearance)、目光语(oculosics)、辅助语(paralanguage)、美声语(aesthetic communication)等的一些常识,这样对顺利完成跨文化交际任务是很有实际意义的。

(1)时间学(chronemics)。

时间，我们既不能看见也不能抓住，但它似乎一直在控制着我们的生活。时间是会说话的，起码在美国文化中是这样的(Time "talks" in the American culture)。一种文化对时间的观念可以从三个不同的角度来审视。

1)非正式时间(informal time)。这一时间概念在大多数的不同文化里均是一个比较模糊的概念。如"准时"的标准在不同文化中就有极大的差异："多少迟"才算迟？在英国和美国，若是赴一次商业约会，可能会迟到5分钟，但不会迟到15分钟，而且肯定不会迟到30分钟；而这在阿拉伯国家是极为正常的。英国人赴宴迟到5—15分钟是得体的(correct)；意大利人则有可能迟到2小时，等等。可见，时间意识是因文化的不同而不同的。比如在美国，老板开会可以迟到，也没有人会表示不满；如果秘书迟到，将会招致"白眼"。摇滚乐明星或医生可以让观众或病人长时间等候，但乐队或护士则最好按时到场，做准备工作。从节奏(pace)也能看出来自不同文化背景的人对时间的态度。由于美国的生活节奏比较快，美国人似乎总是匆匆忙忙的，他们总是还有更多的事要做。当美国人跟日本人谈判时，他们最好"开门见山"、"单刀直入"，不过先花15分钟寒暄，谈论天气、棒球、旅游等是可接受的；而对日本人来说，他们认为最好的办法是跟美国人"侃"，什么话题都侃，几小时几小时地侃，几天几天地侃。印尼人对时间的概念可用他们的语言来描绘，译成英文是rubber time(橡皮时间)，即是可伸缩的、灵活多变的。

2)对待时间的观念(perceptions of past, present and future)及其态度。对待时间定向(time orientation)有三种不同的文化：过去定向文化(past-orientated cultures)、现在定向文化(present-orientated cultures)和将来定向文化(future-orientated cultures)。过去定向文化坚信前事的意义，历史、国教、传统等对这些文化具有重要意义。过去应是决策和确定真理的向导。中国、英国等属于这种时间定向文化的国家。重视过去的文化甚于重视将来的文化，更尊重、敬重长者和老人。所以，中国是尊老的国度，而美国被描绘成“年轻人的天堂，中年人的战场，老年人的坟场”。现在定向文化认为此时此刻是最有意义的，现在存在的才是真实的，而未来却是含糊的、模棱两可的、未知的。菲律宾人、墨西哥人和拉丁美洲人属于这种文化。他们比较容易激动、情绪化，感情流露较直接，认为享受就发生在现在，故其生活方式比较轻松、随意。将来定向文化强调将来，并期待将来比现在更美好。美国人是这种文化的典型代表。他们憧憬未来，未来是幸福之所在，未来对他们具有最大的吸引力。他们求新、求异、求变，所以喜欢创新、构思并计划未来，而较少顾及过去的传统、习俗、制度等。这些并不意味着美国人不顾过去、不思现在，他们跟我们一样，不论在理论上还是在行动上都不想落后于人。美国人对时间的观念和态度跟他们其他的价值观有联系，所以他们的将来定向文化总是使他们对未来非常乐观。

3) 单一性时间观(monochronic time / M-time)和多样性时间观(polychronic time / P-time)。美国、德国、奥地利以及瑞士等北欧诸国属于单一性时间观民族。这种时间观视时间为线性、可分割、可触摸、可把握的，所以英语中就有许多相关的时间表达法，如：Time is money(时间即金钱)、Time and tide wait for no man(时间/岁月不等人)、buy time(购买/赢得/争取时间)、gain time(拖延时间)、lose time(失去时间)、make time(制造/腾出/挤出时间)、find time(找时间)、take time out(抽出部分时间)、share time(分时)、fill in the time(利用空隙时间)、watch one's time(等待时机/间)、spend time(花费时间)、save time(节约时间)、waste time(浪费时间)、kill time(消磨/打发时间)、steal time(偷时间)、manipulate time(操纵时间)、make up time(弥补时间)，等等。美国人认为：时间是不能浪费的。人得干些事，否则会有负罪感。时钟记录了我们工作的时间，学校的钟声召唤我们上下课，日历标示着我们人生中重要的日子和事件。正因为如此，约会和时间表对具有单一性时间观文化的人是非常重要的。与此相反，多样性时间观文化则体现了一幅完全不同的画面。亚洲、阿拉伯、南欧和拉丁美洲等民族属于多样性时间观文化。他们认为时间是不太好感觉到的，可以“全方位地”处理时间。他们能够一次跟几个人交谈或办理几件事；他们更重视人而非时间表；他们并非视约会是铁定的，所以经常“违约”；他们浪费时间的感受远不如单一性时间观文化的人那样强烈。因此，他们的生活习惯、方式比较随意、松散、自由化。他们的这些特性常使美国人和其他欧洲人感到困惑和沮丧。值得一提的是，由于美国由多元文化组成，有不少 co-cultures(副文化)，它们跟 dominant culture(主导文化)不同，所以美国人有不同的时间观或对时间有不同的文化取向，夏威夷人有“夏威夷时间观”(Hawaiian time)、非洲美国人有“黑人时间观”(BPT / Black People's Time)或“‘别着急/悠哉游哉’时间观”(hang-loose time)等。这些时间观文化都属于多样性时间观文化。

时间常与文化优越与否相联系。不同文化处理时间的方式表明了这些文化的“先进”(advanced)或“落后”(backward)。西方认为他们的时间观是最正确的，因此西方文化就优越于其他文化。

(2)体距行为(proxemic behavior)。

体距语是研究交际中的人际空间和身体距离的学问。交际者用空间距离传递信息，而距离的选择反映出交际者的年龄、性别、社会地位和文化取向。根据霍尔的研究，在相互交际时，人们对空间领域有一定的要求，并根据人际间亲近和疏远程度提出几种不同距离的要求。

1)亲近距离(intimate distance)。这一距离在 0—1.5 英尺(0—0.432 米)之间。指人们能进行亲密接触、传递爱情、身体安抚等，并能互相轻声交流私密信息。

2)个人距离(personal distance)。这一距离在 1.5—4 英尺(0.432—1.219 米)之间。用于与朋友、亲戚、商业伙伴等谈话或谈生意，参加小组讨论也用这种距离。

3)社会距离(social distance)。这一距离在 4—12 英尺(1.219—3.658 米)之间，也称为礼貌距离。用于与一般朋友和商业伙伴进行“非个人谈话”(impersonal talk)。

4)公共距离(public distance)。这一距离在 12—25 英尺(3.658—7.620 米)之间。这是正式场合的交际距离，用于公众演讲或大教室上课。

5)远距离(long distance)。这一距离在 25 英尺(7.620 米)以上。这是公众场合的交际距离，用于公众演说及其他讲话，须大声说话。

(3)沉默(silence)。

“沉默也是说话。”(Silence is also speech.)这句非洲谚语很有哲理。沉默能传递强有力的信息，如“沉默是金”。我们千万不要认为，只有说话才是交流。在不同的(社会、文化、文字等)语境中，沉默能解读为“同意”、“认可”、“没兴趣”、“感情受到伤害”、“蔑视”、“愤恨”、“悲愤”等。沉默的内涵或所传达的信息会因文化而异。

(4)身势语行为(kinesics / body language)。

身势语或体态语研究动作是如何传播信息的。具体地说，指研究诸如面部表情、头部运动、眼睛移动和手势这一类非语言现象的运用。这些现象可能对人们所说的话起着证明、强调作用，或者表示意义上的细微差别。学者们认为，“身体即信息”。这一领域包括姿势(posture)、手势(gestures)、面部表情(facial expressions)、目光接触(eye contact)和凝视(gaze)、接触(touch)、气味(smell)以及副语言等。副语言又称为辅助语，包括人类发声器官所发出的声音的音量、音调、重音等语言因素(linguistic elements)，在交际时起辅助作用。人们正是通过副语言来了解所说的话的实际意思。所以，副语言也不妨被描述为“弦外之音”。它可分为三类：一是语音特点体现类(vocal characterizers)，如大笑、大哭、喊叫、呻吟、哀叫、嗳气、哈欠等。二是语音修饰体现类(vocal qualifiers)，如音量、音调、节奏、音速、共鸣、口气等。三是语音分隔体现类(vocal segregates)，如“un-huh”、“shh”、“uh”、“oooh”、“mmmh”、“humm”等。据统计，人可以做出 70 万种完全不同的身体动作。要对这么多身体语言进行归类是徒劳的，也是不可能的。不论如何，通过身势语或体态语的种种线索，我们可以了解交际方的情感状态、社会经济地位、身高、重量、年纪、智力、种族、区域背景、教育程度等。

(5)外表行为(general appearance and dress)。

外表行为包括服饰、容貌、仪表、气味、面具、眼镜、(甚至)肤色等。美国学者指出，服装也能说话。外表行为像其他非语言行为一样表露出人的职业、性别、年龄、智力、品位、档次、价值观、社会阶层、社会地位、富裕程度、文化背景、可接近程度等。

在文化全球化的今天，更多地了解和认识非语言交际还有助于我们识别并且消除文化偏见，孤立并且消除民族/种族优越感或者民族/种族中心主义。

对此，霍恩比在《翻译学的多重转向》列举了一些独特的例子。

法籍华人语言学家、法国国家科学院及巴黎社会高等学校东亚语言研究所研究员游顺钊(Yau Shun-chiu)就曾经研究过中国文学作品中的手势意象，并称之为“人体行为”(corporal behavior)。游顺钊先生指出，中国人并不像拉丁人那样拥有丰富的且十分活跃的手势体系，这是因为中国人在很长的历史时间里穿的都是长袍，这种衣服一般袖子非常长，将人们的手掌乃至手指都遮住了，这样的服饰大大地阻碍了中国人手势语言的发展，但是中国的手势语言并没有绝迹，在中国的古典文学作品中我们仍然可以看到一些手势语言的运用，同时还有其他身体语言的发展。霍恩比引用了游先生常举的一个例子加以说明：在中国广东省，人们都很喜欢喝茶，所以他们逐渐发展出了一种特有的表示感谢的手势。在服务员上茶后，他们用食指和中指一起在离茶杯很近的桌面上轻轻地敲两三下，用以表示对服务员的谢意。这种手势既表达了谢意，又能避免打断正在进行的谈话，非常实用。最初这种手势只适用于男性，但是现在它已经得到普遍使用，并且流传到了中国的其他一些省市。现在随着中国经济的快速发展，中国人生活的步伐也在逐渐地加快，这也导致了中国餐桌礼仪的一些变化。以前当有人敬酒时，敬酒人和被敬酒的人都要起立，并且要两两碰杯，而现在在中国浙江省的一些地方，人们敬酒时已经不需要起立，而是坐在自己的座位上，敬酒人和被敬酒人只需将酒杯在靠近自己的桌面上轻敲几下，就表示已经碰杯，然后就可以喝个痛快了。这种手势的转换不仅节约了时间，而且也避免了人多碰杯的不便，很快就流行起来。

很多学者都对这个领域表示出了很大的研究兴趣。香港中文大学翻译研究中心研究员、翻译学家卜立德(David Pollard)先生就对中国文学作品中的人体行为进行了研究，但他称之为“身体语言”(body language)。卜立德在剑桥大学获得中国文学硕士学位，在伦敦大学获得博士学位，后来在伦敦大学担任中文研究首席教授，主要从事中国文学的研究，现在香港中文大学、香港城市大学等担任翻译学教授，并出版了许多有关现代中国语言文学及翻译研究的作品，是将中国古典及现代散文译成英文之主要翻译学者。在多年的双语翻译过程中，卜立德发现身体语言是翻译中的难点，霍恩比引用了他举的一个例子：

“Xiangwen did not answer. Her shoulders jerked spasmodically. She cried even more bitterly. Li… figured out what had happened. He clenched his fists and bit his lip hard.”

这是卜立德引自中国台湾小说中的一段话。对中国的读者来说，这样的描写已经非常见怪不怪了，任何来自中国大陆、香港或者台湾的作家都可能在自己的作品中出现这样的描写。但是对于外国读者来说，这样的描写则是新奇的，是典型的中国式小说才有的。因为外国文学作品中对于人物情感的表达是比较直接的，而中国的小说却往往不直接描写人物的内心独白，而是通过人物的一些表情和动作来表达人物的情感。比如在上面的引文中，作者并没有直接说笔下人物有多么的痛苦，而是通过人物的一系列动作来体现，比如“肩膀的颤动”(jerk)、“握紧拳头”(clench)、“咬住口唇”(bit his lip)。

中国的古典文学作品往往带有中国人那种含蓄微妙的性格，对人物的描写往往如冰山一角，不会过分展露。以中国四大古典名著之一的《红楼梦》为例，书中在描写人物出场时，很多都是通过人物的服装、身材、神态等来表现人物的性格，而不会直接道明。第三回林黛玉初进宁国府见到三位姐姐时，对迎春、探春和惜春的描写就非常具有代表性：“第一个肌肤微丰，合中身材，腮凝新荔，鼻腻鹅脂，温柔沉默，观之可亲。第二个削肩细腰，长挑身材，鸭蛋脸面，俊眼修眉，顾盼神飞，文采精华，观之忘俗。第三个身未长足，形容尚小。其钗环裙袄，皆是一样妆束。”（《红楼梦》第三回“金陵城起复贾雨村，荣国府收养林黛玉”）而当贾宝玉第一次看到林黛玉时，对她的印象则是：

“两弯似蹙非蹙罥烟眉，一双似喜非喜含情目。态生两靥之愁，娇袭一身之病。泪光点点，娇喘微微。闲静时如姣花照水，行动处似弱柳扶风。心较比干多一窍，病如西子胜三分。”（《红楼梦》第三回“金陵城起复贾雨村，荣国府收养林黛玉”）林黛玉的这副面相，一看就知道她是多愁善感的人。但多愁善感只是林黛玉性格的表面，她性格的本质并不在这里。也或许林黛玉在常人眼里并不是非常漂亮，而且她性格乖僻，体弱多病，但是这样的人物从宝玉的角度看来，却是诗一般的。“罥烟眉”，这样的眉毛在现实中的确少有，但林黛玉的眉毛是诗，林黛玉的全身都是诗。这一本质，只有贾宝玉这样的看相师，才能一眼看出，也只有贾宝玉才会爱她。只有在真正的爱人眼里，这种最细微的美，才会被发现，才会被欣赏。

看似普通的人物描写却渗透着深意，这是中国文学的美妙之处。对于这种中国式肢体语言的运用，西方人往往不能理解或者意识不到它们的妙处，这给翻译工作带来了很大的困难，这也就是为什么卜立德说身体语言增加了翻译的“痛苦而不是快乐”(headaches rather than pleasure)(Pollard，1995：77，引自 Hornby，2006：81)。

不仅东西方文化的巨大差异给翻译带来了困难，即使一些看似相近的文化体系之间的差异也会造成翻译的困难。以英语和德语为例，两种语言的词汇构成有很大的不同。在表示微笑的时候，在英语里我们可以有很多种表达，比如我们可以用“grin”来表示，它表示露齿而笑，但是 grin 包含两种意思：一种是表示厚脸皮的、愚蠢而恶意的笑；另一种是表示友善的、发自内心的微笑。与之对应的德语单词就有三个：grinsen，feixen 和 schmunzeln。grinsen 通常带有贬义色彩，用来描述一个人表示不赞同，或怀有恶意的，或冷酷无情的，用做一种信息的传达；feixen 一般强调面部表情，比如做鬼脸，主要是引起周围人的注意而不是表达一种信息，同时它也可以表示一种毫无掩饰的沾沾自喜的快乐，具有贬义色彩；schmunzeln 则是褒义的，它表达的是当事人的喜悦和满足之情。因此在翻译的时候，我们只有根据语境正确地判断人物的思想感情，才能选择正确的词汇，通过翻译传达人物的真情实感，否则就会造成读者理解的困难。早在 20 世纪 70 年代，语言学领域就对这类描述性动词进行过研究，但是实际上它们已经超越了语言的范围(beyond language)。描述性动词是英语小说中的基本元素，它们经常被用来塑造人物形象或描述人物性格。英国 19 世纪著名小说家查尔斯·狄更斯(Charles Dickens)的小说中就有大量的描述性动词，为后人翻译其作品出了不少难题。其他不同类型的小说家如英国著名文学评论家和小说家马尔科姆·布拉德伯里(Malcolm Bradbury)、20 世纪美国作家卡森·麦卡勒斯(Carson McCullers)以及印裔英籍作家拉什迪(Salman Rushdie)都在自己的作品中不同程度地使用了描述性动词，而尤其突出的就是拟声词的运用。以中英互译为例，有些拟声词可以在两种语言中找到对等词，而有些则很难找到。在翻译下面两个句子时，英文中的拟声词可以直接翻译为汉语拟声词。

【例 1】

【原文】She drew one out. R-r-atch! How it sputtered and burned.

(Hans Christian Anderson: *The Little Match Girl*)

【译文】她抽出一根火柴，哧！啪一下子燃着了。

【例 2】

【原文】But as the door banged, she seemed to come back to life again.

【译文】可是当门砰地一声关上的时候，她好像又清醒过来了。(王秀，2007)

有时情况就更为复杂。汉语中有时把一切非生物体的发声都简单笼统地称作“……声”、“……响了”等等，不附加任何拟声词。如“脚步声”、“马达声”、“雷响了”、“电话响了”、“炮响”等等。汉语有时把一切动物——飞禽、走兽、昆虫、家畜——的发声，包括人的各种发声，都简单地笼统称为“……叫”、“……喊”等等，也不附加任何拟声词，如“马嘶”、“狗叫”、“鸡鸣”等。英译时为了增加文字的具体性和体验性，有必要结合具体情况运用一定的拟声词来表达。

【例 3】

【原文】卖货小贩一进去，鹅都嘎嘎地高声大叫，随着鸡也叫、狗也叫、马也在棚下嘶鸣起来……

【译文】The moment the hawker rushed in, the white geese set up an exited quacking, to be johned by hens clucking, dogs barking and horse neighing.

可见英语中几乎每一种动物的叫声都用一定的拟声词来表达：A cat miaows (mews)，An owl hoots，A dove coos, A bee buzzes (hums，drones)，A horse neighs，A sheep bleats (baas)，A pig grunts，A goose cackles，A duck quacks，A wolf holws (growls)，A lion roars，A snake hisses，A bird twitters，A cricket chirps，A cock caws，A dog yaps (yelps)，A cow moos (lows)，A mouse squeaks，A monkey screeches，A parrot squawks.[8]

而汉语中的某些拟声词在英语中没有现成的对应词，除了选择合适的翻译方法外，还可以创造新词。例如：

【例 4】

【原文】“阨啾”的一声响，爱姑明知道是七大人打喷嚏了，但不由得转过眼去看。（鲁迅，《离婚》）

【译文】“Ah-tchew!” Though Aigu knew it was only seventh Master sneezing, she could not help to look at him.（王秀，2007）

综上所述，如此丰富的言语之外的领域是对文学翻译的巨大挑战，而令人欣慰的是，现在不论是语言学还是翻译学都将这一主题的研究提上日程，而且更多的是从跨学科的角度思考这一问题。

8.3.1.3 多模态文本翻译

不同的文体文本，因其语言形式、语言风格、交际功能以及目的不同，在翻译中应采取不同的翻译策略。“较早提出文本类型(text typology)问题的大概要算德国的卡德(Otto Kade)了。卡德的分类未必就是文本类型(text type)，但确实是依照形式与内容而从体裁(genre)方面加以归类。由于卡德的分类过于模糊，德国翻译家凯瑟林娜·赖斯

8 参见 http://sandsea.blog.hexun.com/6170774_d.html。

认为这种分类阻碍了而不是促进了‘翻译过程中的文本类型研究’。”[9] 赖斯更多地借用了语用学的研究成果，她把文本类型分为三种：信息型(informative)、表达型(expressive)、操作型[10](operative)。但是在1971年时，赖斯就意识到仅仅分为这三类文本是不全面的，因而提出了第四种文本类型，她称之为“视听媒体文本”(audio-medial texts)，如电影、电视或可视可听的广告等。赖斯认为，“这类文本依赖于非语言媒介或者其他视听表达形式，语言只不过是许多复杂元素中的一部分”(Reiss；引自 Hornby，2006：84)。这个观念在德国翻译学家中引发了激烈的争论，后来赖斯采纳了 Bernd Spillner 的意见，将“视听媒体文本”(audiomedial texts)这一术语改成了“多媒体文本”(multimedial texts)，从而包含了那些只有视觉画面而没有声音的文本，如连环画等。1990年时，赖斯承认这类文本并不是她一开始设想的第四种文本类型，而是包含了一些属于前三类文本的元素。因此，在这种意义下，多媒体文本可以是歌曲、舞台剧、电影剧本和歌剧剧本，同时也包括那些含有视听元素的连环画和广告。

后来随着多媒体技术的飞速发展，翻译学家们逐渐认识到赖斯对文本所做的分类仍然过于宽泛，文本类型需要更详细地分类。现在对于这类文本有四种不同的术语：

1) 多媒体文本(multimedial texts)。它们是由电子媒体传达的视听文本，如电影、电视的字幕等。

2) 多模态文本(multimodal texts)。它们包含了不同模态的含有视听元素的口头或非口头文本，如歌剧、舞台剧等。

3) 多符号文本(multisemiotic texts)。它们使用不同的绘画符号系统，可以是口头的或非口头的，如连环画、印刷好的广告材料等。

4) 视听媒体文本(audiomedial texts)。它们是那些用来说的文本，所以它们写出来后最终是通过人的声音来表达，而不是通过文字资料，

---

9 参见 http://www.hjenglish.com/column/author/anikin/144_4802.htm。

10 也译作“运作型”或“感染性”(文本)，以前称作 appeal-focus texts。

如政治演讲等。

在传统的翻译理论中，关于戏剧翻译的讨论一直围绕着剧本翻译的忠实性及剧本的可表演性这两个问题进行着。最早对戏剧翻译进行研究的是苏珊·巴斯内特，她在1976年比利时鲁汶大会上就撰文指出了戏剧翻译的现状及不足，在20世纪80年代这种缺憾才逐渐地被弥补起来。当时主要有两大基本方法：符号分析和整体分析。德国戏剧学者费舍尔-里希特(Fischer-Lichte)提出了戏剧符号学(theatre semiotics)的概念，他把皮尔斯的人类三分法(指肉体、灵魂、精神)(Peircean trichotomy of icon，index and symbol)与周边语言学、人体动作学(kinesics)和空间关系学(proxemics)结合起来。舞台翻译的最大难题是各个文化对舞台符号的解读存在着巨大的差异，要正确表演其风格就必须了解与其相关的文化习俗。

整体分析法将剧本视为戏剧表演的根本，就如同音乐会的乐谱一样。剧本的基本要求是可表演性(actability / performability)和可说性(speakability)，它们又依赖于不同的戏剧传统和表演风格。舞台文本有以下几个基本要素：

1)戏剧对白是一种人工的语言，它是用于表演的、高度混杂的、有着高度交互性的文本。

2)戏剧对白包含了很多具有戏剧效果的写作手法，从而引起观众的注意，如反讽、比喻、双关语和典故。

3)语言可以被视为推动戏剧情节发展和控制戏剧节奏的最有效工具。

4)对于演员来说，他或她的台词形成了一种个人语型(idiolect)，演员通过声音、手势和动作来表达情感。

5)对于观众而言，舞台语言和动作是具有感官刺激性的，他们对其都有不同的个人反应。

正因为戏剧语言的特殊性，译者应该在排练之前以及排练的过程中与该剧的演员和制作人进行沟通和合作，也就是说译者也必须是戏剧小组中的一员。著名导演Aaltonen就把戏剧翻译者分为两类：一类是无权力的(powerless)译者，他们只专注于翻译死的剧本；一类是那些参与整个戏剧制作的译者，他们在修改文本方面有着更多的权力和自由(Aaltonen；引自 Hornby，2006：87)。相比较而言，后者更加能够翻译出成功的剧本。

现在有人对戏剧文本的语言转换是否可以称为翻译提出了质疑，因为要成功地翻译一个剧本，译者本身要做很多翻译之外的工作，有时他们更像是一个诗人、作家或者剧作家。

英国著名的词作家赫伯特·克莱茨莫(Herbert Kretzmer)就曾经创作著名音乐剧《悲惨世界》的英文版歌词。"改编自法国文学巨匠雨果同名小说的音乐剧《悲惨世界》最先诞生于 1978 年的法国，它的曲作者是 1944 年出生的克劳德-米歇尔·勋伯格，他是祖籍匈牙利的法国人。后来结识了阿兰·鲍伯利(Alan Boublil，即《悲》剧法文版词作者)后，共同的志向使两人一拍即合，一起创作法文版音乐剧《悲惨世界》。鲍伯利和他长时间的搭档勋伯格着手改编《悲惨世界》，使音乐剧变得几乎和原著一样的出名。改编工作中，鲍伯利和勋伯格回到书中去挖掘故事中的环境、人物和情节，推动音乐剧的进行。经过作曲家和作词家之间两年的交流取舍，他们录制了一个 2 小时的录音样品。1980 年该剧在法国公演后大受好评。但真正让音乐剧《悲惨世界》名扬世界的还是音乐剧界大名鼎鼎、号称音乐剧"沙皇"的制作人——卡麦隆·麦金托什(Cameron Mackintosh)。他召集了一批精兵强将，把法语版的《悲》剧精心地修整了一番：他请来了诗歌戏剧界的评论家 James Fenton 来做翻译工作；说服 Trevor Nunn 做导演(此人亦是《猫》、《星光快车》的导演)，不过 Nunn 建议和 John Carid 合作(他们曾执导了改编自狄更斯小说的 *Nicholas Nickleby*)；还邀请了克莱茨莫创作该剧的英文版的歌词。经过这些艺术家的不懈努力，全新的英文版《悲惨世界》在伦敦和美国百老汇的演出获得巨大成功，赢得了 1987 年美国托尼奖(Tony Award，美国戏剧界最为知名的奖项，授予当年在百老汇上演的话剧和音乐剧)的 8 项大奖及 3 项提名，成为当年的头号大赢家，奠定了其非凡的国际影响与地位。”[11]

英文版《悲惨世界》的词作家克莱茨莫在接受采访的时候，就强烈否定他的剧本是一种翻译。为了保证故事的顺利发展，他表示自己剧本有三分之一的内容是对原著的保留。但克莱茨莫也强调，为强化角色的塑造重新写了三分之一；剩下的三分之一是将原有一些曲目重新删减和编排。英文版的音乐剧《悲惨世界》中至少有6—7首歌曲是与法语版完全不同的，是带有原创性的作品。据说在这个过程中，创作者请观众来看小样，并有专人坐在席间，专门记录观众情绪的变化频率和程度，然后根据这些数据对剧目进行调整和修改。因此当克莱茨被问到为什么如此排斥用“翻译”这个词来介绍他的作品时，他表示“译者”强调的是一种学术的作用，但是他的作品远远不只翻译这么简单，因为他给剧本带来了很多原创性的内容，从某种意义上说，他是对音乐剧《悲惨世界》的再创作。

但是克莱茨莫的这种做法遭到了维也纳版《悲惨世界》剧词作家Kuntze的反对。该词作家认为在创作过程中应该尽量准确、全面地传达原著的信息，因此翻译是十分重要的。同时他也认为这种翻译是一种有创造性的、诗化般的活动，目的是为了在目标语文化中引起与在源语文化中类似的共鸣。

现在译者在戏剧界的地位并不高。在引进剧本时，通常先由译者将剧本翻译过来，再交由一名剧本创作的专家进行加工，从而形成最后的剧本。当这位专家对源剧本的语言并不熟悉时，这种做法尤其普遍。其中非常著名的就是汤姆·斯托帕德(Tom Stoppard)，他是20世纪60年代以来英国最重要的剧作家。斯托帕德生于捷克，二战后随家庭移居英国，曾做过记者、编辑、戏剧评论员。他曾经在语言学家的帮助下，将许多国家著名作家的作品改成英文版。“历史和文学人物经常出现在他的剧本中，像乔伊斯、列宁、赫尔岑、马克思、巴枯宁、普希金等都曾当过他剧本的主角。除了戏剧创作外，斯托帕德还创作和改

11 参见 http://www.douban.com/group/topic/2793573/。

编了大量的广播剧、电视剧和电影剧本。1998 年，他与马克·诺曼合作的《莎翁情史》曾获得奥斯卡最佳剧本奖。”[12]

在电影配音行业这种情况也很普遍，一般都是由译者先将台词翻译过来，再由专业的配音人员对其进行加工。德国柏林一位配音部门的主管 Matthias Münterfering 就曾在一篇名为“德国的配音业”的文中披露了这种现象：“由于配音行业竞争越来越激烈，更多的公司正寻求更多的办法来减少成本，而通常第一个牺牲者就是翻译人员，他们人数众多又没有什么权力，而且他们创作出来的文本不是最后的产品，它们必须通过配音专家们转换成适合说的对白。因此我们要认真挑选配音作家，虽然这样成本会高，可是这一步对于剧本的成功非常关键；而人们对待译者一般不那么重视，说句实话，我也不会。”(Münterfering；转引自 Hornby，2006：89）对于那些急于节省成本的公司来说，他们可能会选择一个既能翻译又有剧本写作功底的人。

这种情况的出现引起了很多翻译家的担忧，早在 1985 年苏珊·巴斯内特就指出，她对很多人认为的剧本翻译是“改写”(adaptation)或“拼贴”(collage)的论调表示遗憾，她认为“是时候对这些术语的误用拨乱反正了”(转引自 Hornby，2006：89)。现在戏剧翻译的情况在某种程度上是由译者的水平导致的。戏剧翻译是一个高度复杂的工作，只有经过训练的专家才能担当此任，因此译者也要从多方面提高自己的素质，扩大自己的知识面和跨文化交际的能力，才能够提高自己的竞争力。

8.3.2 帝国之眼

著名的少数民族批评家普拉特(Mary Louise Pratt)在 1992 年出版了一本跨学科的专著，她将其命名为《帝国之眼——旅游写作与文化转换》(*Imperial Eyes—Travel Writing and Transculturation*)。该书提出的一些观点和简介与本节的内容有着密切的联系，对翻译学的发展有

12 参见 http://www.tianya.cn/New/PublicForum/Content.asp?strItem=books&idArticle=71731。

着推动作用。

首先，普拉特在书的封底上表明了该书名的含义，主要是为了说明旅游写作与欧洲帝国主义的关系，以及其在西方殖民主义扩张中扮演的角色。而巴斯内特也曾指出译者和游记作者之间有着很密切的联系。她表示，翻译的过程在某种程度上说就是一个旅游的过程，从一个时空点到另一个时空点——换言之，它是一个文本旅行(textual journey)，只不过旅行者是在实际中旅行。而且，翻译活动和旅游活动都是阐释活动，涉及多种类型的跨文化接触，游记写作更是某种程度上的翻译，因为游记作者会用本国的语言尽量地把一些本国人们未知的、新奇的事物记载下来，这个过程实际上就包括了翻译。

其次，普拉特在书中提出了一个重要的概念——“接触区”(contact zone)。普拉特将其定义为：“不同文化，通常在高度不对称的主从关系下——像殖民制度、奴隶制度或者在此之后的某种制度(如同现在他们生活在全球各地那样)——互相遭遇、冲突与搏斗的社会空间。”[13] 后来，普拉特还将“接触区”定义为：“殖民冲突的空间。在该空间，因地理和历史的因素而分开的各民族相互接触并且建立了目前这种关系，通常涉及胁迫与被胁迫、完全的不平等以及难以停止的冲突等状况。”(Hornby，2006：91) 她特别强调使用“接触”这个词的目的，即为了突出殖民冲突的互动性和临时性之维度。但这个要点却常常被忽视。“接触区”这一概念和术语已经用于翻译研究。

书中出现的另一个重要概念是“自我民族志书写”(autoethnography/autoethnographic expression)。该术语指被殖民者通过运用殖民者的词汇和手段书写他们自己。如果民族志书写文本是欧洲人再现(被殖民的)他者文化的书写方式，那么自我民族志书写文本则是指他者通过与宗主国文化进行互动或对话而构建成他们自己的文本。

最后值得我们注意的是普拉特在书中提出的欧洲“环球意识”(planetary consciousness)，即欧洲对自身的及其与世界关系的认识。

13 译文参考 www3.nccu.edu.tw/~chtang/Explaining the H...41K 2005-1-4，引用时主编给予了充实。

1735 年，欧洲有两个对世界影响深远的事件发生：一个是瑞典学者 Carl Linné 出版《自然体系》一书，尝试将世界上所有的植物纳入一个巨大的分类体系；另一个是欧洲展开第一次主要的跨国性科学探险。“由法国人领导的 1735 年的科学探险，想要探索地球是如同法国地理学家所说的球体，还是如同英国科学家牛顿所假设的椭圆形。这个探险活动历尽艰难，只有少数人幸免于难，其中一人为法国地理学家 Charles de la Condamine，探险活动乃以他为名，被称作 La Condamine expedition。这次探险故事和文本，透过口述或书写，在欧洲流传数十年。在 18 世纪的最后几年，内陆探险成为探险家动力与想象的主要来源，这个转变对旅行写作产生了明显的影响——要求欧洲知识和自我认知的新形式、要求欧洲与边界以外接触的新模式，也要求对欧洲帝国野心的新编码方法。La Condamine expedition，带来欧洲科学旅行和内陆探险的时代。[14]

普拉特在书中回顾了许多欧洲探险家的书籍和经历，为翻译学者展现了世界景观、文化现象和人类的交往互动，为后殖民主义写作及翻译提供了宝贵的素材。

8.3.2.1 后殖民翻译

20 世纪 90 年代翻译研究的另一个热点是“后殖民翻译”(postcolonial translation)。“翻译研究的文化转向，使得翻译研究更加关注影响翻译活动的外部的、宏观的因素，文化研究的勃兴及其强烈的政治倾向，也使翻译研究与后殖民主义联系起来，带有了强烈的政治色彩。后殖民主义翻译理论把翻译和政治联系在一起，探讨了弱势文化的文本被翻译到强势文化时对译者因意识形态、权力等因素的影响而采取的不同的翻译策略。作为文化学家，巴斯内特的后期翻译理论已经染上了后殖民主义的色彩，她指出，翻译活动并不是在真空中进行，而是一个连续体；翻译不是孤立的行为，而是跨文化转换进程中的一部分，

---

14 参见 http://w2.hwc.edu.tw/center/read/epage.asp?htm=stud1。

并且翻译也是一种操控行为，这包含在语言和文化疆界的转换过程中。”（孙宁宁，2004）

后殖民翻译研究探讨殖民主义、语言、文化身份认同与翻译之间的关系，《翻译学的多重转向》在这一方面介绍了印度学者夏默尔·森古普塔（Shyamal Sengupta）和尼兰贾纳（Tejaswini Niranjana）的研究成果。

森古普塔在1988年发表了一篇名为“翻译、殖民主义及诗学——两个世界的泰戈尔”的论文，通过分析印度著名诗人拉宾德拉纳特·泰戈尔（Rabindranath Tagore）的作品，发现泰戈尔把自己印度文的诗歌译成英文时，自觉遵照殖民宗主国的意识形态和文学规范进行自我审查，从而在译文中塑造了一个与原文诗歌相异的“殖民的自我”（colonial self）形象。森古普塔在书中列举了泰戈尔的英文版诗集《吉檀枷利》。泰戈尔曾亲自将他的诗集《吉檀枷利》（*Gitanjali: Song Offering*，意即“献歌”）译成英语，因而获得了1913年诺贝尔文学奖，成为世界历史上第一个获得该奖的亚洲人。森古普塔找来了泰戈尔获奖的英文版本，然后亲自将该诗集的孟加拉语版本翻译成英语，并将两人的版本进行了比较，发现两者大不相同。森古普塔指出：“人们可以很明显地看到，泰戈尔在翻译的过程中，不仅大大改变了作品的风格，而且改变了作品中的许多意象及词汇。这些改变是他故意为之的，目的是为了符合目标语诗歌的表达习惯，结果导致英语版和原来的印度文版有了根本的区别。”（转引自Hornby，2006：93）

从以上的例子我们可以看出，殖民主义和“殖民翻译”（colonial translation）的特点就是殖民者与被殖民者之间（colonizers / colonized）、西方与东方之间（Occident / Orient）以及自我与他者之间（Own / Other）的巨大差异与对立。泰戈尔试图跨越之，将他的作品翻译成英文，使得更多英语语种的读者能够了解他的作品，这种尝试使得他迅速地在当时的环境中流行起来，并被西方世界成为“圣人”。然而具有讽刺意味的是，他之所以被授予诺贝尔文学奖，并不是因为他的作品引起西方世界的共鸣，而是因为他的诗歌给西方的传教士带来了精神支持，使他们在异国他乡进行传教、为殖民活动开路的同时有了精神寄托。

后来，随着第一次世界大战结束，西方的美学观发生了转变，同时泰戈尔也不再满足于遵照殖民宗主国的意识形态进行创作，而改为用孟加拉语进行原创性的写作，这时泰戈尔就被西方世界彻底抛弃乃至遗忘。对于翻译学者来说，泰戈尔仍然是一个很好地反映"'帝国之眼'是如何能够虚构事实的令人震惊的例证"(Hornby，2006：94)，这非常值得我们警醒和反思。

到了 20 世纪 90 年代，殖民主义、语言和翻译之间的关系成了翻译学研究的热门话题，在该领域具有里程碑意义的是尼兰贾纳的著作 *Siting Translation: Post-structuralism and the Colonial Context*。她在书中阐述了语言和翻译是如何被用来加强和保持权利的不平等性、偏见和宗主国的统治。她特别指出，印度的很多文本被翻译成英文是为了英国殖民者的利益。其中最知名的例子就是英国著名的东方学家和法学家威廉·琼斯(Sir William Jones)，他曾在 1983 来到印度，提出要利用翻译使得东方世界尤其是印度西方化。他把一个文本化的印度介绍到了欧洲。他认为，因为土著民对其自身的法律和文化的阐释让人不足为信，所以必须由欧洲人为其翻译。早期琼斯的言论对后代产生了极大的影响，正如尼兰贾纳所说："它帮助构建起了一个既强大又顺从懒惰的印度的国家形象，这种形象不断地出现在后人的作品中。"由此，我们可以看出，翻译对殖民者在其殖民地构建形象与文化起了很大的作用。从本质上说，翻译研究的文化转向揭示了翻译与政治的共谋关系，揭示了强大的西方通过翻译推行殖民统治、强化西方文化中心主义的卑劣行径。

此外，《翻译学的多重转向》还特别讨论了与后殖民翻译研究同样怀有政治目的(political agenda)的"杂合文本"(hybrid text)问题。"杂合文本"这一概念最早在 1992 年为阿拉伯学者麦赫莱兹(Samia Mehrez)所用，它特指曾受殖民统治的国家或地区的作家创作的文学作品。受殖民主义的影响，这些作家的作品在语言上与传统的民族语言有别，但亦与宗主国的语言有别，形成一种具有独特风格的"杂合文本"，亦称"后殖民文本"(postcolonial text)。这些文本不仅在语言上呈现一种“夹心”(in-between)的特点，而且在文学史上亦处于一种“夹心”的地位——无论是在原宗主国的文学体系还是在本国文学体系里都找不到自己的位置。归根到底，“杂合文本”不仅是一种语言现象，亦是一种文化现象。

8.3.2.2 性别翻译研究

20世纪90年代后殖民主义研究逐渐兴盛，并且被引入其他很多领域。在90年代初期，性别翻译研究(gender-based Translation Studies)仍然十分有限。在一些国际权威的翻译学杂志中，如 *TextConText*, *Target* 以及 *The Translator*，性别翻译研究方面的论文都非常少，甚至 *Routledge Encyclopedia of Translation Studies* 中都没有相关的条目。但随着世界学术的文化转向，翻译学的发展也发生着巨大的变化，从单纯的语言活动转变成了社会文化活动，从而推动了性别翻译研究的发展。“作为文化研究主流的一部分，女权主义研究正是从社会性别的角度对历史、文化进行反思，并以此来解构父权和夫权在人们意识形态中的的影响。随着翻译研究理论的不断发展，如佐哈尔的多元系统论、图里的描写译学、霍恩比的综合方法[15]和以巴斯内特与勒弗维尔为代表的操纵学派理论的出现，传统的翻译概念受到了质疑。深受德里达的解构主义、福柯的权力话语等思想的影响，女权主义的翻译研究学者同样是要解构传统的翻译观，但提出问题的视角是她们独特的性别认同。女权主义的翻译观在英国发芽，在加拿大成长，同时还受到来自其他各地翻译理论家的关注。经过多年的发展，女权主义的翻译研究基本形成了翻译文化研究的一个分支。”(刘娜，2006)

著名女权主义翻译理论家戈达尔德(Barbara Godard)在1988年的沃里克大会上就宣读了一篇名为“将女性话语/翻译理论化”的论文。她在文中提到了加拿大魁北克的被殖民地位与妇女的话语被异化的类似现象，反对当时还盛行的“对等”等种种观念，描述了女权主义话

15 主编以为：“整合法”或许是较为准确表达源语“an integrated approach”的译法。

语概念，涉及从文化现实转向新的语境。她的观点跟弗米尔的功能主义和阿罗约的解构主义相吻合。

以加拿大学者的著作为例，戈达尔德是这样描述自己新的理论观点的："在女权主义话语理论中，翻译就是生产，而不是再生产。"(Snell-Hornby，2006：101）"戈达尔德认为译者有权改造、操纵甚至占有原文，'女权主义的翻译家公开声明，她以永无休止的重读和重写为乐，公然打出操纵语篇的旗号。她要粗暴地妇占(womanhandle)她所翻译的语篇，因此不会做一个谦恭的、隐形的译者'。阿伍德(de Lotbiniere-Harwood)翻译贝尔西雅尼克和米歇尔・高斯(Michele Causse)的法语文本时坚称，'我们需要让语言重新性别化'(resex language)，'目的是使阴性词在语言中显现，从而让世人看见并听见女人'。她翻译布洛萨尔的《毛乌沙漠》(*Le Desert mauve*)时搜寻有性别标志的每一个表述，不断寻找新方法将它们转换成英语。"[16]

针对"美人不忠"的传统观念，阿伍德(1991)认为翻译乃是为妇女服务的政治工具。她指出："我的翻译是使语言为妇女说话的政治活动。所以，我的译文识别标志就是：该译文尽可能使用女权主义的策略，从而使女人通过语言显形。使女人通过语言显形，意味着使女人在真实的世界上被看见，被听到。这就是女权主义的全部意义之所在。"(转引自 Hornby，2006：102）顺便提一下，这段话于 1998 年为另一名加拿大女权主义翻译学者费拉德(Luise von Flowtow)所引用。

在欧洲，对女性翻译的研究源于欧洲 20 世纪 70 年代晚期到 80 年代初期的社会学与语言学变革。在这期间，除了一些翻译学家如赖斯、弗米尔继续发表著作之外，欧洲涌现出一批在社会学和语言学领域有突破性贡献的学者，如语言学教授 Luise F. Pusch、Senta Tromel-Ploetz，社会学家 Cheryl Benard、Edit Schlaffer 等。而在翻译学内部，直到 20 世纪 90 年代，欧洲的翻译学研究人员才开始引入女权主义思潮，维也纳大学的三位博士都是从翻译研究的不同性别视角出发完成了自己的

---

16 参看 http://www.fane.cn/forum_print.asp?forum_id=39&view_id=33953。

学位论文。2000 年在格拉茨大学召开的世界女权主义翻译研究大会上，讨论得更多的是女性译者的历史作用(the role of female translators in history)。最有意思的两个例子就是 Louse Gottsched 和 Caroline Schlegel-Schelling，她们两人都是翻译家。前者是著名的文学理论家 Johann Christoph 的妻子，后者是著名的莎士比亚作品的翻译家 August Wilhelm Schlegel 的妻子，她们和自己的丈夫一起翻译了很多优秀的作品，有时她们甚至担负起对作品的大部分的翻译工作，但是大家记住的一般是她们那杰出的丈夫，而很少有人知道她们的功劳。这也是为什么要对女性译者的历史地位进行研究探讨的原因。

8.3.3 读者的地位

作为沟通原文作者和译文读者的桥梁，翻译活动毫无疑问将原作者、译者和译文读者紧密地联系在一起。无论将译者看做读者，还是普通意义上的译文读者，读者在翻译活动中都占据着重要的地位。巴斯内特在她的著作《翻译研究》中就指出，译者很少认识到文学文本是由“与其边缘外的其他各集合体存在辩证关系的一多系统的复杂集合体”(转引自 Hornby，2006：104)所组成的。巴斯内特借用了苏联符号学家尤里·洛特曼(Juri Lotman)的分类法，将读者的地位分为 4 类：

1) 关注内容的读者，即他们以作品的内容为重(the content as matter)，如散文议论或诗歌释义；

2) 关注结构的读者，即他们关注的是作品的结构及其复杂性和各层次之间的互动；

3) 关注层级的读者，即他们为了特定的目的推测作品的某个层次；

4) 关注普通元素的读者，即他们发现对文本发生并非根本的一些元素，并将文本为己所用。

在这里，类别 3) 和 4) 与我们研究的话题不太相关，但是前两种分类值得我们关注，因为他们反映出一个问题，那就是在翻译小说的时候，许多译者往往专注于小说的内容而破坏了小说的内在结构。这又使我们回到了文本与读者关系的讨论，如德国目的论理论中的“神圣原创”(sacred original)和“再次解读”(re-reading),而解构主义学家提出了“食人主义”(cannibalistic approach)。弗米尔强调文本并不是一个静态的物体,而是由它如何被读者接受来定型的。阿罗约也表示文本不是一个转载内容的“容器”(vessel),而只是载有各种读物的“羊皮纸”(palimpsest)。德里达主张读者不再是作者意思的承受者,而是新意义的创造者,作者已“死”而读者“降生”。这个话题曾经引起剧烈的争论。霍恩比的立场则比较中立,她相信源语文本的地位绝不仅仅是意义的载体,而是高度取决于读者的活动。

“译者在翻译过程中,首先必须对原作进行解读,然后才能根据自己的解读结果进行翻译。从这个意义上来说,译者首先是读者,其次才是译者。作为读者,他的解读结果不可能完全同作者的意图相吻合。也就是说,译者不可能做到百分之百、原汁原味地把原文的各种信息传达给译文读者。其次,不同的译者对同一文本的理解也不可能完全相同,或多或少都有所差异。不同译者对原作的阐释差异意味着存在各种不同译文的可能性,也就否定了存在唯一不变的、绝对忠实的译文。同一个文本,在不同时期,由不同的人翻译,就组成了若干组不同的对话,它们所生成的意义就不可能是一致的,也就是说会有无数个译本。从读者层面来看,文学的最终实现,仍然是展现在读者的心灵里,是作者和读者心灵沟通的产物。译作虽然不是译者独立创作的作品,但同样也应以能否唤起读者心灵深处对原作的反应和回响作为衡量翻译是否成功的重要尺度。因为任何译作最终都要与读者发生联系,其成功与否最终也要体现在读者身上。无论是创作作品还是翻译作品,其最终目的都是为了读者的欣赏。由此可见,读者在翻译活动中占据着十分重要的地位。在制定翻译标准的时候,理应把读者因素考虑在内。日常生活性翻译、文学翻译、科技翻译由于面对的对象不同,其评价标准也应有异。翻译面对的对象不同时,翻译时就应得到不同的处理。也就是说,只有在确定了读者在翻译中的地位问题之后,才有可能确定翻译的标准问题,才有可能来谈论一部作品翻译的成功与否。离开读者谈论翻译活动——无论是翻译方法还是翻译标准,都无

异于缘木求鱼，隔靴搔痒，很难有实际的意义。”（肖让见，2002）

8.3.3.1 翻译批评的功能模式

图里的描写翻译学(DTS)，顾名思义重在描写，而非评价，将其理论“凌驾于”应用之上(place theory above its “applied extensions”)，视译文为目标语系统之唯一事实，而毫不顾及源语文本作者。与此相反，霍恩比坚持认为：将翻译批评/评价运用于实践不仅合适而且必要，甚至文学翻译都需要考虑包括原文作者在内的所有参与者。

我们进行翻译批评的起点有一重要概念，即在 8.1.3 中讨论过的菲尔莫尔“景象和框架语义学”(scenes-and-frames semantics)。很少有一个语言学的概念在指导翻译实践方面被证明如此富有成果，不管该翻译涉及的是何种语言或语言对(language-pairs)。

根据“景象与框架”理论，翻译是涉及 ST 作者与作为 ST 读者和 TT 读者的译者之间，与 ST 读者之间互动交流的复杂行为。首先，译者起始于一现成框架(ST 及其语言成分)——由作者根据自己部分原型/典型景象储备所产生。其次，依据 ST 景象，作为译者的读者(the translator-reader)在被激活的个人经历和内化的有关物质世界知识之基础上，建立起自己的景象。再次，依靠自身的 SL 水平和对 SL 文化的掌握，译者会很好地激活源于作者意图的或源于母语人物自然情景的有关景象。最后，译者按照本人激活的景象，必须在 TL 中找出合适的框架——这涉及译者根据自己的 TL 水平和对 TL 文化的掌握不断进行决策/抉择的过程。

这一方法或路径，发展于 20 世纪 80 年代，之后被巴西学者玛格丽特・安曼(Margret Ammann)又向前推进了一步，成为翻译批评的功能模式。该模式分为 5 个分析步骤：

1）目标语文化中的译文功能；

2）译文的篇内一致；

3）源语文化中的原文功能；

4）源语文本的篇内一致；

5) 目标语文本与源语文本之间的篇际一致。

安曼还同时运用“景象与框架”概念和“典型读者”(model reader)的理念。

“典型读者”的理念于 1985 年由意大利学者艾科(Umberto Eco)提出。根据笔者对这一理念的了解，典型读者是相对于“经验读者”(empirical reader)而言的。经验读者是指每一个阅读文本的普通读者，他们能从多角度来阅读文本，而且并没有固定的法则来指导或指示他们该如何阅读，如何评价，他们有自己与文本进行情感互动的经验和阅历。与此相反，典型读者是一个抽象概念，指典型的目标读者或预期读者。它既是一个简化了的总称，又是一个理想化了的术语。

根据艾科的观点，文本的意义只能靠具有预见性的读者才能激活(引自 Hornby，2006：107)。此“预见性”(这是笔者的表述，原文是 foreseen moves)涉及读者的背景知识、阅读习惯和阅读偏好，总之涉及读者的积极参与，如能够按照作者预测或期待的那样填补空白。典型读者就能完成这些任务，在解读文本时，能够识别、理解诸多层面之意义，如此等等。

Tzu-Ann Chen 在其硕士学位论文(2004)中，把上述翻译批评模式运用于小说《喜福会》(Amy Tan，*The Joy Luck Club*)，获得了成功。(参见 Hornby，2006：111-114)

安曼的翻译批评模式不仅适用于文学文本，也适用于非文学文本，诸如传记、历史、生活类作品等。它对翻译学者具有很大的启示意义。

8.4 20 世纪 90 年代的多重转向

接下来让我们看看进入 20 世纪 90 年代以来翻译界的新气象。在这个时候，翻译学的“跨学科”研究除了体现在与其他领域的合作之外，也体现在其内部产生的重大变化。比如，在口译领域，发生了一场包括方法论和内容两方面在内的革命。以前，口译一直被看做是翻译的“副产品”，不是被彻底忽视，就是被自动归入一般翻译理论，始终处于翻译的“阴影”笼罩之下。90年代以来，经过不懈努力，羽翼日益丰满的口译学也终于有了自己的学科界、自己的研究对象和自己的基本参考书。从此，除了“一般翻译理论家们”以外，很少再有翻译学者敢理所当然地夸口自己也是口译学专家。

今天看来，翻译学的发展整体上经历了两大最基本的转变。一是方法论上的转变，主要是出于口笔译研究领域对实证研究(empirical study)的需求；二是科技发展和全球化带来的翻译工作概念(job profile)的转变(包括口笔译两方面)。此外，术语学及计算机辅助翻译等研究领域已经超越了“普通”翻译或文学翻译的范畴，开辟了自己的一方天地。下面我们就来探讨一下90年代以来发生在翻译学内部的两大转变及其对翻译学科的作用和影响。

8.4.1 实证转向

翻译学界在经历了长期的哲学化、理论化以及几十年的语言学化之后，终于意识到了个案研究(case study)的重要性，迎来了姗姗来迟的实证研究。在前面几章中，我们曾提到“操纵学派”，该学派的代表人物西奥·赫曼斯就指出，操纵学派中有一些项目本身就是实践研究，致力于研究理论模型与实际个案研究之间的互动。90年代，这种互动性主要体现为实证调查(empirical surveys)，翻译学科的现状也因此产生了很多变化。在这一部分，我们将探讨翻译学在实证研究方面的发展。

8.4.1.1 口译研究的新领域

在20世纪80年代，西欧口译学研究中心是由达妮卡·塞莱丝柯维奇(Danica Seleskovitch)领导的“巴黎学派”(the Paris School)，以释意派翻译理论著称。1992年，吉尔(Daniel Gile)在维也纳翻译研究会议(Vienna Translation Studies Congress)上作了一次名为“开创口译研究新局面”的演讲，为口译研究提供了新的研究项目。以前的信息交流往往局限于学者内部，他们的信息接收往往处于一个封闭的空间里。该项目的目的之一就是扩大这些信息的传播面，使各年轻学者意识到这些信息的潜在价值，促进跨学科项目(尤其是和认知科学)的合作，同时使人们了解进行实证研究的重要性。其实，早在 1986 年，在会议传译领域就出现了开创性的实证研究：布勒(Hildegund Buhler)创立了对会议传译人员表现进行评价的合格标准(acceptance criteria)，为实证研究未来的发展开了个好头。此外，90 年代于口译领域各方面崭露头角的实证研究和跨学科研究表明，吉尔要求实证研究和跨学科研究的呼声终于被许多学者所采纳。例如，Birgit Strolz 以 1955 年签署《奥地利国家条约》(Austrian State Treaty)时的演讲广播为基础，研究了当时的德语同声传译；Ingrid Kurz 和维也纳大学的神经生理学系合作，研究口译人员的“黑匣子”；还有 Franz Pochhacker，运用 Holz-Manttaris 的翻译行为理论，研究维也纳商务会议上口译人员的表现。

这 10 年来最激动人心的发展当属两类口译新领域的发现：第一类是由于科技发展而得以蓬勃发展的口译活动(如媒体传译、会议传译等)；第二类可以概括为对话口译(包括社区口译、手语翻译以及法庭口译等)。在 20 世纪上半期，同声传译早已发生了“科技转向”(technological turn)，主要是两个原因使然。一是因为各种先进设备不断问世，二是因为二战后纽伦堡审判对同声传译这种形式的需求。从那时起，科学技术进一步发展，先进设备也层出不穷，这些都逐渐改变着同声传译的方方面面。1998 年，维也纳大学 Franz Pochhacker 对同声传译人员在历史上的地位和今天的现状作了如下评论：以前，同声传译人员往往被神化，而在过去的 50 年中，同声传译人员经历了匿名化和机械化的过程，由以往“神奇的杂技表演大师”变成了国际交流中不可或缺的“纯技术人员”。

一、媒体传译和会议传译(media interpreting; conference interpreting)

由于科技的发展，在同声传译界还出现了受人瞩目的新领域，即媒体传译和现场会议传译。关于媒体传译，这里要介绍一位重要的口译者 Kurz。她本人就从事电视传译工作，对现场传译(包括对各类采访节目、报告或是演讲等的传译）中译员面临的各种特殊限制和巨大压力做了详尽而令人信服的描述。这类传译通常是通过屏幕向全国甚至是全球电视观众即时进行的，因此译员面临的压力也可想而知。其他学者也做过类似研究，如 Pochhacker 也曾就前美国总统克林顿在柏林勃兰登堡门的演讲一事对当时的德语同声传译进行了详尽的分析。

比电视传译更为复杂的则要属通过卫星转播的各种实时会议了，这是因为在卫星转播各种视频、音频信号的同时，会产生比普通媒体传译更大的变数。Christian Heynold 对这一“美丽新世界”（brave new world）的技术和组织层面进行了进一步的描述。在 1997 年，国际会议口译译员组织（AIIC）出版了 *Code for the use of new technologies in conference interpretation*，里面规定了 4 种会议传译的形式。具体定义如下：

1）远程电信会议（tele-conference）：是身处不同地点的两个或多个与会者之间通过一个或多个音频信号进行交流的会议形式。

2）视频会议（video-conference）：是包含与会者影像的一个或多个视频信号的远程会议。

3）多语种视频会议（multilingual video-conference）：用两种或两种以上语言进行并有口译人员参与的视频会议（口译形式为交替传译或同声传译）。

4）远程传译（tele-interpreting）：对多语种视频会议的传译，其中译员既看不到说话者，也看不到观众，即译员不在现场。

在这里，Kurz 通过对一些实证案例的分析，指出第 4 种类型，即译员不在现场而仅仅通过屏幕进行口译的会议模式不符合口译人员的职业规范，应该以视频会议的形式，让口译人员和部分与会者处于某一会议地点，再以同声传译的方式将会议内容通过屏幕传送到其他地点的与会者。

二、社区口译（community interpreting）

除了会议传译之外，另一新领域——社区口译也开始崭露头角。社区口译这个概念由伦敦语言学家协会于 20 世纪 80 年代早期引入，指的是个人为其他个人或小型团体（如家庭等）提供的口译服务，通常在学校、医院或社会机构中开展，主要是为各种移民、难民、外来务工人员等提供和政府交流的渠道。在某些国家，如加拿大、澳大利亚和瑞典，社区口译服务发展良好；但作为一种职业，社区口译的地位却远远及不上会议传译。Thieme，Hermann 和 Glasser 在对口译历史的早期研究中曾指出，口译中双方关系人的地位存在着“纵向”和“横向”两种视角的对立。在“横向”视角中，口译者的服务对象处于平等地位，比如在外交官会议、商务谈判或会议传译等场合，交谈双方的地位都是平等的；而“纵向”视角则展示了服务对象的地位不平等性，例如，殖民统治者和殖民地人民之间，移民、难民和政府之间都存在着不平等的地位关系。在这些场合，口译仅仅被看做是一种需求，或者某种社会服务。在那些社区口译不发达的国家里，其本身就缺少一种职业体系，口译人员也不像从事会议传译的人员那样接受过专门培训，在很多时候只是一些刚好在场的当地人，比如清洁工，甚至是小孩。

造成社区口译不发达的另一个重要原因就是语言本身。我们知道，在国际会议上的同声传译通常采用如英语、法语、汉语或阿拉伯语等传播面较广的国际语言；而社区口译所涉及的往往是移民或难民的当地语言，本身不属于国际语言，不仅受众面窄，还常常夹杂各种方言，因此要找到精通这些语言的口译人员本身就比较困难。

1996 年，Pochhacker 开展了一个大规模的实证调查，研究维也纳医院的口译需求。该项研究包括员工问卷调查和案例研究两方面，是对维也纳医疗中心社区口译实践和社会服务机构的综合性研究，因此可以称作是一项先锋性的试验。根据院方提供的可靠数据，除德语外，在这所医院内流通的语言绝对不少于 27 种，以波斯尼亚语、克罗地亚语、塞尔维亚语和土耳其语为主，其余还有英语、波兰语、阿拉伯语、捷克语、法语、俄语、汉语、匈牙利语、印度语、意大利语、罗马尼亚语、阿尔巴尼亚语、西班牙语、菲律宾语和波斯语，等等。医生和操不同语言的病人沟通，主要依靠病人的家人(特别是小孩)以及在医院工作的“双语”人员(特别是清洁工)。许多被访问者都意识到了这种口译的缺点，并且都表明了在医院内部建立口译服务的需求。在这里，Pochhacker

记录了两个案例，都说明了开展这类口译服务的迫切性。

第一个案例是为一个 10 岁的波斯尼亚男孩埃米尔进行言语治疗。在场的除了男孩外，还有两位临床医生、男孩的父母以及一位塞尔维亚中年妇女。这位中年妇女是医院的清洁工，临时被叫来充当翻译。以下例子可以清楚地看出口译者对医生原话的语气和内容的改变(这里已将原文都译为中文)：

医生(对埃米尔)：你瞧，今天呢我们就不坐着了，我们要躺下来，就像躺着睡觉一样。

口译者(在埃米尔身后)：你要躺在这里。

(……)

医生：好了。你明白我的意思么？告诉他他要……

口译者：你懂了没有？这位女士说你得躺下来。躺在那里(指着垫子)，你得躺在那里。

整个治疗过程就在这种不完善的交流下持续着，此外还有各种其他问题，比如医疗术语、关于家庭疗养的指导，以及口译者自说自话加进去的主观价值判断等。

第二个案例围绕一个有语言能力发展障碍的两岁土耳其孩子塞弗纳展开，涉及人物还包括其父母、医生，以及男孩母亲的侄女，她只有 16 岁，充当这个案例的口译者。医生刚开始询问病史，各种问题就开始浮现出来，以下是其中一部分对话(已译成中文)：

医生(对母亲)：你的孕期状况如何？

口译者：阿姨，你的生产怎么样？

母亲(耸耸肩)：还好，正常……

医生：正常。嗯。那么你的分娩过程呢？

母亲(充满疑惑地望着口译者)

口译者(低声地)：你的生产。(声音大了些)你的生产。

母亲：你的意思是什么，我的生产？

医生：比如是否经过夹捏啊，抽吸啊，剖腹产之类的？

口译者：你的生产。

医患之间的对话就这样近乎荒唐地无休止地继续着。由于口译者的矜持，更多的问题暴露出来。这份矜持，无论是出于尴尬、无知、语言上的障碍或她对自己低微身份的感知，都造成了翻译过程的障碍。可以说，没有比这个案例更好的例子能证明在医疗中心拥有专业口译人员是多么重要。

笔者认为，社区口译在中国还是个比较陌生的概念，但这并不表明中国不需要社区口译。尽管汉语使用者占中国人口的大多数，但现代汉语又有标准语(普通话)和方言之分。普通话以北京语音为标准音，并以北方话为基础方言，以典范的现代白话文著作为语法规范。汉语内部又细分为七大方言：北方方言、吴方言、湘方言、赣方言、客家方言、粤方言和闽方言。各方言区内又分布着若干次方言和许多种土语。这些方言和普通话的差异较大，两者之间有时甚至无法沟通。除此之外，我国还有 55 个少数民族，约占全国人口总数的 8.41%。除回族、满族已全部转用汉语外，其他 53 个民族都有自己的语言；另有些民族许多人转用或兼用汉语和其他民族语言；而有些民族内部不同支系还使用不同的语言。这 55 个少数民族使用 80 种以上的语言，包括汉藏、阿尔泰、南亚、南岛、印欧等五大语系。因此可以想象，在少数民族聚集地或是一些落后山村地区的医院，如果医患之间语言不通，他们的沟通则往往需要借助懂汉语的当地人的帮助。这显然属于社区口译的范畴。然而就像上文所指出的那样，这类口译的重要性往往被人忽视，译者的地位也远远不如会议传译者。当前在中国，受重视的仍是会议口译、同声传译等领域的发展。[17]

三、手(势)语翻译(signed language interpreting)

口译的另一大新领域是聋哑人的手语翻译。所谓手语翻译，是指在口头语和聋哑人的体视语之间进行的翻译。简单地说，就是以手势、口语为交流手段，在听障人士与健听人士之间进行传译服务。手语翻译主要有三方面工作内容：1) 为听障人士提供将口语翻译成手语的服

17 本段摘自 http://ks.cn.yahoo.com/question/1406122015604.html。

务；2) 为健听人士提供将手语翻译成口语的服务；3) 直接用手语与听障人士进行交流。换句话说，手语翻译者相当于一个架桥人。他们为聋哑人搭起一座和外界沟通的桥梁，使之能顺利传达思想感情、充分交流信息经验。有了手语翻译服务，聋哑人就可以及时知道很多他们应该知道的事情，还能通过手语翻译及时发言参与讨论。在欧洲国家，对手语翻译的需求、重视和尊重获得了长足的发展，各种手语培训项目也如火如荼地开展着，一些大学已经在翻译学研究所开展了手语课程以及相应的学位课程。

在中国，手语翻译的重要性已经被越来越多的人所认识。2006 年"加油！好男儿"的亚军，聋哑选手宋晓波并没有因为自身的缺陷而无法和他的"粉丝们"沟通，因为他有一位时刻跟随在他身边的"耳朵"和"嘴巴"——苏老师，他所扮演的角色正是手语翻译。但仔细一想我们就发现，目前手语翻译工作者大都是聋校教师(如上文中的苏老师)和残疾人工厂的手语翻译人员。他们中的许多人不仅缺乏手语翻译技能技巧等方面的专业培训，而且也缺乏某一专业领域的知识储备和训练，如在法律、医疗、心理咨询等专业知识上的缺乏。手语翻译人才的稀缺极大地限制了聋人群体的发展和生存质量的提高。2007 年世界特殊奥林匹克运动会、2008 年北京奥运会、2010 年上海世博会等一系列重大国际活动，无不需要一批专业的手语翻译员。但我国目前手语翻译职业化道路刚刚起步，高水平的手语翻译很少，尤其是分科明确、专业程度高的手语翻译人员。有关专家表示，真正能做到大会翻译的人并不多。手语翻译要把普通的语言翻译成聋人能听懂的语言，这种翻译并不是照搬书面语言来告诉他们，而是要转换成"意思"才能让他们明白，这比一般的打手势难度大多了。2007 年 1 月中国劳动保障部公布第八批十项新职业，其中就有手语翻译人员。因此我们有理由相信，手语翻译将是一个充满光明前途的职业，而专业手语翻译人才的培养也理应获得更多的关注。[18]

18 本段摘自 http://www.docjob.cn/html/875.html。

四、法庭口译(court interpreting)

法庭口译原本是一个古老的口译领域，在最近十年也已发展为口译研究的新视点。在瑞典等国，法庭口译被当做社区口译的一部分；但在大部分东欧国家，法庭口译更多地被视为一个独立于社区口译之外的领域，并拥有自己的专业协会。加拿大因其双语殖民历史，和东欧国家一样在该领域有悠久的传统。不过一般认为现代意义上的法庭审判源自二战后 1946 年的纽伦堡审判和东京审判。

在英语中，“法庭口译”可以指和法律有关的任何形式的口译，既可以指警察局的审讯、移民总局的面试等，也可以指受人尊敬的“庭审口译”。在德语里，这两者之间用两个不同的词区分。本书指的是后面一种含义，即“庭审口译”(courtroom interpreting)。

法庭口译的概念建立在联合国签署的人权宣言的基础之上。人权宣言规定民主国家必须致力于保障人权，法律面前人人平等，因此没有人将因语言不同而受到不公正待遇。这意味着所有参与法律程序的人都有权利要求一位口译者。

在法庭口译的实证研究方面具有代表性的是 Mira Kadric 对奥地利司法系统法庭口译的现象研究。该研究包括一份问卷调查(调查对象涉及维也纳200多位地方法官)和一个案例研究(以1997年一次听证会上的录音和记录为基础)。问卷调查显示，人们对法庭口译人员的身份认定有着很大的差异。有 65%的受访者认为他们是地位较低的助手，39%的人认为他们是语言专家，30%的人认为他们是语言文化的专家，而仅有 8%的人认为法庭口译人员应该是一个跨文化交际的专家。基本上，一个合格的法庭口译者应该符合以下标准：一定的语言交流水平(但不一定需要具备法律知识)，为人可靠，坦荡公正，周到谨慎，随传随到，以及态度自信等。法庭口译者的任务所占比例大致如下：提醒人们注意造成误解的地方(占 95%)、解释俚语和俗语(占 90%)以及法律术语(占 72%)、通过询问当事人来澄清其所做的有疑问的声明(占 63%)，以及向法庭解释当事人选用某些词语是否和其文化背景有关(占 85%)。

Kadric 分析的案例中涉及两个工人，一个来自波兰，另一个来自南斯拉夫，都在一个工地上干活，由口角进而发展为斗殴。波兰人在打斗中受伤，现向另一人提出索赔。在整个审判过程中，33 岁的被告身边有一位说塞尔维亚-克罗地亚语的口译员，而 43 岁的波兰人则说德语。这名口译员只有 6 个月的从业经验，并且之前对该案件知之甚少，甚至可以说对案件的来龙去脉都不清楚。经过口译员和地方法官的同意，Kadric 对听证会的全过程都录了音并对其做了详细的分析。通过对录音文字转录稿的分析，我们能发现其中暴露出来的各种误读和误解现象。法官希望口译员主动引出双方的个人信息，口译员却只按照法官明确下达的指令行事。一方面，被告说的话语无伦次，前后颠倒，另一方面法官又常常"打岔"，要求更精确的信息，这些都造成了进一步的交流障碍。而口译员自身能力的欠缺以及对案件背景知之甚少是问题产生的根本原因。Kadric 最后总结认为，该译员如果事先能接受法庭口译的培训，那么她的表现将会好得多。但是这种培训在奥地利仍然很少见，其他地方也是如此。法庭口译人员作为文化传播的中介者，其作用往往被低估；而作为一种职业，法庭口译不仅地位相对低下，并且缺乏公众支持和资金援助。

卡德(Otto Kade)对口译的定义显然只限于会议传译方面，他认为，口译过程中源语文本只呈现一次，在大略进行核对后立刻被翻译为目标语言，且因为时间有限几乎无法修改。这个定义显然适用于同声传译，但对于对话口译领域来说则不尽然。比如上文提到的法庭口译的例子，不仅问题可以重复提出，回答也可以进行多次核实和修改。

这里有必要谈及中国的法庭口译服务。我国是一个多民族、多语言、多法系(即内地的社会主义法系、澳门的大陆法系和香港的英美法系)的国家。许多少数民族依然保留着自己的语言，很多少数民族人民听不懂也不会讲普通话或当地通用语言。因此，在这些少数民族聚居地区的法院，应当用当地通用的语言进行审讯。对于不懂当地通用语的诉讼参与人，则应当提供诉讼参与人所懂语言和该地区方言之间的法庭翻译服务，这是保证法律面前人人平等的重要条件(杜碧玉，2003)[19]。

此外，随着经济全球化步伐的加快，特别是中国加入世界贸易组织，以及互联网的普及，越来越多的外国公民到我国经商、办厂、运输、旅游、购物、结婚等。其中部分人由于主观或客观的原因，触犯了我国的刑事或民事法律，不得不在他们不熟悉的法律面前接受审判。其中最常见的罪名有：敲诈勒索罪、诈骗罪、非法销售假冒伪劣产品罪等。这时，就需要有相关法庭口译人员为其进行口译服务。而我国的法庭口译有如下特点：

1) 由于没有相关的立法，聘请译员和庭审口译操作等比较随意。

2) 对庭审口译工作认识不足、重视不够，对待庭审口译人员易走极端，要么不尊重口译人员的权利，不体谅口译员的辛苦，要么神化口译人员的能力，把口译员捧上天。

3) 缺乏优秀的、专业过硬的法庭口译人员。这方面人才的培养迫在眉睫，对该问题的重要性和紧迫性，国内法学界没有良好的认识，也尚未提到立法议事日程。

4) 口译前后还需笔译大量的庭审笔录和公诉书、公诉意见、辩护意见、判决书等庭审相关的书面文件。

5) 庭审翻译主要采用交替传译、视译、摘译等方式。

6) 法官、公诉人等专业人士对涉外案件及有关国家法律不够熟悉，存在着法律文化和法律体系冲突等问题。

7) 有些律师、公诉人和/或法官在庭审操作中不够专业，会造成翻译困难。

8) 如果被告是某个大国的公民或被告的领事比较重视此案，庭审及法庭口译会比较完整准确，反之则不然。

9) 如果被告文化程度较高，庭审及法庭口译的过程一般会比较复杂、耗时较长，法律公正也相对有较多保障，反之则不然。

10) 有时庭审存在着时间不足、拼命赶时间的重大缺陷，导致摘译

---

19 主编注：引自 http://baike.baidu.com/view/325262。此外，台湾属于大陆法系，以成文法为法制基础。

方式的大量使用，有时甚至是在法官要求下为之。

11) 口译人员的报酬多数是法院支付，报酬偏低，导致辛勤劳动的报酬没有相应保障，建议加强这方面的立法，例如在《刑事诉讼法》增加关于庭审口译的相应立法规定，以满足日益常见的法庭口译操作的实际情况。当然，要想解决这些问题，绝不是一朝一夕就能实现的，需要许多人不懈的努力。[20]

综上所述，我们可以得出一个结论。随着各个新领域的兴起，口译研究在过去的 15 年内得到了长足的发展。口译学/研究早已脱离了翻译研究，成为一门独立的研究领域，各项研究、培训以及实践活动都在如火如荼地进行着。因此，以前称口译为“口头翻译”(oral translation) 的说法，已经像称翻译为“笔头口译”(written interpreting) 那样变得古怪和不合时宜了。(详见 Hornby，2006：122 及 115-121)

8.4.1.2 翻译的实证研究

一、有声思维(TAPs)模式

和口译研究一样，翻译学在 20 世纪 90 年代的实证研究转向来自 80 年代中期的开创性研究。1986 年，德国波鸿大学一位教法语的老师 Hans-Peter Krings 发表了一项研究，旨在观察翻译者的思维过程。当时 Kurz 使用神经生理学来研究同声传译人员的“黑匣子”，而 Krings 采用的则是心理学上的有声思维(TAPs) 模式。在该模式下，试验主体被要求进行有声思维，即把他们翻译过程中的思维过程用语言表达出来。Krings 对这些结果进行记录，集成了厚厚的一大本著作。但该项研究难以成立的缺陷是：第一，这些所谓的翻译者是一群法语语言文学系的学生，因此该研究所考察的并不是职业译者的工作过程，而只是一群为了展示自己外语水平的“代码转换者”；第二，用来测试的文本是报纸上关于当前热点时事的特写文章，含有比喻、双关等修辞成分，但在实际翻译任务中很少碰到这类文本。这两个缺点招致了不少对有声

20 详见张新红、李克兴的《法律文本与法律翻译》(中国对外翻译出版公司，2006)。

思维模式的批判。因此，后来 Krings 又做了一次研究，这次他采用了职业译者作为实验主体。但还是有两个小问题：第一，由于这次 Krings 所做的是一篇论文，因此限于篇幅，文中考察的主体只有一位译者；第二，所使用的文本仍然是同类文本。作者显然意识到关于文本选择的争论，但他认为选择和第一次同类文本的好处是可以和前面的学生译者做对比。该文的分析极其详尽彻底，从方法论的角度为以后采用专业翻译者为研究对象提供了许多宝贵材料。

我们可以从 Krings 的比较研究中获得一个启示，即专业译者通常把文本当做一个整体，采取宏观把握的策略；而外行译者则拘泥于文本的翻译单位，如字词、结构等，采取线性翻译策略。这一结果之后在芬兰进行的另一项有声思维研究中获得了证实：在该研究中，专业译者动用了各种常识和经验，专注于对文本的理解；而外语学习者则往往只把注意力集中在字词和形式上。专业译者对翻译问题更有求知欲，对解决问题也更有信心，同时具备更好的责任感，在翻译过程中自觉采用意识策略和理论标准，因此他们的工作显得更有效率。

90 年代，关于翻译中思维过程问题的探讨在很多国家，尤其是一些欧洲国家引发了一场热烈的争论。Honig 在霍姆斯座谈会上重新谈到了霍姆斯的映射理论(mapping theory)；Kussmaul 开展了一系列广泛的研究，为翻译教学、错误分析或创造性研究等提供了宝贵的见解。对于常用方法的批评也不绝于耳。比如，有声思维中，主体采取独白的形式把翻译中的想法说出来，这种方法显然不够自然。因此，一些研究者采用多个主体，并用对话或团体形式进行研究。

二、语料库语言学(corpus linguistics)

90 年代在翻译研究领域中另一崭露头角的实证研究方法是语料库语言学。语料库语言学在七八十年代已经在英国语言研究项目中得到成功的证明。研究者开始大规模地利用计算机处理的语料，如布朗语料库(the Brown Corpus)和 LOB 语料库(the Lancaster-Oslo / Bergen Corpus)以及英国国家语料库(the British National Corpus)。由 John Sinclair 主持的 COBUILD 项目是单语语料库中较为人所知的一个。该项目的成果包括《柯林斯英语词典》以及《柯林斯 COBUILD 英语学习词典》。词典编纂项目基本上以字词为主，比如，COBUILD 语料库包含 4 千万个单词，其中 2 千万来自特殊语言文本，另 2 千万来自日常通用语。除此以外，语料库也包括任何语言素材。1995 年，莫娜·贝克(Mona Baker)对于语料库语言学在翻译学中的运用进行了详细的阐释。她提出了文本语料库的三种类型，即平行文本语料库、多语种文本语料库及比较文本语料库。其中使用平行文本协助翻译的做法现在已经不存在争议，而使用多语种语料库则可以改变现有研究方法。贝克女士还认为比较语料库是沟通平行语料库和多语种语料库的桥梁。Dvorothy Kenny 把这类语料库称为“某一种语言(如英语)文本的集合，以及从其他语言译成英语的文本集合”。总之，除了由平行文本提供译者大量信息外，这种语料库的作用还包括为翻译研究中的描写工作提供大量数据资料。语料库语言学和翻译学研究的交点其实早在 80 年代就已产生。当时的翻译学者和 COBUILD 词典编纂者之间就如何让各种数据为译者们创立双语查询系统的问题进行过热烈的讨论。以往词典编纂者往往认为译者所需要的不过是和旅游者和外语学习者一样的双语字典，只要为目标文本提供和原文对应的“对等词”即可。但实际上，翻译实践者真正需要的是建立在语义场基础上的双语大辞典。虽然词典编纂者对这一项目的前景充满信心，但问题出在当时的出版商上：他们认为这样庞大的工程将耗资巨大，而目标市场又是如此有限，因此他们永远不可能收回成本。所以，这项工程始终没有得到实现，这也成了当时许多学者的最大遗憾。

就语料库研究而言，霍恩比一方面积极肯定其前景和价值，一方面告诫研究者：语料库研究的最大挑战，在于有关研究必须是基于数据的研究，必须自下而上，运用具体的事实来进行归纳、总结，而非按照习惯做法自上而下，寻找能支撑自己假设的依据。

三、法律翻译(legal translation)

20 世纪 90 年代翻译学实证研究中另一蓬勃发展的领域当属法律翻译，这里我们可以结合上文提到的法庭口译进行比较。我们知道，法律翻译在欧洲大陆有着悠久卓越的历史。如果我们对各国的法律文本进行对比，则会得出一个结论：在翻译的背景下对比各国法律文本实际上是在对比各国不同的法律系统。

下面我们来探讨一下中国的法律翻译。无论人们怎样看待和评价现代中国法制的过去、现在和未来，有以下五点应该是有共识的：第一，近现代中国法制模式是在清末民初学习借鉴西方法制，按照大陆法系法制模式建立起来的；第二，这种以大陆法系法制为模式建立的近现代中国法制，实际上是以法律比较或比较立法为起点的；第三，现代中国法制的发展与进步始终与比较法学密不可分；第四，比较法学的起点是法律翻译，重心是外国法律；第五，法律翻译直接影响和促进着现代中国法制的发展进步。

中国政法大学中德法学学者米健认为，法律翻译的准则应该是：信、准、达。第一要素“信”，意味着法律翻译必须是原本的，没有任何附加的和再创造的原意表达，译文自身有完全信用，读者对其也应完全信任；第二要素“准”，意味着法律翻译必须精准确切，其内涵不能有所不及或缺失偏离；第三要素“达”，意味着要能包蕴原文本的背景内涵，包括文化、制度和民情。因为法律翻译的成功与否，将直接影响一种社会关系和秩序的再现，从而直接关系到人类交往行为的结果。罗马法学家乌尔比安曾这样定义法律：“法律是善良与公正的艺术。”如果一定要按他对法律的定义来表达法律翻译，那么法律翻译实际是一种艺术的复制艺术，是一种最需忠实、最为严格的复制，这是不能动摇的法律翻译原则。[21]

8.4.2 全球化转向

1992 年，本杰明·巴伯(Benjamin Barber)在《大西洋月刊上》发表了一篇名为“圣战对战麦当劳世界”(Jihad vs. McWorld)的文章。在该文中，“圣战”(jihad，指伊斯兰教徒对异教徒的战争)代表了部

21 引自 http://www.legaldaily.com.cn/misc/2005-11/24/content_224683.htm。

族主义，而“麦当劳世界”(McWorld)则代表了全球主义，这两者构成了我们这个时代的两个轴心。“麦当劳世界”通过美国主导的商业、通信、娱乐的国际化，把整个世界变成具有“共同”价值观与生活方式的全球化世界；“圣战”则在维护传统、民族、多元化的信念支配下，反对任何形式的国际整合。这两种力量彼此拉锯，构成20世纪90年代以来的世界发展过程。

今天看来，他的这些话仿佛预言一般成了现实：90年代，部族主义造成了种种流血冲突，发生在前南斯拉夫的波黑战争和科索沃战争，以及卢旺达的种族大屠杀都是活生生的例子。另一方面，全球主义(又称全球化——globalization)则成了90年代世界发展的关键词。需要指出的是，全球化的范围不仅限于科技和商业方面，也包括语言交流、国际话语以及翻译等各个方面。其中，语言作为一种表达个人所属文化圈的途径，引申出另一个概念，即文化身份认同(cultural identity)。文化身份认同指的是对一个群体或文化的身份认同(感)，又或者是指个人受其所属的群体或文化影响，而对该群体或文化产生的认同感。同时又能和世界各地处于不同文化身份的人进行良好的沟通，和谐相处。这一关于文化身份认同的定义显然和韦努蒂(L.Venuti)不同。

在1992年3月由尼加拉瓜马那瓜大学及奥地利格拉茨大学联合举办的“拉丁美洲的500年反抗史”座谈会上，尼加拉瓜女诗人兼政治活动家贝莉(Gioconda Belli)使用了“文化身份认同”这一术语。哥伦布发现美洲大陆是举世公认的伟大创举，而在贝莉所写的“记忆中的美洲”(America in Memory)一文中，她对于美洲本土文化因此所遭到的破坏表达了深切的悼念之情。这些美洲本土风情文化就是现在的拉丁美洲文化。贝莉认为，正是由于拉丁美洲人民对于殖民统治的不懈反抗，其特有的文化身份才得以保存下来。但是根据巴伯发表在《大西洋月刊》上的那篇文章，她预见到这宝贵的文化身份正在被以“麦当劳文化”为代表的全球主义蚕食。她认为，所谓文化的全球化其实就是以美国为代表的“先进西方文化”的全球化。这种西方文化把自己视为唯一的文明形式，排挤其他文化，将导致所有其他文化处于被湮没的危险。为了保卫自己的文化，人们急切地想寻求自身的文化特征和文化根源以抵抗全球化的压力，而这种反抗往往会导致人们走上另一极端，即民族分裂主义、种族战争和仇外心理。

接着，我们将要探讨的是作为“语言产业”的翻译是如何难以避免地卷入民族主义、文化身份认同以及全球化过程中的。

8.4.2.1 科技与译者

随着科学技术的飞速发展，翻译人员的工作环境发生了翻天覆地的变化。在会议传译中，译员完全身处于一个由高科技装备起来的环境中(电脑、术语数据库、电子邮件、互联网、机器翻译系统等等)，活像科幻小说里的场景。我们应该承认，自 90 年代以来信息产业的迅速发展正在从根本上改变口笔译人员的日常工作和生活。因此，对于科技发展如何影响翻译学研究这一主题，是我们研究的兴趣所在。其中很重要的一点是对于语言本身的认知。1998 年 12 月 14 日，德国一份新闻杂志刊登的一篇文章就对 90 年代的最新科技发展做了彻底的描写。这篇文章以“第七大陆”为标题，但其主题并不是关于地理或环境，而是描写了 20 世纪末的电子世界：多媒体、因特网、苹果强力笔记本电脑(powerbook)、斯沃琪话语表(swatch-talk，一种具有移动通信功能的表)等等充斥人们的视野。人们习惯于在脑海中这样勾勒这个时代的精英形象：他应该是个软件经理人，在健身中心一边踩健身自行车一边利用安装在把手上的电脑上网冲浪。等他骑完理论上的 10 千米后，他已经在线阅读了 3 份报纸，了解了最新的股票市场价格，并读完了十几封电子邮件。无数的即时信息通过各种渠道可以在同一时间呈现在我们面前——这就是住在“地球村”的人们相互交流的方式，直到今天仍是如此。随着信息社会的到来，无论是语言的产出和感知，抑或是我们和周围世界间的互动，都发生了天翻地覆的变化。

如果把巴伯的“麦当劳世界”理论应用于语言和交流方面，我们会注意到在 90 年代发生重大变化的三个领域，分别是：用户所要处理的材料之性质、呈现材料之语言，以及文本之概念。我们可以把巴伯的比喻应用于前两个领域，即语言的“麦当劳世界”提供其特有的知识“快餐”，这些知识可以通过互联网传播。对翻译人员来说，这意味着网上有数不尽的平行文本和各种信息网站可以为翻译提供帮助，但同时许多语言也发生了一系列改变，如果放在20年前，人们会认为这些语言简直是错误百出。这种所谓的“麦当劳语言”是美国英语的特色，特点是格式和主语的简化，以及运用大量缩写、图标、缩略语等，非常适应“快餐式消费”(fast consumption)模式。多媒体的发展彻底颠覆了我们对文本和文本类型的概念：以往，交流可以分为笔头和口头，再细分为商务信函(经常有固定的格式)、电报、电话、备忘录、各类报告等。然而随着信息工业的发展，多媒体已经可以把各种文字、图片、声音和远程通信融合在一起，人们可以一边收发电子邮件、短信，一边聊天、听音乐以及看电影。信息量虽然很大，但通常情况下，这种信息的接受是不完整的或成片段状的。

但在这种全球化的同时，还涌动着“语言的重新部落化”(linguistic retribalization)的思潮，尤其是在中东欧。在这些国家的共产党倒台之后，各国少数民族开始重新发掘自己的文化遗产进行文化身份的重构，同时重新发现自己的母语的意义。比如波斯尼亚、塞尔维亚、克罗地亚三种不同的语言的产生(以前是塞尔维亚-克罗地亚语)，其实它们之间只有细微的差异。这里的语言定义不是由语言学意义客观界定的，只要有人认定它是一种语言并得到官方的认可，则不管其存在是出于政治、种族或宗教的目的，都可以称其为一种语言。这些语言往往传播面极窄，并刻意强调某种特殊的文化身份，因此它们的出现也给翻译带来了很多问题，但它们和全球化带来的“麦当劳语言”一样，也是当今世界语言的一分子。

总的来说，90年代科技的发展使得翻译工作者要处理的“语言材料”(即以往所说的“文本”)发生了彻底的变化，共有以下几种：

1) 由于通过远程通信传输的文本数量巨大，产生了大量口语化语体，同时人们对以前被认为是语言错误或拼写错误的容忍度有所增加。由于英语成为通用语，翻译很多时候被认为已经过时了。以往正式的商业通信现在被各种非正式的电子邮件通信方式取代，还有很多通过传真和手机等联系手段。

2) 由于对速度的要求越来越高，相对地，对语言的准确性要求在降低，使得机器翻译越来越受人重视。

3) 多媒体交流创造了新的文本类型(如电子导游等)，出现了大量多符号文本，包括各种图片、图标、声音等。

4) 在文化交流上，译者不仅应有驾驭语言的能力，同时必须成为掌握其文化的专家，并对其产出的最终译本全权负责。

同时，科技的发展使得科技文本的翻译占了职业译者工作的 75%以上，并且带动了各种新领域的发展：科技协作、内容管理、多语文件以及软件本地化等。翻译人员的工作形象也发生了改变：以前，译者就像一只窝在密室里的灰老鼠一样埋头苦干，就像一本活字典；而现在，译者运用各种电脑工具，操纵处理各种文本，比如软件本地化和电子商务等。同时，术语学、语言技术(如译码存储系统)和机器翻译也对翻译学研究作出了各自的贡献。然而，这些主要都是依靠如语言学、计算机科学等相关学科的发展而得以实现的，而不是靠翻译学自身内部的发展。但是，对于译者应具备的基本翻译水平的要求没有改变。这些要求具体包括对相关语言的掌握、对翻译学相关理论方法的基本认识、一定的专业知识素养以及对相关语言背后的文化情况的了解等。

8.4.2.2 广告与翻译

广告有广义与狭义之分，即非商业广告与商业广告之分。所谓非商业广告，指的是政府部门、宗教团体、慈善机构等非营利目的的观念广告等。我们这里主要针对狭义的商业广告，即以销售为目的的营利组织(如企业)的广告。根据美国广告协会的解释，广告的目标是认知、理解、说服和行动(awareness, comprehension, conviction, and action)。由于人们对新产品或新观点通常比较陌生，因此要通过广告引起公众对它们的注意和认识，因此，一则好的广告必须新颖独特，引人注目。同时，广告还必须让人理解它要传达的信息，使人们对其中的信息感兴趣或被说服，最终采取某种行动。广告业的发展，对译者的能力有了进一步的要求：译者要对最终的广告形式负责，全球化的发展意味着译者除了翻译和口译能力外，还要具有市场意识，并对各国的法律、文化差异有所了解。上乘的广告语往往具有诗歌的某些特点：立意新颖，语言精练，语调铿锵，形象生动。因此，广告语的翻译往往需要根据译入语的特点作较大变通，以广告语来译广告语，不能死译。

Smith 和 Klein-Braley 强调了广告翻译中涉及的理论和实践问题，指出广告翻译虽然短小，但囊括了翻译过程中可能碰到的所有问题：语用、句法、篇章、符号甚至俏皮话等等。译者需要具备敏锐的文化意识。通过分析广告文本，他们得出了 5 大翻译广告文本的策略：

1) **零改变**：保留所有图形和文本。

2) **出口广告**：保留原始的商标、标志、标语等，继续使用源语文化中能产生正面效果的形象，但也应根据目标语的特点进行一定修正。

3) **直接翻译**：这是在国际市场营销最不宜采用的策略(straight translation)。

4) **改写**：保留原广告的视觉要素，根据需要略微或大量修改原文本(adaptation)。

5) **重写**：保留广告的视觉要素，重写一份新的文本(revision)。

这些翻译策略的采用取决于各种因素，比如目标受众、品牌名称以及涉及的产品等。例如，第一和第二类翻译策略适用于香水或软饮料类等具有品牌号召力的商品，其目标受众往往是年轻人和生意人；第三类翻译策略是在国际市场营销中最不宜采用的策略，因为它无法适应新市场的特定文化需求；第四类改写策略是国际广告商最常见的策略；第五类重写策略仍然存在着不少疑问。

从上面这些例子可以看出，不管用哪种语言，广告语言的特点都是清楚、简洁、好记、句式简单、擅用修辞，给人朗朗上口之感。英语广告写作可概括为一个 KISS 原则：即 Keep it short and sweet。为了缩小与读者的差距，英语广告还经常用疑问句和祈使句创造与读者的亲密感。如：Who else can guide you to a successful meeting? (Holiday Inn

广告）再如：Test us try us fly us.（飞机广告）

在广告语言中，为了吸引读者和观众，往往采用各种幽默、讽刺，各种文字游戏，比喻和谚语的使用也层出不穷。这些常常带有浓重的地方文化特征，在翻译时要特别注意根据译入语的需要进行调整。对于译者来说，关键是要树立"跨文化意识"，绝不能采取呆板的"直译"(mechanical translation)手法来处理广告翻译。同时广告翻译还必须有整体观，要结合广告图片、版式等综合因素考虑。

8.4.2.3 英语帝国

帝国(empire)，一般是指领土辽阔，统治民族众多，拥有持续传统的强大国家。比如我们熟悉的罗马帝国、奥匈帝国、大英帝国等。作为帝国，必然要靠强大的军事和财政力量来控制整个国家，乃至其殖民地。然而，有一个比这些力量更为基础的因素，即使在帝国本身倒台后，仍然有一些根深蒂固的殖民思想，那就是语言所带来的文化积淀。在这里，我们有必要区别两种概念：一是强势语言(dominant language)，即强加于殖民地人民之上的殖民语言，伴随着外来世界观和异国文化观念；另一种是通用语(lingua franca)，基本上是为了沟通需要而相对自主发展起来的交流系统。对于那些刚刚脱离殖民统治获得独立的国家来说，以往的强势语言往往蜕变为通用语或是某种官方语言。与此同时，这些国家的自身语言成为抗击外来文化、表达其独特文化身份的武器。如：印度、南非等国，尽管英语是官方语言，仍有许多本土或当地语言与之共存，彰显着它们作为一种独特文化的象征作用。

自 20 世纪 90 年代以来，英语逐渐成了世界性的通用语，这是前文提到的 McWorld 带来的必然结果。英语在世界范围内已经达到了无处不在的程度，甚至可以说，英语早已从自主发展而来的通用语，重新转变成了一种强势语言。在这个时代，不管什么人，什么机构，也不管他们愿意与否，只要还想做生意，在政治上获得立足之地，就不得不和英语打交道。这就是英语帝国对这个世界的"间接统治"(indirect rule)，而这一点也对翻译产生了深远的影响。

可以说，英语能成为世界语言，应该是源自大英帝国在世界范围内的殖民统治。然而，标准的英国英语早已产生了各种地方或区域性变体(regional and local varieties)，或变成了所谓的“新英语”(New Englishes)。当今英语的流行主要取决于两个原因：①北美(尤其是美国)的科技文化对全球的强大影响力。②其本身的语法和词汇相对简单，容易学，并且语言本身结构比较灵活，是一种开放性的语言。这些特点不仅促进了英语各种区域性变体的发展，也促使了各国人民把英语作为交流的共同语言。

与英语相反的例子是法语。法国政府花了很大力气去维护法语的纯正性、标准性和准确性，但自 20 世纪 90 年代以来法语作为世界通用语的作用却在不断减少。因此有学者称，法语应该承认在语言战争上输给了美国英语，应该向美语学习它的开放性和灵活性。调查表明，全球有 52 个国家把英语作为官方语言，总人口数超过 17 亿。虽然使用汉语的人数差不多是说英语的两倍，但汉语的使用范围比较单一，而把英语作为第二语言或是工作语言的人口数是最多的。同时，全球经济大国也是语言大国，如美国、日本和德国，分别代表了全球三大经济力量，也代表了三大语言。值得注意的是，在所有以英文为母语的人中，有一半在美国。换言之，美国即象征着“英语帝国”(the “Empire of English”)。(Hornby，2006：141)

不过在欧洲，情况又有所不同。众所周知，欧洲国家大小相差不多，地理位置接近，存在着多语种的传统。那些传播面窄的语言是值得自豪的文化身份的象征。在欧洲，以德语为母语的人数是最多的，并且德国也是世界三大经济力量之一。但是在欧洲，语言的问题不仅限于一国的国力或者使用人数的多少那么简单，还有地理政治问题，以及复杂的历史问题等，包括英语与法语之间相互竞争的历史、西班牙语的夸张，以及长期对德语作为统治语言的反抗等。与此同时，欧洲以欧盟之姿，正崛起为世界几大经济共同体之一。法语(历史原因)、英语(出于实用)和德语(尽管很多人有抗拒感)是欧盟通用的工作语言以及主要交流渠道。同时其内部的各种文化、旅游、商业上的交流往来导致了“杂合文本”(hybrid texts)的形成。后殖民时期的杂合文本特指曾受殖民统治的国家或地区的作家创作的文学作品。在这里，杂合文本与后殖民时期的杂合文本概念并不完全相同。这里的杂合文本是经过有意识的翻译产生的，对于目标语文化来说表现出怪异和不寻常的特点：各种不寻常的词汇、句法和风格与目标语的语言习惯产生冲突，且与目标语和目标文化的标准相反。同时，由于工作需要，欧盟内部产生了所谓的欧盟文本(EU texts)，其主要目的是在欧盟内部进行工作沟通，有很清晰的使用需求。由于欧盟是一个多国家的组织，各种目标文化、杂合/混杂文本一起构成了一种超国家文化(suprantional culture)。这种超国家文化影响了欧盟内部三大工作语言，尤其是英文文本的写作。这不禁让人想起早已全球化的“麦当劳语言”：两者都有被简化了的句式和词汇，以及完全的开放性。和后殖民时期的杂合文本一样，这种欧盟文本(或称 Eurojargon，指和欧盟有关的各种术语)融合了各种不同语言的特点，但和当时的后殖民(文学)文本不同，这类文本往往是语言的简化，而不是语言潜力的开发。这类现象也同样存在于其他国际组织内部，例如联合国。联合国的原文本的最大问题是，这些文本往往是由好多母语并非英语的作者写成，因此经常出现各种语言上的缺陷。这些问题表明，英语作为一种“世界性财产”，早已脱离了英语国家的控制。

由于这些原因，90 年代探讨翻译问题时，我们无法忽略这一点：翻译工作的数量急剧增加，尤其是非文学翻译领域，且涉及语言不仅限于英语。除此之外，还有一个值得注意的趋势，即英语出版物和英语会议数量的增长，甚至就翻译学科本身而言也是如此，因为使用一种国际通用语言来降低工作成本以及简化工作流程有重要的经济意义。然而，医学学术会议或物理学术会议等却与翻译学学术会议不同。前者的会议工作语言不能仅限于一种语言(如英语)。但就翻译学而言，语言不仅只是一种中性的交流手段，而且其本身就是所议话题的一部分。这类完全以英语为大会工作语言的翻译学术会议迎合了那些以英语为母语或工作语言的与会者的需求。因此，他们在会上所讨论的基本都是英语文本和英语范例，或是其他外语和英语的对比。而那些工作中不涉及英语的其他学者由于研究领域兴趣点不同，往往不愿意参加此类学术讨论。同时，各类学术杂志只收用英语写作的稿件，因此不管作者本人是否来自英美国家，所讨论的问题往往都和英语有关。这样做的结果使得翻译学本——若从全球英美视角看(viewed from a "global" Anglo-American perspective)——也成了"英语帝国"的一部分。

由此，我们可以得出这样一种判断：英语构成了一个多面体现象。

综上所述，我们可以把英语划分为三大领域：

第一，英语已经国际化。英语作为通用语，人们已经无法考证它的原始文化身份、习语、文化内涵、语法的细微之处等。英语已经简化成一种语言标准，成为不同国家、不同民族间进行交流的渠道，无论它是全球化带来的"麦当劳英语"还是通行多语的欧洲大陆的"欧洲官方语(言)"[22]。任何一个职业译者，要想在今天的国际化市场竞争下生存，必须对作为通用语的英文有所了解。

第二，语言内部仍然存在着丰富的地方文化性，并拥有巨大的文学潜力。不管是"标准"语言形式还是各种区域性变体，各种习语、比喻和文化典故都表达了使用者的某种特殊文化身份。在对话口译领域(如社区口译)中我们已经提及语言的"区域形态"(regional form)，而这种"区域形态"总体上对涉及跨文化交流的翻译行为来说也是同等重要的。

第三，我们曾经在谈论后殖民主义文学时提到各类文学杂合文本。受殖民主义的影响，这些作品在语言上与传统的民族语言有别，但也与宗主国的语言有所区别，形成具有独特风格的"杂合文本"，也称后殖民文本(postcolonial text)。这些文本在语言和文化都上呈现出一种"夹心"(in-between)的特点。这种语言现象逐渐地巩固着自己在语言界的一席之地，也是对"英语帝国"的一种反击。

22 "欧洲官方语(言)"即 Eurospeak，完整的意思是欧洲共同市场官员使用的官方语言。

8.4.3 韦努蒂的异化新范式

该小标题的原文是："Venuti's foreignization: a new paradigm?" 译得完整些则是："韦努蒂的异化翻译：一种新的范式？"

20 世纪 90 年代以来，由于英语在全世界范围内的强势扩张，在文学翻译中关于归化、异化的问题重新被提了出来。劳伦斯·韦努蒂(Lawrence Venuti)把施莱尔马赫的二分法作为中心问题，作出了这样的结论：归化译法(domesticating method)，是源语(译入语)的民族优越感相对于目标语文化价值的妥协(ethnocentric reduction)，是按照目标语言文化价值观对原文进行民族中心主义式的分解(ethnocentric reduction)，即"把作者带回国"；而异化译法(foreignizing method)受到源语(译入语)文化价值观的民族偏离主义压力(ethnodeviant pressure)，有让读者体验异域风情的作用，对目标语言文化价值观施加"反民族中心主义的压力"，即"把读者送出国"。

现在，归化(demesticating)和异化(foreignizing)已经成了英语翻译学界的标准术语。但是，尽管施莱尔马赫个人倾向于采用偏异化的方法，他并没有表明这种方法在今天会演变成"反民族中心主义的压力"的价值观念以对抗"民族中心主义式的分解"。韦努蒂建议在那些"咄咄逼人的"、归化翻译盛行的单语文化(如英美文化等)中采用异化式翻译，可以对当今国际事务进行策略性的文化干预，挑战霸权主义的英语国家和不平等的文化交流现象。同时，用英语进行异化翻译还可以成为抵制民族中心主义、种族主义、文化自恋和文化帝国主义的一种形式。他的观点比较极端，认为一切归化翻译都是对源语文化的暴力。

韦努蒂的观点自然有其自身的理由。他认为，英美国家的文学翻译工作者面临着诸如版权和收入问题等，地位并不尽如人意。流畅的归化式翻译掩盖了译者的辛勤劳动，使译者遭受"隐形"的不公正待遇，同时也掩盖了文化之间的差异和原作的历史感，将主流文化的当代价值观强加给原作。由于归化式翻译追求的文体效果是译文读起来不像译文，因此容易让读者误以为受到目标语主流文化和语言价值观影响的译文就是原文的原貌，从而使读者在文化他者(cultural otherness)中获得认同本土文化的自恋体验。因此，他极力呼吁译者的显形，呼吁采用陈旧的术语和独特的词语顺序来保存原文的“外来特性”，而不管这种方法是否能达到预期的效果。可想而知，自韦努蒂的著作在1995年出版以来，英语翻译界掀起了一场激烈的关于归化与异化的争论。然而，在目标语非英语或者目标文化不属于英美文化时，韦努蒂的理论受到了更多的质疑。韦努蒂的理论看似新颖，其实也是来自施莱尔马赫，“旧瓶装新酒”而已，只是时代背景换成了当代英语霸权文化之下。应该承认，在反抗英语霸权、提升译者地位方面，韦努蒂显然是正当的。但是，解决这些问题并不仅仅限于采用异化翻译策略。在今天，为了更好地进行跨文化交流，施莱尔马赫为了帮学者们解决古典时代作品的翻译问题而提出的翻译准则，在今天这个时代还远远不够(simply inadequate)。

霍恩比特地引用了皮姆(Anthony Pym)对韦努蒂的评论，认为韦努蒂的观点、论据具有选择性、偏向性，并具有高度的色彩化，也不符合翻译历史。而且，异化翻译也不足以形成一种新的范式，从而解决英语霸权带来的所有翻译问题。

在这里我们可以参考一个典型的例子。我们知道，金庸先生被英国剑桥大学授予荣誉文学博士学位。尽管这个提名经中外学者推荐，剑桥大学教授会同意，但按照该校规定，学校数万名博士、硕士中只要有8人反对，推荐则无效。实际情况是，2005年4月2日，剑桥大学教授会全票通过了有关金庸的提名推荐。金先生荣获博士学位固然有诸多因素，但《鹿鼎记》可谓是一个比较直接的原因。剑桥大学的英国学者们是读了中文版的《鹿鼎记》等武侠小说吗？当然不是，他们读的是英文版的《鹿鼎记》。据报载，剑桥常务副校长艾丽森・理查德女士读后，赞叹不已，亲自出任名誉文学博士学位推荐委员会主席，向剑桥教授会提名推荐金庸。在向金庸先生祝贺的同时，我们还不得不佩服《鹿鼎记》的主要译者，他就是大名鼎鼎的《红楼梦》译者霍克斯教授的女婿、翻译教授闵福德(John Minford)先生：整部三卷本的英文版，近2000页，花去译者10余年的工夫！他对原文小说中语言、文化信息的总体把握高屋建瓴，具体处理起来独具匠心；文化内涵，集中体现；遣词造句，得心应手；分合增删，游刃有余……整部译作，展现了“异样”的中国文化，可谓“风景这边独好”。但是，展现“武侠美景”的整体思路、跨文化策略、翻译方法及技巧等，大致可用“归化”二字来概括，特别是对（专有）名词的处理格外形神兼备，“归化”之至。比如，小宝叫 Trinket，丽春院是 Vernal Delights，青木堂堂主是 Grand Master of the Green Wood Lodge。如果当时译者采用了“异化”的翻译方法，结果也许就是两样了。（参照陈刚，2006）

综观各种翻译案例（比如大部头的著作翻译），其结果是：这些译文均超越对译文语言的简单“异化”（...certainly go beyond merely “foreignizing” the language of the translation）。（参见 Hornby，2006：147-148）

8.5 世纪交替与学科现状

今天，在 21 世纪回顾 20 世纪 90 年代的翻译研究，我们会发现以前遭到忽视的领域获得了更密切的关注，如翻译史、口译、戏剧翻译、影视翻译，以及儿童文学翻译等。翻译研究的许多方面已经成为新的研究领域，比如幽默、文字游戏/俏皮话（wordplay）或文化典故等与特定文化有关的方面。学科内的空白一一发现，并产生了一系列先锋研究，如歌剧翻译研究，以及在各个领域崭露头角的对话口译研究。同时，对于翻译和口译人才的培训，以及为适应时代需求发展新的课程训练等也是当代学科研究的兴趣点所在。在 20 世纪末的最后 10 年里，各种学习手册、参考书目、百科全书以及各类学术杂志层出不穷。同时，还成立了如欧洲翻译研究协会（European Society for Translation Studies，简称 EST）等组织机构。

翻译学在 20 世纪后半期的发展和相邻学科的发展息息相关。其中最明显的例子就是认知科学（cognitive science）：最初是与行为主义相对立而产生的；而后采用了计算一表征认知理论(computational-representational understanding of the mind，简称 CRUM)，该理论在认知科学的地位，一如乔姆斯基的转换生成语法在语言学的地位一样重要；而后，作为对这个理论的反叛，产生了第三种方法，平行分布处理理论(parallel distributed processing)或联结主义(connectionism)，强调熟悉的场景对大脑进行联想思维的唤起作用；第四个方法产生于 80 年代，称为情境认知或嵌入式认知(situated or embedded cognition)，该方法被认为和同时期的翻译学有着相似的定位。随后在 90 年代，这两个学科之间的互动不断发展。20 世纪末两个学科的发展趋势是从学科区分走向学科合作；从僵化的理论形态走向现实生活经验。

8.5.1 U 字形转向回到起点？

该小标题中的“U 字形转向”更为准确但啰唆的译文是：“多次 180 度的大转向/转变”(the U-turns)。然而，翻译学经历了多重转向后，还会或还应重新回到起点(square one)吗？

勒弗维尔曾说过，翻译学和许多新兴学科一样，一直都为几个自娘胎里带出来的毛病头疼不已。第一个毛病，总是老调重弹，重复别人说过的话(reinventing the wheel)；第二个毛病，不读他人的著作，还狭隘保守(insularity)，闭门造车；第三个毛病，不了解自己的历史(ignoring its own history)。一个可悲的事实是：最多适合 30 年前学术气候的书籍在今天仍然继续出版。目的论的建立者弗米尔也曾说，现在翻译学界的出版物很多，但大多无甚新意，甚至会让人产生现代翻译学又重新回到古老传统的感觉。这也许是因为大部分翻译理论家和实践家没有时间去精心研究市面上所有关于翻译的著作。说不定，正是当今社会的这种交流途径阻碍了对创新思想的了解。你得读 100 本著作，才能知道哪一个是其中能让你有所收获的那百分之一。

弗米尔关于翻译学回归传统的感叹并不是危言耸听。这些话在 2001 年的欧洲翻译研究协会第三次大会结束时得到了验证。发言主题又出现了回归语言学的趋势，并开始重新讨论“对等”(equivalence)

概念，或是重复介绍一些典型语义学内容。而这些早在 20 世纪 80 年代就已经进行过广泛的讨论了。同时，即便是计算机语料库也可以看成是借助了语言学的力量。此外，早在 70 年代就已被乔治·斯坦纳解析过的“翻译普遍性”/“翻译的普遍特征”(translation universals)，又开始在学术界出现。所有这一切，都似乎说明好不容易从语言学的束缚中解放出来的翻译学又开始退回其中了。那么，这种“回归语言学”的直接原因是什么呢？

其中一个原因应该是学术界的传统，即仍旧把翻译(translation)看做是语言文学系的一部分(很多时候就等于是英语系)，因此必然受其分支的影响(如语言学和文学)。德国功能派理论成功地克服了传统思维模式，然而翻译界却逐渐分裂为英语阵营以及其他语种阵营(如德语)。最令人震惊的是那些主张“回归语言学”的英语阵营中的大部分人都忽视或误解了功能派理论，同时也忽视了该理论作为翻译学内部一门独立学科的潜力。一些学者根本没有真正读过功能派理论者的原著，只是从其他批评家那里看到一些评论(很多时候是错误的解读)，就开始对目的论大加批判。此外，目的论受到忽视的一大原因是翻译学领域一直以来占主导地位的两大派别的区分：一派以广义上的语言学为基础，致力于建构和发展经验性质的翻译学科的“语言学导向学派”(linguistically oriented school)；另一派则从历史的角度通过描写的方式来研究翻译问题，即“历史-描述学派”(historical-descriptive group)。而这两派关于“对等”概念的讨论是最为激烈的。因此，不属于这两大派别的目的论和其他一些翻译研究方法如过程导向研究(process-oriented approach)、解构主义翻译法(deconstructionist approaches)等都受到了或多或少的忽视。主张“回归语言学”的学者强调“对等”的重要性，认为目的论把对等这一概念归属于次要地位，因此对它进行了批判。然而我们应该知道，对等这一概念已经经过了长达 20 多年的激烈讨论，并最终被学界内许多学派抛弃，因此如果现在把这一概念重新拿出来讨论，那么我们要做的应该是关注反对的声音并力求去驳斥这些观点，而不是像现在这样对所有持批判态度的观点充耳不闻。

同时，我们也要对关于“原型”(prototype)的讨论进行批判。原型一直是一个既熟悉且富有成效的概念，最初产生于心理学和语言学领域，后引入翻译研究。可是在 Halverson 的文章中，她彻底忽视了许多关于原型理论的几个决定性的研究贡献，其中包括菲尔莫(Fillmore)的理论。这正是勒弗维尔所说的“娘胎里带出来的毛病”的绝好体现：老调重弹，不读他人的著作。当然，我们也应同意弗米尔的说法，出版著作太多以至来不及读。但是我们对于在翻译学界具有创新性、开创性和影响性的重大理论贡献，显然应该有更充分的了解。

学术界“回归语言学”的第二个原因，在于 20 世纪 90 年代以来的全球化导致的英语“霸权主义”。各种用英语发表的学术交流和出版物与日俱增，这已经影响到了翻译研究的内容。由于英语成为毋庸置疑的交流方式，用英语写作的理论和出版物也随之成了讨论的重点。由于这些理论往往和(比较)文学或语言学有关，因此“对等”概念和语料库成为这类理论关注的重点。相对地，即使其他理论方法采用英语论述，人们也只愿意读其中和上述理论不冲突的部分。

学术界“回归语言学”的另一大原因，也许在于理论界一直争论不休的问题：翻译研究的对象是什么？或翻译究竟是什么？“翻译本身”或“翻译本体”(translation proper)这个概念经过几个世纪的演变已经发生了变化(比如从 18 世纪施莱尔马赫论翻译开始)。20 世纪 60 年代，翻译被看做在语言学层面上的操作，因此翻译应该是产生和源语文本完全对等的目标语文本，即把文本看成是包括一系列呈线性分布的句子组成的，而翻译就是对此的再现。在这里，科勒(Koller)把对等定义为一种标准化的定性概念。随后，对等被认为是一个相对的概念，由各种因素决定，既受译者本身的翻译观影响，也受翻译目的的影响。

还有一个争论焦点是翻译和改写(adaptation)的区别，特别是戏剧翻译。巴斯内特早在 80 年代就认为这只是个“转移注意力”的话题而对它不予理睬。如果我们接受图里的定义，即只要人们认同是翻译的就可以称之为翻译，这个问题其实很好解决。或者我们也可以采纳赖斯关于翻译的 5 种基本类型，即逐行翻译(interlinear)、语法翻译/直译(grammar translation)、文献型翻译(documentary translation，即纽马克的语义翻译)、工具型翻译(instrumental translation，即纽马克的交际翻译)以及改译(modifying/adapting translation)。最后一种翻译类型包括字幕翻译、配音、戏剧翻译、软件本地化、广告翻译、面向大众的专业文献翻译等。这些显然都是超越对等概念的。

此外，还有关于语言学和翻译的关系问题。霍恩比特别指出了语料库语言学和翻译之间的密切关系。前面提到，由于 80 年代建立庞大的双语语料库的工程耗资巨大，因此没有得以实现。现在由于因特网上有无数的信息资源和技术支持，这些问题显得有些无关紧要，我们可以利用计算机对大量语料取样、储存、分类和统计分析。计算机语料库容量大、资料可信度强、信息提取快而准，可以从多方面、多层次描述语言并且验证各种语言理论和假设，甚至建立新的语言模式和语言观。语料库语言学对机器翻译的发展起了极其重要的作用，使机器翻译成为当今语言产业中不可或缺的科技力量，进入初步的使用阶段，广泛应用于天气预报、文献加工与检索、通信以及与工农业有关的领域。90 年代中期开始，已经建立翻译语料库对翻译进行专门研究。必须指出的是：由于机器翻译的目标更为现实，手段更为多样，机器翻译已经逐渐发展成一项越来越脱离翻译研究领域的技术。

然而有一个问题却令人无法忽视，即到底什么是“翻译文本”(translated text)，或者换句话说，在今天这个充满杂合和全球化的时代，什么是“非翻译语言”(non-translated language)。在某些特定场合，这个问题显得很清楚。比如，一个母语为英语的单语国家的人写了一篇英语文本，然后让别人把这个文本翻译成法语。那么显然，法语文本就是“翻译文本”，而源语文本(即英语文本)就是“非翻译(过的)语言”文本。但是在很多时候我们无法做如此清晰的判断。比如，如何判断像《午夜的孩子》(*Midnight's Children*[23])这样的后殖民杂合文本？或者一篇联合国文本，在法语材料的基础上描写关于摩洛哥的问题，但同时

23 该小说出版于 1981 年，作者拉什迪(Salman Rushdie)，描写印度从英国殖民地转向独立的过程，被誉为典型的后殖民文学作品之一，并获 1981 年英国“布克奖”。

该文本本身又将作为一个源语文本？还有网络上泛滥成灾的英语文本，看起来都是英文，其中却充满着各种来自他国文化习惯的干扰？在这里，上文中图里对翻译的定义显然已经不能满足实际需求了。另一个与对比多语语料库有关的问题是“词”(word)这一概念本身，尤其是在处理关于词频率或文本长度的时候。因为对于到底什么是“词”，不同的语言系统有不同的理解。所有这些问题，在我们提出类似“翻译普遍性/特征”的术语时，都必须慎重地考虑。最近的翻译会议上，生成语法的观点又被提出来。尽管具体名称术语可能有所改变，但都把语言学数据和文化背景剥离开来。关于“规则/规范”(rules/norms)的讨论成为中心，并在英语文献的基础上致力于各种普遍性的研究。还有一点，现在的学术界逐渐呈现出一种以男性为主导的倾向。

8.5.2 新范式还是视角转换

霍姆斯是现代翻译学科的第一人。他创立了各种适当的术语，构建了学科理论框架，使得翻译学作为一门独立学科而存在。其缺点是忽视了口译，且片面强调文学翻译。根据库恩(Kuhn)和弗米尔的观点，在过去的30年里，译学的哪些理论可以被视为学科发展过程中的范式转变或里程碑，并真正为该领域的知识进步作出了贡献？这并不代表一锤定音的结论，而是把他们的理论看做一种精神食粮，并为今后可能出现的争论提供素材。20世纪80年代出现了很多互相独立但有很多共性的学派，产生了很多面向新视角的飞跃。比如“操纵学派”(Manipulation School)，在多元系统的基础上建立了文学翻译的新范式，创立了描述翻译学派。同时，德国产生了两种创新的功能派方法，一种是我们熟知的目的论(the *skopos theory*)，另一种是翻译行为理论(theory of translatorial action)。以上这些理论都反对强调与源语文本对等的概念，注重目标文化功能的研究，但在概念表述和原则上各有不同。两种功能派理论都在是否适合文学翻译的问题上受到过质疑。随后，功能派提出的各种新概念和模式/写型为其在文学翻译领域的运用开创了新的视角。不仅如此，描述翻译学派在文学翻译领域引领了“文化转向”(cultural turn)。因此，描述翻译学派和功能翻译学派不应被看做是独立的观点，而应视为互补的理论存在。

进入 90 年代后，最突出的应该是口译学作为跨学科翻译学(比如与神经生理学、心理学和社会学合作)的一门平行学科的发展。口译学有自己独特的研究领域(如媒体或社区口译)、独特的理论和研究方法(以实证研究为主)。有一些曾经的翻译学“信徒”(“disciples” of Translation Studies)转变为口译研究的先行者，如 Shlesinger 和 Pochhacker 等。在这个领域，无论是霍姆斯，还是描述翻译学派和解构学派，都无法起到更多的作用。然而，翻译学中有一种理论方法对会议传译和法庭口译等口译领域有相当大的作用，即翻译行为理论。该理论对于超越语言层面的翻译研究(如歌剧翻译)或专业领域/具独特背景的翻译(如行业翻译)也很有帮助。总之，翻译行为理论是应用面极广的翻译方法，理应获得更多的关注。导致其受到忽视的原因我们不难想象：该理论是用德文写作的，而且艰涩难懂，即使是母语读者看起来也很吃力。与之相反的例子要属有声思维模式(TAPs)。该理论同样起源于德国，而且实际上应用范围比翻译行为理论窄得多，但由于该理论是由英文出版且在英语界获得了广泛的讨论，因此广为人知。90 年代在翻译学其他领域也产生了许多创新思想。一大原因是巴斯内特和勒弗维尔倡导的“文化转向”，鼓励了许多后殖民主义翻译和女权主义翻译，关注重点是翻译中的权力问题(power)。同样，图里关于“规范”(norms)的概念和切斯特曼提出的“模因”(meme)概念结合在一起，揭示了关于道德规范的重大问题。此外，各种新的概念、对文本概念的新的研究方法，以及作者和读者的关系问题等因素给诸如阐释学(hermeneutics)这样的传统领域注入了新的活力。所有这些理论都为翻译学的发展作出了贡献，至于这些理论到底是新的范式还是视角的变换，翻译界学者和读者自有自己的判断。

8.5.3 “翻译转向”要对话不要对抗

当代的学术界已经脱离当年单一教条主义统治的状态，向着充满多元化的语言和文化的全球化的模式发展，因此当今最重要的任务就是民族和文化之间的对话，以及也在不断地发展的跨学科研究。

传统文学研究认为，文本自身应具有某种内在的共同价值，因此能够经受时间长河的洗礼。荷马和莎士比亚被认为是世界性的作家，他们的作品也成了固定的经典，世代被学者和信徒景仰。从多元系统理论开始，人们对文本的观点发生了变化。任何文本，不管是莎士比亚的、荷马的，还是泰戈尔的，并不仅仅就那样理所应当地存在着，而应该和它当时所处的环境息息相关。正如巴斯内特总结的那样，对同一文本的不同翻译进行对比，可以揭露所谓"世界性的伟大"的荒谬之处。

如果扩展到口译和非文学性翻译领域，我们可以认为翻译学揭示了崭新的观点，其他学科也可以从中受益。现在，翻译学所关心的不仅是关于语言、物体或文化的研究，更是不同文化之间的交流。它所包含的内容之广，不是把以上种种因素简单相加就可以概括的。现在仍未被充分认识的一点是关于翻译是否能为更好的交流提供帮助。对于翻译来说，它的主要目的就是构建不同文化间的对话，而非对抗。为了理解原文本，译者必须仔细地揣摩文本的真正含义，在创造目标文本的时候，他/她必须以符合目标文化的方式把信息传达给目标读者。而如果翻译作为一种交流活动失败的话，结果将变得多么可怕啊。以在伊拉克发生的军事冲突为例：当美军胜利后，许多美国士兵到处搜查私人住宅寻找杀伤性武器以及可疑人物。一名伊拉克高层人士向记者述说了当时美军搜查他家的情形。当时，他的府邸被翻得一片狼藉，大门和家具都被破坏殆尽。最后当士兵们一无所获准备离开时，他们把随身武器放下，对他说了句"Shukran djashilan"（士兵们曾被告知这句话在阿拉伯语里的意思是"非常感谢"）后扬长而去。这句话在阿拉伯人听来，意味着刻薄的冷嘲热讽，这种隐藏在"谢谢"意思之后的侮辱让这位名流怒不可遏。但是那些士兵可能并不是真的想要行使"感谢"这种言语行为(speech act)。因为在英语中，在这类军事行为后说"非常感谢"仅仅传达了一种"好了，没事了，就这样吧"(Well, that's it)的含义，并没有任何感激的意图。正如这个例子显示的那样，当时如果军事人员能够在跨语言和跨文化交流方面获得和学习使用高科技武器一样系统的培训的话，那么伊拉克人民对美军的反感心理可能会减少许多。这个例子告诉我们，仅仅把字词进行代码转换式翻译是不够的，翻译必须用一种使目标受众理解并且容易接受的方式传达信息。

历史上这种类似的例子更是屡见不鲜，而这些往往都伴随着灾难性的后果。比较典型的例子是 1792 年英国特使马嘎尔尼爵士(Lord Macartney)与乾隆皇帝的会面。当时马嘎尔尼意图就扩大对华贸易及发展与中国关系开展谈判。由于英国自认为是全球最强大的国家，马嘎尔尼爵士对此行的成功极其自信。但事实上，这次会面彻底失败了。中国拥有 3 亿人口，占当时世界人口的三分之一，乾隆皇帝认为中国是普天之下唯一的文明国家，因此把英国的来访只当做是一个小国特使的进贡，驳回了马嘎尔尼所有的要求。而最大的症结在于，马嘎尔尼拒绝向乾隆磕头下跪(清朝这种仪式要求前额磕地 9 次)，只肯按照谒见英皇陛下行单腿下跪的礼节拜见，因此在中国人眼中，英国人是粗鲁和顽固的野蛮人。在这里，磕头这一问题体现了文化间的交流失误：双方都坚持自己的符号标记(磕头 vs.单膝下跪)，拒绝妥协。双方都没有设法让对方明白这样做的理由。身势语的交流尚且失误至此，言语交流就更不必说了。由于语言不通，皇帝和特使之间的交流非常不便。当时充任翻译的是一个中国的牧师，不懂英文，但懂相当的拉丁语。在场的 700 名英国人中，只有一位 12 岁的随从(多马)斯当东或小斯当东(Thomas Staunton，后成为一名汉学家；其父老斯当东当时作为英国特使马嘎尔尼的副使出使中国)略懂一些中文。这个孩子对皇帝所说的几句中文是整个觐见过程中言语跨文化交际的唯一成就。另外，当时的英国使节带给了中国皇帝大量珍贵的礼物，其中包括天体运行仪，英国天文学家赫歇尔(William Herschel)制造的天文望远镜、地球仪、计时器、榴弹炮、毛瑟枪和连珠枪，一艘当时英国最先进、装备有 110 门重炮的军舰模型。而当时的翻译虽然是个出色的钟表制造者，但对于航海用具一窍不通，因此在向皇帝描述这些精巧的礼物时不免词穷。再加上皇帝本身对于船只也是一无所知，他对于礼物的兴致很快就烟消云散了，认为这些不过是些西方人做的不值一提的装饰品，随后就弃之一旁。半个世纪后，当中国皇帝的宫殿遭到外国军队洗劫的时候，这些礼物仍旧没有任何被把玩过的迹象。

从今天的角度来看上面两个例子，我们可以得出以下结论：为了进行良好的跨文化交流，首先，必须有经过职业培训，且具备相关专业知识的懂双语和双方文化的翻译人员，能根据不同翻译对象选择合适的翻译方式；其次，交流双方必须都愿意承认世界观(world-view)的相对性，尊重对方的文化差异，这一点是处理当代国际营销和国际公共关系中最重要的一点。我们知道，马嘎尔尼那次出使中国并不成功，由此导致中英关系随后的一系列变化，后面的历史我们都很清楚了：19 世纪英国用鸦片战争强行打开中国的大门，中国从此走向战争深渊；同时，英国还统治了东南亚。而后是 20 世纪“不同世界之间空前的冲突”(unparalleled clash of worlds)。这正是整个 20 世纪的文化冲突和语言冲突的悲剧：制造了战争，而非对话。我们可以设想，假如马嘎尔尼出使中国时有合适的翻译，英国使者和中国皇帝都能相互尊重对方的文化差异，那么历史很可能就会改写了。再回头想想巴伯所说的“圣战”以及“麦当劳世界”之间的分歧，也正是不同文化之间相互对抗的结果。在这个时代，翻译学，除了在学术领域继续发展外，还肩负着连接世界文化的任务。不同语言、不同文化之间，所需要的不是对抗，而是对话。

8.6 翻译研究的未来视角/转向

翻译学已经经历了不少转向，比如“语言学转向”、“语用转向”、“文化转向”、“实证转向”、“科技转向”、“全球化转向”、“翻译转向”等。当然，还有有待形成的“道德转向”。霍恩比在《翻译学的多重转向》最后着重谈了翻译学未来发展的研究视角。

1) 历史视角。不论翻译有这样那样的缺点和不足，它现在是，还仍将是这整个世界事务中最重要、最值得关注的事。这是 1872 年 7 月 20 日年迈的歌德写给苏格兰作家、历史学家卡莱尔(Thomas Carlyle)信中的一句话。从宽广的历史视角看，歌德的信念——既对全世界译者的角色，也对学者和译者的贡献——在今天看来依然是正确的。

2) 意识形态视角。华人学者 Matthew Wing-Kwong Leung 认为翻译学会出现“意识形态转向”(ideological turn)。这与“帝国之眼”一小节中讨论的问题有直接的联系。

3) 社会学视角。迈克拉·沃尔夫(Michaela Wolf)于 1999 年提出“翻译社会学”(translation sociology)的概念。在其 2005 年的最新研究中，沃尔夫发现当今翻译研究正走进行“社会学转向”(sociological turn)。无论如何，翻译社会学是除纯语言学研究外的另一受人欢迎的研究选择，对未来研究的发展有重要作用。同时该学科也紧密联系了道德问题，它不仅把翻译道德看成是译者的职责，也把其看做译者在社会上的身份和角色。

歌德曾经说，德语是一门世界性的语言，在国际交流中起了重大作用。当今世界显然和歌德所处的 19 世纪有很大不同，我们现在说的“民族”也和当时的社会定义不同。但在他的信念中，关于译者的角色和学者/译者们对翻译学的贡献在今天看来仍然是正确的。

当今世界，英语成了世界语言。与此同时，也产生了各种问题：

第一，译者过多学习目标语的语言和文化，结果忽视了母语。这在中国非常典型。各种英语等级考试开展得如火如荼，学生的汉语水平却一直在下降，错字连篇，语言漏洞百出。

第二，英语成为学术会议和学术杂志的固定用语。翻译学可能会因此而重新回到“英语系”的时代，从而再度受到语言学和比较文学的束缚。

第三，翻译的源语言问题。过多学派和过多术语会使人混乱和误解，要尽量使用精确无误、不会造成误解的术语定义(即在学科内部使用或采纳一种以文化为基础的兼容性更强的话语体系)。

第四，应尽快改变译者和翻译学本身的地位。这里的关键不在于召开会议和出版物的数量，而在于创新以及和社会的关联程度。

第五，在媒体如此发达的今天，仍然有大量信息无法有效传达。

这也是翻译工作的重要性和复杂性所在。

第六，为了避免译界的重复创作、闭门造车，应该把“翻译学历史”作为每个译者的必读知识。

第七，为使翻译学在学术界之外也能无障碍地流传，语言应该易于理解，减少术语和行话的使用。

要续写翻译学的成功故事，要让全球了解翻译学，我们可谓任重道远。过去，我们的译者和学者因自身的语言风格问题，难以使读者以愉悦的心态来评判/价(judge with enjoyment)自己的作品。歌德时代(即欧洲翻译的巅峰时代，译者被尊为卓越的文学家)的特点是“翻译之愉悦”(pleasure in translating)，这对翻译学的未来发展可能是一个积极的征兆。换言之，将来，如果我们的译者、翻译学者能使读者以评判/价的心态来欣赏(enjoy with judgment)我们的作品，那才是翻译学科真正的、当之无愧的愉悦！

【思考题】

1. 本章涉及几种翻译学的转向[PT]？
2. 从历史和发展的角度看，这几种转向对翻译学分别产生了什么意义[PT]？
3. 你本人认为哪一/几种转向最为重要[PT]？
4. 翻译学为什么是一门 interdiscipline[PT]？
5. 翻译学应该包括口译学吗[PT]？
6. 口译学/研究为什么应该或不应该成为一门独立的学科[PT]+[AT]？
7. 你对哪个历史年代的翻译研究特别感兴趣？为什么[PT]？
8. 写一篇有关某一转向的笔译实践研究(小)论文[AT]。
9. 写一篇有关某一转向的口译实践研究(小)论文[AT]。
10. 你认为翻译学的未来应如何发展？有什么新的视角和转向[PT]？

参考文献

(An incomplete list)

1. 埃斯卡皮·罗勃特. 文学社会学[M]. 王美华，于沛，译. 合肥：安徽文艺出版社，1987.
2. 奥格威·大卫. 奥格威谈广告[M]. 曾晶，译. 北京：机械工业出版社，2003.
3. 鲍刚. 口译理论概述[M]. 北京：旅游教育出版社，1998.
4. 鲍刚. 口译理论概述[M]. 北京：中国对外翻译出版公司，2005.
5. 卞建华. 对林语堂“文化变译”的再思考[J]. 上海翻译，2005(1).
6. 蔡小红. 交替传译过程及能力发展——中国法语译员及学生的交替传译活动实证研究[J]. 现代外语，2001(3).
7. 蔡小红. 以跨学科的视野拓展口译研究[J]. 中国翻译，2001(2).
8. 陈福康. 中国译学理论史稿(修订本)[M]. 上海：上海外语教育出版社，2000.
9. 陈大亮. 翻译研究：从主体性向主体间性转向[J]. 中国翻译，2005(2).
10. 陈刚. 译文词序及习惯用法[N]. 钱江晚报，2003-07-09(27).
11. 陈刚. 旅游翻译与涉外导游(国家重点图书版)[M]. 北京：中国对外翻译出版公司，2004/2006.
12. 陈刚. 翻译观与翻译实践应是统一的[J]. 外语与外语教学，2005(8).
13. 陈刚，喻旭燕. 成为乔丹——我的自传[Z]. 哈尔滨：哈尔滨出版社，2006.
14. 陈刚. 归化翻译与文化认同[J]. 外语与外语教学，2006(12).
15. 陈刚. 旅游翻译与涉外导游(原创版)[M]. 北京：中国对外翻译出版公司，2008/2010.
16. 陈刚. 应用翻译研究应是基于实践的研究[J]. 上海翻译，2008(4).
17. 陈刚. 旅游英汉互译教程[M]. 上海：上海外语教育出版社，2009.
18. 陈刚. 旅游英语导译教程[M]. 上海：上海外语教育出版社，2010.
19. 陈宏薇. 难忘的历程——红楼梦英译事业的描写性研究[J]. 中国翻译，2003(5).

20. 陈琳，张春柏. 文学翻译审美的陌生化性[J]. 清华大学学报，2006(6).
21. 陈文伯. 简明英文谚语习语词典[Z]. 北京：世界知识出版社，2005.
22. 陈原. 语言与人[M]. 北京：商务印书馆，2003.
23. 陈原. 在语词的密林里　重返语词的密林[M]. 北京：生活·读书·新知三联书店，2005.
24. 陈志杰. 动态的读者反映论对翻译的指导意义[J]. 四川外语学院学报，2001(2).
25. 程永生. 描写交际翻译学[M]. 合肥：安徽大学出版社，2001.
26. 方梦之. 译学辞典[Z]. 上海：上海外语教育出版社，2004.
27. 董明. 文学翻译中的创造性叛逆[J]. 外语与外语教学，2003(8).
28. 丁金国. 语体风格问题的思考[J]. 烟台大学学报(哲学社会科学版)，2000(1).
29. 丁金国. 语体风格的发生学研究[J]. 烟台大学学报(哲学社会科学版)，2003(1).
30. 丁言仁. 语篇分析(*Discourse Analysis*)[M]. 南京：南京师范大学出版社，2004.
31. 范文美. 隐含信息的处理——鲁迅小说《狂人日记》译例[A]. 黎翠珍. 翻译评赏[C]. 北京：中国青年出版社，2004.
32. 方珊，等译. 俄国形式主义文论选[C]. 北京：生活·读书·新知三联书店，1989.
33. 冯志伟. 机器翻译研究[M]. 北京：中国对外翻译出版公司，2004.
34. 傅勇林. 翻译规范与文化限制：图里对传统语言学与文学藩篱的超越[J]. 外语研究，2001(1).
35. 韩江洪. 切斯特曼翻译规范论介绍[J]. 外语研究，2004(2).
36. 高芳. 语体与遣词[J]. 外语教学，2003(5).
37. 高永晨. 跨文化交际语境中的文化自觉[J]. 苏州大学学报(哲学社会科学版)，2003(4).
38. 桂诗春. 新编心理语言学[J]. 上海：上海外语教育出版社，2000.
39. 桂诗春. Notes on Psycholinguistics[C]. 课堂笔记，2002.
40. 郭建中. 当代美国翻译理论[M]. 武汉：湖北教育出版社，2000.
41. 哈特·迈克尔. 历史上最有影响的 100 人[Z]. 苏世军，周宇，译. 武汉：湖北教育出版社，1990.
42. 侯维瑞. 英语语体[M]. 上海：上海外语教育出版社，1996.

43. 胡安江. 论读者角色对翻译行为的操纵与影响[J]. 语言与翻译，2003(2).
44. 胡德香. 中英风格的翻译及评价标准[J]. 天津外国语学院学报，2004(5).
45. 胡曙中. 英汉修辞比较研究[M]. 上海：上海外语教育出版社，1993.
46. 胡文仲. 跨文化交际学概论[M]. 北京：外语教学与研究出版社，1999.
47. 胡壮麟. 语篇的衔接与连贯[M]. 上海：上海外语教育出版社，1994.
48. 胡壮麟，刘世生. 文体学研究在中国的进展[J]. 山东师大外国语学院学报，2000(3).
49. 胡壮麟. 理论文体学[M]. 北京：外语教学与研究出版社，2000.
50. 黄国文. 语篇分析的理论与实践——广告语篇研究[M]. 上海：上海外语教育出版社，2001.
51. 黄国文. 翻译研究的功能语言学途径[J]. 中国翻译，2004(5).
52. 伽达默尔，汉斯-格奥尔格. 真理与方法[M]. 洪汉鼎，译. 上海：上海译文出版社，1999.
53. 贾玉新. 跨文化交际学[M]. 上海：上海外语教育出版社，1997.
54. 蒋童. 中国传统译论的分期与分类[J]. 中国翻译，1999(6).
55. 金元浦. 接受反映文论[M]. 济南：山东教育出版社，1998.
56. 居祖纯. 高级汉英语篇翻译[M]. 北京：清华大学出版社，2000.
57. 柯平. 对比语言学(*Contrastive Linguistics*)[M]. 南京：南京师范大学出版社，2004.
58. 寇鹏程. 论接受美学的根本局限[J]. 深圳大学学报，1999(3).
59. 黎难秋. 中国口译史[M]. 青岛：青岛出版社，2002.
60. 兰凤利. 黄帝内经素问翻译实例分析[J]. 中国翻译，2004(7).
61. 蓝红军. 文化杂合：文学翻译的第三条道路[J]. 江苏科技大学学报，2006(3).
62. 李德超，邓静. 传统翻译观念的逾越：切斯特曼的翻译规范论[J]. 外国语，2004(4).
63. 李端严. 杨必译《名利场》技巧举例[J]. 兰州大学学报，1980(4).
64. 李克兴，张新红. 法律文本与法律翻译[M]. 北京：中国对外翻译出版公司，2006.
65. 李天纲. 英国画家眼中的明清社会[A]. 金良年. 文景(第一辑)[M]. 上海：上海书店出版社，2002.
66. 李熙宗. 关于语体的定义问题[J]. 复旦学报(社会科学版)，2005(3).
67. 李运兴. 语篇翻译引论[M]. 北京：中国对外翻译出版公司，2001.
68. 廖七一. 当代西方翻译理论探索[M]. 南京：译林出版社，2006.

69. 林克难. 翻译研究：从规范走向描写[J]. 中国翻译，2001(6).
70. 林郁如. 新编英语口译教材[M]. 上海：上海外语教育出版社，1999.
71. 刘禾. 跨语际实践：文学，民族文化与被译介的现代性（中国，1900—1937）[M]. 北京：生活·读书·新知三联书店，2002.
72. 刘和平. 口译理论与教学[M]. 北京：中国对外翻译出版公司，2005.
73. 刘和平. 口译理论研究成果与趋势浅析[J]. 中国翻译，2005(4).
74. 刘家荣. 文体学方法论[J]. 西南师范大学学报(人文社会科学版)，2004(3).
75. 刘礼进. 再论“衔接”与“连贯”[J]. 福建外语，2000(1).
76. 刘宓庆. 文体与翻译[M]. 北京：中国对外翻译出版公司，1998.
77. 刘宓庆. 文化翻译论纲[M]. 武汉：湖北教育出版社，1999.
78. 刘宓庆. 当代翻译理论[M]. 北京：中国对外翻译出版公司，2001.
79. 刘宓庆. 中西翻译思想比较研究[M]. 北京：中国对外翻译出版公司，2005.
80. 刘娜. 翻译研究的性别视角——女权主义的翻译观刍议[J]. 内蒙古农业大学学报(社会科学版)，2006(3).
81. 刘万勇. 俄国形式主义的“陌生化”与艺术接受[J]. 山西大学学报，1999(2).
82. 刘万勇. 论俄国形式主义诗学的“文学性”与“陌生化”[J]. 山西大学学报，1997(2).
83. 刘重德. 西方译论研究[M]. 北京：中国对外翻译出版公司，2003.
84. 鲁忠义，范宁. 工作记忆广度和句子语境效应的关系[J]. 心理学报，2006(1).
85. 吕叔湘. 现代汉语八百词[Z]. 北京：商务印书馆，1996.
86. 罗新璋，陈应年. 翻译论集(修订本)[C]. 北京：商务印书馆，2009.
87. 罗选民. 中国的翻译教学：问题与前景[J]. 中国翻译，2002(7).
88. 罗选民，刘琦榕. 词汇衔接在小说语篇中的连贯功能[J]. 外语教学，2003(2).
89. 潘文国. 当代西方的翻译学研究[J]. 中国翻译，2002(2).
90. 浦善新. 数字地名——地名信息系统的理论及其应用[M]. 北京：新华出版社，2000.
91. 乔萍，等. 散文佳作108篇(第二版)[M]. 南京：译林出版社，2002.
92. 秦洪武. 论读者反映在翻译理论和翻译实践中的意义[J]. 外国语，1999(1).
93. 秦秀白. 语篇的“体裁分析”[J]. 华南理工大学学报(自然科学版)，1997(25)增刊.
94. 秦秀白. 文体学概论[M]. 长沙：湖南教育出版社，1996.
95. 让·德利尔. 翻译理论与翻译教学[M]. 孙慧双，译. 北京：国际文化出版公司，1988.
96. 申丹. 有关功能文体学的几点思考[J]. 外国语，1997(5).
97. 申丹. 西方现代文体学百年发展历程[J]. 外语教学与研究，2000(1).
98. 思果. 翻译新究[M]. 北京：中国对外翻译出版公司，2001.
99. 孙宁宁. 翻译研究的文化转向与后殖民批评[J]. 河海大学学报(哲学社会科学版)，2004(3).
100. 孙萍，綦天柱. 译介学在文学翻译批评中的应用[J]. 东北师大学报(哲学社会科学版)，2005(6).
101. 孙艺风. 跨文化语境下的意识形态——兼论翻译的功能与作用[J]. 四川外语学院学报，2003(6).
102. 谭载喜. 中国翻译与西方翻译[J]. 中国翻译，1999(5).
103. 谭载喜. 中西译论的相似性[J]. 中国翻译，1999(6).
104. 谭载喜. 新编奈达论翻译[M]. 北京：中国对外翻译出版公司，1999.
105. 谭载喜. 翻译学[M]. 武汉：湖北教育出版社，2000.
106. 谭载喜. 西方翻译简史(增订版)[M]. 北京：商务印书馆，2004.
107. 汤水辉. 文学作品的"陌生化"与翻译[J]. 湖南大学学报，2005(3).
108. 唐弢. 西方影响与民族风格[M]. 北京：人民文学出版社，1989.
109. 唐述宗. 语体、语域与翻译——英汉翻译风格纵横谈[J]. 外语与外语教学，2002(6).
110. 屠国元，朱献珑. 译者主体性：阐释学的阐释[J]. 中国翻译，2003(6).
111. 万俊人. 经济全球化与文化多元论[J]. 中国社会科学，2001(2).
112. 王秉钦. 20 世纪中国翻译思想史[M]. 天津：南开大学出版社，2005.
113. 王东风. 翻译研究的后殖民视角[J]. 中国翻译，2003(4).
114. 王宏印. 中国传统译论经典诠释——从道安到傅雷[M]. 武汉：湖北教育出版社，2003.
115. 王建开. 五四以来我国英美文学作品译介史(1919—1949)[M]. 上海：上海外语教育出版社，2003.
116. 王立弟. 翻译中的知识图式[J]. 中国翻译，2001(2).
117. 王瑞昀. 口译的认知与口译教材的编写[J]. 中国翻译，2004(4).
118. 王巍. 忠实论与摆布论[J]. 外语教学，2005(5).
119. 王秀. 中英文拟声词翻译对比[J]. *US-China Foreign Language*，2007(5).
120. 王毓红. 中国古代诗学语境中的文体概念——从刘勰《文心雕龙》谈起[J]. 固原师专学报(社会科学版)，2003(1).

121. 王佐良. 新时期的翻译观[A]. 杨自俭，刘学云. 翻译新论[C]. 武汉：湖北教育出版社，1994.
122. 王佐良，丁往道. 英语文体学引论[M]. 北京：外语教学与研究出版社，2000.
123. 吴承学，沙红兵. 中国古代文体学学科论纲[J/OL]. http://www.literature.org.cn/Article.asp?ID = 8652.
124. 奚永吉. 文学翻译比较美学[M]. 武汉：湖北教育出版社，2001.
125. 肖让见. 论翻译中读者的地位——兼谈翻译标准[J]. 淮北煤师院学报，2002(2).
126. 肖晓燕. 同声传译的多任务处理模式[J]. 中国翻译，2001(2).
127. 谢天振，查明建. 中国现代翻译文学史(1898—1949)[M]. 上海：上海外语教育出版社，2004.
128. 谢世坚. 从翻译规范论看清末民初小说翻译[J]. 山东师范大学外国语学院学报，2002(2).
129. 熊金才，孙丽霞. 非语言代码的跨文化交际功能[J]. 外语与外语教学，2001(5).
130. 徐东风，等. 英语口译实战技巧与训练[M]. 大连：大连理工大学出版社，2005.
131. 徐赳赳. 现代汉语篇章回指研究[M]. 北京：中国社会科学出版社，2003.
132. 许国璋. 论语言[C]. 北京：外语教学与研究出版社，1991.
133. 许嘉璐. 中国文化，普世的时代的世界的[N]. 钱江晚报. 2006-08-06(14).
134. 许钧. 文学翻译的理论与实践[J]. 南京：译林出版社，2001.
135. 许余龙. 对比语言学概论[M]. 上海：上海外语教育出版社，2001.
136. 许渊冲. 美化之艺术——《毛泽东诗词集》译序[J]. 中国翻译，1998(4).
137. 许渊冲. 再谈“竞争论”和“优势论”[J]. 中国翻译，2001(1).
138. 许渊冲. 文学与翻译[C]. 北京：北京大学出版社，2003.
139. 许渊冲. 翻译的艺术(增订本)[C]. 北京：五洲传播出版社，2006.
140. 杨松芳. 接受美学与翻译研究[J]. 沈阳师范大学学报，2005(3).
141. 杨武能. 歌德与文学翻译[J]. 中国翻译，1999(5).
142. 杨向荣. 陌生化[J]. 外国文学，2005(1).
143. 杨振宁. 杨振宁文选[C]. 上海：华东师范大学出版社，1998.
144. 杨志亭. 英汉翻译中语篇连贯的识别与重构[J]. 四川外语学院学报，2002(5).
145. 姚斯，汉斯·罗伯特，R. C. 霍拉勃. 接受美学与接受理论[C]. 周宁，金元浦，译. 沈阳：辽宁人民出版社，1987.
146. 姚新勇. 文化身份构建的欲求与审思[J]. 读书，2002(11).
147. 英语学习·四十年精选之语言文化卷·话里话外[C]. 北京：外语教学与研究出版社，2003.
148. 于德英. 用另一只眼睛看多元系统论[J]. 中国翻译，2004(5).
149. 乐黛云. 跨文化之桥[M]. 北京：北京大学出版社，2002.
150. 查明建，田雨. 论译者主体性[J]. 中国翻译，2003(1).
151. 张冰. 陌生化诗学[M]. 北京：北京师范大学，2000.
152. 张冰. 白银时代[M]. 北京：人民文学出版社，2006.
153. 张春柏. 英汉汉英翻译教程[M]. 北京：高等教育出版社，2003.
154. 张德禄. 语篇连贯纵横谈[J]. 外国语，1999(6).
155. 张德禄. 论语篇连贯[J]. 外语教学与研究，2000(2).
156. 张德禄. 语篇内部衔接的原则[J]. 解放军外国语学院学报，2001(6).
157. 张剑桦. 论语言风格的要义[J]. 山西师大学报(社会科学版)，2001(4).
158. 张剑桦. 试论语言风格学研究中的几个问题[J]. 兰州大学学报(社会科学版)，2002(4).
159. 张锦兰. 目的论与翻译方法[J]. 中国科技翻译，2004(2).
160. 张美芳. 功能加忠诚[J]. 外国语，2005(1).
161. 张南峰. 中西译学批评[C]. 北京：清华大学出版社，2004.
162. 张佩瑶. 从话语的角度重读魏易与林纾合译的《黑奴吁天录》[J]. 中国翻译，2003(2).
163. 张维为. 英汉同声传译[M]. 北京：中国对外翻译出版公司，1999.
164. 张英. 50 岁《洛丽塔》，11 张中国脸[Z]. 南方周末，2006-03-16.
165. 张英进. 美国电影中华人形象的演变[A/ON]. http://www.culstudies.com/plus/view.php?aid=3510.
166. 张智中. 许渊冲与翻译艺术[M]. 武汉：湖北教育出版社，2006.
167. 张中楹. 关于翻译的风格问题[A]. 罗新璋. 翻译论集[C]. 北京：商务印书馆，1984.
168. 赵明. 再论语篇的衔接与连贯[J]. 中国矿业大学学报(社会科学版)，2003(3).
169. 周宁. “义和团”与“傅满洲博士”：20 世纪初西方的“黄祸”恐慌[A/OL]. http://www.aisixiang.com/data/18650.html.
170. 仲伟合，钟钰. 德国的功能派翻译理论[J]. 中国翻译，1999(3).

171. 仲伟合. 口译训练：模式、内容、方法[J]. 中国翻译，2001(3).
172. 朱立元. 接受美学[M]. 上海：上海人民出版社，1989.
173. Baddeley, A. The episodic buffer: a new component of working memory? [J]. *Trends in Cognitive Sciences*, 2000(4).
174. Baddeley, A. Is working memory still working? [J]. *American Psychologist*, 2001(56).
175. Baker, Mona. *In Other Words: A Coursebook on Translation* [M]. Beijing: Foreign Language Teaching and Research Press & Routledge, 2000.
176. Baker, Mona. *Routledge Encyclopedia of Translation Studies* [Z]. Shanghai: Shanghai Foreign Language Education Press, 2004.
177. Bassnett, Susan & A. Lefevere. *Constructing Cultures* [C]. Shanghai: Shanghai Foreign Language Education Press, 2001.
178. Bassnett, Susan. *Translation Studies* (3rd ed.) [M]. Shanghai: Shanghai Foreign Language Education Press, 2004.
179. Benjamin, Walter. *Illuminations* (trans. Harry Zohn) [M]. London: Fontana Press, 1973.
180. Benjamin, Walter. *One-way Street and Other Writings* (trans. E. Jephcott and K. Shorter) [M]. London: NLP, 1979.
181. Buntinga, M. F. Conway, A. R. & Heitzc, R. P. Individual differences in the fan effect and working memory capacity [J]. *Journal of Memory and Language*, 2004(51).
182. Burgess, N. & Hitch, G. Computational models of working memory: putting long-term memory into context [J]. *Trends in Cognitive Sciences*, 2005(9).
183. Castells, Manuel. *The Rise of the Network Society* [M]. Oxford: Blackwell, 2000.
184. Castells, Manuel. *Network Society: Cross-cultural Perspective* [M]. Northampton, MA: Edward Elgar, 2004.
185. Chen, Gang. *China Travel Kit Series (Hangzhou & Zhejiang)* [M]. Beijing: Foreign Langue Press, 2004/2007.
186. Chen, Gang. On Different Norms of Escort Interpretation [A]. 柴明熲. 口译的专业化道路：国际经验和中国实践[C]. 上海：上海外语教育出版社，2006.
187. Chen, Gang. *New Greater Hangzhou: A New Guide* (Illustrated ed.) [M]. Hangzhou: Zhejiang Photographic Press, 2006.

188. Christoffels, I. K. & A. M. B. De Groot. Components of simultaneous interpreting: A comparison with shadowing and paraphrasing [J]. *Bilingualism: Language and Cognition*, 2004(7).
189. Christoffels, I. K., A. M. B. De Groot & J. F. Kroll. Memory and language skills in simultaneous interpreters: The role of expertise and language proficiency [J]. *Journal of Memory and Language*, 2006(54).
190. Cronin, Michael. *Across the Lines: Travel, Language, Translation* [M]. Dublin: Cork University Press, 2000.
191. Cronin, Michael. *Translation and Globalization* [M]. London & New York: Routledge, 2003.
192. Cronin, Michael & Barbara O'Connor. *Irish Tourism: Image, Culture and Identity* [C]. Clevedon/Buffalo/Toronto/Sydney: Channel View Publications, 2003.
193. De Groot, A. M. B. Determinants of word translation [J]. *Journal of Experimental Psychology: Learning, Memory and Cognition*, 1992(18).
194. Delisle, Jean et al. 翻译研究关键词[Z]. 孙艺风，仲伟合，编译. 北京：外语教学与研究出版社，2004.
195. Genesis, *The Holy Bible* (Revised Standard Version). London: Oxford University Press, 1971.
196. Gentzler, Edwin. *Contemporary Translation Theories* (2nd ed.) [M]. Shanghai: Shanghai Foreign Language Education Press, 2004.
197. Gile, D. *Basic Concepts and Models for Interpreter and Translator Training* [M]. Amsterdam/Philadelphia: John Benjamins, 1995.
198. Halliday, M. A. K. & Ruquaiya Hasan. *Language, Context and Text: Aspect of Language in a Social Semantic Perspective* [M]. London: Oxford University Press, 1989.
199. Hermans, Theo. *Translation in Systems: Descriptive and System-oriented Approaches Explained* [M]. Shanghai: Shanghai Foreign Language Education Press, 2004.
200. Katan, David. *Translating Cultures: An Introduction for Translators, Interpreters and Mediators* [M]. Shanghai: Shanghai Foreign Language Education Press, 2004.
201. Leech, G. N. & M. H. Short. *Style in Fiction: A Linguistic Introduction to English Fictional Prose* [M]. New York: Longman Inc., 1981.

202. Lefevere, André. *Translation, Rewriting and the Manipulation of Literary Fame* [M]. Shanghai: Shanghai Foreign Language Education Press, 2004.
203. Lin, Yu-tang. *Six Chapters of a Floating Life* [Z]. Beijing: Foreign Language Teaching and Research Press, 1999.
204. Liu, Chang. The development of fluid intelligence: evidence for the role of working memory but not processing speed [J]. *Acta Psychologica Sinica*, 2004(4).
205. Lovell, Julia. Great Leap Forward [N]. *The Guardian*, June 11, 2005.
206. Mackintosh, Jennifer. Professionalization: Conference Interpreting—a new profession [A]. 柴明熲. 口译的专业化道路：国际经验和中国实践[C]. 上海：上海外语教育出版社, 2006.
207. Newmark, Peter. *Approaches to Translation* [M]. Shanghai: Shanghai Foreign Language Education Press, 2001.
208. Nida, Eugene A. *Language, Culture, and Translating* [M]. Shanghai: Shanghai Foreign Language Education Press, 1993.
209. Nida, Eugene A. *Language and Culture: Contexts in Translating* [M]. Shanghai: Shanghai Foreign Education Press, 2001.
210. Nida, Eugene A. *Toward a Science of Translating* [M]. Shanghai: Shanghai Foreign Education Press, 2004a.
211. Nida, Eugene A & Charles R. Tabler. *The Theory and Practice of Translation* [M]. Shanghai: Shanghai Foreign Education Press, 2004b.
212. Nord, Christiane. *Translating as a Purposeful Activity: Functionalist Approaches Explained* [M]. Shanghai: Shanghai Foreign Language Education Press, 2001.
213. Pratt, Leonard & Chiang Su-hui. *Six Records of a Floating Life* [Z]. Nanjing: Yilin Press, 2006.
214. Reiss, Kathrina. *Translation Criticism: The Potentials & Limitations* [M]. Shanghai: Shanghai Foreign Education Press, 2004.
215. Rinnea, J. O. et. al. The translating brain: cerebral activation patterns during simultaneous interpreting [J]. *Neuroscience Letters*, 2000, 294(2).
216. Sapir, Edward. *Language: An Introduction to the Study of Speech* [M]. 陆卓元, 译. 北京：商务印书馆，2002.
217. Scollon, Ron & S. W. Scollon. *Intercultural Communication: A Discourse*

Approach [M]. Beijing: Foreign Language Teaching and Research Press & Blackwell Publishers Ltd., 2000.

218. Seleskovitch, D & M. Lederer. *Interpréter pour traduire* [M]. Paris: Didier Erudition, 1984.
219. Shapiro, Sidney. *Outlaws of the Marsh* [Z]. Beijing: Foreign Language Press, 1995.
220. Shuttleworth, Mark & Moira Cowie. *Dictionary of Translation Studies* [Z]. Shanghai: Shanghai Foreign Language Education Press, 2004.
221. Snell-Hornby, Mary. Communicating in the Global Village: On Language, Translation and Cultural Identity [A]. Schaffner, Christina. *Translation in the Global Village* [C]. Clevedon: Multilingual Matters, 2000.
222. Snell-Hornby, Mary. *Translation Studies: An Integrated Approach* [M]. Shanghai: Shanghai Foreign Language Education Press, 2001.
223. Snell-Hornby, Mary. *The Turns of Translation Studies: New Paradigms or Shifting Viewpoint?* [M]. Amsterdam/Philadelphia: John Benjamins Publishing Company, 2006.
224. Staff of John F. Blair (Publisher). *Travel North Carolina* [M]. Winston-Salem: John F. Blair, Publisher, 2007.
225. Steiner, George. *After Babel: Aspects of Language and Translation* [M]. Shanghai: Shanghai Foreign Language Education Press, 2001.
226. Toury, Gideon. *Descriptive Translation Studies and Beyond* [M]. Shanghai: Shanghai Foreign Language Education Press, 2001.
227. Tymoczko, Maria. *Translation in a Postcolonial Context: Early Irish Literature in English Translation* [M]. Shanghai: Shanghai Foreign Language Education Press, 2004.
228. Tymoczko, Maria & Edwin Gentzler. *Translation and Power* [C]. Amherst and Boston: University of Massachusetts Press, 2002.
229. Wilss, Wolfram. *The Science of Translation: Problems and Methods* [M]. Shanghai: Shanghai Foreign Language Education Press, 2001.

后　记

《翻译学入门》终于在新年杀青了！

作为该书的主编，作为“新世纪翻译学 R&D 系列著作”的总主编、主审，总算尽力完成了一份自己还算满意的答卷。

回首主编此书走过的风雨路程，可谓感慨颇多。本来，《翻译学入门》理应是“新世纪翻译学 R&D 系列著作”主打“产品”，理应率先与读者见面。然而，这个系列是我担任总主编、主审——是实实在在的总主编、主审，绝非徒有虚名，所以此系列出版，我是要负第一责任的，起码涉及总体策划、理念更新、语言文字、相关内容等诸多方面。当其他分册大致完成，甚至完成若干章后，我都会首先放下手中的活，逐字、逐行、逐页审读、修改分册文稿，而且还不是修改一遍。挑灯夜战，夜以继日，是家常便饭。不少情况下，本人“越俎代庖”，自负(大量)修改、重写之责任，但最后的大名还是挂原参编者。只要书稿是高品质的，我就问心无愧、心满意足了。其实，这也反映本人策划、编写这套丛书的**初衷之一**，即为了翻译学科，为了学术昌明，为了专业进步，为了我们的本科生、研究生以及其他感兴趣的读者能够读到比较“新鲜”的翻译论著。

所谓“新鲜”，一言以蔽之，我们不做“二传手”，起码不全做“二传手”。我们对(简单)重复别人的理论(尤其是西方的翻译理论)不感兴趣。英汉互译实践，其主要基地理应在中国(包括台港澳)；基于这一实践的研究(含纯理论研究)，也理应以我们中国人为主力军。换言之，我们的着眼点应是中国这个无可争议的英汉互译实践与研究中心。这好比学习中文(特指汉语)，学习中国文化，当然应首选中国这个目的地。因此，撰写此书，以我为主，理应如此。

中国(主要指大陆)目前的翻译学科和研究状况，总体是在进步，但最大的不足是：(1)“理论”和“实践”继续呈现“两张皮”的现象，似乎愈演愈烈。(2)理论远没有研究透，因为研究者的实践和双语水准影响了他们像西方翻译学者那样进行“游刃有余”的研究。(3)学术讨论和成果“翻烧饼”、“炒冷饭”的居多，竟然还是很有级别的“建树”，现在回顾往事，真是“贻笑大方”，浪费纳税人的钱。(4)学术研究“繁荣”，实践水平“低下”，全国翻译师资十分匮乏，高级翻译实践人才缺口仍为 90% 以上。(5)国家级、各省市级有关领导部门对翻译的重视程度虽有进步，但远跟不上翻译形势的发展，离“软实力”出口的国家战略方针和中国文化输出工程的全球化要求相去甚远。这也正是本人力图写出有新世纪特色、有激烈思想交锋、有学术争鸣的《翻译学入门》之**思考出发点**。

本来该书是一部学术专著，主要由本人撰写，最后“命运般”地赶上“十一五”浙江省重点教材建设项目的评比，有幸获奖。这要感谢省教育厅及专家学者，感谢浙江大学外国语言文化与国际交流学院院长何莲珍教授，感谢浙江大学各有关部门及其领导、出版社责编等，对翻译学科的大力支持、高瞻远瞩和殷切期望，以及对书稿的认真把关。当然，也正是出于获奖等因素，本人又对该书做了一些调整，比如增加编写人员，考虑到翻译学教材的特点，大量充实章节内容及内涵等，使之尽可能符合“重点教材”与时俱进的要求，符合“学术专著型教材”的要求，符合“C9”(指首批“985 工程”9 所大学，被称为中国的“常青藤”)之浙江大学培养(翻译)学术、专业、实践、教学人才的理念与精神[1]，符合培养专业和学术俱佳的翻译专业学生(含 MTI 乃至 DTI)的特殊要求，同时响应全球化发展和中国发展当前和未来的召唤。

尽管我们努力了，但是本书一定存在不少问题和不足，我们诚请各位方家、各位读者不吝赐教，在此我们感谢在先！

陈　刚

于 2011 年新年

---

1 即“以人为本，整合培养，求是创新，追求卓越”十六字教育理念，既强调“宽、专、交”，又强调“精、深、通”，等等。